六一書房

唐代都城中枢部の
考古学的研究

Archaeological studies on the central areas of the walled cities during the Tang Dynasty

城倉正祥 著
Jokura Masayoshi

六一書房

Pleiades衛星画像の情報

巻頭図版	分類	都城名	アーカイブ情報	第1章図版
図版1	中原都城	前漢長安城（陝西省西安市）	Pleiades archives/2015.10.11/03:37:57　撮影	図3
図版2		漢魏洛陽城（河南省洛陽市）	Pleiades archives/2013.06.25/03:34:44　撮影	図4・6上
図版3		隋唐長安城（陝西省西安市）	Pleiades archives/2012.08.23/03:39:27　撮影	図10
図版4		隋唐洛陽城・北宋西京洛陽城（河南省洛陽市）	Pleiades archives/2014.12.16/03:38:11　撮影	図11
図版5		唐宋揚州城（江蘇省揚州市）	Pleiades archives/2016.01.03/02:53:10　撮影	図12
図版6	草原都城	遼上京城（内蒙古自治区赤峰市巴林左旗）	Pleiades archives/2012.10.18/03:05:22　撮影	図14左
図版7		遼中京城（内蒙古自治区赤峰市寧城県）	Pleiades archives/2014.04.29/03:13:30　撮影	図14右
図版8		金上京城（黒竜江省ハルビン市）	Pleiades archives/2014.11.27/02:43:31　撮影	図15上
図版9		元上都（内蒙古自治区錫林郭勒盟正藍旗）	Pleiades archives/2014.10.14/03:21:05　撮影	図16
図版10		元中都（河北省張家口市）	Pleiades archives/2014.11.09/03:21:52　撮影	図17

Pleiades衛星画像 / CRS=WGS 84 / UTM zone 49N / オルソ画像
Pleiades archives / 2015.10.11 03:37:57撮影 / ©CNES-Distribution Airbus DS

図版1　前漢長安城（陝西省西安市）

図版 2　漢魏洛陽城（河南省洛陽市）

Pleiades衛星画像 / CRS=WGS 84 / UTM zone 49N / オルソ画像
Pleiades archives / 2013.06.25 03:34:44撮影 / ©CNES-Distribution Airbus DS

衛星画像の処理方法
- オルソ化されたPleiades衛星画像をArcGISに読み込む。
- UTM座標系でマップ上に配置、1kmもしくは2kmのグリッドを表示する。
- 必要に応じて、Corona衛星画像をジオリファレンスして、分析作業を行う。
- 分析データは、450dpiのTiff画像としてエクスポートする。
- Tiff画像は、Photoshopを使用して、道路・建物などの人工物を基本としてカラー補正する。

Pleiades衛星画像 / CRS=WGS 84 / UTM zone 49N / オルソ画像
Pleiades archives / 2012.08.23 03:39:27撮影 / ⓒCNES-Distribution Airbus DS

図版3　隋唐洛陽城（陝西省西安市）

Pleiades衛星画像
- 0.5m高分解能衛星Pleiades。
- Airbus DS社が、2011（1A）・2012（1B）に打ち上げた2基の人工衛星。
- 20kmの観測幅で撮影されたアーカイブ映像を購入することができる。
- 科研費と早稲田大学特定課題を用いて、オルソ（正射変換）化された画像を購入している。
- 衛星画像には、UTM座標系のzone、撮影日時を記載した。

Pleiades衛星画像 / CRS=WGS 84 / UTM zone 49N / オルソ画像
Pleiades archives / 2014.12.16 03:38:11撮影 / ©CNES-Distribution Airbus DS

図版4　隋唐洛陽城・北宋西京洛陽城（河南省洛陽市）

図版5 唐宋揚州城（江蘇省揚州市）

図版6　遼上京城（内蒙古自治区赤峰市巴林左旗）

図版7 遼中京城（内蒙古自治区赤峰市寧城県）

Pleiades衛星画像 / CRS=WGS 84 / UTM zone 50N / オルソ画像
Pleiades archives / 2014.04.29 03:13:30撮影 / ⒸCNES-Distribution Airbus DS

図版8　金上京城（黒竜江省ハルビン市）

図版9　元上都（内蒙古自治区錫林郭勒盟正藍旗）

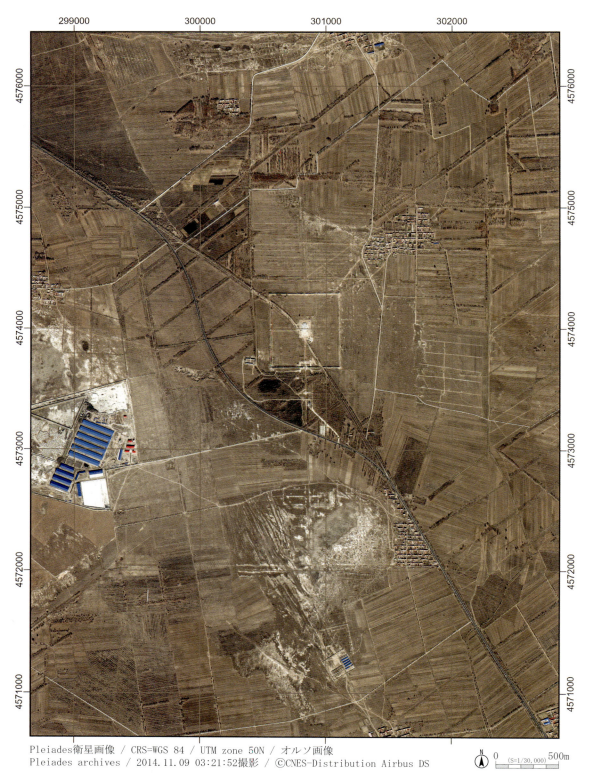

図版10 元中都（河北省張家口市）

本文目次

カラー図版
本文目次・図版目次

序章　研究の課題と目的 …………………………………………………………………… 1

第1章　中原都城から草原・明清都城へ－都城通史からみた唐代都城の位置－ …………… 7
　はじめに ………………………………………………………………………………………… 7
　第1節　中国都城の通時的研究と今後の課題 ……………………………………………… 7
　　1．中国都城研究における通史的視点 …………………………………………………… 7
　　2．都城研究の考古学的展望－外郭城研究の重要性と将来性－ ……………………… 8
　　3．分析対象、分析方法、概念定義 ……………………………………………………… 9
　第2節　中原都城（秦漢・魏晋南北朝・隋唐・宋）の平面配置 ………………………… 13
　　1．秦漢の都城 ……………………………………………………………………………… 13
　　2．魏晋南北朝の都城 ……………………………………………………………………… 15
　　3．隋唐・宋の都城 ………………………………………………………………………… 20
　第3節　草原都城（遼・金・元）と明清都城の平面配置 ………………………………… 24
　　1．遼の都城 ………………………………………………………………………………… 24
　　2．金の都城 ………………………………………………………………………………… 26
　　3．元の都城 ………………………………………………………………………………… 28
　　4．明清の都城 ……………………………………………………………………………… 30
　第4節　中原都城から草原・明清都城へ …………………………………………………… 33
　　1．中原都城の構造的特色と周辺国への影響 …………………………………………… 33
　　2．中原都城から草原都城への変化とその意義 ………………………………………… 36
　　3．都城の完成形－明清都城の構造的特色－ …………………………………………… 40
　　4．唐代都城の歴史的位置 ………………………………………………………………… 41
　おわりに ………………………………………………………………………………………… 41

第2章　唐砕葉城の歴史的位置－都城の空間構造と瓦の製作技法に注目して－ ………… 49
　はじめに ………………………………………………………………………………………… 49
　第1節　唐砕葉城の調査研究史と課題 ……………………………………………………… 49
　　1．アク・ベシム遺跡の位置・歴史と平面配置 ………………………………………… 49
　　2．文献に記載される唐砕葉城 …………………………………………………………… 53
　　3．アク・ベシム遺跡に関する調査研究略史 …………………………………………… 54
　　4．アク・ベシム遺跡の発掘された主要遺構 …………………………………………… 56

5．論点と課題 ··· 72
第2節　唐砕葉城の空間構造とその特色－西域都市・中原都城との比較から－ ······················ 73
　　1．衛星画像の分析に基づく唐砕葉城の平面配置 ·· 73
　　2．唐代西域都市の空間構造と砕葉城 ·· 77
　　3．北庭故城と砕葉城の設計原理 ·· 82
　　4．唐代都城の階層性とその展開 ·· 83
第3節　唐砕葉城出土瓦の製作技法とその系譜 ·· 87
　　1．対象資料と用語の整理 ·· 87
　　2．砕葉城出土板瓦の製作技法 ·· 94
　　3．砕葉城出土瓦当の年代と系譜 ··· 102
　　4．西域都市の瓦生産とその系譜 ··· 107
第4節　唐砕葉城の歴史的位置 ··· 111
おわりに ·· 113

第3章　東アジア古代都城門の構造・機能とその展開 ·· 123
はじめに ·· 123
第1節　東アジア古代都城門の研究史と課題 ··· 123
　　1．思想空間としての唐代都城と「門遺構」研究の意義 ······································· 123
　　2．中国古代都城門の研究史 ··· 126
　　3．日本古代都城門の研究史 ··· 135
　　4．本章の比較視座と研究課題 ··· 146
第2節　東アジア古代都城門の分析視角 ··· 148
　　1．分析対象と分析方法 ··· 148
　　2．中国都城門の種類と構造 ··· 149
　　3．日本都城門の種類と構造 ··· 155
第3節　中原都城（漢・唐・宋）と草原都城（遼・金・元）の門遺構 ······························ 159
　　1．漢の都城門 ··· 159
　　2．魏晋南北朝の都城門 ··· 162
　　3．唐～宋の都城門 ··· 169
　　4．遼・金・元の都城門 ··· 195
第4節　高句麗・渤海都城の門遺構 ··· 206
　　1．高句麗の都城門 ··· 206
　　2．渤海の都城門 ··· 211
第5節　日本都城の門遺構 ··· 223
　　1．7世紀の都城門 ··· 223
　　2．8世紀の都城門 ··· 230
第6節　東アジア古代都城門の構造・機能とその展開 ··· 241
　　1．連体式双闕門の発展と唐代都城門の諸類型 ··· 241
　　2．唐代都城の構造と門の階層性－含元殿の成立－ ··· 245

3．唐代都城の解体と再編成－北宋以降の正門の変遷－ ･････････････････････････････ 248
　　4．唐代都城門の東アジアへの展開 ･･ 255
　おわりに ･･･ 275

第4章　太極殿・含元殿・明堂と大極殿－唐代都城中枢部の展開とその意義－ ････････ 303
　はじめに ･･･ 303
　第1節　東アジア古代都城中枢部の変遷に関する研究史 ････････････････････････････ 304
　　1．日本都城における中枢部の研究 ･･ 304
　　2．日中古代都城の比較研究 ･･ 330
　　3．中国都城における中枢部の研究 ･･ 334
　　4．論点と課題 ･･ 357
　第2節　東アジア古代都城の遺構比較に関する方法論 ･･････････････････････････････ 358
　　1．比較視座と方法論 ･･ 358
　　2．分析対象遺構 ･･ 359
　第3節　東アジア古代都城の正殿遺構 ･･ 361
　　1．中原都城（秦・前漢・後漢・魏晋南北朝・隋唐・北宋）の正殿遺構 ･･････････ 361
　　2．草原都城（遼・金・元）の正殿遺構 ･･････････････････････････････････････ 376
　　3．明清都城の正殿 ･･ 383
　　4．高句麗・渤海都城の正殿遺構 ･･ 384
　　5．日本都城の正殿遺構 ･･ 391
　第4節　中原都城における正殿の発展と唐代における東アジアへの展開 ･･････････････ 404
　　1．中原都城における正殿の発展と草原・明清都城への継承 ････････････････････ 405
　　2．高句麗・渤海都城における正殿の構造とその特色 ･･････････････････････････ 411
　　3．日本都城における正殿の構造とその特色 ･･････････････････････････････････ 415
　　4．唐代東アジア都城の正殿遺構－規模と構造の比較－ ････････････････････････ 426
　　5．儀礼・饗宴空間としての都城中枢部と東アジアへの展開 ････････････････････ 430
　おわりに ･･･ 435

終章　唐代都城中枢部の構造とその展開 ･･ 463

要旨（日本語） ･･ 475
要旨（中国語） ･･ 476
あとがき ･･･ 477
索引（事項・遺物・遺構・歴史的人名） ･･･ 481

図版目次

図版 1　前漢長安城（陝西省西安市）
図版 2　漢魏洛陽城（河南省洛陽市）
図版 3　隋唐長安城（陝西省西安市）
図版 4　隋唐洛陽城・北宋西京洛陽城（河南省洛陽市）
図版 5　唐宋揚州城（江蘇省揚州市）
図版 6　遼上京城（内蒙古自治区赤峰市巴林左旗）
図版 7　遼中京城（内蒙古自治区赤峰市寧城県）
図版 8　金上京城（黒竜江省ハルビン市）
図版 9　元上都（内蒙古自治区錫林郭勒盟正藍旗）
図版 10　元中都（河北省張家口市）

【第1章】中原都城から草原・明清都城へ－都城通史からみた唐代都城の位置－

図 1　本書のコンセプト（上）と中原・草原・明清都城の概念（下）・・・・・・・・・・・・・・・・・11
図 2　秦咸陽宮の平面形・・・・・・・・・・・・・・・・・14
図 3　前漢長安城の平面形・・・・・・・・・・・・・・・・・14
図 4　後漢洛陽城の平面形・・・・・・・・・・・・・・・・・16
図 5　曹魏鄴北城の平面形・・・・・・・・・・・・・・・・・16
図 6　北魏洛陽城（上）と東魏北斉鄴城（下）の平面形・・・・・・・・・・・・・・・・・17
図 7　北魏洛陽城（左）と東魏北斉鄴城（右）の内城・・・・・・・・・・・・・・・・・19
図 8　東晋南朝建康城の平面形・・・・・・・・・・・・・・・・・19
図 9　十六国北朝長安城の平面形・・・・・・・・・・・・・・・・・21
図 10　唐長安城の平面形・・・・・・・・・・・・・・・・・21
図 11　唐洛陽城の平面形・・・・・・・・・・・・・・・・・23
図 12　唐代揚州城（左）と宋代揚州城（右）の平面形・・・・・・・・・・・・・・・・・23
図 13　北宋東京開封城（左）と南宋臨安城（右）の平面形・・・・・・・・・・・・・・・・・25
図 14　遼上京城（左）と遼中京城（右）の平面形・・・・・・・・・・・・・・・・・25
図 15　金上京城（上）と金中都（下）の平面形・・・・・・・・・・・・・・・・・27
図 16　元上都の平面形・・・・・・・・・・・・・・・・・29
図 17　元中都の平面形・・・・・・・・・・・・・・・・・29
図 18　元大都の平面形・・・・・・・・・・・・・・・・・31
図 19　明中都の平面形・・・・・・・・・・・・・・・・・31
図 20　明南京城の平面形・・・・・・・・・・・・・・・・・32
図 21　明清北京城の平面形・・・・・・・・・・・・・・・・・32
図 22　唐長安城・洛陽城の影響力・・・・・・・・・・・・・・・・・34

図23	中国都城の発展からみた唐代都城の位置①	38
図23	中国都城の発展からみた唐代都城の位置②	39
表1	分析対象の中原・草原・明清都城の一覧	12
表2	巻頭カラー図版のPleiades衛星画像の基礎情報	12

【第2章】唐砕葉城の歴史的位置－都城の空間構造と瓦の製作技法に注目して－

図1	キルギス共和国アク・ベシム遺跡の位置	50
図2	アク・ベシム遺跡ラバト出土の「杜懐宝碑」	50
図3	アク・ベシム遺跡の平面配置と地点名称	52
図4	アク・ベシム遺跡の発掘地点と内容	57
図5	ツィタデルの発掘成果（左：城壁／右：建物外壁）	58
図6	ラバト内仏教寺院の発掘成果	59
図7	ラバト内キリスト教会（墓地）の発掘成果	60
図8	シャフリスタン内キリスト教会の発掘成果	61
図9	シャフリスタン外南：第1仏教寺院の発掘成果	62
図10	唐砕葉城の復原（上）と衛星画像の分析（下）	65
図11	Pleiades衛星画像上で復原した唐砕葉城と2015年以降の発掘地点	66
図12	唐砕葉城中枢東壁の発掘成果	67
図13	唐砕葉城中枢北辺の発掘成果	68
図14	シャフリスタン東壁とラバト南壁の発掘成果	70
図15	唐砕葉城の測量・GPR調査成果	71
図16	唐代西域都市（交河故城・砕葉城・北庭故城）の平面配置	79
図17	北庭故城の出土遺物（上）と平面図の変遷（下）	81
図18	北庭故城（左）と砕葉城（右）の設計原理	82
図19	唐代都城の階層性と「内陸型・海港型」交易商業都市①	84
図19	唐代都城の階層性と「内陸型・海港型」交易商業都市②	85
図20	唐砕葉城出土板瓦の三次元実測図と製作痕跡①	88
図20	唐砕葉城出土板瓦の三次元実測図と製作痕跡②	89
図20	唐砕葉城出土板瓦の三次元実測図と製作痕跡③	90
図21	唐砕葉城出土板瓦の製作痕跡写真①	91
図21	唐砕葉城出土板瓦の製作痕跡写真②	92
図21	唐砕葉城出土板瓦の製作痕跡写真③	93
図22	唐代板瓦における基本製作技法の復原	100
図23	唐砕葉城出土瓦当の復原型式	102
図24	唐長安城・洛陽城出土蓮華紋瓦当	104
図25	北朝・唐・遼における蓮華紋瓦当の様式	105
図26	唐長安城・洛陽城と砕葉城出土の長方塼	107
図27	唐長安城・洛陽城の瓦塼窯	109
表1	唐長安城・洛陽城と砕葉城の瓦（製作技法）の要素比較	111

【第3章】東アジア古代都城門の構造・機能とその展開

図1	魏晋南北朝期における都城の中軸線（左：曹魏鄴北城／右：北魏洛陽城）	124
図2	太極殿・東西堂システム（左：北魏洛陽城の宮城／右：東魏北斉鄴南城の宮城）	125
図3	鄴南城朱明門で復原された過梁式門と北宋『清明上河図』に描かれた城門	128
図4	唐長安城大明宮の調査成果（左）と北宋呂大防『長安城図碑』の大明宮（右）	130
図5	唐代都城の三朝制に基づく日本都城宮城中枢部の解釈	131
図6	発掘された陵園・礼制建築の門闕（上）と絵画資料に残る門闕（下）	133
図7	明清北京城における午門（宮城正門・門闕）と永定門（外城正門・甕城）	134
図8	日本都城の門号諸説	137
図9	日本都城の空間構造と門の関係性	139
図10	平城宮朱雀門の復原案（上）と中央区大極殿南門・東西楼閣の復原案（下）	140
図11	平城京羅城門の発掘成果（上）と平安京羅城門の復原案（下）	141
図12	藤原宮・平城宮（京）の諸門（小澤毅の整理）	143
図13	長岡宮中枢部の復原	144
図14	平安宮（左）と豊楽院・朝堂院（右）の復原	145
図15	日本都城門の附帯施設（上：平城宮東区上層朝堂院南門／下：多賀城政庁南門）	147
図16	中国都城門（過梁式）の諸類と用語①	152
図16	中国都城門（門闕）の諸類と用語②	153
図17	門扉施設（中国）の各部名称①	157
図17	門扉施設（日本）の各部名称②	158
図18	前漢長安城の城門①	160
図18	前漢長安城の城門②	161
図19	漢魏洛陽城の城門①	163
図19	漢魏洛陽城の城門②	164
図19	漢魏洛陽城の城門③	165
図20	東魏北斉鄴城の城門	167
図21	十六国北朝長安城の楼閣台遺跡と宮門	168
図22	隋仁寿宮・唐九成宮の城門	170
図23	唐長安城興慶宮の遺構	172
図24	隋唐長安城の城門①	174
図24	隋唐長安城の城門②	175
図24	隋唐長安城の城門③	176
図24	隋唐長安城の城門④	177
図24	隋唐長安城の城門⑤	178
図25	隋唐洛陽城の城門①	181
図25	隋唐洛陽城の城門②	182
図25	隋唐洛陽城の城門③	183
図25	隋唐洛陽城の城門④	184

図 25	隋唐洛陽城の城門⑤	185
図 26	唐宋揚州城の城門①	189
図 26	唐宋揚州城の城門②	190
図 26	唐宋揚州城の城門③	191
図 27	北宋東京開封城の城門	194
図 28	遼上京城・祖陵の城門①	196
図 28	遼上京城・祖陵の城門②	197
図 29	金上京城の城門	199
図 30	金宝馬城・太子城の平面配置	199
図 31	元上都の城門	201
図 32	元中都の城門①	204
図 32	元中都の城門②	205
図 33	高句麗国内城・平壌城の城門	207
図 34	高句麗安鶴宮の城門	209
図 35	渤海上京城の城門①	212
図 35	渤海上京城の城門②	213
図 35	渤海上京城の城門③	214
図 35	渤海上京城の城門④	215
図 35	渤海上京城の城門⑤	216
図 36	渤海西古城・八連城の城門①	220
図 36	渤海西古城・八連城の城門②	221
図 37	飛鳥宮・大津宮の門遺構	224
図 38	難波宮の門遺構①	226
図 38	難波宮の門遺構②	227
図 39	藤原宮の門遺構①	228
図 39	藤原宮の門遺構②	229
図 40	平城宮の門遺構①	232
図 40	平城宮の門遺構②	233
図 40	平城宮の門遺構③	234
図 40	平城宮の門遺構④	235
図 40	平城宮の門遺構⑤	236
図 40	平城宮の門遺構⑥	237
図 41	長岡宮の門遺構	240
図 42	漢〜唐における門闕の発展と「唐代都城門四類型」の成立	243
図 43	含元殿の成立過程	247
図 44	唐以降における都城門の発展とその系譜①	250
図 44	唐以降における都城門の発展とその系譜②	251
図 45	唐長安城と渤海上京城における中軸正門の比較	257
図 46	前期難波宮における中軸正門の構成	261

図47　平城京における南面羅城の復原（上）と発掘成果（下）・・・・・・・・・・・・・・・・・・・・・・・263
図48　日本都城における「中枢を荘厳化する施設」の分類・・・・・・・・・・・・・・・・・・・・・・・・・・・・265
図49　「宮城正門」「皇城正門」「外郭城正門」の概念からみた日本都城中枢部の変遷・・・・・・・・・269
図50　唐長安城・藤原宮・平城宮の「宮城正門」と「皇城正門」の位置・・・・・・・・・・・・・・・・・271
図51　平城京・宮における中軸正門の構成①・・・・・・・・・・・・・・・・・・・・・・・・・・・・・・・・・・・272
図51　平城京・宮における中軸正門の構成②・・・・・・・・・・・・・・・・・・・・・・・・・・・・・・・・・・・273
表1　中国都城門の諸属性・・・150
表2　日本都城門の諸属性・・・156
表3　日本古代都城における正門の規模と構造・・・・・・・・・・・・・・・・・・・・・・・・・・・・・・・・・・・268

【第4章】太極殿・含元殿・明堂と大極殿－唐代都城中枢部の展開とその意義－

図1　唐長安城太極宮・前期難波宮の「逆凸字プラン」（上）と前期難波宮・藤原宮の比較（下）・・・・・・305
図2　重見泰による飛鳥宮跡Ⅲ期遺構の殿舎比定・・・・・・・・・・・・・・・・・・・・・・・・・・・・・・・・・・307
図3　奈良時代前半（上）と後半（下）の平城宮における天皇出御の儀礼空間・・・・・・・・・・・・・308
図4　平城宮中央区の変遷（上）と東区の変遷（下）・・・・・・・・・・・・・・・・・・・・・・・・・・・・・・・309
図5　平城宮内裏・東区大極殿院の変遷・・310
図6　平安宮の豊楽院（左）と朝堂院（右）・・・・・・・・・・・・・・・・・・・・・・・・・・・・・・・・・・・・・311
図7　重見泰（上）と渡辺晃宏（下）による日本都城中枢部の変遷案・・・・・・・・・・・・・・・・・・・312
図8　後期難波宮大極殿・後殿の復原（上）と平城宮・長岡宮との比較（下）・・・・・・・・・・・・・313
図9　鬼頭清明による大極殿の分類とその系譜・・・・・・・・・・・・・・・・・・・・・・・・・・・・・・・・・・・314
図10　発掘された日本都城の幢旗遺構・・・318
図11　平城宮朝堂院（中央区・東区）で検出された大嘗宮・・・・・・・・・・・・・・・・・・・・・・・・・・322
図12　渡辺信一郎による『大唐開元礼』に基づく元会儀礼の空間復原（左）と進行表（右）・・・・・・323
図13　藤森健太郎による「元日朝賀」空間の唐・日本比較・・・・・・・・・・・・・・・・・・・・・・・・・・325
図14　元日朝賀儀礼の内容（上）と宝幢・高御座（下）・・・・・・・・・・・・・・・・・・・・・・・・・・・・326
図15　御斎会における大極殿の舗設・・327
図16　含元殿の龍尾道（左）と平安宮大極殿の龍尾壇（右）・・・・・・・・・・・・・・・・・・・・・・・・・332
図17　渡辺信一郎による南朝建康宮城の復原案・・・・・・・・・・・・・・・・・・・・・・・・・・・・・・・・・・335
図18　内田昌功による魏晋南北朝の宮略図・・・・・・・・・・・・・・・・・・・・・・・・・・・・・・・・・・・・・336
図19　松本保宣（左）と吉田歓（右）による唐長安城・北宋開封城における宮城の構造と機能・・・・・337
図20　後漢洛陽城の復原・・338
図21　曹魏鄴北城（左）と北魏洛陽城（右）の中軸線・・・・・・・・・・・・・・・・・・・・・・・・・・・・・339
図22　曹魏西晋洛陽城（左）と六朝建康城（右）の平面形・・・・・・・・・・・・・・・・・・・・・・・・・・340
図23　唐長安城・洛陽城の宮城・・・342
図24　唐長安城大明宮における「三朝」（左）と北宋・呂大防『長安城図碑』の大明宮（右）・・・・・344
図25　楊鴻勲による明堂の諸例・・・346
図26　唐洛陽城における武則天明堂関連の資料・・・・・・・・・・・・・・・・・・・・・・・・・・・・・・・・・・347
図27　唐洛陽城における天堂の位置と発掘成果・・・・・・・・・・・・・・・・・・・・・・・・・・・・・・・・・・348
図28　唐洛陽城武成殿・北宋西京洛陽城文明殿とされる遺構・・・・・・・・・・・・・・・・・・・・・・・・349

図29	北宋西京洛陽城の宮城復原	350
図30	松本保宣による唐宮城（左）と北宋宮城（右）の比較	351
図31	北宋東京開封城の重圏構造（左）と宮城復原（右）	351
図32	劉露露により系譜関係が指摘される高句麗・渤海・遼の都城	353
図33	諸葛浄による唐宋～遼金元都城の空間構造の変遷	353
図34	渤海都城（上京城・西古城・八連城）の中枢部比較	355
図35	秦咸陽宮1号宮殿と阿房宮前殿	362
図36	前漢長安城未央宮の前殿	363
図37	北魏洛陽城と東魏北斉鄴城の宮城と太極殿①	364
図37	北魏洛陽城と東魏北斉鄴城の宮城と太極殿②	365
図38	十六国北朝長安城の楼閣台遺跡	368
図39	唐長安城太極宮（太極殿）と大明宮（含元殿・朝堂・麟徳殿）①	369
図39	唐長安城太極宮（太極殿）と大明宮（含元殿・朝堂・麟徳殿）②	370
図40	唐長安城興慶宮（勤政務本楼・花萼相輝楼）	373
図41	唐洛陽城の明堂・天堂	374
図42	北宋洛陽城の宮城と1・2号建築遺構	375
図43	北宋東京開封城と遼上京・中京城	377
図44	金上京城の宮城内建物（1号基壇）	379
図45	金中都の皇城・宮城の復原	379
図46	元上都の宮城と正殿	380
図47	元中都の宮城と正殿	381
図48	元大都の宮城と正殿	382
図49	明清北京城の紫禁城と正殿	383
図50	高句麗安鶴宮の宮城と正殿	385
図51	渤海上京城の宮城と正殿	387
図52	渤海西古城の宮城と正殿	389
図53	渤海八連城の宮城と正殿	390
図54	前期難波宮の内裏前殿（SB1801）	391
図55	近江大津宮の内裏正殿（SB015）	392
図56	飛鳥宮の内郭前殿（SB7910）とエビノコ郭正殿（SB7701）	393
図57	藤原宮の大極殿・後殿・東楼	394
図58	平城宮の中央区大極殿（SB7200）と東区大極殿（SB9150）①	396
図58	平城宮の中央区大極殿（SB7200）と東区大極殿（SB9150）②	397
図58	平城宮の中央区大極殿（SB7200）と東区大極殿（SB9150）③	398
図59	恭仁宮の大極殿（SB5100）	399
図60	後期難波宮の大極殿（SB1321）と後殿（SB1326）①	400
図60	後期難波宮の大極殿（SB1321）と後殿（SB1326）②	401
図61	長岡宮の大極殿	402
図62	平安宮の豊楽殿と大極殿	403

図 63　中国都城における正殿遺構の変遷 ……………………………………………… 407
図 64　北宋西京洛陽城（左）と北宋東京開封城（右）の双軸構造 …………………… 409
図 65　高句麗・渤海都城における正殿・寝殿の構造 …………………………………… 412
図 66　東魏北斉鄴城の後寝（206・209 大殿）と渤海上京城の後寝（3・4 号宮殿）の比較 ……… 414
図 67　日本都城における正殿：大極殿の系統と変遷 …………………………………… 416
図 68　唐長安城太極宮・大明宮の朝堂と日本都城の明堂（第一堂） ………………… 420
図 69　前期難波宮八角殿院と楼閣建築の展開 …………………………………………… 422
図 70　東アジア都城中枢部に見られる八角形の系譜 …………………………………… 423
図 71　東アジア都城における「後殿」の分類 …………………………………………… 425
図 72　唐代東アジア都城の正殿とその比較 ……………………………………………… 427
図 73　唐代都城の国家的儀礼空間（上）と饗宴空間（下）の比較 …………………… 431
表 1　宿白による日本都城と唐長安城・洛陽城の要素比較 …………………………… 331
表 2　渤海上京城の宮城構造と三朝制諸説 ……………………………………………… 357
表 3　東アジア都城の正殿遺構（分析対象一覧） ……………………………………… 360
表 4　日本古代都城における「儀礼的宮城正門」と「空間的皇城正門」 …………… 419

序章　研究の課題と目的

本書の概要・体裁　本書は、2017〜2024年の間に発表した3冊の報告書に関して、大幅に内容を修正して1冊に書き改めたものである。報告書に関しては、A4版オールカラーPDFを早稲田大学リポジトリ、全国遺跡報告総覧で公開しているが、今回はA4版モノクロで体裁を統一し、中国語の簡体字をすべて日本の常用漢字の表記とするなど、より多くの方にとって読みやすい体裁を目指した。報告書の内容に関しても、不十分な点や新出資料を踏まえて、文章・図版を大きく修正して書き改めた。なお、これらの成果は、2012〜2024年の間に筆者が研究代表者として採択された以下の早稲田大学学内研究費、日本学術振興会科学研究費補助金の成果によるものである。

①早稲田大学特定課題A（若手・重点助成）2012-2013年度「平城京設計プランの遡源に関する考古学的研究－中国隋唐長安城・洛陽城との比較から－」（課題番号2012A-502）
②科学研究費補助金（若手研究B）2014-2017年度「隋唐都城における都市空間（里坊）の構造と東アジアへの展開過程に関する考古学的研究」（課題番号26770271）
③早稲田大学特定課題A（重点助成）2015-2016年度「北方遊牧民族（遼・金・元）都城の構造的特質と中原都城との比較に関する考古学的研究」（課題番号2015A-501）
④科学研究費補助金（基盤研究C）2017-2020年度「衛星画像のGIS分析による隋唐都城とシルクロード都市の空間構造の比較考古学的研究」（課題番号17K03218）
⑤科学研究費補助金（国際共同研究加速基金）2017-2019年度「GISを用いた東アジア都城・シルクロード都市遺跡の比較考古学的研究」（課題番号16KK0040）
⑥科学研究費補助金（基盤研究C）2022-2026年度『衛星画像のGIS分析に基づく唐代都城中枢部の構造比較と設計原理の考古学的研究』（課題番号22K00976）
⑦早稲田大学特定課題（新展開支援）2024年度「漢〜宋における都城・陵墓の思想空間に関する学際的研究」（課題番号2024N-004）

　本書の刊行費は、⑦の早稲田大学特定課題（新展開支援）2024年度「漢〜宋における都城・陵墓の思想空間に関する学際的研究」（課題番号2024N-004）より支出した点を明記しておく。なお、本書の各章の構成と旧稿との対応関係は以下の通りである。

【序章】研究の課題と目的
　→新稿。
【第1章】中原都城から草原・明清都城へ－都城通史からみた唐代都城の位置－
　→2017「中原都城と草原都城の構造比較」『中国都城・シルクロード都市遺跡の考古学的研究－GISを用いた衛星画像の分析を中心に－』早稲田大学東アジア都城・シルクロード考古学研究所調査研究報告第2冊、の内容を大きく改変して作成。
【第2章】唐砕葉城の歴史的位置－都城の空間構造と瓦の製作技法に注目して－

→ 2021「唐砕葉城の歴史的位置－都城の空間構造と瓦の製作技法に注目して－」『唐代都城の空間構造とその展開』早稲田大学東アジア都城・シルクロード考古学研究所調査研究報告第5冊、の内容を修正して作成。

【第3章】東アジア古代都城門の構造・機能とその展開

　→ 2021「東アジア古代都城門の構造・機能とその展開」『唐代都城の空間構造とその展開』早稲田大学東アジア都城・シルクロード考古学研究所調査研究報告第5冊、の内容を修正して作成。

【第4章】太極殿・含元殿・明堂と大極殿－唐代都城中枢部の展開とその意義－

　→ 2024『太極殿・含元殿・明堂と大極殿－唐代都城中枢部の展開とその意義－』早稲田大学東アジア都城・シルクロード考古学研究所調査研究報告第6冊、の内容を修正して作成。

【終章】唐代都城中枢部の構造とその展開

　→新稿。

　本書の基礎となった3冊の報告書（早稲田大学東アジア都城・シルクロード考古学研究所　調査研究報告第2・5・6冊）に関しては、下記のように早稲田大学リポジトリ・全国遺跡報告総覧で無料公開しているため、参照してほしい。なお、第2・3・4章に関しては、ベースの科研報告書の内容を大きく変えてはいないものの、第1章に関しては中国都城の研究状況や自身の問題意識も大きく変化したため、コンセプトや内容を本書の導入として位置付け直した上で、大きく書き改めた。

　なお、本書の各章はもともと異なる報告書を基礎としているため、それぞれの章で独立した体裁を採用した。図番号は章毎に完結するようにしており、註・引用文献・報告書・図表出典も各章末に掲載した。本書の作成に際しては全体の体裁は統一したが、原典となる報告書のオリジナリティもあるので、完全な形では統一できていない。また、序章・終章に関しては、今回新たに書き下ろした。最後に、本としての利便性を高めるため、事項・遺構・遺物・歴史的人名の項目で索引を作成した。索引に関しては、専門用語が中心となるため、読み方を全てひらがなで表記した。

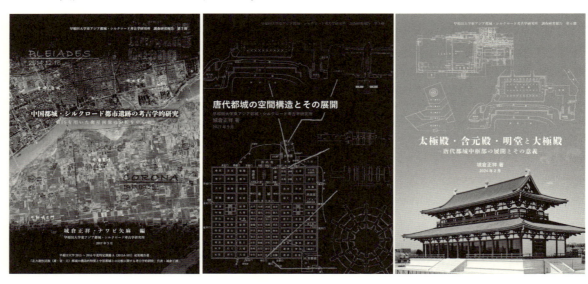

調査研究報告　第2冊　　　　調査研究報告　第5冊　　　　調査研究報告　第6冊

本書の基礎となった報告書
　早稲田大学東アジア都城・シルクロード考古学研究所の調査研究報告シリーズとして刊行している。
　早稲田大学リポジトリ、全国遺跡報告総覧でカラーPDFを公開中。

中国都城とは何か　序章では、本書の研究課題と目的を整理する。まずは、本書の分析対象である中国都城とは何か、について整理しておく。中国において都城とは、重圏的な城壁に囲まれた都市を指し、各王朝が造営した首都を「京師」と呼ぶ。京師は、王朝の政治・経済・行政・文化の中枢であると同時に、皇帝を中心とする思想空間である。ここでは、清の北京城を例に、その特徴を見ておく。

　北京城の中軸上には、都城の中枢である宮城（故宮・紫禁城）が位置する。宮城の中心は皇帝が出御する正殿（太和殿）で、宮城正門（午門）も国家的な儀礼空間として機能する。宮城の周囲には巨大な官僚機構を支える皇城が存在し、宮城正門の午門前には左（東）に太廟（皇帝の祖先を祀る）、右（西）に社稷（五穀豊穣を祈念する）が位置する（左祖右社）。皇城門（天安門）前は、宮廷広場として機能した。外郭城は東西南北に規則的に配置される街路によって区画される都市住民の生活空間で、北京城の場合は北の内城、南の外城に分かれている。内城の南北には天地の祭神を祀る天壇・地壇、東西には日壇・月壇があり、北東部には孔廟・国子監などが位置する。これらは、皇帝が関わる儀礼空間であり、礼制建築とも呼ばれる。以上は、現存する北京城の主要な構成要素だが、中国において都城（京師）は、中華の皇帝を中心とする世界観・宇宙観を地上において表現した思想的な空間である点が重要である。

　中華皇帝の思想空間である都城には、長い歴史がある。古くは、石峁城（BC4300-3900）で既に城壁・馬面・甕城などを完備した城郭が発見されており、良渚文化期（BC3300-2300）の良渚城址、陶寺文化期（BC2300-2100）の陶寺城址など、早期の城郭も知られている。夏王朝説も指摘される二里頭遺跡（BC1750-1530）には、権力の中枢が既に隔絶化されており、殷（商）代には、鄭州商城・偃師商城・殷墟（洹北商城を含む）など大規模な都城が存在する。続く西周は、豊京・鎬京を都としており、東周王朝は洛陽（東周王城）を都とした。春秋戦国期には、各国が大規模な都城を造営するようになり、考古学的に判明している例としては、晋国故城、鄭・韓国故城、趙国邯鄲故城、魏国安邑故城、燕国下都、中山国霊寿故城、斉国臨淄故城、魯国曲阜故城、秦国雍故城・櫟陽故城、楚国紀南故城などが知られている。春秋戦国期までに、重圏的な城壁を持つ大規模な都城が発展していったことがわかる。

　都城の歴史の中でも大きな画期となるのが、初めて全国を統一した秦の始皇帝が本拠地とした咸陽宮、あるいは阿房宮である。秦の造営した都城の系譜を継承する形で、前漢長安城が造営され、後漢は洛陽城を造営した。その後、曹魏の時期に洛陽城は大きく修築されることになるが、西晋が滅ぶと東晋以降の南朝は江南の建康城を都とした。一方、北朝では北魏洛陽城、東魏北斉鄴城、西魏北周長安城などが造営される中で都城の様々な様式が変化し、それを統合する形で隋唐長安城・隋唐洛陽城が造営される。唐の都城制は、西京洛陽城を通じて北宋に引き継がれ、北宋東京開封城が京師となる。北宋と北方の草原地帯で対峙した遼は、渤海の五京制を採用し、金に継承される。再び全国を統一した元は、上都・大都・中都を造営するが、大都を基礎として明清北京城が発展していく。このように、都城は清の時代まで各王朝の京師として国家の中枢であり、現在も姿を残す北京城、あるいは紫禁城（故宮）は、その長い歴史を踏まえた完成形なのである。

　以上、中国大陸における都城制は6000年以上の長い歴史があり、各王朝が造営した都城、特に京師は国家の中枢として機能・発展し続けてきた。中国の歴史は、都城を舞台に進んできたと言っても過言ではなく、歴代王朝の皇帝を中心とする「宇宙」を地上に現出させた思想空間であると同時に、国家の政治・経済・行政・文化の中枢であり、多くの都市住民の生活空間でもあった。中国において都城は、ただの都市を意味するものではない。その背後に、長い歴史の中で蓄積された歴代王朝の皇帝を中心とする設計思想が存在している点が、最大の特徴である。本書では、中国都城の長い歴史の中でも、唐王朝が造営した都城を「唐代都城」と呼称し、その影響を受けて成立した周辺国の都城も、その展開という枠組みの中で考古学的に位置付けることを試みる。

4　序章　研究の課題と目的

都城の各部名称　次には、唐長安城の図面を例に都城各部の名称・用語を整理しておく。頁下には、唐長安城の儀礼舞台をまとめた図を示した。唐長安城は、中央北詰の宮城・皇城（両者を合わせて「内城」と呼ぶ）、および外郭城という重圏構造を特徴とする。宮城は皇帝の居住空間であると同時に、元会（元日朝賀儀）や即位儀といった国家的儀礼の舞台ともなる。皇帝が出御する中枢正殿は太極殿（前殿）で、宮城全体は太極宮である。魏晋南北朝以降は「単一宮城制」を基本とするが、唐長安城の場合は、高宗以降に北東の大明宮が中心となっていき、東側の興慶宮も含めて三大内と呼ばれる。太極宮の南には、主要な官庁が所在する皇城が位置し、宮城・皇城は合わせて内城を構成する。内城のほぼ中央に宮城正門の承天門がある。宮城正門は、皇帝権力と臣下（民衆）の接点となる象徴的な場所であり、恩赦・改元宣詔・閲兵などの重要な儀礼空間となる。一方、皇城は巨大な官庁街であり、南東には太廟、南西には太社が置かれ、皇城正門は朱雀門である。中軸線は、宮城正殿・宮城正門・皇城正門を結ぶラインで、朱雀門街・明徳門へと接続する。

外郭城（郭城）は、都市住民の居住する区域で、東西南北の道路（街路）で規則的に区画される空間を里坊と呼ぶ。里坊には牆壁が巡り、東西南北の坊門が夜間に閉じられる（夜禁）ことで、都市住民が管理・統制される。外郭城内には東西市があり、南東部には曲江池・芙蓉園などの皇家庭園も位置する。

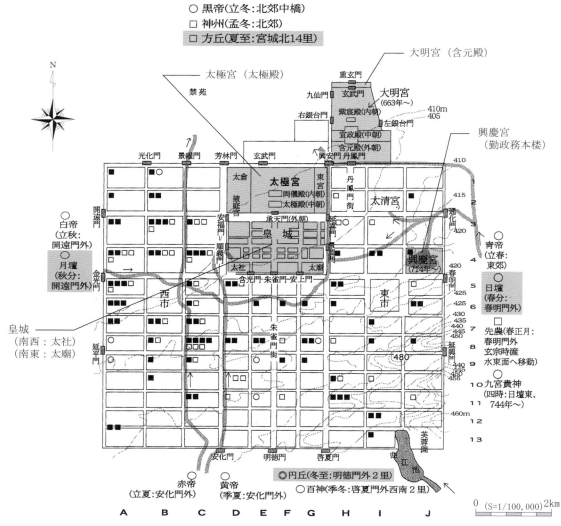

唐長安城における王朝儀礼の舞台（妹尾達彦 2001『長安の都市計画』講談社　p.162 図 45 より）

さらに、外郭城の外側には、皇帝が冬至に天（昊天上帝）を祀る南の円丘、夏至に地（皇地祇）を祀る北の方丘など中軸上に重要な祭祀空間が位置する。前述の宗廟・社稷、あるいは円丘・方丘、さらには明堂、辟雍、国子監、太学、孔廟など、皇帝祭祀に関わる建造物は礼制建築と呼ばれる。

東アジア都城の比較視点　中国で発展した都城制は、特に魏晋南北朝〜隋唐期に、東アジアの周辺国、すなわち高句麗、渤海、百済、新羅、日本（倭）などに影響を与え、各国で都城が造営された。ここでは、本書で比較分析の対象とした高句麗・渤海・日本の歴史的状況を概観した上で、東アジア都城の比較視点について整理する。

　高句麗（BC1世紀頃？〜668）は非常に長く続いた王朝だが、大きく前期・中期・後期の時期に分けられている。前期高句麗の中心地は、現在の中国遼寧省の桓仁地方で、下古城子城と五女山城など、平地城と山城がセットになる点が特徴である。高句麗は、山城を多く築いたことでも知られており、その築城技術は朝鮮半島を通じて古代の日本にも影響を与えた。中期高句麗の中心地は、現在の中国吉林省集安市付近で、国内城・丸都山城がセットになる。その後、長寿王の427年に現在の北朝鮮平壌へと遷都する。遷都当初は、大城山城・清岩里土城がセット関係（前期平壌）となっていたが、平原王586年に平壌市内の長安城へと遷都（後期平壌）した。以上、高句麗は平地城・山城をセットにするという独自の都城制を採用しているが、漢〜魏晋南北朝、そして隋唐まで長期間にわたって中原地域の影響を受けている。668年には、唐・新羅の連合軍によって滅びるが、特に最後の平壌城に関しては隋唐期の影響が強く認められる。

　渤海（698〜926）は、713年に大祚栄が唐玄宗から「渤海郡王」に冊封された。渤海は五京制を採用しており、渤海を滅ぼした契丹国（遼）、そして金へと継承される。渤海五京は、上京龍泉府（上京城）、東京龍原府（八連城）、西京鴨緑府、中京顕徳府（西古城）、南海南京府である。京師は何度か遷都を行っており、（旧国）→中京→上京→東京→上京で、特に上京城は150年以上も首都機能を担ったと考えられている。渤海都城に関しては、唐長安城の強い影響が指摘されており、政治・文化・制度上も唐の影響を受けていた点が想定されている。渤海都城は、日本の都城展開期とも重複するため、非常に重要な比較対象である。

　日本は、乙巳の変（645）後の650年頃に造営された孝徳朝の難波長柄豊碕宮（前期難波宮）が唐長安城の強い影響を受けている点が指摘されており、近年では天武朝の飛鳥浄御原宮におけるエビノコ郭正殿を最初の大極殿と考える意見が増えている。しかし、条坊や中軸上に位置する単独の大極殿院の存在など、藤原京（694）が最初の本格的な中国式都城である点は疑いない。ただし、わずか16年で藤原京は廃都となり、710年には平城京に遷都する。聖武天皇の遷都（恭仁京・紫香楽宮・難波宮）を除くと、平城京は74年に渡って首都機能を維持し、長岡京（784）、平安京（794）へとその系譜は継承されていく。

　以上、高句麗・渤海・日本における都城の変遷を概観したが、いずれの都城も中原に位置する都城の強い影響を受けて成立している点が重要で、特に渤海・日本都城は、その外形（平面形）から、唐長安城との高い共通性が古くから指摘されてきた。そのため、特に平面外形に見られる構成要素の比較という手法で、研究が進められてきた。しかし、2000年以降の中国の急激な経済発展に伴って発掘調査が進み、研究は新たな段階に入っている。発掘調査によって都城中枢部の遺構の検出事例が増加し、中国国内で都城の発展過程に関する通時的な研究が急速に進展している。一方で、日本も含めた国際的な発掘遺構の比較という点に関していえば、あまり進展していない現状がある。その理由は、各国における都城の建築様式（基壇・建物など）の伝統や構造、あるいは素材が大きく異なるため、直接的な比較は難しいと考えられてきた点にある。考古学的資料の増加に伴って、都城の国際比較分野における有効な方法論が求められている状況である。

本書の課題と目的　前述した状況を踏まえて、本書では考古学的な遺構の分析を中心的な課題とする。確かに東アジア都城の遺構に関する国際的な比較作業は簡単ではないが、共通の機能を持つ建造物であれば、構造や様式などが異なっていたとしても比較は十分に可能である。例えば、重圏的な城壁によって隔絶された都城の各空間を相互に結び付ける役割を果たす門、あるいは皇帝・王・天皇が国家的な儀礼の際に出御する正殿など、機能が共通する建造物に関しては、共通の基準で構造的・空間的な分析が可能である。特に、都城の考古学的研究においては、4要素（正門・正殿・礼制建築・里坊）に分解して、遺構の時空間を越えた比較を行うのが有効な方法論だと考えているが、本書では第3章で正門、第4章で正殿の通時的・国際的比較を課題とする（礼制建築・里坊に関しては、改めて分析をする予定）。ここまでが本書の第1の課題、すなわち、東アジア都城における遺構の考古学的国際比較の試みである。この作業によって、唐王朝の造営した都城が、周辺国にどのように伝播したのか、その実態と歴史的背景を追及できると考える。

　第2の課題は、唐代都城の相対化である。唐代都城の歴史的位置を考えるため、その位置を2つの視点から相対化する。1つは中国都城の通時的変遷の中で位置付ける方法、もう1つは同時代における西域シルクロード都市と東アジア都城への展開という異なる方向のベクトルを比べる方法である。まず、1つ目の視点としては、中国歴代王朝が造営した都城の中で唐王朝の都城を位置付ける。具体的には初めての統一王朝である秦から魏晋南北朝までの流れの中で唐の都城がどのように成立したのか、その後、北宋と遼金元の北方都城から明清都城へという流れの中で唐の都城がどのような影響を与えたのか、これらの点を第1章で整理する。2つめの視点としては、唐王朝が西域に造営した砕葉城・交河故城・北庭故城などのシルクロード都市の構造を分析し、その特徴を国内の港湾都市、あるいは東アジアに展開した都城と比較する作業を第2章で行う。この作業によって、唐の京師・陪京（長安城・洛陽城）の特徴が同時代の東と西にどのように展開したのかを比較することが出来ると考える。

　以上、本書では、①東アジア都城における遺構の考古学的国際比較、②唐代都城の相対化による歴史的位置の把握、という2つの課題を設定して、第1～4章までの各論を進める。唐代都城の歴史的な位置を、文献史学・建築史学とは異なる角度から検討することが最終的な目的である。このような課題と目的で4章を構成したが、具体的には都城を全体から中枢部に向けて徐々にフォーカスしていくような章構成とした。すなわち、第1章では都城の平面形を通時的に分析し、第2章では唐代都城の展開を東西地域で比較する。さらに、第3章で都城の重圏空間を連接する正門の遺構、第4章で宮城の中枢正殿の遺構を分析する構成である。皇帝を中心とする思想的空間の核心である宮城中枢の正殿に向けて分析を蓄積していくことで、都城の歴史性を浮かび上がらせていくのが本書の構成の狙いである。本書のタイトルを、『唐代都城中枢部の考古学的研究』とした所以である。

第1章　中原都城から草原・明清都城へ
－都城通史からみた唐代都城の位置－

はじめに

　唐王朝が造営した京師・陪京（陪都）である長安城・洛陽城は、同時代の東アジア各国で大きな影響力を持ち、模倣対象となった。そのため、東アジア都城の研究分野では唐の都城を思想的な完成形と捉えてしまいがちである。しかし、中国において都城制は殷周期を遡る時期から始まり、清代まで続く長い歴史があり、唐代都城もその流れの中で位置付けなければ、その歴史性を見誤ってしまう可能性がある。本書は「唐代都城の中枢部」に関する考古学的研究をテーマとするが、以上の問題意識に立ち、まずは第1章で中国都城通史の中で唐代都城を位置付ける。本章での都城の通時的整理に際しては「中原都城・草原都城・明清都城」という概念的枠組みを用いる。これらは一般的な用語ではないが、本章のオリジナルとなった既発表論文（註1）でのコンセプトに基づいている。詳細は第1節第3項で定義するが、中国都城の変遷を系統的・地域的・歴史的に位置付けるための概念的枠組みである。

　本章では、中国最初の統一王朝である秦の都城から始めて、漢・魏晋南北朝・唐・宋（中原都城）、遼・金・元（草原都城）、そして明清都城と整理していく。各都城の発掘成果に基づく図面（平面形）を示しながら、特に中国都城の最も重要な特徴である重圏構造、あるいは中枢部・礼制建築の位置や規模などを中心にまとめる。ここでの整理は、正門を扱う第3章、正殿を扱う第4章の基礎データの提示という役割を果たす点も明記しておく。以上の平面形という基礎データの提示を踏まえた上で、唐代都城の同時代における周辺国への影響、および草原・明清都城への変遷過程について検討する。これらの整理によって、中国都城史上における唐代都城が果たした役割やその歴史性を考古学的に位置付けることが本章の目的である。

第1節　中国都城の通時的研究と今後の課題

1. 中国都城研究における通史的視点

　まず、本章で課題となる中国都城の通時的整理に関する研究史を概観しておく。中国都城における通時的な分析の重要性は、楊寛の代表的な著作 [楊寛 2016] により広く認識されており、様々な視点で整理されてきた [王仲殊 1982・兪偉超 1985・賀業矩 1996・劉慶柱 2000]。特に、中国都城の発展史上最も重視されてきた中軸線の発達 [陳 1998・愛宕 2000・王 2004・黄 2006・積山 2007・今井 2011・佐川 2016][董鑒泓 1980・李自智 2004・劉瑞 2011・朱海仁 2014] を切り口とする整理が多い。中軸線の成立過程は、「複数宮城制」から「単一宮城制」への歴史的変化に対応すると同時に、重圏構造を基本とする都城の各空間を連接・構造化する重要な要素ゆえに多くの研究で整理の対象になってきたのである。他にも思想空間としての都城に注目し、その機能や象徴性から歴史性を追求する視点 [アーサー・F・ライト 1966、礪波 1987、齊 2005、佐竹 2005、佐原 2009][陳篠 2021] も重要である。なお、渤海や日本への都城制の伝播を考察する文脈においては、必ず中原地域で発達した都城の変遷、特に唐までの流れを整理する作業が重視されてきた [飯島 1979・佐川 2003・魏

2004・宇野 2006・岩永 2008][王仲殊 1983・劉暁東 1999・魏存成 2016]。渤海・日本都城と中原の都城を比較するには、漢～魏晋南北朝、そして唐までの変遷を踏まえなければ、その展開の歴史性を読み解くことが難しいからである。特に、魏晋南北朝の都城の研究成果 [郭黎安 1986・郭湖生 2003] は、唐代都城の位置付けに非常に重要な意味を持つ。近年では、漢～魏晋南北朝の都城に関しては、前漢長安城・漢魏洛陽城の発掘調査の進展で大きく様相が変わってきており、発掘を担当する社会院の研究者によって、唐までの変遷をまとめた研究 [銭国祥 2010・2016、徐竜国 2019・2020] が公表されている。漢～唐までの都城の変遷を踏まえて、唐代都城の思想空間がどのようにして発展していくのか、それが周辺国へどのように展開するのか、これらの論点を追及するのは東アジア都城研究の大きな課題であり、最も注目されている分野でもある。

　一方、唐代都城に関連するもう一つの大きな研究潮流がある点も注目できる。ここ 20 年ほどで、遼・金・元など北方の草原地帯や東北部に位置する都城の発掘が進み、その報告が蓄積されたことで、唐・宋の都城がどのように継承され明清都城へと発展するのか、という研究視点が非常に多く登場するようになった。もちろん、元大都から明清都城への発展に関する研究 [候仁之 1979・徐苹芳 1995] は、早い時期から存在しているが、近年では発掘調査の成果を踏まえた上で、遼・金・元の都城の歴史的位置付けを試みる非常に多くの研究が蓄積されている [包 2013・久保田 2019][郝紅暖ほか 2009・李冬楠 2009・包慕萍 2014・陳篠 2016・諸葛浄 2016・陳篠ほか 2018・李進 2018・孟凡人 2019・董新林 2019]。実際、発掘調査の成果に基づく考古学分野の都城研究の進展は目覚ましく、通時的な成果の整理 [劉慶柱主編 2016]、あるいは時代毎の整理 [中国社会科学院考古研究所 2010a・2018b・2023] など、研究の基礎となる資料の整備も進んでいる。その中でも、遼・金・元都城から明清都城への大きな枠組みを示した考古学分野の研究としては、董新林の研究成果が注目できる [董新林 2019]。董新林は、北宋東京開封城の「回字形」構造を「北宋東京模式」、遼上京城の「日字形」構造を「遼上京規制」と呼称し、二系統における変遷過程を整理した。筆者も近い問題意識で中原都城と草原都城の比較視座を示したことがあり [城倉 2017]、同様の問題意識に基づいて正門・正殿を通時的に分析してきた [城倉 2021・2024]。本章でも、董新林の問題意識を継承しながら、前稿 [城倉 2017] との関係性を明示しつつ、整理していきたい。

　中国都城の研究における通史的視点を整理した。特に重要と考えるのは、以下の 3 つの論点である。

①東アジア都城の比較研究という枠組みでは、中国都城の通時的分析視点が必須となる。
②漢～唐（宋）の変遷だけでなく、唐以降の遼・金・元も含めた都城の比較研究が課題となっている。
③考古学研究では、構造的な分析、型式・形式・様式の設定、系統整理などの方法論が重要となる。

　以上の論点・課題を踏まえた上で、本章では中原都城・草原都城・明清都城という系統整理の枠組みを提示した上で、議論を進める。

2. 都城研究の考古学的展望－外郭城研究の重要性と将来性－

　前項では、中国都城研究における通時的視点の重要性を整理した。もう一つ重要な点として、「都市研究」としての都城研究の側面について整理し、今後の考古学研究の展望を示しておきたい。
　中国都城の研究は、2000 年以降の急激な経済発展に伴って大規模な発掘調査が進展し、新たな局面へと移行した。しかし、現在では都城研究も新しい発見による進展というよりは、この間に蓄積された膨大な遺

構の情報、あるいは出土した膨大な遺物の丁寧な位置付けが課題となっており、今後は広い視野での学際的・国際的な研究も改めて重要な課題として再浮上してくると考える。考古学分野に関していえば、ここ 20 年ほどは新たな発掘調査の成果に基づく中枢部の認識、すなわち宮城構造の研究に重点が置かれてきたが、一定の共通認識の枠組みはすでに固まりつつある。一方で、デジタル技術の進歩によって、考古学の測量精度が急激に向上すると同時に、高精度衛星画像を用いた GIS 分析技術などが普遍化し、ドローン技術を用いたリモートセンシング技術が世界的に進展するなど、外郭城も含めた都城全体の構造を正確に把握できる段階になっている点が注目される。これらの新しい技術を用いて、都城の「都市空間（外郭城・里坊）」をどのように読み解くか、が新たな研究テーマになると予想している。

　中国都城では、北魏洛陽城において宣武帝の時期に出現した外郭城（里坊）が、明清都城まで発展していくわけだが、その造営に用いられた尺度や当時の歩里法が研究の焦点となってきた [藪田 1969・宮崎 1992][曾武秀 1964・陳夢家 1966]。例えば、隋唐長安城・洛陽城の外郭城を含めた設計原理に関しては、考古学的な調査に基づく実測値を踏まえた傅熹年の先駆的研究がある [傅熹年 1995]。文献史料・考古学的成果を踏まえた里坊の分析研究は、今後も都城の歴史性を考える上で重要なトピックである [斉東方 2003・賀従容 2008・欧陽恬之 2008・王暉 2008・于志飛 2023・張雯ほか 2023]。中国都城が皇帝を中心とする思想空間であるのは確かだが、北魏以降の都市住民の生活空間となった里坊は、都城の大部分を占める重要な要素であり、経済的な発展など皇帝を中心とする権力の思想性とは異なるベクトルで発展を遂げた都城の本質部分でもある。また、里坊の分析は通時的な研究視点としても重要だが、国際比較の際にも必須の要素である。例えば、唐洛陽城の近年の発掘成果 [洛陽市文物考古研究院 2022] などは、渤海・日本都城との比較研究 [井上 2004・2005・2008] に重要な視点をもたらす可能性がある。

　前述したデジタル技術を用いた都城研究の新しい試みも重要である。前稿では、1960 年代に撮影された Corona 衛星画像と現代の Pleiades 衛星画像の合成を試みた [城倉 2017]。衛星画像を用いた中国都城における外郭城・里坊の分析成果については、改めて論じる予定なので、詳細は踏み込まないが、本書ではカラー図版として主要都城の Pleiades 衛星画像を示した（表 2）。都城・都市研究における航空写真の利用 [中国国家博物館ほか 2017]、衛星画像の分析 [小方 2006]、GIS 分析 [宇野編 2006・2010][劉建国 2007] などは、世界的にも注目される研究分野であり、今後は文献史料・考古学的発掘成果を踏まえた外郭城・里坊の研究が大きく進展すると予想している。

3. 分析対象、分析方法、概念定義

　第 1 項では中国都城における通時的分析の重要性、第 2 項では都市研究として中国都城の外郭城・里坊の分析を進める重要性、を確認した。中国都城を通時的に見る視点、特に唐以降の遼・金・元の都城に着目することが重要であり、中でも外郭城を含む構造的な変遷を把握する必要性を研究史から導き出すことが出来た。これらの視点を踏まえて、本章では秦～清までの都城に関して、特に外郭城を含む平面形を示した上で、その構造的な変遷を整理する。その作業を通じて、唐代都城の歴史的位置を考えていくことが目的である。では、①どの都城を対象として、②どのような概念・定義・方法によって分析し、③何を明らかにするか、について以下に整理してみたい。基本的には、唐代都城の同時代における展開という「水平的」視点、唐代都城の前後の変遷を整理するという「垂直的」視点、両者の視点によって唐代都城を相対化する作業が本書の目的である。

まずは、本書のコンセプトに関して整理をしておく。本書は、中国都城中枢部の考古学的研究を目的とするが、(図1上)に模式的に示したように、都城の全体構造から中枢部に向けて徐々にフォーカスする構成を採用する。まずは、第1章で都城の通史を平面外形に基づいて概観し、唐代都城の相対的・歴史的位置を確認する。次に、第2章では唐代西域都市と東アジア都城を比較し、その歴史性を考察する。そして、第3章では都城の重圏構造を結びつける役割を果たす正門、第4章では中枢正殿を分析対象とする。このような段階的・多層的アプローチによって、唐代都城の意義を考察していく仕組みである。

次には、対象遺跡について整理する。中国大陸における都城は、二里頭遺跡など殷(商)を遡る時期から存在しており、周代(春秋戦国期)にも各国を単位として多様な都城が存在している。しかし、秦による全国統一はやはり大きな画期であり、秦漢期に定式化する都城の様式が後の時代に継承されていくことになる。そのため、本章では秦・漢の都城から分析をスタートする(註2)。なお、各王朝は首都である「京師」だけでなく、通常は「陪京(陪都)」が存在するため、各時代でも複数の都城が対象となる。また、本章で扱うのは考古学的な調査に基づいて平面形が判明している都城を中心とする。対象となる都城一覧は、(表1)に示した通りである。

最後に、本章の概念・定義、および分析方法について整理する。都城を通時的に分析する場合、各王朝の造営した都城を年代毎に見ていき、その変遷を整理する方法を採用することもできる。しかし、考古学的な対象として都城を見るのであれば、学術的な枠組みを設定することによって、系統的・地域的な展開を踏まえて都城の発展を歴史的に位置付けることができると考える。特に、中国都城は、北魏・遼・金・元・清など、北方から漢族とは文化的に異なる集団が「支配層」として流入することにより、新しい様式が生まれていく歴史があり、この現象を分かりやすく把握するためにも学術的な枠組みが必要である。そのために、前稿[城倉2017]では、「中原都城・草原都城・明清都城」という枠組みを提示した。なお、本書の第3・4章でも同様の枠組みを用いて、各都城を整理している。「中原・草原」という用語については、当然ながら概念的な批判も予想しているが、これらは都城の歴史性を考古学的に追及する場合のあくまでも学術的・技術的な枠組みである点を強調しておきたい。

(図1中)には、本書で用いる中原・草原・明清都城の概念を説明した図を示した。中原都城は、黄河中流域の長安・洛陽・開封などに展開した都城で、漢〜唐の各王朝の京師・陪京を指す。便宜的に、南朝や南宋の都城もこの範疇に含んでおく。中原都城は、遼・金・元の草原都城に思想的な影響を与えるとともに、明南京城を通じて明清都城へも継承される。一方、内蒙古の草原地帯に展開した遼・元、東北部に位置する金の都城などを草原都城と呼称する。これらの王朝は、農耕地帯にも都城を造営しているため、これらを草原都城と一括で呼称することへの批判も当然ながら想定できる。しかし、草原地帯に最初に造営された契丹族の遼上京城のインパクトは非常に大きく、続く金は遼の「五京」を継承すると同時に、遼上京城の平面形を金上京城でも再現した。また、元も当初は草原地帯に上都を造営しており、華北への進出にともなって遼南京・金中都の北東に元大都を造営しており、やはり、遼から続く都城の伝統を継承している点も重要である。ここでは、相互に関連性の強い遼・金・元の都城を、一括して草原都城と呼称し、その地理的・系譜的位置を表現しておきたい。草原都城の系統は、元大都を基礎として発展した明清都城の北京城へと受け継がれていくことになる。以上、中原・草原・明清都城という枠組みは、あくまでも中国都城の通時的変化を地理的・系統的に位置付けるための学問的な定義である点を強調しておく。

さて、前稿[城倉2017]で示した以上の定義・問題意識だが、董新林が北宋・遼以降の都城を系統的に位置付ける際に示した概念と非常に近い。董新林は、宮城・皇城・外城が「回字形」を呈する北宋東京開封城の様式を「北宋東京模式」、皇城と漢城が南北に配置され「日字形」を呈する遼上京城の様式を「遼上京規制」

第1節　中国都城の通時的研究と今後の課題　11

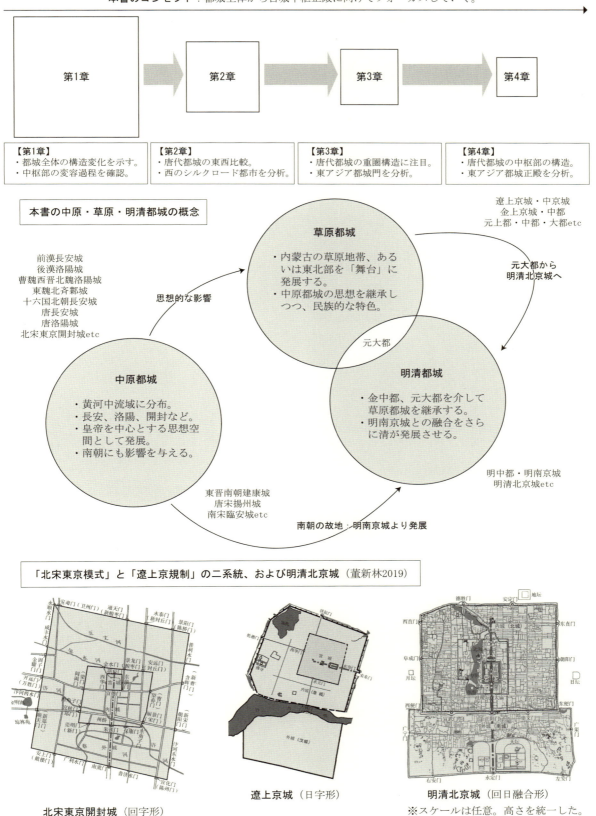

図1　本書のコンセプト（上）と中原・草原・明清都城の概念（下）

第1章 中原都城から草原・明清都城へ

表1 分析対象の中原・草原・明清都城の一覧

概念的分類	都城名	所在地	図版	主要報告書・論考
中原都城	秦咸陽宮	陝西省咸陽市	図2	陝西省考古研究所2004
	前漢長安城	陝西省西安市	図3	中国社会科学院考古研究所1996b・2003・2022
	後漢洛陽城	河南省洛陽市	図4	洛陽市文物局ほか2000 杜金鵬ほか2007・銭国祥2022 中国社会科学院考古研究所2010b
	曹魏鄴北城	河北省臨漳県	図5	中国社会科学院考古研究所ほか2014 徐光翼2014a
	曹魏・西晋・北魏洛陽城	河南省洛陽市	図6・7	銭国祥2019a・2019b・2020・2023
	東魏北斉鄴城	河北省臨漳県		中国社会科学院考古研究所ほか2014 徐光翼2014b
	東晋南朝建康城	江蘇省南京市	図8	郭湖生2003・賀雲翺2005
	十六国北朝長安城	陝西省西安市	図9	中国社会科学院考古研究所漢長安城工作隊2008・2023、史硯忻2023
	隋唐長安城	陝西省西安市	図10	中国社会科学院考古研究所2007・2017
	隋唐洛陽城（北宋西京洛陽城）	河南省洛陽市	図11	中国社会科学院考古研究所2014
	唐宋揚州城	江蘇省揚州市	図12	中国社会科学院考古研究所ほか2010・2015
	北宋東京開封城	河南省開封市	図13	劉春迎2004
	南宋臨安城	浙江省杭州市		杜正賢2016
草原都城	遼上京城	内蒙古自治区赤峰市巴林左旗	図14	董新林2019
	遼中京城	内蒙古自治区赤峰市寧城県		遼中京発掘委員会1961
	金上京城	黒竜江省ハルビン市	図15	黒竜江省文物考古研究所2017
	金中都	北京市		北京市考古研究院2023
	元上都	内蒙古自治区錫林郭勒盟正藍旗	図16	魏堅2008
	元中都	河北省張家口市	図17	河北省文物研究所2012
	元大都	北京市	図18	中国科学院考古研究所ほか1972・2024 趙正之1979・傅熹年1993・郭超2016 徐斌2022
明清都城	明中都	安徽省鳳陽県	図19	王剣英2005・孟凡人2013
	明南京城	江蘇省南京市	図20	孟凡人2019
	明清北京城	北京市	図21	張先得主編2003・候仁之主編1998

表2 巻頭カラー図版のPleiades衛星画像の基礎情報

巻頭図版	分類	都城名	アーカイブ情報	第1章図版
図版1	中原都城	前漢長安城（陝西省西安市）	Pleiades archives/2015.10.11/03:37:57 撮影	図3
図版2		漢魏洛陽城（河南省洛陽市）	Pleiades archives/2013.06.25/03:34:44 撮影	図4・6上
図版3		隋唐長安城（陝西省西安市）	Pleiades archives/2012.08.23/03:39:27 撮影	図10
図版4		隋唐洛陽城・北宋西京洛陽城（河南省洛陽市）	Pleiades archives/2014.12.16/03:38:11 撮影	図11
図版5		唐宋揚州城（江蘇省揚州市）	Pleiades archives/2016.01.03/02:53:10 撮影	図12
図版6	草原都城	遼上京城（内蒙古自治区赤峰市巴林左旗）	Pleiades archives/2012.10.18/03:05:22 撮影	図14左
図版7		遼中京城（内蒙古自治区赤峰市寧城県）	Pleiades archives/2014.04.29/03:13:30 撮影	図14右
図版8		金上京城（黒竜江省ハルビン市）	Pleiades archives/2014.11.27/02:43:31 撮影	図15上
図版9		元上都（内蒙古自治区錫林郭勒盟正藍旗）	Pleiades archives/2014.10.14/03:21:05 撮影	図16
図版10		元中都（河北省張家口市）	Pleiades archives/2014.11.09/03:21:52 撮影	図17

と呼称し、それらの2系統が金・元に引き継がれ、明清北京城で収斂される点を整理した[董新林2019]（図1下）。ここで、「北宋東京模式（回字形）」≒中原都城、「遼上京規制（日字形）」≒草原都城と言い換えれば、筆者が董新林と同様の戦略的枠組みで考古学的な分析を進めている点が理解できるだろう。董新林の指摘する回字形とは「都城の重圏構造」、日字形とは「都城の連接構造」を指す概念で、都城の構造的発展における中心的な要素に着目した視点である。本章でも都城の平面形を通時的に分析する作業に際しては、中原・草原・明清都城という枠組みの中で、この2つの視点を継承する。特に、研究史で整理した外郭城・里坊の構造変遷を重視し、都城の通時的変遷の中で唐代都城を相対化する作業を通じて、その歴史的位置について整理をしてみたい。

第2節　中原都城（秦漢・魏晋南北朝・隋唐・宋）の平面配置

　以下、第2・3節では、中原・草原・明清都城の各都城に関して、特に平面配置に注目して整理をしていく。都城全体の平面形を図示すると同時に、宮城・皇城などの中枢部の位置・規模、あるいは礼制建築などの附属施設を記載する。記載に際しては、中国都城の通時的な整理を行った研究本[劉慶柱主編2016]、あるいは各時代の都城を整理した研究本[中国社会科学院考古研究所2010a・2018b・2023]の記述に依拠しつつ、必要な場合は各都城の報告書や関連論考を参照した。なお、言及した都城の情報は、（表1）に一覧表として整理し、平面形を図示した図版番号、主要な報告書・論考を掲載した。

1. 秦漢の都城

（1）秦咸陽宮（図2）

　陝西省咸陽市に所在する秦咸陽宮は、南に渭水、北に咸陽原を臨む。秦孝公13年（BC350）に櫟陽から遷都が行われ、始皇帝の全国統一まで秦の根拠地となった。始皇帝の時期までには、渭水の南側に位置する甘泉宮前殿、阿房宮前殿[中国社会科学院考古研究所ほか2014]、上林苑[中国社会科学院考古研究所2018a]など、秦国の中枢範囲が広がった。

　渭水の北側に位置する咸陽宮自体は、ボーリング調査によって範囲が確定している[陝西省考古研究所2004]。東城壁長426m・西城壁長576m・南城壁長902m・北城壁長843mを測り、西門と南門を検出している。城内では1〜7号宮殿の版築が確認されており、その中で1・2・3・6号宮殿が発掘調査されている。咸陽宮全体の構造に関しては不明な部分が多いものの、秦始皇帝が統一の際に「六国宮室」を模倣したという記述があり、これらの宮殿遺構をその記述と関連付ける考え方もある。

（2）前漢長安城（図3）

　咸陽宮の南、後の唐長安城の北側に位置するのが前漢長安城である。高祖（太祖）劉邦がBC202年に造営した。秦の離宮（興楽宮）を基礎として長楽宮を造営して皇宮としたが、さらに西南側に未央宮を造営し、ここが正式な皇宮となった。恵帝の際に、既に存在する宮城を囲む形で大城の城壁が造営されたため、平面

14　第1章　中原都城から草原・明清都城へ

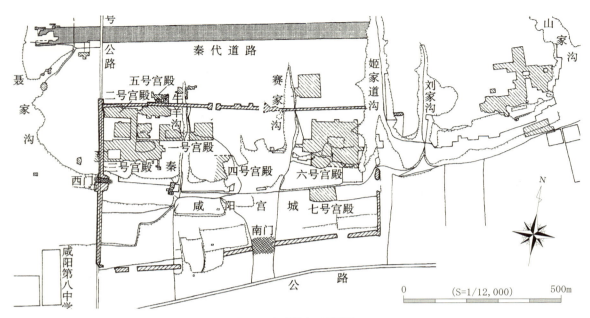

図2　秦咸陽宮の平面形

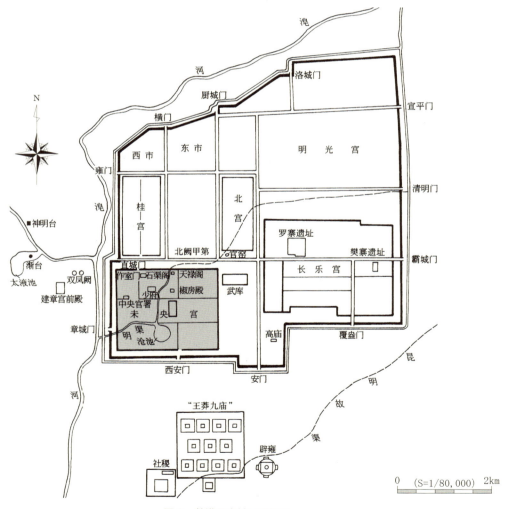

図3　前漢長安城の平面形

形はいびつな形を呈する。実測値は、東城壁長 5916.95m・西城壁長 4766.46m・南城壁長 7453.03m・北城壁長 6878.39m で、周長は 25014.83m を測る。四隅には角楼が位置し、各面 3 門、合計 12 門が確認されている。特に、東城壁の 3 門には左右に闕状の突出が附帯する [中国社会科学院考古研究所 2022]。

前漢長安城の中枢は、南西に位置して南面する未央宮で、中枢正殿は前殿である [中国社会科学院考古研究所 1996b]。その他、大城内には、長楽宮・明光宮・北宮・桂宮などの複数の宮城があり（複数宮城制）、北西隅には東市・西市が位置する。未央宮における「前朝後寝」、未央宮に対する北の市など「面朝後市」が、前漢長安城の特徴とされる。また、大城外の南側には文献に記載のある宗廟・社稷・辟雍・明堂・霊台・太学・円丘などの礼制建築が位置しており、社稷・王莽九廟・辟雍などが発掘調査で確認されている [中国社会科学院考古研究所 2003]。

（3）後漢洛陽城（図 4）

後漢洛陽城は、現在の洛陽市の中心から東へ 15km、洛陽盆地のほぼ中心に位置する。南側に洛河、北側に邙山を臨む。後漢洛陽（雒陽）城は、光武帝劉秀によって造営されたが、曹魏・西晋・北魏の各王朝によって継承されていくことになる。中でも、曹魏明帝の「洛陽宮」の造営、北魏宣武帝の「外郭城」の造営などが都市としての画期となる。後漢洛陽城は最も下層に存在するため、発掘でも全体像は明らかになっていないが、文献史料や考古学的情報 [洛陽市文物局ほか 2000・杜金鵬ほか 2007] に基づき、全体像の復原が行われている [銭国祥 2022]。なお、漢魏洛陽城で発掘された遺構に関しては、日本語でも整理したことがある [城倉 2012]。

後漢洛陽城の大城（北魏の内城）は、南側が洛水の北移によって失われているものの、全体は城壁によって範囲が確認されている。文献史料では、南北 9 里・東西 6 里とされ「九六城」とも呼ばれた。ボーリング調査による残存長では、東城壁長 3895m・西城壁長 3500m・北城壁長 2523m を測り、文献では 12 門の存在が知られている。大城内は、北宮と南宮が南北に対峙する構造と考えられているが、考古学的には範囲は確定されておらず、南宮に位置する前殿も未確認である。なお、大城外の南、古洛水の北側には、霊台・明堂・辟雍・太学などの礼制建築が発掘調査で確認されている [中国社会科学院考古研究所 2010b]。

2. 魏晋南北朝の都城

（1）曹魏鄴北城（図 5）

河北省の臨漳県に位置する鄴北城は、三国魏の曹操が 204 年に造営を開始し、魏文帝曹丕の時期には「五都」の 1 つとなる。城壁などが地表にほとんど残存していないため、ボーリング調査の成果 [中国社会科学院考古研究所ほか 2014]、あるいは文献史料の記載を踏まえて復原案が示されている [徐光冀 2014a]。

鄴北城は、文献史料では東西 6 里・南北 5 里とされ、ボーリング調査で東西 2400-2620m・南北 1700m と判明している。東西城壁各 1 門、南城壁 3 門、北城壁 2 門の合計 7 門とされる。中軸は、南城壁中門の中陽門から北の止車門・端門・文昌殿で、宮城に相当する国家的な儀礼空間とされる。一方、東側には聴政殿の区画に官庁が集中しており、東西二軸に機能分化した構造が後の時代に大きな影響を与える点が様々な角度から指摘されてきた。一方で、中陽門・司馬門・聴政殿を中軸と考える佐川英治の復原 [佐川 2017 p.152

16 第1章 中原都城から草原・明清都城へ

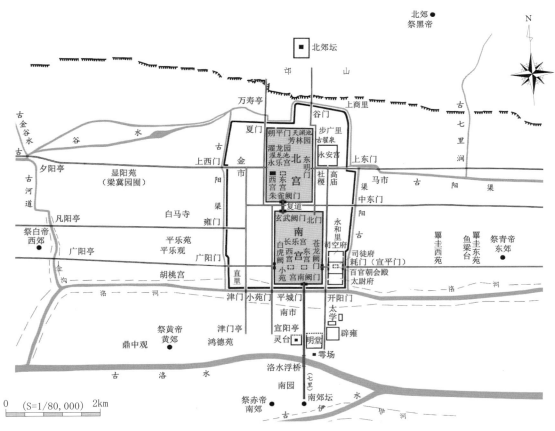

図4 後漢洛陽城の平面形

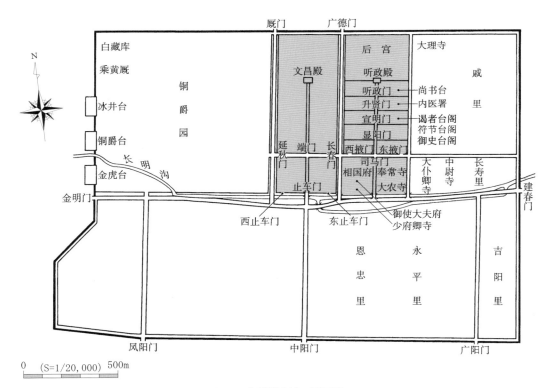

図5 曹魏鄴北城の平面形

第2節　中原都城（秦漢・魏晋南北朝・隋唐・宋）の平面配置　17

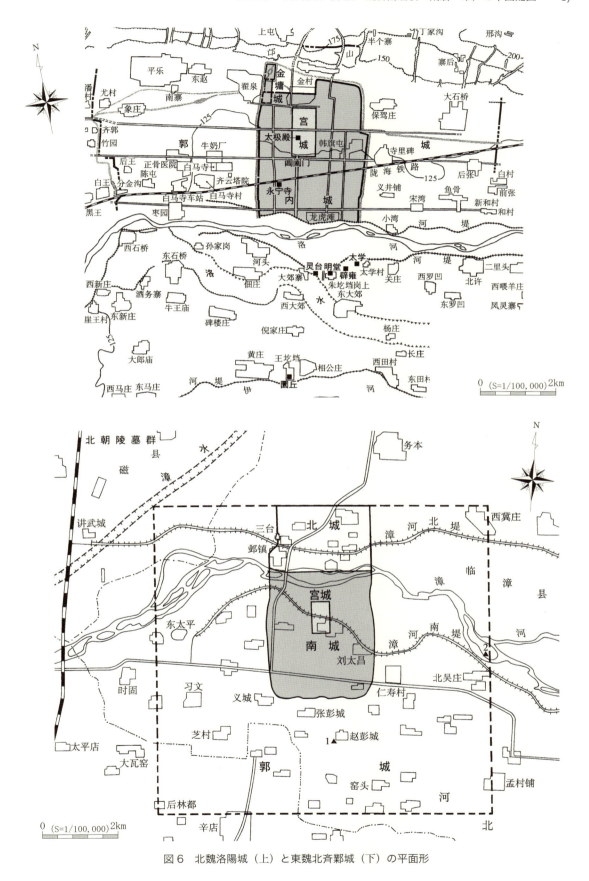

図6　北魏洛陽城（上）と東魏北斉鄴城（下）の平面形

図2］など異なる案も存在する点は注意しておきたい。

　ところで、城内の北西には銅爵三台（氷井台・銅爵台・金虎台）と呼ばれる高台建築群が位置しており、もともとは軍事的な防御施設として造営されたが、銅爵園と併せて重要な饗宴空間として利用されたことが判明している。

(2) 曹魏・西晋・北魏洛陽城（図6上・図7左）

　後漢洛陽城は、曹魏・西晋・北魏の各王朝に継承される。近年の宮城中枢部の発掘調査の進展によって、単一宮城の成立が曹魏まで遡る可能性が指摘され、銭国祥によって精力的な復原が試みられている[銭国祥2019a・2019b・2020・2023]。漢代の北宮跡地に造営された宮城は、東西660m・南北1398mの長方形で、閶闔門・2号門・3号門・太極殿（東西堂）などの中軸上の建物が発掘調査されている。

　一方、内城は後漢代の大城（九六城部分）（図7左）を継承したものだが、内城北西隅には曹魏鄴北城を模倣したとされる金墉城の三城が南北に並ぶ。また、内城内では宮城の西南側の永寧寺[中国社会科学院考古研究所1996a]が発掘調査されている。北魏宣武帝の景明2年（501）には、東西20里・南北15里の規模で外郭城が造営された。外郭城壁は南側が洛河で失われているものの、東・西・北城壁はボーリングと発掘調査で検出されている。洛河の南には四夷里・四夷館が位置し、外郭城内の西側、現在の白馬寺鎮一帯には大市が位置した点が判明している。なお、礼制建築は、古洛水の北側に位置する漢代の建造物が歴代王朝によって沿用された。

(3) 東魏北斉鄴城（図6下・図7右）

　北魏は534年に東魏と西魏に分裂し、東魏・北斉は曹魏鄴北城の南側に「南城」を置き、京師とした[中国社会科学院考古研究所2014・徐光翼2014b]。東魏北斉鄴城の内城（図7右）は、北魏洛陽城を模倣すると同時に、宮殿を解体した上で建築資材を運搬して造営したとされる。東西6里・南北8里60歩とされるが、ボーリング調査の成果で、東西2800m・南北3460mと判明している。北城壁は、鄴北城の南城壁を共有するが、東西城壁に各4門、南城壁に3門が確認されており、特に内城正門の朱明門は連体式双闕門である。内城の中央やや北よりに位置する宮城は、東西460歩・南北900歩とされるが、ボーリング調査で東西620m・南北970mと判明しており、北魏の宮城中枢部と同様の構造に復原されている。近年では、宮城の後寝部分の発掘調査も進んでいる[中国社会科学院考古研究所ほか2023]。

　外郭城の正確な範囲は不明だが（図6下）、朱明門の南1kmでは趙彭城仏寺、外郭城の東端では北呉庄仏教造像埋蔵坑など、城内では仏教関連の遺構・遺物が多く発見されている。東魏北斉鄴城は、基本的には北魏洛陽城の継承であり、単一宮城制、宮城・内城・外郭城の三重圏構造などが引き継がれている点が重要である。

(4) 東晋南朝建康城（図8）

　建康城は、三国孫呉・東晋・宋・斉・梁・陳の各王朝の京師で、現在の南京市に位置する。現在の都市に重複すると同時に、堅固な城壁などは築かれなかったこともあり、その平面形は考古学的に不明な部分が多い。現在までに、文献史料と現地形、考古学的成果を踏まえて朱偰・蒋賛初・羅宗真・郭湖生らが復原を試

第2節　中原都城（秦漢・魏晋南北朝・隋唐・宋）の平面配置　19

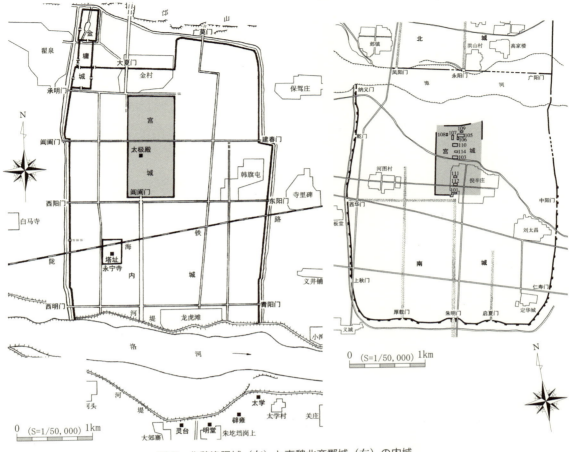

図7　北魏洛陽城（左）と東魏北斉鄴城（右）の内城

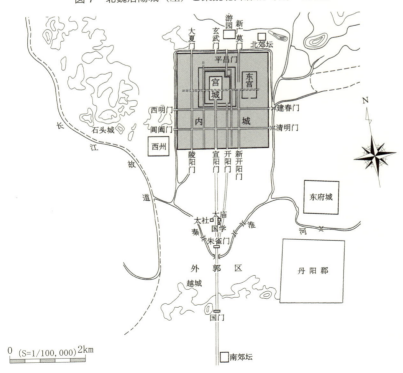

図8　東晋南朝建康城の平面形

みており、研究史も整理されている [郭湖生 2003・賀雲翱 2005]。

考古学的な情報からすると外郭城は明瞭ではないが、東郊の鐘山主峰南麓で大型の「壇類建築」が見つかっている [南京市文物研究所ほか 2003]。また、西側には石頭城も位置する。一方、内城・宮城に関しては考古学的な情報が非常に少なく、文献史料に基づく復原などが行われている。

(5) 十六国北朝長安城（図9）

十六国の前趙・前秦・後秦、および北朝の西魏・北周は、前漢長安城の一部を都城として利用したことが知られている。その様相は不明な部分が多かったものの、前漢長安城北東部分の楼閣台遺跡・宮門遺跡の発掘 [中国社会科学院考古研究所漢長安城工作隊 2008・2023] により、宮城推定地とされるようになった。近年では、考古学的な成果に基づき積極的な復原も試みられている [史硯忻 2023]。

十六国北朝長安城は、前漢の大城を内城として利用しており、北東部の発掘で東西に分かれる宮城構造が明らかになった。西宮（皇宮）、東宮（太子宮）と呼称されている。特に西宮の南城壁には、楼閣台と呼ばれる巨大な基壇がボーリング調査で検出されており、報告では前後秦の太極殿、北朝期の路寝（左右両闕の間が「路門」）の可能性が指摘されている。

3. 隋唐・宋の都城

(1) 隋唐長安城（図10）

隋文帝開皇2年（582）、大興城が前漢長安城の南に造営された。設計したのは宇文愷とされる。文献では、東西18里115歩・南北15里175歩とされるが、実測長は東西9721m・南北8651.7mで周長は36.7kmを測る。東・西・南城壁には、各3門があり、外郭城正門は5門道の明徳門である。宮城（太極宮）・皇城は、中央北詰に位置する。外郭城内には南北11条、東西14条の道路があり、合計110坊（南東部の芙蓉園の2坊を除くと108坊）の「封閉式里坊」が存在する [中国社会科学院考古研究所 2017]。里坊の大きさは、中央4列と左右各4列で異なるが、十字路で分けられた区画を更に十字で分ける16分割が基本とされる。里坊の全体像がわかる事例は存在しないが、青龍寺が位置した新昌坊 [中国社会科学院考古研究所 2015] など、里坊の一部が判明している例もある。外郭城中央の東西には、東市・西市も位置する。唐長安城の外郭城（里坊）については、北宋呂大防の『長安城図』や清徐松の『唐両京城坊考』[徐松撰 1985] などに基づき、構造や尺度、設計などが研究されている。

城内中央北詰に位置するのが太極宮で、文献では東西4里・南北2里270歩と記載されるが、実測値では東西2820.3m・南北1492.1m、周長8.6kmを測る。南の皇城は、南北1843.6mを測る。太極宮・皇城ともに、発掘範囲は限定的で、現在の都市に重複するため、不明な部分が多い。

一方、太宗の貞観8年（634）以降に造営され、高宗・武則天期に整備された北東に位置する大明宮は発掘調査で全体像が明らかになっている [中国社会科学院考古研究所 2007]（本書第4章参照）。なお、東市の北東には、玄宗が太子の時に住んだ「藩邸」が後に興慶宮（東西1075m・南北1250mの範囲）となっている。また、外郭城外の北では方丘、南では円丘が発掘調査されている。

第2節 中原都城（秦漢・魏晋南北朝・隋唐・宋）の平面配置　21

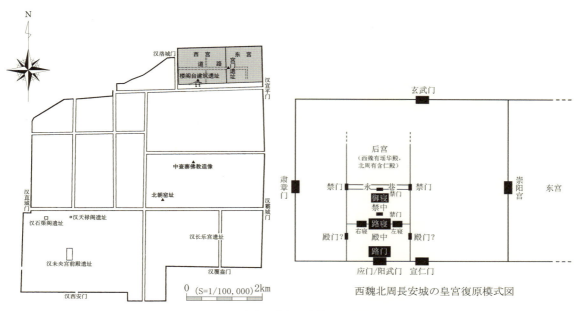

図9　十六国北朝長安城の平面形

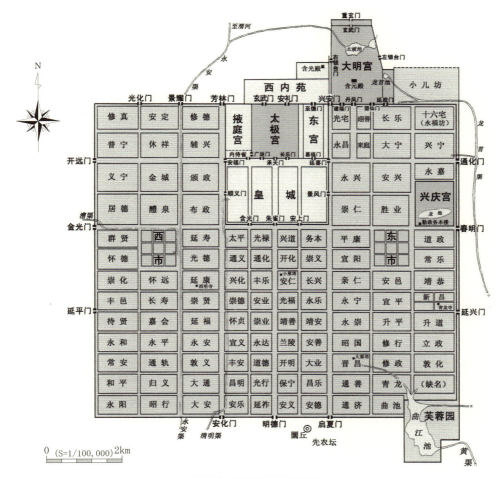

図10　唐長安城の平面形

(2) 隋唐洛陽城・北宋西京洛陽城 (図11)

　隋大業元年 (605)、煬帝の時期にやはり宇文愷によって設計されたのが洛陽城である。ちなみに、宇文愷は28歳の時に大興城、51歳の時に洛陽城の造営に携わったとされており [王樹声 2023]、洛陽城は宇文愷の円熟した段階の設計思想に基づくとされることもある。洛陽城は高宗・武則天期に整備され、特に武則天は東都を神都と改称し、大周帝国の京師となった。北宋期には、西京洛陽城となり、徽宗の時期に宮城の改修などが行われる。このように隋・唐・北宋と栄えた洛陽城は、現在の洛陽市に重複しており、中央を東西に洛河が流れている [中国社会科学院考古研究所 2014]。

　外郭城は方形で、文献にもあるように北が狭く、南が広い。ボーリング調査によると、東城壁長7312m・西城壁長6776m・南城壁長7290m・北城壁6138mを測る。東城壁に3門、南城壁に3門、北城壁に2門が確認されており、外郭城正門の定鼎門は3門道である。外郭城内の里坊に関しては、白居易故地として知られる履道坊の発掘が有名だが、近年では定鼎門周辺の里坊の調査が進んでいる。例えば、定鼎門北側の明教坊・寧人坊が発掘調査されており、それぞれ16分割・24分割と判明するなど里坊に複数の分割方式があった点が判明しつつある。また、定鼎門北東の正平坊では、太平公主宅・国子監・孔廟とされる遺構を検出している。さらに、洛河南の南市の発掘なども進んでおり、隋唐洛陽城の里坊に関しては、今後、発掘報告が公開されていく中で研究が進展するものと思われる [洛陽市文物考古研究院 2022 pp.149-154]。

　宮城・皇城は北西隅に位置し、宮城は北側に玄武城・曜儀城・円璧城が位置し、東西も隔城に囲まれている。宮城正門は、闕を持つ3門道の応天門である。宮城の南には皇城、さらに宮城の北東側には東城・含嘉倉城がある。

(3) 唐宋揚州城 (図12)

　江蘇省の中西部、長江の北岸に位置する揚州城は、中央を南北に貫く大運河によって長江・淮河に接続するようになり、隋の大運河掘削以降、南方の政治・経済的な中心地となった。もともとは、北側に位置する蜀岡の地に、春秋の邗城が置かれており、その後は漢・六朝の王朝がこの城を修築し、そして隋が揚州城 (江都宮) を造営した [中国社会科学院考古研究所ほか 2010・2015]。唐は、隋江都城を子城とし、南側に広大な羅城 (外郭城) を造営した。円仁の著名な『入唐求法巡礼行記』には、唐揚州城の大きさが南北11里・東西7里・周長40里と記載されている。宋代になると、唐羅城の南東部分に宋大城が置かれ、南宋期には北の夾城、蜀岡の宝祐城と併せて三城となった。南宋揚州城は、金に対する防御拠点として機能したと考えられている。

　隋の江都宮は北西の蜀岡にあったが、唐代には子城 (あるいは牙城・衙城とも呼ばれた) となり、揚州大都督府と主要な官衙が置かれた。子城は不整形な長方形を呈し、東城壁長1600m・西城壁長1400m・南城壁長2000m・北城壁長2020mを測る。一方、羅城 (外郭城) は、蜀岡下の平原にあり、東西3120m・南北4200mを測る。南北に6条、東西に14条の道路があり、合計12門が確認されている。

　宋代の大城は、唐羅城の南東部分をそのまま利用しており、東西2200m・南北2900mを測る。東・西・南城壁に各1門、北城壁に2門が確認されている。前述したように、南宋期には更に北側の夾城、蜀岡の宝祐城と併せて三城と呼ばれた。

第2節　中原都城（秦漢・魏晋南北朝・隋唐・宋）の平面配置　23

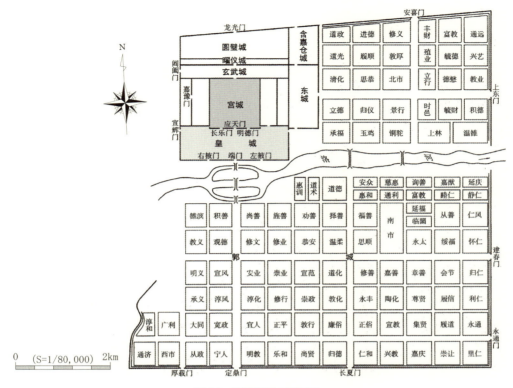

図11　唐洛陽城の平面形

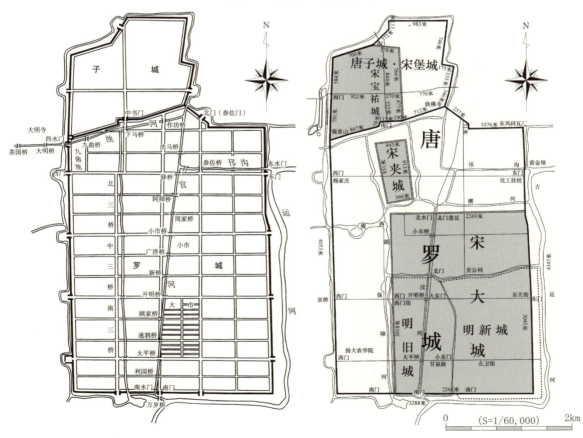

図12　唐代揚州城（左）と宋代揚州城（右）の平面形

（4）北宋東京開封城（図13左）

北宋（960-1127）は、現在の河南省開封市に東京開封城を置き、京師とした。宮城・内城・外城の三重圏構造を特徴とし [劉春迎 2004]、金軍によって陥落してから後は、金の南京として陪都となった。

外城の周長は50里165歩とされるが、実測値は東城壁長7660m・西城壁長7590m・南城壁長6990m・北城壁長6940m、周長は29180mを測る。城門は12基、水門が6基確認されている。外城門にはいずれも瓮城が附帯し、城壁には馬面や敵楼などが見られる。城内には水門を通じて4つの河が貫流しており、非常に水運が発達した都市として知られる。唐長安城・洛陽城などの「封閉式里坊」に対して、外城内は水運による商業の発達により「街巷・街市・廂坊」制へと変化したとされ、元大都の「胡同」制へと繋がる。

外城中央には、内城・宮城が位置する。内城は、周長11550mで、8基の城門、2基の水門がある。一方、宮城（皇城・大内とも呼ばれる）は東西城壁長690m・南北城壁長570mを測り、大慶殿・文徳殿の双軸制、工字形正殿など宮城構造にも大きな変化が見られる。また、宮城正門の闕を有する宣徳門の前には「開放的宮廷広場」が存在しており、後の金中都・元大都などの千歩廊の原型とされる。

（5）南宋臨安城（図13右）

靖康元年（1126）、金によって北宋東京城が陥落すると、南宋は西に西湖、東に杭州湾を臨む北宋期の杭州城を基礎として、1132年に南宋臨安城を造営した。水運によって発達した地方商業都市を基礎とした京師という特殊な背景を持つ都城といえる。

外城はいびつな形状を呈し、西側は西湖に接する。東西長は平均2000m・南北長は7000mほどで、中央に南北に貫通する御街（天街）が位置する。宮城（大内）は、外城の最南端の鳳凰山の東麓に位置する。やはり不整形な長方形でボーリング調査から、東西800m・南北600mとされる。宮城が狭かったため、北側には徳寿宮が造営され、北内とも呼ばれた。宮城の北側で、御街・太廟・臨安府署・仁烈皇后宅などが発掘されている [杭州市文物考古所 2007・2008・2013a・2013b、杜正賢 2016] が、都城の全体像は不明な部分が多い。北宋東京開封城を模倣したとされるが、地方商業都市を基礎としたため、中原の伝統である思想的な空間は表現できなかったと考えられている。

第3節　草原都城（遼・金・元）と明清都城の平面配置

1. 遼の都城

（1）遼上京城（図14左）

遼上京城は、916年に太祖耶律阿保機が造営した都城である。金に滅ぼされた後、1138年には金の北京と改称された。北側の皇城（契丹人の政治・行政空間）、および南側の漢城（漢人・渤海人・回鶻人などの居住区）で構成される [董新林 2019]。

第3節　草原都城（遼・金・元）と明清都城の平面配置　25

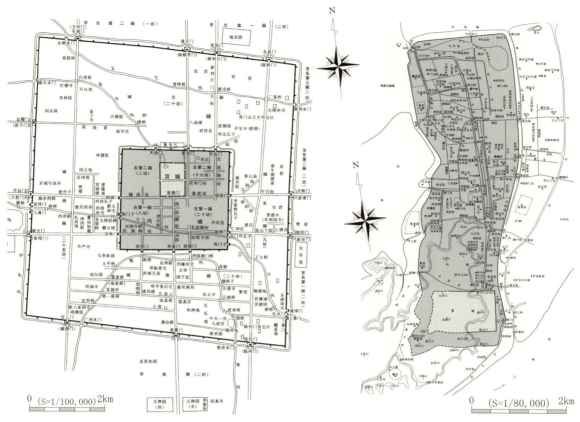

※原図にスケールがないため、地図から縮尺調整。

図13　北宋東京開封城（左）と南宋臨安城（右）の平面形

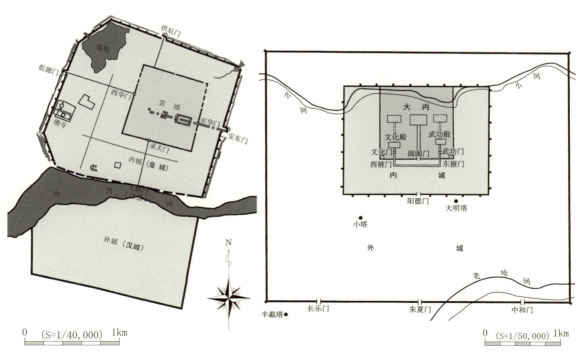

図14　遼上京城（左）と遼中京城（右）の平面形

皇城の南側は沙力河で破壊されているものの、東・西・北城壁は地上によく残存している。東城壁の復原長は 1609m、屈曲を持つ西城壁長は北から 430m・1063m・368m、北城壁長は 1506m を測る。四面の城壁には各1門が確認でき、瓮城が附帯する。城壁には馬面・角楼もある。皇城内では、各城門の道路が宮城に接続しており、城内の西端の最も高所には寺院の西山坡遺跡が位置する。近年では、皇城内の南側に位置する大型院落の発掘調査が進んでいる。

宮城（大内）は、方形で東西 740m・南北 770m を測る。東・西・南門を検出しており、特に東門は殿堂式門で宮城が坐西朝東する点が確定した。宮城正門である東門から西には、東西に並ぶ1～3号院が確認されており、大型の宮殿遺構（1～6号）が検出されている。宮殿はいずれも坐西朝東し、遼代に建造された後、金代に修築された点が判明している。なお、宮城西北部には東西 15 間×南北 3 間の東西棟建物を 10 基検出しており、「排房式建築群」と呼称されている。

南の漢城は、東城壁長 1290m・西城壁長 1220m・南城壁長 1610m を測るが、考古学的な調査が進んでおらず、平面配置などは一切不明である。

（2）遼中京城（図14右）

1004 年の澶淵の盟以降、北宋との交流を重視した遼は、1007 年に中京大定府を置き、陪都とした。金によって陥落してからは、北京路大定府となる。老哈河の北岸に位置し、外城は東西 4200m・南北 3500m、周長 15400m を測る。東南部の一部は、老哈河によって破壊されている。外城正門の朱夏門は瓮城門とされ、内城正門の陽徳門までの約 1400m、幅 64m の中央道路が確認されている。外城の南西部には寺院群が検出されており、特に大型の仏殿遺構が発掘・報告されている [遼中京発掘委員会 1961]。他にも、城内には大明塔・小塔なども現存している。内城は、外城内の中央やや北よりに位置し、東西 2000m・南北 1000m を測る。城壁には 95m 間隔で馬面も残存する。宮城は 1000m 四方の方形を呈するが、調査がされていないため、詳細は不明である。

2. 金の都城

（1）金上京城（図15上）

金は、渤海・遼の「五京制」を継承・採用した。1138 年には、現在の黒竜江省ハルビン市阿城区に上京会寧府を造営し、京師とした。南北二城で構成される遼上京城を模倣した構造とされる。金はその後、燕京に遷都するが、上京城はモンゴルによって滅ぼされるまで機能した。

北城と南城を併せて「曲尺状」と表現されるが、北城は東西 1553m・南北 1828m、南城は東西 2148m・南北 1523m を測る。城壁には、馬面・角楼があり、東面 2 門・西面 3 門・南面 2 門・北面 1 門、合計 8 門が確認されている。城門は基本的に瓮城が附帯し、皇城に対置する南城の南城壁西門が発掘調査で 1 門道と判明している。皇城は南城の西側に位置し、東西 500m・南北 645m を測る。宮城正門の午門の北側中軸上に、5 基の宮殿が確認されている（図15上右）。中でも 4 号宮殿が、最大の工字形正殿である [黒竜江省文物考古研究所 2017]。

金上京城は、遼上京城の外形を継承するが、皇城（大内）は南面し、工字形正殿を造営するなど、中原の

第3節　草原都城（遼・金・元）と明清都城の平面配置　27

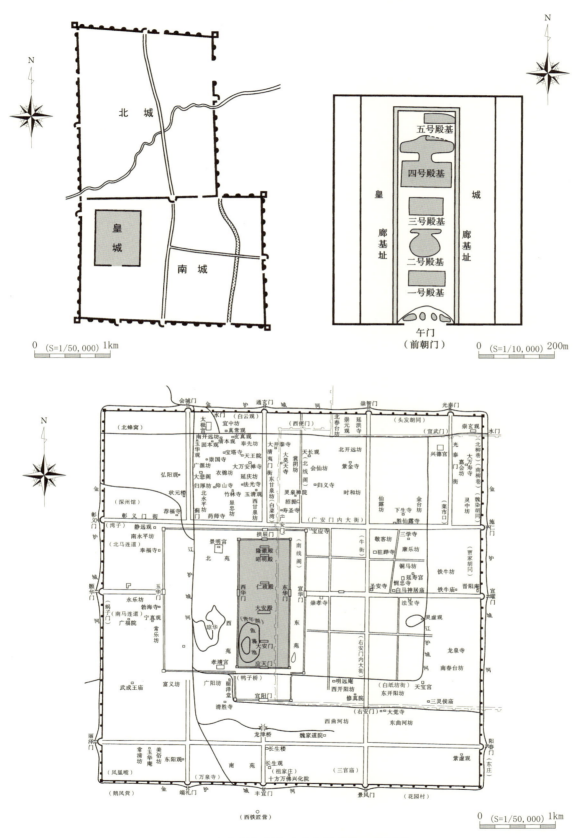

図15　金上京城（上）と金中都（下）の平面形

影響も認められる点が重要である。

(2) 金中都 (図15下)

　金は、遼南京城を 1122 年に陥落させると、1125 年には燕京、1153 年には中都と改称した。金中都は、北京市によって、城壁・水関遺跡などが発掘調査されているが [北京市考古研究院 2023]、全体像は考古学的には不明な部分が多い。遼南京城の構造を継承したとされるが、宮城・皇城などの範囲・構造も不明で、特に文献史料・絵画資料などを基に復原が試みられている [諸葛浄 2016・孟凡人 2019]。

3. 元の都城

(1) 元上都 (図16)

　元上都は、現在の内蒙古自治区錫林郭勒盟正藍旗の草原地帯に所在する。フビライが元を建国して以降、上都・大都・中都が造営されていくことになる。上都は、外城・皇城・宮城の三重圏構造を特徴とする。
　外城は、ほぼ方形で東城壁長 2225m、西・南・北城壁長 2220m、周長は 8885m を測る。外城には馬面・角楼などが見られず、東・南・北城壁に各 2 門、西城壁に 1 門が確認でき、全て甕城が附帯する。外城の西南部には東西方向の道路が検出されており、皇城内の東西道へと連接している。この道路上で、皇城西壁南門の西側に東西 150m・南北 200m の石積み壁で囲まれた院落を検出している。院落の北側では、工字形の宮殿も確認されている。なお、外城外の東・西・南には門外に大小の住居や店舗が位置する「関廂」が延伸されており（北関には「関廂」が存在しない）、都市機能が城外まで広がる点が元上都の特徴である [魏堅 2008]。
　皇城は、外城の東南部に位置し、東城壁長 1410m・西城壁長 1415m・南城壁長 1400m・北城壁長 1395m を測る。外城にはない馬面・角楼などが存在する。東西各 2 門、南北各 1 門で、全てに甕城が附帯する。皇城内の北西隅には乾元寺、北東隅には華厳寺などの大型の寺院が位置する。宮城は、皇城の中央やや北よりに位置し、東城壁長 605m・西城壁長 605.5m・南城壁長 542.5m・北城壁長 542m、周長 2295m を測る。四隅には角楼が位置し、東・西・南城壁上に各 1 門がある。3 方向の門から伸びる道路が宮城内で T 字形に接続しており、その中央北側に正殿である大安閣が位置する。なお、宮城北壁中央には、両翼を持つ闕式宮殿である穆清閣も確認されている。

(2) 元中都 (図17)

　河北省張家口市張北県に位置する元中都は、元武宗カイシャンが 1308 年に造営を開始し、わずか数年後に造営が停止された未完の都城である。元大都が存在する中での短い造営で、京師としての大都を模倣しながらも上都などを継承する草原的な特色を持つ都城とされる [河北省文物研究所 2012]。
　外郭城は、東城壁長 2964m・西城壁長 2964m・南城壁長 2881m・北城壁長 2906m を測る。皇城は、外郭城の中央やや北よりに位置し、東城壁長 927.7m・西城壁長 930.6m・南城壁長 770m・北城壁長 778.34m を測る。さらに中央には宮城が位置しており、東城壁長 603.5m・西城壁長 608.5m・南城壁長

第3節 草原都城(遼・金・元)と明清都城の平面配置　29

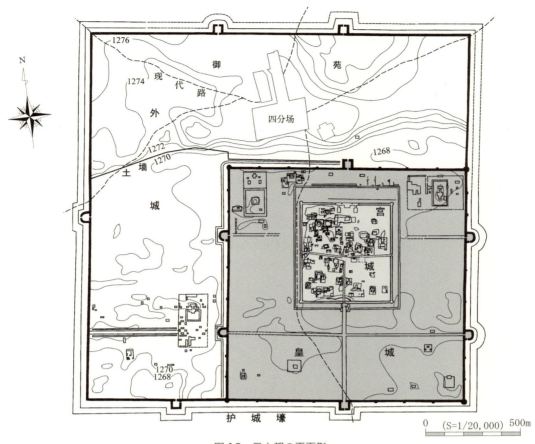

図16　元上都の平面形

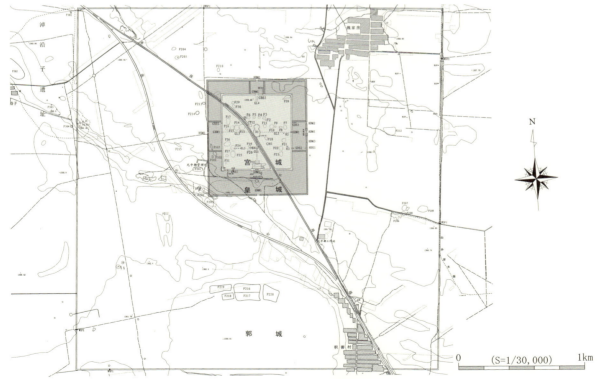

図17　元中都の平面形

542m・北城壁長 548.8m を測る。宮城城壁には角楼があり、各面に 1 門があり、宮城正門は 3 門道である。宮城のほぼ中央に、工字形正殿である 1 号宮殿が位置する。

（3）元大都（図 18）

モンゴルは金中都を陥落させると、元がその北東に大都を造営した。明清北京城に継承される都市としての諸要素は、元大都の時期に基礎が確立された。明清北京城の下層に遺構が存在すると同時に、現在の首都と位置が重複するため、考古学的な調査は難しく、発掘範囲は限定されている [中国科学院考古研究所ほか 1972・中国社会科学院考古研究所ほか 2024]。しかし、文献史料・絵画資料、あるいは現存する遺構など資料も豊富で、多くの復原研究が蓄積されてきた [趙正之 1979・傅熹年 1993・郭超 2016・徐斌 2022]。

外城は、東城壁長 7590m・西城壁長 7600m・南城壁長 6680m・北城壁長 6730m、周長 28600m を測る。城壁には、馬面・角楼がある。東・西・南城壁上に各 3 門、北城壁上に 2 門、合計 11 門が確認でき、全てに甕城が附帯する。城内には縦横の街路で区画された坊内に東西方向の「胡同」が位置する。外城は、東西壁中門（西の和義門・東の崇仁門）を結ぶ道路で大きく北と南に分かれており、「両城制」と呼称されることもある。南側は宮城・皇城などの政治・行政の中枢を含むと同時に、多くの胡同が位置する都市住民の居住地だが、北側は大きな「後背空間」となっている。また、外城内には巨大な「積水潭」を造営するなど、モンゴル族の居住した草原地帯での空間が表現されたと考えられている。後述する大内の空間も特徴的で、モンゴル族の生活習俗が反映された都城とされる。

皇城は、外城の南側に位置する。外城南門の麗正門より北には左右の千歩廊が宮城正門の応天門まで続き、T 字形の宮廷広場が作りだされている。蕭壁に囲まれた皇城（大内）には、様々な官署が位置した。また、宮城の西側には太液池が位置し、その西側には隆福宮・太子宮・興聖宮が所在し「西内」と呼ばれた。宮城の北側には、御苑もある。宮城は中軸上に位置し、東西 742.8m・南北 951.71m を測る。宮城正門は 5 門道の闕門である崇天門で、その北側には工字形正殿である「大明殿建築群」、さらに北側には「延春閣建築群」が位置している。

4. 明清の都城

（1）明中都（図 19）

明初に太祖朱元璋が、出身地である安徽省鳳陽県に造営した都城が中都である [王剣英 2005・孟凡人 2013]。外城は、東城壁長 6170m・西城壁長 7470m・南城壁長 8965m（屈曲部を含む）・北城壁長 7760m、周長 30365m を測る。各城壁に 3 門、合計 12 門が確認できる。皇城（宮）は、中央やや南西よりに位置し、その周囲には「禁垣」がある。外城南正門は洪武門で、禁垣正門の承天門、宮城正門の午門が中軸線となる。外城外の南に円丘、北に方丘を置く。宮城は、文献では周 6 里とされ、各城壁に 1 門の合計 4 門、城壁には馬面と角楼を持つ。宮城正門の午門は闕門で、中央 3 門道と左右傍道 2 門道で合計 5 門道である。宮城中央には、正殿の奉天殿が位置する。中都は、明が最初に造営した都城であり、後述する明南京城の模倣対象になった都城とされている。

第3節 草原都城（遼・金・元）と明清都城の平面配置　31

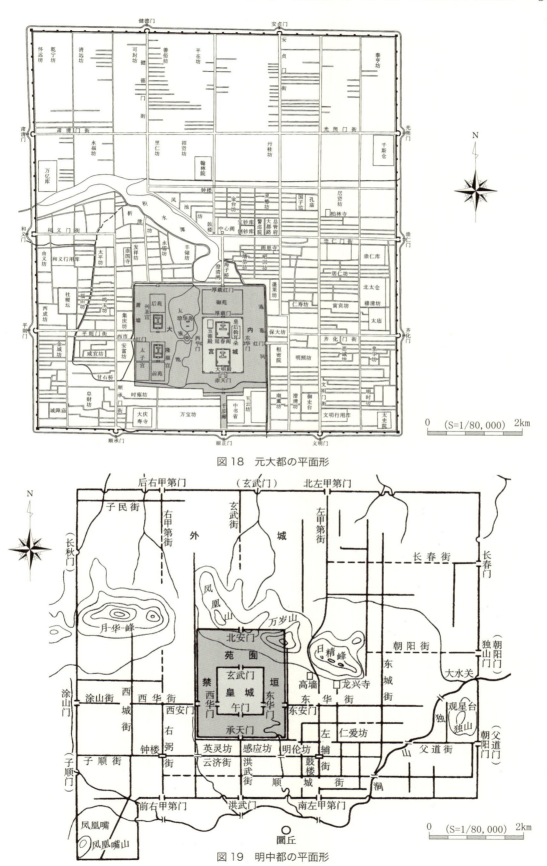

図18　元大都の平面形

図19　明中都の平面形

32　第1章　中原都城から草原・明清都城へ

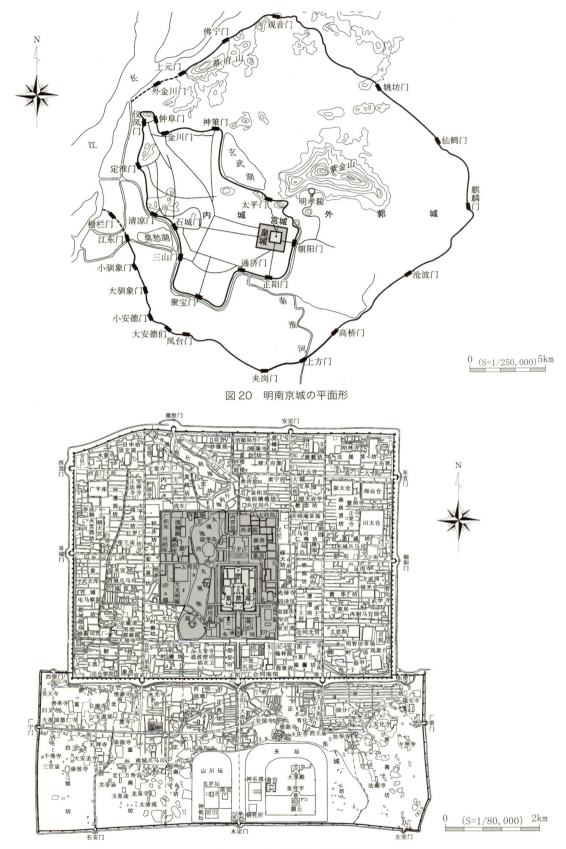

図20　明南京城の平面形

図21　明清北京城の平面形

(2) 明南京城（図20）

　南朝の建康城は、現在の南京市、玄武湖の南側に中軸を置いていたが、明はその東側に宮城・皇城の中枢を置き、南京城を造営した [孟凡人 2019]。東晋南朝建康城と同じく、現在の都市部と重複するため、考古学的な情報は断片的である。

　（図20）のように、非常に広い範囲に不定形な外郭城・内城を置く。外城には合計16門、内城には合計13門が確認でき、特に内城南中門の聚宝門が「内甕城」の事例として著名である。皇城・宮城は内城の東に位置しており、内城南東門の正陽門から皇城正門の承天門までの左右に官庁が配置される。宮城正門の午門前の東西には、左に太廟、右に社稷を置く。宮城中央には、正殿である奉天殿が位置する。

(3) 明清北京城（図21）

　靖難の変に勝利した燕王朱棣が永楽帝として即位すると、北京を京師とした [新宮学 2021]。元大都を基礎とする都城の造営が進み、宮城・皇城・内城の三重圏構造に加えて、南郊の天壇・先農壇を城内に取り込む外城が造営され、清北京城へと継承されることになる。清末まで残存していた城壁・城門の配置 [張先得主編 2003] などから全体が復元されており [候仁之主編 1998]、紫禁城 [劉暢 2009] や天壇 [王貴祥 2009] といった個別要素の分析や、明清期の北京という都市自体が持つ思想的・象徴的な意味を追求する視点 [村松 1998・新宮 2023][朱剣飛 2017] など、膨大な研究が蓄積されている。ここでは、平面構造を中心に整理する。

　前述したように元大都は、外城東西中門を結ぶ道路で北城と南城に大きく分かれていたが、南城部分までを範囲として明内城は造営された。文献史料では、内城の周長は40里とされ、後述するように嘉靖年間に南側に周長70里の外城が附加された。内城の実測値は、東城壁長5330m・西城壁長4910m・南城壁長6690m・北城壁長6790mを測る。城壁には馬面と角楼があり、東・西・北城壁に各2門、南城壁に3門、合計9門が確認できる。城内の各坊には、元大都を継承した東西方向の胡同が発達した。内城のほぼ中心には、元大都を継承する形で皇城、宮城（紫禁城）が位置する [新宮 2008]。

　明の嘉靖年間には、内城の南側に東西7950m・南北3100mの外城が造営された [新宮 2014]。内城と外城を合わせた平面形は凸形を呈し、その形状から「帽子城」とも呼ばれた。外城の造営によって、天壇・先農壇は城内に取り込まれたが、東の日壇、西の月壇、北の地壇はそのまま城外に位置することになった。明代までに完成した北京城の平面形を満州族である清が継承・発展させていくことになる。

第4節　中原都城から草原・明清都城へ

1. 中原都城の構造的特色と周辺国への影響

　第2・3節では、中原都城・草原都城・明清都城の平面形を提示し、各都城の特徴を整理した。第4節では、4つのトピックを設定して、考察を加える。まずは、中原都城の構造的特色、および唐代における周辺国への影響に関してまとめる。

　隋大興城・洛陽城は、唐に繋がる都城の原型で、京師・陪京（陪都）という違いはあるが、ともに宇文愷 [王

34　第1章　中原都城から草原・明清都城へ

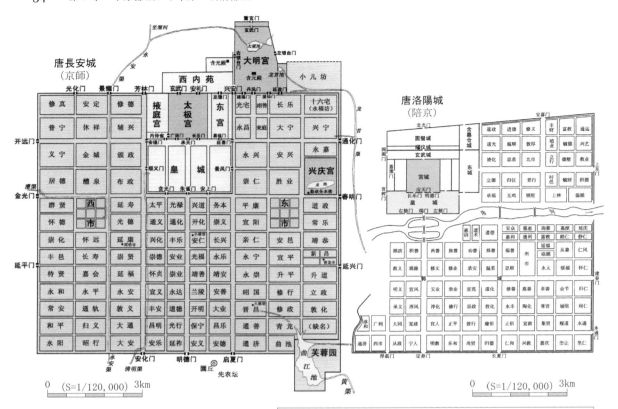

【外郭城】
・唐長安城と渤海上京城は各里坊が長方形、唐洛陽城と日本平城京は方形の平面形を基本とする。
・里坊は東西4分割、南北4分割の合計16分割が基本だが、近年の洛陽城の発掘では東西4分割、南北6分割の事例も確認されており、分割方式が複数ある点が判明している。
・唐長安城、唐洛陽城の複合的な要素が渤海、日本に影響を与えた点が推定できる。

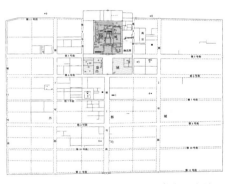

【皇城】
・内城空間において、宮城の南に位置する。
・宮城と皇城は、漢代の内城空間の中にともに内包される空間。
・内城の中心に閉鎖的な宮城が位置するのが通常で、皇城は独立空間ではない。日本平城宮も基本的には同様の構造を呈する。

【宮城】
・皇帝権力を象徴する空間である宮城を中心として「重圏的」な空間が構成される。
・内城のほぼ中心に位置する宮城正門が、皇帝権力と臣下・民衆との接点として、儀礼空間となる。

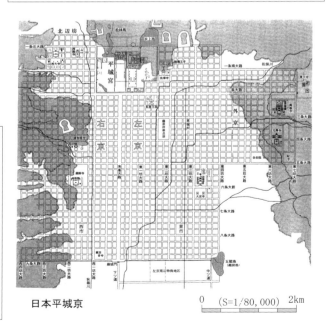

図22　唐長安城・洛陽城の影響力

第4節　中原都城から草原・明清都城へ

樹声 2023] による設計とされる。近年の発掘調査では、両京ともに高宗・武則天期にかけて外郭城が本格的に整備されていく点が判明しているが、そもそも隋（581-618）・唐（618-907）は、合わせて 326 年に及ぶ王朝であり、特定時期の都城の姿を復原・把握することすら非常に困難である。ここでは、考古学的成果に基づく復原図（図22）を基にして、渤海・日本との関係性について整理する。

（図22上）の唐長安城・洛陽城の構造的・地理的・機能的差異は、多くの論者によって議論されてきたところだが、馬得志が端的に整理している [馬1983]。唐王朝が造営した都城の東アジアへの影響力という点に関していえば、学史的には関野貞が唐長安城・日本平城京の関係性を指摘 [関野1907] して以降、唐長安城の存在が常に強調されてきた。例えば、井上和人や王維坤は、平城京の模倣対象として唐長安城を想定し、「引き移し」[井上2008]「唯一の藍本」[王1997] などの言葉でその影響力を強調している。渤海上京城（図22下左）も同じく唐長安城の強い影響力が指摘されている [黒竜江省文物考古研究所2009]。もちろん、唐王朝の京師として唐長安城の影響力が最も大きかった点は確かだが、宿白が古くに指摘した通り、唐洛陽城の方形里坊などが日本都城へ影響を与えた可能性も無視はできない [宿白1978]。他にも日本都城は平城京など、東西よりも南北に長い平面形を特徴とする（図22下右）が、唐王朝の都城としては遣唐使が滞在した揚州城が南北に長い都城である点（図12左）が注目できる。以上のように、唐代都城の周辺国への影響を考える時、唐長安城の存在だけでは理解できない要素が見られるのは確かである。このように、唐王朝の造営した都城の周辺国への影響を考える時、まずは都城の情報がどのような経路で、どのような方法で伝播したのか、を考える必要がある。

結論を先に述べると、本書第4章の「正殿の東アジアへの伝播」の部分でも論じたように、周辺国にとっての都城の情報は、各国が唐に派遣する使節が持ち帰る情報に基づいていると考える。唐王朝が各国に都城の構造に関する要求をしたわけではなく、地図や設計図などが各国にもたらされたのでもない。あくまでも周辺国が使節を通じて得た総合的な情報を集約し、それを自国の統治体制に合致するように主体的に唐の思想を解体・再編成して、都城を造営したものと考えている。ここでは、日本の遣唐使を例に考えてみたい。まず、20年に一度派遣される遣唐使は、判明しているルートから、揚州城→洛陽城→長安城の順序で人数が徐々に制限されながら、訪問したものと思われる。遣唐使たちが実際に滞在した都城の様相が、「総体として唐王朝が造営する都城の情報」となり、日本にもたらされた可能性が高いと考える。ただし、その場合においても、各回の遣唐使の役割・内容も異なるため、当然ながら接する情報も毎回異なっていたはずである。例えば、武則天が神都洛陽を京師と定めていた時期に派遣された大宝の遣唐使は、必然的に洛陽城の情報を多くもたらした可能性が高い。さらには、派遣される遣唐使船の乗員の多くが揚州城に滞在することから考えても、日本の使節にとって揚州城は最も情報量が豊富な都城だったと思われる。このように、唐王朝の京師としての長安城はもちろん強く志向しながらも、実際には遣唐使がもたらす唐王朝が造営する各都城の総体的な情報に基づいて、日本の都城が設計された可能性が高いと考えられる。

このように考えると、井上和人が想定するように、平城京を 90°回転させると唐長安城の 4 分の 1 となるようなイメージ [奈良文化財研究所編2010 p.26] の発想が設計の根底にあったのではなく、あくまでも正使である遣唐使が持ち帰る個別的な体験の情報が蓄積されることによって生まれた「唐王朝の都城としての総体的な要素」に基づき、天皇を中心とする日本の支配体制の中でそれらの情報を思想的に再構築しているという設計方法が実態に近いと考える。正門（第3章）・正殿（第4章）など、遣唐使が参加した実際の儀礼空間の模倣状況、あるいは外郭城の平面形や里坊の構造などの部分的な模倣、唐王朝の京師として最も重要な長安城の礼制建築が模倣されていない点、など考古学的な情報を総合的に判断すると、外交的手段を用いた情報の取得・蓄積が、日本都城の設計における基本だったと思われる。

以上のような都城の「伝播過程」を想定するのであれば、「祖型探し」によって特定都城を模倣対象として断定してしまうよりは、唐王朝が造営した都城（長安城・洛陽城・揚州城など）を要素毎に丁寧に整理した上で、国際的な比較を行う方法（まさに宿白が示した方法論）が有効なのではないかと考える。今、唐王朝が造営した都城に共通する顕著な特徴を列挙すると、以下のようになる。

①外郭城正門を中軸とし、対応する外郭城北詰に内城（宮城・皇城）を配置する。
②宮城正門（日本では大極殿閤門）を内城のほぼ中央に置き、その前面を儀礼空間として整備する。
③東西南北の道路で囲繞される里坊を、東西南北の坊門と十字路により基本的に16分割する。

以上の特徴を持つ都城が唐代の周辺国に伝播し、東アジアの広域で「共通の様式」を生み出している点こそが重要である。本書では、これらの「様式」が共通する都城を比較研究の対象とし、正門・正殿など個別の要素に分解して分析する。

2. 中原都城から草原都城への変化とその意義

（1）中原都城の発展－北宋東京開封城の意義－

前述した唐代都城の基本的な要素は、魏晋南北朝の都城、特に曹魏・西晋・北魏洛陽城で達成された変化である [銭国祥 2016]。漢魏洛陽城で生まれた特徴をまとめると、以下となる。

①単一宮城制の成立。
②内城空間（宮城＋後の皇城）の成立。
③内城前面における官庁の集中配置（後の皇城空間の成立）。
④宮城正門の儀礼空間化。
⑤南郊礼制建築と宮城を結ぶ中軸線の成立。
⑥外郭城（封閉式里坊）の成立。

これらの様相は主に漢魏洛陽城で達成され、隋唐期の都城に至り、定式化する（図23①上）。唐長安城・洛陽城は、魏晋南北朝で発達した要素を統合した思想空間としての「一つの完成形」[妹尾 2001] である点は間違いなく、東アジア各国に与えた影響も前述した通りである。しかし、都城の発展史上では唐代都城も過渡期に過ぎず、北宋東京開封城では、さらに大きな変化が認められる。その要素をまとめると、以下となる。

①内城空間の変化。宮城・皇城は南北ではなく、「回字形」とも呼ばれる構造へと変化する。ここでは「重圏型」と呼称しておく。都城は宮城・皇城・外城の三重圏構造となり、明清期まで継承される。
②宮城構造の変化。宮城内は東西の双軸構造（中央軸は大慶殿・西軸は文徳殿を中心とする。金中都・元大都では南北構造へと転換する）となり、正殿には工字形宮殿が採用され、やはり、明清期まで継承される。
③宮城正門の宣徳門から皇城（旧城）正門の朱雀門までの御街が公共空間として発達 [久保田 2014] し、金・元の千歩廊へと繋がる。

④商業の発達。城内に流れる4つの河川によって都市空間が大きく変化し、唐の「封閉式」里坊から「街巷式」里坊と呼ばれる開放的な街区へと変化する。

このように整理すると、都城を通時的に見た場合、後の時代へ与えた影響という点において北宋東京開封城は最も大きな画期といえる都城である（図23①下）。つまり、同時代の周辺国に与えた国際的な影響という点において唐長安城・洛陽城の存在は大きかったものの、後の時代に与えた「都市」としてのインパクトとしては北宋東京開封城の方がはるかに大きかった点を読み取ることが出来る。

(2) 草原都城の意義

一方、北宋（960-1127）と同じく金に滅ぼされるまで、北方の草原地帯で宋と対峙した遼（916-1125）は、太祖耶律阿保機の時期に上京城を造営した（図14左）。契丹族の政治・行政の中枢として坐西朝東する北の皇城、漢人・渤海人・回鶻人の居住区とされる南の漢城、二城が連接する「日字形」都城である[董新林 2019]。この連接現象は、遼の「南北官制」など二元的な統治を象徴するものとされるが、北方草原地帯において都城の連接現象が生じている点に注意しておきたい。本書の第2章で分析した唐安西四鎮の1つである唐砕葉城は、679年に王方翼によって城壁が造営されたが、もともと存在するソグド人都市のシャフリスタンの東側に連接する形で都城が造営された。遼上京城は皇城が東面するため南北に連接するが、シャフリスタンと唐砕葉城はともに南面するため東西に配置された。ここでは、遼上京城を「南北連接型」都城、唐砕葉城を「東西連接型」都城と呼称しておく。注目すべきなのは、草原地帯の「南北連接型」都城、西域シルクロード都市の「東西連接型」都城、それぞれの連接現象が異なる民族的・文化的集団の接触によって生まれている点である。この点については、後述する元大都の革新性の部分で議論を深めたい。

さて、「南北二城制」を特徴とする上京城を造営した遼だが、1004年の壇淵の盟より後は、中原との交流のために草原地帯と農耕地帯の境界地域に、北宋東京開封城の「重圏型」の影響を強く受けた中京城（図14右）を造営する。一方、遼・北宋を滅ぼした金は、当初、遼上京城の「南北連接型」都城を東北地方で再現する（図23②上）が、中原地域を支配下におさめていく中で、遼南京を金中都と改名し、やはり「重圏型」都城を採用してくことになる。続く元は、フビライの時期の上都では、草原的な色彩を強く持つ都城を造営している（図16）。上都の外城の北側には氈帳などの移動式住居を設置できる広大な空閑地が広がっており、外城の東・西・南門外には関廂などの特徴的な空間が広がる。皇城の北東・北西隅の仏教寺院などもモンゴル族の信仰を示す特徴といえる。しかし、宮城の中枢部では、もともと北宋の熙春閣として建造された七層とされる楼閣建物[馮恩学 2008]を正殿（前殿）として移築しており、宮城北壁には唐長安城大明宮含元殿を復古的に表現したと思われる闕式宮殿（穆清閣）を造営するなど、中原都城に対する強い志向性も認められる。これらの現象は、中原で発達した都城の思想的背景が、全く異なる文脈の中で草原地帯において具現化された点を示している。その後、元は金中都の北東に新しく造営した大都によって、本格的な中原都城に系譜を持つ「重圏型」都城を採用することになる。

(3) 元大都の革新性－文化的・民族的「接触」による「相克」と新しい様式の成立－

元大都は、中国都城における都市空間の発展上、北魏洛陽城・北宋東京開封城に次ぐ大きな画期である（図23②中）。もともと中国都城における外郭城は、鮮卑族拓跋氏が造営した北魏洛陽城で最初に導入された（図

38　第1章　中原都城から草原・明清都城へ

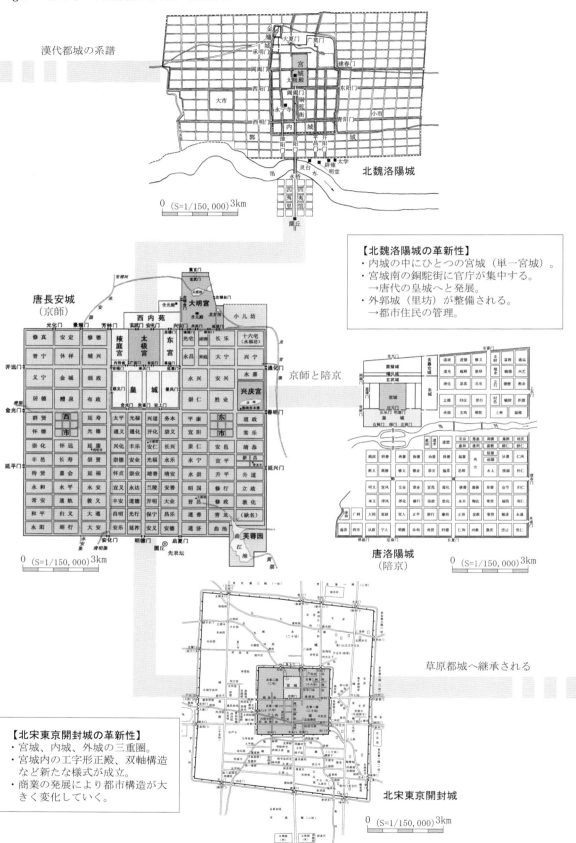

図23　中国都城の発展からみた唐代都城の位置①

第4節 中原都城から草原・明清都城へ 39

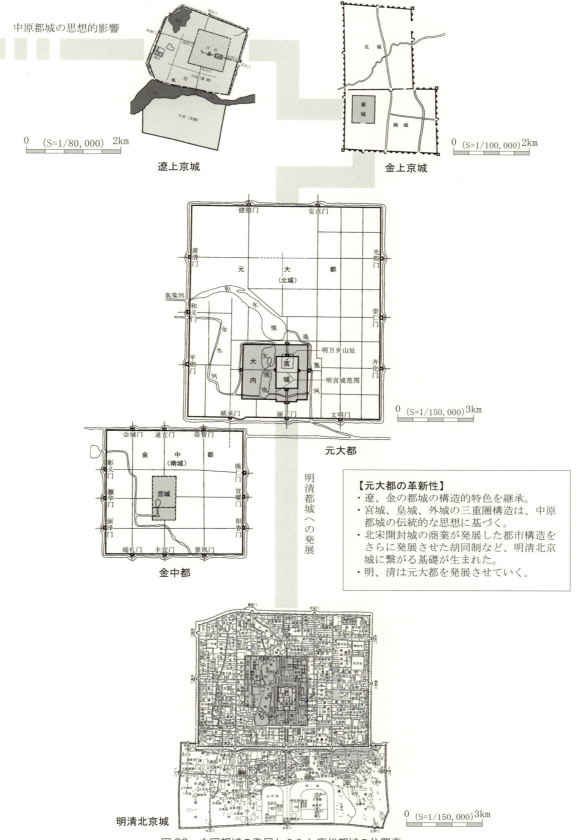

図23 中国都城の発展からみた唐代都城の位置②

6上)。朴漢済は北魏の里坊制に関して、北魏の支配層が中原を支配する中で、多くの漢人を中心とする都市住民を統制・管理するための手段と位置付けた [朴1991]。このような都市空間の変革は、前述した西域シルクロード都市の「東西連接型」都城、草原地帯の「南北連接型」都城と同様、異なる文化的・民族的特徴を持つ集団の接触による「矛盾」や「相克」によって出現している点が注目できる。朴漢済の「胡漢体制」も同様の認識に基づくもので、接触・相克により「二つの要素が混ざり合ってモザイクされた第三の姿に変化していった」[朴1991 p.61]と指摘するように、どちらかがどちらかを吸収するのではなく、接触によって新しい様式が生み出されていく点が重要だと考える。都城の「連接現象」、あるいは「都市空間の革新」は、文化的・民族的「接触」とそれによる「相克」という歴史的文脈の中で、異なる形として発現したのである。

　ところで、朴漢済が北魏洛陽城において、北魏の遊牧民的特色を中原都城の内部で再現したものとして「北宮後庭」[朴1991 pp.89-90]の要素を指摘している点も重要である。これは、内城最北端の中央に宮城を置き、その北方に庭園などの「空閑地」を確保する様式を指す。このように、中原都城の思想的空間を継承しながらも、民族的な風習を反映させる現象は、元大都でも顕著に認められる。最近では、『中国考古学－宋遼金元明巻－』でも「元大都的城建規劃」[中国社会科学院考古研究所 2023 pp.265-273]として整理されている。元大都は（図18）にあるように、外城西壁中門の和義門と東壁中門の崇仁門を結ぶラインで大きく北城と南城に分けられる。南城には中央に宮城・皇城が位置し、その東西には太廟・社稷、あるいは多くの胡同で構成される都市空間が広がる。一方、北城は氈帳などモンゴルの組立式移動住居が設置できる広大な空閑地となっており、「積水潭」なども含め、モンゴル族の「逐水草而居」の生活習慣に基づく空間が再現されていると言われる。大内、すなわち内城・皇城内部の空間も特徴的で、宮城の北側には御苑、西側には太液池、さらにその西側には西内の諸宮が位置しており、やはりモンゴル族の王宮のあり方が反映されたと考えられている。ところで、元大都にモンゴル的な要素が反映されたという考え方は、1934年に発表され、後に改稿された村田治郎の「元・大都における平面図型の問題」[村田1981 pp.309-338]で、既に指摘されていた論点である。村田はモンゴルの「オルドゥ」（宮殿・陣営などの意味、移動住居群で構成されるモンゴル族の行宮）の建築様式が大都に反映された点を早くから指摘していた。オルドゥはもともと「中央」を意味しており、権力者に通じる南側を開かれた空間とし、その東西に一般居住地が広がる構造を特徴とするが、これらは元上都（関廂など）・元大都南城にも共通する構造である。また、元大都の南城東西では、商業の発達によって、北宋東京城の「街巷制」をさらに発展させた「胡同制」が発達する点も重要である。北魏洛陽城と同じく異なる民族的・文化的集団の接触によって、都市空間で新しい様式が成立している点が確認できよう。

　ここまで議論したように、北魏洛陽城の外郭城・元大都の胡同制などの都市空間の新たな様式の成立は、唐代西域都市・遼代草原地帯で見られた都城の連接現象と同様の歴史的背景の中で、異なる形で現出した現象と考えることが可能である。すなわち、歴史空間としての都城は、各時代の皇帝権力を隔絶する役割を果たすと同時に、異なる階層、あるいは異なる文化的背景を持つ集団を相互に連接する役割を果たしたと考えることができる [城倉2017 pp.50-51]。

3. 都城の完成形－明清都城の構造的特色－

　明は当初、中都（図19）、南京城（図20）を造営したが、永楽帝は元大都を基礎として北京城を造営した。前述した元大都の南城を中心とすることで、内城中央やや南寄りに宮城が位置する「重圏型」都城となった。内城の東西には日月壇、北には地壇、南には天壇などの礼制建築が配置され、宮城正門の南左右には宗廟・

社稷が配置されるなど、中原都城の伝統的な思想空間が継承された（図21）。

明の嘉靖年間には南側に外城が造営され、清朝まで続く北京城の平面形が完成した。明清北京城は、モンゴル的な要素が見られる元大都を基礎としながらも、明らかに北宋東京開封城の「重圏型」の都城をモデルにしている点がわかる（図23②下）。宮城正門である闕門の午門は、皇帝権力と臣下・民衆の接点として変わらぬ重要空間ではあるものの、金中都、元大都、あるいは明中都で発達した皇城正門（承天門）前の千歩廊の「T字形宮廷広場」が、左右に重要官庁を配置する空間として発展した点も注目できる。

4. 唐代都城の歴史的位置

ここまで中国都城の平面形を通時的に整理してきたが、（図23）にまとめたように中国都城の都市としての画期は、以下の大きく3つが認められる。すなわち、①北魏洛陽城における外郭城（封閉式里坊）の出現、②北宋東京開封城の街巷制への変化、③元大都における胡同制の成立、の3つの画期である。本書が中心的な分析対象とする唐代都城は、思想的な空間として同時代の周辺国などに大きな影響を与えたのは確かだが、あくまでも都城の発展史上の一つの過渡期に過ぎず、むしろ明清期まで繋がる都城の様式が成立したのは北宋東京開封城の段階である。この点は、北宋が黄河中流域の中原を京師とした最後の王朝であった点、その様式が遼・金・元の北方に展開した王朝の造営した都城の規範となった点などに理由がある。

特に、東アジア都城の比較研究という分野においては、唐長安城、あるいは唐洛陽城を大きな画期、思想的な完成形として強調してしまいがちだが、あくまでも中国都城の発展史上に客観的に位置付けつつ、周辺国への影響なども考えていく必要がある。例えば、唐王朝の都城の様式として重視されてきた要素、宮城・皇城の位置、宮城正門と結びつく含元殿型正殿、封閉式里坊などは、後の時代に継承されておらず、規範となり得る要素ではなかったことになる。

このように考古学的な分析の原則に基づいて都城を個別の要素に分解していくと、個別の要素はあくまでも大きな流れの中で変遷する要素に過ぎない点が判明する。要素の集合体としてのセット関係である特定都城の「様式」を固定的な完成形として把握し、その「様式」総体での伝播という視点でのみ東アジア都城を比較していくのであれば、非常に硬直的な議論に陥ってしまう可能性もある。だからこそ、都城の国際比較の分野において特定都城の「祖型探し」をする作業に大きな意味を見出すことが出来ないのである。考古学的な分析に関していえば、やはり、個別要素の丁寧な比較こそが、迂遠に見えても都城の展開過程の歴史性を追求する近道だと考える。

おわりに

本章では、秦～清代までの各都城の平面形を提示した上で、中原都城から草原・明清都城へという枠組みの中で通時的な整理を行い、唐代都城の歴史的位置を考えた。最後に、考察でまとめた論点を中心に、以下で結論をまとめておく。

①中国都城の通史的視点での研究を整理し、都城の比較研究における通時的分析の重要性、唐までの変遷に加えて遼・金・元への変遷に着目する重要性、考古学的な視点を設定することの重要性を確認した。

②外郭城・里坊の研究史を整理し、今後の「都市研究」としての都城研究の発展の可能性を予察的にまとめた。

③本書のコンセプト、分析対象、分析方法、概念・定義を整理した。中原都城・草原都城・明清都城の枠組みを説明し、特に都城の重圏構造、連接現象について考察を深める点をまとめた。

④第2節では中原都城、第3節では草原・明清都城の平面形を提示し、説明を加えた。

⑤唐王朝の造営した都城が、周辺国に伝播するのに際しては、特定の都城が完全な模倣対象となったわけでなく、公的な使節が持ち帰る長安城・洛陽城・揚州城などの総体的な情報が基本となった点を論じた。周辺国は、思想空間としての都城を、自国の支配体制に合致する形で設計し直した可能性が高い。

⑥唐王朝の造営した都城として、3つの要素（中央北詰に宮城・皇城を配置する点、内城中央の宮城正門が儀礼空間として発展する点、里坊が16分割されるのが基本である点）を整理した。

⑦唐代都城では、魏晋南北朝で発展した個別の要素が一つの完成形として統合された点に意味があるものの、続く北宋東京開封城において、後の時代に続く都城の様式が成立した。

⑧遼は、遊牧民と農耕民の二重統治体制に基づく「南北連接型」都城（上京城）を造営した。これは、唐代西域シルクロード都市でも見られる「東西連接型」都城（唐砕葉城）とも共通する現象で、文化的・民族的に異なる集団が接触する際に生まれる点を整理した。遼上京城の「南北連接型」都城は、金上京城にも継承されるが、金は中原地域の支配を進める中で、北宋東京開封城の「重圏型」都城を採用していった。

⑨北魏洛陽城では、鮮卑族拓跋氏の民族的な特徴が宮城に反映されると同時に、都市住民の統制・管理という文脈において外郭城が成立した。これらの現象は、元大都にも認められ、オルドゥを再現した南城構造や北側に空閑地を持つ北城構造などが注目される。また、元大都における都市空間の革新＝胡同制の成立など、都市空間の新しい様式の成立が前述した都城の連接現象と同じ文脈で生じた点を指摘した。

⑩明北京城は、元大都の南城部分を基礎とすることで、北宋以来の「重圏型」都城を造営した。

⑪中国都城の都市空間としての画期は、大きく3つである。すなわち、北魏洛陽城における外郭城の成立、北宋東京開封城における街巷制への転換、元大都における胡同制の成立、である。唐王朝が造営した都城は、周辺国への伝播など国際的な影響力は大きかったが、あくまでも都城発展史上の過渡期に過ぎず、歴史的には北宋東京開封城の方が後世に与えたインパクトは大きい。考古学的な分析では、都城を各要素に分解し、それぞれの要素を丁寧に比較検討することが重要で、特定の都城を唯一のモデルとして考える「祖型探し」には、あまり意味がないと考える。

以上が、第1章の結論のまとめである。本章は、衛星画像のGIS分析に基づく外郭城・里坊の分析を試みた前稿[城倉2017]を、本書の導入として大きく書き改めたものである。そのため、分析の対象となるPleiades衛星画像についてはカラー図版として分離して提示し、本文では都城の平面形の変遷に関する意義を整理することに集中した。なお、唐代都城の外郭城・里坊に関するGISを用いた分析に関しては継続して進めてきており、機会を改めて論じる予定である。

註

(1) 本章は、早稲田大学特定課題（2015A-501）の成果報告書に掲載した論文[城倉正祥 2017「中原都城と草原都城の構造比較」『中国都城・シルクロード都市遺跡の考古学的研究－GISを用いた衛星画像の分析を中心に－』早稲田大学東アジア都城・シルクロード考古学研究所 pp.7-56]の内容を大きく改変して、新稿という形で執筆した。旧稿は、Pleiades・Corona衛星画像の提示に主眼があったため、中原都城→草原都城→明清都城という流れを十分に説明する

ことが出来ていなかった。そのため、第1章を本書の導入部分と改めて位置付け直したうえで、中国の各都城の平面形を基礎データとして示し、それを踏まえて中国都城全体の流れを把握できるようにした。（図1上）の「本書のコンセプト」にある通り、都城の通史を概観することで唐代都城の歴史的位置を把握するのが第1章の目的である。

(2) 本書は唐代都城の歴史性の追及を目的としているが、基本的には秦～清の都城という長い時間幅の中で位置付けていく方法を採用している。実際の遺構（正門・正殿）を扱う第3・4章も、同様の時間幅を分析対象としている。

引用文献（日本語）

アーサー・F・ライト（奥崎裕司訳）　1966「象徴性と機能－長安及び他の大都市に関する考察－」『歴史教育』14-12　pp.1-21

新宮　学　2008「近世中国における皇城の成立」『古代東アジア交流の総合的研究』国際日本文化センター　pp.139-178

新宮　学　2014「北京外城の出現－明嘉靖「重城」建設始末－」『近世東アジア比較都城史の諸相』白帝社　pp.159-193

新宮　学　2023『北京の歴史－「中華世界」に選ばれた都城の歩み－』筑摩書房

飯島武次　1979「東アジアの都城の系譜」『日本古代学論集』古代学協会　pp.91-114

井上和人　2004「平城京条坊道路の設計規格－大宝令大尺＝高麗尺説におよぶ－」『古代都城制条里制の実証的研究』pp.360-368

井上和人　2005「渤海上京竜泉府形制新考」『東アジアの古代都城と渤海』東洋文庫　pp.71-110

井上和人　2008『日本古代都城制の研究』吉川弘文館

今井晃樹　2011「魏晋南北朝隋唐時代都城の軸線の変遷」『中国考古学』11　pp.65-88

岩永省三　2008「日本における都城制の受容と変容」『九州と東アジアの考古学』上巻　九州大学大学院人文科学研究院　pp.469-493

宇野隆夫　2006「中国城市の発展過程と日本の都市形成」『東アジアの交流と地域諸相』思文閣出版　pp.53-67

宇野隆夫編　2006『実践考古学GIS－先端技術で歴史空間を読む－』NTT出版

宇野隆夫編　2010『ユーラシア古代都市・集落の歴史空間を読む』勉誠出版

王　維坤　1997『中日の古代都城と文物交流の研究』朋友書店

王　守春　2004「中国における歴史的都市の中心軸の構造と都市形態 (The Structure of the Central Axis in Some Chinese Historical Cities and the Form of City)」『東アジアの都市形態と文明史』国際日本文化研究センター　pp.7-43

小方　登　2006「衛星写真の考古学・歴史地理学への応用」『世界の歴史空間を読む－GISを用いた文化・文明研究－』日本国際文化研究センター　pp.397-402

愛宕　元　2000「隋唐長安城の都市計画上での中軸線に関する一試論」『唐代史研究』3　pp.4-18

魏　存成　2004「渤海都城プランの発展およびその隋唐長安城との関係」『東アジアの都市形態と文明史』国際日本文化研究センター　pp.143-162

久保田和男　2014「宋都開封の旧城と宮城空間について」『都市文化研究』16　pp.79-90

久保田和男　2019「大元ウルスの都城空間と王権儀礼をめぐって－宋遼金都城と元大都の比較史的研究の試み－」『長野工業専門学校紀要』53　pp.1-20

黄　暁芬　2006「漢長安城建設における南北の中軸ラインとその象徴性」『史学雑誌』115-11　pp.37-63

齊　東方　2005「中国古代都城の形態と機能」『東アジアにおける古代都市と宮殿』奈良女子大学21世紀COEプログ

ラム　pp.32-57

佐川英治　2016『中国古代都城の設計と思想－円丘祭祀の歴史的展開－』勉誠出版

佐川英治　2017「鄴城に見る都城制の転換」『魏晋南北朝史のいま』勉誠出版　pp.153-162

佐川正敏　2003「中国都城の発展史と古代日本への影響」『東アジアと日本の考古学』Ⅴ　同成社　pp.109-148

佐竹靖彦　2005「東アジア都城史序論－有墻壁社会と無墻壁社会の比較と相互交渉の検討を基礎に－」『メトロポリタン史学』創刊号　pp.33-59

佐原康夫　2009「中国における都城の理念と東アジア」『古代都城のかたち』同成社　pp.129-151

城倉正祥　2012「漢魏洛陽城遺構研究序説」『文化財論叢』Ⅳ　奈良文化財研究所　pp.893-946

城倉正祥　2017「中原都城と草原都城の構造比較」『中国都城・シルクロード都市遺跡の考古学的研究－GISを用いた衛星画像の分析を中心に－』早稲田大学東アジア都城・シルクロード考古学研究所　pp.7-56

城倉正祥　2021『唐代都城の空間構造とその展開』早稲田大学東アジア都城・シルクロード考古学研究所

城倉正祥　2024『太極殿・含元殿・明堂と大極殿』早稲田大学東アジア都城・シルクロード考古学研究所

妹尾達彦　2001『長安の都市計画』講談社

関野　貞　1907『平城京及内裏考』東京帝国大学

積山　洋　2007「中国古代都城の軸線プランと正殿」『条里制・古代都市研究』22　pp.118-131

陳　力　1998「漢唐時代の都市計画における「中軸線」について」『阪南論集－人文・自然科学編－』34-1　pp.1-8

礪波　護　1987「中国都城の思想」『都城の生態』中央公論社　pp.81-114

奈良文化財研究所編　2003『東アジアの古代都城』吉川弘文館

奈良文化財研究所編　2010『平城京事典』柊風社

馬　得志　1983「唐代の長安・洛陽」『奈良・平安の都と長安』小学館　pp.69-94

朴　漢済（尹素英訳）　1991「北魏洛陽社会と胡漢体制－都城区画と住民分布を中心に－」『お茶の水史学』34　pp.61-93

包　慕萍　2013「13世紀中国大陸における都城構造の転換－カラコルムから元の大都へ－」『アジアからみる日本都市史』山川出版社　pp.79-107

宮崎市定　1992「漢代の里制と唐代の坊制」『宮崎市定全集』岩波書店　pp.87-115

村田治郎　1981『中国の帝都』綜芸舎

村松　伸　1998『中華中毒－中国的空間の解剖学－』作品社

薮田嘉一郎　1969『中国古尺集説』綜芸舎

引用文献（中国語）

包慕萍　2014「元大都城市規劃再考」『中国建築史論匯刊』10　精華大学出版社　pp.319-344

北京市考古研究院　2023『金中都（2019-2020）城墻遺址考古発掘報告』科学出版社

陳夢家　1966「畝制与里制」『考古』1966-1　pp.36-45

陳篠　2016「元中都内城所反映的漢地城市与草原城市規劃思想初探」『東亜都城和帝陵考古与契丹遼文化国際学術研討会論文集』科学出版社　pp.295-307

陳篠　2021『中国古代的理想城市－从古代都城看「考工記」営国制度的淵源与実践－』上海古籍出版社

陳篠・孫華・劉詩秋　2018「元中都考古調査与復原試探－兼談中国今古都城発展史的研究－」『中国歴史地理論叢』2018-8　pp.26-34

董鑒泓　1980「従隋唐長安城宋東京城看我国一些都城布局的演変」『科技史文集』5　上海科学技術出版社　pp.116-123

董新林　2019「遼上京規制和北宋東京模式」『考古』2019-5　pp.3-19

杜金鵬・銭国祥　2007『漢魏洛陽城遺址研究』科学出版社

杜正賢　2016『南宋都城臨安研究－以考古為中心－』上海古籍出版社

馮恩学　2008「北宋熙春閣与元上都大安閣形制考」『辺疆考古研究』7　pp.292-302

傅熹年　1993「元大都大内宮殿的復原研究」『考古学報』1993-1　pp.109-151

傅熹年　1995「隋唐長安洛陽城規制手法的探討」『文物』1995-3　pp.48-63

郭超　2016『元大都的規劃与復原』中華書店

郭湖生　2003『中華都城』空間出版社

郭黎安　1986「魏晋南北朝都城形制試探」『中国古都研究』2　pp.42-60

杭州市文物考古所　2007『南宋太廟遺址』文物出版社

杭州市文物考古所　2008『南宋恭聖仁烈皇后宅遺址』文物出版社

杭州市文物考古所　2013a『南宋臨安府治与府学遺址』文物出版社

杭州市文物考古所　2013b『南宋御街遺址』文物出版社

河北省文物研究所　2012『元中都－1998-2003年発掘報告－』文物出版社

賀従容　2008「中国古代城市「制里割宅」研究三賤」『中国古代建築基址規模研究』中国建築工業出版社　pp.235-256

郝紅暖・呉宏岐　2009「遼、西夏、金都城建設対中原制度的模倣与創新－兼論唐、宋都城制度対少数民族都城之影響途径－」『中南民族大学学報』29-3　pp.88-92

黒竜江省文物考古研究所　2009『渤海上京城』文物出版社

黒竜江省文物考古研究所　2017「哈爾濱市阿城区金上京皇城西部建築址2015年発掘簡報」『考古』2017-6　pp.44-65

賀業矩　1996『中国古代城市規劃史』中国建築工業出版社

賀雲翺　2005『六朝瓦当与六朝都城』文物出版社

候仁之　1979「元大都城与明清北京城」『歴史地理学的理論与実践』上海人民出版社　pp.159-204

候仁之主編　1998『北京歴史地図集』北京出版社

遼中京発掘委員会　1961「遼中京城址発掘的重要収獲」『文物』1961-9　pp.34-40

李冬楠　2009「遼金元都城文化的特点及形成原因」『学術交流』2009-9　pp.179-182

李進　2018『宋元明清時代城市設計礼制思想研究』人民日報出版社

劉暢　2009『北京紫禁城』清華大学出版社

劉春迎　2004『北宋東京城研究』科学出版社

劉建国　2007『考古与地理信息系統』科学出版社

劉慶柱　2000『古代都城与帝陵考古学研究』科学出版社

劉慶柱主編　2016『中国古代都城考古発現与研究』社会科学文献出版社

劉瑞　2011『漢長安城的朝向、軸線与南郊礼制建築』中国社会科学出版社

劉暁東　1999「日本古代都城形制渕源考察－兼談虐渤海国都城形制渕源－」『北方文物』1999-4　pp.35-41

李自智　2004「中国古代都城布局的中軸線問題」『考古与文物』2004-4　pp.33-42

洛陽市文物局・洛陽白馬寺漢魏故城文物保管所　2000『漢魏洛陽故城研究』科学出版社

洛陽市文物考古研究院　2022『洛陽考古百年』科学出版社

孟凡人　2013『明朝都城』南京大学出版社

孟凡人　2019『宋代至清代都城形制布局研究』中国社会科学出版社

南京市文物研究所・中山陵園管理局文物処・南京大学歴史系考古専業　2003「南京鍾山南朝壇類建築遺存一号壇発掘簡報」

『文物』2003-7　pp.18-36

欧陽恬之　2008「隋唐尺歩長度変遷及両京里坊「割宅」方式探」『中国古代建築基址規模研究』中国建築工業出版社　pp.257-276

銭国祥　2010「魏晋洛陽都城対東晋朝建康都城的影響」『考古学集刊』18　pp.387-403

銭国祥　2016「中国古代漢唐都城形制的演進－由曹魏太極殿談唐長安城形制的渊源－」『中原文物』2016-4　pp.34-46

銭国祥　2019a「北魏洛陽内城的空間格局復原研究」『華夏考古』2019-4　pp.78-83

銭国祥　2019b「北魏洛陽外郭城的空間格局復原研究」『華夏考古』2019-6　pp.72-86

銭国祥　2020「北魏洛陽宮城的空間格局復原研究」『華夏考古』2020-5　pp.86-90

銭国祥　2022「東漢洛陽都城的空間格局復原研究」『華夏考古』2022-3　pp.90-99

銭国祥　2023「曹魏西晋洛陽都城的空間格局復原研究」『華夏考古』2023-5　pp.103-113

斉東方　2003「魏晋隋唐城市里坊制度－考古学的印証－」『唐研究』9　pp.53-84

史硯忻　2023「十六国北朝時期長安城平面布局蠡測」『考古与文物』2023-2　pp.136-145

陝西省考古研究所　2004『秦都咸陽考古報告』科学出版社

宿白　1978「隋唐長安城和洛陽城」『考古』1978-6　pp.409-425

王貴祥　2009『北京天壇』清華大学出版社

王暉　2008「日本古代都城条坊制度演変及与隋唐長安里坊制的初歩比較」『中国古代建築基址規模研究』中国建築工業出版社　pp.277-301

王剣英　2005『明中都研究』中国青年出版社

王樹声　2023「宇文愷－劃時代的営造巨匠－」『法天地・界無形－古都長安営建中的行為選択－』陝西師範大学出版総社　pp.425-445

王仲殊　1982「中国古代都城概説」『考古』1982-5　pp.505-515

王仲殊　1983「関于日本古代都城制度的源流」『考古』1983-4　pp.354-370

魏存成　2016「魏晋至隋唐時期中原地区都城規劃布局的発展変化及其対高句麗渤海的影響」『辺疆考古研究』20　pp.277-306

魏堅　2008『元上都』中国大百科全書出版社

新宮学（賈臨宇・董科訳）　2021『明代遷都北京研究』外文出版社

徐斌　2022『元大内規劃復原研究』文物出版社

徐光冀　2014a「曹魏鄴城的平面復原研究」『鄴城考古発現与研究』文物出版社　pp.242-248

徐光冀　2014b「東魏北斉鄴南城平面布局的復原研究」『鄴城考古発現与研究』文物出版社　pp.343-355

徐竜国　2019「漢魏両晋南北朝都城模式及其演変」『中原文物』2019-1　pp.48-56

徐竜国　2020「西漢魏晋南北朝都城建築的発展演変」『中原文物』2020-3　pp.57-67

徐苹芳　1995『中国歴史考古学論叢』台湾允晨文化実業股分有限公司

徐松撰（張穆校補）　1985『唐両京城坊考』中華書局

楊寛　2016『中国古代都城制度史研究（楊寛著作集）』上海古籍出版社

兪偉超　1985「中国古代都城規劃的発展階段性」『文物』1985-2　pp.52-60

于志飛　2023「隋唐都城尺度設計方法新探」『法天地・界無形－古都長安営建中的行為選択－』陝西師範大学出版総社　pp.459-473

曾武秀　1964「中国歴代尺度概述」『歴史研究』1964-3　pp.163-182

張雯・頼子陽　2023「隋唐城市里坊的研究現状与思考」『洛陽考古』2023-2　pp.45-53

張先得主編　2003『明清北京城垣和城門』河北教育出版社

趙正之　1979「元大都平面規劃復原的研究」『科技史文集』2　pp.14-27

中国国家博物館・洛陽市文物考古研究院　2017『洛陽大遺址航空撮影考古』文物出版社

中国科学院考古研究所・北京市文物管理処元大都考古隊　1972「元大都的勘査和発掘」『考古』1972-1　pp.19-28

中国社会科学院考古研究所　1996a『北魏洛陽永寧寺』中国大百科全書出版社

中国社会科学院考古研究所　1996b『漢長安城未央宮』中国大百科全書出版社

中国社会科学院考古研究所　2003『西漢礼制建築遺址』文物出版社

中国社会科学院考古研究所　2007『唐大明宮遺址考古発現与研究』文物出版社

中国社会科学院考古研究所漢長安城工作隊　2008「西安市十六国至北朝時期長安宮城遺址的鑽探与試掘」『考古』2008-9　pp.25-35

中国社会科学院考古研究所　2010a『中国考古学－秦漢巻－』中国社会科学出版社

中国社会科学院考古研究所　2010b『漢魏洛陽故城南郊礼制建築遺址』文物出版社

中国社会科学院考古研究所・南京博物院・揚州市文物考古研究所　2010『揚州城1987-1998年考古発掘報告』文物出版社

中国社会科学院考古研究所　2014『隋唐洛陽城』文物出版社

中国社会科学院考古研究所・河北省文物研究所・河北省臨漳県文物旅游局　2014『鄴城考古発現与研究』文物出版社

中国社会科学院考古研究所・西安市文物保護考古研究院・西安市秦阿房宮遺址保管所　2014『阿房宮考古発現与研究』文物出版社

中国社会科学院考古研究所　2015『青龍寺与西明寺』文物出版社

中国社会科学院考古研究所・南京博物院・揚州市文物考古研究所　2015『揚州城遺址考古発掘報告1999-2013年』科学出版社

中国社会科学院考古研究所　2017『隋唐長安城遺址－考古資料編－』文物出版社

中国社会科学院考古研究所　2018a『秦漢上林苑2004-2012年考古報告』文物出版社

中国社会科学院考古研究所　2018b『中国考古学－三国両晋南北朝巻－』中国社会科学出版社

中国社会科学院考古研究所　2022『漢長安城研究（2006-2021）』商務印書館

中国社会科学院考古学研究所　2023『中国考古学－宋遼金元明巻－』中国社会科学出版社

中国社会科学院考古研究所漢長安城工作隊　2023「西安市十六国至北朝時期長安宮城宮門遺址的勘探与発掘」『考古』2023-8　pp.48-65

中国社会科学院考古研究所・河北省文物考古研究院・鄴城隊　2023「河北省臨漳県鄴城遺址東魏北斉宮城区206号大殿基址及附属遺迹」『考古』2023-2　pp.52-71

中国社会科学院考古研究所・北京市文物管理処　2024『元大都1964-1974年考古報告』文物出版社

諸葛浄　2016『遼金元時期北京城市研究』東南大学出版社

朱海仁　2014「略論曹魏鄴城、北魏洛陽城、東魏北斉鄴南城平面布局的幾个特点」『鄴城考古発現与研究』文物出版社　pp.300-325

朱剣飛（諸葛浄訳）　2017『中国空間策略－帝都北京1420-1911－』三聯書店

図表出典

図1　本書のコンセプトに基づき、[董新林2019 p.6図2・p.9図3・p.16図10]を改変して作成。

図2　秦咸陽宮[中国社会科学院考古研究所2010a p.36図1-2]を改変して作成。

48 　第 1 章　中原都城から草原・明清都城へ

図 3　前漢長安城 [中国社会科学院考古研究所 2010a p.177 図 5-1] を改変して作成。

図 4　後漢洛陽城 [銭国祥 2022 p.91 図 1・p.93 図 2] を改変して作成。

図 5　曹魏鄴北城 [中国社会科学院考古研究所 2018b p.52 図 1-14] を改変して作成。

図 6　北魏洛陽城の外郭城 [中国社会科学院考古研究所 2018b p.33 図 1-3]、東魏北斉鄴城の外郭城「中国社会科学院考古研究所 2018b p.63 図 1-19」を改変して作成。

図 7　北魏洛陽城の内城 [中国社会科学院考古研究所 2018b p.29 図 1-1]、東魏北斉鄴城の内城 [中国社会科学院考古研究所 2018b p.57 図 1-15] を改変して作成。

図 8　東晋南朝建康城 [中国社会科学院考古研究所 2018b p.70 図 1-22] を改変して作成。

図 9　十六国北朝長安城 [中国社会科学院考古研究所 2018b p.77 図 1-24] を改変して作成。

図 10　唐長安城 [中国社会科学院考古研究所 2017 下冊図版 3] を改変して作成。

図 11　唐洛陽城 [劉慶柱主編 2016 上冊 p.386 図 12-2] を改変して作成。

図 12　唐代揚州城 [中国社会科学院考古研究所ほか 2010 p.64 図 44]、宋代揚州城 [中国社会科学院考古研究所ほか 2015 p.3 図番号なし] を改変して作成。

図 13　北宋東京開封城 [中国社会科学院考古研究所 2023 図 1-1-1]、南宋臨安城 [中国社会科学院考古研究所 2023 図 2-2-1] を改変して作成。

図 14　遼上京城 [董新林 2019 p.6 図 2]、遼中京城 [中国社会科学院考古研究所 2023 p.156 図 3-2-1] を改変して作成。

図 15　金上京城 [中国社会科学院考古研究所 2023 p.176 図 4-1-2]、金中都 [中国社会科学院考古研究所 2023 図 4-2-1] を改変して作成。

図 16　元上都 [中国社会科学院考古研究所 2023 p.200 図 5-1-2] を改変して作成。

図 17　元中都 [河北省文物研究所 2012 図 3] を改変して作成。

図 18　元大都 [中国社会科学院考古研究所 2023 図 5-2-2] を改変して作成。

図 19　明中都 [中国社会科学院考古研究所 2023 p.300 図 7-1-2] を改変して作成。

図 20　明南京城 [中国社会科学院考古研究所 2023 p.311 図 7-2-4] を改変して作成。

図 21　明清北京城 [中国社会科学院考古研究所 2023 図 8-1-2] を改変して作成。

図 22　唐長安城 [中国社会科学院考古研究所 2017 下冊図版 3]、唐洛陽城 [劉慶柱主編 2016 上冊 p.386 図 12-2]、渤海上京城 [黒竜江省文物考古研究所 2009 図 9]、平城京 [奈良文化財研究所編 2003 p.117 図 6] を改変して作成。

図 23　北魏洛陽城 [中国社会科学院考古研究所 2018b p.34 図 1-4]、唐長安城 [中国社会科学院考古研究所 2017 下冊図版 3]、唐洛陽城 [劉慶柱主編 2016 上冊 p.386 図 12-2]、北宋東京開封城 [中国社会科学院考古研究所 2023 図 1-1-1]、遼上京城「董新林 2019 p.6 図 2」、金上京城「中国社会科学院考古研究所 2023 p.176 図 4-1-2」、金中都・元大都「中国社会科学院考古研究所 2023 p.214 図 5-2-1」、明清北京城「中国社会科学院考古研究所 2023 図 8-1-2」を改変して作成。

表 1　各都城の情報を基に作成。

表 2　早稲田大学特定課題「平城京設計プランの遡源に関する考古学的研究－中国隋唐長安城・洛陽城との比較から－」（代表：城倉正祥／ 2012A-502）・「北方遊牧民族（遼・金・元）都城の構造的特質と中原都城の比較に関する考古学的研究」（代表：城倉正祥／ 2015A-501）、科学研究費補助金「隋唐都城における都市空間（里坊）の構造と東アジアへの展開過程に関する考古学的研究」（代表：城倉正祥／若手研究 B 26770271）で購入した Pleiades 衛星画像の情報を基に作成。

第2章　唐砕葉城の歴史的位置
　　－都城の空間構造と瓦の製作技法に注目して－

はじめに

　シルクロードの世界遺産に登録されているキルギス共和国アク・ベシム遺跡は、城壁で囲まれた2つの都市が「連接する」特異な都市遺跡である。中国では内蒙古自治区の遼上京城、黒竜江省の金上京城など、「皇城」と「漢城」が連接する都城の存在が知られているが、「中国」縁辺部において異なる民族的伝統を持った集団が「接触」する際に、このような現象が発生する点は非常に示唆的である。その発生のメカニズムを各遺跡で歴史的に位置づけることで、中国都城の思想的背景や設計原理を考究できる可能性がある。

　アク・ベシム遺跡は、「ラバト」で発見された「杜懐宝碑」により、漢語文献の「砕葉」、イスラム文献の「Suyab」に比定されており、唐代安西四鎮の1つ、「砕葉（鎮）城」だった点が判明している。近年の発掘調査の成果からも、ソグド人が造営し、カラハン朝の都市として栄えた「シャフリスタン」の東に隣接し、現在は一部の城壁を除いて消滅した「ラバト」が唐砕葉城であった点が確定しつつある。すなわち、唐砕葉城は西域経営の「橋頭堡」としての軍事的・行政的性格を有すると同時に、政治的・経済的戦略をもってソグド人商業都市と連接された特異な歴史的背景を持つ「唐代都城」と考えることが可能である。唐代都城の思想や原理を追求する上で、重要な分析対象といえる。

　本章では、唐砕葉城の歴史的位置を明らかにするため、①都城としての空間構造、②出土瓦の製作技法、の2点に注目し、唐中枢部の長安城・洛陽城と比較する。砕葉城の唐代西域都市としての歴史的性格を考古学的に追及し、唐代都城の思想背景や設計原理を考究することが本章の目的である（註1）。

第1節　唐砕葉城の調査研究史と課題

1. アク・ベシム遺跡の位置・歴史と平面配置

　アク・ベシム遺跡は、キルギス共和国の北部、チュー川上流域に位置する。首都のビシュケクより東に60km、キルギス第3の都市トクマクの西南8kmのアク・ベシム村近郊に所在する。チュー盆地は、長安から河西回廊を抜け、天山北麓に至るシルクロード「天山北路」の要衝であり、周辺にはクラスナヤ・レーチカ、ブラナといった世界遺産の都市遺跡も立地する（図1）。

　アク・ベシム遺跡の歴史は、5～6世紀にソグド人が建設した都市から始まったとされる。7世紀には西突厥の支配下に入り、7世紀後半から8世紀初頭にかけて唐・吐蕃の係争地となった。8世紀にはトゥルギシュ、カルルクが勢力を伸ばし、11世紀中葉にカラハン朝がバラサグン（ブラナ）に中枢を遷すまでシルクロードの重要都市として栄えた。以上の6世紀に及ぶ歴史の中でも、7世紀後半～8世紀初頭、すなわち唐砕葉鎮の置かれた時期が本章の分析対象とする時代である。漢語文献に登場する「（唐）砕葉鎮」は、1982年に発見された「杜懐宝碑」によってアク・ベシム遺跡に比定されるようになった [加藤1997・内藤1997・齊藤2016][周偉洲2000a]。碑文には、安西副都護の役職にあった杜懐宝が、亡き母のために一仏・二菩薩（三尊像）

50　第2章　唐砕葉城の歴史的位置

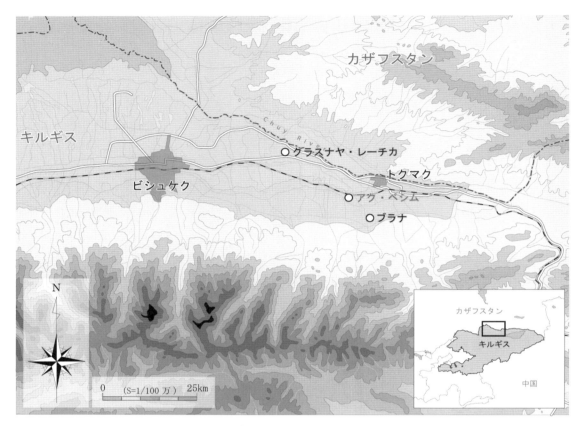

図1　キルギス共和国アク・ベシム遺跡の位置

《録文》
□安西副都／護砕葉鎮圧／十姓使上柱国／杜懐宝□上為
天皇天后下／□妣、見□使□／法界□生普／願平安獲其
瞑福敬造一佛／二菩薩

図2　アク・ベシム遺跡ラバト出土の「杜懐宝碑」

を彫らせたことが記載されている（図2）。この碑文の発見により、唐代安西四鎮（亀茲・疎勒・干闐・砕葉）[周偉洲1994]の1つである砕葉鎮がアク・ベシム遺跡である点が確定した。しかし、アク・ベシム遺跡は、城壁に囲まれた様相の異なる2つの都市遺跡によって構成されており、唐が造営した都城がどの部分に該当するか、が確定していなかった。この点に関しては、後述するように、杜懐宝碑が東側のラバトで発見された点に加えて、2015年以降のラバト中枢部の発掘によって大量の唐代瓦塼や建物遺構が検出されるにおよび、ラバトこそが唐砕葉城である点がほぼ確定しつつある。

アク・ベシム遺跡の位置・歴史を踏まえた上で、その平面配置について、用語定義も含めて概説しておきたい。（図3上）にあるように、アク・ベシム遺跡は連接する2つの都市と、その外側をめぐる外壁と溝で囲まれた最大南北長3.9km、最大東西長5.6kmの不整形な範囲で構成される。特に2つの都市遺跡に関しては、ロシア人研究者が、伝統的に（図3上）の西側に位置する都市を「Shakhristan（シャフリスタン）」、その西南部に位置して高い立地を示す部分を「Citadel（ツィタデル）」、東側に位置する都市を「Rabad（ラバト）」と呼称してきた。その中で、「Rabad」は中国系の要素が強いことから、城内の仏教寺院を発掘したベルンシュタムによって「契丹区」とも呼称され、その中央の区画は「Tolrtkul（トルトクリ・四角形）」と呼ばれてきた。近年では、「Rabad」は「郊外区」を示す言葉であることから、キルギス人研究者は、この区画を「Shakhristan 2（第2シャフリスタン）」と呼称し、外壁で囲まれた外側の区画を「Rabat」と呼ぶことを提唱しており[山内ほか2016・バキット アマンバエヴァほか2017]、帝京大学も同じ定義を採用している[山内ほか2019・2020]。

一方、これらの区画の中国語訳では、ヌルラン・ケンジェアフメトが『資治通鑑』の記載を採用し、「子城（Shakhristan）」、「宮城（Citadel）」、「羅城（Rabad）」と呼称している[ヌルラン ケンジェアフメト2009]。ソグド都市と中国都城が連接する特異な遺跡群を、中国都城の重層構造を示す概念で定義するケンジェアフメトの用語には問題が多いと考えるが、区画それぞれの年代や機能が考古学的に明らかになっていない研究段階で、適切な定義が難しい点も事実である。近年のクズラソフの中国語訳本では、「Shakhristan（沙赫伊斯担）」、「Citadel（城堡）」、「Rabad（拉拝得）」のように、ロシア人研究者の伝統的な呼称に基づいた中国語訳を採用している[烈昴尼徳 R 科茲拉索夫2019]。研究上の混乱を避けるため、伝統的な名称を変更するのには慎重であるべきという立場から、本章でも（図3上）のように「シャフリスタン（Shakhristan・沙赫伊斯担）」、「ツィタデル（Citadel・城堡）」、「ラバト（Rabad・拉拝得）」の用語を採用する。なお、ラバト中心の「Tolrtkul」は「中枢部」[城倉ほか2016]と呼称する。さらに、外壁で囲まれたエリアをケンジェアフメトは「関廂（城門外の大路に形成される街区）」とするが、これは商業機能が発達した宋・元以降の都市で使用される用語であるため、本章では唐代都城の一般的な用語である「外郭城」を採用する。以上の定義に基づけば、アク・ベシム遺跡は、「外郭城」、「シャフリスタン（ツィタデルを含む）」、「ラバト（中枢部を含む）」の3区域で構成される。この中で、ラバトこそ、唐が造営した「都城」と考えるので、この区画を「唐砕葉城」（図3下）と呼称する。

外郭城は、北壁・西壁・南壁、および東側の2本の南北溝で区画される広大なエリアを指す（図3上）。この外壁に囲まれた区画が都市としての居住エリアと考えられているものの、具体的な年代・性格・構造などは不明である。外壁基部の幅は12m、高さ1.2～1.5mほどで総延長は11kmに及ぶ。外壁外の北西には、小アク・ベシム（中国語では「小阿克－貝希姆」）遺跡と呼ばれる正方形の区画が存在するが、発掘調査が行われていないため、詳細は不明である。シャフリスタンは、台形に近い四角形を呈し、北で15°ほど東にふれる。北壁約600m・東壁約500m・南壁約700m・西壁約400mとされ、城壁には角楼や馬面などの防御施設が付帯している。シャフリスタンは、5世紀のソグド人都市から始まり、カラハン朝まで使われた商業都市と考えられており、6世紀に及ぶ都市生活の堆積によって地表レベルが高くなると同時に、ラバトに比べ

52　第2章　唐砕葉城の歴史的位置

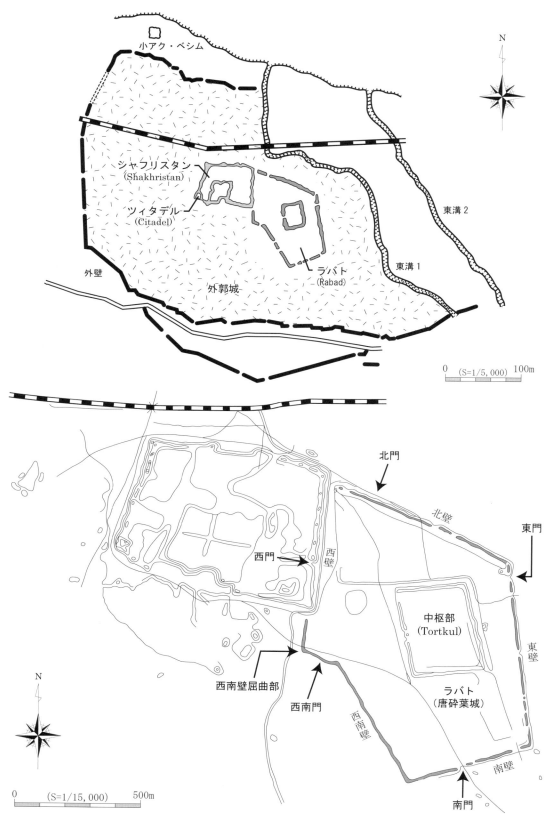

図3　アク・ベシム遺跡の平面配置と地点名称

ても高くて強固な城壁を持つことが特徴である。(図３下)の東側の城壁で囲まれた部分がラバト、すなわち唐砕葉城の範囲である。現地形では、シャフリスタン東壁をラバト西壁として共有しているように見えるが、シャフリスタンはラバト廃絶後も 300 年以上、都市機能を維持したため、唐砕葉城（7 世紀後半〜 8 世紀初頭）が存在した時期の連接状況は不明である。ラバトは、西壁を除くと、北壁・東壁・南壁・西南壁（屈曲部を含む）で構成され、全体としては不規則な多角形を呈する。シャフリスタン東壁を含む 5 つの城壁には、各 1 基の門遺構が確認できるが、それ以上の数が存在していた可能性もある。衛星画像の分析で得た実測長を示すと、北壁 819m・東壁 735m・南壁 481m・西南壁 594m（＋屈曲部東西壁 163m・南北壁 156m）になる。ゆがんだ四角形を呈する中枢部は、北壁 237m、東壁 306m、南壁 250m、西壁 312m を測る [城倉ほか 2016]。

　以上、シャフリスタンとラバトは、それぞれ異なる歴史的背景と設計原理を持ち、存在時間幅が異なる点が重要である。5・6 世紀のソグド人都市からカラハン朝まで使用されたシルクロード商業都市のシャフリスタン、その東側に 7 世紀後半〜 8 世紀初頭の限られた時期のみ、内外二重構造を持つラバトが連接して存在したと推定できる。中軸線を持ち、南面するという唐代都城と同じ重圏構造を持つラバトこそ、唐砕葉城と考えられる。残念ながら、ソビエト時代の耕作によって既に城壁の大半が消失しているため、その復原は困難を極めるが、① 1960 年代に撮影された Corona・航空写真による解析、②測量・地中レーダー探査、③発掘、などの手段によって、唐砕葉城の全体像を把握していく必要がある。

2. 文献に記載される唐砕葉城

　唐砕葉城は、漢語文献中にいくつかの記載がある。以下、齊藤茂雄の整理に基づき、本章に関連する主要な記載のみを列挙して整理する [齊藤 2016]。

①『大唐西域記』巻一
　「清池西北行五百余里、至素葉水城。城周六七里、諸国商胡雑居也。土宜糜・麦・蒲萄。林樹稀疏。気序風寒、人衣氈褐。砕葉已西数十孤城、城皆立長。雖不相稟命、然皆役属突厥。」
②『大慈恩寺三蔵法師伝』巻二
　「循海西北行五百余里、至素葉城。逢突厥葉護可汗。方事畋游、戎馬甚盛。（中略）既与相見、可汗歓喜云、『暫一処行、二三日当還。師且向衙所』。令達官答摩支引送安置。（中略）自此西行四百余里、至屏聿。此曰千泉。地方数百里、既多池沼、有豊奇木。森沈凉潤、既可汗避暑之処也。」
③『旧唐書』巻一八五上「良吏伝上　王方翼」
　「又築砕葉鎮城。立四面十二門、皆屈曲作隠伏出没之状。五旬而畢。西域諸胡競来観之、因献方物。」
④『旧唐書』巻六「則天武后本紀載初元年」
　「秋七月、（中略）有沙門十人為撰大雲経、表上之、盛言神皇受命之事。制頒於天下、令諸州各置大雲寺、総度僧千人。」
⑤『通典』巻一九三「辺防九　西戎五　石国条　所引『杜環経行記』」
　「又有砕葉城。天宝七年、北庭節度使王正建薄伐、城壁摧毀、邑居零落。昔交河公主所居止之処、建大雲寺、犹存。」

①は、貞観4年（630）に「素葉水城」を訪れた玄奘の著名な記録である。イシク・クル湖より西北500里あまりに位置する「素葉水城」、それを含む諸都市がそれぞれの「長」を立てながら、西突厥に服属していた点が記載されている。玄奘が訪れた「素葉水城」は、ソグド人都市であるシャフリスタンと思われる。②の資料には、玄奘が「素葉城」を訪れた際、西突厥のヤブグ可汗に出会ったこと、その本拠地が砕葉城から400里あまり離れていたこと、が記載される。シルクロードに展開する独立商業都市が、交易の安全を確保するために、遊牧民族の西突厥に服属していた支配構造が読み取れる。その後、西突厥は内部分裂によって急速に弱体化し、唐が西域に進出する。貞観14年（640）には、高昌に安西都護府を置き、貞観22年（648）には、クチャを攻略して安西都護府を移置し、安西四鎮を設置した。その後、タリム盆地は唐と吐蕃が勢力を争うことになるが、調露元年（679）には、③の資料にあるように、唐の王方翼によって砕葉鎮城が造営された。50日という短期間で城壁が築造され、四面には12門を設置し、それらの門は屈曲しており兵の出撃・退却を隠す形状をしていたと記載されている。12門は『周礼』以来の理想の王城にみられる門数を示す常套句と思われるが、短期間に造営された点、「屈曲する特殊な城門」を持つ点は、実際の遺構を観察する上で、示唆的な記載である。中軸線と重圏構造という中国都城の特徴を持ちながら、防御性の高い城壁を構築してシャフリスタンに連接するラバトこそが唐砕葉城と考えれば、③の記載はラバトの外城壁を示す可能性が高い。その後、唐砕葉城は吐蕃によって攻略されるが、長寿元年（692）に再度、唐が奪取する。しかし、長安3年（703）にはトゥルギシュが砕葉を攻略し、唐の実質的支配は終了した。つまり、唐が砕葉城を建設し、実質的な勢力下に置いていたのは、679～703年の限られた期間と考えられる[柿沼2019]。

　唐砕葉城に関する記録は、このように非常に限られているが、もう一つの重要な論点として大雲寺の記載がある。④の資料にあるように、武則天の天授元年（690）に両京（洛陽城・長安城）および諸州に大雲寺を建立するよう勅令が出された[趙超ほか2016]。この大雲寺は唐砕葉城にも造営されたようで、タラス河畔の戦いに従軍して捕虜となり、宝応初年（762）に帰国して『経行記』を著した杜環を引用した⑤の『通典』の大雲寺の記載がよく知られている。⑤には、天宝7年（748）に北庭節度使の王正見が砕葉城を攻撃したこと、かつて交河公主が居住した場所に大雲寺が建立され、現存していること、が記載されている。杜環が砕葉を訪れたのは、天宝十年（751）とされるが、唐の実質的支配が終了した703年以降も大雲寺は法灯を絶やさなかったことがわかる。アク・ベシム遺跡では、シャフリスタン南の第1仏教寺院、第2仏教寺院、およびラバト内のベルンシュタムが発掘した寺院、3つの仏教寺院が存在する。研究史上は、後述するように第1仏教寺院を大雲寺とする説があるものの、第1・第2仏教寺院では在地系の遺物が主体を占めるのに対して、ベルンシュタムが発掘した仏教寺院はラバト内に位置し中国系遺物が大量に出土した点が知られる。以上の状況からすれば、ベルンシュタムの調査した寺院が唐大雲寺の第一候補地とするのが妥当だと考える。

　以上、漢語文献に記載される砕葉城について、簡単に整理した。砕葉城に関する文献記載は極めて限られており、唐砕葉城の様相を明らかにするには、測量・発掘に基づく遺構の分析、あるいは出土した遺物の分析という考古学的研究を進める必要がある。また、文献記載に基づいて遺構・遺物を解釈するのではなく、あくまでも考古学的な作業の蓄積に基づいて唐砕葉城の歴史的位置を考究すべきと考える。

3. アク・ベシム遺跡に関する調査研究略史

　アク・ベシム遺跡の研究は、ベルンシュタムの発掘調査から数えても80年以上の歴史があり、その間、ロシア人研究者を中心に多くの調査研究が蓄積されてきた。「どのような問題意識と歴史認識を持って対象

遺跡を調査するか」が考古学では重要であり、それによって必然的に手段や方法論が異なってくる。このような認識に基づけば、アク・ベシム遺跡の調査研究は、以下の3段階に整理できる。

【第1段階】1893〜1952：バルドリド、ベルンシュタムの「アク・ベシム＝バラサグン説」に基づいて調査が進んだ段階。
【第2段階】1953〜2014：クズラソフ、ジャブリン、セメノフらが「アク・ベシム＝Suyab説」を確定し、シャフリスタンの調査研究を進めた段階。
【第3段階】2015〜：東京文化財研究所・帝京大学を中心として、「ラバト＝唐砕葉城説」に基づいて、ラバト中枢域の調査研究が進んでいる段階。

以上の中で、第1・2段階（〜2014）までの調査研究史については、ケンジェアフメトによる中国語の詳細な整理があるので[努爾蘭 肯加哈買提2017]、それを参考に主要な成果についてまとめてみる。

アク・ベシム調査の第1段階は、サンクトペテルブルグ大学のバルドリドが、チュー河流域の調査を開始したことに始まる。バルトリドは、アク・ベシム遺跡を、カラハン朝（940頃-1212）と西遼（1124-1218）の都、バラサグンと推定した[Bartold 1966]。このバルトリドの「アク・ベシム＝バラサグン説」を支持したベルンシュタムは、1939・40年にラバト内の仏教寺院を発掘し、大量の中国系遺物の存在からラバトを「契丹区（Kidanskij Kvartal）」と呼称した[Bernshtam 1950]。ベルンシュタムは、ラバトを東方から来た契丹人（耶律大石が建国した西遼＝カラキタイ）が建設したものと推定し、11〜12世紀の年代を推定した。この「契丹人説」はベルンシュタム自身が後に修正し、9世紀にトルファン・高昌から来た「回鶻人説」を提唱した。その後、1982年にベルンシュタムが発掘した寺院跡周辺から杜懐宝碑が発見（正確な出土場所は不明）され、「アク・ベシム＝バラサグン説」が完全に否定されることになる。現在の研究では、バラサグンはブラナ遺跡に比定されており、アク・ベシム遺跡も11世紀半ばには衰退することが判明している。すなわち、1134年、耶律大石の西遼がカラハン東王朝（1041年に東西分裂）を支配下におさめた段階では、すでに中枢はブラナに移動しており、アク・ベシムはすでに都市として機能していない点が確実である。このように研究の第1段階は、「アク・ベシム＝バラサグン説」に基づく解釈によって、研究上、多くの混乱を抱える段階にあったといえる。

研究の第2段階は、ベルンシュタムの後に組織的な発掘を行ったロシア人考古学者クズラソフに始まる。1953〜54年、クズラソフは、シャフリスタン中央・ラバトのキリスト教会・外郭城のキリスト教（マニ教）墓地・第1仏教寺院・静寂塔の発掘を行った。その成果から、アク・ベシム遺跡の都市としての機能は11〜12世紀までは存続していないと考え、カラハン朝・西遼王朝のバラサグン説を否定した[Kyzlasov 1959]。1955〜58年には、ジャブリンが第2仏教寺院を発掘調査した[Zyablin 1961]。1982年には、ベルンシュタムが発掘した仏教寺院跡周辺とされる場所で杜懐宝碑が発見され、「アク・ベシム＝Suyab」であることが確定し、ラバトを唐砕葉城と考える説が有力となった。1996〜98年には、セメノフがシャフリスタン東南部のキリスト教会・ツィタデルを発掘した[Semenov 2002]。1997年には、第2仏教寺院付近で漢文石碑の残片も発見されている[周偉洲2000b]。以上、研究の第2段階までの成果は、ケンジェアフメトが詳細に整理した上で、特に文献資料を中心として「中国史」からみたアク・ベシム遺跡の位置付けを総括している[努爾蘭 肯加哈買提2017]。

2015年以降、日本の東京文化財研究所・帝京大学がキルギス共和国国立科学アカデミーと共同して進めているラバト中枢部の発掘調査によって、研究は新しい局面（第3段階）に進んでいる。1982年の杜懐宝碑

の発見によって、ラバトが唐砕葉城である可能性が多くの研究者によって認識されるようになったが、ベルンシュタム以降、ラバトの発掘は進んでおらず研究が進展してこなかった。また、1960年代には完存していた城壁はすでに耕作によって消滅し、東壁・南壁の一部を除いて地表に痕跡を失ったラバトの研究は容易ではない状況にある。しかし、近年の中枢部の発掘調査によって、唐の瓦塼類が大量に出土し、建物遺構も検出されるなど、遺構・遺物を考古学的に分析できる状況になってきた [城倉ほか2016・2017・2018・2020、帝京大学文化財研究所編2019、山内ほか2018・2019]。アク・ベシム遺跡の調査研究は、当面、唐砕葉城の構造把握と中原地域との直接比較が重要な課題になると予想できる。

4. アク・ベシム遺跡の発掘された主要遺構

アク・ベシム遺跡の各時代における遺構の特色を把握するため、考古学的な調査成果をまとめる。（図4）には、山内が整理した調査史 [山内ほか2019] に基づき、シャフリスタン、ラバト、外郭城毎の発掘一覧表を作成した。中でも、重要な遺構を検出した調査として、①ツィタデル、②ラバト内仏教寺院、③ラバト内キリスト教会、④シャフリスタン内キリスト教会、⑤第1・2仏教寺院、⑥ラバト中枢部東壁、⑦ラバト中枢部北辺、⑧シャフリスタン東壁・ラバト南壁、以上の8地点の調査成果をまとめる。なお、発掘以外の成果として、⑨ラバトの測量成果に関しても、言及しておきたい。

ところで、本章のオリジナルである科研報告書の執筆時（2020年1〜3月）には、アク・ベシム遺跡の研究史をまとめる資料は、ロシア語の原典を除くと、中国語によるケンジェアフメトの著作 [努爾蘭 肯加哈買提2017] やクズラソフの中国語翻訳本 [烈昂尼徳 R 科茲拉索夫2019] に限られていた。その後、帝京大学による精力的な翻訳作業 [川崎ほか2020・山内ほか2020・山内2022] が蓄積されるなど、急激に日本語での研究環境が整備されている点は重要である。

（1）ツィタデルの調査成果

ツィタデルは、シャフリスタンの西南隅に位置する。報告者は外壁を2時期、建物遺構を4時期に区分している。（図5）では、シャフリスタン本来の城壁を左側、建物外壁を右側に示した。当初のツィタデルは、シャフリスタン西・南城壁を利用しており、その後、西側に増築されたと考えられている。中庭（院落）を囲むように小さな部屋が並ぶ建物形式で、建物はパフサ（粘土）とキルピーチ（日干煉瓦）で構築されていたようである。7〜8世紀頃に建造され、11世紀頃まで存続したと指摘される。ツィタデルの機能については諸説あるが、都市「統治者」の居館とする説が有力である。

（2）ラバト内仏教寺院の調査成果

ベルンシュタムが1939・40年に発掘した仏教寺院跡である。シャフリスタン南の第1・2仏教寺院に対して、この仏教寺院には名称がないため、本章では「ラバト内仏教寺院」と呼称しておく（ケンジェアフメトは「ベルンシュタム遺跡」、帝京大学は「第0仏教寺院」と呼称する）。ラバト内寺院については、その場所が報告書で明示されていないが、1960年代に撮影されたCorona衛星画像によると中枢部西南に位置することがわかる。東西64m×南北113mの区画で、（図6上左）の簡単な等高線図に示されるように、当時は城壁に

第1節　唐砕葉城の調査研究史と課題　57

発掘番号	調査年	発掘内容	報告書
AKB-0	1939-1940	ラバト、仏教寺院	Bernshtam 1950
AKB-1	1953-1954	シャフリスタン外南、第1仏教寺院	Kyzlasov 1959
AKB-2a, b	1953-1954	シャフリスタン、層序確認	Kyzlasov 1959
AKB-3	1953-1954	シャフリスタン外西、キリスト（マニ教）墓地	Kyzlasov 1959
AKB-4	1953-1954	ラバト、キリスト教会・墓地	Kyzlasov 1959
AKB-5	1953-1954	ラバト夕西、マニ教静寂塔	Kyzlasov 1959
AKB-6	1996-1998	シャフリスタン、ツィタデル	Semenov 2002
AKB-7	1997-1998	シャフリスタン、建物	Semenov 2002
AKB-8	1997-1998	シャフリスタン、キリスト教会	Semenov 2002
	2009		L. M. Vedutova 発掘/未報告
AKB-9	1997	シャフリスタン外北、建物	L. M. Vedutova 発掘/未報告
AKB-10a, b, c	2006-2008	シャフリスタン、建物	Vedutova and Kurimoto 2014
AKB-11	2006-2008	シャフリスタン、建物	Vedutova and Kurimoto 2014
AKB-12a, b, c	2009	ラバト	Vedutova and Kurimoto 2014
AKB-13	2011-	シャフリスタン、街路	山内ほか 2016, 2017, 2018
AKB-14	2015	ラバト、中枢部東壁	城倉ほか 2016, 2017, 2018
AKB-15	2016	ラバト、中枢部北辺建物	山内ほか 2018
AKB-16	2017	シャフリスタン、東城壁	山内ほか 2018
AKB-17	2017	ラバト、南城壁	山内ほか 2018
AKB-18	1955-1957	シャフリスタン外南、第2仏教寺院	Zyablin 1961
	2018		山内 発掘/未報告

図4　アク・ベシム遺跡の発掘地点と内容

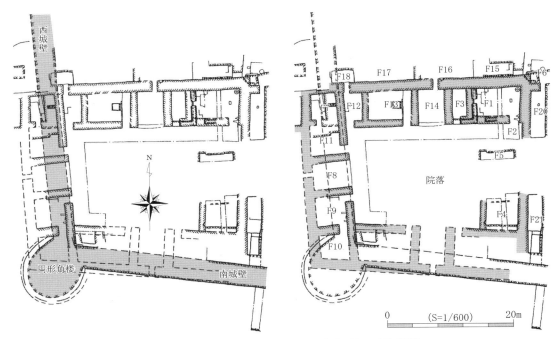

図5　ツィタデルの発掘成果（左：城壁／右：建物外壁）

囲まれた高台を呈する区画だったようである。ベルンシュタムは、そのやや北側に発掘区を設けており、1号遺構（僧房）、2号遺構（仏堂）と呼称している。当時の略図だけでは情報に限界があるものの、区画の中央の高まりを中心的な建造物と考えれば、中軸線を持って南面（坐北朝南）する伽藍配置を持つ中国式仏教寺院 [龔国強 2010] と推測できる。唐代において伽藍配置が確定している寺院は少ないが、唐長安城の青龍寺・西明寺 [中国社会科学院考古研究所 2015] は、北魏洛陽城永寧寺 [中国社会科学院考古研究所 1996・銭国祥 2017] や北斉鄴城彭城仏寺 [中国社会科学院考古研究所ほか 2010] など北朝の皇家寺院の影響を受けて、中軸線上の主要殿が南面する構造を持つことが知られる。特に、中原地域では、北朝期の塔を中心とした「前塔後殿単院式」の平面配置から、隋唐期の中軸上「多院多殿式」への変化が指摘される [何利群 2014 p.404] が、ラバト内寺院も平面図を見る限り、中軸が存在する唐代の伽藍配置と共通する可能性が高い。また、第1仏教寺院は東面、第2仏教寺院は北面して、いずれもシャフリスタンの南正門の方角を向くのに対して、ラバト内寺院はラバト西南壁と軸線を一致させて南面する点も注目できる。後述するように、ラバト内は道路によっていくつかの区画に分割されるが、その区画内で規則的に配置される在り方は、中国都城の里坊内に展開する仏教寺院と共通する特徴を示す [宿白 2009]。さらに、Corona 衛星画像によると、この区画のすぐ北側にも軸線を同じくする正方形の区画が存在していたようで、両者は何らかの関連する遺構の可能性がある。仮に、両者が全く別の機能を持つ空間だったとしても、ラバト内寺院の 64m×113m という単独の区画は、第1・2仏教寺院の規模をはるかに上回り、同時期に存在したと思われる3つの仏教寺院でも別格の規模を持っていたと考えられる。なお、（図6）に示したように、蓮華紋瓦当・長方塼・石仏などの大量の中国系遺物の出土もラバト内寺院の特色である。この蓮華紋瓦当は、近年の中枢部の発掘で出土している瓦当と同じ典型的な唐様式である。

　以上のように、寺院の規模、城内区画において規則的に南面する伽藍配置、杜懐宝碑の存在など、様々な要素から考えて、ラバト内寺院こそが唐大雲寺の可能性が極めて高いと考える [川崎ほか 2020]。なお、大雲寺に関しては、唐の砕葉城放棄後、少なくとも8世紀中葉までは法灯を絶やしていなかったことが知られる。

1 （石仏像）
2・3 （瓦当）
4 （条塼）
5 （石彫蓮華台座）
6 （滴水瓦）

※1・2・3（1/2）、4（1/4）、5・6（1/6）、原図のスケール

図6　ラバト内仏教寺院の発掘成果

　アク・ベシム遺跡の都市としての歴史自体が、11世紀半ばまでと考えられることから、ベルンシュタムが当初想定した西遼時期の中国の影響が存在することは理論上あり得ない。その中で、注目されるのは、コジェムヤコの報告にある瓦である。（図6）の個体6は、明らかに（垂尖）滴水瓦である[Kozhemyako 1959]。高義夫がB型滴水と呼称する形式で、中国でも唐代には存在しておらず、五代十国期の南漢（917〜971）などで原型が生まれ、北宋（960〜1125）期に至って出現したとされる遺物である[高義夫2016]。なお、近年では、佐川正敏が北宋期の「平瓦葺き」に使用された「伏臥式垂尖形軒平瓦」、西夏が創製したと想定する「仰臥式垂尖形軒平瓦（典型的な滴水瓦）」を区別し、その展開を予察的に整理している[佐川2020]。コジェムヤコで図示される資料は、明らかに後者の典型的な三角滴水瓦である。現段階では、現物資料を確認すること

60　第2章　唐砕葉城の歴史的位置

ができず、全体の出土量の中で滴水瓦がどの程度出土しているのかも確認ができない。そもそもこの個体に関しては、出土地も不明なため、可能性を指摘する程度にとどまるが、大雲寺が北宋期まで法灯を絶やさずに存在した可能性も考慮しておく必要がある。しかし、アク・ベシム遺跡で出土している中国貨幣は唐（開元通宝・乾元重宝・大歴元宝）を中心とする点からすれば、大雲寺が北宋期まで法灯を絶やさなかったとしても、中原地域との交流は非常に限られたものだったと推察される。

（3）ラバト内キリスト教会の調査成果

クズラソフが調査したキリスト教会は、ラバトの北辺に位置する。東西方向に軸線を持ち、東西長36m、南北幅15mを測る。(図7)に示したように、教会西部の中庭、東部の聖堂・洗礼堂で構成される。西側の中庭は、東西長27m、南北幅12mで回廊によって囲繞される。東の中心は聖堂で東西5.3m×南北4.8mの十字形を呈する。その南には東西4.5m×南北2.25mの小部屋があり、洗礼堂とされる。青銅製の十字架などの宗教遺物のほか、陶器や装身具などの生活用品、貨幣などが出土している。また、教会の内外から同時期のキリスト教徒墓が18基検出された。教会・墓地は、8世紀の年代が考えられている。

（4）シャフリスタン内キリスト教会の調査成果

セメノフが調査したキリスト教会は、シャフリスタンの東南隅に位置する。中心となる聖堂は東城壁を背後にして西面し、ホールや中庭を通じて聖堂に至る構造となっている。(図8)に示したように、南からA・B・C・Dの4区画で構成される。A区は、聖堂（F2）とそれに至るホール（F3・F9）、それを囲む部屋で構成される。5m四方の聖堂（F2）では、天井や壁に装飾画が確認されている。また、F4はワイン醸造室、F7・F8はワインセラーだったと考えられている。B区は、F2と類似する十字形の部屋（F21）を中心とし、その西側の東西30m×南北18mの中庭で構成される。F29・F30は、中庭の北側に位置する回廊だと考えられる。C区は、中心的な部屋（F25）と東西31m×南北10mの細長い中庭で構成され、D区はいくつかの小部屋で構成される。F25内には3つの壁龕があり、金箔を用いた彩色壁画が発見されている。

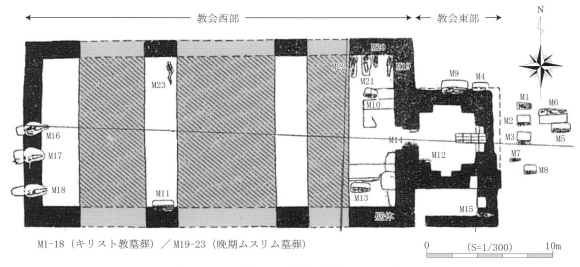

図7　ラバト内キリスト教会（墓地）の発掘成果

第1節　唐砕葉城の調査研究史と課題　61

出土遺物としては、十字架やソグド文字による経典などの宗教遺物、陶器や装身具などの生活用品、貨幣、武具が出土している。年代はシャフリスタン晩期の10〜11世紀と考えられている。

(5) 第1・2仏教寺院の調査成果

クズラソフが調査した第1仏教寺院は、シャフリスタン南中門外の西側に位置する。(図9上) の平面図のように、遺構は東西長76m、南北幅22mで中心となる仏殿 (祠堂) は西側の標高の高い地点に位置し、シャフリスタンの南中門に向って東面 (坐西朝東) する。寺院は、西側の仏堂 (祠堂)、中央の中庭、東の門楼で構成される。壁体はパフサ (粘土) とキルピーチ (日干煉瓦) によって築かれている。東側が入口の門楼遺構で、中央の5m四方のⅦ室に6つの部屋が接続している。門楼を抜けた西側には、東西長32m、南北幅18mの中庭が広がる。中庭を抜けると西側の仏殿 (祠堂) に入ることができる。仏殿 (祠堂) の東側は正殿になっており、8基の柱痕跡が見つかっている。仏殿 (祠堂) の中心には中堂があり、外側が回廊の構造となっている。中堂の入口脇には、釈迦牟尼仏坐像と弥勒菩薩倚坐像の2体の塑像があった。(図9) の上から2番目の透視図が、中堂入口の復原である。出土遺物は、建築部材、壁画、仏像、生活用具、貨幣など非常に多種類に及ぶ。壁面を飾った青銅製プレートも著名である。報告者は、(図9下) の陶器編年で4期の変遷を

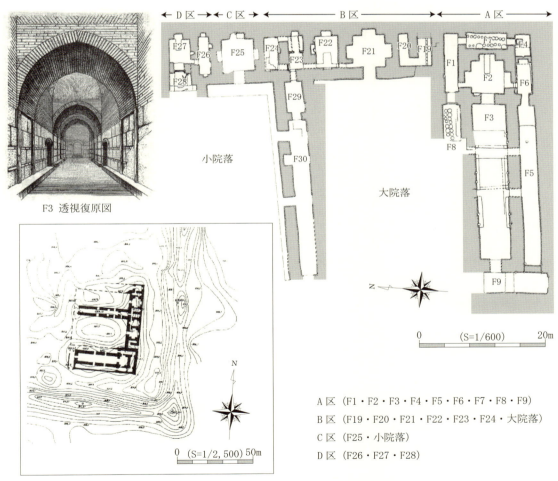

F3 透視復原図

A区　(F1・F2・F3・F4・F5・F6・F7・F8・F9)
B区　(F19・F20・F21・F22・F23・F24・大院落)
C区　(F25・小院落)
D区　(F26・F27・F28)

図8　シャフリスタン内キリスト教会の発掘成果

62　第2章　唐砕葉城の歴史的位置

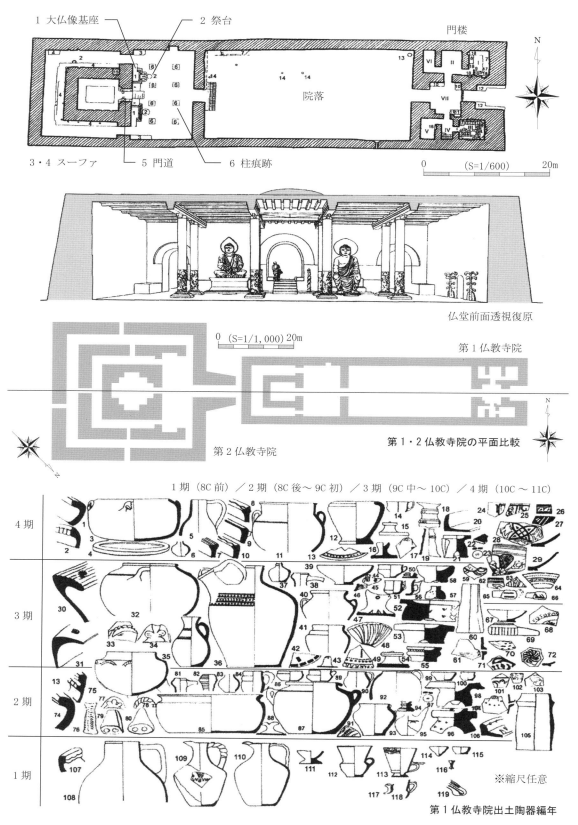

図9　シャフリスタン外南：第1仏教寺院の発掘成果

示しており、7世紀後半〜8世紀前半に創建され、11世紀まで継続して使用された（仏教寺院として機能したのは、100年程度とされ、その後は遊牧民族が居住したとされる）と考えている。

　クズラソフが発掘した第1仏教寺院に関しては、イギリスのクローソンや中国の張広達によって、唐大雲寺である可能性が指摘され [Clauson 1961][張広達 1979・1995]、クズラソフもその成果に基づいて寺院の創建年代を修正している [烈昂尼徳 R 科茲拉索夫 2019]。第1仏教寺院を大雲寺とする説の主要な根拠は、寺院内で発見された弥勒菩薩倚坐像の存在である。690年に大雲寺造立を指示した武則天は自らを弥勒仏の化身と称していたとされ、第1仏教寺院内で唐代に流行した弥勒菩薩倚坐像が発見されたことこそ、この寺院が大雲寺である証拠だと各論者は指摘する。しかし、クズラソフ自身が指摘するように、第1仏教寺院は中原の様式ではなく、中央アジア様式の寺院である。なぜ大雲寺が中国様式ではないのか、という点については歴史的な解釈が必要になる。この点に関しては、ケンジェアフメトが中国側史料から「第1仏教寺院＝唐大雲寺説」を補足している [努爾蘭 肯加哈買提 2017 pp.214-215]。ケンジェアフメトは、高宗・武則天の陵墓である乾陵、その神道の蕃人石像の中に、「砕葉州刺史安車鼻施」の題名がある点に注目する。「安車鼻施」は突厥人、あるいは突厥化したソグド人と考えられるため、武則天の勅令に基づく砕葉大雲寺の造営には、ソグド人が重要な役割を果たしたと想定する。すなわち、漢人とソグド人が協業し、中国の影響を受けた中央アジア系寺院を造営したという点に、砕葉大雲寺の歴史的特色があると考えるわけである。

　以上のように、現段階では第1仏教寺院を唐大雲寺と考える説が主体的ではあるが、ラバトが唐砕葉城である可能性が高まり、ラバト内寺院がその区画内に造営された大規模な中国式寺院である点からすると、第1仏教寺院を唐大雲寺と考える積極的な根拠は弱い。杜懐宝碑がラバト内寺院周辺で発見された点から素直に解釈すれば、やはりラバト内寺院が唐大雲寺の可能性が高い遺構だと考える。今後は、すでに消滅したラバト内寺院に関して、衛星画像や過去の出土遺物などの残された考古学資料を再検討する中で、「文献史料」のみに引きずられることなく、考古学的な解釈を進めるべきである。

　第1仏教寺院の東、シャフリスタン南中門外の東側に位置し、ジャブリンによって発掘されたのが第2仏教寺院である。中央アジア様式の「回字形」仏堂（祠堂）形式で、北西に位置するシャフリスタン正南門の方角を向く。門、中庭、仏堂（祠堂）、内側回廊、外側回廊で構成される。仏堂（祠堂）全体は、東西38m、南北38.4mで正方形に近い。北側の門から寺院に入ると、東西21.3m、南北10mの中庭がある。中庭から仏堂に入ると、中央には10m四方の十字形の中堂があり、三方に壁龕が設置されている。中堂を二重の回廊が囲繞し、回廊から仏像や壁画が出土している。出土遺物としては、建築部材、壁画、仏像、生活用具、貨幣などがある。ジャブリンは銭貨から7世紀に存在した寺院と位置付け、8世紀初頭に廃絶したと指摘する。

　最後に、第1仏教寺院と第2仏教寺院の平面形を比較する図を、（図9中央）に示した。両者の平面形は大きく異なるが、仏堂（祠堂）部分の「回字形」構造は共通し、ともにシャフリスタンの正南門の方角を向く点も一致する。このような「二重壁で囲まれた内陣を持つ回字形祠堂」を中心とする寺院に関しては、クラスナヤ・レーチカやアク・ベシムなどチュー川流域の都市で発見されている寺院の特徴で、タリム盆地の文化的影響を受けている様式とされる [岩井 2019]。第1・2仏教寺院は、その平面形や立地・方位などから、ソグド人都市であるシャフリスタンとの関係性の中で造営された点が読み取れる。この点は、ベルンシュタムが発掘したラバト内寺院が、唐砕葉城の設計原理の中で造営された点とは対照的な事実である。このような都市・都城と寺院の関係性の点からも、唐大雲寺の候補はラバト内寺院に限られると考える。なお、近年ではクラスナヤ・レーチカ遺跡の仏教関連遺構が中国隊によって調査される [陝西省考古研究院 2020] など、考古学的な資料も増加しており、チュー川流域における都市・寺院の比較研究が進む点も期待される。

(6) ラバト中枢部東壁の調査成果

　2015年、ラバト中枢部東壁の調査を実施し、成果は概報で報告した [城倉ほか 2016・2017・2018]。調査に際しては、まず、耕作で消滅したラバトの範囲を衛星画像によって復原する作業から開始した [城倉 2017]。衛星画像によるラバトの復原作業の詳細は、第2節第1項で詳述するので、簡単に言及しておく。現在は東壁・南壁の一部を除いて耕作によって消失したラバトだが、1967年に撮影された米軍事衛星 Corona の画像には、城壁を含む様々な情報が記録されており、唐砕葉城の全体像を把握することができる。しかし、Corona 画像は歪みも大きいため、歪みを補正したうえで現在の衛星画像と合成する必要がある。そのため、(図10上)のように、Corona 画像の観察によってラバトの全体像を復原した後に、Pleiades 衛星画像と GIS のジオリファレンス機能を使って合成した(図10)。その作業によって、Corona の復原線を現代のオルソ衛星画像に正確にプロットしたのが、(図11)である。この図面に基づき、現地で Aachen 大学が設置した UTM 座標による測量を実施したうえで、中枢部東壁が想定される場所に 2×20m のトレンチを設定して発掘を実施した。

　(図12上)が調査時の写真、(図12下)が実測図である。発掘の結果、トレンチのほぼ中央で 6.6m 幅の城壁の基礎部分を検出した。本来の城壁本体である上部構造はすでに削平されており不明だが、検出した壁体基部は版築ではなく、赤色の粘土(パフサ)によって構築されていた。城壁の西側では、唐代建物の外装塼と思われる A 列・B 列を検出した。その中で A 列は、城壁の下層に入り込んでおり、その直上で凸面を上に向けた板瓦の集積遺構を検出した。調査範囲が狭いため、全体の様相は不明だが、城壁西側に唐代の行政的な空間が広がっていたと推定できる。一方、東側では城壁からの流土上にカラハン朝期と思われる日干煉瓦で構築された居住空間を検出した。カラハン朝期には、すでに唐代の城壁は放棄されており、その一部を利用する形で城壁外に居住空間が作られている点が判明した。

(7) ラバト中枢部北辺の調査成果

　東京文化財研究所の調査を引き継いだ帝京大学は、キルギス国立科学アカデミーと共同でラバト中枢部の精力的な調査を進めている [山内ほか 2018・2019]。2017年の調査では、ラバト中枢部の北辺で南北 25m 以上、東西 2m の瓦の帯状堆積を検出した(図13)。瓦堆積は、ラバト中枢部の軸線とほぼ一致している。また、2018年に瓦堆積の北端の一部を断ち割り調査し、塼を用いた雨落溝と円礫を用いた石敷を検出した。石敷は、赤茶色・青色・緑色・白色の円礫を用いて花柄を表現したもので、中国北斉鄴城の核桃園1号基址の塔基壇北側甬道などの石敷と共通する [中国社会科学院考古研究所ほか 2016 図版肆] (註2)。唐代都城の宮城中枢部では、紋様方塼などを用いて床面装飾を施すことが一般的だが、現地の材を利用し、中国に系譜が辿れる技術で造営された遺構と思われる。今後の発掘調査で、建物遺構との関係などが明らかになることが期待される。また、出土した大量の瓦塼はいずれも唐代である点は確実で、2015年の東城壁の成果と併せて考えれば、ラバトこそが唐砕葉城であり、その政治・行政的中心が「中枢部」に位置していた点が予測できる。

(8) シャフリスタン東壁・ラバト南壁の調査成果

　帝京大学・アカデミーは、2017年にシャフリスタン東壁とラバト南壁の断ち割り調査を実施している。シャ

第 1 節　唐砕葉城の調査研究史と課題　65

Corona 衛星画像
（Data available from U.S. Geological Survey）
唐砕葉城（7 世紀後半）の復原

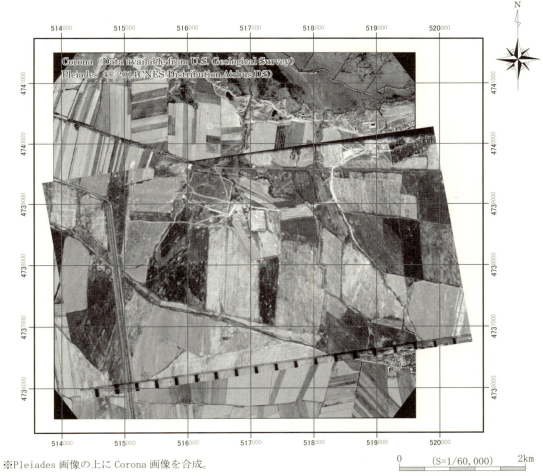

※Pleiades 画像の上に Corona 画像を合成。

図 10　唐砕葉城の復原（上）と衛星画像の分析（下）

66　第 2 章　唐砕葉城の歴史的位置

図 11　Pleiades 衛星画像上で復原した唐砕葉城と 2015 年以降の発掘地点

第1節　唐砕葉城の調査研究史と課題　67

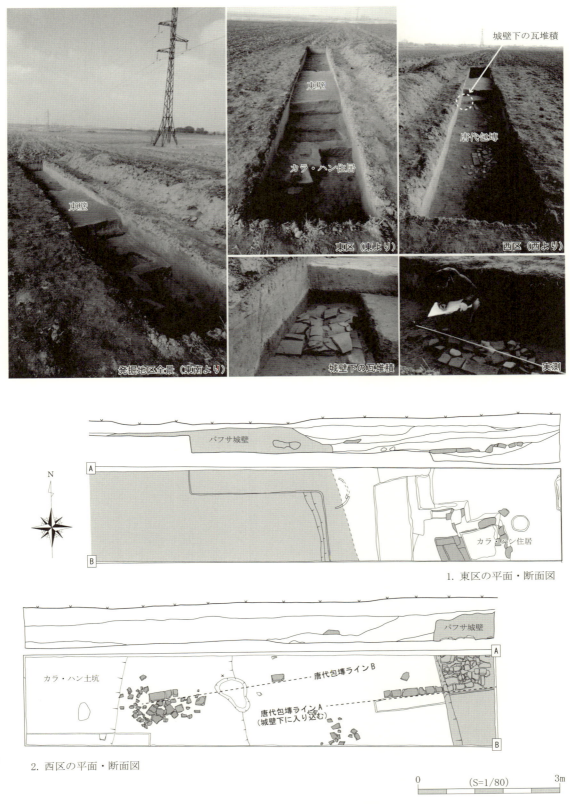

図12　唐砕葉城中枢東壁の発掘成果

68　第2章　唐砕葉城の歴史的位置

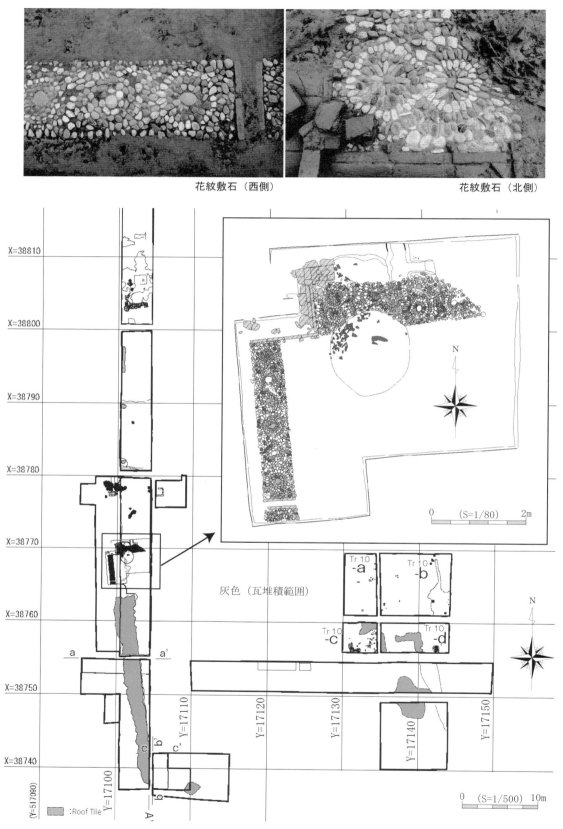

花紋敷石（西側）　　　　花紋敷石（北側）

図13　唐砕葉城中枢北辺の発掘成果

フリスタン東壁では、(図14 上) のように、自然堆積層の上に、十数 cm の厚さの土を水平に積み重ねた「版築工法」が確認された。「版築」によって構築された壁体に対して、シャフリスタン内側は堀状に掘削されているという。報告では、シャフリスタン東壁とラバト外壁は同時に築造されたと指摘しているが、シャフリスタンの北・西・南城壁の様相やラバトとの接続関係は明らかになっていない点に加え、シャフリスタンはラバト廃絶後も数百年に渡って利用されており、両者の層位による年代的関係性が明らかになっている状況とは言えず、今後の課題は多い。一方、ラバト南壁の断ち割り調査でも、(図14 下) のような「版築工法」が確認されている。基槽の状況は不明だが、幅 8m、高さ 2.6m の「版築」による壁体を検出した。報告者は、壁外に掘り込み（護城河）が存在する可能性を想定している。

以上、シャフリスタンとラバトの関係性に関しては、今後の調査の課題となるが、ラバトの城壁構造が判明した意義は大きい。「版築工法」と思われる技術によって城壁が構築される点、護城河を持つ可能性が高い点、城壁の修築などが見られず短い期間に構築・使用されたと思われる点、いずれも唐砕葉城を考えるうえで重要な成果といえる。

（9）ラバトの測量・GPR 調査

最後に 8 地点の発掘以外の調査として、2018 年に実施したラバトの測量・GPR 調査成果について言及しておく。シャフリスタンについては、アーヘン大学による測量図が存在するものの、既に耕作によって城壁が消滅しているラバトに関しては、測量図が存在していなかった。そのため、3D スキャナーを用いた地形測量、および内外城壁の地中レーダー探査を 2018 年に実施した [城倉ほか 2020]。これにより、(図15) のように初めてラバトの正確な地形測量図が作成でき、地表下に残存する城壁の反応を確認できた。

（10）近年の調査研究の動向

なお、科研報告書（2021 年）刊行以降、近年の調査研究の動向に簡単に触れておきたい。アク・ベシム遺跡の調査については、帝京大学が主体的・継続的に調査を進めているが、2019 年以降の世界的なコロナ禍の影響もあったため、2024 年現在、最新の報告は 2020 年刊行の報告書 [山内ほか 2020] である。一方で、研究に関しては王方翼に注目した議論 [柿沼 2021]、出土土器の検討 [櫛原 2020・山藤 2022]、ロシア語文献の翻訳作業 [山内 2022]、砕葉城関連の文献史料の再検討 [齊藤 2021・2022] など、日本人研究者によって多角的・精力的に進められている。

本章に関係する研究として、特に重要なのは、齊藤茂雄の杜懐宝碑の再読作業である。齊藤は、杜懐宝碑の実見調査を踏まえて、今まで読むことが出来なかった 5 行目の文「天□□□下」を、同時期の龍門石窟の造像銘などを参考しつつ、「天皇天后下」と読める点を指摘した。天皇・天后とは、『旧唐書』巻五「高宗紀」にある咸亨 5 年（674）8 月の記載「皇帝称天皇、皇后称天后」に基づく高宗（則天武后）の君主号であり、碑文の上限年代を示すことになる。さらに、齊藤は杜懐宝碑の製作年代を 682-684 年に絞り込んでおり、武則天による大雲寺の詔勅（690）年よりも前に砕葉城内の寺院に奉納され、その後、詔勅を受けてその寺院が大雲寺に改名されたと推定した [齊藤 2023]。

以上、今後も発掘調査や関連する研究によって、アク・ベシム遺跡の歴史的解釈が進んでいくことが期待される。

70　第 2 章　唐砕葉城の歴史的位置

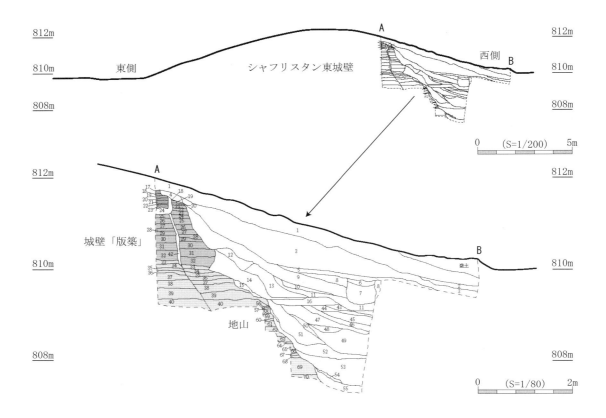

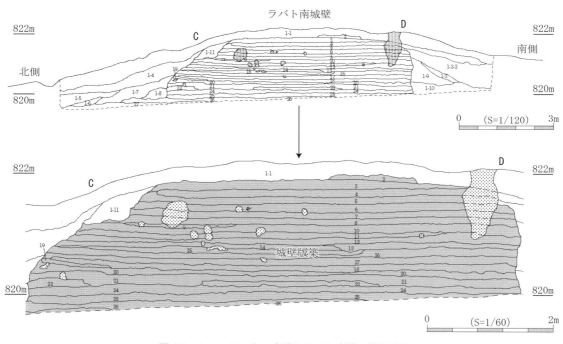

図 14　シャフリスタン東壁とラバト南壁の発掘成果

第1節　唐砕葉城の調査研究史と課題

図 15　唐砕葉城の測量・GPR 調査成果

5. 論点と課題

アク・ベシム遺跡の調査研究史に関して、唐砕葉城に注目して整理した。ここでは、論点と課題をまとめておく。まず、アク・ベシム遺跡の調査研究史を整理したケンジェアフメトは、以下の3時期に区分した。

【早期】ソグド～西突厥の時期（5～7世紀）。
【中期】安西四鎮の時期（7～8世紀の変わり目）。
【晩期】トゥルギシュ・カルルク・カラハン朝の時期（8～11世紀）。

本章が対象とするのは、安西四鎮の時期、すなわち唐砕葉城である。ベルンシュタムは当初、ラバトを西遼段階の「契丹区」と考えたが、1982年の杜懐宝碑の発見により、ラバトが唐砕葉城であると考えられるようになった。その後、2015年以降の調査で、ラバト中枢部の発掘が進み、唐砕葉城の政治・行政的中心がここに所在した可能性が高くなっている。同時期に存在したシャフリスタンとの関係性は今後の課題であるが、ラバトを唐が造営した「単独の都城」として考えるのであれば、その構造をまずは考古学的に分析する必要がある。通常の都城遺跡の調査であれば、(A) 全体測量図の作成→ (B) ボーリングやレーダーなどの地中探査→ (C) 四周の城壁・門や中枢建物の発掘、という考古学的な手続きを踏むが、ラバトは残念ながら耕作によって地表の痕跡が消滅している。そのため、(A)(B)(C)の作業を進める前段階として、1960年代に撮影されたCorona衛星画像を用いた全体構造の復原が非常に有効である。これが本章の第1の課題である。衛星画像を用いて唐砕葉城の平面配置および空間構造を復原し、それを唐代西域都市や唐長安城・洛陽城などの唐代都城と比較することで、その構造的特色と設計原理を考究することが第1の目的である。中原都城と西域都市の比較視点は、孟凡人の北魏洛陽城の研究 [孟凡人 1994] など非常に限られており、本章での作業は今後の東西都市（都城）の国際的比較研究においても、重要な知見をもたらすと考える。

なお、第1の作業を進めることは、唐砕葉城に関する文献史料の記載を再検討する作業でもある。すなわち、王方翼が679年に修築した「砕葉鎮城」はアク・ベシム遺跡のどこに該当するのか、690年の武則天の勅令に基づいて造営（名称変更？）された大雲寺はどこに比定されるのか、この2点である。ケンジェアフメトは、ベルンシュタムが発掘した寺院の区画（図6上左）を、王方翼が修築した官署と考え「王方翼衙署」と呼称する [努爾蘭 肯加哈買提 2017 pp.174-175]。50日という短い工期で構築可能な範囲であり、「北東と西南にある甕城を持つ門」が文献に記載される屈曲門と合致するという仮説である。しかし、この遺構は寺院の伽藍に相当する範囲と思われ、「砕葉鎮城」と呼べる性質のものではない。王方翼記事を「唐砕葉鎮城」を造営した歴史的な画期と考えるのであれば、やはりラバト全体を指すと考えるのが妥当である。本章におけるラバトの構造把握は、この問題にある程度の見通しをつけることができる。さらに、クズラソフが発掘した第1仏教寺院を唐大雲寺と考える仮説 [烈昂尼徳 R 科茲拉索夫 2019] が注目されてきたが、ラバトを唐砕葉城と考えるのであれば、中国式の平面配置を持ち、大量の唐代瓦塼が出土したラバト内寺院こそが、唐大雲寺と考えるのが自然である。第1仏教寺院の年代が8世紀を主体とする点、唐の影響を受けた弥勒菩薩倚坐像が存在する点などは、むしろ、ラバト内に造営された大雲寺の影響を受けたと考える方が理解しやすい。この点に関しては、衛星画像の分析で、ラバト内寺院が都城の中でどのように位置づけられるか、を追求することで考えてみたい。

第2の課題は、中国系の出土遺物、特に瓦の年代と系譜の追求である。ラバト中枢部の調査で出土した

瓦当の「様式」を検討することで、唐代瓦である点を確定する必要がある。また、建築部材の一つである瓦は、その製作技法に着目することで、「系譜」を考究できる。本章では、ラバト中枢部東城壁の調査で出土した瓦［城倉ほか 2018］の中で、特に製作技法の検討が可能な板瓦に注目し、唐長安城・洛陽城の宮城出土瓦との比較を行う。この作業によって、唐砕葉城を造営した技術系譜に関して考究してみたい。

　以上、本章では、①唐砕葉城の空間構造、②唐砕葉城出土瓦の製作技法、に注目して唐長安城・洛陽城と比較する。この2つの課題によって、唐砕葉城の歴史的位置を考究することが目的である。

第2節　唐砕葉城の空間構造とその特色－西域都市・中原都城との比較から－

1. 衛星画像の分析に基づく唐砕葉城の平面配置

　都城・都市遺跡の分析における衛星画像の有効性は、歴史地理学の分野で1990年代頃から注目され、2000年代以降に考古学分野でも地理情報システム（GIS）の普及とともに広く認識されるようになった。中国都城の分野でもその有効性は認識されており［劉建国 2007］、航空写真・衛星写真が都城の構造把握の基礎資料として提示される機会も増えた［中国歴史博物館遥感与航空撮影考古中心ほか 2002・中国国家博物館ほか 2017］。特に、農地化・都市化などにより既に消失した都城・都市遺跡の場合は、Corona衛星画像（CORONAと記載する場合もあるが、本書ではCoronaを用いる）と現代衛星画像の対比分析が有効である［城倉 2017］。アク・ベシム遺跡のラバトの外形復原については、すでに分析を試みたことがある［城倉ほか 2016 p.56］。その後、キルギス共和国国家地図測量局からアカデミーが購入した1966年の航空写真［帝京大学文化財研究所編 2019 p.13 写真2］を用いて、帝京大学も分析を進めている［望月ほか 2020］。この航空写真は、Corona衛星画像よりも地表面の情報が鮮明であるため、今回は同航空写真の観察を改めて行い、その成果を（図10上）のCorona衛星画像に反映させた。

　具体的な観察結果を示す前に、まず、分析の前提について整理しておく。ラバトはシャフリスタンと「連接」しているため、イレギュラーな平面配置と考えてしまいがちだが、シャフリスタンを除いた「単独の中国都城」として把握すると唐代都城の原則に忠実な都城だと気づく。政治・行政的な中枢（内城）と商業・居住空間としての外城をもつ二重圏構造、中軸線によって南面（坐北朝南）する全体配置、中枢から延伸された四方の門、これらの要素は唐代都城の原則を守っている。不規則に見えるのは、ラバトの北壁・西南壁が、ラバトとは異なる軸線を持ってすでに存在していたシャフリスタンの北壁・東壁の軸線に合わせているからである。しかし、シャフリスタンとラバトの城壁が、共存していた時期において物理的に「接続」していたかというと、その可能性は低いと考える。航空写真・衛星写真を子細に観察すると、ラバト北壁の西端はシャフリスタン北壁の東端よりもやや南側にあり、両者の軸線は若干ずれている。そして、後述するように両者の間は水路が存在した可能性が高い。一方、ラバト西南壁の北端、つまり屈曲部分も同じで、シャフリスタン東壁南端よりも若干西側にずれている。仮にこの場所も「接続」していないとすれば、ここには城門があり、シャフリスタン正南門へと通じる道路があった可能性も残る。このように、ラバトは都市としてのシャフリスタンに「連接」しながらも、城壁としては「接続」せず、意図的に城壁の軸線をずらして「屈曲部」を設け、その境界部分に城門や水路などの機能を持たせた可能性が高いと考える。シャフリスタンとラバトを空間的に「接続」したのは、両者の城壁ではなくシャフリスタン東壁中央門であり、この場所を通じて両者の東西道路が「貫通」することで両者の経済活動が結びついたものと思われる。中国都城において、機能的・階層的

に異なる空間を「連接」させるのは、隔絶機能を持つ城壁ではなく、常に道路・門である点を意識しておきたい [城倉 2013]。このように、すでに存在していたシャフリスタンに新しい都城を「連接」する工夫のため、ラバトの北壁・西南壁が不規則になっただけで、ラバトの構造自体は唐代都城の原理に基づいていると考えると、その平面配置は論理的に理解しやすくなる。

以上の前提を踏まえた上で、ラバトの平面配置を都城の各要素（外城壁、内城壁、城門・道路、護城河、区画）に分けて、衛星画像の観察結果を提示したい（図10上）。

(1) 外城壁

外城壁は、北壁・東壁・南壁・西南壁で構成される。ラバト西壁＝シャフリスタン東壁となるが、前述したように、シャフリスタン東壁は、ラバトとは全く異なる論理で構成されていると考える。なぜなら、ラバトの北壁・西南壁は、中枢部の北壁・西壁と平行しておらず、明らかに「既存のシャフリスタンの形状」に規制を受けているからである。7世紀後半段階ですでにほぼ現状の平面形を保持していた単独のソグド人都市＝シャフリスタンに、北壁・東壁・南壁・西南壁で構成されるラバトを「付加」することで、唐砕葉城が誕生した可能性が高いと考える。ラバト以前のシャフリスタン東壁の具体的な構造は不明だが、現状では北端・南端に角楼を持ち、7基の馬面が設置されている。中央やや南寄りに門が設置されており、この門がシャフリスタン・ラバトを「横断する」東西道路上に位置し、両都市を「接続」する。「東西大路」は、ラバト北壁・東壁の交差地点にあるラバト東門から、シャフリスタン西壁中央門まで「貫通」している。シャフリスタンの中枢部を横断する点は重要で、この道路こそがシャフリスタンとラバトを本当の意味で結び付けている要素だと考える。

ラバト北壁を観察すると、その西端はシャフリスタン北東隅の角楼よりも20m以上南側にある。この部分は、1967年の写真でも中枢部北西に滞水する池の水が、城外に流出する水路となっていることが観察できる。後述するように、城内における水の確保は重要な問題であり、ラバト南門から城内に引き入れた水路の城外への流出は、（図15）のラバト全体の地形からしても、この場所以外には考えられない。実際に衛星・航空写真でも明瞭な水路のソイルマークが観察でき、両城壁間から流出した水路は、シャフリスタン北壁を沿って西流し、中央の屈曲地点より前に北流している。短い唐の支配期間にどのような施設がこの場所にあったかは不明だが、城壁をあえて20m以上「食い違う」構造にすることで城内の排水を兼ねた何らかの防御施設（水流に沿った鉤形の甕城、あるいは北庭故城の外城北門にある「羊馬城」のような施設が想定できる）が置かれた可能性が高いと考える。なお、北壁上には外敵の攻撃に対する防御施設として、馬面が設置される。馬面は、西域都市、あるいは遼金元などの北方草原都城、高句麗都城・山城などに顕著な「城壁上で外側に突出する防御施設」である。11世紀まで存続したシャフリスタンの城壁にも設置されているが、北庭故城など唐代西域都市では、かなりの密度で設置されており、ラバトでも同じ状況だった可能性が高い。北壁の馬面は画像では不明瞭であるものの、可能性の高い3か所を明示した。

北壁と東壁が交差する地点には、角楼と思われる痕跡があり、そのすぐ南側には後述する東門が開口している。東壁には、ほぼ等間隔に馬面と思われる4か所の高まりがある。南壁には中央やや西よりに南門と思われる開口部があり、その東側に3か所、西側に1か所の馬面がある。特に、東側の3か所は外側に突出する形状が明瞭に観察できる。南壁が東壁・西南壁と交差する部分にも明瞭な角楼の痕跡がある。

西南壁は、594mの直線部分と屈曲部分（東西163m、南北153m）で構成される。直線部分の延長は、シャフリスタンの東南隅角楼の位置に合致するので、本来であれば屈曲させることなく城壁を構築できたはずで

ある。しかし、この部分の屈曲こそは、後述する北庭故城の西門にもみられる防御性の高い門を構築するための工夫と考えられる。王方翼の記事にみられる兵の出撃と退却を隠すための門と思われ、この門をシャフリスタンの南門に一番近い場所に置いている点は重要である。この部分は、ソグド人都市のシャフリスタンと唐砕葉城のラバト、両城の防御の要と位置付けられる。なお、このような形式の門に正式な名称は存在しないが、本章では「屈曲門」と仮称しておく。城壁を意図的に屈曲させた部分に門を設置することで、「甕城」と同様な防御効果を狙った施設と思われる。衛星・航空写真の画像上では、西南壁上に顕著な馬面の痕跡を確認できないが、屈曲部分の2か所には角楼の痕跡が明瞭に観察できる。角楼間の東西城壁のやや東よりに西南門が開口している。また、前述したように屈曲部の南北壁はシャフリスタン東南隅の角楼よりもやや西側にずれており、両城の城壁は「接合」しておらず、ここにも何らかの防御施設が位置した可能性を考えておきたい。

(2) 内城壁（中枢部城壁）

衛星・航空写真を観察すると、ラバト中枢部の城壁も、強固な構造を持っていた点がわかる。北西隅は、明瞭ではないものの、西南隅・東南隅・北東隅には明らかな角楼の痕跡が認められる。さらに、東壁には3か所の馬面の可能性が高い突出があり、西壁も対応した位置に突出が確認できる。北壁にもわずかな痕跡があり、3か所と推定される。一方、南側中央には正門があり、その東西には1か所ずつの馬面が想定できる。後述する北庭故城も内外二重構造を呈するが、内城にも角楼・馬面などの防御施設がある。北壁237m・東壁306m・南壁250m・西壁312mのややゆがんだ平行四辺形を呈するラバト中枢部は、その防御性の高さからも、唐砕葉城の「鎮城」としての政治的・行政的中心が置かれたことが想定できる。

(3) 城門と道路

都城の空間構造上、城門は、最も重要な要素である（本書の第3章参照）。城壁で囲まれた重圏構造を呈する都城において、異なる階層的・機能的空間を「接続」する機能を持つからである。城門相互は道路によって結びつき、都城全体を区画分けすることになる。まず、ラバトの中心になるのは、外城南壁の中央やや西よりの南門、および中枢部（内城）南壁中央の南門、この2つの「中軸正門」である。唐長安城の中軸正門は5門道、唐洛陽城の中軸正門は3門道、いずれも「過梁式」門だが、北庭故城など西域の防御性の高い都市の事例を考えれば、唐砕葉城はおそらく過梁式1門道だと推定できる。唐砕葉城に関しては、外城正門に甕城が附随する可能性が考えられるものの、内城正門に闕がある可能性は低い（「京師・陪京」の宮城正門には、闕が採用される）。衛星・航空写真を観察すると、外城南壁中央やや西寄りに城壁内外に膨らむ場所があり、そのすぐ東側に城壁の切れ目がある。一方、内城南壁にも中央やや西よりにほぼ同じ構造体が観察できる。そして、特にCorona衛星画像に顕著だが、両者を結ぶように幅広の道路状のまっすぐな痕跡がはっきりと確認できる。これを「南北大路」と呼称しておく。なお、この痕跡に関しては、Corona衛星画像では非常に明瞭だが、航空写真ではやや不鮮明である。小麦畑の耕作単位の可能性もあるため、慎重に検討したが、現代のPleiades衛星画像にも同じ範囲にソイルマークが見える点から、40～45m（実際の道路幅＋東西の空閑地を含めた幅）の幅広の道路遺構と結論づけた。南北大路の中心は、城壁上の膨らみの東側開口部に位置していることから、この部分が門道で西側に規模の大きい墩台（甕城の可能性もある）が存在する門と考えておく。外城南門から内城正門までの中軸線が、幅広の南北大路で結ばれている点は、唐代都城の特徴

を示すと同時に、政治・行政機構としての砕葉鎮城の権威を内外に示す役割を果たしたものと思われる。

中枢部南側の南北大路に対して、北側には東西大路が確認できる点が重要である。ラバト外城東壁と北壁が交差する点には角楼が存在するが、そのすぐ南に城壁の開口部がある。城壁が屈曲する部分に門を設置したのは、やはり防御を意図したものと思われる。このラバト東門とシャフリスタン東壁東門を結ぶ道路は、現在もアク・ベシム遺跡を横断する基幹道路である。この道路を「東西大路」と仮称しておく。中枢部北側に滞水する池によって若干ゆがんでいた可能性もあるが、ラバト・シャフリスタンを結んで東西を貫通し、両城の経済活動を支えた道路だった可能性が高い。この東西大路によって、両都市は深く結びついていたのである。以上、ラバト南側が中枢部と外城南門を結ぶ南北大路で大きく「構造化」されているのに対して、北側はラバトとシャフリスタンを結ぶ東西大路で大きく空間が「構造化」されていた可能性が高い。唐砕葉城は、南側の政治・行政機構を支える南北軸、および北側の経済活動を支える東西軸で大きく構成されていたと考える。

一方、唐砕葉城の防御の中枢を担ったのは、西南壁に設置された屈曲門である。西南壁の屈曲部、角楼を結ぶ東西壁のやや東よりに開口部：西南門が位置する。衛星・航空写真では、開口部以外の特別な施設などは確認できないが、シャフリスタン東壁との接続部分に想定される防御施設と併せて、この屈曲部がシャフリスタン・ラバト両城における防御の中枢だった可能性が高い。唐の軍隊が駐屯したのは、おそらくこの区域と思われる。この西南門と「対置関係」にあるのは、外城北壁に設置された北門である。衛星・航空写真には、クズラソフの発掘したラバト内キリスト教会が明瞭に観察できるが、その北東部に城壁の開口部、北門が位置している。北門からの南北道路は、東面するキリスト教会の東側を通り、東西大路に接続していたと思われる。これは西南門内の南北道路が東西大路に接続する現象と対応し、西南門と北門がセット関係にある点がわかる。

城門同士を結ぶ主要道路は以上の3本（外城南門－内城南門、外城東門－シャフリスタン東門、外城西南門－外城北門）だが、その他にも城内道路が2本確認できる。1本目は、城内の東側にあって、外城東壁と平行して南北に走る道路である。もう1本は、外城南門から中枢部西南側のラバト内寺院の区画に接続する道路である。後述するように、中枢部西南および西側にはラバト内仏教寺院の区画とその北側の方形区画が存在するが、両区画の中央を通る南北線がCorona衛星画像で確認できる。この道路は、北側で滞水する池の前で西側に曲がると思われるが、ラバト西南壁とシャフリスタン東壁が「接合」する部分に繋がっていた可能性がある。

（4）護城河（水路）

中国都城の城壁外には、護城河が存在する。滞水・空堀の違いはあるが、防御施設である城壁の基本要素である。後述する北庭都護府が置かれた北庭故城でも、内城壁・外城壁ともに外側に護城河を巡らせている。特に、北庭故城の場合は、内城・外城の護城河（報告では「護城壕」）による水運が発達していたと考えられており[劉建国1995]、西域都市においては護城河が城内の水利システムと深く関係した可能性が想定できる。ラバトの衛星・航空写真を観察すると、外城壁の外側には明確な護城河の痕跡は確認できないが、帝京大学の外城南壁の発掘調査では、外堀の存在が指摘されており、空堀は存在していた可能性が高い。

一方、城内に関していえば、中枢部北西に現在も滞水する池の存在が注目できる。（図11）のPleiades画像にあるように、現在の池の範囲は狭く滞水量も少ない。しかし、1967年の航空写真を見ると、中枢部の北西から北側にかけて広い範囲に滞水していることがわかる。さらに、中枢部の西側から南側にかけて、増

水時に滞水したと思われる黒い痕跡（ソイルマーク）が明瞭に認められる。その範囲は、南北大路の西側まで及んでおり、唐代の滞水範囲は、さらに広かった可能性がある。中枢部の東側にも空堀状の痕跡が認められるため、もともとは中枢部の護城河として掘削されたものの、城内の北西側が低い地形を反映して、西側を中心に滞水していたものと思われる。（図10上）にあるように、アク・ベシム遺跡周辺の基幹水路としては、シャフリスタン西側とラバト東側の水流の存在が知られる。一方、ラバト中枢部西南の池に滞水する水は、南の天山山脈からの雪解け水などを外城南門から城内に引き込んでいたものと推定できる。城内に引き込まれた水は、南北大路の西側を中心に護城河に滞水し、城内の貴重な水資源として利用された可能性が高い。この水は、1967年の航空写真でも明らかなように、池部分から北側に流れ、教会の西側を通って、ラバト北壁・シャフリスタン北壁の「接合」部分から、城外に流出している。（図10上）で示した滞水範囲は、衛星画像から想定される最大範囲を示したものだが、（図15）の測量成果に基づく城内の地形とも極めて整合的である。中枢部の護城河が城内の「利水」に重要な役割を果たし、その痕跡が現在まで滞水する池として残存している可能性を想定しておきたい。

（5）区画

城内には、道路や護城河の痕跡の他、人工的な高まりがいくつか観察できる。規模からすると、それらの多くは、ラバト内キリスト教会のような単独の建造物を示す可能性が高い。しかし、中枢部西南側から西側にかけて、かなり規模の大きな高まりを示す区画が確認できる。1つ目の遺構は、1939・40年にベルンシュタムが発掘した仏教寺院のトレンチが明瞭に見えており、東西64m×南北113mの長方形区画という報告規模と合致することから、規模の大きい仏教寺院の伽藍（ラバト内寺院）と判断できる。その北西には、ラバト内寺院と軸線を揃える方形のもう1つの区画が確認できる。中央部分には、発掘もしくは盗掘と思われる痕跡も認められる。もちろん、遺構が消失した現状で、発掘によって構造や機能を確認することも難しいと思われるが、その規模や範囲が第2仏教寺院とほぼ同じである点や、ベルンシュタムが発掘したラバト内寺院と軸線を揃えることから考えて、仏教寺院の可能性が高いと考える。後述する安西都護府が置かれた交河故城では、唐代の区画が全域判明しているが、官衙区画は基本的に小規模で、大規模な単独区画はいずれも寺院跡である。ラバト内寺院の北側区画の規模から考えれば、仏教寺院以外の用途を想定しにくい。

以上、仏教寺院の可能性がある2区画は、ラバト西南城壁と軸線を同じくし、その中軸を通過する城内道路も想定されるなど、唐砕葉城の中で極めて企画・計画的に配置された区画といえる。南門から中枢部正門に至る南北大路という中心軸に対して、南門から西南城壁と平行して展開するラバト内寺院の軸線の存在は、唐砕葉城内において重要な位置を占めていたと思われる。このような重要な軸線に中原特有の伽藍配置を持って存在するラバト内仏教寺院は、やはり唐大雲寺にふさわしい要素を持っていると考える。

2. 唐代西域都市の空間構造と砕葉城

前節では1967年に撮影されたCorona・航空写真をもとに、唐砕葉城の平面配置を復原した。この基礎的な復原成果を踏まえて、唐代西域都市との比較に議論を進める。

唐は太宗の時期に東突厥を滅ぼすと、西突厥を中心とする西域への侵攻を開始した。640年に高昌を滅ぼすと、交河故城に安西都護府を設置する。648年には、クチャを攻略して安西都護府[張平2003]を移置し、

安西四鎮（亀茲・疏勒・于闐・砕葉）を設置した。その後、高宗の時期に吐蕃の侵攻を受けて領土を失うが、武則天の時期には再び回復する。703年には庭州（640年設置）に北庭都護府を設置し、数年後には北庭大都護府と改称する。北庭都護府と安西都護府は、天山南北を分けて管轄するようになり、特に、北庭故城は唐代西域の中心都市として発展を遂げた。北庭故城は790年に吐蕃によって陥落するが、9世紀中葉以降に高昌回鶻が建国されると、回鶻王の避暑地となり、実質的な陪都となった。元代には、「別失八里」と改称され、行政機構が置かれるものの、その後の文献には登場しなくなる。このような唐代西域の歴史的状況を踏まえると、唐砕葉城と比較が可能な西域都市として、交河故城・北庭故城・高昌故城の3遺跡がピックアップできる。この中で、高昌故城［侯燦1989・孟凡人2006・阿爾伯特 格倫威徳爾2015］を除いた2都市、すなわち安西都護府が置かれた交河故城、北庭都護府が置かれた北庭故城は、唐が直接造営した都市遺跡である。本章では、この2都市に着目して、砕葉城と比較してみる。

（1）交河故城との比較

　新疆ウイグル自治区トルファン市に位置する交河故城は、シルクロードの世界遺産にも登録されている。乾燥した気候のおかげで、遺構の保存状態がよく、建物が地表に残存している。元々は車師前国の都市として造営されたが、640年には安西都護府が設置された。その後、高昌回鶻の支配下となり、14世紀まで遺跡は存続したとされる［孟凡人2001］が、現存する都市としての基本構造は唐代に成立したと考えられている。（図16左）にあるように、遺跡は高度30m、南北1650m、東西最大幅300mの柳葉形の台地上に位置している［解耀華主編1999・李肖2001］。30mの切り立った崖の上という特異な立地条件のため、砕葉城とは大きく構造が異なるように見えるが、城内の構造原理には高い共通性が認められる。交河故城は幅10m、長さ350mの南北道路によって東西に大きく二分されている。南北道路の東西の空閑地も広く、場所によっては50m幅を超える場合もある。この南北道路によって、居住区は大きく東西に二分され、さらに東西道路によって細分されている。また、南北道路の北端から北側には、大規模な敷地を持つ寺院が密集している。李肖は、交河故城を機能の異なるA～Fの6区画に分類している［李肖2001］。

【A区】大院落区：独立した院落で構成される階層の高い人々の居住区。高級官僚の邸宅とされる。
【B区】衙署区：A区に隣接し、東西道路・南北道路で囲まれた独立した空間に立地する官衙区域。
【C区】倉儲区：駐軍専用の倉庫群。
【D区】街巷区：一般住民の居住区。規模の小さな建物が密集して存在する。
【E区】寺院区：上記4区画以外、都市の3分の2を占める広大な区画が寺院区とされる。
【F区】墓葬区：台地の北端に位置する墓葬区。

　以上、交河故城は唐代を中心に発展した都市空間の建物配置が判明している稀有な遺跡であるが、幅広の中央道路（空閑地を含むため、実際の道路幅よりもはるかに広い）によって、城内を機能の異なる区画に分割するという特徴が認められる。砕葉城も、南側の南北大路、北側の東西大路によって城内を機能がそれぞれ異なる空間に区分けしており、共通した構造的特徴を有することがわかる。区画や建物配置が現存する交河故城の事例は、砕葉城内の空間構造を考える際に重要である。
　今、交河故城の区画を参考に、唐砕葉城の区画を考えたのが（図16上右）である。砕葉城は、中枢部を除くと道路によってA～Gに区分けできる。中枢部は、砕葉鎮の政治・行政の中枢が置かれた場所である。

第 2 節　唐砕葉城の空間構造とその特色　79

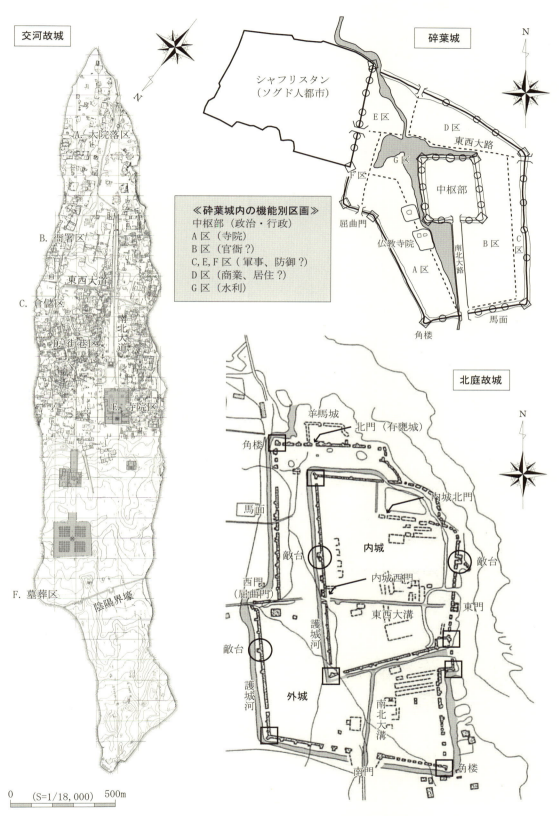

図16　唐代西域都市（交河故城・砕葉城・北庭故城）の平面配置

A区は、大型の伽藍を持つ仏教寺院を中心とする区画と考えられる。B区は、中枢部と密接にかかわる区画で、官衙区域・高級官僚の居住区の可能性が高い。C区は、区画が狭く城壁に隣接することから防御区域と想定する。D区は、東西道路によってシャフリスタンにも繋がる区画で、一般住民の居住区・商業区と考える。E・F区は、防御施設が置かれた区画と思われ、特に屈曲門を持つF区は軍の駐屯区画だと想定する。G区は、護城河を利用した水利区画と考える。文献史料が存在しない都市遺跡における城内の機能的構造を復原するのは難しいが、唐代の建物配置が判明している交河故城との比較によって、ある程度の推定は可能である。

(2) 北庭故城との比較

続いて、北庭都護府が設置された北庭故城と比較してみたい。北庭故城は、新疆ウイグル自治区のジムサール県に所在する。1980年に行われた基礎調査の概報 [中国社会科学院考古研究所新疆隊 1982] があり、その後、航空写真による図面作成の成果 [劉建国 1995] が公表されている。2012年からは、中国社会科学院考古研究所を中心とした新たな体制での集中的な発掘・ボーリング調査も行われている。近年では、都市の全体把握を目的としたボーリング調査の成果 [新疆維吾自治区文物古迹保護中心ほか 2020]、外城南門の発掘成果 [巫新華ほか 2019] も公表されており、新たな視点での研究も進んでいる。本章では、1982・1995年に作成された基本的な平面図を基に砕葉城との比較を行う。

(図16下右) には、1928年に袁復礼が作成した測量図に基づく図面を提示した。北庭故城は、不規則な多角形で構成される内・外城の二重構造を特徴とする。1982年の報告では、外城が「唐初年」、内城が「高昌回鶻期」の造営とされているが、近年の調査では内城も主体は唐代で、都城の基本的な構造は北庭都護府 (702〜) の段階に完成したものと考えられている。なお、航空写真の分析から、内城内の北東寄りには溝で囲まれた長方形の区画も想定されており、劉建国は「宮城」と呼称する [劉建国 1995]。詳細は今後の発掘調査の進展に期待したいが、ここでは1982年概報の記載を中心に外城・内城に注目する。外城・内城は、不規則な多角形で構成され、城壁の外側には幅広の護城河が掘削されている。東側では、内城と外城は護城河を介して繋がっており、水運による城内外のネットワークが指摘されている [劉建国 1995]。屈曲部にはすべて角楼があり、城壁には密な間隔で馬面が設置されている。外城西壁の南寄り、内城東西壁の北寄り、合計3か所には馬面 [葉万松ほか 2004] より大きな「敵台」も確認できる。外城壁には北門、西門、南門の3か所の門遺構が確認されている。北門 (1門道) は外側に鉤形に屈曲する甕城 (城門と一体化する防御機構) [徐承炎ほか 2015・李双ほか 2017] があり、そのさらに外側にはやはり鉤形に屈曲する「羊馬城」 (主城壁外側にある防御用の小型城壁) [李幷成 2002・孫華 2011] がある。甕城と羊馬城は、開口部を反対向きにすることで、防御性が高められている。西門は西城壁の屈曲部に位置しており、その構造は唐砕葉城西南門 (屈曲門) と同じである。なお、城壁の屈曲部に甕城や城門を設ける構造は、高句麗の平地城 (国内城) や山城 (五女山城・丸都山城) などにも類例がある [鄭元喆 2009]。南門は南壁中央やや東よりに位置し、南門から北に向けて南北道路と思われる幅広の溝が確認されている。この道路は内城の南護城河に接続するが、内城内まで貫通していない。一方、内城壁には北門と西門が確認されている。北門は屈曲部の東側、西門は西壁のやや南寄りに位置しており、ともに排叉柱を用いた過梁式1門道形式の門遺構である。西門からは内城を横断する道路と思われる溝が確認されている。この東西道路は、外城西門の屈曲門と繋がり、城内で唯一、内外城を貫通しており、「宮城」の南側に連接している。

以上の北庭故城の二重(三重)構造は、唐砕葉城と多くの共通点が認められる。その重圏構造については、(図17下) の実測図の変遷が示すように、現段階では確定したとは言えないものの、「宮城」を含む三重構造

第 2 節　唐砕葉城の空間構造とその特色　81

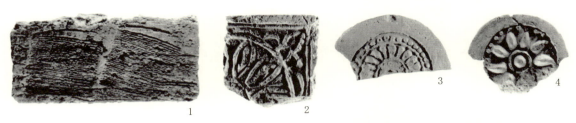

北庭故城出土遺物　1（条塼）・2（蓮華紋方塼）＝1/6　　3・4（蓮華紋瓦当）＝1/4

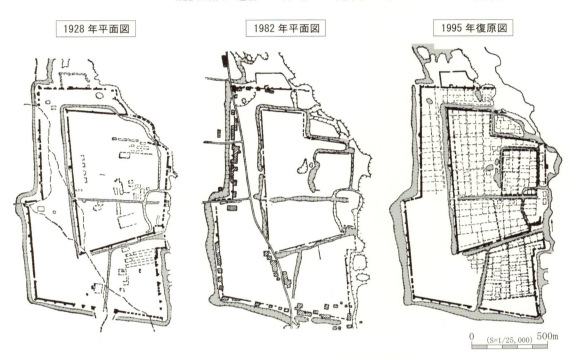

図 17　北庭故城の出土遺物（上）と平面図の変遷（下）

は、北庭故城の完成段階である北庭都護府の時期の平面構造と考えられる。出土した蓮華紋瓦当も（図17上）のように、砕葉城出土瓦当よりもかなり崩れた様相を呈し、現状で認識されている北庭故城の平面形は、唐砕葉城の時期よりも新しい北庭都護府の段階である点を示唆する。既報告遺物の状況からすれば、唐砕葉城の方が古く、北庭故城の平面形に影響を与えた可能性も考えられるが、北庭故城の平面形は唐初の顕慶3年（658）～龍朔2年（662）の北庭城段階に成立したという説[徐承炎ほか2015 p.55]もあり、年代に関しては今後の調査の進展を待って慎重に考える必要がある。なお、外城に関していえば、2016年に南壁中門が発掘されている点が注目出来る。外城南門は、北門と同じ甕城が存在すると考えられているが、現状で残るのは西側の馬面と門道と思われる痕跡のみで、残存状況はあまり良好ではない。しかし、発掘によって出土した遺物や炭素14年代から、唐・宋・元・明の各時代の変遷が想定された。特に、外城に関しては長安2年（702）の北庭都護府、後に昇格した北庭大都護府の時期に造営されたものと、南門の発掘概報では結論づけている[巫新華ほか2019 p.13]。このような成果からすると、やはり、北庭故城の平面形が完成する時期よりも、王方翼による砕葉城の造営の方が古い可能性が高いことになる。

　砕葉城・北庭故城の前後関係、あるいは系譜関係の問題は今後の課題になるとしても、両者の空間構造には極めて高い共通性が認められる点が重要である。例えば、①不規則な多角形を呈する重圏構造、②馬面・角楼・屈曲門・甕城などの防御施設、③護城河を利用した水運・水利、などである。言い換えれば、都城の

82　第 2 章　唐砕葉城の歴史的位置

設計における原理面で両都城には高い共通性が認められる。この点は、項を改めて構造的な部分に関して、考古学的な視点から踏み込んでみたい。

3. 北庭故城と砕葉城の設計原理

　前項では、北庭故城と砕葉城の平面配置に設計原理の共通性が認められる点を指摘した。今、両者の設計原理を比較するため、（図18）に両都城の平面をシンプルに模式化して比較する図を提示した。

　両者に共通するのは、「直線的な城壁を用いた多角形によって、防御性の高い重圏構造を持つ空間を構成する」という設計思想である。西域に割拠する遊牧民族系国家に対して、都市という点的な拠点により領域支配を広げた唐王朝にとって、西域都市の要素として「防御性の高さ」が最も重要だった点がわかる。まず、外城壁を見ると、北庭故城は内城との接点を除外すると大きく6つの直線的な城壁で構成される。北側から反時計周りに①～⑥城壁と呼ぶと、西側の③城壁に置かれた屈曲門が東西方向の中心軸線上に位置すると同時に、防御上の重要な役割を占めていた点が想定できる。②の城壁を直線で南に引くと、④⑤の交差点、すなわち西南隅にぶつかる点から考えても、③部分を意図的に屈曲させて防御施設を構築した点がわかる。城壁を屈曲させることで、兵の出撃・退却に際しての外側からの死角を作ると同時に、城門に攻め寄せる敵への城壁上からの攻撃地点を増やす目的があったと思われる。一方、砕葉城もシャフリスタン東壁を除くと①～⑥の城壁で構成される。西側の③城壁に設置された屈曲門が、砕葉城の防御の要となっている点は既に指摘した通りである。北庭故城と同じく西南城壁④をそのまま北側に延伸していれば、シャフリスタン東南隅の角楼にぶつかっていることから、この部分を意図的に屈曲させることで防御施設を作ったことがわかる。

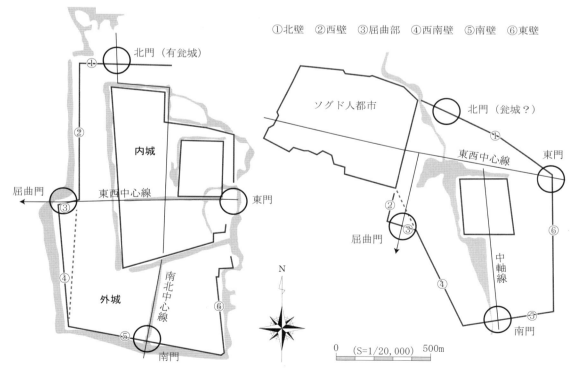

図18　北庭故城（左）と砕葉城（右）の設計原理

北庭故城の北門には甕城、その外側には羊馬城が設置されている。砕葉城北門もシャフリスタン北東隅との接合地点となり、城外への排水地点であることからも何らかの防御施設が設置されていた可能性が高い。すなわち、両城ともに北門と西南（屈曲）門が、外城全体の防御の拠点となっており、城内における両門間の移動が最短となるように設計されていると思われる。北門と西南門は、対になる防御機構だった可能性が高い。王方翼の修築記事にある「立四面十二門、皆屈曲作隠伏出没之状」という記載は、特定の門構造を指すのではなく、このような「城門を中心とした防御体系の総体」を示すものだと考える。

外城にみられる防御を重視した設計思想に対して、城内には政治・行政の中心軸および経済の中心軸となる2つの道路が整備されている点も両城に共通する。前述したように唐砕葉城では、南側の政治・行政機構を支える南北軸（南北大路）、北側の経済活動を支える東西軸（東西大路）が存在する。一方、北庭故城では外城・内城（そして「宮城」）を東西に結び付ける東西軸（東西溝）、および商業区域と思われる外城南部分にある南北軸（南北溝）、やはり2つの軸線が存在している。東西軸が政治・行政的な中心、南北軸が経済的な中心となっており、方向は逆だが砕葉城と同じ原理である。なお、北庭故城の「宮城」部分の年代や機能は不明であるが、砕葉城中枢部とほぼ同じ規模で平行四辺形の平面形を持つ点も、偶然ではない可能性がある。また、2つの軸線を持つ道路によって、城内が異なる機能を持つ区画に細分されている点、城内で護城河を利用した水運が発達している点も両城に共通する特徴である。

以上、北庭故城と砕葉城は、表面的な平面配置からすると大きく異なっているように見えるが、その設計思想、あるいは設計原理に着目すると非常に高い共通性が認められる。両者の造営に際しては、かなり直接的な情報の共有があった可能性が高い。庭州城（640～）段階の平面構造は不明だが、北庭都護府（702～）、あるいは北庭大都護府（706～711頃？）段階に現在の平面形が完成したと考えるのであれば、砕葉城（679～）における王方翼の設計思想が、北庭故城に影響を与えたと想定することも可能である。しかしながら、両城の設計にみられる思想や「都市づくりの原理」は、両城のみの系譜関係というよりも、唐王朝の西域経営というより広い歴史的な枠組みの中で維持されている可能性が高いと考える。すなわち、防御性の高い城壁に囲まれた都市空間に、①唐王朝の西域経営を支える政治・行政的機能、②シルクロードを通じた東西交易を支える経済的機能、③仏寺・教会など都市住民の民心を支える宗教的機能、これらの機能的空間を構造的に配置する設計思想が、西域都市で緩やかに共有されていたと考える。西域経営という唐の政治戦略の中で展開した西域都市は、唐王朝による共通の思想や概念に基づいて設計された点に、その歴史的意義が見いだせるのである。

4. 唐代都城の階層性とその展開

Corona・航空写真を用いて、唐砕葉城の平面構造を復原した上で、交河故城・北庭故城との比較を行い、唐代西域都市の設計思想に高い共通性が認められる点を指摘した。特に、北庭故城と砕葉城には、直接的な設計原理の共有があった可能性を考えた。唐代都城としての西域都市には、大きく分けて3つの機能が付与されていたと考える。すなわち、①西域支配における軍事拠点としての役割、②西域経営における政治・行政拠点としての役割、③シルクロードを通じた東西交易の拠点としての役割、である。このような機能を持って設計された西域都市は、京師である長安城・洛陽城、あるいは同時期の東アジアに展開した唐代都城とは異なる特徴を持っている。今、唐代西域都市の特徴を整理すると、以下の5点にまとめることができる。

84 第2章 唐砕葉城の歴史的位置

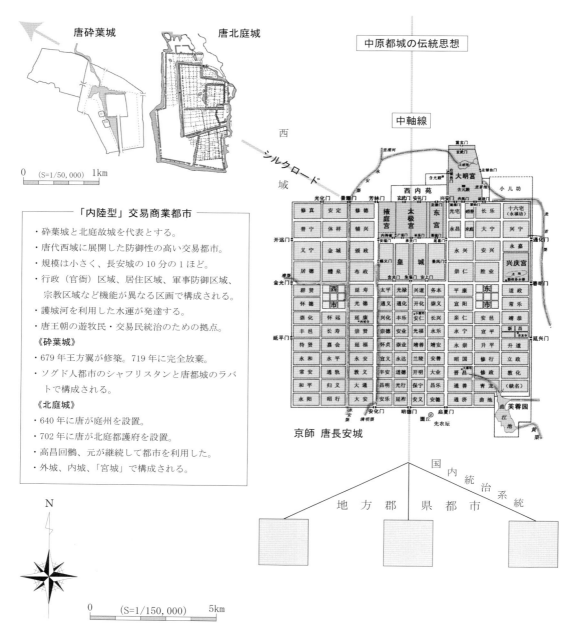

図19　唐代都城の階層性と「内陸型・海港型」交易商業都市①

【1】防御に特化した外城構造

　30mの切り立つ崖という自然の要害を利用した交河故城を除けば、西域都市の大きな特徴は防御に特化した外城構造にある。城壁屈曲部の角楼、城壁に密に設置された馬面・敵台、城門外の甕城、城壁外の護城河などの基本的な防御施設が整備される。特に注目できるのは、砕葉城・北庭故城にみられた城壁の一部分を意図的に屈曲させ、城門を設置する防御施設（屈曲門）である。外城壁が直線的な多角形で構成されるのは、防御に特化した西域都市の特徴である。外城壁の構造は、「軍事拠点としての都市」の性格を示している。

【2】重圏的な内外二重（三重）構造

　唐代都城は、宮城・皇城・外郭城の重圏構造に特徴がある。しかし、長安城・洛陽城などは、皇帝を中心

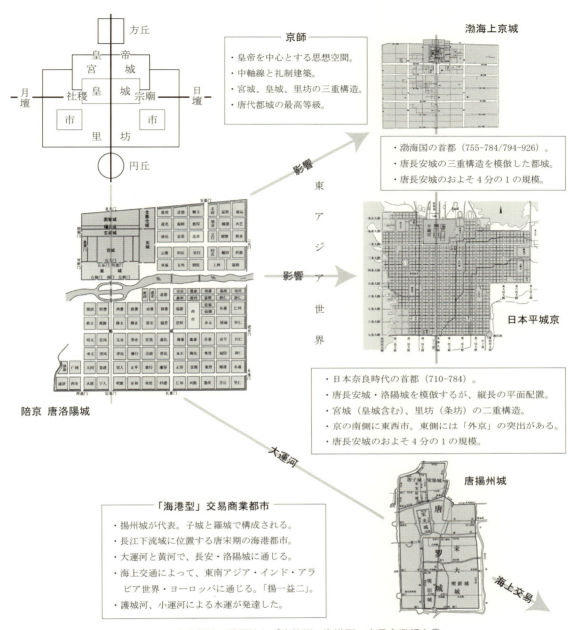

図19 唐代都城の階層性と「内陸型・海港型」交易商業都市②

とした南面構造（坐北朝南）を基本とするため、宮城・皇城が「中央北詰」に位置する。一方、西域都市は、中心に向けて重圏構造化されている点に特徴がある。政治・行政的中枢が、中心に近い閉鎖空間に位置する点は、皇帝権力と皇帝祭祀によって構造化される中原都城とは大きく異なる特徴である。

【3】城内に存在する2つの軸線

皇帝を中心とする中央北詰型の中原都城は、南郊円丘祭祀などの皇帝祭祀によって発達した南北中軸線を最大の特徴とする。一方、西域都市は2つの軸線（南北大路と東西大路）を持つことが特徴である。1つは、政治・行政的な中心軸で、外城正門と内城中枢部を結ぶ。もう1つは、経済的な軸線で居住区・商業区に位置する。両者は必ずしも交差する必要はなく、要素の異なる2つの中心軸によって城内は機能別の空間

に区画分けされる。両軸線は、「支配・統治拠点としての都市」「交易・商業拠点としての都市」という西域都市の二面性を象徴的に示す要素といえる。

【4】護城河と連動した水運・水利システム

　すべての都城・都市空間において、水系システムが重要な意味を持つ点は言うまでもない。乾燥地帯に位置する孤立した防御空間としての性格を持つ西域都市においては、その重要度はさらに高い。特に、北庭故城・砕葉城の事例からすると、都市全体の水系システムが内・外城の護城河と連動している点が重要である。城内における水運・水利などの水系システムは、防御機構である護城河と一体的に設計されていた可能性が高い。防御機能と水系システムが結びつく機能的な構造は、西域都市の大きな特徴といえる。

【5】仏教寺院・キリスト教会を中心とする大型宗教施設

　唐代の西域では、仏教、景教（キリスト教ネストリウス派）、摩尼教、拝火教など様々な宗教が信仰されていた。西域都市では、これらの宗教施設が城内外に混在する点が特徴である。7〜8世紀には、大規模な仏教寺院と景教教会が、数多く造営された。特に、仏教寺院は官衙区画よりもはるかに大きな敷地を持つ伽藍が多く、城内の重要な場所に占地していた点が多くの都市で共通する。西域都市において、在地住民の民心を支える宗教施設が、非常に重要な役割を果たしていた点が読み取れる。

　上記の特徴を持つ唐代西域都市を、本章では「内陸型交易商業都市」と呼称する。では、西域都市は、長安城・洛陽城を頂点とする唐代都城の階層性 [宿白 1978・1990] とその展開過程の中で、どの様な歴史的位置にあるのだろうか。次には、唐代都城の東への展開過程と比較して考えてみたい（図19①②）。

　首都機能を持つ唐長安城・洛陽城は、宮城・皇城・外郭城の重圏的な三重構造を特徴とする。皇帝が居住すると同時に国家的な儀礼が行われる宮城、政治・行政機構が集中する皇城は、都城の中央北詰に位置し、皇帝は都城に対して南面（坐北朝南）する。「皇帝権力の中枢」である宮城が、「皇帝祭祀の中枢」である礼制建築—皇城前面の左右に配置される宗廟と社稷（左祖右社）、冬至に昊天上帝を祀る円丘（南郊）、夏至に皇地祇を祀る方丘（北郊）など—と結びつくことで生まれた「中軸線」が唐代都城の特徴である。宮城・皇城・外郭城という重圏構造は、城壁によって相互に「隔絶」されると同時に、皇帝権力の象徴である中軸線に位置する宮城正門・皇城正門によって相互に「連接」され、皇帝を中心とする支配構造を地上に可視化する役割を果たした。すなわち、中原都城は、皇帝を宇宙の中心とする世界観や支配体制を、地上に具現化するための「舞台」であり、皇帝権力を可視化する「装置」としての「思想空間」なのである。このような思想空間としての唐代都城の諸特徴は、渤海上京城や日本平城京など各国の「王都」として採用され、東アジアに展開した。（図19②上右）にあるように、渤海や日本では、唐長安城の約4分の1規模の都城が造営されており、各国は唐帝国を中心とする国際的な階層秩序に組み込まれていたと思われる。しかし、東アジアの国々は、中原都城の思想空間をそのまま模倣したわけではなく、その思想を各国の統治システムに合わせて解体・再編成して都城を造営した点に唐代都城の展開の歴史的意義がある。

　このように、皇帝権力を中心とする思想空間としての中原都城の在り方が、東アジア各国都城に強い影響を与えたのは、各国の「王都」として都城が展開したからである。唐の「皇帝」を中心とする思想空間が、「王」や「天皇」を中心として各国で「再構成」されたのである。そのため、宮城・皇城・外郭城の重圏構造、都市住民を支配・管理するための里坊制など、唐長安城・洛陽城をモデルとした都城が東アジアに展開することになった。一方、唐の国内において展開した都城は、皇帝を中心とする思想空間としての長安城・洛陽城を模倣する必要はなく、個別の機能を持って展開した点に特徴がある。残念ながら、唐代の地方都市で様相が判明している事例（唐代成都城など）[四川省人民政府文史研究館 2020] は少ないが、ここでは西域都市と対照

的に展開した都城の事例を挙げておく。黄河・長江を結ぶ大運河によって長安城・洛陽城と結び付きながら、海のシルクロードを通じた海上交通によって東アジア、東南アジア、インド、アラブ世界と繋がった海港都市、すなわち揚州城 [汪勃 2016] である。唐宋期の揚州城は、「揚一益二」という言葉があるように、長江上流域の益州と並び、最大の海港都市として殷賑を極めた。しかし、都城としての空間構造は、長安城・洛陽城とは大きく異なっている。(図19②下右) にあるように、北側の「子城」と南側の「羅城」で構成されるが、中軸線は河川・運河などの水運に規制されている。都市の規模としては、西域都市よりもはるかに大きいが、西域都市にみられるような防御機構は、城門に設置された甕城などを除くとそれほど発達はしておらず、むしろ城内を縦横に走る運河による海上交通が非常に発達している点が大きな特徴である。唐長安・洛陽城などの封閉式里坊制を採用しながらも、北宋以降の開放式都市への過渡的な様相が読み取れる点が唐宋揚州城の歴史的位置を示していると言える [何歳利2016・汪勃2019]。本章では、このような特徴を持つ揚州城を、「内陸型」交易商業都市（図19①上左）と対置的に把握できる都城として「海港型」交易商業都市と呼称しておく。唐代において、西域シルクロードと海のシルクロードでは、異なる構造・機能を持った交易商業都市が展開したのである。

　以上、唐代都城の階層性とその展開過程について、広い視野で整理を行った。皇帝を中心とする思想空間である京師・陪京：長安城・洛陽城を「モデル」として模倣したのは、東アジア各国の都城であり、国内都城はそれぞれの役割や機能に応じた設計思想に基づいて造営された点を指摘した。唐代西域都市も長安城・洛陽城などの平面形をモデルにしたというよりは、唐王朝の西域経営という歴史的文脈の中で、その役割・機能に応じた設計思想に基づいてデザインされた可能性が高い。唐代西域都市は、①西域の軍事的「橋頭堡」として、②西域支配の政治的・行政的拠点として、③ユーラシアの東西交流の拠点として、各機能を特化させる形で設計され、展開したことにその歴史的意義が見いだせると考える。

第3節　唐砕葉城出土瓦の製作技法とその系譜

1. 対象資料と用語の整理

　第2節では、唐砕葉城の都城としての空間構造に注目した。次には、唐砕葉城出土瓦の製作技法とその系譜に関して議論を進める。近年、ラバト中枢部の発掘調査で瓦塼が多量に出土しているが、本章では残存状況の良好な中枢東城壁出土板瓦を分析対象とする [城倉ほか2018]。対象資料は既に報告済なので、製作痕跡を示すのに適当な個体を抽出し、(図20①②③) には三次元計測図、(図21①②③) には技法写真を示した。なお、中国唐代瓦の製作技術に関する先行研究 [奈良文化財研究所2010a] は限られているため、日本の平瓦桶巻き作りの研究 [佐原1972・大川1996・山崎2003・公益財団法人竹中大工道具館2017] を参考にした。

　中国瓦の製作技法を記述する際に問題となるのは、用語である。例えば、日本でも「歴史的・科学的」用語と呼ばれる使い分けがあり、軒丸瓦（鐙瓦）、軒平瓦（宇瓦）、丸瓦（男瓦）、平瓦（女瓦）など、地域によって用語が異なる [有吉編2018]。中国でも、（北宋）李誡の『営造法式』、（明）宋応星『天工開物』に記載される歴史的用語が存在すると同時に、部位名称などに関しては、研究者や報告書でも異なり、統一されていない状況にある。アク・ベシム遺跡の概報では、「西日本方式」の用語を採用した [城倉ほか2018] が、本章では中原都城で出土した瓦を比較対象とするため、中国の用語を基本とする。

　アク・ベシム遺跡、ラバト中枢部の発掘で出土しているのは、瓦当（軒丸瓦）、板瓦（平瓦）、筒瓦（丸瓦）

88　第2章　唐砕葉城の歴史的位置

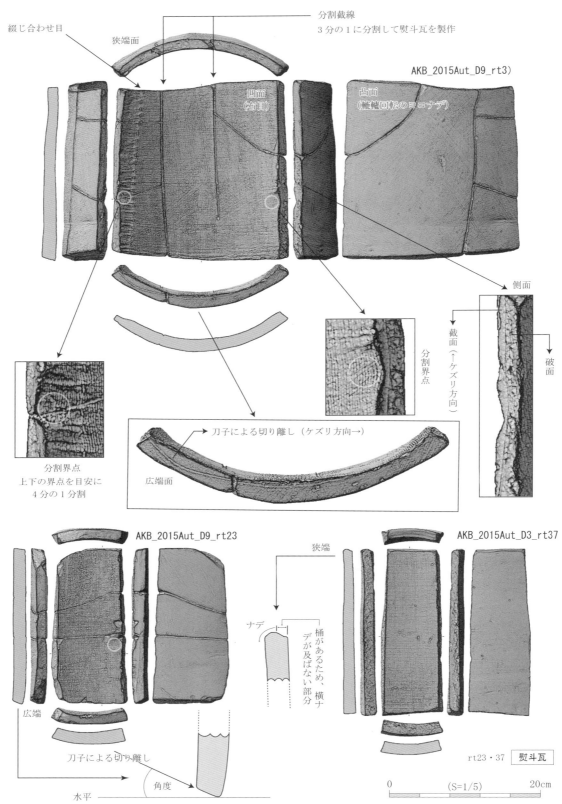

図20　唐砕葉城出土板瓦の三次元実測図と製作痕跡①

第3節　唐砕葉城出土瓦の製作技法とその系譜　89

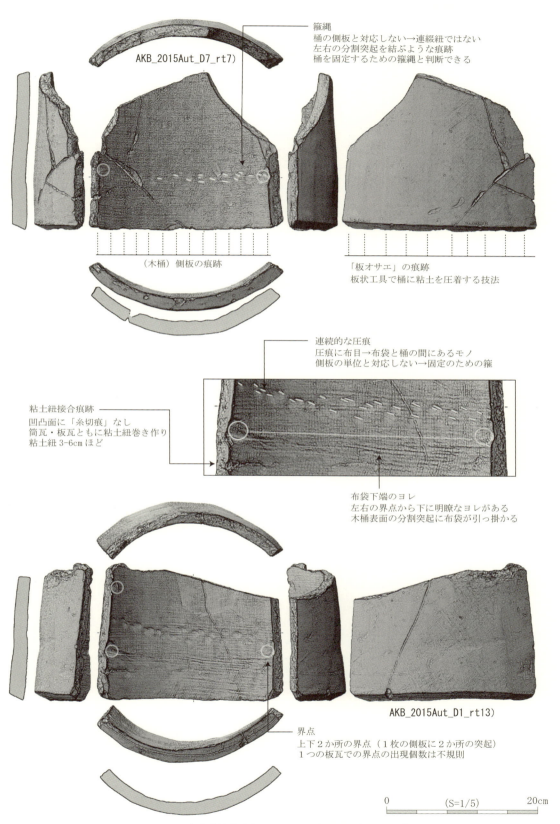

図20　唐砕葉城出土板瓦の三次元実測図と製作痕跡②

90　第2章　唐砕葉城の歴史的位置

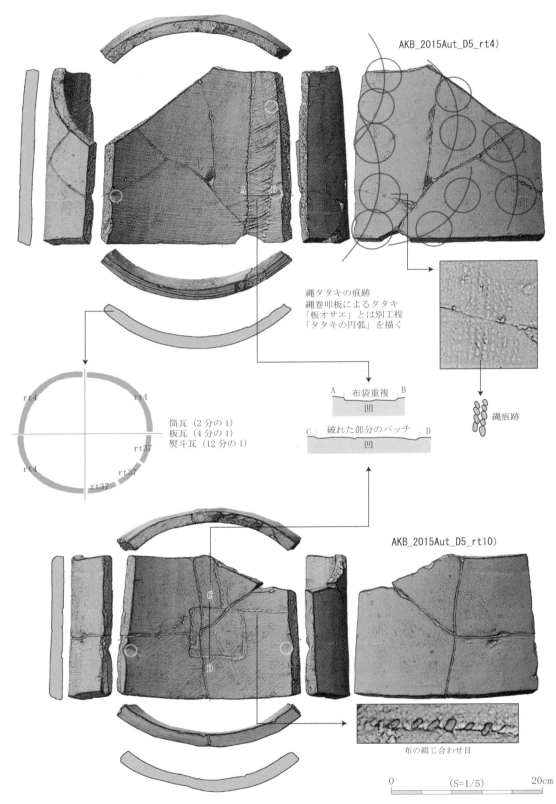

図20　唐砕葉城出土板瓦の三次元実測図と製作痕跡③

第3節　唐砕葉城出土瓦の製作技法とその系譜　　91

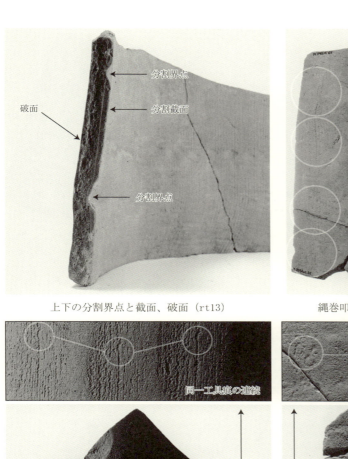

上下の分割界点と截面、破面（rt13）　　　縄巻叩板を用いた凸面のタタキ痕跡（rt4）

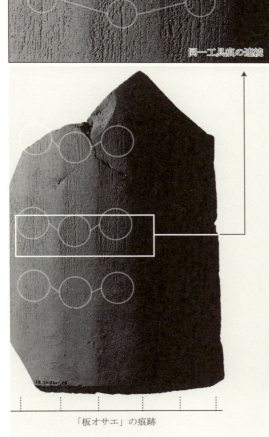

板状工具を用いた連続的な圧痕（rt6）　　　「板オサエ」と横方向の轆轤ナデ（rt14）

図21　唐砕葉城出土板瓦の製作痕跡写真①

第2章 唐砕葉城の歴史的位置

凹面に残る木桶の側板痕跡（rt16）　　　　粘土紐接合痕と籠縄痕跡（rt13）

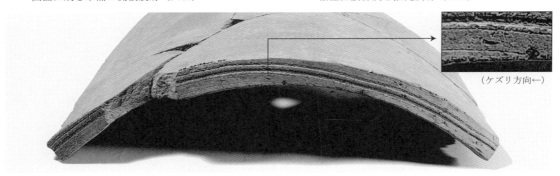

広端面に残る刀子を用いた切り離し痕跡（rt4）

熨斗瓦を作るための3分の1分割線（rt56）　　　狭端面のナデ痕跡（rt29）

図21　唐砕葉城出土板瓦の製作痕跡写真②

第3節 唐砕葉城出土瓦の製作技法とその系譜　93

布袋が破れた痕跡（rt52）

布袋が破れた部分の修復パッチ（rt10）

布の重複部分（rt4）

布の綴じ合わせ目（rt17）

図21　唐砕葉城出土板瓦の製作痕跡写真③

の3種類である。瓦当はすべて蓮華紋だが、花弁の形状から複弁蓮華紋、単弁蓮華紋、そして花弁が珠紋状に崩れた連珠紋の3種類に分類できる。板瓦は、「普通板瓦」と呼ばれる種類で、凸面広端部に手びねりによる波状紋と端面に重弧紋を施したいわゆる「手捏波浪紋板瓦」や、スタンプによる紋様を持つ「櫺頭板瓦」（軒平瓦）などは確認されていない。なお、1枚の板瓦をさらに三分割した「壘脊瓦」（建物の棟部分に積み重ねる熨斗瓦）は存在するが、その他の道具瓦は確認できない。筒瓦は、「瓦舌」（玉縁）を持つ。瓦の葺き方がわかる出土事例は発見されていないが、板瓦と筒瓦の比率からすると、「営造法式」や北宋期の墓葬［長治市文物旅游局 2015］で確認されるような板瓦のみを組み合わせた葺き方ではなく、板瓦と筒瓦を組み合わせたいわゆる「総瓦葺き」だと考えられる。基本的には板瓦の広端部には紋様がなく、狭端側を下に向けて板瓦を葺き、軒部分のみは広端部を下にして2枚重ねるなどの方式が予想できる。「鴟吻」（鴟尾）・「鬼瓦」・「曲背櫺頭筒瓦」（鳥衾瓦）などの屋根装飾も確認できず、基本は瓦当・板瓦・筒瓦・熨斗瓦のみを使用したシンプルな葺き方だったものと思われる。「琉璃瓦」と呼ばれる施釉瓦、あるいは彩色を施した瓦も確認されていない。

2. 砕葉城出土板瓦の製作技法

近年のアク・ベシム遺跡ラバト中枢部の調査で出土した瓦の中で、中枢東城壁下層の瓦堆積から出土した板瓦は非常に残存状況が良好である。一方、筒瓦に関しては、完形品は未だに出土しておらず、全体像がわかる個体も限られている。筒瓦の製作技法［大脇 2002］も今後の分析課題ではあるが、本章では残存率の高い板瓦の製作技法に注目したい。桶巻き作り板瓦の製作技術に関しては、日本では民俗事例に基づいた復原［佐原 1972・大川 1996］、あるいは実験成果に基づく復原［山崎 2003］が蓄積されているが、中国ではこのような「基本的な製作技術」を整理した研究はほとんど存在しないため、本章では詳細な三次元計測図および写真を基に、表面に残された痕跡を整理し、その製作工程を素描してみたい。まずは、（図22上右）の部分名称に従って、板瓦の各部位に残された痕跡について整理し、その成果を踏まえて製作工程を復原する。なお、概報［城倉ほか 2018］でも指摘したが、ラバト中枢部で出土している瓦は、ほぼ同じ特徴を示しており、後述するように瓦当紋様からも極めて短い期間に製作・使用された資料群と考えている。コジェムヤコが図示し、ケンジェアフメトがベルンシュタムの発掘した仏教寺院出土品と想定する滴水瓦（図6下左：6の個体）［努爾蘭 肯加哈買提 2017 p.111］を除けば、基本的には唐代でも限られた時間幅の中で製作された瓦である。

（1）法量・色調・焼成

完形品は出土していないが、最も残りの良い個体（AKB_2015Aut_D9_rt3）（図20①上）からその法量を示すと、幅23cm・高さ25cm・厚さ1.5cm・重量1408gである。色調は灰褐色〜黄灰褐色を呈し、焼成は良好である。中枢東城壁の調査では、高さがわかる個体が出土していないものの、帝京大学が調査した発掘品に高さが判明している4個体があり［山内ほか 2019_fig22-24、個体 152・153・154・155］、それによると高さ38-39cmである。幅23-24cmほど、高さ38-39cmほど、が板瓦の基本的な法量と考えられる。以上の法量は、唐長安城・洛陽城の外郭城（里坊）で出土する板瓦の法量と類似する。なお、唐長安城・洛陽城の宮城においては、大型品・中型品・小型品など、建物の等級や規模に応じて様々な「規格」の板瓦・筒瓦が存在するのが一般的だが、砕葉城では法量がほぼ同じで「規格差」がない点が特徴である。中型品で比較的

軽量な板瓦・筒瓦が、装飾性の低いシンプルな屋根として葺かれていた状況が想定できる。

（2）製作に関する基本事項

　部位ごとの痕跡の前に、基本事項を整理しておく。砕葉城出土板瓦は、「泥条盤築」すなわち粘土紐桶巻き作りである。凹凸面に「糸切痕跡」「縦方向の粘土板接合痕」は全く存在せず、3〜6cm 幅の粘土紐（帯）を積み上げた（巻き上げた）痕跡が確認できる。（図 21 ②上）の写真のように、凹面に明瞭な粘土紐接合痕が残る場合もある。粘土紐の断面を観察すると、内側（凹面側）に桶があるため、粘土は土器などとは逆の「外傾接合」となっている。なお、粘土を輪状に積み上げる「輪積み」、粘土を螺旋状に巻き付ける「巻き上げ」を区別することは難しいが、多くの個体が凹面側から見て左上がりの接合痕を持つことから、桶に対して上から見て反時計方向に巻き上げる場合が多いと推定できる。北宋期までの中国北方では粘土紐桶巻き作り、南方では粘土板桶巻き作りが基本とされている [佐川 2012] ことから、中原に系譜を持つ製作技術といえる。粘土紐を巻き上げる桶に関しては、板瓦分割の際の切込みが必ず凹面側にある点、狭端部に倒立の痕跡が認められない点などから、上部に柄のついた「開閉式展開桶」と考えられる。分割に関しては、（図 20 ③中左）に示したようにすべて 4 分の 1 分割を基本とし、唐代宮城の大型規格品にみられる 5 分の 1 分割などは確認できない。また、4 分割した板瓦をさらに 3 分割して熨斗瓦を製作する場合もある。なお、分割後の凹凸面のミガキ、端面・側面の二次調整は全く行われておらず、最もシンプルな桶巻き作りの板瓦といえる。

（3）凹面

　凹面には、すべての個体に布目が残っている。布筒（布袋）の痕跡としては、綴じ合わせ目（図 21 ③下右）、重複部分（図 21 ③下左）、破れた部分（図 21 ③上左）（破れた部分には桶の側板痕跡が見える）、補修パッチ痕（図 21 ③上右）などが認められる。特に、（図 20 ③中右）に示したように、布の重複やパッチ部分は、凹面に凹みとして痕跡が残る。布目は凹面の広端部側にヨレが認められるのが一般的だが、布袋が桶の下までかかっておらず、木桶の側板（枠板・木板）が直接、粘土に転写されている事例 [山内ほか 2019_fig23、個体 154] もある。板瓦の凹面で側板の痕跡が明瞭な個体は多くないが、よく観察するとほとんどの個体で微小な凹凸が確認できる。（図 20 ②上・図 21 ②上左）などの比較的痕跡が明瞭な個体を観察すると、側板は幅 2cm ほどで、1 枚の板瓦に 10〜12 単位ほど確認できる。4 分割なので、40〜48 枚ほどの側板をもつ有柄開閉式桶と考えられる。これらの側板の連綴には、側面穿孔式（A 方式）と凹凸面穿孔式（B 方式）の 2 種ある [大脇 2018] が、唐代の資料では南京城・揚州城など南方の資料に B 方式の痕跡が多く認められるようである。凹凸面に穿孔する B 方式では、側板が幅広い場合が多く、側板相互の段差部分の広端よりに明瞭で規則的な綴紐圧痕を残すのが特徴である。なお、狭端側の連綴部分までは粘土が届かない場合もあると思われ、狭端側はすべての個体に圧痕がみられるわけではない。また、狭端側には連綴圧痕の代わりに、桶を固定する箍状の痕跡がみられる場合もある。一方、中原地域では側板痕跡と連動する規則的な綴紐痕跡が認められる事例はあまりなく、基本は A 方式、すなわち側面に穿孔して紐を通し、桶の表面には綴紐が見えない場合が多かったと考えられる。砕葉城出土の板瓦も B 方式は確認されておらず、基本は A 方式だったと思われる。

　凹面の痕跡では、（図 20 ②）の rt7・rt13 の個体にみられる連続的な圧痕（図 21 ②上右）も注目できる。rt7 の個体では広端側の界点を結ぶように圧痕が残り、rt13 の個体では上下の界点の中間を凹面側から見てやや左上がりに連続的な圧痕が残っている。圧痕を観察すると凹み部分に布目が入り込んでいるので、明ら

かに布と桶の間にある何かの痕跡、すなわち桶に関連する痕跡と推測できる。概報段階では、rt7 のように界点を結ぶような痕跡である点から、桶の側板連綴のための綴紐圧痕の可能性を考えた [城倉ほか 2018]。しかし、桶の側板痕跡の凹凸と対応しない点、圧痕が規則的ではない点、rt13 のように同じ痕跡でもかなりの角度をもった左上がりになる場合がある点、などから桶を固定するための植物質の円環状の「箍紐」と結論づけた。固い繊維質の植物を撚り合わせた紐状の箍とみられる。中国唐代の宮城出土瓦の事例でも、広端面と平行する一直線の紐状の痕跡が見られる場合があり、度重なる使用で連綴が緩くなった桶の固定などに箍をはめていた可能性がある。

　凹面には分割指標となる痕跡も認められる。佐原真は、分割突帯による圧痕を「分割界線（界面）」と呼称しているが、中国の場合は広端部・狭端部にそれぞれ偏った上下２つの圧痕が一般的であるため、概報では「分割界点」と呼称した [城倉ほか 2018]。（図 20 ①中・図 21 ①上左）のように、唐砕葉城出土板瓦も上下２つの分割界点を基本とする。帝京大学の報告では、桶表面の「分割突起」ではなく、桶の四方上下に「孔」があり内側から指で押圧したと推定している [山内ほか 2018 p.151]。しかし、「分割界点」を分割の指標とするのは中国では一般的な技法で、多くの理由から、これが木桶表面に存在する突起だということがわかる。まず、指で内側から押圧した場合は、当該箇所の凸面側が突出する、あるいは工具や手を当ててそれを防止した痕跡が認められるはずだが、そのような状況は認められない。また、（図 20 ②中）の rt13 の例のように、分割界点を境にしてその下側に布袋のヨレが出ている個体があり、桶の突起に布袋が引っ掛かることによってヨレが生まれている点が推定できる。なお、帝京大学報告が、内側から指で押圧する手法を想定する大きな理由には、分割界点がランダムに表れている（残存状況から本来は存在すべき場所に分割界点がない場合がある）ように見えるからだと思われる。しかし、この現象には理由があり、その状況を説明できる資料も存在している。唐洛陽城の宮城に瓦を供給した定鼎北路窯跡からは、桶に粘土を巻き上げた後に分割をせずに焼成した個体（瓦坯）が出土している [洛陽市文物考古研究院 2016b_p.13、個体 2012LMBY3:2]。非常に特殊な事例であるが、通常の板瓦と同じ技法で製作しながら、何らかの理由で分割せず窯で焼成した個体である。分割する目的がなかったこの個体も、凹面４方向の上下、合計８か所に分割界点が存在しており、やはり桶表面に分割突起が存在していた事実を示している。特に注目されるのは、この分割界点を観察すると、上下の界点の位置が完全な垂直方向には存在せず、特定方向にずれている点である。分割突起は１つの側板の上下に存在したと思われるが、側板は完全に垂直ではなく、わずかに傾いているため上下の界点の位置がずれるのである。この点は、実物資料の観察でも、板瓦凹面の側板痕跡が垂直ではなく若干の傾きを持っている場合が多く認められる点とも符合する。そして分割に際しては、上下２つの分割界点の中心を切り込むわけではなく、あくまでも四方の目安とし、垂直に切込みをいれるため、分割界点が本来あるべきところにないといったランダムな現れ方をするのである。仮に１つの「瓦坯」に８つの分割界点があって分割したとしても、分割した４枚の板瓦では界点が０～４までの様々なパターンが存在しうる。つまり、本来あるべき場所に分割界点がない点、その出現パターンがランダムに見える点、これは桶の構造に起因する自然な現象で、基本は４方向に規則的に分割突起が配置されていた可能性が高いと考えている。

　この分割界点を目印として、桶と布袋を外した後に、凹面側から切込みを入れたのが「分割截（せつ）線」（「分割裁線」と呼ぶ場合もある）である。（図 20 ①中右・図 21 ①上左）のように、刀子などの刃物で広端から狭端に向けて切り込んだ痕跡として残存する。乾燥後に外側から圧力を加えて分割するため、側面には刃物をいれた凹面側の「分割截面」と凸面側の「破面」が観察できることになる。分割截面を子細に観察すると、砂粒が大きく動くことはないため、桶と布袋を外した直後、瓦がまだ乾燥していない段階で刃物を入れている点が推定できる。なお、１枚の板瓦の凹面に（図 20 ①上・図 21 ②下左）のように、２本の分割截線を入れ

ている個体がある。(図20①下) の熨斗瓦 (曡脊瓦) を作るための截線だが、何らかの理由で分割しなかった個体である。(図20①上) のrt3の分割截線を見ても明らかなように、熨斗瓦への分割に際しては指標などを用いず目分量で切込みを入れたようである。

(4) 凸面

凸面に残る基本的な痕跡は、ほとんどの個体で轆轤を用いた横方向のナデ調整である。ナデは比較的幅広な場合が多く、板状の工具や獣皮などを用いて轆轤を回転させながら調整したものと思われる。凸面側から見て、左上がり、右上がり両方の痕跡が認められ、場合によっては一個体のナデ方向が途中から右上がり・左上がりが逆転する場合もあり、時計周り・反時計周り両方の回転を利用しながら、調整したようである。この轆轤ナデは、凸面の最終段階の調整だが、個体によってはその前段階の調整痕跡が認められるものがある。轆轤ナデ前の調整には、以下の2種類の調整が認められる。

1つ目は、「板オサエ」技法である[城倉ほか2018]。(図20②上右・図21①下左)のように、凸面に広端縁と直交する幅3cm前後の連続圧痕が認められる場合がある。日本の川原寺出土瓦などで指摘される「凸面布目平瓦」[大脇1986]とは異なり、布目が認められることはなく、凹面の側板痕跡に似た縦方向の直線的な痕跡である。単位が明瞭に観察できる個体も多く、見えにくい場合も凸面を手で触るとすべての個体でこのような段差が存在することから、基本的な製作工程による痕跡と判断できる。(図21①中)の写真のように、それぞれの単位に同一工具の痕跡が確認できるため、細長い板状工具を器面に連続的に押し当てた痕跡だと判断できる。凸面広端側ほど痕跡が顕著で、狭端側が不明瞭なことから、下側から工具を押し当てて、粘土を桶に圧着させたことがわかる。概報段階では、このような技法の類例がわからなかったが、中国の北朝・唐・遼代の瓦に関して観察をしていく中で、中国では普遍的な技法だと気づいた。遼上京城のように、「大」字の刻印を持つ工具を使っている場合もあるが、基本的には単なる板状工具と考えられる。唐代の事例では、板状工具の上端が器面に見えている場合があり、狭端部までの工具というよりは、それよりも若干短く、主に積み上げ時の自重によって下がってきた粘土を下側から器面に押し付けて桶に圧着させるための技法と考えられる。なお、筒瓦でも同じ技法が認められ、筒瓦の曲率を反映して凸面に現れる工具幅が狭くなる特徴がある。佐原真が、中国浙江省の民俗事例で板状工具を、轆轤を回しながら押し当てていく技法を紹介しているが[佐原1972 p.50]、基本的には同じ技法である。日本でも、藤原宮の瓦で「縄巻きした板状工具」を器面に連続的に押し当てる技法を山崎信二が復原している[山崎2003 p.44]が、同じ効果を狙った技法と思われる。しかし、中国の場合、基本は単なる木板と考えられ、唐砕葉城の(図21①下左)の痕跡も、後述する縄叩きの痕跡(図20③中右)とは全く異なり、度重なる使用で春材部が摩耗し、夏材部が突出した木材の年輪が転写された痕跡である。この痕跡に関しては、上方向から板状工具で叩いた痕跡と考える意見もあるだろうが、後述するように通常のタタキは回転台の横に立つ瓦工の姿勢を反映する形で「タタキの円弧」を描くのに加えて、「板オサエ」と「タタキ」が併存する個体があることからも、両者は確実な別工程と把握できる。

「板オサエ」の後に行う2つ目の器面調整が、「タタキ」である。(図20③上右・図21①上右)に示したように、rt4の個体では凸面に轆轤を回しながら横側から叩いた痕跡と思われる「縄叩き」が明瞭に観察できる。羽子板状の縄叩き具(柄に対して直交方向に縄が巻かれている)を持った右利きの工人が、轆轤を上から見て反時計に回しながら手前に向けて叩いた痕跡である。タタキの単位は明瞭な円弧(「タタキの円弧」)を描くことがわかる。rt4の個体では、凸面を触ると明確な板オサエの凹凸が存在するため、板オサエの後に縄タタキ

が行われたと推定できる。板オサエは、積み上げ時の自重で下がってきた粘土を桶にしっかりと密着させるための技法で、縄タタキは粘土内の空気を抜き、焼成時の破損を防ぐための技法と考えられる。

　以上、凸面の調整としては、板オサエ→縄タタキ→轆轤ナデ、の3工程を想定した。この工程は、筒瓦の製作でも共通しており、特に「板オサエ技法」は中国においては普遍的な技術である点を指摘した。

（5）側面

　側面に残る痕跡は、前述した分割截面と破面である（図21①上左）。分割後に側面をナデ・ケズリ調整（二次調整）した個体は、基本的に存在しておらず、分割段階で瓦の基本成形が完成したことがわかる。

（6）狭端面

　狭端面は、（図20①下右・図21②下右）にあるように、内面（凹面側）に桶がある状態でのナデが最終的な調整として残っている。すべての個体において、狭端頂部の凹面側には、桶があるために指ナデが及ばない部分が認められる。また、狭端部のナデが凹面の布目を消すことは基本的になく、桶を展開させた後はナデ調整が一切行われていないことがわかる。さらに、狭端部が自重によって押しつぶされた痕跡を持つ個体もないことから、製作から分割までどの段階においても桶・瓦坏の倒立は行われていないと推定できる。

（7）広端面

　広端面には、（図21②中）のように刀子などの刃物によるケズリ痕跡が認められる。ほとんどの個体で、写真のように強い砂粒の動きが認められるのが特徴である。砂粒は拡大写真にあるように、上から見て時計方向の刀子の動きによって、生じる痕跡が多い。狭端部の状況から桶の倒立が行われていないのは明らかで、側面・狭端面・凹面に分割後の二次調整が全く存在しない点からすると、広端面のケズリ痕跡は分割前の製作段階における何らかの工程で生じた痕跡と考えられる。注目されるのは、（図20①下左）にあるように、広端面の切込みはいずれも凸面側が高く、凹面側が低い角度で切り込まれている事実である。中国唐代の分割後の二次調整を行わない板瓦には、基本的にすべてこれと同じ角度の同じ痕跡が認められる。概報段階では、この痕跡の意味を正確に位置づけることができなかったが、本章では乾燥工程も含めて考えてみたい。

　まず、板瓦の狭端部・広端部、双方に乾燥時の自重によってつぶれたような痕跡が認められない点に注意をする必要がある。40～50という枚数の多い側板の在り方、凹面側から切り込む分割截線、非倒立などの要素から、有柄式展開桶を使用したものと思われるが、轆轤台での成形後に柄を持って持ち上げた際には、広端部側は粘土の自重によってつぶれた形状を呈していたはずである。それを地面（乾燥地点）に置き、桶を展開して布袋を外す。凹面の広端部に布袋が届いていない個体が認められることから、布袋は桶をすべて覆って粘土の下まで続いていたわけではないと思われ、桶と一緒に布袋も外したと思われる。この段階で分割界点を目安として、凹面側の広端から狭端に向けて分割截線が刻まれた。分割截線は、粘土が乾燥していない状態で入れるので、截面の砂粒は動かず、滑らかな切り口となる。その後、しばらくの乾燥時間を置き、「瓦坏」状態の外側下部、つまり凸面広端に角度を持って刀子を切込み、最下部の自重でつぶれている部分（内面には桶痕跡）を切り離す。粘土はある程度乾燥しているのに加えて、自重による圧力で砂粒が強く動く。この際に、時計方向に刀子が動く事例が多いのは、右利きの工人が多い点を示している。本来は轆轤台に接

していた粘土最下部を残して切り離したうえで、外側から圧力をかけて4分割する。実際に広端面に残されたケズリ痕は、轆轤を回したのではなく直線的に何回かに分けて切り離された個体（図20①中）が多く、広端部の切り離し段階では轆轤台に乗っていないことが予想される。また、「瓦坏」の状態で考えた時の広端部の切込みが、凸面が高く凹面が低い切込み角度を持つのは、地面などの低い位置に「瓦坏」が置かれていることを示唆する。

以上のような工程を考えれば、分割後の二次調整が行われていないにも拘わらず、狭端部・広端部ともに分割前乾燥時の「接地面の圧痕」が認められない状況を説明することができる。なお、北魏・北斉、あるいは唐の宮城中枢部で使用された瓦は、分割後に広端面・狭端面・側縁のケズリ調整、あるいは凹面の丁寧なミガキ調整（磨光）を行うが、それ以外の普通板瓦（倒立技法を伴う「手捏花頭板瓦」など「檜頭板瓦」は除外）は上記のシンプルな製作工程によるものと推定できる。

（8）板瓦の製作工程

唐砕葉城出土板瓦の各部にみられる痕跡を整理した。概報段階［城倉ほか2018］では、中国の北朝・唐・遼の板瓦の観察経験がなかったため、痕跡の位置づけが難しかった。しかし、2019年に科研費課題（国際共同研究加速基金）で1年間中国に滞在した際、集中的に中原の宮城出土瓦を観察する機会を得ることが出来たため、本章では中国の北朝・唐・遼の宮城出土瓦との比較を踏まえて再解釈を行った。以上の理由から、概報段階とは異なる解釈をした部分がある点は明記しておきたい。最後に、唐砕葉城出土板瓦の製作工程を復原する。（図22）には、奈良文化財研究所が提示している「日本の平瓦桶巻き作り」の製作過程を改変して、「唐砕葉城の板瓦桶巻き作り」の製作過程を示した。（図22）はイメージ図のため、製作工程を正確に示すものではないが、この図を基に工程を説明する。

【1】轆轤台に桶を設置する。

轆轤台は『天工開物』の記載、あるいは実物資料の凸面タタキの円弧が示すように、工人の腰ほどの高さだったと推定できる。上部に柄のついた有柄式開閉桶は、側板40～50枚ほどで構成されていた。側板の連綴は外側から見える場合もあったが、多くは見えない形状をしており、桶の四方上下には分割突起が作られていた。使用によって桶に緩みが出ている場合は、円環状の箍をはめる場合もある。なお、桶の下部を轆轤台にどのように設置したかは不明だが、何らかの形で固定していたと思われる。

【2】桶に布袋を被せる。

桶を覆うように布袋を被せる。布袋の上端はいわゆる「輪鉄」［佐原1972 p.42］で固定されたと思われるが、瓦にその痕跡が残ることはない。一方、布袋の下端は、桶を完全に覆うわけではなかったようで、時折、凹面広端部に側板痕が残る個体が存在する。仮に、布袋が桶を完全に覆って轆轤台まで到達すると、巻き上げる粘土の下部に布が入り込んでしまい、桶を展開しても倒立しなければ布袋を外せなくなる。これを防ぐために、布袋は桶を完全に覆うことはなく、最下部の桶と粘土が直接接する部分は基本的には分割の直前に切り離されたものと思われる。

【3】粘土紐（帯）を巻き付ける。

3～6cm幅の粘土紐（帯）を桶に巻き付けていく。輪積みか、巻き上げかは不明だが、縦方向の粘土の接合が見える事例はなく、いずれも横方向・斜めの接合痕跡であることから、巻き上げが多かったと推定できる。なお、凸面側は最終的な轆轤ナデでほぼ粘土紐の接合痕跡が消されてしまうが、凹面側の布目の下に接

100　第2章　唐砕葉城の歴史的位置

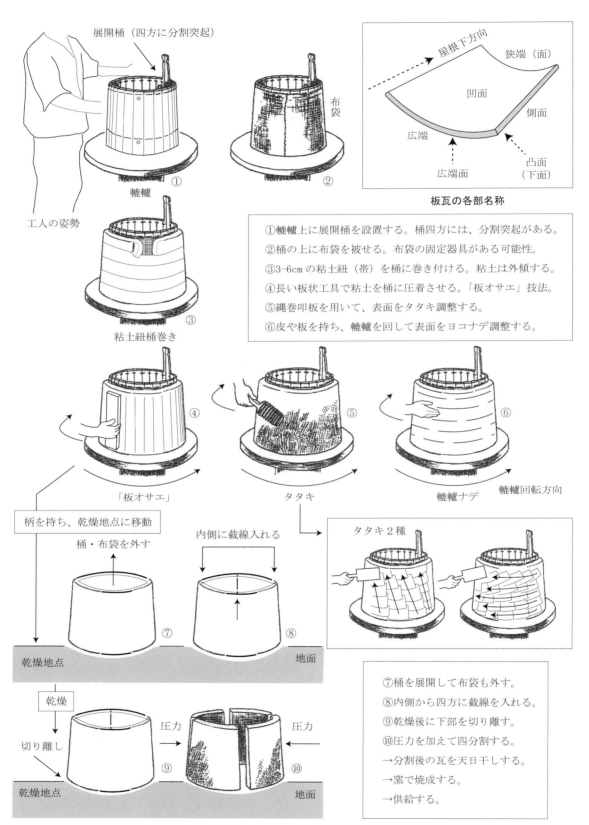

図22　唐代板瓦における基本製作技法の復原

合痕が観察できる個体は比較的多い。粘土紐と呼ぶが、実際には断面長方形の幅広の帯状粘土を使用する。
【4】「板オサエ」技法によって、粘土を桶に圧着させる。
　桶へ粘土を巻き付けると自重によって粘土が下がってくるため、その成形と粘土の桶への圧着を目的として、板状の工具を用いて下側から器面に連続的に圧着させるのが「板オサエ技法」である。使用する工具は、単なる板状の工具とみられ、広端部を中心に圧着し、高さは狭端部まで届かない場合が多い。
【5】タタキ調整を施す。
　板オサエの後、縄巻きした羽子板状の工具を用いて器面のタタキ調整を行う。叩き締めることで粘土内の空気を抜き、焼成時の破損を防止することができる。佐原によると、タタキ調整には横方向に叩く方法、縦方向に叩く方法の2種類がある[佐原1972 p.47](図22中右)。いずれにしても瓦工の手の動きを反映して、「タタキの円弧」を描く点が特徴である。
【6】轆轤を回転させながら、表面を横ナデする。
　板オサエ・タタキの後、表面を轆轤ナデする。ナデ調整時には、板状の工具(木目が出現する小口は使用しない)、あるいは獣皮などを手に巻いたと思われ、表面には一定幅の単位が認められるのが一般的である。右手を使って調整する場合は、上方向から見て反時計方向の轆轤回転が想定できるが、一個体内でも右上がり・左上がりのナデが混在することもあり、比較的自由な方向に回転させながら調整したものと思われる。
【7】乾燥地点に運び、桶・布袋を取り外す。
　轆轤上で桶を展開してしまうと「瓦坏」を動かせなくなるため、製作が完了したら、桶上部の柄を持って乾燥地点に運ぶ。凸面に「ベタベタと」指紋が付着することはなく、桶を運ぶ際には必ず柄がついていたはずである。この作業の様子は、『天工開物』にも描かれており、「瓦坏脱桶」の文字の横で桶の柄を持った工人が「瓦坏」を地面に置き、桶を外している。桶・布袋は、地面に置いた状態で外していることから、布袋が粘土の下に入り込まない＝桶をすべて覆っていたわけではないことがわかる。この段階では、広端部は地面に接地しているはずで、広端面には圧着を示す痕跡がつき、自重によって粘土の歪みが生じているはずである。
【8】桶・布袋を外した直後に、凹面の界点を目安に截線を入れる。
　桶・布袋を外してすぐの粘土が乾いていない状態で、「瓦坏」の内側に刀子を持った手をさし入れて、上下の界点を目安に広端から狭端に向けて4方向に切込みを入れる。熨斗瓦の場合は、この段階でさらに8方向、合計12方向に刻みを入れる。『天工開物』の「瓦坏脱桶」の作業過程図には、桶を外している個体以外に4つの「瓦坏」が置かれており、「瓦坏」状態で分割前までの乾燥が行われていたことがわかる。
【9】乾燥後の「瓦坏」の最下部を切り離す。
　「瓦坏」の最下部、つまり広端部は地面と接しているため、自重による歪みが生じており、内側には布袋が覆いきらない部分の側板痕跡が残存していたはずである。しかし、実際の板瓦の広端部が歪んでいる、あるいは凹面に布袋が及ばない部分の側板痕跡が残っている例はほとんどないため、この部分はある程度の幅が切り落とされたことがわかる。分割截線を入れた「瓦坏」をしばらく乾燥させた後、分割直前に「瓦坏」の最下部を外側から角度を持って刀子で切込み、粘土下部を切り離した可能性が高い。分割後の二次調整を行わない唐代板瓦の広端面には、必ず同じ角度の切込みがある。これは地面に置かれた「瓦坏」の最下部をしゃがんだ姿勢の工人が切り離す工程に由来すると考える。截面の切込み時よりも乾燥時間をおくため、切り離し時の広端面のケズリでは大きく砂粒が動くことになる。また、地面に置かれているため、右利きの工人であれば、上から見て時計方向に刀子を動かし、左利きであればその反対になる。この際の「ケズリ痕」は、分割された板瓦の単位とは関係なく、何回か角度を変えながら切り離していることが多い。場合によっては、

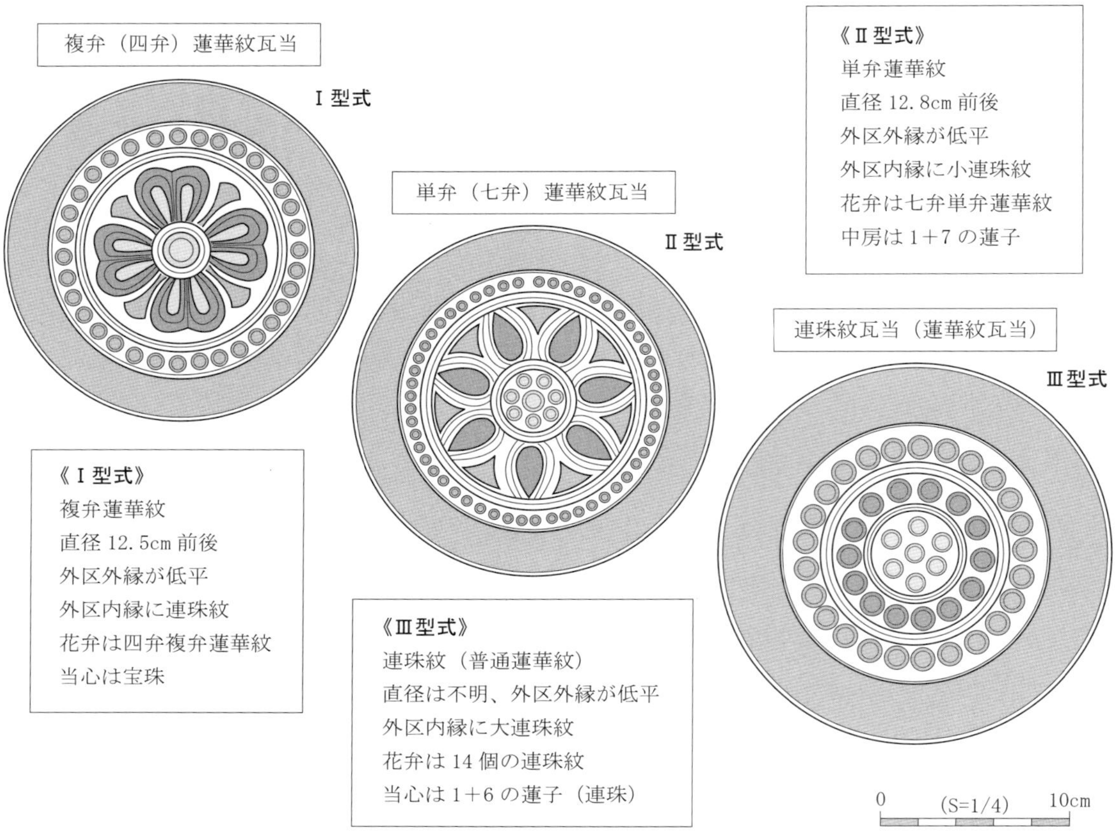

複弁（四弁）蓮華紋瓦当
Ⅰ型式

《Ⅰ型式》
複弁蓮華紋
直径 12.5cm 前後
外区外縁が低平
外区内縁に連珠紋
花弁は四弁複弁蓮華紋
当心は宝珠

単弁（七弁）蓮華紋瓦当
Ⅱ型式

《Ⅱ型式》
単弁蓮華紋
直径 12.8cm 前後
外区外縁が低平
外区内縁に小連珠紋
花弁は七弁単弁蓮華紋
中房は1+7の蓮子

《Ⅲ型式》
連珠紋（普通蓮華紋）
直径は不明、外区外縁が低平
外区内縁に大連珠紋
花弁は14個の連珠紋
当心は1+6の蓮子（連珠）

連珠紋瓦当（蓮華紋瓦当）
Ⅲ型式

図23　唐砕葉城出土瓦当の復原型式

この作業の直後に行われる分割後に、再度のケズリ調整を行い、広端面を整えることもある。

【10】下部の切り離しを行った直後に外側から圧力をかけて、4分割する。

「瓦坏」下部を切り離した直後に、外側から圧力をかければ、乾燥前の截線の切込みによって自然と4分割できる。両側面には、截面と破面が残り、狭端には轆轤回転による指ナデ、広端には切り離し時の「ケズリ痕」が残る。つまり、4面のどこにも地面に接地した痕跡が残らない。この段階では、瓦はほぼ乾いており「天工開物」にあるように、1枚1枚の板瓦を斜めに連続して立てかけて、窯入れを待つ。

　以上、唐砕葉城出土板瓦の観察から読み取れる製作時の情報を整理したうえで、民俗事例や実験結果、あるいは文献史料を参考にして、その製作工程を復原した。唐砕葉城の板瓦の製作技法は、唐代の中原地域で見られる基本的な製作技術を踏襲したものである。しかし、唐長安城・洛陽城の宮城出土瓦と比較すると、実は多くの要素が欠落していることがわかる。その「差異」にこそ、唐代西域の瓦生産の歴史性が示されていると考えるが、この点に関しては第3節第4項で改めて整理してみたい。

3. 砕葉城出土瓦当の年代と系譜

前節までに、唐砕葉城出土板瓦の製作技法に注目してその復原を行った。次には、唐砕葉城から出土した

瓦当の年代と系譜について整理してみたい。

　アク・ベシム出土瓦に関しては、「契丹人」による製作を考えたベルンシュタムを除くと、クズラソフ[烈昂尼徳 R 科茲拉索夫 2019]、ケンジェアフメト、帝京大学、いずれも唐代の瓦と位置付けている。ケンジェアフメトは、砕葉城と類似する瓦が出土した遺跡として、唐代の単于都護府所在地とされる土城子古城、東受降城、伊克昭盟准格爾旗十二連城、あるいは唐長安城華清宮、唐洛陽城含嘉倉を挙げている。特に、含嘉倉遺跡の瓦当と一緒に出土した方塼の年代から 684-716 年の年代を想定している [努爾蘭 肯加哈買提 2017 p.176]。一方、帝京大学報告では、砕葉城出土瓦と唐長安城大明宮含元殿出土瓦の共通性を指摘し、「瓦の文様、製作技法が唐長安の中心的な宮殿所用瓦と同一技法を採用する」と結論づけ、文献史料から想定される 679-703 年の製作を考えている [山内ほか 2018 p.156]。つまり、両者ともにいわゆる「盛唐」（高宗〜安史の乱以前）の様式と位置付けたわけだが、ここでは、中国における蓮華紋瓦当の展開の中で、砕葉城出土瓦を位置づけてみたい。

　まず、アク・ベシム遺跡出土瓦当の完形品はベルンシュタム報告品の 1 点のみで、近年の調査でも基本は破片資料である。ベルンシュタム報告品は写真が古く、細部情報の把握が難しい。一方、近年出土資料は破片のため、全体像が把握しにくい。いずれにしても、唐砕葉城出土瓦当の特徴を示すためには、復原的な模式図を示す方がわかりやすい。そのため、既報告品を参考にして、図像を模式化したものを（図23）に示した。これは実測図ではなく、あくまでも様式を示すための模式図である。型式に関しては、帝京大学が 2018 報告で A 〜 C 類 [山内ほか 2018]、2019 報告で 1 〜 4 型式 [山内ほか 2019] を設定するが、本章では唐代蓮華紋瓦当の一般的な様式を考慮し、Ⅰ〜Ⅲ型式に整理した。すなわち、Ⅰ型式（複弁蓮華紋）、Ⅱ型式（単弁蓮華紋）、Ⅲ型式（連珠紋）である。唐代の複弁蓮華紋は主に 7 世紀に流行し、8 世紀以降は単弁が主体になる。なお、Ⅲ型式は、蓮華紋が退化して外区内縁の珠紋と同様な表現となっているもので、ここでは「連珠紋瓦当」（中国では「普通蓮花紋」と呼称される）と仮称しておく。3 つの型式は、典型的な唐代様式であるが、長安城・洛陽城の状況からすれば、盛行の時間軸はⅠ→Ⅱ→Ⅲという緩やかな流れで理解できる。以下、各型式の特徴を示す。

【Ⅰ型式】複弁 4 弁蓮華紋。直径 12.5cm ほど。当心（中房）には、「圓乳丁・宝珠」と呼ばれる突起があり、ハート型の 4 つの花弁とその間を埋める間弁で構成される。内区と外区の間には、圏線（界線）が巡り、外区内縁には大きめの連珠紋がある。外区外縁（辺輪）は、比較的低平である。

【Ⅱ型式】単弁 7 弁蓮華紋。直径 12.8cm ほど。当心は、1 ＋ 7 の蓮子で蓮蓬を表現する。7 つの花弁とその間を埋める間弁で構成される。界線の外側には、小さめの連珠紋が巡る。外区外縁は、比較的低平である。

【Ⅲ型式】ベルンシュタムが報告している連珠紋瓦当。直径は不明だが、Ⅱ型式よりも大きい。当心は、1 ＋ 6 の蓮子を表現する。花弁はほぼ珠紋化しており、14 個で構成される。界線の外側には、ほぼ同じ大きさの連珠紋が巡る。外区外縁は、比較的低平だがⅠ・Ⅱ型式より幅広である。

　以上の 3 型式は、唐長安城・洛陽城でも認められる典型的な様式である。（図24）では、唐長安城・洛陽城の蓮華紋瓦当の事例を示しつつ、日中の対応用語を整理した。唐砕葉城での 3 つの型式を踏まえた上で、次には、中国の蓮華紋瓦当の変遷について、整理してみたい。（図25）には、紋様型式を比較しやすいように、北朝・唐・遼の蓮華紋瓦当の大きさを統一して模式化した図を示した。この図を基に、記述を進めたい。

　仏教を篤く信仰した北魏王朝の時期、楊衒之が著した『洛陽伽藍記』（547 年）によると洛陽城内には 1300 余の寺院があったとされる。この時期の仏教の爆発的な流行とともに盛行するのが、蓮華紋瓦当であ

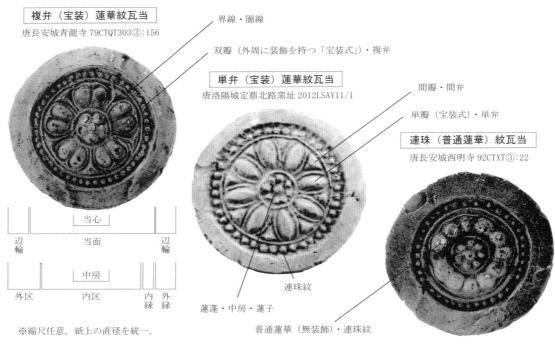

図24　唐長安城・洛陽城出土蓮華紋瓦当

る。北魏洛陽城出土瓦の編年を行った銭国祥は、北魏の蓮華紋瓦当を2種類に分類している［銭国祥1996・銭国祥ほか2014］。「複瓣宝装蓮花紋」「単瓣蓮花紋」である。日本では前者を「複弁蓮華紋」、後者を「素弁蓮華紋」（花弁に子葉を表現するものを日本では「単弁蓮華紋」とする）と呼称している。なお、特殊な事例として「蓮花化生瓦当」［王飛峰2019］も北魏に特徴的な型式である。（図25上）には、北魏洛陽城宮城正門の閶闔門遺跡出土の複弁蓮華紋と素弁蓮華紋の模式図を示した。外区外縁の幅が狭く、中房とともに総じて高いのが北魏の瓦の特徴である。複弁蓮華紋は、花弁の先端が宝珠形に尖って輪郭線が連続し、隣り合う子葉がU字状に連接するタイプ（図25-1）が古い型式とされる。この型式は、圓乳丁の中房の周囲に小連珠紋を持つ。複弁蓮華紋は、当心に蓮子を表現して花弁が独立するタイプへと変化し、外区内縁に珠紋を巡らすようになるが、唐代のように内外区を分ける界線（圏線）を持たない。一方、子葉を持たない素弁蓮華紋は、花弁が幅広の杏仁形を呈し、間弁を表現する（図25-2）。中房に蓮子を表現し、外区内縁には珠紋を配さない。この北魏期の蓮華紋瓦当の中で東魏・北斉鄴城に継続するのは、素弁蓮華紋の型式である［中国社会科学院考古研究所ほか2014a・b］。北魏洛陽城で比較的多くみられる複弁蓮華紋は、東魏・北斉には引き継がれず、北周の外戚から全国を統一した隋の時代から再び流行を見せる。隋代に特定できる遺跡は少ないが、仁寿宮37号宮殿で確認されている複弁蓮華紋瓦当がよく知られている［中国社会科学院考古研究所2008］。北魏で盛行した複弁蓮華紋が東魏・北斉鄴城に引き継がれない理由は不明だが、北周の制度を継承する隋に複弁蓮華紋が復活し、唐長安城で流行する点は、紋様の系統関係を考えるうえで重要である。

　唐代の蓮華紋に関しては、佐川正敏が年代のわかる建造物を中心として変遷を論じている。佐川は、唐代の瓦当の特徴として「内外区の境に圏線を置くこと」を指摘し、隋～8世紀初頭までの複弁蓮華紋の盛行、8世紀以降の有子葉単弁蓮華紋の盛行を想定する［佐川2000］。確かに、隋大興城に対して文帝が離宮として造営した仁寿宮（唐の九成宮）［中国社会科学院考古研究所2008］、太宗の温泉宮（後の華清宮）［陝西省考古研究所1998］、高宗が663年に造営した大明宮含元殿［中国社会科学院考古研究所2007］などの宮殿建築、あるい

第3節　唐砕葉城出土瓦の製作技法とその系譜　105

北朝（北魏）の蓮華紋瓦当様式

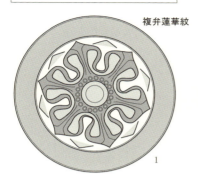

- 瓦当図案の復原模式図
- 縮尺は紙上で直径を統一
- 1-2（北魏洛陽城閶闔門）
- 3-5（唐長安城青龍寺・西明寺）
- 6-8（唐砕葉城）
- 9-10（遼上京城・祖州城・祖陵）

- 複弁蓮華紋と素弁蓮華紋が中心
- 複弁の中房は、宝珠が多い
- 複弁は花弁の先端が尖る
- 素弁は花弁が幅広で、中房には連子
- 外区外縁が高い

唐の蓮華紋瓦当様式
- 外区外縁が低平、内外区の境界に圏線を設けて周囲に連珠紋を配置する
- 複弁はハート形でV字形間弁　・単弁は細く弁数が増える　・蓮華が連珠紋化する

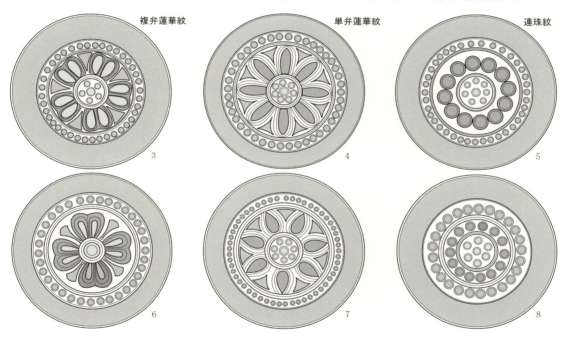

遼の蓮華紋瓦当様式
- 外区外縁が低平、紋様以外の瓦当面は同じ高さ　・圏線で二重（三重）に分割
- 遼初期には渤海系の蓮蕾紋　・蓮華紋は省略　・文様が中心からずれる（非箱範）

図25　北朝・唐・遼における蓮華紋瓦当の様式

は658年創建の青龍寺[呂梦ほか2020]、662年創建の西明寺[中国社会科学院考古研究所2015]などの寺院建築に複弁蓮華紋の出土例は集中しており、複弁蓮華紋瓦当が流行したのは7世紀を中心とする点がわかる。一方で、隋605年に造営され、武則天の在位（690-705）中には「神都」として唐王朝の首都となった唐洛陽城（宮城の大規模造営時期は、高宗〜武則天期とされる）では、宮城においても複弁蓮華紋瓦当の出土例がかなり少ない[陳良偉2003・中国社会科学院考古研究所2014c・洛陽市文物考古研究院2016a]。この点は、年代が確定している資料からも補足することができる。唐洛陽城定鼎北路窯跡群では、西区B組（13基で構成）の窯壁で人名や州県の名称を記した文字が発見されている。報告者は、文献に記載される州県の設置と「隷属関係」の検討から、643〜742年の年代幅を指摘し、高宗〜武則天の間に集中する宮城・外郭城の整備記事を踏まえて、672〜707年の窯の操業を想定した[洛陽市文物考古研究院2016b]。この年代は、文献記載から想定される唐砕葉城の年代（679〜703）とほぼ合致するが、定鼎門北路窯跡からは複弁蓮華紋瓦当は1点も出土しておらず、すべて単弁蓮華紋瓦当である。つまり、北魏の複弁蓮華紋は、西魏・北周から隋に継承され、唐長安城において高宗の治世（649〜683）までに盛行した型式の可能性がある。一方、高宗657年に「東都」と称号されて以降、武則天の治世（690-705）までに集中的に宮城・外郭城が修建された唐洛陽城では、単弁蓮華紋が主体的な型式だった可能性が高い。唐砕葉城で複弁蓮華紋型式が主体であるのは、その系譜が唐長安城である可能性を強く示唆している。

　いわゆる単弁蓮華紋がどの段階から出現しているかは不明だが、7世紀後半にはすでに出現しており、8世紀にかけて、素弁蓮華紋の系譜を引く幅広杏仁形の単弁から、細長く弁数が多い単弁へと変化していき、花弁が珠紋化した型式も登場するようになる。その後、唐末にかけて外区外縁が低平で幅広く、瓦当面の紋様が小さい蓮華紋となり、最終的には蓮華紋自体が衰退していくことになる[中国社会科学院考古研究所2014c]。以上、唐代における複弁蓮華紋→単弁蓮華紋→連珠紋への流れを整理したが、唐砕葉城ではこの3種が出土していることになる（図23）。その様式（紋様構成）に最も近いのは、658・662年に創建された唐長安城青龍寺・西明寺（図25-3・4・5）で、唐砕葉城はほぼ同じ構成が認められる（図25-6・7・8）。現在までの砕葉城中枢部の発掘状況では、どの様な建物にどの瓦当型式が対応するかを議論できない。しかし、長安城・洛陽城における唐代蓮華紋の変遷を考慮に入れると、王方翼679年の修築段階に複弁のⅠ型式が想定でき、同時期か若干下がる時期に単弁のⅡ型式の使用が想定できる。一方、ベルンシュタムの発掘したラバト内寺院で発見されている連珠紋のⅢ型式は、さらに新しい時期の可能性があり、杜環の記載から少なくとも750年頃まで存続していた大雲寺の年代と合致する可能性がある。なお、ケンジェアフメトは、ベルンシュタムの発掘した寺院の出土例として、コジェムヤコが図示した（垂尖）滴水瓦（図6の個体6）[Kozhemyako 1959]を挙げている[努爾蘭 肯加哈買提 2017 p.111]。出土地不明の資料ではあるものの、中国でも北宋以降に登場することが確実な滴水瓦[高義夫2016]が出土している点は注意すべきで、仮にケンジェアフメトが想定するように、滴水瓦がベルンシュタムの発掘した寺院から出土したとすれば、文献に記載のある750年以降も大雲寺のみは法灯を灯し続けた可能性がある（註3）。

　以上、唐砕葉城出土の瓦当Ⅰ〜Ⅲの型式が、7〜8世紀の典型的な唐様式で、特に唐長安城の外郭城（里坊）での瓦生産の系譜を引く可能性が高い点を指摘した。また、Ⅰ型式（7世紀後半）、Ⅱ型式（7世紀後半〜8世紀初頭）、Ⅲ型式（8世紀）のように、若干の時期差を持って製作された可能性も想定した。最後に、これらの3型式が、ベルンシュタムが想定した「契丹人」の製作瓦ではない点を確認するため、遼代の瓦も紹介しておく。（図25下）には、遼初代の耶律阿保機が造営した上京城、そして彼の陵墓である祖陵・祖州城から出土した蓮華紋瓦当を模式的に示した。遼代の瓦当は、外区外縁が完全に扁平化して幅広くなっているのに加えて、陶範自体が「当面」（模様面）のみのスタンプだった事例が多かったようで、瓦当紋様が中心から

第3節　唐砕葉城出土瓦の製作技法とその系譜　107

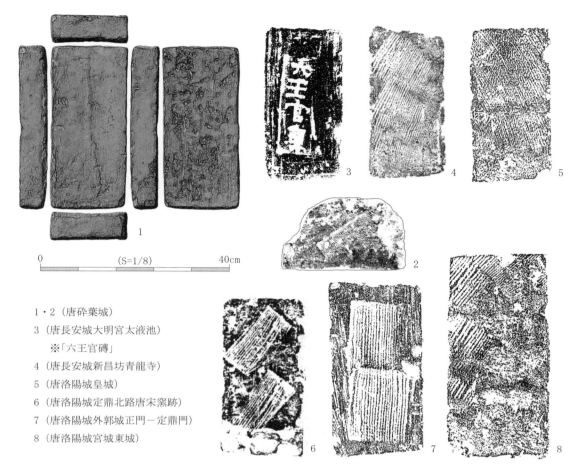

図26　唐長安城・洛陽城と砕葉城出土の長方塼

1・2（唐砕葉城）
3（唐長安城大明宮太液池）
　　※「六王官塼」
4（唐長安城新昌坊青龍寺）
5（唐洛陽城皇城）
6（唐洛陽城定鼎北路唐宋窯跡）
7（唐洛陽城外郭城正門－定鼎門）
8（唐洛陽城宮城東城）

ずれる個体が見られるのが特徴である。また、渤海を滅ぼして工人を動員した遼では、渤海の系譜を引く蓮蕾紋瓦当（図25-9）が存在する。さらに、蓮華紋が崩れて星形になった瓦当（図25-10）や完全に連珠紋化した瓦当（図25-11）もある。やはり、砕葉城出土蓮華紋瓦当とは大きく異なることが明らかである。なお、管見の限り、現在までの調査研究で、「西遼＝カラキタイの瓦」と確定した中国国内事例を知らないが、耶律大石によって建国された西遼（1124～1218）が中央アジアでも瓦を製作していれば、このような系譜上の瓦当が出土してもおかしくないが、そのような状況は全くない（註4）。唯一、ラバト内寺院出土の滴水瓦が可能性としては残るが、11世紀中頃までにはアク・ベシム遺跡自体が都市としての機能を失っていることから、北宋（960～1125）期に中原から流入した可能性を考えるのが妥当である。今後、ベルンシュタム発掘品の再整理・再報告が進み、大雲寺の下限年代について議論できるようになることを期待したい。

4. 西域都市の瓦生産とその系譜

　本章では、唐砕葉城出土板瓦の製作技法、および出土瓦当の年代と系譜、をそれぞれまとめてきた。最後に、瓦の製作技法を唐長安城・洛陽城と比較し、唐砕葉城の瓦生産の系譜を考えてみたい。
　アク・ベシム遺跡、ラバト中枢部で出土した瓦当型式は、典型的な唐の蓮華紋様式である。文献史料から

想定される砕葉城の7世紀後半～8世紀前半という年代観にも齟齬はない。一方、瓦と並ぶ重要な建築部材として、砕葉城から出土した塼も、ほぼ同じ年代が想定できる。中国における塼は、年代によってその法量が変化する点が知られているが、(図26)に示したように、砕葉城出土塼は長安城・洛陽城出土品と法量が共通する。表面にはタタキ板の痕跡、あるいは板状工具で擦過した痕跡（いわゆる「条塼」）もあり、唐代の一般的な塼の特徴を有している。このように、砕葉城出土瓦塼類が唐代に属する点は異論ないところだが、問題は、その瓦生産の系譜や体制をどのように位置づけるか、である。これに関しては、瓦の製作技法からアプローチが可能だと考える。まず、唐代の中国における瓦の特徴として、北方の「粘土紐桶巻き作り」と南方の「粘土板桶巻き作り」の差異が指摘されている［山崎2010・佐川2012］。『天工開物』にも描かれる粘土板桶巻き作りは、凹凸面に残る「糸切痕」あるいは、縦方向の粘土接合痕跡によって比較的容易に識別できる。唐砕葉城出土瓦は、筒瓦・板瓦ともに粘土紐巻き作りで、中原の技術系譜を持つ。特に、複弁蓮華紋が流行した唐長安城の瓦生産に系譜を持つ可能性が高い。唐長安城は、河西回廊を抜けて西域に至るシルクロードの入口に位置しており、長安城内での瓦生産の技術が西域都市へと展開したものと考えられる。

では、唐長安城・洛陽城での瓦生産とはどのような体制だったのだろうか。北宋の王溥が著した『唐会要』巻八十六には、唐長安城・洛陽城における瓦生産に関する有名な記載がある。

『唐会要』巻八十六
　「開元十九年六月敕：京洛両都、是惟帝宅、街衢坊市、固須修築、城内不得穿掘為窯、焼造塼瓦。其有公私焼造、不得于街巷穿坑取土」

開元19年(731)の勅令で、京洛両都（長安城・洛陽城）の城内における瓦塼窯の造営が禁じられたことがわかると同時に、唐代の窯には、「官窯」と「私窯」の区別があった点も読み取ることができる。勅令で禁止されたということは、それまでは城内で瓦塼の焼成が行われていたことを意味する。実際に、唐洛陽城［王建華ほか2012］では、宮城・皇城・東城周辺［洛陽博物館1974・中国社会科学院考古研究所洛陽唐城隊1992］、あるいは外郭城内北東部［洛陽市文物工作隊1998・1999、四川大学歴史文化学院考古学系ほか2007・2008、洛陽市文物考古研究院2015・2016c］で瓦塼窯が発見されている。さらに、城外でも外郭城のすぐ北側［洛陽博物館1978・洛陽市文物考古研究院2016b］、城外南側［洛陽市文物工作隊2007］、白馬寺周辺［中国社会科学院考古研究所洛陽漢魏城隊2005・2016］などで確認されている。出土遺物の様相からすると、特に宮城・皇城・東城、および外郭城北東部で検出している窯の多くは、宮城への供給を担っていた「官窯」の可能性が高い［陳朝雲2023］。それぞれの窯における規模の違いはあるものの、宮城での建造物の造営に際して、それほど遠くない位置で生産する「官窯」が臨時で開設される体制が想定できる。特に注目されるのは、「排列対窯」「串窯」と呼ばれる作業スペースと通路を共有して窯が対称的に配置されるスタイルの窯跡群である。応天門窯跡［洛陽博物館1974］、北窯村東窯跡［洛陽博物館1978］、定鼎北路窯跡［洛陽市文物考古研究院2016b］、瀍河区西岸窯跡［洛陽市文物考古研究院2016c］などが代表例である。中でも最大規模を誇る定鼎北路窯跡では、西区A群(18基)、西区B群(13基)、東区A群(16基)、東区B群(13基)の4群が検出されている（図27上）。規模・構造が共通する規格性の高い窯が、灰原・作業スペース・通路を共有して規則的に配置されており、その規模や想定される生産量などは、まさに宮殿建築への瓦塼供給を専門とする「官窯」にふさわしい。出土遺物も長方塼、紋様方塼、鴟尾、鬼瓦、瓦当、筒瓦、板瓦など様々な種類が見られると同時に、板瓦の凹面、筒瓦の凸面のミガキ調整や規格差の作り分けなど、卓越した技術を持つ工人集団の様相が垣間見える。また、工匠の名前を刻んだ刻印あるいは、「官匠」「官瓦」などの刻印［洛陽博物館1978］を持つ瓦も出土している。

第3節　唐砕葉城出土瓦の製作技法とその系譜　109

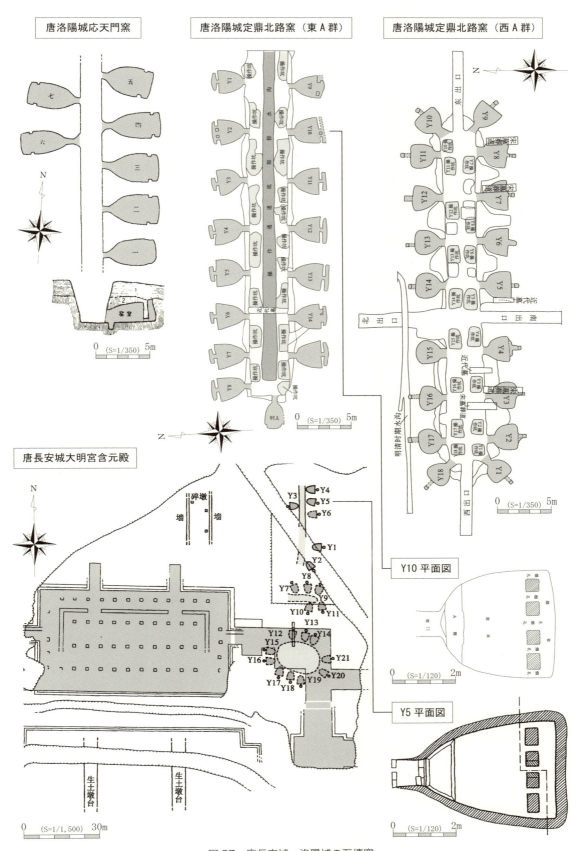

図27　唐長安城・洛陽城の瓦塼窯

一方、唐長安城でも洛陽城と共通した様相が認められる。例えば、唐長安城大明宮含元殿の東飛廊とその北側では、21基の規格性の高い集中した瓦塼窯が検出されている[中国社会科学院考古研究所西安唐城工作隊1997]。（図27下）のように、作業スペースを共有する規則的な配置は、唐洛陽城の官窯の在り方と共通している。また、窯の構造自体も洛陽城・長安城では、共通性が高い[李清臨2015・李清臨ほか2021]（図27下右）（註5）。含元殿の事例からは、唐長安城においても宮城内の主要殿の造営に際して、近隣で官窯が開設され、宮殿の建築と部材の製作が密接な関係の中で進行していた状況を読み取ることができる[安家瑶2005]。このような「官窯」の存在形態は、前漢長安城からの伝統と考えられている[中国社会科学院考古研究所漢城工作隊1996]。なお、大型建造物の造営と瓦塼の焼成窯の操業が連動する現象は、宮殿建築だけに限らない。慈恩寺大雁塔北側の調査では17基の窯が発見されており[安家瑶2005]、青龍寺・西明寺の寺域内でも窯が検出されている[中国社会科学院考古研究所2015]。さらに、唐代陵墓の造営に際しても近隣に集中した窯を操業したと考えられている[劉耀秦1994]。

　以上、唐長安城・洛陽城では、宮城中枢部、あるいは大寺院や陵墓などの造営に際して、比較的近い場所に大規模な臨時「官窯」を開設するのが少なくとも開元19年までは一般的だったことがわかる。これに対して、「私窯」の様相は考古学的には不明だが、「官窯」で維持される技術体系が徐々に民間に浸透していく過程が想定できるだろう。一方、唐砕葉城では瓦塼窯などは発見されていないため、どの様な生産体制だったのかの具体像は不明だが、その製作技術にみられる特徴を唐長安城・洛陽城と比較することで、その歴史的位置を推定することは、ある程度可能だと考える。今、唐砕葉城出土瓦の種類や製作技法にみられる要素を、唐長安城・洛陽城の宮城出土瓦（および供給した「官窯」出土瓦）と比較したのが、（表1）である。

　この表を見ると、唐長安城・洛陽城の宮城出土瓦に認められる多くの要素が、唐砕葉城では欠落することがわかる。建物の構造や等級に関わる要素、あるいは技法的な要素でも違いは大きい。例えば、建物の屋根形式や等級に関わる要素としては、唐砕葉城において施釉瓦（瑠璃瓦）・彩色瓦・獣面瓦[韓建華2013]・鴟尾・鬼瓦・曲背檐頭筒瓦（鳥衾瓦）・檐頭板瓦（軒平瓦）・隅切瓦などが存在しないこと、が挙げられる。瓦当以外の屋根装飾は認められず、道具瓦の種類も極めて少ない点が特徴である。また、宮城・官窯生産品の顕著な特徴ともいえる法量規格（大中小）の作り分けがない点、工匠氏名・官名などを刻印した瓦塼が存在しない点も重要である。さらに、製作技法に注目すると、筒瓦・板瓦の分割後の二次調整が全く存在しない点も大きな特徴と言える。中原地域では北魏に盛行する分割後の広端面・狭端面・側面のケズリ・ナデ調整や、筒瓦凸面・板瓦凹面の丁寧なミガキ調整（磨光）が知られる。特に筒瓦凸面・板瓦凹面の工具を用いた密なミガキ調整は、唐代の宮殿瓦にも継承され「青掍瓦」とも呼ばれる。日本語では「黒色磨研瓦」[朱2010]と呼称されるが、この「青掍瓦」に関しては、北宋期の『営造法式』巻十五に記載がある。

『営造法式』巻十五、窯作制度、青掍瓦
　「青掍瓦等之制：以于坯用瓦石磨擦（甋瓦于背、瓪瓦于仰面、磨去布文）。次用水、湿布楷拭、侯干、次以洛河石掍研、次掺滑石末令匀（用茶土掍者、準先掺茶土、次以石掍研）。」

　瓦の一点一点を丁寧に調整する入念な技法で、唐代においても宮城・大寺院などの格式の高い瓦はこの技法によって製作されている。一方、唐砕葉城出土瓦では、このような二次調整は全く認められない。

　このように砕葉城と唐長安城・洛陽城の瓦を比較すると、砕葉城出土瓦は多くの要素が欠落していることがわかる。すなわち、唐長安城・洛陽城の「官窯」で維持されていた技術体系中で、陶笵[賈麦明1988・洛陽市文物工作隊1995・中国社会科学院考古研究所2015図版67]のみで再現可能な瓦当を除けば、唐砕葉城の瓦

表1　唐長安城・洛陽城と砕葉城の瓦（製作技法）の要素比較

瓦・製作技法の要素		唐長安城・洛陽城（宮城）	唐砕葉城
施釉瓦（瑠璃瓦）		○ 等級が最も高い建築様式に使用	×
鴟尾・鬼瓦などの屋根装飾		○	×
瓦当	獣面・人面	○ 宮殿建築では獣面多い	×
	蓮華紋（複弁・単弁・連珠）	○	○
	菊花紋・龍紋（北宋以降）	○	×
筒瓦	鳥衾瓦（曲背檐头筒瓦）	○	×
	大中小の規格作り分け	○ 建物規模に合わせた作り分け	×
	凸面のミガキ	○ 丁寧なミガキ調整、青掍瓦	×
	文字刻印	○	△ 1個体のみ発見されている
	文字スタンプ	○ 年号、工匠氏名、官名など	×
	凹面の側縁ケズリ	○ 板瓦の凹面に合わせるケズリ	×
板瓦	軒平瓦（檐头板瓦）	○ 重弧波状紋など	×
	滴水瓦（北宋以降）	○	△ ラバト内寺院で報告されている
	隅切瓦	○ 広端の方隅を切り落とす	×
	凹面のミガキ	○ 丁寧なミガキ調整	×
	文字刻印・スタンプ	○	×
	5分割の板瓦	○ 5分割する大型の板瓦	×
	大中小の規格作り分け	○ 建物規模に合わせた作り分け	×
	凹面露出部分の彩色	○ 黒色などの彩色	×

　生産に導入されているのは、「筒瓦・板瓦の最も基本的な技術」ということになる。実際に、二次調整のないシンプルな筒瓦・板瓦に関しては、東市などの唐長安城の外郭城（里坊）内で出土することから、「非官窯」である「私窯」にも、このような基本的な技術が展開している点が想定できる。つまり、唐砕葉城における瓦生産は、唐長安城の「官窯」における技術体系が直接的に導入されたわけではなく、あくまでも唐長安城で広く流布していた基本的な製作技術を基礎としていたと考える。

　以上、唐砕葉城に導入された瓦生産の系譜は、唐長安城内で広く共有されていた瓦当・筒瓦・板瓦の最も基本的な技術体系である点を指摘した。唐代西域都市においては、軍事活動と「都市づくり」が強い関連性を持って連動していたと想定できるが、都市造営に関わる様々な技術を持つ人々が、西域での軍事的な拠点進出に伴って徐々に展開していくような状況が考えられる。すなわち、防御性の高い機能的な交易拠点として展開した西域都市、その「都市づくり」の技術体系の1つとして、機能的な側面を重視した非常にシンプルな瓦の製作技術が唐砕葉城に導入されていたのである。

第4節　唐砕葉城の歴史的位置

　本章では、キルギス共和国アク・ベシム遺跡の調査研究史を整理して論点と課題をまとめた上で、唐砕葉城の都城としての空間構造、および瓦の製作技術を唐長安城・洛陽城と比較し、その歴史的な位置について考察した。最後に、本章での成果を以下の10点にまとめておく。

①「ラバト＝唐砕葉城」説の確認
　1982年に発見された杜懐宝碑により、アク・ベシム遺跡が「砕葉（Suyab）」である点が確定した。アク・ベシム遺跡は、シャフリスタン・ツィタデル・ラバトで構成されるが、近年の発掘調査の成果から「ラバト

112　第2章　唐砕葉城の歴史的位置

＝唐砕葉城」である点がほぼ確実な状況となった点を確認した。

②唐砕葉城と大雲寺の存続年代

　文献史料の整理から、唐砕葉城は王方翼による造営（679）からトゥルギシュの攻略（703）までの限られた時間に存在した点を確認した。武則天の勅令（690）で造営された大雲寺は、杜環『経行記』の記載から750年頃までは法灯を絶やさなかった点が確認できる。アク・ベシム遺跡の都市としての利用は、11世紀半ばにカラ・ハン朝が中枢をバラサグン（ブラナ）に移動するまで続くので、大雲寺の存続下限年代もカラ・ハン朝の分裂（1041）までと想定できる。なお、ラバト内寺院からは、北宋（960-1125）以降に登場する垂尖滴水瓦が出土したとされており、この遺物が大雲寺の下限年代を示す可能性を考慮すべき点を指摘した。

③「ラバト内寺院＝大雲寺」の可能性

　研究史上は、シャフリスタン南に存在する第1仏教寺院が唐大雲寺である可能性が指摘されてきた。しかし、第1仏教寺院には中国的な様相はほとんど見られず、「回字形祠堂」を持つ典型的な中央アジア仏教寺院である。一方、ラバト内寺院は、城内における立地や規模、伽藍配置、出土した瓦塼類などの中国系遺物の存在からみて、大雲寺である可能性が極めて高い。

④Corona衛星画像から復原した唐砕葉城の平面配置

　ソビエト時代の耕作によってアク・ベシム遺跡のラバトは、東・南城壁の一部を除いて地表から姿を消している。そのため、1967年に撮影されたCorona・航空写真を利用して、その平面配置を復原した。既存のソグド人都市であるシャフリスタンとは城壁を接しない多角形の城壁で構成され、特に西南部の屈曲門が防御の要である点、城内が中枢部・南北大路で構成される南側とシャフリスタンに通じる東西大路で構成される北側に構造上大きく分けられる点、中枢部の護城河が城内の水運・利水に重要な役割を果たした点、東西大路・南北大路とその他の道路によって細分される城内区画がそれぞれ機能的な役割を果たした点、などを指摘した。

⑤砕葉城・北庭故城にみられる設計原理の共通性

　679年に造営された砕葉城と702年に北庭都護府が設置された北庭故城の平面配置を比較し、設計思想・原理の面で高い共通性が認められる点を指摘した。特に、西南の屈曲門と北門が対になる防御機構を構成する点を指摘し、王方翼の修築記事にある「立四面十二門、皆屈曲作隠伏出没之状」という記載は、特定の門構造を指すのではなく、「城門を中心とした防御体系の総体」を示すものと考えた。

⑥唐代西域都市の特徴

　砕葉城・北庭故城の比較から、唐代西域都市の特徴をまとめた。すなわち、(a) 防御に特化した外城構造を持つ点、(b) 重圏的な内外二重（三重）構造を持つ点、(c) 城内に大路を中心とした2つの軸線を持つ点、(d) 護城河と連動した水運・水利システムを持つ点、(e) 仏教寺院・キリスト教会などの大型宗教施設を持つ点、の5つの特徴を指摘した。

⑦唐代都城の階層性と東西交易都市の展開

　唐代西域都市の特徴を踏まえて、唐長安城・洛陽城との比較を行った。皇帝権力を中心とする世界観と支配観念を表現した思想的空間である中原都城は、渤海上京城・日本平城京など各国の「王都」として採用された。その場合でも各国は唐都城の思想的空間をそのまま模倣したわけではなく、各国の統治システムに合わせて「解体・再編成」して独自の都城を造営した。一方、国内においては、「特定の機能」を持って階層的に都市が展開した点を指摘した。すなわち、西域都市は唐の西域経営という歴史的文脈の中で、軍事・政治・行政・交易の拠点として、設計され展開した点を推定した。

⑧唐砕葉城出土板瓦の製作技法

唐砕葉城中枢部東壁で出土した板瓦について、三次元計測図と写真を示し、その製作技法の特徴を整理した。そのうえで、製作工程に関して模式図を示しながら、10段階にまとめた。

⑨砕葉城出土蓮華紋瓦当の年代と系譜

　唐砕葉城出土蓮華紋瓦当を、Ⅰ～Ⅲ型式に整理した。Ⅰ型式（複弁蓮華紋）、Ⅱ型式（単弁蓮華紋）、Ⅲ型式（連珠紋）である。以上を踏まえ、北朝・唐・遼の蓮華紋瓦当の変遷を、紋様の模式図を示しながら概観した。北魏から隋へと継承された複弁蓮華紋が7世紀の長安城で流行した点、高宗から武則天（657-705）の時期に宮城・外郭城の造営が本格化する洛陽城では単弁蓮華紋が主流である点などを確認し、唐砕葉城の瓦当が7世紀後半の唐長安城の瓦生産に系譜を持つ点を指摘した。

⑩西域都市の瓦生産とその系譜

　唐砕葉城と唐長安城・洛陽城の瓦の製作技法を比較し、その歴史的位置を考察した。唐長安城・洛陽城においては、宮城・大寺院・陵墓などの造営に際しては、近隣で臨時の「官窯」が開設されるスタイルが開元19年（731）までは一般的だった。「官窯」では、施釉瓦の製作、様々な屋根装飾、多様な規格の瓦の作り分け、工匠・官名などの刻印、丁寧で手間がかかる瓦の二次調整など、高度な技術体系が維持されていた。一方、唐砕葉城出土瓦にはこれらの要素は全く見られず、「官窯」の技術体系が直接移入されたわけではなく、唐長安城で広く共有されていた基本的な瓦の製作技術を基礎とする点を指摘した。軍事活動と連動した西域の「都市づくり」では、様々な技術を持つ人々が西域での拠点進出に伴って展開しており、機能的な側面を重視した瓦生産もその1つの要素として唐砕葉城に導入されたと考えた。

おわりに

　キルギス共和国アク・ベシム遺跡のラバト＝唐砕葉城について、都城としての空間構造と出土瓦の製作技法の分析から、唐代西域都市としての歴史的位置を考究した。本章が目的としたのは、唐砕葉城の「特殊性」を叙述することではなく、その特徴や構成要素から唐代都城としての「普遍性」を考究する作業である。考古学的調査に基づいて「唐砕葉城」を丁寧に叙述する作業は重要だが、その一方で唐代都城という枠組みの中で通底する歴史性や原理を追求する作業を進める必要がある。本章では「中国都城」という枠組みの中で砕葉城の設計原理を整理した。すなわち、既存のソグド人都市と唐代都城の「連接現象」を中国史の側から解釈する作業である。しかし、この作業は東側からみた「砕葉城」の解釈であり、中央アジアに展開した交易都市としての「Suyab」（シャフリスタン）の構造的な把握や歴史的位置づけを欠いている点が、本章の「最大の弱点」でもある。ソグド人都市から唐砕葉城を見れば、まったく異なる「歴史的風景」が広がっているはずである。今後、キルギス・ロシア人研究者によって、シャフリスタンの発掘調査や分析がさらに進み、東西双方からの視点で「砕葉・Suyab」の歴史的解釈が進むことを期待したい。このような「東西比較」の視点が発展することで、より高いレベルでの「都市・都城」の議論が可能になると考える。

註

(1) 本章は、科研報告書（城倉正祥2021『唐代都城の空間構造とその展開』）の第Ⅰ部の論文「唐砕葉城の歴史的位置－都城の空間構造と瓦の製作技法に注目して－」の内容を基本としている。科研報告書に関しては、早稲田大学リポジトリ・全国遺跡報告総覧でオールカラーPDFを無料公開しているので、参照してほしい。なお、基本的な論旨に関しては、

科研報告書から変更はないが、細部に関しては引用文献や註、文章の記述を増やして補足をした。

(2) 科研報告書段階では、言及できていなかったが、唐砕葉城の花紋敷石と様式・年代ともに最も近い類例は、唐洛陽城の上陽宮の事例である。唐洛陽城の皇城西南に位置する上陽宮は、高宗上元年間（674-676）に造営が開始され、高宗・武則天期に政務処理、あるいは群臣との宴会などに使われた重要な場所である [中国社会科学院考古研究所 2014c pp.937-950]。青・赤・黄・白などの円礫が各所に敷かれた豪華な庭園遺構が検出されているが、特に「1号石子路」に唐砕葉城（679-703）の事例とよく似た花紋石敷が認められる。中央に大きめの石を置いた上で、その周りに放射状に小石を並べる方法は砕葉城例と共通している [中国社会科学院考古研究所 2014c 彩版 68・69]。特別な材料を使わずに紋様方塼に似た美しい造形を生み出す技術が中国都城の宮殿建築や庭園に使われており、それらの技術が伝播したことが読み取れる。

(3) 滴水瓦の存在については、科研報告書刊行後に櫛原功一による言及 [櫛原 2022] があったため、以下に整理しておく。櫛原は、キルギス共和国のケン・ブルン遺跡で 2019 年に採集された瓦群を報告し、「III 群（13 世紀）」と呼称した上で、アク・ベシム遺跡の「第 2 シャフリスタン」1 号ピット出土瓦「II 群（11 〜 12 世紀）」の系譜を継ぐものとした（「I 群（7 世紀）は唐砕葉城の瓦」）。また、ヌルラン・ケンジェアフメトが、ベルンシュタム調査のラバト内寺院の出土品として紹介 [努爾蘭 肯加哈買提 2017 p.111] し、筆者も科研報告書で大雲寺に関連する可能性を考えた滴水瓦（図 6 下左）に関して、コジェムヤコのオリジナルの報告 [Kozhemyako1959] に採集地点の記載がないことから、ケン・ブルン遺跡の採集品の可能性を指摘した [櫛原 2022 p.111]。もちろん、現物の資料が確認できない以上、これより深い議論は難しい部分もあるが、明らかに中原に系譜を持ち、北宋以降に初めて出現する滴水瓦が、唐の「砕葉城跡地」に存在した仏教寺院である「大雲寺」以外の場所で確認できるとすれば、東からの流入の経路や経緯などその歴史的意義を考える必要がある。確かに唐以降も高昌回鶻・元などが拠点を置いた北庭故城においては、確実な滴水瓦の事例が確認されているが、現在のキルギス共和国内で確認される滴水瓦は当然、その歴史的文脈も大きく異なるはずである。

ところで、いわゆる「滴水瓦」については、若干の補足が必要である。佐川正敏は、「上辺に丸みのある逆三角形の瓦当に凸面を上にした平瓦を接合」する軒瓦を「伏臥式垂尖形軒平瓦」と呼称した。これは、『営造法式』にある平瓦の凹凸面をそれぞれ上面にした「平瓦だけによる本瓦葺き」であり、北宋で出現したと指摘した。一方で、凹面を上にした平瓦に接合する通常の典型的な滴水瓦を「仰臥式垂尖形軒平瓦」と呼称し、西夏王陵などの事例から西夏が「創製」したと考えた [佐川 2020 pp.168-169]。一方、唐宋元期の南方の「滴水瓦」を分析した高義夫は、型挽き重弧の下顎に波状紋を施す「檜頭板瓦」と呼ばれるタイプを A 型、通常の三角滴水を B 型（佐川の「仰臥式」）とし、唐末五代に出現した B 型が北宋早期には一般化している点を指摘した [高義夫 2016 p.93 図 3]。

高義夫が「B 型」と呼称する「三角形滴水」に関しては、南方の南越国官署遺跡出土例など、既に唐末〜五代に三角形を志向する形態が現れている。唐代並行期の南詔国の都城、雲南省大理市太和城の中枢部の発掘でも、南方の地域色が強い三角形滴水が出土している [国家文物局 2024 pp.132-137]。一方、中原では北宋開封城の順天門で、獣面・束花紋の佐川分類「伏臥式」滴水が出土 [河南省文物考古研究所ほか 2024 pp.36-37] するなど、西京洛陽・東京開封城では一定量、この類型が存在している点が伺われる。しかし、高義夫が北宋早期の南方の「仰臥式」滴水の事例を示しているように、やはり、通常の滴水瓦（仰臥式）は北宋（960-1127）で出現して定式化していた可能性が高いと思われる。同時期の北方、遼（916-1125）では、型挽き重弧紋に刺突を加えて下顎部に指ナデの波状紋を施す「檜頭板瓦・花頭板瓦」（高義夫の A 類）が一般的だが、近年では顕・乾陵の所在地とされる遼寧省北鎮市の医巫閭山周辺で「龍紋三角形滴水」が確認されている。医巫閭山の琉璃寺遺跡では、検出された陵寝建築 TJ2 の最後の葺き替えで龍紋三角滴水が使われており、金上京城の宮城中枢部で確認できる長方形に近い龍紋滴水 [黒竜江省文物考古研究所 2017 p.54] よりも明らかに古い要素を持つ点から、遼代晩期に位置付けられている [遼寧省文物考古研究院ほか 2019]。著名な陝西省の北宋藍田呂氏家族墓でも北宋中晩期とされる龍紋三角滴水が出土 [陝西省考古研究院ほか 2018 p.1207] している

ように、少なくとも北宋・遼の晩期以降には三角形滴水の中でも龍紋が定式化している点が想定できる。以上の状況を加味するならば、唐末五代には檐頭板瓦とは異なるタイプの三角形滴水が出現しており、北宋期には「伏臥式」「仰臥式」が併存していたものの、後者の滴水が普遍化していき、遼・西夏などに影響を与えるとともに、北宋・遼晩期には龍紋が出現して金に一般化していくという流れを考えることが出来そうである。

　ところで、北宋期の西側に目を向けると、西夏（1038-1227）の太宗李徳明（1032年死去）が葬られた6号陵[寧夏文物考古研究所ほか2013]、あるいは景宗李元昊（1048年死去）が葬られた3号陵[寧夏文物考古研究所ほか2007]に獣面三角滴水がある点が知られている。西夏の瓦は、鴟尾・迦陵頻伽なども含め、北宋の影響を受けている可能性が高いと考えられている[朱存世2016]。西夏では、拝寺溝方塔などの仏教寺院でも草花紋・獣面紋の三角滴水が出土している[寧夏文物考古研究所2005]点も注目できる。中国西北部に位置して河西回廊を掌握すると同時に、遼（916-1125）・西遼（1124-1218）とも存在時期が重複する西夏が西域への三角滴水の伝播に重要な役割を果たした可能性も十分に考えられる。西夏が非常に仏教を重視した王朝である点も、注意が必要である。なお、西域では、北庭故城で三角滴水の表採品（陝西省歴史博物館秦漢館展示資料）が知られるなど、唐滅亡後にも中原由来の三角滴水（中原を支配した王朝名で言えば北宋・元など）が西域シルクロード都市に流入している点は確実だが、その流入の時期・経路・契機は一様ではないと思われる。

　以上のように中国における滴水瓦の出現年代、変遷に関しては未だ不明な部分が多い現状にある。このような状況を踏まえた上で、キルギス共和国で出土する滴水瓦の系譜、あるいは流入経緯などを考えていく必要があるだろう。

(4) 西遼／カラ・キタイ（1124-1218）に関しては、考古学的な痕跡がほとんど確認できないため、非常に謎が多い王朝である。キルギス共和国のブラナ遺跡、あるいはアク・ベシム遺跡で、西遼の「続興元宝」が採集された点（別利亜耶夫 西多羅維奇 2012・2024）なども知られているが、非常に限られた遺物の痕跡といえる。一方、遺構に関しては、近年、キルギス北東部のアク・ベシム遺跡の南方で確認されている墓葬（Kok-Tash墓）が、カラ・キタイの貴族墓という見解があり、注目される[Biran2023]。指摘されている墓葬は、平面方形の前後2室から成る塼室墓で、前室は主軸と直交する方向のアーチ形、後室は穹窿頂の天井を持つ。後室四隅には「スキンチ・アーチ」が造形されており、内部には木造構造の存在が推定されている。夫婦の合葬墓で、陶製案や鏡などが副葬品として出土している。注目されるのは、被葬者の身体を覆う銅製の「網絡」（銅製の網状葬送着）である。研究グループは、①この塼室墓が、中国河北省の宣化遼墓[河北省文物研究所2001]などで見られる遼代の墓室構造と共通する点、②「銅製網絡」という契丹貴族特有の習俗などを踏まえ、西遼の貴族墓である可能性を指摘した。塼室墓の建築様式、あるいは出土遺物に在地のイスラム的な要素が認められるため、もともとは契丹・漢族のルーツを持つ在地化した西遼のエリートと考えたわけである。

　以上の事例は、在地のムスリム墓とは大きく異なる特徴を持っており、明らかに中国北方に起源をもつ墓制である点から、西遼の墓葬である可能性が高いと個人的には考える。このように既に発見されている考古学的な遺構・遺物の中で、西遼の痕跡と認識できていなかった要素もあると思われ、今後はその追及作業が期待される。

(5) 漢〜魏晋南北朝・唐宋の瓦塼窯の構造については、李清臨の一連の研究[李清臨2014・2015・2020]や、向井佑介の研究[向井2024]が参考になる。

引用文献（日本語）

有吉重蔵編　2018『古瓦の考古学』ニューサイエンス社
岩井俊平　2019「中央アジアにおける仏教寺院の伽藍配置の変遷」『帝京大学文化財研究所研究報告』18　pp.79-97
大川　清　1996『古代のかわら』窯業史博物館
大脇　潔　1986「凸面布目平瓦の製作技術」『古代の瓦を考える－年代・生産・流通－』帝塚山考古学研究所　pp.37-43
大脇　潔　2002「丸瓦の製作技術」『研究論集』IX　奈良国立文化財研究所　pp.1-56

大脇　潔　2018「7世紀の瓦生産－花組・星組から荒坂組まで－」『古代』141　pp.51-88

岡内三眞　2004『漢代西域都護府の総合調査』科研費基盤研究B(2)報告書

柿沼陽平　2019「唐代砕葉鎮史新探」『帝京大学文化財研究所研究報告』18　pp.43-59

柿沼陽平　2021「王方翼攷」『帝京大学文化財研究所研究報告』20　pp.41-67

加藤九祚　1997「セミレチエの仏教遺跡」『中央アジア北部の仏教遺跡の研究』シルクロード学研究4　pp.121-194

川崎建三・山内和也　2020「ベルンシュタムによるアク・ベシム遺跡シャフリスタン2の発掘調査」『帝京大学文化財研究所研究報告』19　pp.215-245

櫛原功一　2020「アク・ベシム遺跡の土器編年試案」『帝京大学文化財研究所研究報告』19　pp.1-16

櫛原功一　2022「キルギス共和国ケン・ブルン遺跡の瓦に関する一考察」『帝京大学文化財研究所研究報告』21　pp.103-114

公益財団法人竹中大工道具館　2017『千年の甍－古代瓦を葺く－』

齊藤茂雄　2016「砕葉とアク・ベシム－7世紀から8世紀前半における天山西部の歴史的展開－」『キルギス共和国チュー川流域の文化遺産の保護と研究　アク・ベシム遺跡、ケン・ブルン遺跡－2011～2014年度－』キルギス共和国国立科学アカデミー歴史文化遺産研究所・独立行政法人国立文化財機構東京文化財研究所　pp.81-92

齊藤茂雄　2021「砕葉とアク・ベシム」『帝京大学文化財研究所研究報告』20　pp.69-83

齊藤茂雄　2022「文献史料から見た砕葉城」『帝京大学文化財研究所研究報告』21　pp.25-37

齋藤茂雄　2023「アク・ベシム遺跡出土「杜懐宝碑」再読－大雲寺との関わりをめぐって－」『帝京大学文化財研究所研究報告』22　pp.71-84

佐川正敏　2000「中国の瓦と飛鳥時代の瓦」『古代瓦研究』I　pp.303-313

佐川正敏　2012「南北朝時代から明時代までの造瓦技術の変遷と変革」『古代』129・130　pp.215-239

佐川正敏　2020「遼宋～蒙元代の軒平瓦における造瓦変革と朝鮮半島・日本への影響」『鳥居龍蔵の学問と世界』思文閣出版　pp.159-186

佐原　真　1972「平瓦桶巻き作り」『考古学雑誌』58-1　pp.30-64

朱　岩石　2010「北朝の造瓦技術」『古代東アジアの造瓦技術』奈良文化財研究所　pp.16-40

城倉正祥　2013「日中古代都城における正門の規模と構造」『技術と交流の考古学』同成社　pp.384-396

城倉正祥　2017『中国都城・シルクロード都市遺跡の考古学的研究』早稲田大学東アジア都城・シルクロード考古学研究所

城倉正祥・山藤正敏・ナワビ矢麻・山内和也・バキット アマンバエヴァ　2016「キルギス共和国アク・ベシム遺跡の発掘（2015年秋期）調査」『WASEDA RILAS JOURNAL』4　pp.43-71

城倉正祥・山藤正敏・ナワビ矢麻・伝田郁夫・山内和也・バキット アマンバエヴァ　2017「キルギス共和国アク・ベシム遺跡の発掘（2015年秋期）調査出土遺物の研究－土器・塼・杜懐宝碑編－」『WASEDA RILAS JOURNAL』5　pp.145-175

城倉正祥・山藤正敏・ナワビ矢麻・伝田郁夫・山内和也・バキット アマンバエヴァ　2018「キルギス共和国アク・ベシム遺跡の発掘（2015年秋期）調査出土遺物の研究－土器・瓦編－」『WASEDA RILAS JOURNAL』6　pp.205-257

城倉正祥・田畑幸嗣・山藤正敏・高橋　亘・山内和也・バキット アマンバエヴァ　2020「キルギス共和国アク・ベシム遺跡の測量・GPR調査－ラバト地区を中心に－」『WASEDA RILAS JOURNAL』8　pp.269-291

帝京大学文化財研究所編　2019『アク・ベシム（スイヤブ）2017』帝京大学文化財研究所・キルギス共和国国立科学アカデミー歴史文化遺産研究所

内藤みどり　1997「アク・ベシム発見の杜懐宝碑について」『中央アジア北部の仏教遺跡の研究』シルクロード学研究

4　pp.151-184

奈良文化財研究所　2003『東アジアの古代都城』

奈良文化財研究所　2010a『古代東アジアの造瓦技術』

奈良文化財研究所　2010b『図説　平城京事典』柊風舎

ヌルラン ケンジェアフメト　2009「スヤブ考古－唐代東西文化交流－」『イリ河歴史地理論集』松香堂　pp.217-301

バキット アマンバエヴァ・山内和也編　2017『キルギス共和国国立科学アカデミーと帝京大学文化財研究所によるキルギス共和国アク・ベシム遺跡の共同調査2016』帝京大学文化財研究所・キルギス共和国国立科学アカデミー歴史文化遺産研究所

向井佑介　2024「中国における唐代以前の瓦窯構造」『瓦窯の構造研究』真陽社　pp.291-306

望月秀和・山内和也・バキット アマンバエヴァ　2020「空中写真によるアク・ベシム遺跡（スイヤブ）の解析」『帝京大学文化財研究所研究報告』19　pp.61-126

山内和也・バキット アマンバエヴァ編　2016『キルギス共和国チュー川流域の文化遺産の保護と研究　アク・ベシム遺跡、ケン・ブルン遺跡－2011～2014年度－』キルギス共和国国立科学アカデミー歴史文化遺産研究所・独立行政法人国立文化財機構東京文化財研究所

山内和也・櫛原功一・望月秀和　2018「2017年度アク・ベシム遺跡発掘調査報告」『帝京大学文化財研究所研究報告』17　pp.121-168

山内和也・バキット アマンバエヴァ・櫛原功一・望月秀和　2019「2018年度アク・ベシム（スイヤブ）遺跡の調査成果」『帝京大学文化財研究所研究報告』18　pp.131-203

山内和也・バキット アマンバエヴァ　2020『アク・ベシム（スイヤブ）2019』帝京大学文化財研究所・キルギス共和国国立科学アカデミー

山内和也・岡田保良　2020「スイヤブ（アク・ベシム遺跡）のキリスト教会」『帝京大学文化財研究所研究報告』19　pp.247-319

山内和也　2022「翻訳　クズラソフによるアク・ベシム遺跡の発掘－層序発掘区と第1仏教寺院－」『帝京大学文化財研究所研究報告』21　pp.157-252

山﨑信二　2003「桶巻作り軒平瓦の製作工程（再論）」『古代瓦と横穴式石室の研究』同成社　pp.38-57

山﨑信二　2010「平瓦製作技法からみた古代東アジア造瓦技術の流れ」『古代東アジアの造瓦技術』奈良文化財研究所　pp.3-15

山藤正敏　2022「アク・ベシム遺跡第2シャフリスタン地区出土土器の年代学的検討」『帝京大学文化財研究所研究報告』21　pp.1-23

引用文献（中国語）

阿爾伯特 格倫威徳爾・新疆文物考古研究所　2015『高昌故城及其周辺地区的考古工作報告（1902-1903年冬期）』文物出版社

安家瑶　2005「唐大明宮含元殿遺址的幾个問題」『論唐代城市建設』陝西人民出版社　pp.408-427

別利亜耶夫 西多羅維奇（李鉄生訳）　2012「吉爾吉斯発現的「統興元宝」與西遼年号考」『中国銭幣』116　pp.70-74

別利亜耶夫 西多羅維奇（王勇訳）　2024「西遼「統興元宝」銅銭的新発現略録」『中国銭幣』188　pp.56-58

長治市文物旅游局　2015『長治宋金元墓室建築芸術研究』文物出版社

陳朝雲　2023「隋唐洛陽城塼瓦窯址与城市建設研究」『考古』2023-12　pp.70-80

陳良偉　2003「洛陽出土隋唐至北宋瓦当的類型学研究」『考古学報』2003-3　pp.347-372

高義夫　2016「南方地区唐宋元時期滴水研究」『東南文化』2016-5　pp.87-97

龔国強　2010『隋唐長安城佛寺研究』文物出版社

国家文物局　2024『2023中国重要考古発現』文物出版社

韓建華　2013「洛陽地区獣面瓦当的初歩研究」『考古学集刊』19　pp.300-315

河北省文物研究所　2001『宣化遼墓』文物出版社

黒竜江省文物考古研究所　2009『渤海上京城』文物出版社

黒竜江省文物考古研究所　2017「哈爾濱市阿城区金上京皇城西部建築址2015年発掘簡報」『考古』2017-6　pp.44-65

何利群　2014「北朝至隋唐時期佛教寺院的考古学研究」『鄴城考古発現与研究』文物出版社　pp.392-409

河南省文物考古研究所・開封市文物考古研究院　2024『北宋東京城順天門遺址考古図録』大象出版社

何歳利　2016「唐代長安与揚州商業遺址的考古学観察」『揚州城考古学術研討会論文集』科学出版社　pp.175-191

侯燦　1989「高昌故城址」『新疆文物』1989-3　pp.1-10

戸成敢　2015『中国東北地区遼金瓦当研究』吉林大学碩士論文

賈麦明　1988「西北大学発現唐代連珠宝相花瓦当範」『考古与文物』1988-4　p.103

解耀華主編　1999『交河故城保護与研究』新疆人民出版社

烈昂尼徳R科茲拉索夫（薛樵風・成一農訳）　2019『中北亜城市文明的歴史学和考古学研究』商務印書館

劉建国　1995「新疆高昌、北庭古城的遥感探査」『考古』1995-8　pp.748-753

劉建国　2007『考古与地理信息系統』科学出版社

劉慶柱主編　2016『中国古代都城考古発現与研究』社会科学文献出版社

劉耀秦　1994「富平県宮里発現唐代塼瓦窯遺址」『考古与文物』1994-4　pp.29-32

遼寧省文物考古研究院・錦州市文物考古研究所・北鎮市文物管理処　2019「遼寧北鎮市琉璃寺遺址2016-2017年発掘簡報」『考古』2019-2　pp.38-62

李并成　2002「古代城防設施－羊馬城考－」『考古与研究』2002-4　pp.79-81

李清臨　2014「秦漢時期塼瓦窯研究」『考古与文物』2014-2　pp.59-81

李清臨　2015「隋唐時期塼瓦窯研究」『江漢考古』2015-1　pp.91-106

李清臨　2020「魏晋南北朝時期塼瓦窯業技術及相関問題研究」『考古与文物』2020-4　pp.85-95

李清臨・張新秋　2021「宋元時期塼瓦窯炉技術及相関問題研究」『江漢考古』2021-3　pp.90-98

李双・徐磊・高興超・古日扎　2017「鄂爾多斯高原古代城址瓮城的類型学考察」『草原文物』2017-1　pp.95-99

李肖　2001『交河故城的形制布局』文物出版社

洛陽博物館　1974「洛陽隋唐宮城内的焼瓦窯」『考古』1974-4　pp.257-262

洛陽博物館　1978「隋唐東都洛陽城発現的幾処塼瓦窯群」『文物資料叢刊』2　pp.110-117

洛陽市文物工作隊　1995「洛陽東郊発現唐代瓦当笵」『文物』1995-8　pp.61-63

洛陽市文物工作隊　1998「河南洛陽市瀍河東岸唐代窯址発掘簡報」『考古』1998-3　pp.23-32

洛陽市文物工作隊　1999「隋唐東都洛陽城外郭城塼瓦窯址1992年整理簡報」『考古』1999-3　pp.16-24

洛陽市文物工作隊　2007「河南洛陽市関林鎮唐代焼瓦窯址的発掘」『考古』2007-12　pp.39-49

洛陽市文物考古研究院　2015「河南洛陽市新街口唐宋窯址的発掘」『考古』2015-6　pp.23-38

洛陽市文物考古研究院　2016a『隋唐洛陽城天堂遺址発掘報告』科学出版社

洛陽市文物考古研究院　2016b『洛陽市定鼎北路唐宋塼瓦窯址考古発掘報告』中州古籍出版社

洛陽市文物考古研究院　2016c「河南洛陽市瀍河西岸唐宋塼瓦窯址発掘簡報」『洛陽考古』2016-3　pp.18-29

呂梦・龔国強・李春林　2020「唐長安青龍寺的用瓦制度与寺院営建」『考古与文物』2020-4　pp.96-104

孟凡人　1994「試論北魏洛陽城的形制与中亜古城形制的関係」『漢唐与辺疆考古研究』1　pp.97-110

孟凡人　2001「交河故城形制布局特点研究」『考古学報』2001-4　pp.483-508

孟凡人　2006「高昌城形制初探」『吐魯番学新論』新疆人民出版社　pp.213-230

寧夏文物考古研究所　2005『拝寺溝西夏方塔』文物出版社

寧夏文物考古研究所・銀川西夏陵区管理処　2007『西夏3号陵』科学出版社

寧夏文物考古研究所・銀川西夏陵区管理処　2013『西夏6号陵』科学出版社

努爾蘭 肯加哈買提　2017『砕葉』上海古籍出版社

銭国祥　1996「漢魏洛陽城出土瓦当的分期与研究」『考古』1996-10　pp.66-76

銭国祥　2017「北朝佛寺木塔的比較研究」『中原文物』2017-4　pp.43-54

銭国祥・郭暁涛　2014「北魏洛陽城的瓦当及其他瓦件研究」『華夏考古』2014-3　pp.99-112

陝西省考古研究所　1998『唐華清宮』文物出版社

陝西省考古研究院　2020「吉爾吉斯斯坦紅河故城西側佛寺遺址2018-2019年度発掘簡報」『考古与文物』2020-3　pp.37-51

陝西省考古研究院・西安市文物保護考古研究院・陝西歴史博物館　2018『藍田呂氏家族墓園』文物出版社

四川大学歴史文化学院考古学系・洛陽市文物工作隊　2007「河南洛陽市瀍河西岸唐代塼瓦窯址」『考古』2007-12　pp.25-38

四川大学歴史文化学院考古学系・洛陽市文物工作隊　2008「河南洛陽市隋唐東都外郭城五座窯址的発掘」『考古』2008-2　pp.43-54

四川省人民政府文史研究館　2020『成都城坊古迹考』四川人民出版社

宿白　1978「隋唐長安城和洛陽城」『考古』1978-6　pp.409-425

宿白　1990「隋唐城址類型初探（提綱）」『紀念北京大学考古専業三十周年論文集』文物出版社　pp.279-285

宿白　2009「試論唐代長安佛教寺院的等級問題」『文物』2009-1　pp.27-40

孫華　2011「羊馬城与一字城」『考古与文物』2011-1　pp.73-85

汪勃　2016「揚州城遺址考古発掘与研究（1999-2015年）」『揚州城考古学術研討会論文集』科学出版社　pp.45-63

汪勃　2019「揚州唐羅城形制与運河的関係－兼談隋唐淮南運河過揚州唐羅城段位置－」『中国国家博物館館刊』2019-2　pp.6-19

王飛峰　2019「北魏蓮花化生瓦当探析」『四川文物』2019-3　pp.67-73

王建華・呉梅・余扶危　2012「洛陽隋唐塼瓦窯的考古学研究」『四川文物』2012-4　pp.67-72

巫新華・覃大海・陳代明・江玉傑　2019「北庭故城南門考古発掘情況与学術研究進展」『新疆芸術』2019-1　pp.4-13

新疆維吾爾自治区文物古迹保護中心・洛陽市文物勘探中心・新疆吉木薩爾県文物局　2020『新疆北庭故城遺址考古調査勘探報告（2012-2014）』中州古籍出版社

徐承炎・曹中月　2015「新疆瓮城起源芻議」『塔里木大学学報』27-4　pp.55-62

葉万松・李徳芳　2004「中国古代馬面的産生与発展」『考古与文物』2004-1　pp.50-53

張広達　1979「砕葉城近地考」『北京大学学報』1979-5　pp.70-82

張広達　1995「砕葉城近地考」『西域史地叢稿初編』上海古籍出版社　pp.1-29

張平　2003「庫車唐王城調査」『新疆文物』2003-1　pp.28-35

趙超・邱亮　2016「甘粛省泾川大雲寺舎利石函銘与仏教塔基考古研究」『考古』2016-6　pp.101-110

鄭元喆　2009「高句麗山城瓮城的類型」『博物館研究』2009-3　pp.54-59

中国国家博物館・洛陽市文物考古研究院　2017『洛陽大遺址航空撮影考古』文物出版社

中国歴史博物館遥感与航空撮影考古中心・内蒙古自治区考古研究所　2002『内蒙古東南部航空撮影考古報告』科学出版社

中国社会科学院考古研究所新疆隊　1982「吉木薩爾北庭古城調査」『考古』1982-2　pp.165-175

中国社会科学院考古研究所洛陽唐城隊　1992「隋唐洛陽城東城内唐代塼瓦窯遺址発掘簡報」『考古』1992-12　pp.1098-1102

中国社会科学院考古研究所漢城工作隊　1996「漢長安城北宮的勘探及其南面塼瓦窯的発掘」『考古』1996-10　pp.23-32

中国社会科学院考古研究所　1996『北魏洛陽永寧寺』中国大百科全書出版社

中国社会科学院考古研究所西安唐城工作隊　1997「唐大明宮含元殿遺址 1995-1996 発掘報告」『考古学報』1997-3　pp.341-406

中国社会科学院考古研究所洛陽漢魏城隊　2005「河南洛陽市白馬寺唐代窯址発掘簡報」『考古』2005-3　pp.45-54

中国社会科学院考古研究所　2007『唐大明宮遺址考古発現与研究』文物出版社

中国社会科学院考古研究所　2008『隋仁寿宮唐九成宮考古発掘報告』科学出版社

中国社会科学院考古研究所・河北省文物研究所鄴城考古隊　2010「河北臨漳鄴城遺址趙彭城北朝佛寺遺址的勘探与発掘」『考古』2010-7　pp.31-42

中国社会科学院考古研究所・南京博物院・揚州市文物考古研究所　2010『揚州城 1987〜1998 年考古発掘報告』文物出版社

中国社会科学院考古研究所　2014a『鄴城考古発現与研究』文物出版社

中国社会科学院考古研究所　2014b『鄴城文物菁華』文物出版社

中国社会科学院考古研究所　2014c『隋唐洛陽城 1959〜2001 年考古発掘報告』文物出版社

中国社会科学院考古研究所　2015『青龍寺与西明寺』文物出版社

中国社会科学院考古研究所洛陽漢魏城隊　2016「河南洛陽市白馬寺西院唐宋時期窯址的発掘」『考古』2016-4　pp.63-74

中国社会科学院考古研究所・河北省文物研究所鄴城考古隊　2016「河北臨漳鄴城遺址核桃園一号建築基址発掘報告」『考古学報』2016-4　pp.563-591

朱存世　2016「寧夏出土西夏瓦当初歩研究」『東亜都城和帝陵考古与契丹遼文化国際学術検討会論文集』科学出版社　pp.478-490

周偉洲　1994「砕葉城的地理位置及其作為唐安西四鎮之一的歴史真実」『西北名族史研究』中州出版社　pp.189-196

周偉洲　2000a「吉爾吉斯斯坦阿克別希姆遺址出土唐杜懐宝造像題名考」『唐研究』2000-6　pp.383-394

周偉洲　2000b「吉爾吉斯斯坦阿克別希姆遺址出土残碑考」『辺疆名族歴史与文物考倫』黒竜江教育出版社　pp.307-313

引用文献（ロシア語）

Bartold, V. V. Otcet O Poerzdke v Srednyuyu Aziyu s naucnoy celyu 1893-1894gg. Akademik V. V. Bartold Socineniya. T. IV , 1966, Moskva.

(Бартольд, В.В. Отчет о поездкие в Среднюю Азию с научною целью 1893-1894 гг. Акадимик В.В.Бартольд сочинения, Том IV: Работы по археологии, нумизматике, эпиграфике и этнографии. 1966, Москва, pp. 20-91.)

Bernshtam, A. H. Trudy Semirechenskoy arkheologicheskoy ekspeditsii "Chuyskaya dolina". Ma-terialyi i issledovaniya po SSSR, NO 14, 1950, Moskva-Lenigrad.

(Бернштам, А.Н. Труды семиреченской археологической экспедиции «Чуйская долина» (Материалы и исследования по археологии СССР, no. 14). 1950, Москва/Ленинград.)

Kozhemyako, P. N. Rannesrednevekovyye gaoroa i poseleniya Chuyskoy doliny. 1959, Frunze.

(Кожемяко, П.Н. Раннесредневековые города и поселения Чуйской долины. 1959, Фрунзе.)

Kyzlasov, L. R. Arkhelogicheskiye issledovaniya na gorodishche Ak-Beshim v 1953-1954gg. Trudy Kirgizskoy arkheologo-ethnograficheskoy ekspeditsii. T. 2. 1959, Moskva.

(Кызласов, Л.Р. Археологические исследования на городище Ак-Бешим в 1953-1954 гг. Дебеца, Г. Ф. (ed.) Труды Киргизской комплексной археолого-этнографической экспедиции II. 1959, Москва, pp. 155-241.)

Semenov, G. L. Raskopki 1996-1998 gg. Suyab -Ak-Beshim. 2002, Sankt-Peterburg.

(Семенов, Г.Л. Раскопки 1996-1998 гг. Суяб: Ак-Бешим. 2002, Санкт-Петербург, pp. 11-114.)

Vedutova, L. M. and Kurimoto, Sh. Paradigma rannesrednevekovoy tyurkskoy kul'tury: gorodishche Ak-Beshim, 2014, Bishkek.

(Ведутова Л. М., Куримото Ш. Парадигма раннесредневековой тюркской культуры: городище Ак-Бешим, 2014, Бишкек.)

Zyablin, L. P. Vtoroy Buddiyskiy Hram Ak-Besimskogo Gorodise. 1961, Frunze.

(Зяблин, Л.П. Второй буддийский храм Ак-Бешимского городища, 1961, Фрунзе.)

引用文献（英語）

Clauson, G., "Ak Beshim - Suyab," Journal of the Royal Asiatic Society of Great Britain and Ireland, No. 1/2, pp. 1-13, 1961.

Biran, M., Shenkar, M., Tabaldiev, K., Akmatov, K., and Kolchenko, V., 2023, "The Kok-Tash Underground Mausoleum in North-Eastern Kyrgyztan: The First-ever Identified Qara Khitai Elite Tomb?," Journal of the Royal Asiatic Society, Vol. 33, Issue 3, pp.1-33.

Jansen, M. (ed.), "UNESCO Japan Fund-in-Trust Project, Preservation of Silk Road Sites in the Upper Chuy Valley, Navekat (Krasnaya Rechka), Suyab (Ak Beshim) and Balasagyn (Burana): Final Technical Report 2008," 2008, Aachen Center for Documentation and Conservation RWTH Aachen University, Aachen, Freude des Reiff e.V.

図表出典

図1　[城倉ほか 2016 p.49 図 1] を改変して作成。

図2　[城倉ほか 2017 p.166 図 8・p.173 図 10] の PEAKIT 図版・写真を改変して作成。

図3　[城倉ほか 2016 p.50 図 2] を改変して作成。

図4　[城倉ほか 2016 p.56 図 5] の Corona 衛星写真、[山内ほか 2019 pp.194-203] の情報を元に作成。

図5　[Semenov,G.L.2002 p.13] を改変して作成。

図6　[Bernshtam,A.N.1950 table. Ⅶ・ⅩⅩⅢ・ⅩⅩⅤ・ⅩⅩⅥ]、[Kozhemyako,P.N.1959 p.60] を改変して作成。

図7　[Kyzlasov,L.R.1959 p.232] を改変して作成。

図8　[Semenov,G.L.2002 p.45・p.39]、[Jansen,M.2008 p.144 fig.7.9] を改変して作成。

図9　[科茲拉索夫 2019 p.270 図 56・p.290 図 71・p.328 図 93] を改変して作成。

図10　[城倉ほか 2016 p.56 図 5・p58 図 6] を改変して作成。

図11　[城倉ほか 2016 p.59 図 7] を改変して作成。

図12　[城倉ほか 2016 p.62 図 9・p.63 図 10・p.64 図 11 ①・p.65 図 11 ②] を改変して作成。

図13　[山内ほか 2019 p.147 fig.13・口絵 3・口絵 5] を改変して作成。

122　第 2 章　唐砕葉城の歴史的位置

図 14　[帝京大学文化財研究所編 2019 p.12 図 5・p.33 図 16] を改変して作成。

図 15　[城倉ほか 2020 p21 図 8] を改変して作成。

図 16　[李肖 2001 図 4]、[岡内 2004 p.29 図 12-2] を改変して作成。

図 17　[中国社会科学院考古研究所新疆隊 1982 図版 10・11]、[劉建国 1995 p.749 図 3・p.750 図 5・p.752 図 7] を改変して作成。

図 18　[劉建国 1995 p.752 図 7]、および唐砕葉城の分析成果をもとに作成。

図 19 ①②　[黒竜江省文物考古研究所 2009 上冊 p.15 図 9]、[中国社会科学院考古研究所ほか 2010 p.4 図 1]、[奈良文化財研究所 2003 p.117 図 6]、[劉建国 1995 p.752 図 7]、[劉慶柱主編 2016 p.386 図 12-2・p.352 図 11-1] を改変して作成。

図 20　[城倉ほか 2018 p.222-239 図 5] の PEAKIT 図版を改変して作成。

図 21　[城倉ほか 2018 p.219-221 図 4] の写真を改変して作成。

図 22　[佐原 1972 p.35 第 7・p.47 第 22 図]、[奈良文化財研究所 2010b p.423] を改変して作成。

図 23　[Bernshtam,A.N.1950 table.ⅩⅩⅤ] の写真、[山内ほか 2019 p.188 fig.48] の写真をトレースして作成。

図 24　[中国社会科学院考古研究所 2015 図版 2・図版 65]、[洛陽市文物考古研究院 2016b 図版 59] を改変して作成。

図 25　[銭国祥ほか 2014] の拓本、[中国社会科学院考古研究所 2015] の写真、[戸成敢 2015 p.51・52] の図版、および中国社会科学院考古研究所所蔵資料の調査成果を踏まえて、模式的に作成。

図 26　[城倉ほか 2017p159 図 6]、帝京大学提供図版、[中国社会科学院考古研究所 2007 p.155 図 8]、[中国社会科学院考古研究所 2015 p.56 図 27]、[中国社会科学院考古研究所 2014c p.48 図 2-20・p.160 図 3-6B・p.280 図 4-31]、[洛陽市文物考古研究院 2016b p.117 図 86] を改変して作成。

図 27　[洛陽博物館 1974 p.257 図 2]、[洛陽市文物考古研究院 2016b p.10 図 11・p.61 図 48・p.24 図 21]、[安家瑶 2005 p.241 図 4・p.242 図 5] を改変して作成。

表 1　キルギス・中国での資料調査の成果を踏まえて作成。

第3章　東アジア古代都城門の構造・機能とその展開

はじめに

　中原で発達した「都城制」は、唐王朝を中心とした国際的な階層秩序を背景として、東アジアの周辺国へ多様な形で伝播した。皇帝を中心とする「中華」の支配体制・世界観を地上に現出させる「巨大な舞台装置」である都城は、各国の「王都」として採用されることにより、東アジア世界に広く展開し、その思想空間が各国において再生産された。しかし、展開の最盛期である唐代においても、長安城や洛陽城など中原地域の都城の存在形態が各国にそのまま「引き移された」わけではなく、その構造・機能が単純に模倣されたわけでもない。東アジアの各国が、それぞれの支配体制や世界観に合わせて中原都城の思想や概念を柔軟に「解体・再編成」し、当時の国際情勢と国家的な戦略に基づいて都城制を導入した点が重要である。このような展開過程を考慮に入れれば、都城の平面外形など「見えやすい部分」を比較して国際的な影響関係を論じてきた従来の研究から一歩進んで、思想空間である都城を現出させた「構造原理」を比較する視点こそが、都城制の展開の歴史的意義を考究する上で重要だと考える。

　以上の視点に立ち、本章では唐代都城の宮城・皇城・外郭城という「三重圏構造」を結びつける要素、すなわち「門」に着目する。唐代都城の3つの思想・階層空間は、城壁によって隔絶され、道路によって連接されるが、中でも各空間を実際に連結する象徴的役目を果たすのが「中軸正門」である。都城の各空間の境界に位置し、各空間を連結すると同時に、都城全体を構造化する重要な施設である「都城門」に注目し、東アジア都城の構造原理を比較することが本章の目的である。具体的には、「都城門」の構造・機能が、漢～宋までの「中原都城」においてどのように発展したのか、また北方に展開した遼金元の「草原都城」においてどのように継承されたのか、さらに唐代において東アジア各国にどのように伝播したのか、を実際の発掘遺構の比較分析から明らかにする。その作業により、中国都城の発展と東アジアへの展開に関する歴史性を考究する（註1）。

第1節　東アジア古代都城門の研究史と課題

1. 思想空間としての唐代都城と「門遺構」研究の意義

　「都城」は、城壁で囲まれた都市空間を指す用語である。中原地域において、殷周を遡る時代には既に出現しており、漢・魏晋南北朝を経て、唐代までに構造が定式化した。その後も、宋・遼・金・元と発展し、明清北京城に至るまで中華の皇帝を中心とする思想空間として常に中国史の中心舞台となった。また、都城制は漢族の伝統的な世界観・宇宙観、あるいは都市設計概念に、北方遊牧民族や西域都市民の思想が流入し、歴代王朝による革新・変革によって明清期まで連綿と発展した点に、大きな特徴がある。特に、広大な領域を支配し、シルクロードを通じたユーラシアの東西交流で国際色豊かな王朝を築いた唐（618-907）の時代に、東アジア・東南アジア・中央アジアに「都城制」が展開した点が知られている。

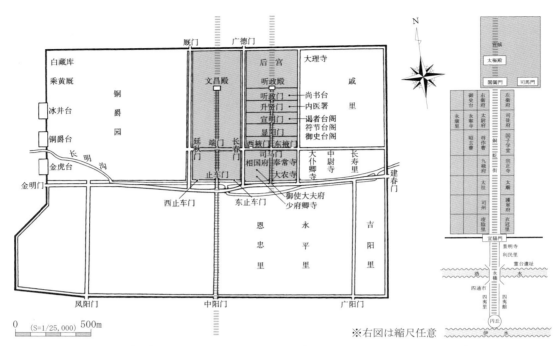

図1　魏晋南北朝期における都城の中軸線（左：曹魏鄴北城／右：北魏洛陽城）

　中国都城の発展に関しては、膨大な研究の蓄積があり、通時的・巨視的な整理も多く存在する[王仲殊1982・劉慶柱2000・兪偉超1985・朱海仁1998・楊寛2016・劉慶柱主編2016]。特に魏晋南北朝〜唐代における中軸線の発達[陳1998・愛宕2001・王2004・積山2007・今井2011][李自智2004・徐竜国2019]は、皇帝権力と礼制建築[姜波2003・劉瑞2011]で行われる皇帝祭祀[小島1989、金子2006、渡辺1996・2003、妹尾1992・1998・2001、佐川2016]が結びついて生まれた大きな変革であり、唐代都城の重要な特徴である。近年の考古学的調査の進展により、①中軸線の成立（図1）、②複数宮城制から単一宮城制への変化、③宮城前の官庁の集中配置（皇城空間の萌芽）、④太極殿・東西堂システムの完成（図2）[内田2004・吉田2002・渡辺2009]などの画期が、いずれも曹魏にある点が指摘されている[佐川2017][銭国祥2016・2020・2023]が、その後の北朝から南朝への影響[銭国祥2010]や北魏の外郭城の整備[銭国祥2019b]、北周の三朝制の採用[内田2009・2010]など、魏晋南北朝を通じた都城の変容によって、唐代都城の原型が生成された点は確かである。

　単一宮城制の成立によって太極殿と南郊礼制建築が結びつき、中軸線と左右シンメトリーな都城空間が成立することで、①皇帝権力の中枢である宮城、②行政機構の中心である皇城、③都市住民を管理する外郭城（里坊）という重圏構造が誕生し、都城の中軸上で南北に連接することになる。この城壁で隔絶された3つの重層的な階層空間で構成される唐代都城においては、各階層空間は中軸道路と「正門」により相互に「連結」され、皇帝を中心とする支配体制を象徴的に地上に具現化する「思想空間」として、長安城・洛陽城が出現した[アーサー・F・ライト1966、応地2011、布野2015]。都城は皇帝を中心とする「宇宙」を表現する「巨大な舞台装置」であり、皇帝権力の隔絶性を内外に示す儀礼的な思想空間である。中でも中軸線に位置する建造物が象徴的な機能を果たす点が注目出来る。即位儀礼や元会儀礼が行われる太極殿（含元殿）、皇城前面左右に配される宗廟と社稷（左祖右社）、冬至に昊天上帝を祀る南郊円丘・夏至に皇地祇を祀る北郊方丘などの礼制建築、これら中軸上の建造物群が、国家的儀礼や皇帝祭祀の主要な舞台空間として発達すると同時に、宮城正門（唐長安城：承天門／唐洛陽城：応天門）が儀礼空間として整備された。

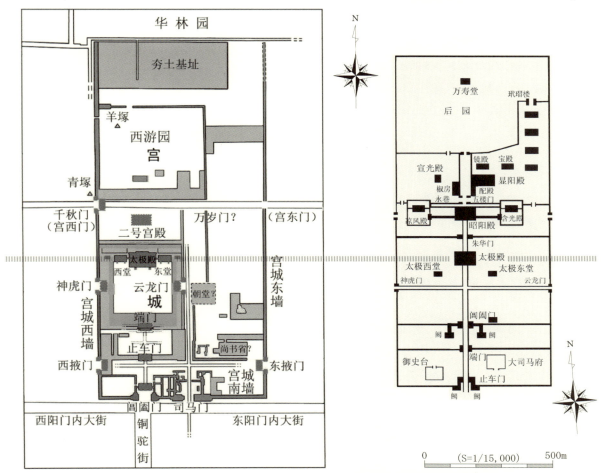

図2　太極殿・東西堂システム（左：北魏洛陽城の宮城／右：東魏北斉鄴南城の宮城）

　以上、魏晋南北朝〜唐代都城における主軸の発達によって、中軸建造物の相互連関性が高まり、各階層空間の境界に位置する門、特に中軸上の門＝正門が様々な儀礼舞台として整備されることになる。さらに、北周の「燕治外型三朝制」を継承し、「内中外型三朝制」[吉田2002] を採用した唐代都城においては、国家的儀礼を行う「外朝大典」の空間として、宮城正門に闕が採用された点に特徴がある（実際には、即位儀や元会儀などの「国家的儀礼」は宮城正殿の太極殿で行われるので、宮城正門は皇帝権力を象徴する空間の色彩が濃い）。この宮城正門に採用された闕と正殿が融合した形態を持つ大明宮含元殿は、宮城正門の象徴的な機能が太極殿と融合した「完成形」と言うこともできる。以上の唐代都城完成までの発展を概観すると、重圏構造を持つ唐代都城の中軸線を「構造化」しているのは、宮城・皇城・外郭城の境界に位置し、階層空間を「隔絶」すると同時に「連結」する機能を持つ正門と把握できる。このような視点に立てば、唐代都城における三重の城壁上に位置する中軸正門（外郭城正門・皇城正門・宮城正門）の関係性を整理することによって、都城の「構造原理」や「思想背景」を通時的・国際的に比較できるのではないか、という結論に到達する。

　さて、都城研究における門の重要性は、古くは瀧川政次郎が羅城・羅城門を中心とした都城の国際的な比較分析をした際に指摘している [瀧川1967]。近年では、日中の都城遺跡の発掘調査が進展する中で、日本都城門に関するシンポジウム [奈良文化財研究所2010a]、中国都城門に関する特集 [『華夏考古』2018-6：劉振東2018、錢国祥2018、石自社2018、龔国強2018、汪盈ほか2018] などが注目を集めている。また、中国では門道数に注目した研究 [徐竜国2015]、発掘事例が豊富な隋唐期における都城門の分類研究 [陳良偉2002、李

鑫ほか 2013・孫秉根ほか 2005]、あるいは闕門に焦点を当てた研究 [劉慶柱 2005・韓建華 2005] など、発掘事例の増加に伴って活発な議論が行われている。しかし、これらの成果は、いずれも国内の通時的整理、時代を限った分類、個別都城門の構造や機能に注目したもので、東アジアの視点での比較研究という点においては、唐長安城明徳門と平城京羅城門を比較した井上和人の研究 [井上 2010] や長岡宮「会昌門」の系譜を考究した金子裕之の研究 [金子 2007・2014] など、非常に限られている。中国都城門の系統関係を整理した通時的分析を踏まえた上で、高句麗・渤海・日本などの東アジア各国都城門と比較する作業は、「都城制」の展開過程を考究する際の重要な視点だと考える。以上の問題意識から、日中古代都城の正門に注目して比較分析を行った [城倉 2013] こともあるが、分析対象を正門に限定したため、体系的な整理には到達しなかった。そのため、本章ではこの問題意識を踏襲した上で、漢〜元代までの発掘された都城門遺構の悉皆的分析を踏まえて、高句麗・渤海・日本との比較を行う。

2. 中国古代都城門の研究史

中国都城門は闕や甕城などの附帯施設を含めると構造が複雑であり、儀礼空間としての正門の発達など様々な論点も存在する。以下、いくつかのトピックに分けて整理する。

(1) 建築・文献史学のアプローチ

本章では、中国の漢〜元代都城の門遺構を分析対象とするが、2000年以降に発掘された門遺構だけでもかなりの数になる。具体的な事例に関しては、第3節で提示するが、前漢長安城・漢魏洛陽城・東魏北斉鄴城・隋唐洛陽城・隋唐長安城・唐宋揚州城・北宋開封城、さらには高句麗・渤海など各都城レベルでの発掘成果が蓄積されている。遼・金・元の都城でも発掘事例が増えている。各都城門の発掘成果を踏まえた建築史学の立場からの復原 [傅熹年 1977・郭義孚 1996・張鉄寧 1994・楊鴻勲 1996] も盛んで、石窟壁画 [蕭黙 1989]、墓葬壁画 [王仁波 1973]、絵画資料 [傅熹年 1998a・2004、李合群 2008、林梅村 2011] の分析事例もある。さらに、史料に基づく門名の比定、門の用例 [松本 1993・2013、井上 2004a] や機能 [貝塚 1984・谷口 2016][王静 2009]、城門の管理制度 [吉田 2011][肖愛玲ほか 2012] の検討など文献史学からのアプローチも多い。特に唐代においては、都城内のそれぞれ等級の異なる城門が厳格な制度に基づいて管理されている点を、唐長安城の門籍制度・宵禁制度・開閉制度・補修制度から明らかにした肖愛玲らの研究は重要である [肖愛玲ほか 2012]。また、後述する唐長安城の宮城（太極宮・大明宮）における正門前の門前広場を「三朝制」の外朝、すなわち国家的な儀礼空間として分析する視点も文献研究が中心となる。このように増加する都城門の発掘事例を踏まえた建築・文献史学のアプローチは、都城門研究の基礎となっている。

ところで、本章の問題意識とかなり近い文献史学の研究視点として、万晋の研究が注目できる。万晋は、唐長安城の宮城・皇城・外郭城の三重圏構造を連接する城門の政治空間としての意義を論じた。具体的には、文献史料から各門で行われた出来事を示し、特に宮城正門である承天門（主としては大赦を発布する場）、皇城正門である朱雀門、外郭城正門である明徳門、それらを繋ぐ中軸大街（皇帝が儀仗兵を従えて通過する）が、儀礼空間の舞台となった点を整理した。結論としては、中軸正門が王朝政治の中で、上下階層の意思疎通と情報伝達の場として機能した点を論じている [万晋 2023]。都城門の空間配置と構造（考古学）・機能（文献史学）の相関的な分析が重要となっている点が読み取れよう。

（2）発掘遺構の分類や系譜の検討

　各都城門の発掘を踏まえ、各都城における門形式の在り方の整理も行われている。漢長安城［王仲殊2010・李遇春2005・劉振東2018］、漢魏洛陽城［錢国祥2003・2018］、隋唐洛陽城［石自社2018］、隋唐長安城［今井2012a］［李春林2001・龔国強2018］、渤海上京城［孫秉根ほか2005・陳涛ほか2009b・岳天懿2020］、唐揚州城［汪勃2015・2016］、北宋開封城［劉春迎2017］、遼上京城［董新林2014・汪盈ほか2018］、元大都・明清北京城［王燦熾1984・張先得2003］など各都城レベルでの整理は非常に重要である。また、これらの発掘成果を踏まえて、都城門の分類や系譜を追及する研究もある。徐竜国は、夏商周期〜唐代までの都城門を門道数の観点から整理している。皇帝権力の象徴である「3門道」形式（中門道は皇帝専用の「馳道」、左右門道は「傍道」で「左入右出」が基本）が、漢代以降に定式化し、魏晋南北朝期に宮城正門が儀礼空間化したことで、唐長安城太極宮正門の承天門［羅瑾歆2019］や唐洛陽城宮城正門の応天門［中国社会科学院考古研究所洛陽唐城工作隊ほか2019］のような有闕3門道形式が誕生する点を論じた［徐竜国2015］。隋唐期には中軸正門を頂点とする都城門の階層性が定式化しているが、隋唐長安城・洛陽城には構造的な差異［宿白1978・馬得志1982・傅熹年1995・程義2008・石自社2009・王天航2023］も認められ、城門の在り方も異なる。12基の城門（定鼎門・永通門・右掖門・宣仁門・応天門・崇慶門・宣政門・重光北門・徳猷門・円璧城南門・乾元門・洛陽老集門）が発掘されている隋唐洛陽城では、李鑫らが分類を試みている。すなわち、「1門3道」で多門道大型門のA型、「単門道」で小型門のB型に大別し、それぞれの型式に「門道内の礎石が間隔をもって並び、路面は土で版築される」I式、「門道内の礎石が密接して並び、路面は塼で舗装される」II式を設定する。その上で、I式を隋末〜唐前期、II式（北宋期の「石地覆」に続く過渡的な特徴をもつ）を唐後期〜宋初に比定し、A型式の大型門が都城の中枢に存在する点を指摘する。さらに、唐長安城の外郭城正門：明徳門、大明宮正門：丹鳳門にみられる5門道、あるいは大明宮内の含耀門の2門道が唐洛陽城に存在しない点も指摘する［李鑫ほか2013］。以上、徐竜国、李鑫らの整理は、門道数を基本としており、中軸正門には3門道形式が採用される点、宮城正門が儀礼空間化する点を指摘している。

　一方で、隋唐長安城・洛陽城の門形式を闕などの附帯施設や建築様式と併せて総合的に分析したのが、陳良偉である。まず、都城門を「過梁式城門」（図3）（漢〜唐）と「発券式城門」（北宋〜明清）に二大別する。両者は五代〜宋に併存するが、基本的には前者から後者へと変遷する。唐長安城・洛陽城の発掘された24基の都城門は「過梁式城門」で、墩台・闕の有無を中心として、以下の「四型八式」に分類した。

【A型式】有墩有闕城門
　AI式：東西両闕が、墩台東南・西南に突出する（応天門）。／AII式：東西両闕が、墩台の東西両側に位置する（定鼎門・明徳門）。／AIII式：墩台と闕が融合した城門。1門道で墩台東西が「三出闕」形式となる（重玄門）。
【B型式】有墩無闕城門
　BI式：地覆石（排叉柱を支える礎石）がそれぞれ隣接せず、門限石が地面より高く突出する（含光門）。／BII式：地覆石（礎石）がそれぞれ隣接し、門限石と路面が平らになる（宣仁門）。
【C型式】無墩無闕城門
　CI式：門道左右に排叉柱を支える地覆石（礎石）が並ぶ（崇慶門）。／CII式：門道左右に地覆石（礎石）はなく、塼壁のみで構成される（銀漢門）。

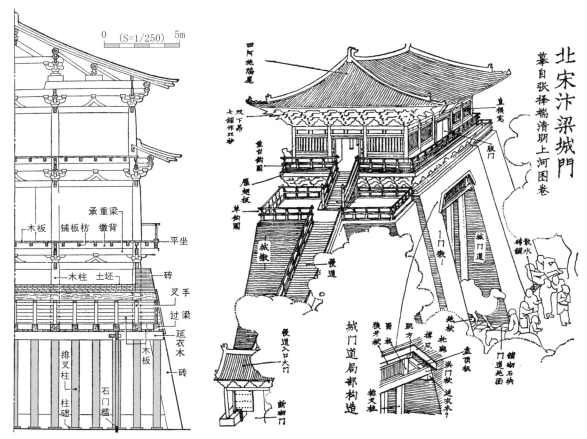

図3　鄴南城朱明門で復原された過梁式門と北宋『清明上河図』に描かれた城門

【D型式】廡殿式城門（低平な長方形基壇の上に、方形の礎石が並ぶ：内重門）。

　以上の分類を踏まえた上で、隋唐都城門を「AⅠ＞AⅡ＞AⅢ＞B＞D＞CⅠ＞CⅡ」の七等級に設定した。特に、AⅢ型式の重玄門を評価し、墩台と闕の融合建築が北宋代の城門に大きな影響を与えた点も強調している[陳良偉2002]。陳良偉が重視した唐長安城大明宮北門の重玄門[中国科学院考古研究所1959]は、禁軍駐屯地とされる夾城を挟んで玄武門と対置する宮城防御の要である[傅熹年1977・楊鴻勲2013]。そのため、重玄門と玄武門は一体的な城門として存在するが、玄武門の内側には小院を形成する内重門（註2）があり、李春林はこの空間を元代以降に流行する甕城と同じ空間と指摘する[李春林2001]。ちなみに、同様の構造は同時期の渤海上京城の宮城北側（宮城正北門～外郭城北壁正門の間）でも確認されており、大明宮夾城との共通性が指摘されている[趙虹光2009]（註3）。近年では、北宋期の揚州城[汪勃2015]や北宋東京開封城順天門[劉春迎2004・河南省文物考古研究院2019]などで甕城が発掘されており、明清都城[孟凡人2013・2019]まで続く甕城の系譜が、唐長安城大明宮の防御性を重視した夾城の北門建築群（重玄門・玄武門・内重門）にあると指摘される点は重要である。以上、論点が多岐に及んだが、陳良偉の隋唐都城門の分類研究は、都城内における城門の階層性を論じた最も体系的な分析といえる。

　なお、漢～唐代都城門の主体的な構造である「過梁式城門」については、「清明上河図」などの絵画資料（図3右）や発掘遺構を踏まえ、傅熹年が門道左右の排叉柱下部の構造（門道基礎の構築技法）から以下のⅠ～Ⅲ型式を設定している[傅熹年1977]。

【Ⅰ型式】礎石の上に木製地覆を設置し、その上に排叉柱を立てる。漢長安城諸門の型式。

【Ⅱ型式】方形礎石の上に排叉柱を立てる。南北朝の影響を受けた高句麗平壌城内城の牡丹峰門 [朴燦奎 2015] や、十六国〜北周長安城の宮門 [中国社会科学院考古研究所漢長安城工作隊 2023] に見られるが、唐長安城・洛陽城など隋唐期に最も一般的な型式。

【Ⅲ型式】土襯石の上に地覆石を設置し、その上に排叉柱を立てる。「清明上河図」あるいは、「営造法式」[梁思成 2001a] など北宋期以降に見られる型式。

以上の型式に加えて、近年の発掘成果を踏まえて、董新林が以下の類型を補足している [董新林 2014]。

【Ⅳ型式】門道左右の版築内に1列の土襯石（大きさや形は不均等）を置き、その上に木製地覆を設置して排叉柱を立てる。Ⅰ型式に近く、渤海上京城の外郭南壁東門 [中国社会科学院考古研究所 1997、孫秉根ほか 2005] などに類例がある。

【Ⅴ型式】地覆石の上に木製地覆を設置し、その上に排叉柱を立てる。遼祖陵・上京城 [汪盈ほか 2018] に類例がある。漢代のⅠ型式、渤海のⅣ型式に見られる木製地覆の伝統上にある型式。

傅熹年は漢〜唐代における中原都城門の変化を整理し、董新林は漢から派生した類型が高句麗・渤海を経由して遼に影響を与えた系譜関係を整理している点に特徴がある。以上、実際に発掘された都城門の考古学的な分類や系譜関係の追及は非常に重要な作業である。

(3) 思想空間としてのアプローチ

第1節第1項でまとめたように、中国都城は皇帝を中心とする支配構造や世界観を地上に可視化する思想的な空間として発達した点に大きな特徴がある。それゆえに、宮城構造や城門の配置・構造・機能などの分析に関しては、思想空間としてのアプローチが重要となる。「周礼」考工記にある理想の王城に関する記載と実際の都城を比較する視点 [孫麗娟ほか 2008・牛世山 2014・徐竜国ほか 2017・陳篠 2021] が代表的で、このアプローチは日本都城の研究にも影響を与えている [中村 1996・豊田 2007]。特に、唐代都城の宮城構造の重要な思想背景となっているのが、北周が採用し、隋唐都城に沿用された「三朝制」の概念である。

近年、漢魏洛陽城の宮城中枢部の発掘調査 [中国社会科学院考古研究所洛陽漢魏故城隊 2015・2016、陳建軍ほか 2019] により、「太極殿・東西堂システム」の成立が曹魏明帝の太極殿造営を画期とする点、魏晋南北朝を通じて太極殿を中心とする東西構造と中軸線を中心とする南北構造が発展した点が明らかになった [銭国祥 2016]。一方、隋唐長安城の宮城（太極宮・大明宮）構造は、北周が採用した三朝制の採用により、南北に連接する3つの儀礼空間で構成されたと考えられている [賀業矩 1996、陳涛ほか 2009a、劉思怡ほか 2009、杜文玉 2012a・2012b・2015、杜文玉ほか 2013]。周の宮室は、3つの朝廷（燕朝・治朝・外朝）と5つの門（路門・応門・雉門・庫門・皋門）で構成され、唐代には「燕治外型」を修正した「内中外型」三朝制が採用された [吉田 2002]。この三朝の機能については、賈鴻源が外朝（元日・冬至朝賀礼）、中朝（朔望朝与百官奏議政的常朝）、内朝（随時与特殊時刻召対群臣）と端的にまとめている [賈鴻源 2017]。研究者によって三朝の各範囲について若干の違いがあるものの、唐長安城太極宮承天門前・大明宮含元殿前 [呉春ほか 2012・楊軍凱 2012] の空間が「外朝大典」の国家的儀礼空間として整備された点は共通認識といえる。なお、外朝空間の系譜については、漢長安城北東部に位置する十六国〜北朝期の東西宮城遺跡（東宮は太子宮・西宮は皇宮に比定される）、中でも西

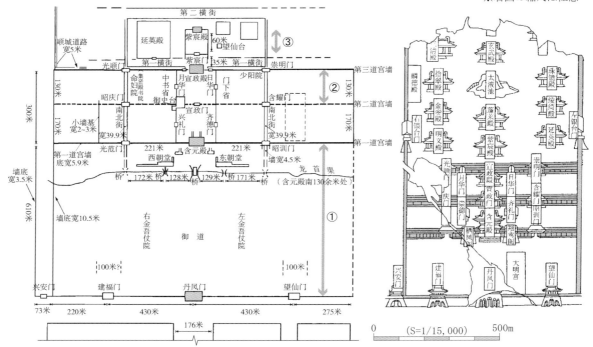

図4　唐長安城大明宮の調査成果（左）と北宋呂大防『長安城図碑』の大明宮（右）

宮城の楼閣台遺跡 [中国社会科学院考古研究所漢長安城工作隊 2008]（路寝・路門の両説がある）に遡る可能性も指摘されている [内田 2009・2010]。

　唐大明宮については、近年の発掘調査の成果を踏まえ、何歳利が丹鳳門〜含元殿（外朝）、宣政門〜宣政殿（中朝）、紫宸門〜紫宸殿（内朝）と位置付けている [何歳利 2019]（図4）。この説によれば、いずれも宮壁によって3つの空間が隔絶されることになり、その空間の境界に存在する門と主殿が儀礼空間として機能したことになる。特に重要なのが、外朝大典の国家的儀礼空間として整備された丹鳳門〜含元殿の区画で、前面に東朝堂・肺石、西朝堂・登聞鼓を配置し、龍尾道と東西両閣（翔鸞閣・棲鳳閣）を有する含元殿 [馬得志 1961、郭義孚 1963、傅熹年 1973・1998a、楊鴻勲 1989・1991・1997・2013、中国社会科学院考古研究所西安唐城工作隊 1997・1998、中国社会科学院考古研究所西安唐城隊 2007、安家瑶 2005a・b] の「殿門融合建築」は東アジア各国の都城中枢部に大きな影響を与えた点が想定されている [王仲殊 1999]。この三朝制に基づくアプローチにより、宮城正門、すなわち太極宮承天門 [羅瑾歆 2019] や大明宮丹鳳門 [中国社会科学院考古研究所西安唐城隊 2006] の構造・機能、あるいは系譜に関する議論が深まった点も注目できる。

　以上、魏晋南北朝〜唐代の都城における中軸線の発展、および三朝制の採用という思想的なアプローチは、中軸上に位置する正門・正殿の階層的・空間的「連鎖関係」を意識する分析視点の重要性を示している。また、本来的には隔絶・交通・防御などの物理的機能を有する門が、中軸線・三朝制などの思想的な発展によって、権威や階層の表示機能を持つことになると同時に、中でも宮城正門が象徴的に儀礼空間化される過程は重要である。すなわち、曹魏洛陽城の宮城正門：閶闔門における殿堂式闕門の系譜は、隋唐長安城承天門、隋唐

第1節　東アジア古代都城門の研究史と課題　131

今井晃樹の日中宮城比較（表）

宮城名		外朝	中朝	内朝
唐長安城・太極宮		承天門	太極殿	両儀殿
唐長安城・大明宮	丹鳳門	含元殿	宣政殿	紫宸殿
	大赦・改元の発布	冬至元日朝賀・賜宴	朝参・朝政（五品以上）	皇帝の居住空間
日本平城京 平城宮（前半期）	中央区朝堂院南門	第一次大極殿院 中央区朝堂院	第二次大極殿下層建物 東区朝堂院下層	内裏
		即位儀・元日朝賀 外国使節謁見・賜宴	天皇出御 朝堂で朝政・告朔・宣命	天皇の居住空間
渤海上京城・宮城	宮城正門	第1号宮殿	第2号宮殿	第3・4号宮殿

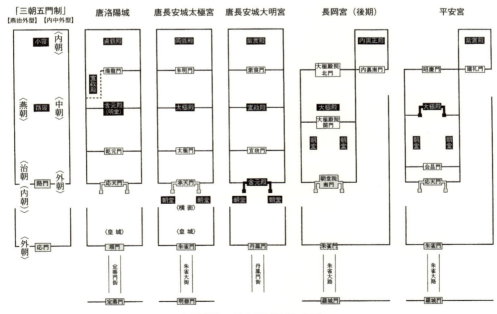

金子裕之の日中宮城比較（図）

山田邦和の日中宮城比較（図）

図5　唐代都城の三朝制に基づく日本都城宮城中枢部の解釈

132　第3章　東アジア古代都城門の構造・機能とその展開

洛陽城応天門などの闕門へ続く系譜であると同時に、宮城正門と太極殿の空間が一体化して荘厳化されることによって含元殿が誕生すると考えられる。このような宮城正門から正殿へと繋がる儀礼空間の発展を検討する作業は、魏晋南北朝～唐の都城制の歴史性を追及する糸口となりうる[銭国祥2003・2016]。

　なお、唐長安城の宮城中枢部に採用された三朝制は、渤海・日本都城との比較分析の重要な視点ともなっている[豊田2001・吉田2002・金子2007・山田2007・今井2012b][劉暁東1999・劉暁東ほか2006・魏存成2016](図5)。また、唐と渤海・日本の門遺構の比較分析においても、中軸諸正門の検討が中心となっている点を確認しておく必要がある。孫秉根らは、渤海上京城の発掘された城門を1類(単門道)、2類(3門道、あるいは1殿2門道)に分類し、唐長安城の城門との階層差を指摘した[孫秉根ほか2005]。一方、筆者は日本都城の中軸正門に「門戸数一致の原則」が存在しない点、都城最大の門が徐々に南に移動する現象を整理し、隋唐都城における門型式が解体・再編成されて日本に導入された点を指摘した[城倉2013]。以上、都城門における思想的なアプローチは、国際的な比較研究の分野でも非常に重要な視点である。

(4) 都城門の附帯施設－闕と甕城－

　中国都城門では、闕と甕城(図6・7)という附帯施設も重要な論点である。基本的には、日本には存在しない施設(闕は存在する)であるため、以下で整理しておく。

　闕は、門を荘厳化する代表的な附帯施設で、陵墓・礼制建築・都城の諸門に採用される[方継成1958・蕭黙1989]。春秋戦国期には既に出現しており、秦漢の陵墓[秦始皇帝陵博物院2014・韓釗ほか2004・趙海洲ほか2005・段清波2006・焦南峰2012・張衛星2014・申茂盛ほか2015・李玉潔2016・呉悦娜ほか2020]で定式化し、唐[陝西省考古研究所昭陵博物館2006]・北宋[河南省文物考古研究所1997]・西夏[寧夏文物考古研究所ほか2007・2013]など陵園の門形式として継続的に発展する。一方、都城では曲阜の魯国故城の南東門[山東省文物考古研究所1982]が最も古い事例だが、前漢長安城の宣平門・清明門・覇城門[王仲殊2010・劉振東2018]、王莽社稷：14号遺跡南門[中国社会科学院考古研究所2003]、漢魏洛陽城宮城正門の閶闔門[中国社会科学院考古研究所洛陽故城隊2003]、東魏北斉鄴南城内城正門の朱明門[中国社会科学院考古研究所ほか1996]、隋唐長安城太極宮正門の承天門[羅瑾歆2019]、隋唐洛陽城宮城正門の応天門[韓建華2016・徐小亮2017・中国社会科学院考古研究所洛陽唐城工作隊ほか2019]、北宋開封城宮城正門の宣徳門[李合群2008]、元大都皇城正門の崇天門[王燦熾1984・傅熹年1993]、明中都・明清北京城宮城正門の午門[孟凡人2013]など、礼制建築、あるいは宮城・皇城正門として連綿と採用される。なお、隋唐期では隋仁寿宮の仁寿殿[中国社会科学院考古研究所2008・馬得志2005]や前述した含元殿で、「殿門融合建築」が認められ、元上都の宮城北壁にも「闕式建築」[陸思賢1999・魏堅2008・内蒙古師範大学ほか2014]が存在する。文献史学[渡辺2000]、考古学、建築史学など多方面から闕の研究が蓄積されている状況である(註4)。

　なお、発掘調査に基づく都城の闕門の分析に関しては、韓建華と劉慶柱の分類研究がある。韓建華は、都城の門闕の形式を平面形から単闕(北斉鄴城朱明門)、双闕(漢魏洛陽城閶闔門)、三出闕(隋唐長安城含元殿・隋唐洛陽城応天門)に三分類した。その上で、闕の発展を1期(春秋戦国－闕出現期)、2期(秦漢～魏晋－闕誕生期)、3期(南北朝～隋唐宋元－闕発展・成熟期)、4期(明清－闕衰退期)に時期区分し、当初は防御の機能を持って出現した「城闕」が徐々に発展する中で等級を表象する存在へと変化した点を指摘した[韓建華2005]。一方、劉慶柱は、闕の機能は「表示機能」と「身分表象」にある点、単闕(一般官吏が使用)、二出闕(高官貴人が使用)、三出闕(帝王のみ使用)の階層差がある点を指摘する。その上で、陵墓・礼制建築・都城の闕門を平面形から以下の3つに分類した。

第1節　東アジア古代都城門の研究史と課題　133

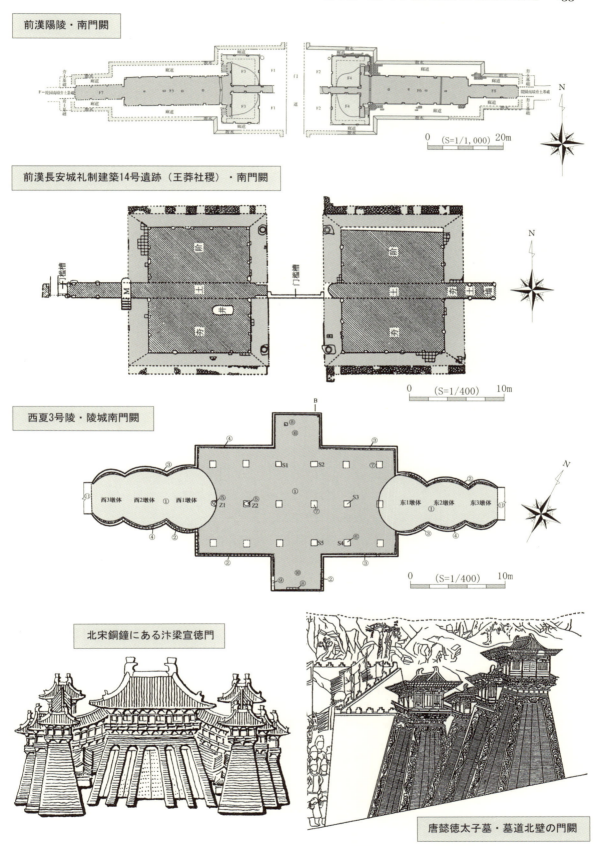

図6　発掘された陵園・礼制建築の門闕（上）と絵画資料に残る門闕（下）

134　第３章　東アジア古代都城門の構造・機能とその展開

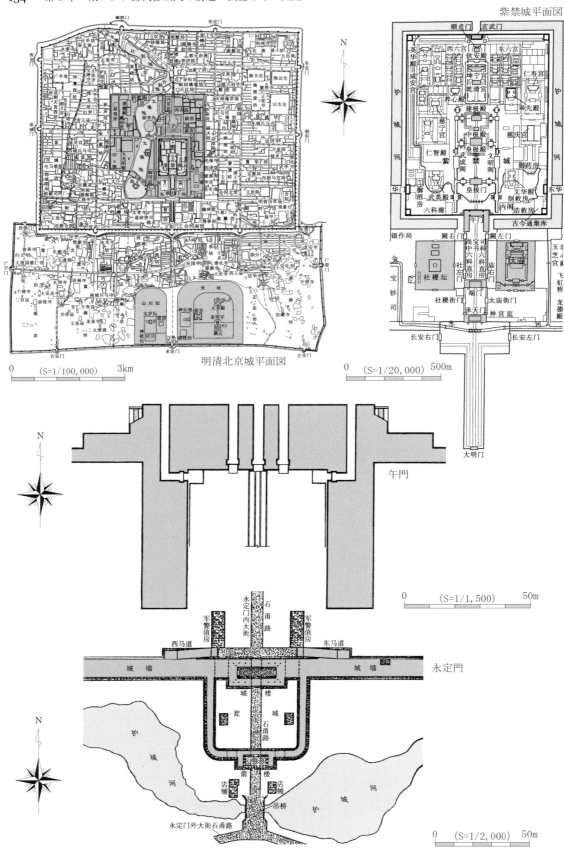

図７　明清北京城における午門（宮城正門・門闕）と永定門（外城正門・甕城）

【A型】門と闕が垂直に連接し、平面が凹字形を呈する。魯国故城南門、漢長安城宣平門・覇城門、未央宮東門 [中国社会科学院考古研究所 1996a]、漢魏洛陽城閶闔門、鄴南城朱明門、唐洛陽城応天門、隋仁寿宮仁寿殿、唐長安城大明宮含元殿、元上都闕式建築が該当する。

【B型】闕は門外に置かれ、門と闕は連接しない。漢代画像石中の門闕、あるいは唐宋陵墓の陵園門闕などが該当する。

【C型】門の両側に闕が置かれる。前漢景帝陽陵 [陝西省考古研究院 2011・楊武站 2011]、前漢宣帝杜陵 [中国社会科学院考古研究所 1993]、前漢長安城礼制建築（王莽社稷南門）などが該当する。

A型については、西周の周原雲塘建築 [周原考古隊 2002]、春秋秦雍城馬家庄1号建築 [陝西省雍城考古隊 1985]、戦国秦咸陽宮1号建築 [陝西省考古研究所 2004] の宮殿・宗廟建築 [杜金鵬 2009] に見られる凹字形の平面形との共通性を指摘する。また、B型闕については発掘による実例が確認されておらず、C型闕は前漢帝陵の陵園や礼制建築に見られるが、朝廷のA型闕に比べて階層が低い点を強調する [劉慶柱 2005]。以上の韓建華・劉慶柱の研究によって、都城の門闕は「権威・身分の表示」という象徴的な機能を持つとともに、都城門闕は陵園・礼制建築の門闕よりもランクが高く、特に宮城正門や「殿門融合建築」など国家的な儀礼空間として唐代に完成する点が明らかになっている。

闕と並んで重要な門の附帯施設として、甕城がある。甕城は城門部分の内外で、城壁を突出させることで防御機能を高めた施設だが、龍山～二里頭文化期とされる陝西省石峁遺跡などで、角楼や馬面などの防御施設とともに既に存在している [孫周勇ほか 2016a・b・2020、国慶華ほか 2016、陝西省考古研究院ほか 2017・2020・2024、于有光 2022]。また商代都城 [董琦 1994]、春秋戦国期都城 [韓品錚 2004]、他にも漢代の周縁地域 [鄭元喆 2009・徐承炎ほか 2015・李双ほか 2017] に見られるなど、普遍的な防御施設である。一方で、中原の都城門に採用されるのは北宋期 [汪勃 2015・王三営ほか 2016・劉春迎 2017・鄭禕 2017] 以降であり、明清都城 [張先得 2003・陳暁虎 2020] にまで採用される。中原都城における甕城の系譜については、前述したように唐長安城大明宮の夾城における北門建築群（重玄門・夾城・玄武門・内重門）を遡源とする説 [陳良偉 2002・李春林 2001] が注目できる。今後は、中原都城門の普遍的な附帯施設として甕城が定着する過程を、発掘遺構の分析も含めて考究する必要がある。近年では、遼上京城 [董新林 2014]、金上京城 [黒竜江省文物考古研究所 2019]、金太子城 [河北省文物研究所ほか 2019]、元上都 [魏堅 2008] など遼・金・元の草原都城の発掘調査によって、甕城の事例も増加している。このような状況を踏まえれば、中原都城と草原都城 [村田 1981][郝紅暖ほか 2009・諸葛浄 2016・董新林 2019] の対比的な分析 [城倉 2017] の重要性が高まりつつある点も理解できるだろう。

3. 日本古代都城門の研究史

次に、日本都城門に関する研究動向を整理する。日本都城門は、都城の存在時間幅が中国よりも短いのに加えて、闕門が長岡宮朝堂院南門、平安宮朝集院南門（応天門）に限られ、甕城も存在しないなど、中国都城門に比べて構造的多様性が乏しい。また、羅城門・朱雀門・朝集院南門・朝堂院南門・大極殿院南門・大極殿など中軸上の構造物に関する連動した分析事例などもほとんどなく、都城門に集中した専門論文は少ない現状にある。都城門に限った類型化や構造・機能分析というよりは、都城・寺院・官衙・城柵などの門遺構を相互に比較する視点が中心で、文献史学・建築史学・考古学の大きく三分野で研究が蓄積されている状

況である。特に、近年では、第 13 回古代官衙・集落研究会で都城・官衙門の集成や議論が行われている点が注目でき [青木 2010・井上 2010・村田 2010・宮田 2010・清水 2010・坂井 2010・山下 2010・田中 2010]、各分野の成果を総合化する研究の方向性を読み取ることができる。以下、文献史学・建築史学・考古学に分けて、研究史を整理する。

（1）文献史学の都城門研究

　文献史学における都城門研究に関しては、山下信一郎が、①宮城十二門・門号氏族論、②門牓・門籍制度、③大極殿南門の朝廷儀礼、④都城門からの古代王権論、⑤官衙門の分析、の大きく 5 つの研究の方向性を指摘している [山下 2010]。ここでは、山下の分類毎に研究史を概観してみたい。

　まず、宮城十二門の名称や門号氏族の位置付けに関しては、乙巳の変と門号氏族との関係を論じた井上薫の先駆的な研究 [井上 1961] をはじめとして、山田英雄 [山田 1987]、佐伯有清 [佐伯 1963・1970]、直木孝次郎 [直木 1964・1968] らが、大化前代からの氏族と門号との関係性を明らかにしてきた。これらの研究によって、大化前代から天皇の護衛・近侍、あるいは宮城の守護を職掌とした氏族が門号名となった点は定説化し、その後の藤原宮・平城宮などの発掘調査の進展によって実際の門遺構と出土木簡の比較 [直木 1987] が進んだ。特に、平城宮の門号に関しては、東張り出し部分に南面する門遺構が「小子門（小子部門）」[小澤 1994] と呼称された点が判明するなど、新たな発掘成果を踏まえた門号比定が行われている点に注目できる [渡辺 1995]。ただし、平城宮の門号に関しては異論もあり [西本 2008a・b]、今後の発掘調査に期待される部分も大きい [山下 2015]（図 8）。一方、延暦 10 年に平城宮の諸門を移して造営された長岡宮の門号に関しては、今泉隆雄が『弘仁式』門号を比定し、平安宮遷宮時は『貞観式』の氏族門号、弘仁 9 年（818）年以降は『延喜式』の唐風門号へ改号された点を整理している [今泉 1986]。

　次に、門牓・門籍制度に関しては、今泉隆雄の研究がある。養老令宮衛令一宮閤門条によると、都城門は内裏を囲繞する閤垣上の「閤門」（大宝令では「内門」、兵衛府の管轄）、内廷官衙・大極殿院を囲繞する宮垣上の「宮門」（大宝令では「中門」、衛門府・衛士府が管轄）、宮城垣上の「宮城門」（大宝令では「外門」、衛門府門部が管轄）に分けられ、それぞれ兵衛府、衛士、門部が管理した。これら宮城門・宮門の人の出入を管理する門籍制度、物資の搬出・搬入を管理する門牓制度は、今泉が出土木簡の分析からその実態を論じている [今泉 1998]。また、門籍・門牓制に関しては、市大樹が日唐の制度を比較し「天皇が王宮内の人・物を管理・把握する」日本都城の特質を指摘している [市 2020]。都城門の管理制度に関しては、宮門の開閉時間を論じた研究 [斎藤 1992]、門の警備システムに関する研究 [森 2000] なども蓄積されている。なお、都城門に関する制度面からのアプローチとしては、日唐令の比較から門の機能を分析した山下信一郎の研究が注目できる。山下は、官衙門（都城門）に関して、以下の 3 つの基本機能を指摘する [山下 2010]。

【1】区画施設により囲繞された内外の人・物の通路施設としての機能。
【2】区画施設により遮蔽された内側空間の主体の政治権力を表示する象徴的機能。
【3】門や前庭部で行われる様々な儀礼・祭祀空間としての機能。

　その上で、儀礼・祭祀空間としての第三の機能については、以下の 4 つの要素に細分した。

【1】門を舞台にした朝儀・饗宴儀礼としての空間。射礼、正月・大嘗や蕃客との饗宴、朱雀門の歌垣など

今泉隆雄・渡辺晃宏による宮城門号の整理（表）

門の位置	平安宮 弘仁9年以後 延喜式	平安宮 弘仁9年以前 貞観式	長岡宮 弘仁式	平城宮	藤原宮
南面東門	美福門	壬生門	壬生門	壬生門	
中門	朱雀門	大伴門	大伴門	大伴門（朱雀門）	
西門	皇嘉門	若犬養門	若犬養門	若犬養門	
西面南門	談天門	玉手門	玉手門	玉手門	
中門	藻壁門	佐伯門	佐伯門	佐伯門	佐伯門
北門	殷富門	伊福部門	伊福部門	伊福部門	
北面西門	安嘉門	海犬養門	海犬養門	海犬養門	海犬養門
中門	偉鑒門	猪使門	猪使門	猪使門	猪使門
東門	達智門	多治比門	多治比門	多治比門	丹比（蝮王）門
東面北門	陽明門	山門	県犬養門	県犬養門（東面中央門）	山部門
中門	待賢門	建部門	山門	建部門（東院・南面）	建部門
南門	郁芳門	的門	建部門	的門←小子部門（東院・南面）	小子部門
その他					的門 五百木部門 県犬養小宮門 （奈文研2009）

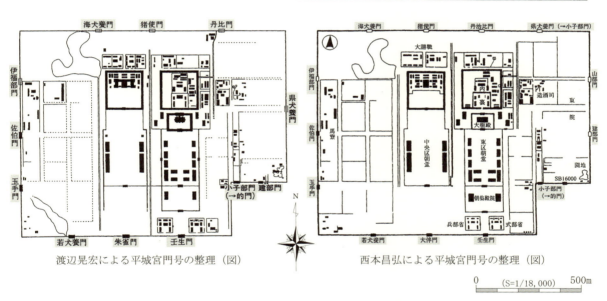

図8　日本都城の門号諸説

が該当する。

【2】外国使臣・蝦夷などの迎接空間。羅城門での新羅・唐使の迎接、朱雀門での元日朝賀に際しての騎兵・鼓吹の左右陳列などが該当する。

【3】神祇・仏教・陰陽などの宗教祭祀としての空間。朱雀門での大祓、宮城門での土牛・土偶人を使った祓儀礼、祈雨儀礼などが該当する。

【4】官人・百姓に対する公示の場としての空間。遺失物の牓示、禁制の牓示、公開処刑などが該当する。

以上、日本都城でも異なる階層空間の結節点である都城門が、通行や防御といった本来の機能を越えて天皇権力を象徴する空間として荘厳化されるなど、中国都城門と共通する発展を遂げた点が理解できる。この

点で注目されるのが、大極殿南門での朝廷儀礼、都城門の分析に基づく古代王権論である。

　大極殿南門の重要性を最初に指摘したのは、直木孝次郎である。直木は、藤原宮・平城宮における大極殿南門は、大宝令の内門と中門の中間として、大きくは内門の1つであった点を指摘した。すなわち、「内裏が大極殿までのりだしてきて」朝堂との境に内門（閤門）にあたる門を作ったのが大極殿門であると整理し、平安宮では龍尾道にその地位を譲ると指摘した［直木1975］。なお、直木は、大伴氏・物部氏などの軍事氏族が、正月元日に朱雀門に楯・槍を樹てる「大楯桙」、あるいは大嘗宮の南北の門に石上・榎井氏が神楯戟を樹てる「神楯桙」など門で行われる儀礼にも注目している［直木2001］。直木の大極殿南門に関する議論を儀礼の分析から深めたのが橋本義則である。橋本は、奈良時代の朝堂院で行われた儀礼を天皇が出御する場を基準にして、「大極殿出御型」、「閤門出御型」に大きく二分類した。「大極殿出御型」は天皇が大極殿に出御し、大極殿門を挟んで朝廷に文武百官が列立する儀礼で、即位儀・元日朝賀・任官・叙位・改元宣詔・告朔などが該当する。「閤門出御型」は天皇が大極殿門に出御する儀礼で、正月七日十六日の節会・十七日の大射・十一月の豊明節会・外国使や「化外民」への賜饗・五月五日の騎射などが該当する。さらに、橋本は平安宮における儀礼も2つに類型化し、「朝堂院型」、「豊楽院型」を指摘した。「朝堂院型」の儀礼には、即位儀・元日朝賀・告朔・出雲国造の神賀詞の奏上・外国使の上表などが該当する。「豊楽院型」の儀礼には、元日節会・正月七日白馬節会・十六日踏歌節会・十七日大射・新嘗会・大嘗会などが該当する。以上の分類を踏まえた上で、平城宮「大極殿出御型」→平安宮「朝堂院出御型」、平城宮「閤門出御型」→平安宮「豊楽院出御型」の儀礼の系譜関係を指摘した。そして、「大極殿出御型・朝堂院型」は、臣下が天皇に特定の事柄を奏上し、天皇への忠誠・服属を示す儀礼であり、「閤門出御型・豊楽院型」は、節会を中心とした饗宴など天皇と臣下が共同飲食により一体化する儀礼と位置付けた。特に、天皇の空間である大極殿院と臣下の空間である朝堂院との境界に立つ結節点として、門内外の交渉の場となったのが大極殿南門と結論づけた。また、大極殿南門が平安宮で消失する理由として、長岡宮での内裏の朝堂院からの分離を挙げ、大極殿南門が持つ閤門内＝内裏内部を防御する内裏最南端門の機能を失ったためと説明した［橋本1984・1986］。この橋本の分類に関しては、今泉が以下の4つの類型に細別して、平城宮中央区・東区の場所を比定している［今泉1989・1993］。

【1】大極殿－朝庭型（即位儀・朝賀）、中央区大極殿＋朝庭。
【2】大極殿－十二朝堂の朝庭型（告朔・選叙などの宣命宣布）、東区下層正殿・大極殿＋朝庭。
【3】大極殿－十二朝堂型（朝政）、東区下層正殿・大極殿＋十二朝堂。
【4】閤門－四朝堂型（饗宴）中央区閤門＋四朝堂。

　なお、饗宴の場としての中央区大極殿南門（天皇と臣下の空間の結節点）の役割は、奈良時代後半には東区大極殿南門＋十二朝堂に移行したとも指摘されている［小澤2012］。ところで、藤原宮で成立し、奈良時代に発展した饗宴儀礼の空間としての大極殿院南門の位置付けについては、近年、山下が再整理を行っている。山下は、橋本の「閤門出御型」を継承しつつ、天皇が大極殿院南門に出御する場合だけでなく、内裏に出御して五位以上の官人を内裏に宴し、六位以下官人を朝堂に饗する形態がある点を指摘する。この場合、天皇は大極殿院南門に出御しないが、大極殿院南門は「同門を挟んだ内外空間とその場の参列者を、物理的かつ精神的に媒介・結合する重要な役割を果た」すことになる。この形態の儀礼を「閤門出御型」から分離し、山下は「閤門介在型」饗宴儀礼として類型化した。また、藤原宮・平城宮で重要な役割を果たした大極殿院南門は、本来的には大王宮の内裏「大門」に由来し、7世紀に併存していた「内裏・朝庭系」と「広場・苑

池系」儀礼が、藤原宮大極殿院南門の成立によって前者に統一される過程を想定した[山下2018]。

このように、橋本の大極殿南門に関する分析は、後の研究に大きな影響を与えたが、門によって隔絶・結合される宮城中枢部の構造変化から天皇制と律令国家の発展過程を論じたのが浅野充である。浅野は、宮衛令開閉門条で規定される大門（大極殿南門・朝堂院南門）によって、宮城中枢部が遮断・結合されている点に注目し、その構造が藤原宮で成立した点を指摘する。さらに、704年に帰国した粟田真人が持ち帰った情報によって、唐長安城大明宮含元殿の空間を模倣する必要が生じ、「中華を体現する場」として設計されたのが平城宮中央区だと強調する。平城宮中枢部の大極殿南門と東西楼の構造は、唐長安城大明宮含元殿の翔鸞閣・棲鳳閣を模倣した構造とし、朝堂院を含元殿前の広大な広場に対応すると考えた。その上で、大極殿南門の出現意義＝大極殿が朝堂から隔絶されている意義を整理した。すなわち、天皇の場としての大極殿だけでなく、成員の場である朝堂を大門内に含むのは擬制的首長制構造を体現していると同時に、大極殿南門の設置によって大極殿を朝堂から隔絶し、超越的存在としての天皇を国家唯一の首長に擬したものと結論づけた[浅野1990]（図9）。宮城中枢部の構造に関して、空間を階層的に隔絶しながらも相互に結合する機能を持つ「門」に着目して読み解く視点は、現在でも重要な論点である[石川2010]。

なお、平城宮の「宮城門」「宮門」「閤門」に関しては、門の格を分析視点として、その「三重構造」を位置付けた馬場基の研究がある[馬場2018]。さらに、近年では、市大樹が門の呼称から日本都城における「宮」の構造を位置付ける[市2021]とともに、唐律令の条文を比較し、日本都城の「王宮」の構造的特色を整理した。すなわち、律令制下における日本古代王宮の特質として、「内裏内郭－内裏外郭－最外郭」および「大極殿院－朝堂院－朝集院」という2つの構成原理がある点を指摘した[市2024]。

以上の宮城内の門に関する分析に対して、羅城・羅城門に関しては、古く瀧川政次郎の先駆的研究がある。瀧川は、平城京・平安京の羅城門と唐長安城・洛陽城の城門を比較し、その構造や機能的な特色を整理した。その上で、平城京・平安京の羅城・羅城門は、唐の使節に対して日本が対等の国家であることを示すと同時に、新羅・渤海の使節に対しては日本天皇が皇帝と等しく、「小中華の天子であることを印象せしめるための道具立ての一つ」と指摘した[瀧川1967]。

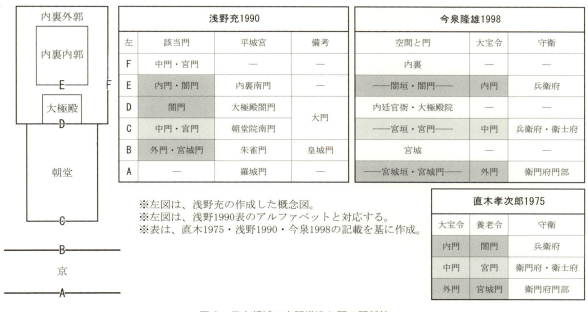

図9　日本都城の空間構造と門の関係性

※縮尺は、原図と同じ。

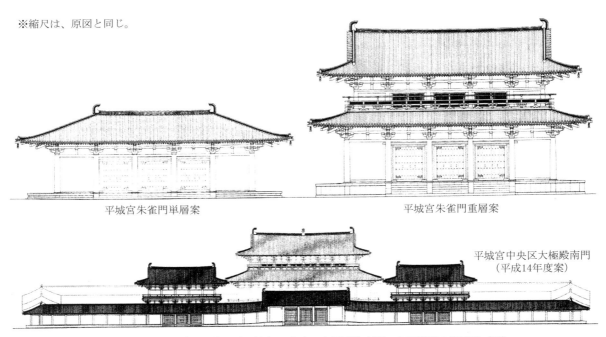

図10　平城宮朱雀門の復原案（上）と中央区大極殿院南門・東西楼閣の復原案（下）

なお、地方官衙の門については、文献史料が非常に限られている。山城国愛宕郡家の門前で遣唐使派遣に伴って天神地祇の奉祀が行われた記事、同葛野郡家門前の槻樹が松尾大神の憑依する霊樹だったという記事など、呪術・祭祀の場としての機能が看取できる [森 2003] ものの、都城門に比べて機能的な実態に関しては不明な部分が多い。後述する考古学的な発掘成果 [山中 1994] に基づく分析の進展が期待される。

（2）建築史学の都城門研究

　古代から近世までの門建築を総合的に扱った岡田英男は、門を二重の門（二重門・楼門・櫓門）、一重の門（五間三戸門・八脚門・薬医門・四脚門・棟門・上土門・唐門・高麗門・埋門・塀重門・長屋門）、および石造門（アーチ門・石牆門）と鳥居に分類した。また、古代の門に関しては、7世紀の寺院で梁行3間の門が見られるのに対して、奈良時代以降は梁行2間が基本である点を指摘した [岡田 1984]。一方、古代の門を建築史の立場から検討した井上充夫は、門の本来的な空間的意義を「人が通行するために垣根や塀に穿たれた突破口」としながら、質を異にする内外空間の結節点である場合、特殊な造形的契機が発展すると指摘し、具体的な事例として寺院の中門、都城の大極殿南門を挙げた [井上 1958]。特に、井上の視点は、前述した文献史学の大極殿南門の分析に大きな影響を与えた。

　岡田・井上のような巨視的な枠組みで都城門を扱っている建築分野の研究は少なく、その後長い間、発掘調査成果に基づきながら、文献史料・絵画資料・現存建物との比較によって、個別の都城門を復原する研究が蓄積されてきた [奈良国立文化財研究所 1994a]。しかし、近年、清水重敦が都城門・官衙門の建築様式に関して、重要な論考を発表した。清水は、古代の門で現存するのは、法隆寺中門・法隆寺東大門・東大寺転害門に限られ、絵画資料も平安時代後期に限られる点を指摘し、発掘遺構の分析から既存概念にとらわれない復原を蓄積する重要性を強調する。その上で、古代の門に関する単層・重層の問題を議論する。まず、7世紀の寺院で確認されている梁行3間の重層門と考えられる事例は、平面形を正方形に近づけることで構造的安

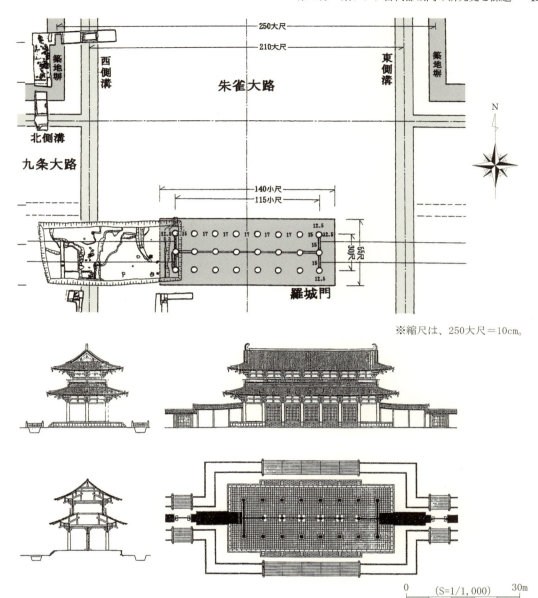

図11 平城京羅城門の発掘成果（上）と平安京羅城門の復原案（下）

定性を確保していたのに対して、奈良時代になると梁行2間の重層門が一般的になる点を指摘する。また、寺院の重層門は金堂と関連付けられる可能性が高く、門における重層は何らかの象徴的な意味が必要である点を強調する。以上を踏まえて、平城宮朱雀門を再検討し、単層寄棟造の建物を想定した [清水2010]。なお、清水は平城宮第一次大極殿南門に関しても、梁行2間単層案で復原されたものの、梁行3間重層案も完全には否定出来ないと指摘している [清水ほか2004]（図10）。

　ところで、『続日本紀』にみえる「重閣門」[吉川2002] については、大極殿南門説、朝堂院南門説、朱雀門説の3説が存在するが、文献史料と発掘された遺構の検討から、小澤毅が大極殿南門説を提唱している。小澤は、天皇が出御するのは、天皇の空間の南端である大極殿南門までである点を指摘し、藤原宮の中心に大極殿南門が存在する象徴性を強調する。また、藤原宮・平城宮で発掘された門遺構を再検討し、重層の可能性がある門として藤原宮大極殿南門・平城京羅城門（7×2間）（図11）、藤原宮と平城宮の朱雀門他の宮城門・

平城宮中央区大極殿南門・平城宮東区大極殿南門（5×2間）に限定する。そして、藤原宮・平城宮においては、大極殿南門を「重閣門」と呼んでいたと同時に、藤原宮・平城宮の朱雀門、および平城京羅城門も、その象徴的存在から重層であった可能性が高い点を指摘した［小澤 2012］（図12）。なお、古代寺院の中門と南大門の格式が平城遷都を契機として入れ替わる点は以前から認識されていたが、小澤は藤原宮大極殿南門が平城京羅城門［奈良国立文化財研究所 1972］に移築された点を指摘した。日本都城中軸線の最大門が南下していく現象を考える上で重要な見解である。

　単層・重層は、門の格式を表現する重要な要素だが、門単独ではなく楼閣などによって建造物が荘厳化される場合もある。古代都城の中心建物周辺の荘厳空間を、建築史学の立場から整理したのが上野邦一である。上野は、前期難波宮内裏南門東西の八角殿［李 2014］、藤原宮大極殿院東西の大型礎石建物（東楼 SB530）［奈良文化財研究所 2003a］、平城宮東区大極殿院東西の建物（東楼 SB7700）［奈良国立文化財研究所 1993］、平安宮大極殿前面左右の蒼龍楼・白虎楼、平安宮豊楽院豊楽殿東西の霽景楼・栖霞楼［角田監修 1994］など、内裏正殿・大極殿周辺の楼閣建物の重要性を指摘した。その中で、平城宮中央区大極殿院南門東西の楼閣（東楼 SB7802）［奈良国立文化財研究所 1973・1982b、奈良文化財研究所 2011］・（西楼 SB18500）［奈良文化財研究所 2003b・清水ほか 2004・金子ほか 2003］、平城宮内裏南門東西の楼閣（東楼 SB7600）［奈良国立文化財研究所 1991］にも言及し、高句麗平壌安鶴宮の南中門（桁行 7 間 × 梁行 2 間）東西の南西門（桁行 6 間 × 梁行 2 間）および南東門（桁行 7 間 × 梁行 2 間）［朴燦奎 2015］との共通性を指摘しながら、中心建物や中枢正門の左右に配置される楼閣建物が「中心を荘厳化する」役割を担った点を指摘した［上野 2010］。

　なお、都城門と条坊の関係性を論じた議論は少ないが、海野聡は平城京の大寺院（興福寺・元興寺・薬師寺・大安寺）の南大門と条坊の関係、および宮城門と条坊の関係を比較し、宮城門の象徴的な意義、特に朱雀門と朱雀大路の重要性を指摘している［海野 2019］。

（3）考古学の都城門研究

　都城門・官衙門の考古学的研究に関しては、前述した奈良文化財研究所の報告・資料編でおよその研究史を網羅できる［奈良文化財研究所 2010a］。ここでは、①門に関する分類研究、②都城門の研究、③官衙門の研究に分けて、研究史を概観する。まず、都城門・官衙門の総合的分類研究は、山中敏史の整理がある。山中は、発掘遺構の柱配置から、門を以下の 7 種類に分類した。

【1】二本柱の門。2 本の親柱を立てた、桁行 1 間の門。鳥居・冠木門・棟門・上土門・築地門など。
【2】桁行 1 間・梁行 1 間の門。2 本の親柱の背後に控柱を立てた門。薬医門など。
【3】桁行 1 間・梁行 2 間の門。正面 1 間の親柱の前後に 2 本ずつの控柱を立てた門。四脚門。
【4】桁行 3 間・梁行 2 間の門。桁行 3 間の親柱列の前後に 4 本ずつの控柱を立てた門。八脚門。中央間を扉口とする三間一戸が通常だが、三間三戸の稀な例もある。
【5】桁行 5 間・梁行 2 間の門。桁行 5 間の親柱列の前後に 6 本ずつの控柱を立てた門。五間門。中央 3 間を扉口とする五間三戸が多いものの、五間一戸の例もある。
【6】桁行 7・9 間・梁行 2 間の門。前期難波宮内裏南門・平城京羅城門・平安宮朱雀門の七間門、平安京羅城門の九間門（図11）で、国家の権威を対外的に誇示する象徴的な門。
【7】梁行 3 間の門。7 世紀〜8 世紀初頭の寺院中門の古い形式。

第1節　東アジア古代都城門の研究史と課題

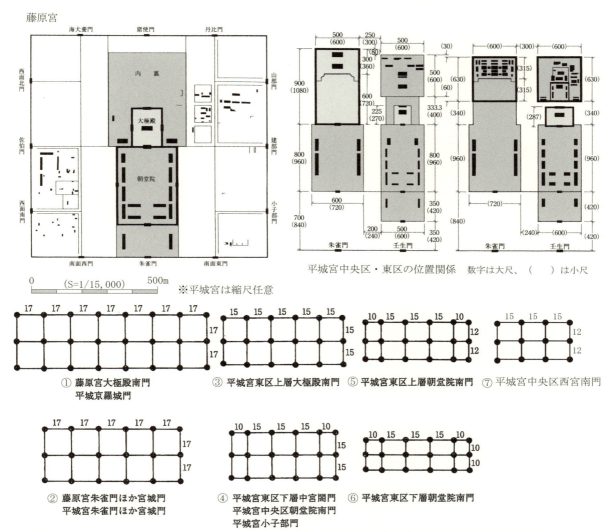

都城	門の種別	遺構番号	総長（尺）	桁行（柱間寸法）	梁行（柱間寸法）	基壇規模（m）
藤原宮	①大極殿南門	SB10700	119×34	7間（17尺×7）	2間（17尺×2）	40.1×14.4
	②朱雀門	SB500	85×34	5間（17尺×5）	2間（17尺×2）	—
平城京	①羅城門	SB700	119×34	7間（17尺×7）	2間（17尺×2）	41.5×16.4
	②朱雀門	SB1800	85×34	5間（17尺×5）	2間（17尺×2）	(31.9×16.6)
平城宮	東区上層③大極殿南門	SB11200	75×30	5間（15尺×5）	2間（15尺×2）	26.1×13.8
	中央区大極殿南門	SB7801	?	5間（?）	2間（?）	27.8×16.2
	東区下層④中宮閤門	SB11210	65×30	5間（10尺+15尺×3+10尺）	2間（15尺×2）	22.8×12.5
	中央区④朝堂院南門	SB9200	65×30	5間（10尺+15尺×3+10尺）	2間（15尺×2）	(26.0×16.0)
	④小子部門	SB5000	65×30	5間（10尺+15尺×3+10尺）	2間（15尺×2）	22.1×12.9
	東区上層⑤朝堂院南門	SB17000	65×24	5間（10尺+15尺×3+10尺）	2間（12尺×2）	22.3×10.7
	東区下層⑥朝堂院南門	SB16950	65×20	5間（10尺+15尺×3+10尺）	2間（10尺×2）	—
	中央区⑦西宮南門	SB7750A	45×24	3間（15尺×3）	2間（12尺×2）	20.0×12.7

図12　藤原宮・平安宮（京）の諸門（小澤毅の整理）

144　第3章　東アジア古代都城門の構造・機能とその展開

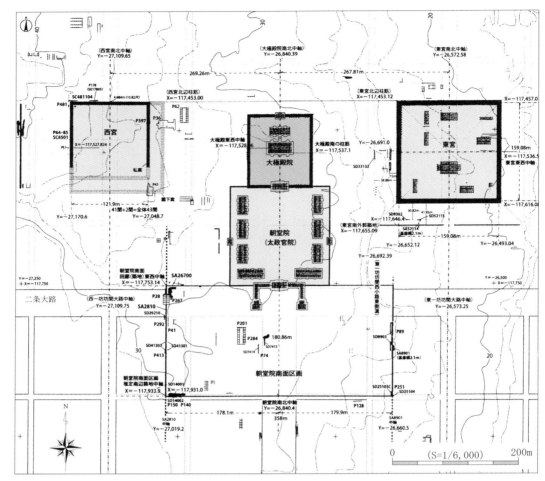

図13　長岡宮中枢部の復原

　以上の他に、側柱建物状の構造を呈する門、親柱列の配置が不規則な門など、変則的な柱配置の門がある点も指摘している。また、門の格式は棟門→四脚門→八脚門→五・七・九間門と高くなる点を指摘し、『令集解』儀制令凶服不入条にある「公門」にあたる宮城門で五間門、国庁・郡庁南門に八脚門が一般的だった点を整理した。さらに、門に付随する施設として、伎舎・南門前面両脇の殿舎・翼楼・目隠し塀・土廂などの存在を注意している [山中 2003]。山中の整理は、日本の都城門・官衙門の考古学的研究の基礎となっており、研究の出発点といえる。

　都城門の研究に関しては、各都城の発掘調査成果を踏まえて考古学的な位置付けが蓄積されている状況である。孝徳朝難波長柄豊碕宮に比定される前期難波宮では、宮城南門よりも巨大な内裏南門の七間門の存在が注目されてきた [長山 1973・1995、李 2004]。一方、近江大津宮の内裏南門と推定される錦織遺跡 SB001 も七間門に復原されているが、「地中梁」の配置パターンから五間門を想定する説もあり [黒崎 2001]、飛鳥浄御原宮に比定される飛鳥宮跡Ⅲ-B期の内郭南門、エビノコ郭西門も五間門に復原されている。藤原宮は最近の発掘調査で、宮城門－五間門、大極殿院門－七間門の格差があり、特に大極殿南門（閤門）がとびぬけて規模が大きい点が指摘されている [青木 2010]。前期難波宮内裏南門・藤原宮大極殿南門（内裏外郭南門）など、内裏の南側に位置する門が最大だった7世紀に対して、平城京では羅城門が都城最大の門となる。平城京羅城門は、発掘調査の成果から平城宮朱雀門と同じ五間三戸門とされていたが [奈良国立文化財研究所

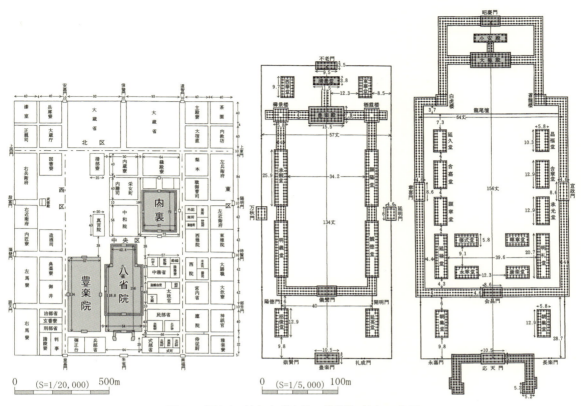

図 14　平安宮（左）と豊楽院・朝堂院（右）の復原

1972]、再検討した井上和人は七間五戸門を想定し、唐長安城明徳門の影響を指摘した [井上 1998a・b]。平城宮も藤原宮と同じく宮城門が基本的には同規模である点が指摘されており [井上 2010]、宮内の門に見られる規模や構造の格差も把握されるようになった [小澤 2012]。

　近年の日本都城門の研究で特に注目される発掘成果は、長岡宮朝堂院南門で確認された「楼閣遺構」である [向日市埋蔵文化財センター 2006]（図 13）。金子裕之は、唐洛陽城応天門の三出闕にその遡源を求め、平安宮朝堂院南門の応天門・棲鳳楼・翔鸞楼（図 14）への系譜を指摘した。また、日唐の宮城構造を門に注目して比較し、唐代都城の宮城正門に見られる門闕の存在から、皇城と宮城が未分化な日本都城の宮城においては、朱雀門－皇城門、朝堂院・朝集院南門－宮城門と「意識」されていた点を指摘した [金子 2007・2014]。山田邦和もほぼ同様の視点での整理を行い「楼閣附設建築」を、①楼閣附設殿舎（前期難波宮内裏南門左右の八角殿、平安宮大極殿蒼龍楼・白虎楼、平安宮豊楽院霽景楼・栖霞楼、平安京神泉苑乾臨閣）、②楼閣附設門（平城宮中央区大極殿南門、長岡宮朝堂院南門、平安宮朝集院応天門棲鳳楼・翔鸞楼）に分けた。その上で、①の系譜を唐長安城大明宮含元殿、②の系譜を唐長安城太極宮承天門に求め、唐代都城における三朝制の外朝空間を桓武天皇が長岡宮や平安宮に採用したと指摘した [山田 2007]。なお、筆者は日中古代都城の正門の規模と構造を比較し、日本都城では中軸線最大の門が徐々に南側に移動する点、中軸正門の門道数が一致しない点を指摘した上で、唐代都城の 3 つの門型式（明徳門型・承天門型・含元殿型）が本来の連環を解きほぐされ、日本都城の中軸線上で個別に具現化された点を指摘した [城倉 2013]。

　最後に官衙門の研究について、整理しておく。坂井秀弥は、山中敏史の整理を踏また上で、「公門」である国庁・郡庁門は八脚門を基本とするが大宰府・多賀城・胆沢城などに五間門が見られること、二重構造を持つ東北の城柵は政庁よりも外郭門の格式・規模が上で、奈良時代の都城・寺院と連動する点を整理した

[坂井 2010]。一方、田中広明は官衙門と邸宅門を比較し、官衙門では五間門・八脚門・四脚門の格差があり、都城の宅地・地方豪族の邸宅では四脚門 [村田 2000]・棟門の格差がある点を指摘した [田中 2003・2005・2010]。なお、東北の城柵・官衙に関しては、村田晃一が整理している。村田は城柵の政庁・外郭・外周の二・三重構造を指摘した上で、政庁門は単層の八脚門が多く、南門に前門・前殿・翼楼・目隠し塀・伕舎・土廂などの附属施設（図15）が伴うように格式が高い点を指摘した。さらに、外郭門・外周門も八脚門 [宮城県多賀城跡調査研究所 2017] を基本とするが櫓門・楼門など二重門が多く、胆沢城外郭南門の五間門などは蝦夷に対して国家の権威を誇示する役割があった点を指摘した。特に、前線の城柵に関しては外郭門が装飾性・防御性が高いのに対して、後方の国府が置かれた城柵では、政庁の格式が高く、門の役割に応じて格差がある点を整理した [村田 2010]。

4. 本章の比較視座と研究課題

　以上、中国都城門・日本都城門の研究史を整理した。多様な論点の中でも、重層的な階層構造を持つ都城において、各階層空間の結節点である中軸正門が象徴的な役割を果たした事実が明らかになっている点が重要である。特に、宮城・皇城・外郭城の三重圏構造を特徴とする唐代都城を分析の中心に据えた上で、中軸正門の通時的・国際的な比較分析を行えば、「空間構造」の視点から中国都城の発展と東アジアへの展開に関する歴史性を追求できると考える。すなわち、各国で異なる伝統や建築様式を持つ都城門の遺構自体の比較ではなく、中軸正門が象徴する都城の階層空間の「連鎖構造」に関する通時的・国際的比較こそが、重要な分析視点だと考える。以上の「比較視座」を踏まえた上で、日中両国の都城門研究史を振り返ると、本章で考究すべき課題が見えてくる。本章では、以下の4つの課題を設定して、分析を進める。

【1】中国都城における発掘された門遺構を通時的に分析する。
　近年、中国都城門の重要な発掘調査事例が多く蓄積されている。しかし、調査事例の多い隋唐都城という限られた時空間での分類、あるいは門道数・闕・瓮城といった限定的な視点での通時的分析が現在までの研究の主流である。漢・魏晋南北朝・隋唐・宋の中原都城、および遼・金・元の草原都城における都城門の発掘事例の悉皆的な集成と通時的・系統的な分析が必要と考える。
【2】空間構造の視点から、各都城における門相互の関係性を分析する。
　魏晋南北朝～唐代都城の研究では、中軸上に位置する建造物の関係性を重視した分析が蓄積されている。この点は、唐代都城における三重圏構造や南郊礼制建築の存在、あるいは宮城構造と三朝制の関係性が研究テーマとなってきたことに起因する。一方、渤海・日本都城門の分析では、三朝制の概念に基づく唐代都城の宮城構造との比較は盛んに議論されているものの、正門相互の関係性を深める議論が少ない。中軸上に位置する正門と正殿の関係性を各都城単位で分析しながら、空間構造の比較を進める必要がある。
【3】中国・日本都城門の用語・概念を整理した上で、系統的な整理を行う。
　中国・日本で都城門に関する膨大な研究が蓄積されているものの、中原・草原都城、高句麗・渤海・日本都城門の悉皆的な集成と比較という試みは行われていない。このような東アジアレベルの遺構比較、系統整理に際しては、用語・概念の整理によって比較研究の基礎を固める必要がある。都城研究には長い歴史があるものの、実際には特定の地域・時代に基づく遺構の分析が中心であるため、用語・概念の整理は必ずしも十分ではない。本章では、この研究の基礎部分を第2節で体系的に整理する。

第1節　東アジア古代都城門の研究史と課題　147

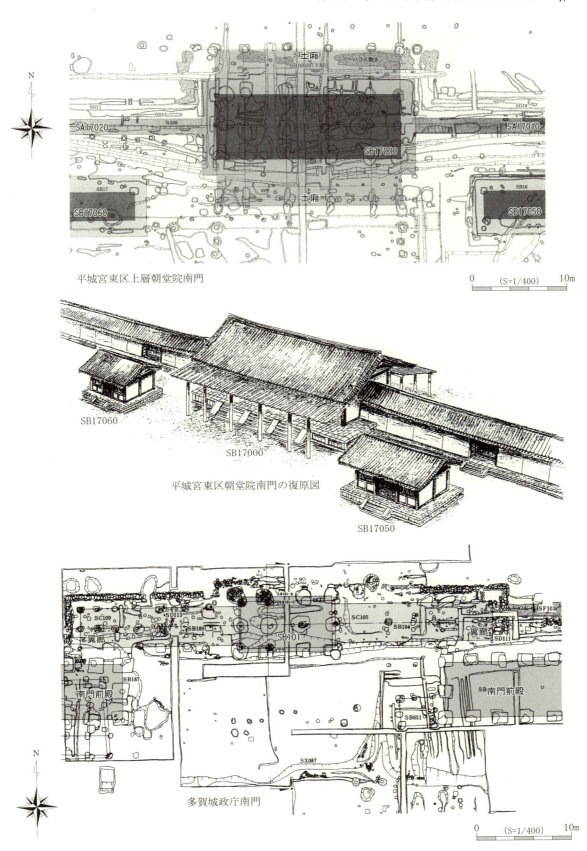

図15　日本都城門の附帯施設（上：平城宮東区上層朝堂院南門／下：多賀城政庁南門）

148　第3章　東アジア古代都城門の構造・機能とその展開

【4】門遺構の分析から、東アジア古代都城の国際的な構造比較を行う。

　従来は三朝制を中心とした宮城構造の分析という視点から、唐長安城・洛陽城と高句麗・渤海・日本都城を比較する研究が多かった。本章では、中原都城から草原都城への発展過程を、中軸正門を中心とした構造的な分析から明らかにすると同時に、東アジアに展開した高句麗・渤海・日本都城との国際的な遺構の比較分析を行う。本章の目的は、都城門の比較を通して、唐代都城の東アジアへの展開意義を考究する点にある。

　以上の4つの課題を設定して分析を進める。日中両国の都城門の遺構を悉皆的に集成・比較する作業は、今までにない新しい試みである。第1節での研究史の整理を踏まえた上で、第2節では用語・概念を丁寧に整理し、第3・4・5節で遺構の集成を示したうえで、第6節の考察へと議論を進めたい。

第2節　東アジア古代都城門の分析視角

1. 分析対象と分析方法

　本章で分析対象とするのは、漢〜宋の中原都城、遼・金・元の北方都城、高句麗・渤海・日本都城の発掘された門遺構である。文献史学・建築史学の成果を適宜引用しながら、考古学的に門構造を検討する。まず、第3・4・5節では、都城毎に門遺構を整理する。この部分では基礎資料の提示を重視し、関連報告書に掲載されている実測図を提示する。

　本章では時空間共に広い都城の門遺構を分析対象とするが、個別遺構の詳細な直接比較を目的とするわけではない。都城の重層的な空間構造を連結する門に着目することで、都城の空間構造の論理を、時空間を越えて比較する点に目的がある。必然的に考古学的な視点に基づく分類＝「分ける」作業と共に、同一都城内での門の連関性や階層性を把握しながら、時空間を越えた系統関係を「纏める」作業が重要となる。具体的には、①中原都城の発展における門、特に門闕・甕城を中心とする系譜関係の把握、②唐代都城における中軸正門の関係性と階層性の把握、が課題となる。さらに、唐代都城で定式化する中軸正門相互の関係性が、③北宋、あるいは遼・金・元の草原都城という縦方向の時間軸の中でどのように展開するか、④同時代の高句麗・渤海・日本都城へ空間的にどのように展開するか、を考究する。以上の作業を通じて、唐代都城の空間構造の特色とその展開過程の歴史性を明らかにする。

　なお、第3・4・5節での基礎資料の提示の後、第6節では上記①②③④の課題を論じる項を設ける。各項で論じる内容を以下に列挙しておく。

【1】連体式双闕門の発展と唐代都城門の諸類型

　中国都城の発展史上、唐長安城はまぎれもなく大きな画期である。宮城・皇城・外郭城という重圏構造、太極殿と南郊円丘を結ぶ中軸線、三朝制に基づく宮城構造など、唐長安城は中原地域で発達した都城のひとつの「完成形」といえる。唐の都城は北宋へと引き継がれるが、その後、遼・金・元の草原都城という過渡期を経て明清都城に至る。その過程は思想空間として中原で定式化した唐代都城が、契丹・女真・モンゴルなどの北方民族の特色と融合しながら、更に新しい方向性を得て、設計思想が解体・再編成されながら発展していく変化と捉えることもできる。以上を踏まえ、漢から魏晋南北朝を経て唐長安城に至る中原における都城門の発展史を、宮城正門に採用された門闕、および中軸正門相互の関係性から整理する。

【2】唐代都城の構造と門の階層性－含元殿の成立－

　重圏構造を持つ唐代都城において、各階層空間は中軸正門によって連結される。中でも魏晋南北朝で進んだ宮城正門の儀礼空間化、および宮城正門に採用された門闕と正殿が融合する現象が重要である。ここでは、「闕式正殿」である唐長安城大明宮含元殿の成立過程を宮城正門との関係性を踏まえて整理する。

【3】唐代都城の解体と再編成－北宋以降の正門の変遷－

　唐長安城で完成した思想空間としての中原都城は、遼・金・元の草原都城での変容を経て、明清都城という新しい様式へと生まれ変わっていく。その過程は、唐代都城の思想空間の解体、および北方遊牧民族の思想を踏まえた再編成によって達成されていくが、その具体像を中軸正門の門闕・甕城を中心として整理する。

【4】唐代都城門の東アジアへの展開

　唐代都城は、同時期の東アジア世界への展開という歴史的文脈においても、思想空間の「解体・再編成」が行われながら展開する点に特徴がある。最後には、唐代都城と高句麗・渤海・日本都城の空間構造に関して門遺構を中心として比較する。

2. 中国都城門の種類と構造

　第3・4・5節で個別の都城門を提示する前に、本章で分析対象とする都城門の種類と構造について、整理しておく（註5）。中国と日本では、建物の基本構造が大きく異なる。古代中国では、塼積みの壁体：「壁構造」と木造を組み合わせた形式が一般的だが、日本は木材を組み合わせて軸部を作る「軸組構造」を基本とする。これは、版築した壁体を塼積みで覆い、礎石の上に並べた木柱と合わせて屋根部を支えるのが中国の伝統的な宮殿建築であるのに対して、日本では完全な木造建築を基本とするという歴史的・文化的な差異に基づくものである。特に、城門に関しては、その違いが非常に顕著である。両者を同一基準で分析することは難しいため、ここでは両者を分けて、その特徴を整理する。

　中国都城門の最大の特徴は、城壁と門建築が一体化している点である。「土木混合結構」とも呼ばれ、漢以前の主要な様式であり、隋唐以降は城門が代表的な建造物とされる [傅熹年主編2009 p.675]。城壁の版築と木造門が複雑に組み合う特殊な建築様式である。また、魏晋南北朝以降は中軸正門を中心として闕・甕城などの附帯施設も存在し、門建築特有の専門用語も多い。日本では存在しない建築様式や概念を日本語で置き換えることは難しいため、本章では中国考古学で使用されている用語を基本的には使用して議論を進める。以下では、中国都城門の諸属性を整理した（表1）を踏まえて説明を加える。

　中国都城門は研究史の整理でも言及したように、大きく3つの形式に分類される [傅熹年1977・陳良偉2002]。（Ⅰ）過梁式・（Ⅱ）殿堂式・（Ⅲ）発券式である。過梁式は門道左右に密に並べた柱（排叉柱）とその上の「梁」が天井部を構成する断面が方形に近いトンネル式の構造で、漢～唐代に一般的な門形式である。前漢までは城壁版築に1つ、もしくは3つの入口（門道）を設けて、その左右に排叉柱を並べる構造だが、後漢以降は門道左右に城壁よりも奥行きが幅広な墩台・隔壁を設ける構造へと変化する。この点は、門建築の大型化に伴う現象と思われる。門道左右の排叉柱は、その間が塼積みで充填されることで暗柱となり、門道左右壁面には漆喰が塗布され、トンネル状の構造を呈するのが基本である。この門道部分は初層となり、通常はその上部にも版築が施され、門楼が建造される（図3）。過梁式門は、漢～唐代の一般的な城門様式とされており、北宋以降に塼積みによるアーチ構造の発券式へと変化すると考えられている。ただし、近年の発掘調査では、遼・金・元の都城門でも過梁式が数多く確認されており、過梁式と発券式は明確な時期差をもっ

150　第3章　東アジア古代都城門の構造・機能とその展開

表1　中国都城門の諸属性

門の形式		構造
Ⅰ　過梁式	A	不定形な礎石（土襯石）を並べた上に木製地覆を設置し、その上に排叉柱を立てる。
	B	方形礎石の上に排叉柱を立てる。
	C	土襯石を並べた上に石製地覆を設置し、その上に排叉柱を立てる。
	D	石製地覆の上にさらに木製地覆を設置し、その上に排叉柱を立てる。
Ⅱ　殿堂式	A	宮城正門・皇城正門で採用される大型殿堂式門。 ※北魏洛陽城閶闔門など。
	B	主殿（連体双闕門の構造を呈する中軸正殿、門が主殿の役割を果たす事例を含む）。 ※唐長安城大明宮含元殿、興慶宮勤政務本楼など。
	C	中・小型木造門（屋宇式・殿宇式など、宮内で最も一般的な門形式）
Ⅲ　発券式	A	門道の前後が塼積み・石積みのアーチ構造だが、中央の左右壁が垂直に立ち上がったうえで、天井部分には木製の過梁が架かる。中央部分には、門扉が設置される。韓国李王朝の都城に現存事例多い。過梁式から発券式への過渡的な類型か。
	B	門道の前後が塼積み・石積みのアーチ構造だが、中央の左右壁は垂直に立ち上がり、平らな天井となる、もしくは、前後よりも門道幅が広く一段高いアーチ構造となる。中央部分には、門扉が設置される。現存する北京城の諸城門など、現存事例が多い。
	C	門道全体が塼積み・石積みで、段差のない完全なアーチ構造を呈する。
Ⅳ　牌楼（牌坊）式		城壁と接続しない装飾性の高い梁行1間の門形式。屋根や斗栱があるものを牌楼と呼ぶ。

門道数	闕	甕城
(1)　1門道	Q1　独立闕	W1　楕円形（馬蹄形）
(2)　2門道 ※事例が少ない。	Q2　双垛楼	W2　方形（長方形）
(3)　3門道	Q3　連体双闕	W3　半円形
(5)　5門道	Q4　連体双出闕	

| 年代 | 前漢 | 前漢 | 魏晋南北朝 | 隋唐 | 北宋・遼 | 金 | 元 | 明 | 清 |

Ⅰ　過梁式（Aは漢代に流行、BCDは魏晋南北朝以降）

Ⅱ　殿堂式（ABは魏晋南北朝〜唐に盛行、Cは宮門としてずっと存在）

Ⅲ　発券式（北宋以降に徐々に過梁式と入れ替わる）

Ⅲ　牌楼式

て入れ替わったわけではなく、徐々に後者が主体的になる過程を経て明清都城へと発展したと推定できる。

　過梁式・発券式が、外城・内城壁など堅牢な城壁上に設置される城門形式であるのに対して、宮城正門・皇城正門に採用されたのが日本考古学で呼ぶところの「総柱」構造を持つ殿堂式（ⅡA）である。曹魏洛陽城宮城正門の閶闔門を代表例とするが、渤海上京城皇城南門、遼上京城宮城東正門、元中都皇城南門など、格式の高い象徴的な門形式である。また、唐代においては、主殿と連体式双闕門が融合した長安城大明宮含元殿、あるいは門でありながら主殿として使用される長安城興慶宮勤政務本楼などの事例があり、これらもその系譜を踏まえて殿堂式（ⅡB）の範疇で理解しておく。なお、本来、殿堂式門とは宮城門・皇城門に採用される大型で象徴性の高い門形式を指すが、宮城内で見られる「屋宇式・殿宇式」と呼ばれる中・小型の木造門も分類の便宜上、殿堂式（ⅡC）の範疇に含めて整理する。ところで、本章には直接関連はしないが、

明清期に見られる重要な門形式として、(Ⅳ) 牌楼・牌坊式も (表1) に加えておく。明清北京城の正陽門前の「五牌楼（正陽橋牌楼）」[久保田 2019 p.12 図 13] などが、著名な類例である。

　以上、本章で分析対象とする過梁式・殿堂式・発券式は、(表1下) にあるように、それぞれ存在時間幅が重複しながらも、主体となる時期が異なる点に特徴がある。そして、この3つの形式は、①構造、②門道数、③闕、④瓮城などの諸属性で細分が可能である。以下では、①〜④の諸属性毎に整理する。

①過梁式・殿堂式・発券式の構造

　まず、過梁式は、傅熹年・董新林の排叉柱下部の構造分類 [傅熹年 1977・董新林 2014] を踏まえれば、A-D に細分出来る。ⅠAは、漢代に見られる構築方法で、不揃いな礎石（土襯石）の上に木製地覆を設置し、その上に排叉柱を並べる構造である。続く魏晋南北朝〜唐代においては、方形礎石を等間隔に設置して、その上に排叉柱を立てるⅠBが主体となる。北宋期になると、土襯石を地中に設置して、その上に枘穴のある石製地覆を密に並べて排叉柱を立てるⅠCが一般的となる。一方、北方の遼では、漢・渤海の系譜を引き、石製地覆の上に木製地覆を設置して排叉柱を立てるⅠDも認められる。また、金・元では、復古的なⅠBや遼の系譜を引くⅠDなど多様な形式が混在している点が、近年の発掘調査で明らかになりつつある。なお、三燕の1つである後燕（384-407）龍城の宮城南門の発掘調査では、塼積槽の中に木製地覆を置き、排叉柱を並べる特殊な事例が報告されており [万雄飛 2020]、今後の発掘事例の増加で過梁式の展開過程がより明らかになっていくことが期待される（註6）。

　さて、過梁式のうち、ⅠA・ⅠB・ⅠCの代表的な事例を図示したのが、(図 16 ①) である。過梁式門は、本章で対象とする最も普遍的な門形式のため、この図に基づき用語を含めて基本構造を確認しておく。過梁式門は、城壁に接続して奥行き方向に幅広に構築される版築：墩台、および3門道の場合は2基、5門道の場合は3基の隔壁で構成される。この墩台・隔壁の版築に挟まれた部分が、門道である。ⅠAの漢長安城覇城門の例を見ると、門道左右に不揃いな礎石（土襯石）があり、その上に木製地覆を設置し、排叉柱を立て並べている点がわかる。最も原初的な過梁式門の下部構造である。漢代のⅠAは、中国東北部の三燕や高句麗に伝わり、渤海を経て遼のⅠDへ発展したと考えられる。一方、ⅠBの唐洛陽城皇城右掖門では、門道左右に枘穴（榫眼）が中央にある方形の礎石が一定間隔で設置されている。最も手前、および最も奥の墩台屈曲部分に置かれるのが撞石である。門道左右の礎石上には断面方形の排叉柱が立て並べられ、柱の間は版築や塼積みで充填されるため、壁面は平滑（柱部分のみ突出する場合もある）となり、漆喰などが塗布される。中門道は皇帝専用として隔絶されるため使用された痕跡が少なく、左右門道に車轍が確認できるのが一般的である。また、門道中央付近には、石製の門扉施設が置かれる。唐末〜宋代には、ⅠCが登場する。ここでは、唐洛陽城東城宣仁門・尚書省正門の事例を示した。ⅠCは、門道左右に土襯石を設置し、その上に枘穴が穿たれた長方形の石製地覆を密に並べていき、排叉柱を立てる構造である。また、北宋期には車が通る部分に車道石を設置し、歩く部分を敷塼する入念な構造となる。門扉は下部の石製施設のみ残存することが一般的で、門道方向に直交して閉門時に扉が載る門限石（門檻石）、左右の門扉が接触する中央部分には将軍石が設置される。扉は内開きが基本で、左右の排叉柱と接する場所で、断面凹字形の門砧石、凹部分にはめ込む立頬石（門框石）が左右対称に設置される。門砧石の内側には、門扉の軸部を受ける鉄鵝台をはめ込む方形の穿孔がある。門砧石内側数メートルの位置には、開門時に門扉を固定する止扉石が設置される。

　次に、殿堂式はA-Cに細分可能である。「殿堂」とは大型の木造建造物を指し、「殿宇」とも呼ばれる。非常に曖昧な用語ではあるが、過梁式・発券式と区別するため、ここでは木造建築を基本とする門を殿堂式と呼称する。まず、ⅡAの代表例が漢魏洛陽城宮城正門の閶闔門 (図 19 ②) である。桁行7間・梁行4間

152 第3章 東アジア古代都城門の構造・機能とその展開

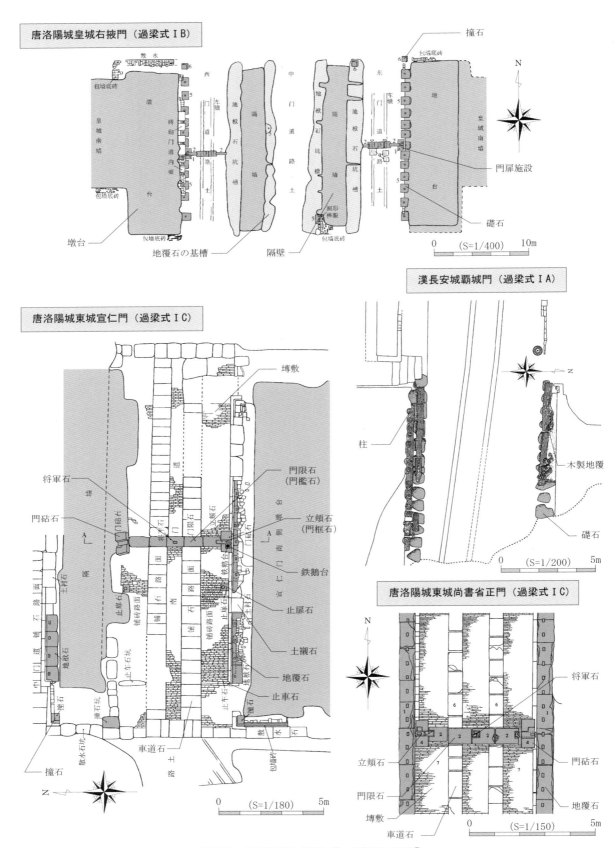

図16 中国都城門（過梁式）の諸類と用語①

第2節　東アジア古代都城門の分析視角　153

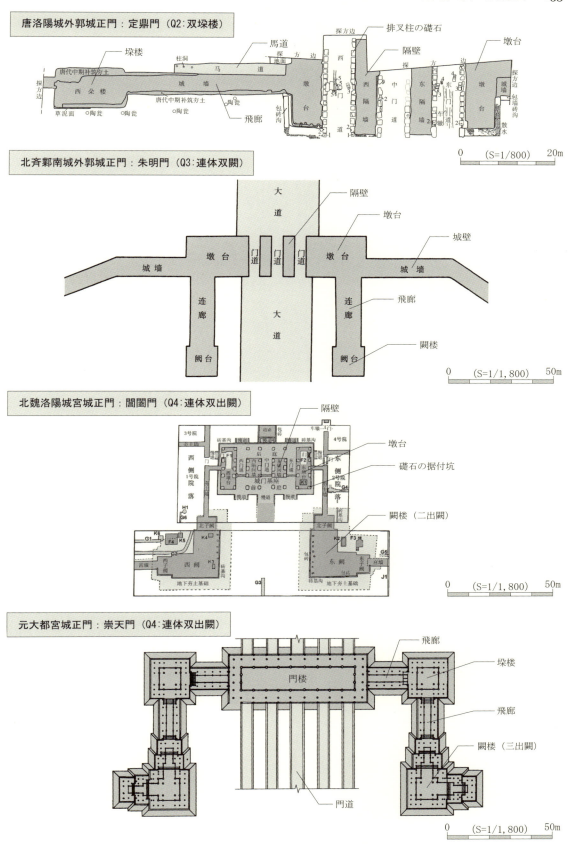

図16　中国都城門（門闕）の諸類と用語②

の柱配置を持つ日本考古学でいうところの「総柱」構造であるが、城壁に繋がる2つの墩台、3つの門道を生み出す2つの隔壁版築が初層を埋めている点に大きな特徴がある。所謂「土木混合結構」である。このⅡAの構造が正殿と結びついたのがⅡBで、唐長安城大明宮含元殿（図24④）が代表例である。なお、宮城内の「屋宇式・殿宇式」などと呼ばれる中・小型の木造門を、ⅡCとする。基本的には城壁に接続して建物内に「山墻」などの形で版築壁を取り込むが、完全な木造建築の場合もある。古代では高句麗・渤海・日本に類例が多く、現存する北京故宮・瀋陽故宮などの宮城内でも普遍的な類型である。

最後に、発券式はA-Cに細分が可能である。発券式の分類に関しては、近年発表された蔣暁春の研究が参考になる。蔣は、四川省における南宋晩期の山城の城門を分析している。蔣は「抬梁式」（過梁式）と「拱券式」（発券式）が混在する南宋期の城門の中で、現存する石積みの発券式9基を対象とし、A類（一段式・アーチのみ）、B類（二段式・前面外側はアーチ式、後面内側は平らな天井）、C類（三段式・アーチ状だが中央部が高くなっている）に分類した[蔣暁春2022]。これらは、天井の段差によって分類したものだが、段差があるものはいずれも長方形の門扉を設置するための構造に起因していることがわかる。基本的には、天井部の構造が細分の基準になると判断できる。また、このような発券式における門扉の位置と構造の問題の他にも、過梁式から発券式への過渡的な類型なども存在する点が注目出来る。

以上を踏まえて、細分をしていく。ⅢAは、門道の前後が塼・石積みのアーチ構造であるものの、中央部分の左右が垂直に立ち上がった上で、天井には木製の梁がかかる類型である。中央部分には長方形の門扉が設置されるとともに、上層の楼閣部分の中央床部分に木製の梁が露出することになる。現在は韓国の李氏朝鮮時代の城門で類例が多く、門道から見上げた梁部分には龍紋などの壁画を描く場合もある。元上都の皇城南門における瓮城門（図31）の構造などとも類似しており、過梁式から発券式への過渡的（融合）類型と捉えることもできる。ⅢBは、ⅢAと同じく前後がアーチ構造であるものの、中央部分を一段高くして門扉を設置する類型で、現在の明清北京城でも多く認められる類型である。ⅢCは、完全なアーチ状構造の類型だが、この場合は門扉の形状や構造に何らかの工夫を施す、あるいは門扉が設置可能な段差を作り出すなどの構造が前提となる（註7）。

②門道数

中国都城門は、1・3・5門道の奇数を基本とし、2門道は唐長安城大明宮含耀門・晩期興安門、渤海上京城宮城正北門など数例に限られる。便門や防御性の高い宮城北門に用いられる1門道を除けば、都城門は3・5門道を基本とし、中央は皇帝専用として隔絶される「馳道」、左右門道は「傍道」で「左入右出」が基本である[徐竜国2015]。左右門道には、車轍が見られるのが一般的で、北宋期以降は車道部分を車道石で「舗装」する場合もある。なお、5門道は唐長安城の明徳門・丹鳳門、北宋東京開封城の宣徳門、元大都崇天門、明清紫禁城午門などに認められるが、例外的な最高格式である。

③門闕

闕は中国都城の中軸正門に採用された、非常に象徴的な附帯施設である。闕は中国語で「Que」と発音するため、ここではQ1-Q4に分類する。Q2-Q4の代表的な事例を提示したのが、（図16②）である。Q1は、門前の左右に門建築から独立した基壇で構成される独立闕である。漢代の明器や画像石、墓門[重慶市文物局1992]などに事例があるものの、都城門で確実な検出事例はない。ここでは、今後の発掘調査による検出に備えて、類型として設定をしておく。Q2は、門建築の左右に距離を置いて設置される楼閣状の闕を双垛楼として設定する。日本都城では、平城宮中央区大極殿南門の東西楼（SB7802・SB18500）など、同様の型式を楼と表現するが、中国では闕と呼称する。しかし、後述する門前に突出する闕とは区別するため、ここでは唐洛陽城外郭城正門の定鼎門で使用されている垛楼の名称を採用し、双垛楼と呼称しておく。墩台と垛

楼の間部分の城壁は飛廊とし、その内側で城壁に上る緩やかなスロープを馬道とする。双垜楼は、敦煌莫高窟など壁画資料にも多く描かれている [蕭黙 1989]。Q3 は、門左右の墩台から飛廊が門前面に突出して闕楼が置かれる構造で、墩台・闕台が飛廊で接続することから連体双闕と呼称する。東魏北斉鄴城内城正門の朱明門が、代表的な事例である。漢長安城の東正門とされる宣平門では墩台・闕楼が存在しないものの、門前左右に防御性の高い突出部が附属する点が確認されており、原初的な連体双闕に分類しておく。一方、連体双闕の中で、飛廊で結ばれた闕台の基壇が飛廊側、および門前東西外側に向けて突出する事例を Q4 の連体双出闕と呼称しておく。唐懿徳太子墓の墓道北壁に描かれた闕門 [王仁波 1973]（図 6 下右）が著名だが、母闕に対して、子闕が 1 つの場合は二出闕、子闕が 2 つの場合は三出闕と呼称している。前者の代表的な事例として北魏洛陽城宮城正門の閶闔門、後者の事例として元大都宮城正門の崇天門（復原）の事例を示した。門本体と飛廊で結ばれた双垜楼から、やはり門前に飛廊が突出して闕楼に接続する崇天門の三出闕は、最も格が高い門形式である。なお、明清期では明中都午門 [中国社会科学院考古研究所 2023 p.332 図 7-3-2]、あるいは明清紫禁城午門（図 7 中）のように、飛廊・闕部分が南側に一体的に長く伸びて出闕しない形式となり、中央 3 門道に対して左右掖門が L 字状に屈曲する構造へと変化する点も注意しておきたい。

④甕城

甕城「Weng cheng」は、W1-W3 に分類する。明南京城の聚宝門など「内甕城」の事例もあるが、本章では城壁外に突出する構造を楕円形・馬蹄形（W1）、方形（W2）、半円形（W3）に分類する。

以上、中国都城門の構造と諸属性について整理した。これによって、各都城門は属性の組み合わせによって、表記することが可能になる。例えば、唐洛陽城宮城正門の応天門であれば「ⅠB(3)Q4」、唐洛陽城外郭城正門の定鼎門であれば「ⅠB(3)Q2」といった具合である。

3. 日本都城門の種類と構造

　日本都城門は、中国都城門の土木混合型・壁組構造とは異なり、純粋な木造建築、すなわち軸組構造である点が特徴である。中国都城では殿堂式の中・小型木造門（ⅡC）に分類した範疇に入る。日本都城門については、前述した山中敏史の分類案を採用する [山中 2003]。日本都城門は、基本的に桁行の間数で分類が行われており、7 種類に分類されている。山中の分類を基に整理したのが、（表 2）（註 8）である。基本的な構造に関しては以上だが、その他の要素として礎石の有無、土廂の有無、柱間寸法や基壇の規模、版築の有無、階段や雨落溝の位置、遮蔽施設や道路との関係なども適宜整理する。なお、日本都城門では甕城は存在しないが、門闕に関しては少数ながら類例があるため、平城宮中央区大極殿南門東西楼、長岡宮朝堂院南門など、発掘事例毎に検討する。また、藤原宮北面中門や平城宮東区朝堂院南門で検出されている兵舎・仗舎と思われる遺構など、附帯施設の存在に関しても言及する。さらに、日本都城門関連の用語の記述に際しては、奈良文化財研究所・文化庁文化財部記念物課が刊行するてびきを参考にする [奈良文化財研究所 2003c、文化庁文化財部記念物課 2010・2013]。

　最後に、門扉施設について整理しておく。今、中国都城門の門扉施設を整理したのが（図 17 ①）、日本都城・山城の門扉施設を整理したのが（図 17 ②）である。中国都城門の門扉施設については、隋仁寿宮繚壁北門・渤海上京城第 2 号宮殿東掖門・元中都宮城南門など、残存状況の良い事例からおよその構造を把握することが出来る。用語に関しては、既に整理した通りである。一方、日本に関しては都城門で完存した門

156　第3章　東アジア古代都城門の構造・機能とその展開

表2　日本都城門の諸属性

桁行	梁行	通称	格式
1間	—	二本柱門（鳥居・冠木門・棟門・上土門・築地門）	—
1間	1間	一間門（薬医門）	—
1間	2間	四脚門	邸宅門など
3間	2間	八脚門（三間三戸・三間一戸）	官衙門など
5間	2間	五間門（五間三戸・五間一戸）	都城門（宮城門・宮門）重要官衙・城柵外郭門など
7間 9間	2間	七間門・九間門（五戸?）	内裏南門・大極殿南門宮城門・羅城門など
3間 4間 5間	3間	梁行三間門（飛鳥・白鳳期の寺院中門に見られる重層門）	寺院中門など

※梁行三間門で現存する法隆寺中門は、四間二戸入母屋二重門。
※桁行偶数、二戸門（唐長安城大明宮含耀門、渤海上京城宮城北門には二門道あり）は、他に類例なし。

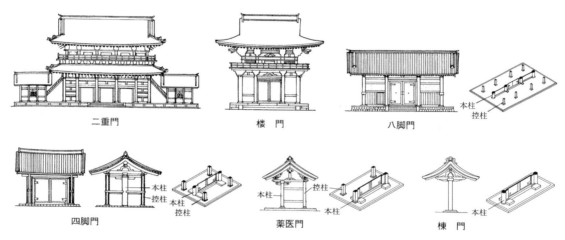

日本寺院門の諸例（『発掘調査のてびき—各種遺跡調査編—』より）

扉施設を検出した事例はなく、基本的には古代山城で残存状況の良い事例が確認されている。日本の古代山城は、朝鮮半島との関係性で評価される [成ほか1993・亀田1995・向井2016・井上2017] が、城門の構造的な分析や分類 [山口2003・稲田2012] も研究が進展している。大野城 [福岡県教育委員会1991・2010]、鬼城山 [岡山県総社市教育委員会2005・2006] など門扉施設が完存している事例もあり、大野城北石垣C区城門では、扉軸受金具も出土している [大澤ほか2008]。なお、古代都城・山城の門の扉口開閉装置としての唐居敷（中国都城では門砧石と呼ぶ）に関しては、（図17②上左）のように用語や構造を整理した向井一雄の研究が参考になる [向井1999]。都城の事例では、平城宮東面大垣出土礎石、平城京羅城門出土礎石が注目でき、近年では平城宮SD650出土金具のように、以前は車軸金具と認識されていた金属製品も、高句麗石台子山城 [遼寧省文物考古研究所ほか2012] の鉄門臼・門枢などの事例から、扉軸受金具と認識されるようになった。ここでは事例の提示と用語整理のみ行ったが、今後、中国・朝鮮半島・日本列島の門扉施設の比較分析が進むことが期待される。

第2節　東アジア古代都城門の分析視角　157

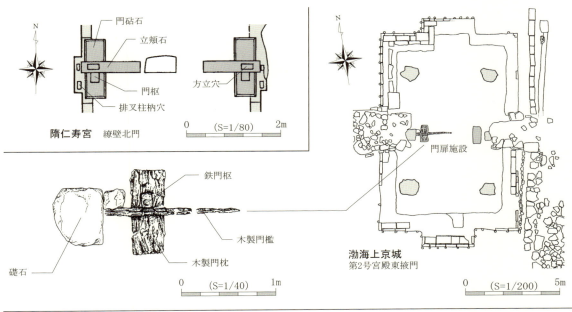

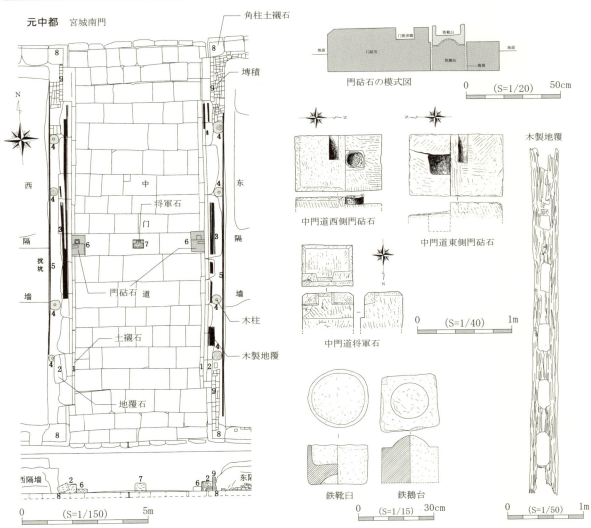

図17　門扉施設（中国）の各部名称①

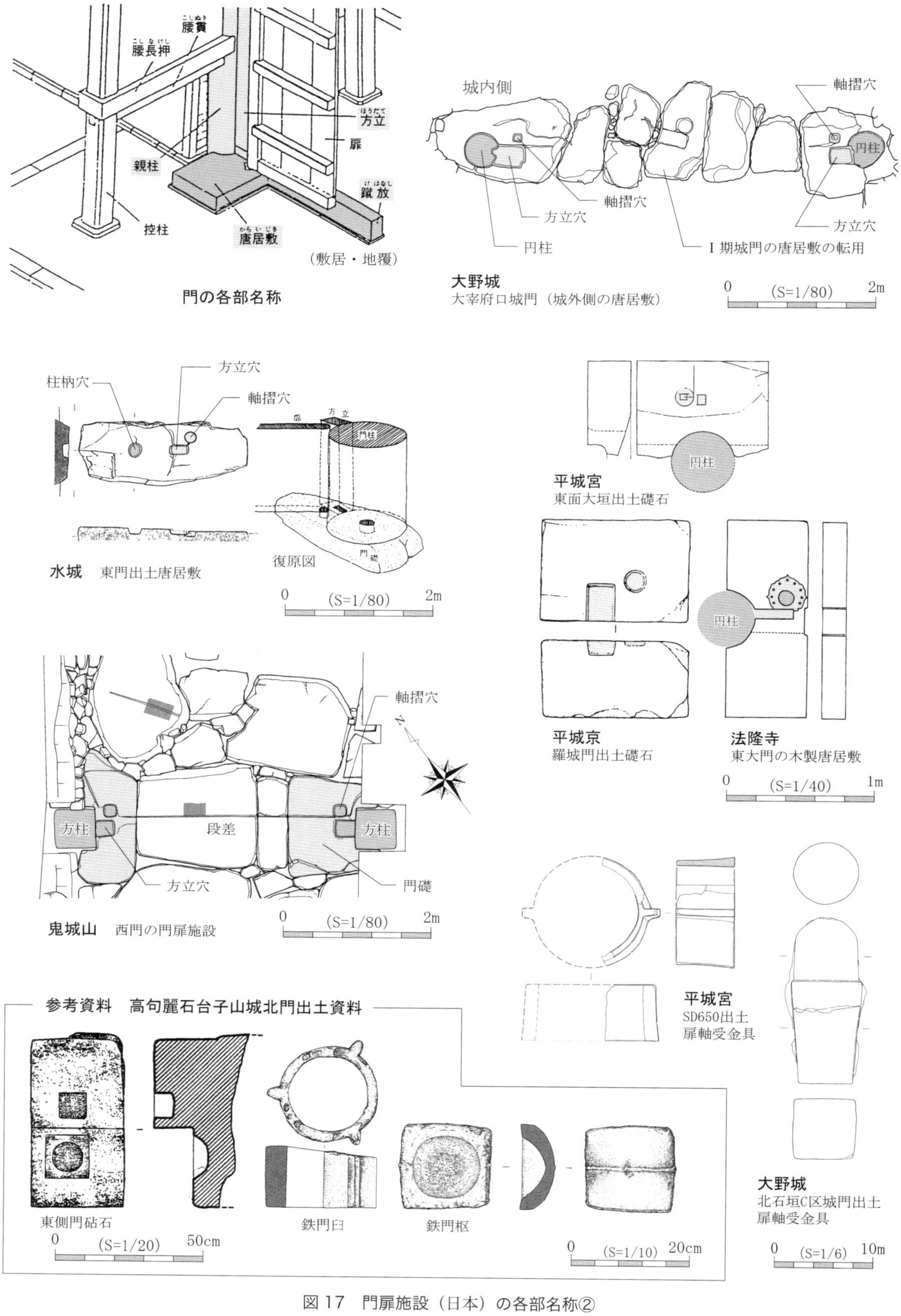

158　第3章　東アジア古代都城門の構造・機能とその展開

門の各部名称
- 腰貫
- 腰長押
- 方立
- 扉
- 親柱
- 蹴放
- 控柱
- 唐居敷（敷居・地覆）

大野城　大宰府口城門（城外側の唐居敷）
- 城内側
- 軸摺穴
- 軸摺穴
- 円柱
- 方立穴
- 方立穴
- 円柱
- Ⅰ期城門の唐居敷の転用

(S=1/80)　0　2m

水城　東門出土唐居敷
- 柱柄穴
- 方立穴
- 軸摺穴
- 方立
- 扉
- 円柱
- 門礎
- 復原図

(S=1/80)　0　2m

平城宮　東面大垣出土礎石
- 円柱

平城京　羅城門出土礎石
- 円柱

法隆寺　東大門の木製唐居敷

(S=1/40)　0　1m

鬼城山　西門の門扉施設
- 軸摺穴
- 方柱
- 段差
- 方柱
- 方立穴
- 門礎

(S=1/80)　0　2m

平城宮　SD650出土扉軸受金具

参考資料　高句麗石台子山城北門出土資料
- 東側門砧石
- 鉄門臼
- 鉄門枢

(S=1/20)　0　50cm
(S=1/10)　0　20cm

大野城　北石垣C区城門出土扉軸受金具

(S=1/6)　0　10m

図17　門扉施設（日本）の各部名称②

第3節　中原都城（漢・唐・宋）と草原都城（遼・金・元）の門遺構

1. 漢の都城門

（1）前漢長安城（図18①）

　前漢長安城は、（図18①上左）にあるように複数の宮城を城壁（大城）が囲繞する不規則な平面配置を特徴とする。中枢は西南の未央宮で、正殿である前殿は南面し、宮門の西安門の南側には礼制建築が位置する。四方の城壁には各3門、合計12門がある。すべて一門三道形式で、東城壁門の3門のみ門前左右に突出部を有する。門道幅は6mほどで共通するが、隔壁幅に規模の差異が見られ、未央宮の宮門：西安門、長楽宮の宮門：覇城門の2門（城門幅52m）が他門（城門幅32m）に比べて、規模が非常に大きい［劉振東2018］。

　近年では、前漢長安城の2006～2021年の発掘成果をまとめた報告書［中国社会科学院考古研究所2022］も刊行されているが、ここでは王仲殊の報告と個別の概報を中心に整理する。

【覇城門】［王仲殊1957・2010］（図18①）

　ⅠA(3)Q3。一門三道の過梁式門である。南門道のみが残存し、門道幅8m（排叉柱部分の2mを除くと6m）・奥行き16mを測る。南門道の南城壁内に、建物・馬道を検出している。南北門道から各20mの南北地点に、ボーリング調査で南北幅10m、東西長40mの突出遺構が確認されている。実測図にある通り、南門道は残りが良い。門道左右に不定形な礎石（土襯石）を置き、その上に断面長方形の木製地覆を設置する。さらに、木製地覆の上には直径約30cmの円柱（排叉柱）を並べている。排叉柱は過梁を支え、その上部に版築がなされ、門楼が存在したと推定されている。南門道は王莽末年の戦火で消失、以後、使用されなかった。

【西安門】［王仲殊1957・2010］（図18①）

　ⅠA(3)。一門三道の過梁式門である。中門道・東門道が残存しており、幅・奥行きは覇城門南門道とほぼ同じである。隔壁幅は14mで、城壁内側に建物を検出している。東門道下層では、塼積みの排水暗渠を検出した。中門道・東門道は、王莽末年の戦火で消失した後、修築され唐代まで使用された。

【宣平門】［王仲殊1958・2010］（図18①②）

　ⅠA(3)Q3。一門三道の過梁式門である。門道幅は約8mで、両側の排叉柱部分の2mを除くと約6mを測る。隔壁幅は約4mで、城門全体の幅が約32m、奥行きは城壁幅と同じで16mを測る。南北門道からそれぞれ南北17mの地点で、外側に突出する構造を特徴とする。突出部は南北幅25m、東西長35mを測る。宣平門は、王莽末年に消失して後漢初期に再建、さらに十六国後趙の時期に改築され、唐代まで使用された。

【直城門】［王仲殊1957・2010、中国社会科学院考古研究所漢長安城工作隊2009］（図18②）

　ⅠA(3)。一門三道の過梁式門である。中門道・南門道の幅・奥行きは、覇城門南門道とほぼ同じで、排叉柱基底部が残存していた。中門道・北門道の西端で門限石を検出している。特に中門道の地面は平滑で使用痕跡が少なく、皇帝らが使用する「馳道」とされる。南門道下層では、前漢期の塼積みの排水暗渠を検出した。中門道・南門道は王莽末年の戦火で消失した後は使用されず、北門道のみ規模を減じて隋代まで使用

160　第3章　東アジア古代都城門の構造・機能とその展開

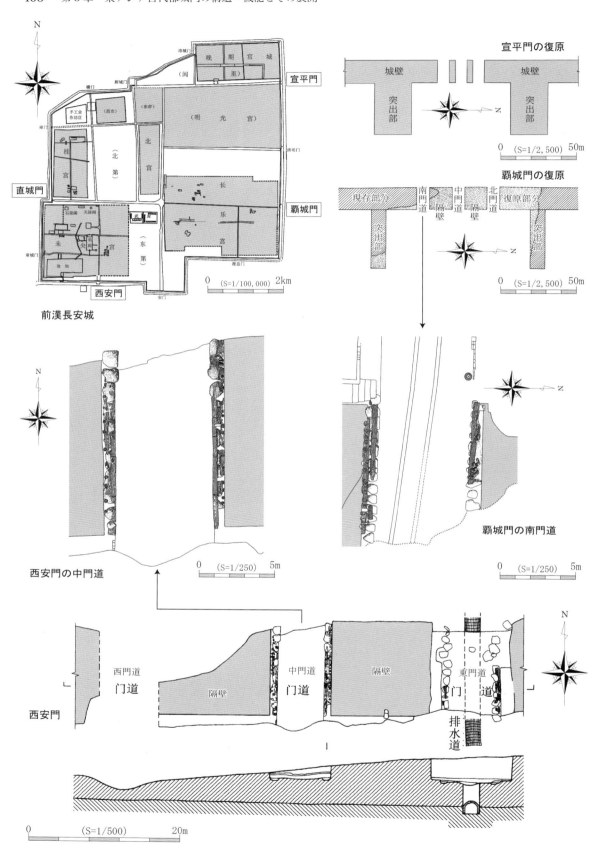

図18　前漢長安城の城門①

第3節　中原都城（漢・唐・宋）と草原都城（遼・金・元）の門遺構　161

図18　前漢長安城の城門②

された。北門道下層では、石版を用いて後漢以降に修築された排水暗渠も検出している。なお、城門の排水施設に関しては、長安城全体の水利施設の系統的位置付けも行われている [張建鋒 2016]。

(2) 後漢洛陽城

後漢洛陽城は、城門が基本的には魏晋南北朝期に継続的に使用されているため、次項で整理する。

2. 魏晋南北朝の都城門

(1) 曹魏・西晋・北魏洛陽城（図19①）

後漢〜西晋の大城、すなわち北魏の内城に関しては、後漢〜西晋期に南壁4門、東西壁各3門、北壁2門の合計12門があり、北魏期には西壁に西陽門・承明門の2門が新設された。その中で北壁の大夏門がボーリング調査で3門道と確認されているが、発掘調査で構造が確認されているのは東壁の建春門、西壁の西陽門に限られる。一方、北魏宣武帝の時期に整備された外郭城に関しては、ボーリング調査によって北壁2か所、東西壁3か所で城門が確認されているが、外郭城門は簡単な建物構造だったと想定されている。後漢の北宮跡地に造営された曹魏・西晋・北魏の宮城に関しては、近年のボーリング調査で司馬門以外は有闕と確認されており（図19①下右）、その中で宮城正門の閶闔門が全面発掘されている [銭国祥 2018]。

【建春門】[中国社会科学院考古研究所洛陽漢魏故城工作隊 1988]（図19②）
　ⅠB(3)。一門三道の過梁式門である。城門の南北幅30m、東西奥行き 12.3m を測る。中門道のみ幅が広く 8m、南北門道は 6m で隔壁は 4-5m である。門道左右には排叉柱を支えた礎石の抜き取り痕跡が確認でき、1列8個の礎石があったと推定される。門道やや外よりに門限石の抜き取り痕跡も確認できる。北門道下層には排水暗渠も存在する。後漢・魏晋・北魏と使用され続けた城門と考えられている。

【西陽門】[銭国祥 2018]（図19②）
　ⅠB?(3)。一門三道の過梁式門である。城門の南北幅26m、東西奥行き 12.5m を測る。残存状況が悪く、墩台と隔壁が残存するのみだが、北門道下層には塼積みの排水暗渠が確認されている。なお、前漢長安城の城門では墩台が発達していなかったのに対して、漢魏洛陽城の内城（大城）門では、城壁幅よりも墩台奥行きが大きく、城門の建物が大型化している点も重要である。

【閶闔門】[中国社会科学院考古研究所洛陽古城隊 2003]（図19②）
　ⅡA(3)Q4。一門三道、双出闕形式の大型殿堂式門である。城門の版築基壇は、城壁よりも内側（北側）に位置しており、東西 44.5m・南北 24.4m を測る。基壇上には桁行7間・梁行4間（桁行方向の柱間は、中門道の 6m 以外は 5.7m。梁行方向の柱間は、南から 5.7m・3.5m・3.5m・5.7m）の礎石建物が確認でき、東西墩台（南北約 19.5m×東西約 6.8m）および中央2つの隔壁（南北約 8.8m×東西約 6.9m）に挟まれた3門道の重層殿堂式門と推定される。3門道は幅約 4.8m・奥行き約 8.7m で、隔壁南端の門道礎石間に門限石の痕跡が認められる。基壇南北に3か所、東西に1カ所のスロープが取り付く。城門の南側の東西には、東西闕が

第3節 中原都城（漢・唐・宋）と草原都城（遼・金・元）の門遺構　163

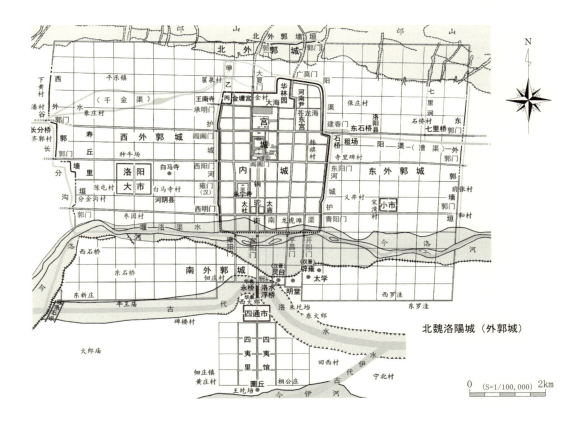

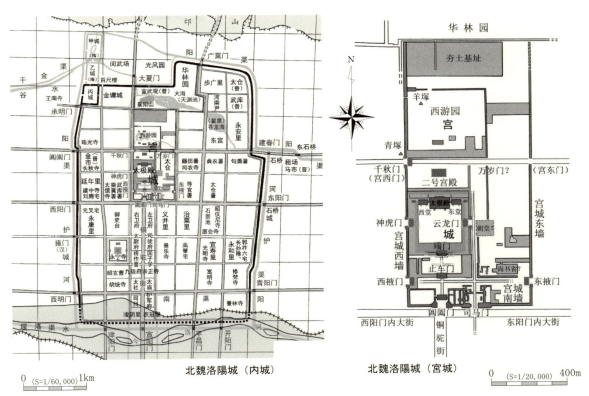

図19　漢魏洛陽城の城門①

164 第3章 東アジア古代都城門の構造・機能とその展開

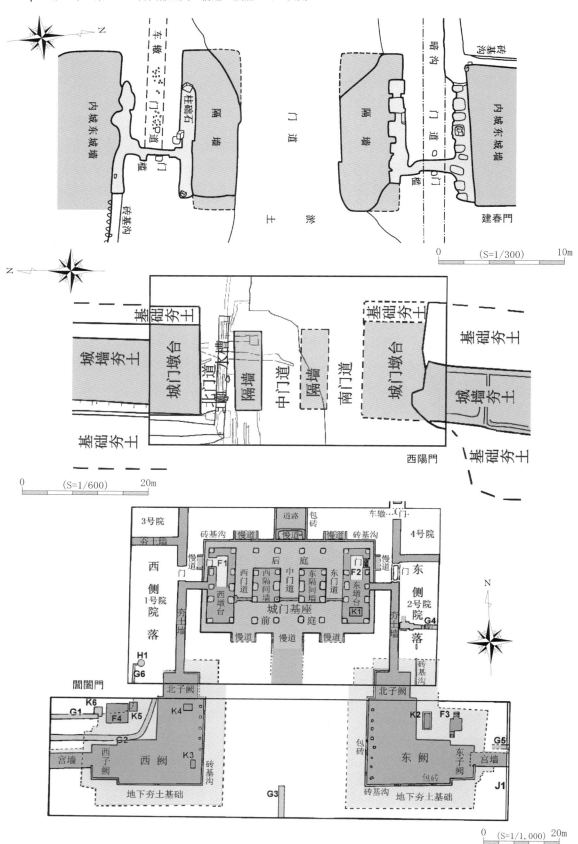

図19 漢魏洛陽城の城門②

第3節　中原都城（漢・唐・宋）と草原都城（遼・金・元）の門遺構　165

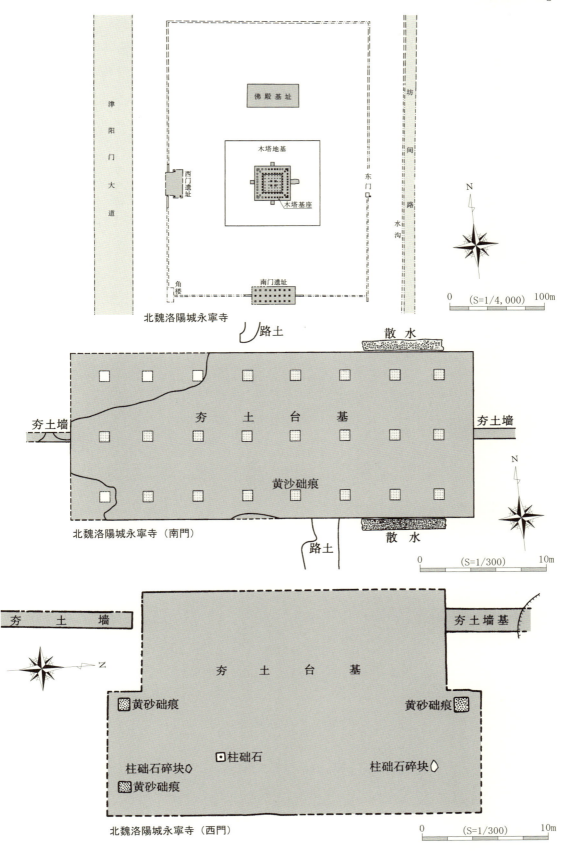

図19　漢魏洛陽城の城門③

166　第3章　東アジア古代都城門の構造・機能とその展開

位置し、両者の間隔は41.5m、それぞれの闕は29m四方の規模で母闕と2つの子闕で構成され、曲尺形の双出闕形式となっている。双闕東西は宮壁に接続し、北側は版築壁によって城門の東西墩台と連接する。なお、未報告ではあるが、閶闔門北側の2・3号門は閶闔門と同規模の無闕殿堂式門、宮城西壁の神虎門は桁行5間・梁行2間の有闕式殿堂式門である点が、近年の発掘調査で判明している。

【参考：北魏洛陽城永寧寺南門・西門】[中国社会科学院考古研究所洛陽漢魏城隊1995・中国社会科学院考古研究所1996b]（図19③）

　北魏洛陽城内では永寧寺の南門・西門が発掘されており、参考資料として提示した。永寧寺は、『洛陽伽藍記』あるいは『水経注』に記載される高さ90丈の九層木塔、太極殿と形が共通する仏殿などで知られる皇家寺院 [銭国祥 2017] である。南門基壇は東西約31.8m・南北約13.8mの長方形、西門基壇は東西18.2m・南北24-30mの凸形を呈し、ともに桁行7間・梁行2間の3門道の殿堂式門、ⅡA(3)式と推定されている。北魏の皇家寺院に、宮城門と同じ殿堂式門が採用されている点は重要である。

（2）東魏北斉鄴城（図20）

　534年に北魏が東魏・西魏に分裂すると、東魏孝静帝は鄴城に遷都した。曹魏十六国の鄴北城 [徐光翼 1993] の南に、「東西6里、南北8里60歩」の規模で洛陽城を模倣し、住民と建築材料を移動して鄴南城が造営された。城門は北城南壁にあたる北側に3門、東西壁各4門、南壁3門の合計14門とされ、内城正門の朱明門のみ発掘調査されている。外郭城門は様相不明だが、宮城に関しては文献史料とボーリング調査によって、城門の名称と配置がある程度復原されている [徐光翼 2002・中国社会科学院考古研究所ほか 2003・中国科学院考古研究所ほか 2014]。

【朱明門】[中国社会科学院考古研究所ほか 1996]（図20）

　ⅠB(3)Q3。一門三道、連体式双闕を有する過梁式門である。北魏洛陽城宮城正門：閶闔門とは異なり、城門が城壁上に位置し、墩台から前面に突出した飛廊が闕台に接続する点が特徴である。東西墩台（東西28.5m×南北20.3m）、2つの隔壁（幅6m）に挟まれた中門道（幅5.4m）・東西門道（幅4.8m）の3門道形式である。東西墩台から幅約12.2m、長さ31mの飛廊が南に伸びており、約14.8m四方の闕台に接続する。両飛廊の距離は、約56.5mで前述した北魏閶闔門よりも広い門前空間となっている。各門道の実測図が公表されていないため、詳細は不明だが、各門道左右には排叉柱を支える礎石の痕跡が検出されている。

（3）北周長安城（図21）

　前漢長安城の東北部では、ボーリング調査によって、十六国（前趙・前秦・後秦）〜北朝（西魏・北周）の宮城遺跡が検出され、部分的に発掘調査が実施されている。宮城は東西小城に分かれているが、両者を隔絶する南北城壁中央に宮門（2号建築遺構）、西小城南壁上に楼閣台遺跡が確認されている。

　十六国・北周期の宮城に関しては不明な部分も多く、これらの遺構を北朝の宮城と見るのに慎重な立場がある点も事実だが、近年では文献史料と考古学的な調査成果に基づき積極的な宮城の復原も試みられている点が注目できる [史硯忻 2023]。

第3節　中原都城（漢・唐・宋）と草原都城（遼・金・元）の門遺構　167

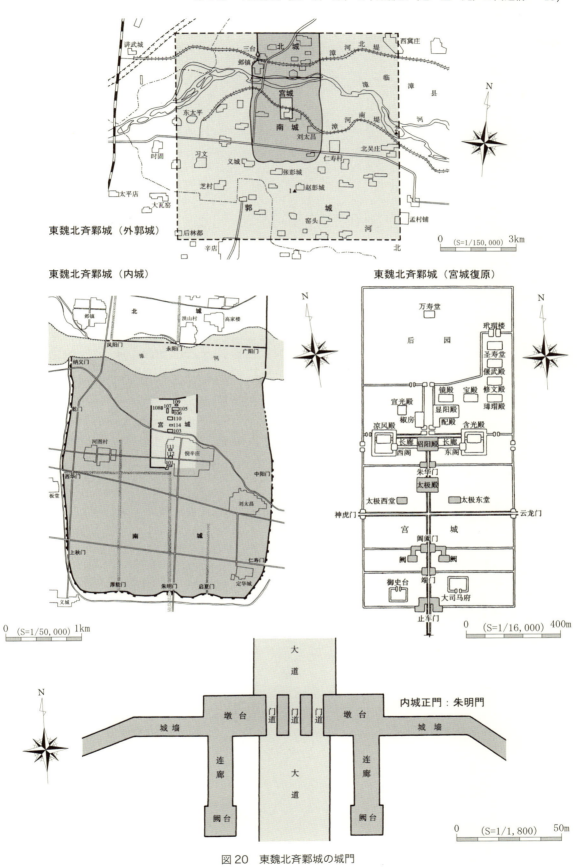

図20　東魏北斉鄴城の城門

168 第3章 東アジア古代都城門の構造・機能とその展開

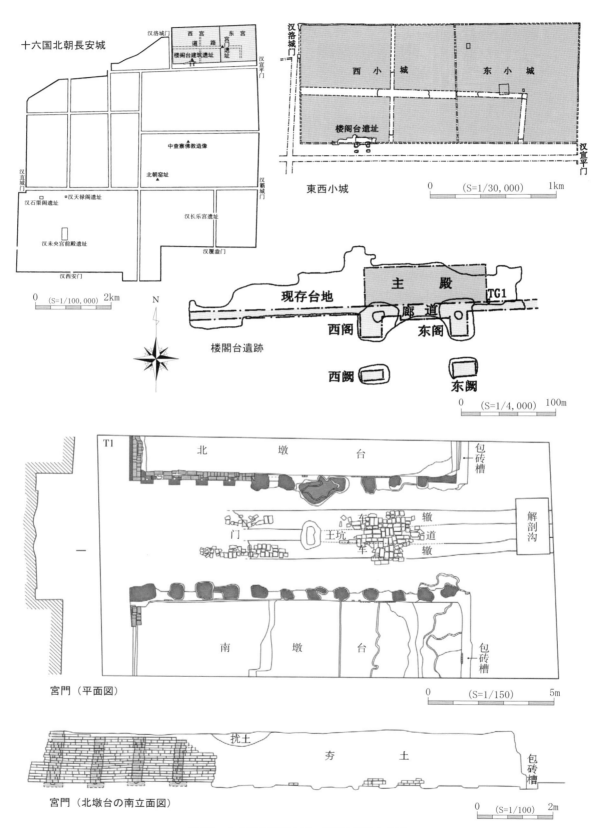

図21 十六国北朝長安城の楼閣台遺跡と宮門

第3節　中原都城（漢・唐・宋）と草原都城（遼・金・元）の門遺構　169

【宮門遺跡】[劉振東 2010・中国社会科学院考古研究所漢長安城工作隊 2023]（図21）
　　ⅠB(1)。発掘調査で、一門道と南北の壁体を検出している（註9）。特に北壁の残存状態が良好である。西側部分では壁体の外装塼が残存しており、中央に柄穴の穿たれた方形礎石が4つ検出された。礎石上には断面方形の排叉柱が立てられた痕跡を示す「柱槽」（壁体外装塼積みの凹み）が確認できる。その他、8つの礎石抜き取り痕跡がみられ、各12個の礎石が南北壁で対応し、西から7個目の礎石想定位置に門限石の抜き取りが認められる。門道の南北幅4.4-4.6m、東西長13.2-13.3mに復原されている。
　　なお、出土瓦の検討から、当該門が十六国～北朝時期の宮城東西を結ぶ宮門である点が確定した点は非常に意義が大きい。また、宮壁の断ち割り調査でも、十六国創建、西魏・北周期の増築の過程が明らかになっており、隋代に廃棄されるまでの変遷過程が判明している。

【楼閣台建築遺跡】[中国社会科学院考古研究所漢長安城工作隊 2008]（図21）
　　西小城の南城壁、やや西寄りに位置する。独立した両闕、東西閣とそれを繋ぐ廊道、主殿で構成される。両闕間の距離は74mで、西闕（東西32m×南北20m、高さ5.4m）、東闕（東西28m×南北22m、高さ6m）を測る。両閣は両闕の位置と対応し、西閣（東西22m×南北34m、西闕まで36m）、東閣（東西18m×南北36m、東闕まで30m）を測る。廊道は両閣よりも低い位置にあり、東西長72m、南北幅12-16mを測る。東西闕・東西閣・廊道で囲繞された部分は、広場とされる。その北側に東西長128m、南北幅41mを測る主殿が検出されている。ボーリング調査に基づく成果ではあるが、報告では、東宮は太子宮、西宮は皇宮で、西宮の楼閣台遺跡は、前・後秦の太極前殿、北周期の「路寝」であり、両闕間の広場を「路門」と想定している。

3. 唐～宋の都城門

(1) 隋仁寿宮・唐九成宮（図22）

　　隋文帝、593年に造営が始まり、595年に完成した隋仁寿宮は、大興城・洛陽城の設計者としても著名な宇文愷によって設計された離宮である。文帝が避暑地として年間半分以上を過ごしたため、当時の政治の中枢となった。隋末に一時荒廃したが、唐太宗が修復して九成宮と改称し、高宗も離宮として利用した。宮城は東西約1km・南北約500mで、西側の天台山上に1号宮殿、すなわち仁寿宮が位置する。左右閣を有する特殊な1号宮殿に対して、宮城西南側の3号宮殿も同じ構造を持つ。なお、宮城外側には繚壁と呼ばれる外城壁が囲繞するが、北門が発掘調査されている。

【繚壁北門】[中国社会科学院考古研究所 2008]（図22）
　　ⅠB(1)。一門道の過梁式門である。東西墩台は、東西5.4m×南北10.7mを測り、外装塼が施される。墩台に挟まれた門道幅は3.76mである。門道左右には、各6個の礎石が並び、中央左右の門框石（立頬石）傍の柱を含めると、排叉柱は左右7本ずつになる。排叉柱は、左右の塼積み壁体の「柱槽」に痕跡として残存する。礎石間は地覆石が補填されており、北宋期のⅠCに繋がる初源的な形態と考えることもできる（下層に土襯石はない）。門框石下には門砧石があり、門道中央には門限石も残存する。北門は、隋仁寿宮の造営時に創建され、一部修復されながら唐代まで使用された。門内東西には兵舎も検出された。

170　第 3 章　東アジア古代都城門の構造・機能とその展開

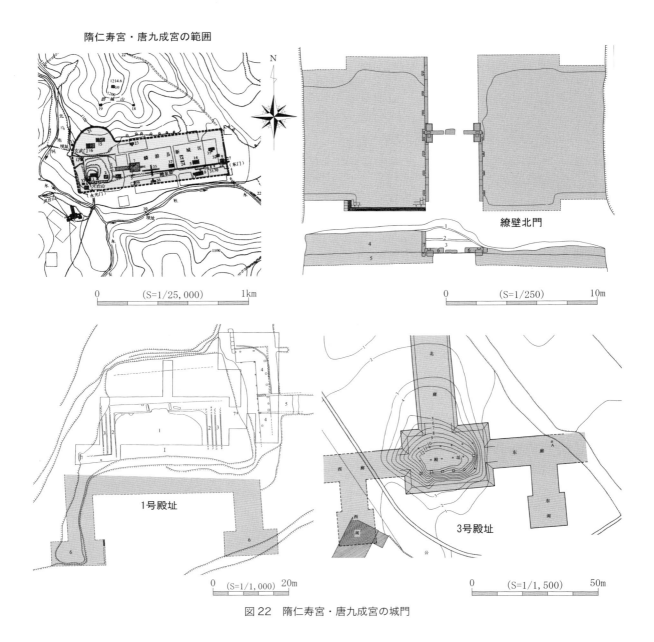

図 22　隋仁寿宮・唐九成宮の城門

【1 号宮殿・3 号宮殿】［中国社会科学院考古研究所 2008］（図 22）

　1 号宮殿は、後述する唐長安城大明宮含元殿とも共通する所謂「闕式宮殿」である。主殿・左右閣・曲廊で構成される。主殿の基壇は、東西 31m・南北残存長 15.2m を測り、基壇周囲には隋・唐代二時期の雨落溝がめぐる。唐代は若干規模が縮小されている。前面左右の閣の残存状況は悪いが、東西 14m・南北 7m以上に復原されている。基壇東側には、基壇を囲繞する形の曲廊遺構が検出されている。一方、3 号宮殿は、宮城西南側の点将台と呼ばれる高台上に位置し、主殿・飛廊・閣で構成される。主殿は東西約 34m・南北約 25m で北・東・西の三方向に飛廊が伸びる。基壇の周囲には残りのよい塼積み外装が確認でき、主殿東北隅・東南隅には角石と呼ばれる立石が見られる。東西の飛廊はさらに南に伸び、東西約 14.5m・南北約 13.4m の東西閣に接続する。3 号宮殿は、隋代に創建され、唐にも使用された禁苑内の大型宮殿とされる。

（2）隋唐長安城（図24①）

　『隋書・地理志』によると、隋大興城は東壁（通化・春明・延興）・南壁（啓夏・明徳・安化）・西壁（延平・金光・開遠）に各3門あり、北壁に光化1門があったという[中国社会科学院考古研究所2017]。『唐両京城坊考』、『唐六典』の記載から、唐代には北壁にも光化・華林（芳林）・興安の3門があったとされ、合計12門と想定される。外郭城門は、明徳門以外は3門道である。発掘成果が報告されているのは、明徳門・興安門のみである（註10）。その他、皇城・太極宮・大明宮・興慶宮の門号が整理されている[李春林2001]が、発掘報告されているのは、皇城の含光門、大明宮の丹鳳門（＋含元殿）・含耀門・銀漢門・内重門・玄武門・重玄門、興慶宮の勤政務本楼である。

【興慶宮謹政務本楼】[馬得志1959]（図23）
　興慶宮南壁は、大明宮北壁と同じ夾城の構造を呈し、内側の城壁上に1号建築、すなわち勤政務本楼が位置する。西城壁から東へ125mの距離にあり、一門道の殿堂式門ⅡB(1)である。勤政務本楼は城門建築でありながら、玄宗が政務をとった興慶宮の主殿とされる。長方形の基壇上には、桁行5間・梁行3間の礎石建物があり、東西各2間分が宮城壁と連接している。中央の門道幅は4.9mで、門道左右の城壁に接する場所に各8個の礎石がある。城門自体は殿堂式でありながら、中央門道は過梁構造を持つ特殊な形式である。門道には2つの門扉施設と車両の轍痕跡が確認されている。

【明徳門】[中国社会科学院考古研究所西安工作隊1974]（図24①）
　ⅠB(5)。外郭城正門、5門道の過梁式門である。城門幅55.5m・奥行き17.5mを測る。門道幅は5m、奥行きは外装塼を含めると18.5m、隔壁幅2.9mである。門道左右には、各列15個の礎石が並んでいたと想定されるが、全て抜き取られている。東側の3門道の中央部には、門扉施設が確認されている。特に中門道では彫刻された門檻石が検出された。城門内側の西側部分では、馬道と思われる遺構を検出している。なお、2018年の東城壁の発掘調査では、堞楼が検出されなかったという[龔国強2018]。また、城門の南に幅3mの東西溝を検出し、溝内から石亀が発見された。さらに、門前東西には建物の痕跡（門僕の詰所か）、隔壁北側には各2個の水甕も検出された。城門は「左入右出」を基本とするが、両端2門道は車馬、内側の2門道は人が出入し、前述した精緻な彫刻門扉施設が示すように、中門道は皇帝が使用する馳道とされる。

【含耀門】[中国社会科学院考古研究所西安唐城工作隊1988]（図24①）
　ⅠB(2)。2門道の過梁式門で、大明宮の第2宮壁、宣政門の東側に位置する宮門である。城門幅は26.4m、奥行き12.5mを測る。東西墩台（幅6.2m）、隔壁（幅3.9m）、東門道（幅5.15m）、西門道（幅4.95m）で構成される。門道左右には排叉柱の礎石が各9個想定されており、芯々距離は約1m。北から3番目の礎石の位置に、門扉の痕跡が残る。東西墩台は宮壁と連接し、東西墩台より6mの地点で、幅4.5mの版築壁が南側に延びる。城門南外は両壁に挟まれた東西約40mの閉鎖的な南北道路となる。

【丹鳳門】[中国社会科学院考古研究所西安唐城隊2006]（図24①）
　ⅠB(5)。大明宮正門、5門道の過梁式門である。城門幅74.5m・奥行き33mを測る。東西墩台（突出部を左右外側に向ける凸字形。西墩台は南北最大24.1m・東西最大14.7m)、5門道（幅9.4m）、4隔壁（幅3m）で構

172　第3章　東アジア古代都城門の構造・機能とその展開

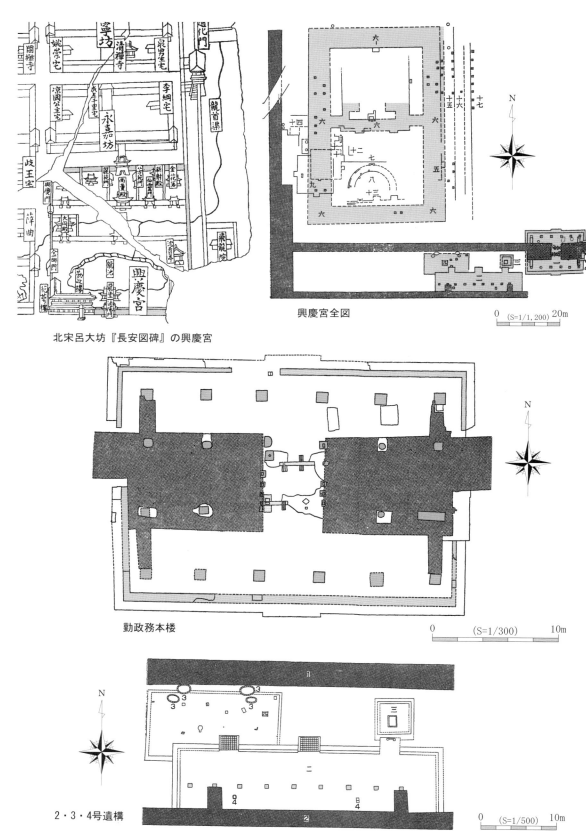

図23　唐長安城興慶宮の遺構

成される。門道左右には、各列 16-19 個の礎石の据付・抜取痕跡が認められ、いくつかの礎石は原位置に残存する。門道の東西中軸線から南 2m に、門扉の痕跡が認められる。西側 3 門道では、立頬石・門砧石が残る。東西城壁の内側には、馬道（西馬道：東西 54m× 南北 3.5m）を検出したが、垛楼は存在しない。

【含光門】[中国社会科学院考古研究所西安唐城工作隊 1987]（図 24 ②）

ⅠB(3)。皇城南壁西門、3 門道の過梁式門である。城門は東西 37.4m、南北 19.6m を測る。発掘では西・中門道を唐代の遺構面まで検出し、東門道は北宋の遺構面（唐末の消失後、東門道のみ修築・使用された）で保護している。西門道（幅 5.35m）、中門道（幅 5.72m）、東門道（幅 5.35m）で、隔壁は幅 3.07m を測る。門道左右には、各 15 個の礎石が並ぶ。礎石上の排叉柱（角柱）の中で、火災により炭化して残存する個体があり、断面は 28×22cm ほどである。排叉柱の間は、塼積みが施され、外面には漆喰が塗布される。排叉柱の「柱槽」からすると、南北両端の柱が最も内向き（門道中央方向）に傾斜しており、中心に近いほど垂直に近く、中間の 5 本はほぼ直立する。門道中央に門扉施設が残存し、左右に門砧石・立頬石、その間に門限石が残存する。西門道には車道石も残る。門道は北側から南側に向けて 26cm 低くなっており、城内から城外への排水を考慮した設計とされる。

【興安門】[中国社会科学院考古研究所西安唐城工作隊 2014]（図 24 ②）

ⅠB(3 → 2)。外郭城北壁東門、3 門道から 2 門道に改築された過梁式門である。早期門は、東西 39m、南北 20m、門道幅 5.4-5.9m を測る。西門道と西隔壁が、晩期には西墩台として改築されている。晩期門は、東西 27.9m、南北 18.9m を測る。東西墩台幅 6.8m、東西門道幅 5.85m、隔壁幅 3m を測る。門道左右には方形礎石が並び、南から 7.6m の位置に門扉施設が確認できる。東西城壁は、西内苑東壁・大明宮西壁と接続する。東城壁北側には、馬道（東西 21.4m× 南北 3.8m）が検出されている。興安門は、隋大興城造営当時は北外郭城門として 3 門道で創建されたものの、大明宮造営に伴って「大明宮南城壁 5 門の 1 つ」となり、含耀門・昭慶門と同じ「一門二道」の宮門に機能が変化したと考えられている。

【銀漢門・玄武門・内重門・重玄門】[中国科学院考古研究所 1959]（図 24 ②③④）

銀漢門は、大明宮北壁東門で、門楼が存在しない特殊な門遺構とされる。宮城北城壁に挟まれた幅 2.2m の空間に、壁面を塼積み、路面を敷塼する。中心の石壁部分、および北端、南端に門扉施設が想定される。

玄武門ⅠB(1) は、大明宮北面正門、1 門道の過梁式門である。城門は、東西 34.2m、南北 16.4m を測る。門道幅は約 5m で、左右には排叉柱の礎石が並んでいたと推定されるが、残存するのは東壁の南北端の礎石のみである。中央付近に門檻石が残存し、車轍痕跡も確認できる。玄武門の東西には幅 2m の版築壁が南に伸び、内重門に接続する。両門に囲まれた空間は、東西 57.5m、南北 27m である。

内重門ⅡC(1) は、玄武門の南 20m に位置し、玄武門と一体となる門である。報告では、「平房穿堂門」と呼称されるが、ここでは小型の殿堂式門（ⅡC）の範疇で整理しておく。東西 15.6m、南北 11.5m を測り、基壇版築を持たず、周囲には敷塼による雨落溝がめぐる。南北には、雨落溝から 0.6m 突出する塼敷スロープが取り付く。門建築は特殊な形式で、東西城壁が中央に接続し、桁行 3 間・梁行 2 間の礎石建物が想定できる。報告者は、興慶宮勤政務本楼との共通性を指摘する。

重玄門ⅠB(1) は、玄武門から北側 156m の夾城北壁に位置する 1 門道の過梁式門である。城門は、東西 33.6m、南北 16.4m を測り、玄武門との違いは東墩台東南隅、西墩台西南隅に屈曲部を持つ点である。墩台基壇の外装塼の南北外側には、幅 0.8m の雨落溝がめぐる。門道幅は 5.2m で、門道左右には礎石が各

174　第3章　東アジア古代都城門の構造・機能とその展開

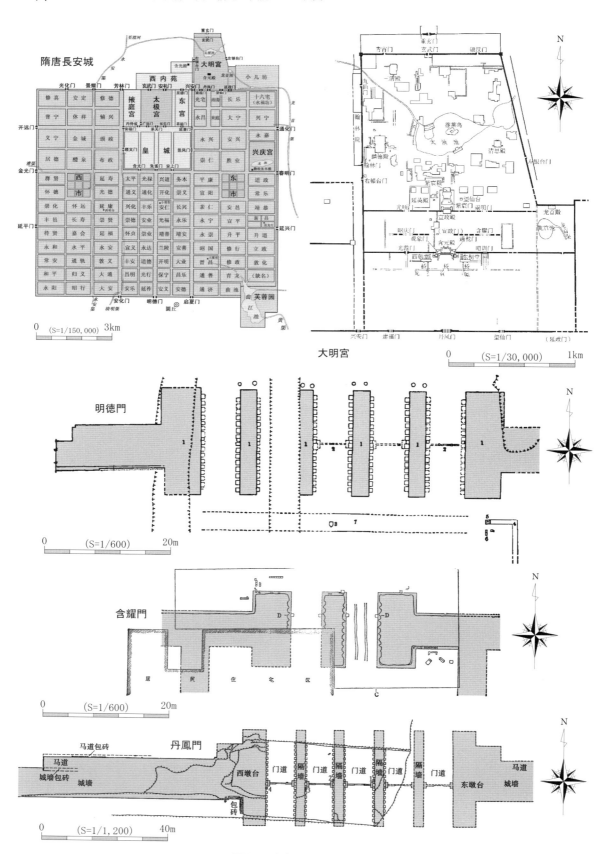

図24　隋唐長安城の城門①

第3節　中原都城（漢・唐・宋）と草原都城（遼・金・元）の門遺構　175

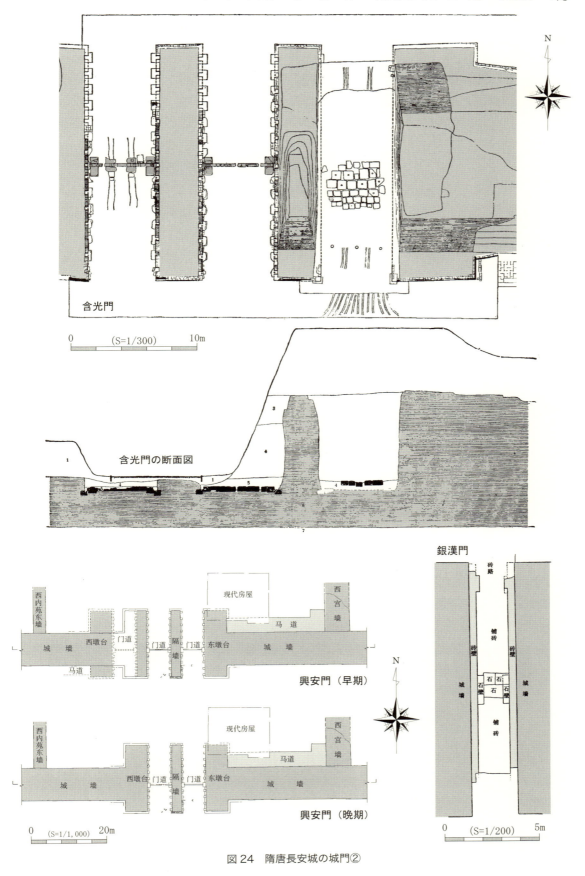

図24　隋唐長安城の城門②

176 第3章 東アジア古代都城門の構造・機能とその展開

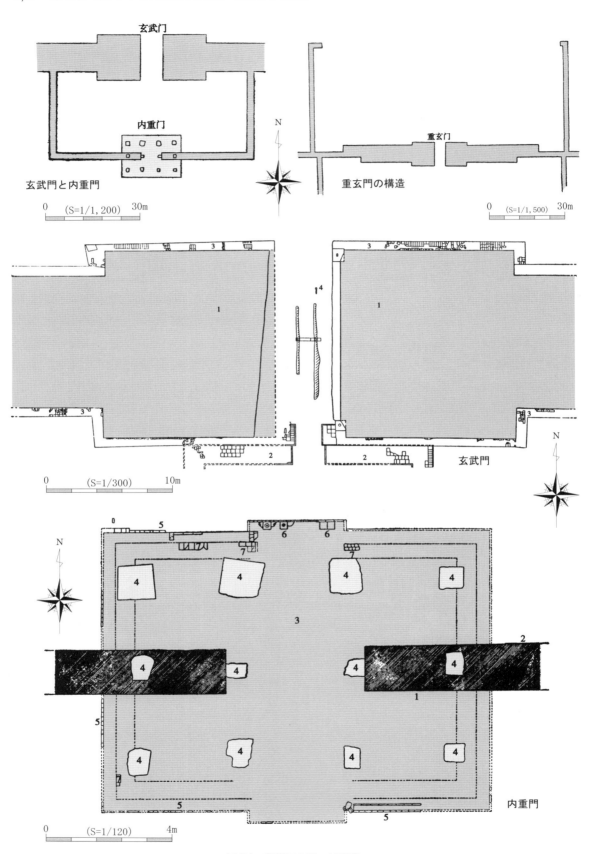

図24 隋唐長安城の城門③

第3節　中原都城（漢・唐・宋）と草原都城（遼・金・元）の門遺構　177

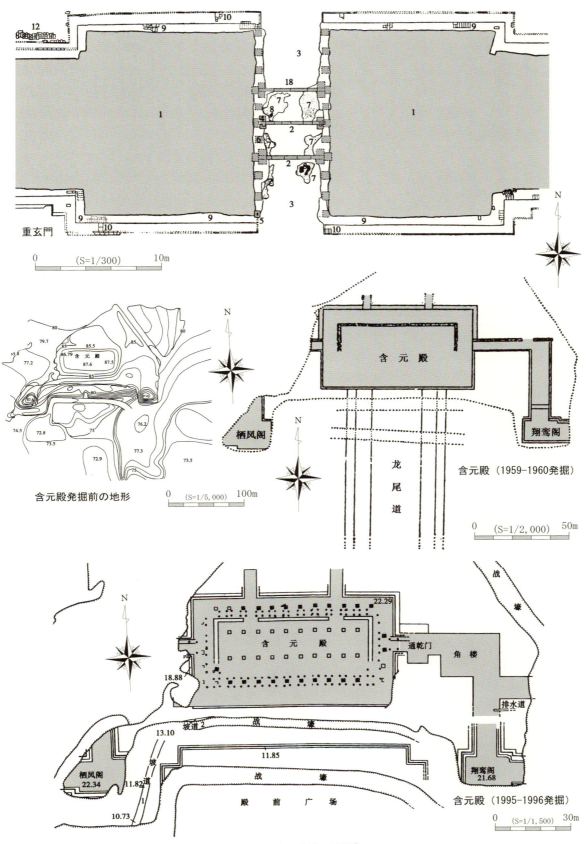

図 24　隋唐長安城の城門④

178　第3章　東アジア古代都城門の構造・機能とその展開

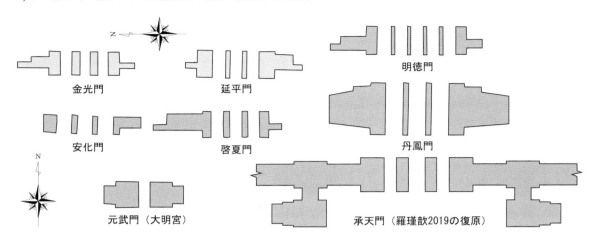

※承天門以外は、陝西省文物管理委員会1958のボーリング調査に基づく。

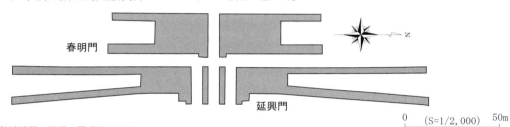

唐長安城外郭城城門の規模（羅瑾歆2019）

城門名称	門道数	門道幅	隔壁幅	門道と隔壁の総幅	城門墩台幅	城門奥行
明徳門（南壁中門）	5	5m	2.9m	36.6m	55.5m	18.5m
安化門（南壁西門）	3	7.2m	4m	29.6m	42.5m	10m
啓夏門（南壁東門）	—	—	—	24.67m	35m	15m
金光門（西壁中門）	3	5.2m	4.67m	24.94m	37.5m	11m
延平門（西壁南門）	3	6.7m	2.67m	25.44m	39.2m	15m
開遠門（西壁北門）	—	—	—	—	—	—
春明門（東壁中門）	1	5.33m	—	—	15m	23.6m
延興門（東壁南門）	3	6m	—	—	42m	21m
通化門（東壁北門）	3	—	—	—	—	—

唐洛陽城外郭城城門の規模（羅瑾歆2019）

城門名称	門道数	門道幅	隔壁幅	門道と隔壁の総幅	城門墩台幅	城門奥行
定鼎門（南壁中門）	3	5.8m	5.6m	2.86m	44.5m	21.04m
厚載門（南壁西門）	3	5.45m	—	—	—	—
長夏門（南壁東門）	3	5.25m	2.7m	21.15m	35.2m	18.5m
建春門（東壁中門）	3	5m	3m	21m	残34m	17m
永通門（東壁南門）	3	4.8m/4.95m/4.8m	3.6m/3.55m	21.7m	残29.75m	残13m

唐長安城と唐洛陽城の宮城・外郭城・大明宮における正門の規模（羅瑾歆2019）

城門名称	門道数	門道幅	隔壁幅	門道と隔壁の総幅	城門墩台幅	城門奥行
承天門	≧3	6.4m/8.5m/6.2m	6.5m/6.8m	34.4m	残41m	19m
明徳門	5	5m	2.9m	36.6m	55.5m	18.5m
丹鳳門	5	9.4m	3m	59m	74.5m	33m
応天門	3	5m	5m	25m	51m	26.1m
定鼎門	3	5.8m	5.6m	28.6m	44.5m	21.04m

図24　隋唐長安城の城門⑤

11個並ぶ。排叉柱の間は、塼・石で補填され、壁面には漆喰が塗布される。南から4・6・8個目の礎石の位置に、門扉施設があり、特に中央には門檻石・立頬石・門砧石が完存している。なお、重玄門の東西には北側に延びる城壁、南側に延びる城壁が検出されており、玄武門〜重玄門の夾城の空間が、禁軍駐屯地である宮城北方の防御の要として機能した点が推定できる。太極宮北門を舞台とした「玄武門の変」が示すように、宮城北門が防御に特化した空間として発展した点が伺われる。本章では、玄武門・内重門・重玄門の3つの門を宮城北門建築群として把握し、「夾城門」と呼称しておく。

【含元殿】[馬得志1961・中国社会科学院考古研究所西安唐城工作隊1997]（図24④）

　ⅡB/Q4。大明宮の主殿であると同時に、外朝大典の中心的舞台空間である。殿堂、左右門、左右角楼、飛廊、両閣、龍尾道、殿前広場、東西朝堂、肺石・登聞鼓などで構成される建築群の総称である。城門ではないが、太極宮正門：承天門の構造・系譜を引く闕式正殿である。殿堂基壇は外装石の範囲で東西76.8m、南北43m、周囲に雨落溝がめぐる。基壇上には、礎石据付穴下層に4つの方形石を平置きした「承礎石」（清代の王森文が命名／唐九成宮37号宮殿などでも検出されている）が存在し、その位置から柱配置が復原されている。基壇中央には、桁行9間（柱間5.35m・東西両端間5m）・梁行1間（柱間9.7m）の柱痕跡（報告では「金柱」）がある。この柱痕跡の三方を囲繞するように「山墻」と呼ばれる北壁（幅1.3m）、東西壁（幅1.5m）があり、柱と壁の芯々距離は北で4.85m、東西で5.3mを測る。さらに、北壁から北の檐柱列までは芯々4.25m、金柱南列から南檐柱列までは9.2mである。以上から、主殿は桁行11間（西5.3/5/5.3×7/5/5.3東）・梁行4間（北4.25/4.85/9.7/9.2南）と表現される。しかし、北・東・西にめぐる「副階」の1間（4.25m）を含めて考えれば、桁行13間・梁行5間の規模となる。基壇北側には東西2つのスロープがあり、基壇東西端には東の翔鸞閣・西の棲鳳閣に接続する飛廊が取り付く。

　左右両閣は、母闕に2つの子闕が附帯する三出闕形式を呈する。『唐六典』によると、閣下には朝堂[馬得志1987]・肺石・登聞鼓が配され、承天門の制度と共通するとある。残存する東側の飛廊は曲尺形を呈し、屈曲部では東西22.4m×南北16.8mの角楼を検出し、主殿との間には通乾門が位置する。含元殿東西の通乾門と観象門は、皇帝が宣政殿で常朝に臨む際に文武百官が両門前に序班し入門したと言われる。通乾門の版築は、東西7.7m×南北15.1mで建物構造は不明だが、1門道と推定できる。

【ボーリング調査で確認された門遺構】[陝西省文物管理委員会1958・羅瑾歆2019]（図24⑤）

　その他の城門として、陝西省によるボーリング調査の成果が平面形と法量で示されているのに加えて、宮城正門の承天門も復原案が提示されている。特に、承天門に関しては、明徳門・丹鳳門の発掘成果から朱雀門とともに5門道説が注目されてきた[李春林2001]が、ボーリング調査で西墩台と3門道が確認されており、その法量（西門道幅6.2m・西隔壁6.8m・中門道8.5m・東隔壁6.5m・東門道6.4m／門道奥行19m）から、中央を御道とする3門道説が主流の解釈となってきた[龔国強2018]。近年では、東都洛陽の宮城正門：応天門の発掘成果から、左右垜楼から南に伸びた飛廊が三出闕に接続し、門前左右に朝堂・肺石・登聞鼓を配置する平面形が想定されている[羅瑾歆2019]。

（3）隋唐洛陽城（図25①）

　隋唐洛陽城は、外郭城・皇城・東城・含嘉倉城・宮城で構成される。文献史料の記載によると、外郭城には合計8門あり、南壁3門（厚載・定鼎・長夏）、東壁3門（永通・建春・上東）、北壁2門（安喜・徽安）である。

180　第 3 章　東アジア古代都城門の構造・機能とその展開

外郭城で調査されているのは、厚載門・定鼎門・長夏門・永通門・建春門である。一方、皇城・東城・含嘉倉城・宮城では、文献史料で数多くの門が確認されているが、調査成果が公表されているのは、皇城（右掖門）、東城（宣仁門・尚書省正門）、含嘉倉城（徳猷門）、宮城（応天門・長楽門・宣政門・安寧門・円壁南門・西隔城東壁門・乾元門）の諸門である（註 11）。以下の整理に関しては、隋唐洛陽城の報告書 [中国社会科学院考古研究所 2014] および、各遺構の概報を参考にした。なお、近年には隋唐洛陽城の城門を集成した研究本 [洛陽市文物考古研究院 2022a] も刊行されているが、基本は報告書の図面を引用する。

【厚載門】[洛陽博物館通訊組 1960]（図なし）
　　ⅠB(3)。外郭城南壁西門。一門三道と推定され、礎石列を 2 列（幅 5.45m）のみ検出している。

【定鼎門】[中国社会科学院考古研究所洛陽唐城隊ほか 2004]（図 25 ①）
　　ⅠB(3)Q2。外郭城南壁正門、双垛楼を附帯する一門三道の過梁式門である。遺構は、唐代早期・中期・晩期、北宋期の 4 時期の変遷が確認されているが、創建時の構造を整理する。東墩台（東西 8m・南北 21.1m）、西墩台（東西 8m・南北 17.6m）を測り、周囲には外装塼・雨落溝がめぐる。3 門道は、左右礎石の芯々距離で 5.8m、奥行き 21m を測る。完存している西門道では、東西に排叉柱を立てる礎石が各 15 個並び、中央に行くほど密に、南北端に行くほど間隔をあけて設置されている。南北端には、撞石がある。門道中央部には、門砧石・立頬石などの門扉施設、および車道石が認められる。東西の隔壁は、幅 5.6m である。西城壁の南北幅は 4.5m で、北側に馬道が確認されている。西垛楼は東西残長 16.9m、南北残長 10.9m を測り、その西側には城壁下層に石積みの排水暗渠を検出している。

【応天門】[洛陽市文物工作隊 1988・中国社会科学院考古研究所洛陽唐城工作隊 2007・中国社会科学院考古研究所 2014・中国社会科学院考古研究所洛陽唐城工作隊ほか 2019]（図 25 ②）
　　ⅠB(3)Q4。宮城正門、三出闕を附帯する一門三道の過梁式門である。5 回の発掘調査で、3 時期の変遷が確認されている。早期（隋：則天門）、中期（唐高宗〜武則天：応天門）、晩期（晩唐〜宋：五鳳楼）で、特に門闕構造は大きく変遷する。城門部分（左右墩台・3 門道・2 隔壁）、東西方向の飛廊、垛楼、東西城壁、馬道、南北方向の飛廊、三出闕で構成され、左右対称である。ここでは、中央区（城門）、東区（東飛廊・東垛楼・東城壁・東馬道・東闕）、西区（西飛廊・西垛楼・西城壁・西馬道・西闕）に分けて記載する。
　中央区の復原値は、東西 46.7m・南北 26.1m（北宋期は 54.5m・南北 26.6m に拡張される）を測る。周囲には外装石と雨落溝がめぐる。門道幅各 5m・隔壁幅各 4.5m で、門道左右には長方形の礎石がいくつか残存する。なお、北宋期の遺構としては東門道のみ残存するが、東に 3.5m 移動する大規模な修築が指摘される。
　東区は東西飛廊・垛楼・馬道・南北飛廊・東闕で構成され、周囲には壁柱（合計 29 カ所確認）および外装石が見られ、その外側に雨落溝がめぐる。東西飛廊の南北幅は 16.5m 前後、垛楼は 18m 四方、南北飛廊の東西幅は 11.4m を測る。馬道は垛楼の東北側に連接している。東闕の南側は中州渠で破壊されるが、北方向、東方向、2 方向への双向三出闕形式と確認できる。東闕東西には、北宋期の小型建物が検出されている。
　西区は 2010-2011 年の発掘で、詳細な変遷過程が明らかになっている。重要なのは、早期の門闕が北向きの単向三出闕形式だったのに対して、中期に北・西向きの双向三出闕形式となり、晩期に三出闕構造が完成したとされる点である。晩期には中期版築の西側に巨大な版築が増築され、版築上に柱穴・繊木の痕跡が認められる。版築内の柱や横木（繊木）は、版築構築時の足場や「堰板」を支えると同時に、完成後は版築内で「木筋」の役割を果たし、版築を強化したと考えられている。西区晩期の門闕構造は、東区で検出され

第3節　中原都城（漢・唐・宋）と草原都城（遼・金・元）の門遺構　181

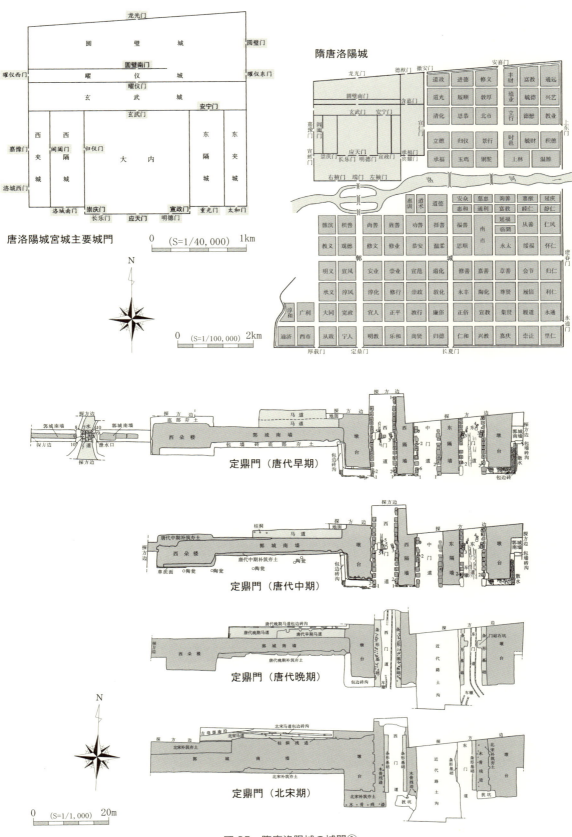

図25　隋唐洛陽城の城門①

182　第3章　東アジア古代都城門の構造・機能とその展開

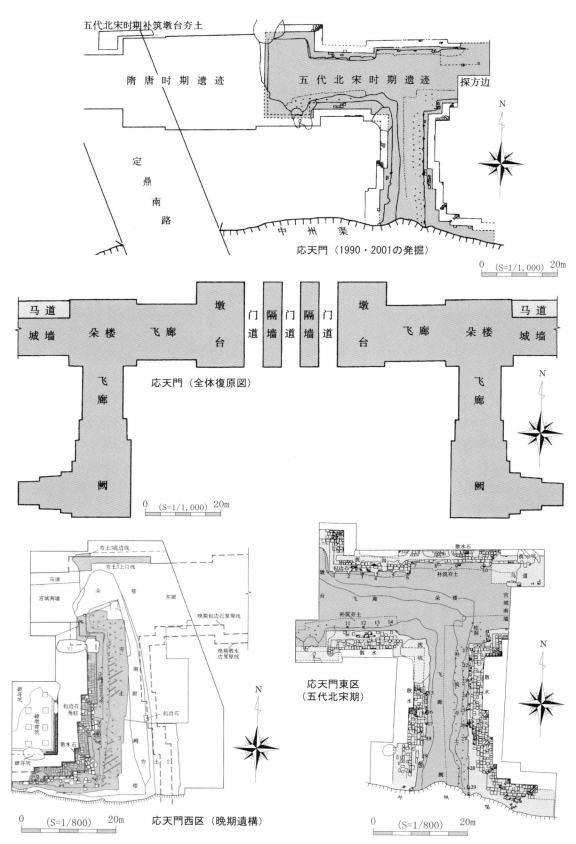

図25　隋唐洛陽城の城門②

第3節　中原都城（漢・唐・宋）と草原都城（遼・金・元）の門遺構　183

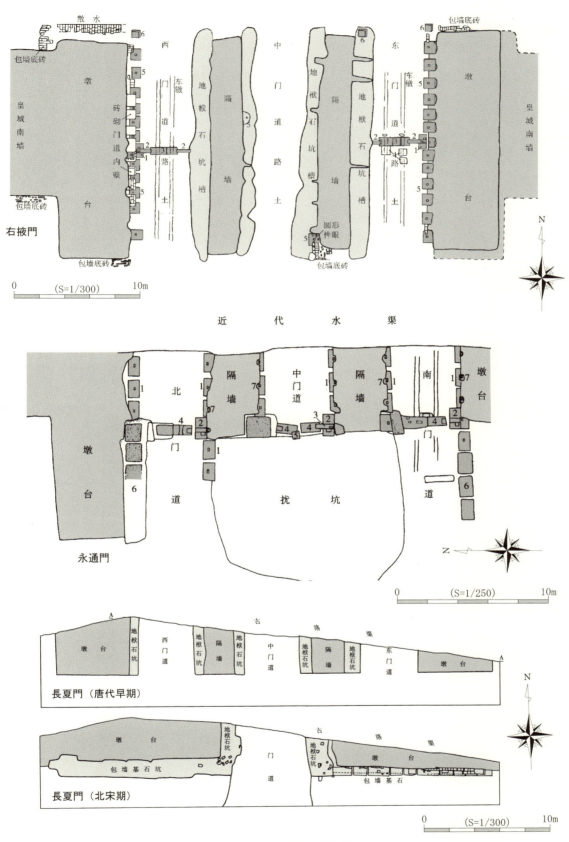

図25　隋唐洛陽城の城門③

184 第3章 東アジア古代都城門の構造・機能とその展開

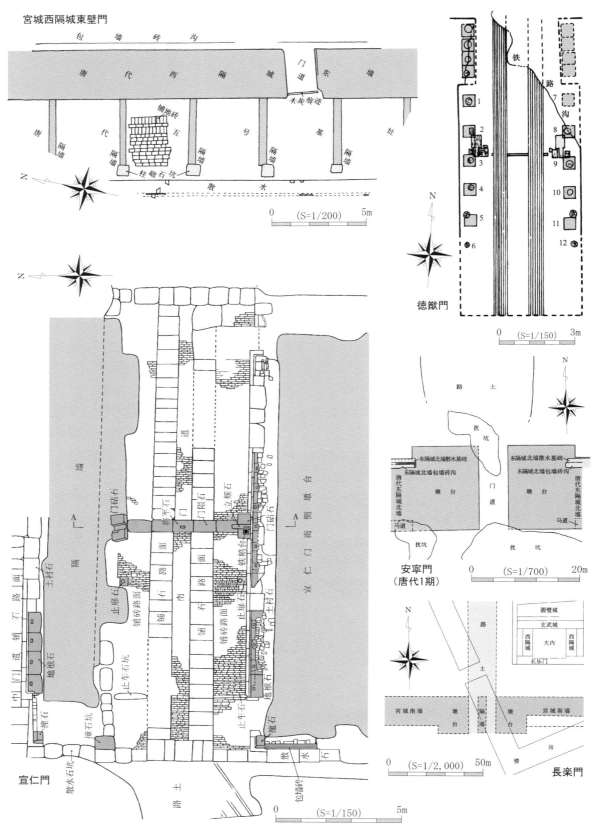

図25 隋唐洛陽城の城門④

第3節　中原都城（漢・唐・宋）と草原都城（遼・金・元）の門遺構　185

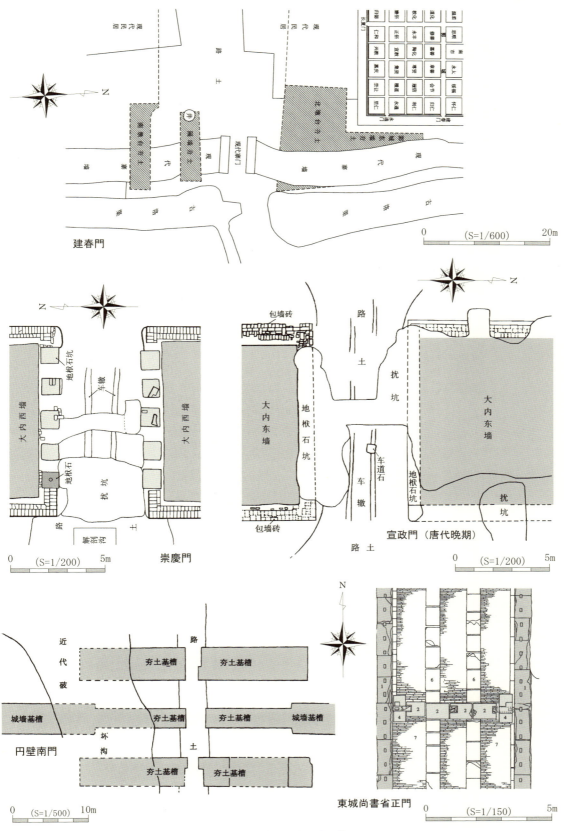

図25　隋唐洛陽城の城門⑤

186　第3章　東アジア古代都城門の構造・機能とその展開

ている五代北宋期の構造と対応する。なお、晩期西闕楼の北西側には、塼積みの基壇外装を持つ「磉墩」(平面1.1-1.5mの方形を呈し、柱・礎石の重量を支えるために壺掘りした版築、石・瓦・塼の破片を粘性の高い土に混ぜ込んで版築する：礎石据付穴）建物を検出している。

【右掖門】[中国科学院考古研究所洛陽発掘隊1961]（図25③）

　ⅠB(3)。皇城南壁西門、一門三道の過梁式門である。左右墩台を含む範囲は、東西36m×南北17.5mを測り、周囲には外装塼と雨落溝がめぐる。東西の隔壁幅は、ともに3mである。東門道東壁、西門道西壁の残存状況が良好である。各門道幅は5m、奥行き17.5mを測り、東門道東壁では13個の方形礎石、北端に撞石が残存する。礎石中央の枘穴は、中央付近で垂直なのに対して、南北端に行くほど中央に向けて角度を持つ。礎石上に残る排叉柱は断面円形で、排叉柱間を埋めた塼積壁が西門道西壁で残存している。東西門道の中央、南北端から7個目の礎石部分に、門砧石・立頬石・門限石・車道石の門扉施設（内開き）が完存している。東門道の南端では、炭化した長さ3.75m・幅1.75mの木製扉が検出されている。

【永通門】[中国社会科学院考古研究所洛陽唐城隊ほか1997]（図25③）

　ⅠB(3)。外郭城東壁南門、一門三道の過梁式門である。東側が近代の水渠で破壊されており、西側にも大きな攪乱坑があるため、全体規模は不明だが、門道・隔壁の構造は把握できる。南北門道幅4.8m、中門道幅4.95m、南北隔壁幅3.6mを測る。門道左右には長方形の礎石が並び、枘穴同士の間隔は1.4-1.6mを測る。枘穴は中央に行くほど垂直で、東西端に行くほど中央に向けて角度を持つ。内壁の柱槽と礎石上の排叉柱の痕跡からすると、柱の半分ほどが内壁部分に露出していたとされ、壁面には漆喰が塗布されていた。門道中央には、門砧石・立頬石・門限石・将軍石などの門扉施設が確認されている。門砧石の門軸の位置から、西側に開閉した（内開き）点がわかる。南北門道には、車轍痕跡が顕著に認められる。

【長夏門】[中国社会科学院考古研究所2014]（図25③）

　ⅠB(3)。外郭城南壁東門、一門三道の過梁式門である。部分的な発掘調査から、唐代早期・晩期、北宋期の3時期が推定されている。城門の東西幅は34.9mで、3門道の幅は礎石抜取坑の中心距離で各5.25m、隔壁の幅は各2.7mを測る。

【徳猷門】[洛陽博物館1981・洛陽市考古研究院2023]（図25④）

　ⅠB(1)。含嘉倉城北壁門、単門道の過梁式門である（註12）。城壁南北幅＝門道の奥行は17m、2時期の変遷が確認されている。下層は門道北部分を調査しており、東西各5カ所の方塼上に柱痕跡を確認し、門道幅は2.9mに復原される。上層は20-40cmほどの黄土を充填して門道両側に各6個、後に10個の礎石を設置している。門道中央部には門扉施設の痕跡があり、路面には車轍痕が検出されている。

【宮城西隔城東壁門】[中国社会科学院考古研究所洛陽工作隊1978]（図25④）

　宮城西隔城東壁では、東壁を利用した「廊房」と呼ばれる建物遺構を7基検出しており、3号房部分で簡単な門道が確認されている。幅は1.58mで、西側に門扉の一部と思われる木炭が検出されている。

【宣仁門】[中国社会科学院考古研究所洛陽唐城隊2000]（図25④）

　ⅠC(3)。東城東壁門、一門三道の過梁式門である。南門道、および中門道の一部が、発掘で検出された。

南門道幅は左右内壁間で 5.36m、隔壁幅は 2.9m を測る。門道左右の地覆石は、土襯石の上に設置され、南北対称である。地覆石は平面長方形で、上に排叉柱を承ける長方形の枘穴が穿たれる。枘穴相互の距離は 0.83m 間隔で、排叉柱の痕跡は断面隅丸長方形である。排叉柱間は塼積みで充塡され、その壁面（内壁）には漆喰が塗布される。土襯石は、地覆石の下層に密に東西に設置されているが、内壁より路面側に 16cm ほど露出している。門砧石は、土襯石の上に直接設置されており、中央に凹状の溝（立頰石がはめ込まれる）、西側に枘穴（門臼）がある。枘穴からは、鉄鵝台（半球形金属）が検出された。門砧石間には門限石があり、門道中央には中央に枘穴がある将軍石が設置される。門道と門限石は、同レベルで段差はない。門砧石西側の門道左右には、扉を固定する枘穴がある止扉石（内開き）が門道に埋め込まれている。軸部までの距離は、約 2m を測る。地覆石の東西端には撞石が設置される。路面には 2 条の車道石が敷かれ、それ以外は敷塼みされており、敷塼による舗装面の東西端には止車石がある。門道には下層（隋唐）、上層（北宋）の 2 時期が認められ、このような舗装道路は後述する東城北宋門や、北宋期の揚州城の城門でも確認されている。

　ところで、近年、韓建華が宣仁門の構造・年代を再検討している。韓は、宣仁門の構築技法や構造の規格性から、李誡の『営造法式』[李誡撰 2018]（1100 年完成し、1103 年刊行された）が成立した時期よりも後の北宋徽宗の時期に位置付けた。また、山東省泰安市の岱廟における正陽門[趙祥明 2016]、西華門[山東省文物考古研究所ほか 2011]も同じ北宋徽宗期造営で、『営造法式』の新しい規制の影響を受けた門と位置付けた[韓建華 2023]。

【安寧門（重光北門）】[中国社会科学院考古研究所洛陽唐城隊 2007]（図 25 ④）
　東隔城北壁門、一門道で 4 期の変遷が確認されている。概報では重光北門と呼称されていたが、現在は安寧門と呼称される。東西墩台を含む唐代 I 期の城門は、東西 29.95m・南北 15.9m を測り、周囲には外装塼と雨落溝がめぐる。門道幅は 5.35m で、門楼の有無などは不明である。

【長楽門】[中国社会科学院考古研究所 2014]（図 25 ④）
　宮城南壁西門で、1960 年のボーリング調査で門道幅 5m、隔壁幅 4m の 2 門道に復原された。しかし、宮城南壁東門の明徳門がボーリング調査で 3 門道と判明するなど、現在は 3 門道の可能性が高いとされる。

【建春門】[中国社会科学院考古研究所 2014]（図 25 ⑤）
　I B(3)。外郭城東壁中門、ボーリング調査で南北墩台・隔壁を検出し、一門三道の過梁式門と推定される。門道の南北幅約 5m、隔壁の南北幅約 3m と報告されている。

【崇慶門】[中国社会科学院考古研究所洛陽唐城隊 1989]（図 25 ⑤）
　I B(1)。宮城中枢部の大内西壁南端で坐東朝西する単門道の過梁式門である。東の宣政門と対応する。大内西壁は幅 10.5m、外装塼がめぐる。門道幅は 4.4m、門道左右に各 5 個の礎石据付穴（左右の据付坑芯々距離では、幅 5.4m）があり、西北隅には礎石が原位置に残る。門道中央に、門限石の痕跡が認められる。路面には、顕著な車轍痕が認められる。

【宣政門】[中国社会科学院考古研究所洛陽唐城隊 2006]（図 25 ⑤）
　I B(1)。宮城中枢部の大内東壁南端で坐西朝東する単門道の過梁式門である。大内東壁は幅 11.7m、外装塼がめぐる。4 時期の変遷が確認されるが、唐代晩期について整理しておく。門道幅は左右の礎石痕跡の

芯々距離で 5.65m、左右の礎石は残存していない。車轍痕が見られ、車道石が一部残存する。

【円壁南門】［中国社会科学院考古研究所洛陽唐城工作隊 2000］（図 25 ⑤）

　円壁城南壁中央門、特殊な単門道形式の門である。6 つの版築で構成され、東列北から南へ 1 ～ 3、西列北から南へ 4 ～ 6 と呼ばれている。2・5 版築が、東西で円壁城南壁に接続する。中央が門道とされるが、3 時期の路面遺構以外は検出されておらず、詳細は不明である。

【東城尚書省正門（宋代門址・老集城門）】［洛陽文物工作隊 1992］（図 25 ⑤）

　Ⅰ C(3)。1984 年に発掘され、概報では宋代門址とされる。陳良偉は東城尚書省正門としている［陳良偉 2002］が、李鑫らは老集城門と呼称する［李鑫ほか 2013］。門道東西に密に地覆石が並び、その上には排叉柱を設置する枘穴が 0.55m 間隔に並ぶ。地覆石間の門道幅は、4.65m を測る。門道中央には、左右の門砧石・立頬石（門框石）、および門限石（門檻石）、将軍石が完存する。門扉は北側向きに開閉し、その幅を示す立頬石の距離は、3.18m を測る。路面には 2 条の車道石が完存し、それ以外の路面は敷塼で舗装される。門の創建は北宋前期とされ、1126 年の金の侵攻で消失したと推定されている。

【乾元門】［中国社会科学院考古研究所洛陽唐城隊 1989・1994］（図なし）

　1989 年の概報では 1 号台基と呼ばれ、応天門の北側、乾元殿の南に位置する基壇遺構。その位置から乾元門と考えられているが、構造などの詳細は不明である。なお、応天門との間に位置する永泰門に関しても、部分的な発掘調査が行われているが、全体像は不明である［中国社会科学院考古研究所 2014］。

（4）唐宋揚州城（図 26 ①）

　唐揚州城は、蜀岡の隋江都城を利用した北側の子城と南側の羅城で構成される。唐揚州城の範囲は広く、東西 3120m・南北 6000m を測る。羅城には北壁 1 門、東西壁各 4 門、南壁 3 門が確認されており、（図 26 ①上右）のように 1-12 号まで附番されている。その中で、西壁 5 号・8 号門、東壁 3 号門（宋大城東門）、南壁 10 号門（宋大城南門）が発掘調査されている。北宋揚州城（宋大城）は、唐羅城東南隅に位置し、東西 2200m・南北 2900m で東壁（東門）・南壁（南門）は、唐羅城および各門を再利用している。宋大城は北壁 2 門、東・南・西壁各 1 門の合計 5 門だが、北壁東門以外の 4 門が発掘されている。南宋では、明代の『宋三城図』（図 26 ③中）にあるように、北宋大城の北側の夾城、蜀岡の西側を利用した宝祐城が南北に並ぶ配置となった（図 26 ①上左）。

　以上、揚州城は唐～宋代の遺構を中心とするが、その修築過程も含めて検討する必要がある［汪勃 2015・2016］。なお、以下の整理に関しては、近年の報告書［中国社会科学院考古研究所ほか 2010・2015］および、各遺構の概報を参考にした。

【宋大城南門（唐羅城南壁 10 号門）】［中国社会科学院考古研究所ほか 2013a・2015］（図 26 ①）

　Ⅲ (1)W2（北宋～）。宋大城南門、方形甕城が附帯する単門道の発券式門である。唐・五代・北宋・南宋・明清の非常に複雑な変遷過程が確認されている。唐の主城壁・甕城壁は外装塼が施され、甕城東南隅・西南隅が角楼状の平面方形を呈する。この時期の主城門・甕城門の様相は不明である。甕城の西側には、水門遺構が確認されている。五代～北宋期に、甕城・甕城門が大きく改築される。主門道には礎石が確認できるた

第３節　中原都城（漢・唐・宋）と草原都城（遼・金・元）の門遺構　189

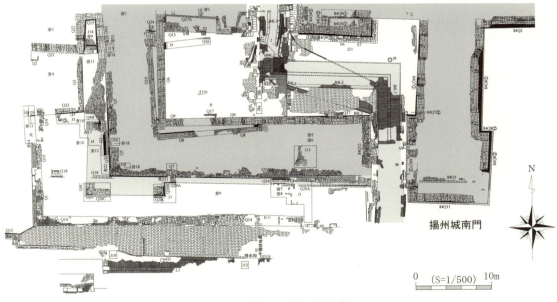

図26　唐宋揚州城の城門①

190 第3章 東アジア古代都城門の構造・機能とその展開

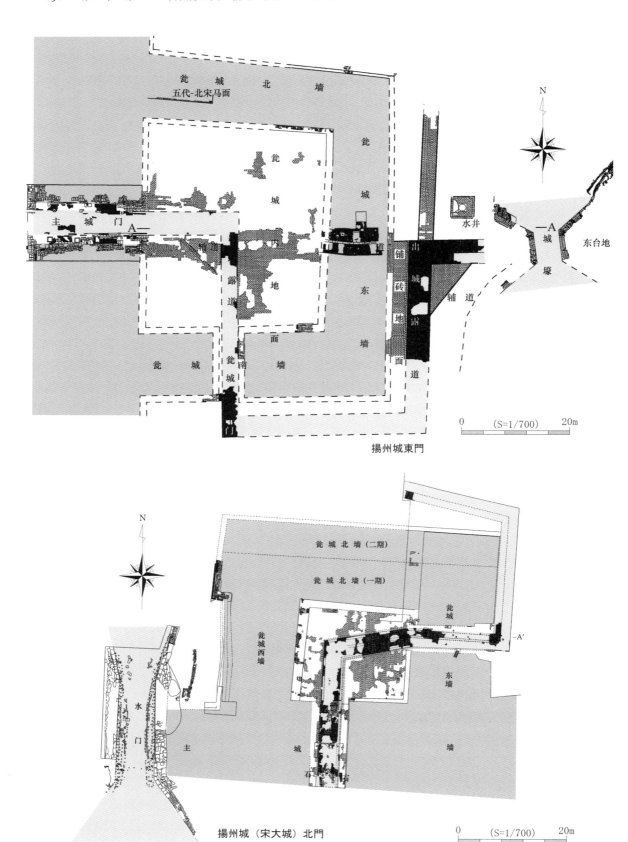

図26 唐宋揚州城の城門②

第3節　中原都城（漢・唐・宋）と草原都城（遼・金・元）の門遺構　191

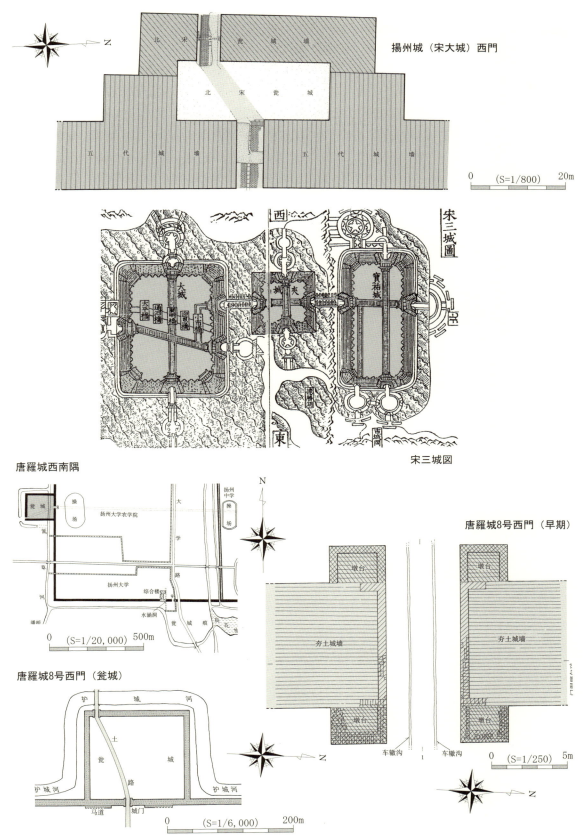

図26　唐宋揚州城の城門③

め、排叉柱を用いた5m幅の過梁式門と推定できるが、同時期の甕城門は発券式で中央に門砧石を確認している。門砧石の芯々距離は4.1mを測る。この時期に主門道と甕城門を繋ぐ斜めの露道が整備されている(後述する「歪門斜道」)。その後、南宋〜明清期にも修築が行われるが、甕城内の露道が2か所で屈曲する形状になると同時に、甕城外に東西露道が整備された点が大きな変化である。

【宋大城東門（唐羅城東壁3号門）】[中国社会科学院考古研究所ほか2013b・2015]（図26②）

Ⅲ (1)W2（南宋〜）。唐大城東門、方形甕城が附帯する単門道の発券式門である。主城門・甕城・甕城門・出城露道・護城河など、南宋期の城門の防御体系がわかる事例である。主城門の門道左右は厳重に塼積みされており、門道幅は3.75mを測る。甕城は南宋期に造営され、東西55.6m×南北43.6m、南壁に甕城門が開口する。甕城内は敷塼され、露道が屈曲して甕城門に接続する。甕城門は、幅3.7m・奥行き13.2m、門道左右に塼積みする。このように甕城門が主城門右側の甕城壁上に位置（甕城門が主城門の「旁門」となる）し、甕城内の露道が曲尺形を呈する形式を「旁門右道」と呼び、北宋末〜南宋の特徴とされる。露道は南甕城壁の外側で東に屈曲し、その後、甕城東壁に沿って北上し、主門道に対応する位置で東に屈曲して護城河に至る。城門の下層には北宋期の遺構を確認しているが、主門道幅5mで東向きの凸型を呈し、北側には馬面、東甕城壁内に東西露道（南宋の甕城造営前の東西道路）を検出した。唐代城門に関しては、詳細は不明である。

【宋大城北門】[中国社会科学院考古研究所ほか2005・2012・2015]（図26②）

Ⅲ (1)W2。宋大城北門、方形甕城が附帯する単門道の発券式門である。主城門・甕城・甕城門・水門で構成される。五代後周期に創建され、北宋晩期に甕城を附加、南宋期に水門が拡張して整備された点が明らかになっている。主門道は左右壁体・路面共に3期ないし4期の変遷が認められ、中央、および北側に門限石を検出している。甕城は東西52.6m×南北40mを測り、外装塼がめぐる。甕城門は甕城東壁に1カ所で、幅4.2m・奥行き13.6m、東側に向けてラッパ状に広がる（東端で幅5.3m）。門道内には2か所、門砧石が残存する。主城門から北側に延びる塼敷露道は、甕城内で東に屈曲して甕城門に接続、出口からさらに北側に屈曲し、甕城東壁・北壁に沿う形で続く。所謂「旁門右道」形式である。なお、北門（陸門）には、西側に水門が付随する点も特徴である。

【宋大城西門】[中国社会科学院考古研究所ほか1999・2010]（図26③）

Ⅲ (1)W2。宋大城西門、方形甕城が附帯する単門道の発券式門である。五代・北宋・南宋・明代の4時期の変遷が確認されている。五代の城壁幅は15mで、門道左右に9.3-9.6m西に突出する馬面が同時に造営されており、外装塼が施される。門道幅5.7m、奥行き15mで、壁面には長さ42cm・幅24cm・厚さ5.5mの大型塼が積まれている。北宋期には、金兵の南侵に備えて、馬面外側に城壁が増築され、凹形の平面形から凸形平面形の甕城となった。甕城外側は東西23m・南北49.8mを測る。甕城門は西南隅に位置し、幅4.7m・奥行き10mを測り、排叉柱の痕跡は認められず、発券式とされる。中央左右には、門砧石・立頬石・門限石が設置されている。主城門と甕城門は、角度を持つ塼敷露道で結ばれている。このような主城門と甕城門の軸線が異なり、両者が斜めの露道で結ばれている形式を、「歪門斜道」（晩唐〜北宋期の揚州城門の特徴）と呼称する。南宋期には、さらに西側に城壁が附加されると同時に、甕城内西南隅に看守の宿直室と思われる建物が建てられている。以上、宋大城西門は、現状で確認されている最も古い五代の発券式（券頂式）城門であり、北宋期に馬面が甕城に改築される過程が判明した重要な事例である。

【唐羅城西壁・8号西門】[中国社会科学院考古研究所ほか 2010]（図 26 ③）

ⅠB(1)W2。唐羅城西壁最南門、方形瓮城が附帯する単門道の過梁式門である。主城門・城壁・馬道・瓮城・瓮城門・護城河で構成される。瓮城は東西 145m× 南北 168m の極めて範囲の広い方形（長方形）で、瓮城門は瓮城の西南隅に開口し、主城門とは軸を若干ずらして、道路で接続（歪門斜道）されている。瓮城外の護城河は、幅 20m ほど。主城門道の内側左右には馬道が検出された。早期城門は唐代文化層の上にあり、門道幅 5m・奥行き 8.5m を測る。門道左右は、長さ 30cm・幅 15cm・厚さ 4cm の塼を積み上げて構築されている。城壁から 2.5m 突出する墩台が増築されている。晩期城門は早期城門の 0.5m ほど上層で検出され、門道幅 4.3m・奥行き 10.6m を測る。晩期城壁は 2m 超東に移動している。南北 2 か所ずつ直径 0.2m の柱穴が認められ、その間隔は 5m で過梁式門と推定されている。中央には塼で作られた門檻があり、塼には「羅城」の刻印が発見されている。路面には車轍痕が顕著に認められる。城門は五代末の火災で消失したと推定される。

（5）北宋東京開封城（図 27）

北宋東京開封城は、皇城（宮城・大内）・内城・外城の三重圏構造を特徴とする。近年、外城門におけるボーリング・発掘調査が進んでいる。開封城の外城は後周に造営が始まり、北宋神宗の時期に軍事防御機能の強化を目的として、城門（陸門）・水門外に瓮城（方形・半円形の 2 種類）が造営された[劉春迎 2017]。北宋期の外城門は 12 門とされるが、文献によると四方の「正門」（南薫門・新宋門・新鄭門・新封丘門）は皇帝が出入りする「直門両重」（方形瓮城で主城門と瓮城門の軸線が一致する）、それ以外は「偏門」で「瓮城三層、屈曲開門」（半円形瓮城で主城門と瓮城門の軸線が異なる）と表現されており、この点は考古学的調査でも確認されている[劉春迎 2004]。内城門の詳細は不明だが、皇城（俗称大内、すなわち宮城）正南門の宣徳門に関しては、文献史料・絵画資料などから 5 門道、双梁楼・双闕形式に復原されている[李合群 2008]（図 6 下左）。ただし、大規模な発掘調査が行われ、成果が報告されているのは順天門（新鄭門）に限られる（註 13）。

ところで、本書第 1 章で整理したように、北宋東京開封城は遼・金・元の都城に強い影響を与え、明清期に至るまで中原都城の模範となった。しかし、考古学的な発掘調査は限られており、全体像を把握するのは難しい状況にある。その大きな理由としては、北宋期の開封城が黄河の度重なる氾濫によって厚い堆積層に覆われているため、発掘が難しい点が挙げられる。文献史料、絵画資料が豊富な時期でもあり、その成果から重圏構造などが復原されてきたが、近年では開発に伴う発掘も進んできており、今後の発掘成果の蓄積により研究の進展が期待される都城である。

【順天門】[河南省文物考古研究院 2019]（図 27）

ⅠC(3)W2。外城西壁正門、一門三道の過梁式門である。主城門・長方形瓮城の西側に、護城河が南北に流れる。主城門は東西 23.8m× 南北 54.2m で、墩台・3 門道・2 隔壁・馬道で構成される。墩台は城壁よりも若干が幅狭く、門道幅は中門道 8m、南北門道 5.3m に復原される。北門道の左右には地覆石を設置した痕跡があり、西京洛陽城の北宋期の城門に普遍的に見られる過梁式ⅠC と思われる。門道の西側部分に、門限石の痕跡が検出されている。隔壁幅は 4.8m、城門内の北側には馬道が検出された。主城門と瓮城門は同一軸線上に存在する（直門両重）が、瓮城内の主軸線に対して南北対称に比較的大型の「磉墩建物」が検出された。

194　第3章　東アジア古代都城門の構造・機能とその展開

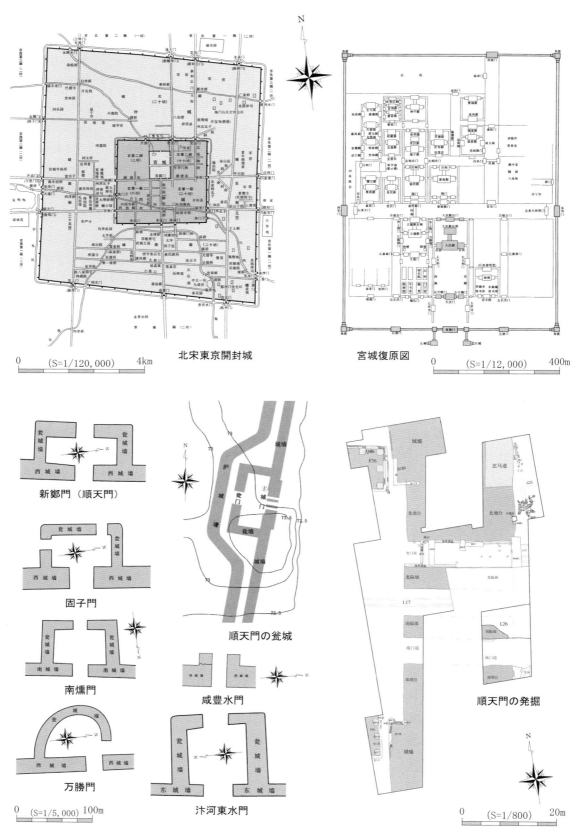

図27　北宋東京開封城の城門

4. 遼・金・元の都城門

(1) 遼上京城 (図28①)

　遼上京城は、北の皇城、南の漢城の二城で構成され、皇城中央東よりに宮城が位置する。近年の発掘調査の進展によって、主軸が東を向く点が判明している。皇城の東・北・西の中央部分に城門・甕城を検出しており、西門（乾徳門）・東門（安東門）が発掘調査されている。宮城門は、東門（東華門）・南門（承天門）・西門（西華門）が発掘されている [汪盈ほか2018]。なお、ここでは比較参考資料として、遼祖陵黒龍門、および祖陵の奉陵邑である祖州城内南門の発掘事例も提示した（註14）。

【皇城西門（乾徳門）・皇城東門（安東門）】[汪盈ほか2018]（図なし）
　乾徳門ⅠD(1)W1。皇城西門、馬蹄形（楕円形）の甕城を持つ単門道過梁式門である。南北墩台、門道、内側の馬道で構成される。主門道左右には、石製地覆とその上の木製地覆が残存している。木製地覆上の柄穴に排叉柱が立てられる。石製地覆の東西長は19.9m、門道幅は地覆石間で6.2mを測る。中央には門限石、左右には門砧石がある。甕城の平面形は馬蹄形で、東西26.4m・南北22.8mを測る。甕城門も単門道で、南側に開口する。甕城門の幅は5.84m、奥行き8mを測る。甕城門左右には、礎石の上に木製地覆が置かれ、排叉柱が立てられる前漢代の系譜を引くⅠA過梁式と考えられる。
　安東門ⅠD(3)W1。皇城東門、馬蹄形（楕円形）の甕城を持つ3門道過梁式門である。南北墩台・3門道・2隔壁の一部が発掘されている。主門道幅は各4.5m、石製地覆の上に木製地覆を設置、排叉柱を立てる。

【宮城東門（東華門）】[中国社会科学院考古研究所内蒙古考古第二工作隊ほか2017]（図28①）
　ⅡA(3)。宮城東門、3門道の殿堂式門である。城門の基壇は、東西13.1m×南北31.2mで、基壇上に22箇所の礎墩を検出した。基壇東側には3つのスロープがある。建物は桁行7間（南2.53m/4.85m/4.85m/4.86m/4.85m/4.85m/2.53m北）・梁行2間（3.14m等間）である。スロープとの関係から、中央（当心間）、左右から2番目（梢間）の3門道と推定される。

【宮城南門（承天門）】[中国社会科学院考古研究所内蒙古考古第二工作隊ほか2019]（図28②）
　ⅠA(1)。宮城南門、単門道の過梁式門である。東西墩台・単門道・馬道で構成される。西墩台は東西6.7m・南北11.8mを測り、周囲には外装塼が施される。墩台上面には、4つの柱穴（建物もしくは永定柱）も確認できる。単門道は幅7.8mで、左右には各6個の礎石（奥行5間）が残存し、その上に木製地覆を置き、排叉柱を並べている。中央には、門限石・将軍石・門砧石など門扉施設が残存する。

【宮城西門（西華門）】[汪盈ほか2018]（図なし）
　ⅠD(1)。宮城西門、単門道の過梁式門である。門道幅は6.4mで、門道内に将軍石や地覆石が残存する。

【参考：遼祖陵黒龍門・祖州城内南門】[島田1956・中国社会科学院考古研究所内蒙古考古第二工作隊ほか2018・中国社会科学院考古研究所ほか2023]（図28②）
　遼祖陵黒龍門。ⅠD(3)。遼太祖耶律阿保機の陵墓、祖陵正門、3門道の過梁式門である。東墩台・東門道・

196　第3章　東アジア古代都城門の構造・機能とその展開

遼上京城における城門の類型（汪盈ほか2018）

	一門三道	単門道	門道基礎	
			A型	B型
殿堂式城門	宮城東門			
木過梁式城門	皇城東門	皇城西門		石地栿、木地栿、排叉柱
		宮城西門		石地栿、木地栿、排叉柱
		宮城南門	石柱礎、木地栿、排叉柱	

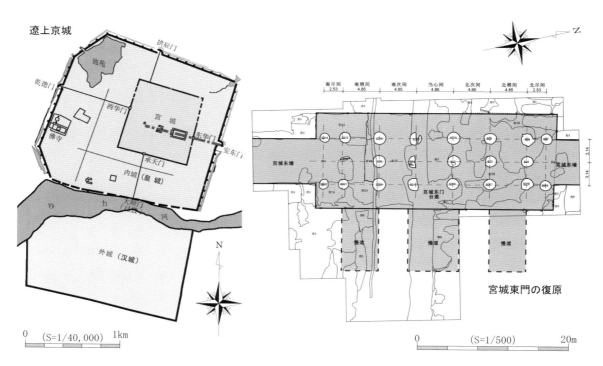

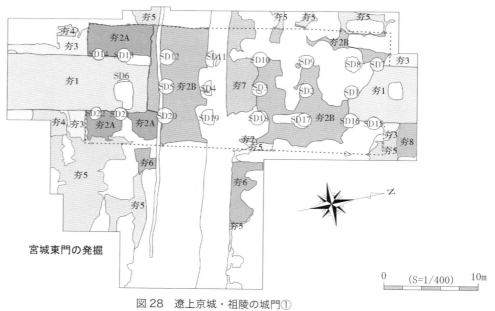

図28　遼上京城・祖陵の城門①

第3節　中原都城（漢・唐・宋）と草原都城（遼・金・元）の門遺構　197

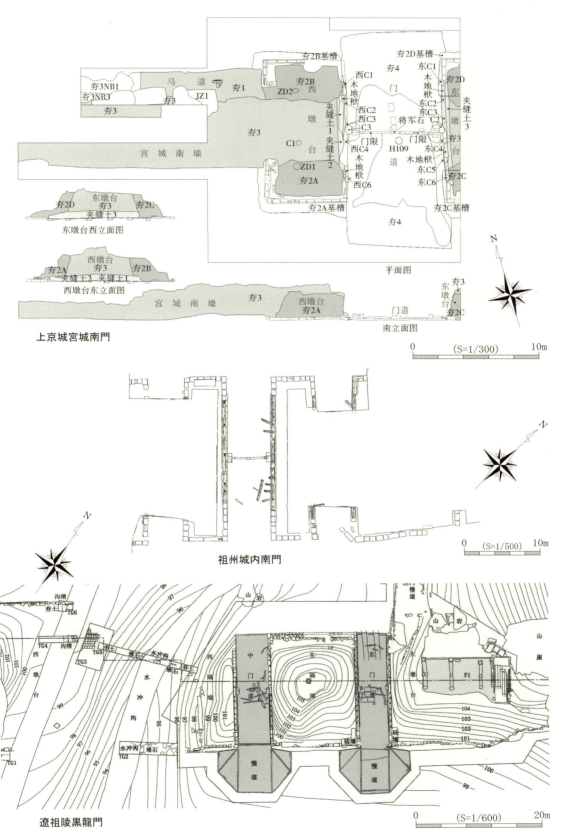

図28　遼上京城・祖陵の城門②

東隔壁・中門道・西隔壁が残存する。門道は、幅4.6m・奥行き18.4mを測る。門道東西には石製地覆を密に並べて表面を平滑にしており、その上に木製地覆を設置する。東門道の東壁の木製地覆は完存しており、長さ14.99mを測る。断面長方形（30×20cm）で、上面に13個の排叉柱と1つの枘穴（13間）が残存する。排叉柱間の木製地覆上には、南北方向の凹みがあり、門道内壁となる木護板がはめ込まれたと推定される。門道中央の左右には門砧石、路面中央に将軍石があり、東門道では炭化した木製扉も検出された。門道の南側には、5面で構成されるスロープ（「五瓣蝉翅慢道」）を検出している。このように、残存状態の良好な黒龍門は、遼代の過梁式門の構造を考える上で重要な資料である。

祖州城は、祖陵の奉陵邑で島田正郎が発掘調査をしている[島田1956]。島田は、『遼史』地理志の記載から「興聖門」と推定する。ⅠD(3)、三門道の過梁式門である。東墩台・東門道・東隔壁・中門道・西隔壁・西門道・西墩台が残存する。中門道は幅4.95m、東門道は幅4.15m、西門道は幅4.05m、東西隔壁は幅4.75mを測る。残りの良い中門道は奥行き約20mで、門道東西に石製地覆を各19個並べて、その上に幅40cm・厚さ30cmの木製地覆を3本ずつ設置している。角材の木製地覆上には、0.75m毎に直径15cm、深さ20mの枘穴が穿たれており、部分的に排叉柱が残存していた。排叉柱は断面25cmの松の角材で、枘穴に差し込まれる部分のみ円形に加工されている。門道中央の左右には門砧石・軸摺穴を穿った礎石、路面中央には門限石・将軍石があり、多数の青銅製扉飾金具も検出された。

（2）金上京城 (図29)

金上京会寧府は、曲尺状の南北2城から構成され、南城の西寄りに皇城（宮城）が位置する。外城には12門が確認されており、特に南城南壁西門の甕城の残りがよく、発掘調査が行われた。皇城は南城の西寄りに位置するが、東・中・西区に区分され、近年、発掘調査が進んでいる[黒竜江省文物考古研究所2017]。中部が宮殿区とされ、南壁の3門道の城門と同じ中軸線上に大型建物の基壇が残存している。2018年には、皇城門と南城南壁西門を結ぶ「中軸大街」が発掘され、路面幅46mで両側に排水施設も検出された。宮殿区の中軸線上に位置する皇城門と外城南壁西門は、皇帝の使用する階層の高い門とされるが、3門道・単門道という差異がある。これについては、金上京城における外城門の防御性が重視されたと考えられている。

【南城南壁西門】[黒竜江省文物考古研究所2019]（図29）

ⅠB・ⅠD(1)W1。南城南壁西門、半円形に近い楕円形の甕城を持つ単門道の過梁式門である。甕城の内径は東西50m・南北20mで、主城門の南東に甕城門が位置する。主城門の門道の中央左右には門砧石、その中間には門限石が残存する。門砧石間の門道幅は6.5mで、奥行きは20mを測る。西壁門砧石の北側には、地覆石が残存しており、その上に木痕が認められる。さらに、門砧石から北側、および南側の墩台際部分には、合計8個の長方形礎石とその上の炭化した木柱（直径60cm前後）が確認できる。木柱相互は、約3m間隔で、これらの立柱は城門頂部を支える「中心柱」とされる。西壁に一部残る地覆石の痕跡からすると、中心柱間には石製地覆と木製地覆・排叉柱が存在したと思われ、本類型は唐代に一般的なⅠB（中心柱）と遼代に特徴的なⅠD（排叉柱）を組み合わせた特殊な形式の可能性がある。なお、同時代の蒲峪路故城の南門（楕円形甕城をもつ単門道過梁式門）でも、門道左右の排叉柱の中で中央の4本のみが大きい中心柱が確認されている（木柱が地面に直接埋め込まれている点は異なる）[黒竜江省文物考古研究所1987]。路面は石板で舗装される。城壁および墩台の南北は外装塼が施され、その周りに雨落溝がめぐる。甕城門は破壊が進んでいるが、一部に礎石が残り、門道幅4.5-5m、奥行き15mに復原されている。甕城内の東北隅には、オンドルが付随する小

第3節　中原都城（漢・唐・宋）と草原都城（遼・金・元）の門遺構　199

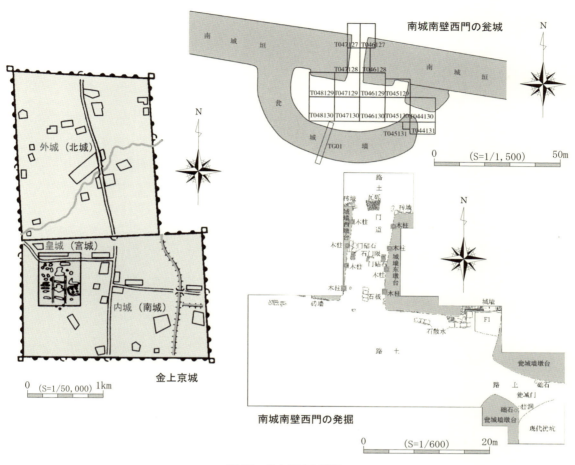

図29　金上京城の城門

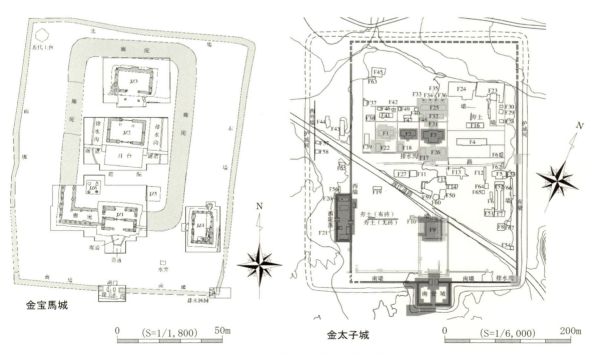

図30　金宝馬城・太子城の平面配置

型の半地下式建物が検出されており、門衛の詰所とされる。

(3) 金宝馬城・太子城 [吉林大学辺疆考古研究中心 2017・吉林省文物考古研究所ほか 2018・河北省文物研究所ほか 2019] (図 30)

金宝馬城は吉林省安図県に位置し、金王朝の長白山祭祀の神廟遺跡とされる。金代の大定 14 年（1174）頃に創建され、女真系国家の大真国（東夏国、1215-1233）が沿用した「国家山祭」遺跡とされ、「長白山神廟遺跡」（長白山は女真族の聖山で、民族発祥の地とされる）とも呼ばれる。その平面構造は、嵩山中岳廟 [蕭黙 1989 p.87 図 49] に近いとされる [王慧ほか 2024]。城壁で囲まれた城内には、回廊（廊廡）で囲まれた中枢区画がある。主殿は南に月台を備える「工の字」形建築（JZ2・JZ3）で、南には回廊院南門（JZ1）が位置する。JZ1 の基壇は東西 19.2m× 南北 13.0m を測り、周囲は外装基壇が認められ、南側には「三瓣蟬翅慢道」がある。基壇上には礎石が残存しており、桁行 3 間・梁行 2 間の単門道の小型殿堂（門殿）式門 II C(1) である。中央の「当心間」の 6 個の礎石は、覆盆式である。その他の礎石は、四面の壁体（山墻）内の暗礎として設置されている。柱配置は『営造方式』[李誡撰 2018] の所謂「分心槽」と呼ばれる形式である [李剣平編著 2011 p.122・梁思成 2001a]。遼統和 2 年（984）建築の薊県独楽寺山門 [梁思成 2001b] などの著名な現存例も知られる。中心の左右には門砧石が確認でき、その距離は 1.9m を測る。

金太子城は河北省張家口市に位置し、金代中後期の皇室行宮とされる。泰和 2 年（1202）に落成した章宗時期の皇家行宮（泰和宮）とする意見があり、至寧元年（1213）のモンゴルの侵攻で破壊されたが、金代の捺鉢制度を考える上で重要な遺跡とされている [邱靖嘉 2021]。東西 350m× 南北 400m の長方形を呈する規模の小さな城跡で、南壁正門に甕城が附帯する。南門の軸線上に位置する南の F9 と北の F3 を中心とする「前朝後寝」の布局とされる。南門は幅 4m の単門道で、中央に門框石が残存する。門道左右には長方形の墩台が位置し、東西 6m× 南北 10.6m を測る。墩台上には、各 6 基の方形の礎墩（一辺 1.5m 前後）が規則的に配置されており、主城門は桁行 3 間・梁行 2 間の小型殿堂式門 II C(1)W2 と想定される。甕城は東西 54m × 南北 38.5m を測り、甕城門（残存幅 4.8m）は主門道と同じ軸線の南壁上に位置する。甕城内側の甕城壁から 2.5-3m の場所には、6m 間隔で柱穴が検出されている。南壁・甕城壁は幅約 2m で、内外両壁に外装塼を施すが、外装塼内には 3m 間隔で木柱を立てている。なお、西院落の東壁・西壁にも幅 3m 単門道が確認されている。

(4) 元上都 (図 31)

元上都は、宮城・皇城・外城の三重圏構造を特徴とし、合計 13 門が確認されている。宮城は、東・西・南の 3 門で甕城は附帯しない。ただし、南門外には曲尺状の遺構が附帯する。皇城は東西各 2 門、南北各 1 門の合計 6 門で、全て甕城が附帯する。外城は、皇城の東壁・南壁を除くと、西壁 1 門、北壁 2 門、南壁 1 門の合計 4 門で、やはり甕城が附帯する。皇城・外城の南・北壁に位置する甕城は長方形（南北 50m× 東西 60m）で、東・西壁に位置する甕城は馬蹄形（楕円形・南北 60m× 東西 55m）を呈する。宮城の 3 門は発券式とされ、発掘されている皇城南門は主城門が発券式、甕城門が過梁式である。外城門の構造は、不明である。宮城の東・西・南の門に接続する中心 T 字大街の交差地点、その北側の 1 号殿下層遺構（東西 36.5m × 南北 30m）が、フビライ建造の大安閣とされる。一方、宮城内最大の建造物は、北壁中央に位置する東西 130m・南北 60m の「闕式宮殿」で、その平面形状が故宮午門と類似する点が指摘されている。

第3節　中原都城（漢・唐・宋）と草原都城（遼・金・元）の門遺構　201

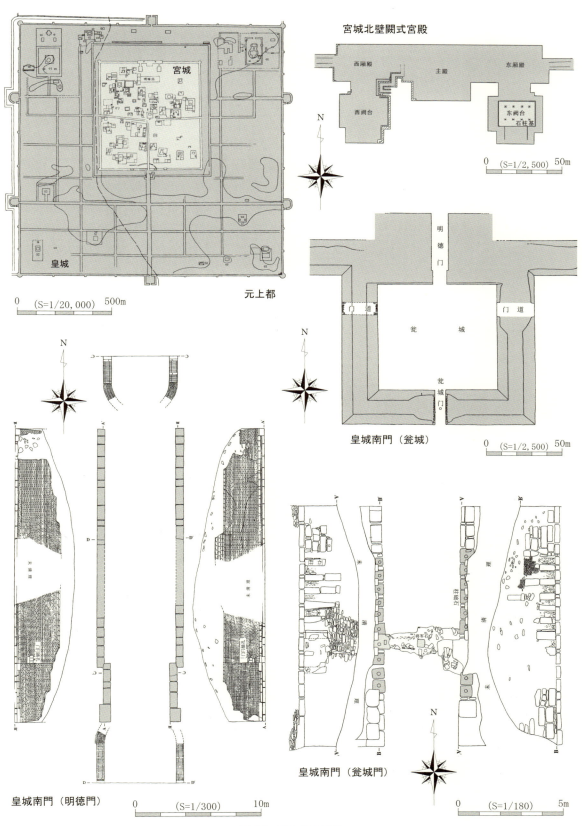

図31　元上都の城門

【宮城北壁闕式宮殿】[内蒙古師範大学ほか 2014]（図 31）

　　ⅡB/Q4。主殿（東西 67m×南北 40m）・東西廂殿（25m 四方）・廊道・闕台（東西 24m×南北 16m）・スロープ・殿前広場で構成される。闕台と西側スロープが発掘調査されている。廂殿と闕台は廊道で結ばれており、闕台は南向きに突出する凸形を呈する。版築と二重の外装塼で構築される。東闕台上には、各 4 個の 2 列の覆盆式の礎石が残存しており、礎石間の距離はおよそ 3m を測る。闕台の南には、明台（東西 10m・南北 4m 残存）がある。西闕台の北東側には、主殿側面に繋がるスロープを検出している。地面は塼で舗装されており、何度か屈曲しながら主殿へ登る構造となっている。闕式宮殿は、北壁と同時期に造営されており、1256-1258 年のフビライ即位前の時期と想定され、穆清閣と考えられている。その構造的特徴から、唐長安城大明宮含元殿など中原の様式を採用しながら、草原都城特有の発展を遂げた形式と理解されている。

【皇城南門（明徳門）】[魏堅 2008]（図 31）

　　ⅢC(1)・ⅠB(1)W2。主城門は単門道発券式、瓮城門は単門道過梁式である。瓮城壁東西の門道は、1358 年の紅巾軍の攻撃後に使用された臨時門で、1368 年の明軍侵攻の際に封鎖されたと考えられている。主門道幅は 5.7m だが、南側が狭くなっており、その部分は 4.7m 幅を測る。変換点の北側の幅が広くなる部分の壁面には、「門臼」の差し込み口が見られ、段差が門扉を設置するためだとわかる（註 15）。奥行きは 24m。門道左右の壁体は青塼が積まれており、門道南側は 23 層目、門道北側は 34 層目から天井のアーチ構造が始まる。瓮城は東西 63m・南北 51m・幅 12m で、外装塼がめぐる。瓮城門は主城門の軸線上、南瓮城壁中部にあり、門道は北端幅 3.8m・南端幅 3.5m で南に向けて細くなる。奥行きは 12m で、南端から北へ 5m の地点に将軍石が位置する。門道南北両端は 2.2-2.5m ほどの石積み壁になっており、その間の左右対称の位置に各 10 個ずつの方形礎石が設置されている。排叉柱間は高さ 1.5m ほどの長方形の石柱が建てられており、木柱と石柱の間は塼や石で充填される。門道左右の木柱は 10 本、その間の石柱は 9 本である。門道西側の南から 4 番目の礎石が大きく、将軍石の位置と一致し、排叉柱の円形柄穴の東側に長方形の門軸となる柄穴が穿たれている。前後の石積み部分の構造が不明なため、推測にはなるが、過梁式から発券式への過渡的な類型と考えることもできる。

（5）元中都（図 32 ①）

　　元中都は、宮城・皇城・外城の三重構造を特徴とする。宮城には四周中央に各 1 門の合計 4 門、皇城には東壁 3 門、南壁 1 門、西壁 1 門、北壁 1 門の合計 6 門が確認されている。なお、外城に関しては、城門の位置が不明である。

【参考：宮城西南角台・1 号宮殿】[河北省文物研究所 2012]（図 32 ①）

　　宮城正南角台は、北向き・東向きの三出闕構造の平面形を呈し、現在まで元代に発掘事例が他に確認されていないものの、元大都宮城正門の崇天門西闕の系譜を引く点が指摘されている [張春長 2003]。中心は正方形の基壇で、北向き、東向きに 3 回屈曲して宮城城壁に接続する。版築の外側は塼積外装となっており、屈曲部に玄武岩製の角柱がある。角柱および塼壁下部には土襯石が並ぶ。土襯石の外側 1m 前後の場所には、南側に 6 個、西側に 8 個、内側に 4 個の「架杆柱」の柱穴・抜取坑が検出されている。また、版築内にも、上面に永定柱の痕跡や側面に繊木の痕跡が検出されている。

　　1 号宮殿は、元中都宮城中心に位置する工字形の大型宮殿である。元大都の大明殿（後方は延春閣）の系譜

を引く宮殿で、南から月台・前殿・柱廊・寝殿・左右夾室・香閣で構成される（図32①下）。

【宮城南門】[河北省文物研究所2012]（図32②）

　　ⅠD(3)Q2。報告書では「三観両闕３門道過梁式門」と報告される。３門道・２隔壁・左右墩台・左右行廊・左右垜楼（報告では闕台）・門内の矩形広場・東西馬道で構成される。３門道の構造は、基本的に同じである。門道は、地覆石間で中門道幅5.9m、東・西門道幅5.0m、奥行き18.4mを測る。中門道を例に構造を見てみる。門道左右には地面下に土襯石（東16個・西15個）が埋められており、門道部分では地覆石、南北端では角柱を設置する。地覆石は東西壁に各９個、全長12.8mほどで、表面が平滑に調整される。地覆石上には、炭化した木製地覆が残存している。墩台・隔壁の門道左右壁面、あるいは南北端の塼積壁には木板が貼られており、地覆石と木板の間に東西各４つの立柱（下に礎石）が確認されている（金上京南城南壁西門に近いⅠB・ⅠDの組み合わせ形式か？）。中央左右には門砧石が２個、中央に将軍石が１個残存する。門砧石には、立頬石をはめ込む長方形の切り込み穴と門軸となる方形の枘穴がある。枘穴（海窩）の中では、鉄鵝台とその上の鉄靴臼が錆びた状態で検出された。門道の路面は、石敷舗装されている。隔壁幅は3.7m前後、墩台幅7m前後で、隅角に角柱を設置し、南北は塼積外装が施される。墩台と闕台は行廊（飛廊）で接続し、左右闕台は東西15m前後・南北16.5m前後で、南北は塼積み、隅角に角柱を配置する。闕台上面では、柱穴も検出している。左右には城壁が続き、北西側では、馬道を検出している。以上、中都宮城正門は双垜楼を持つ３門道過梁式門だが、前述した元上都宮城南門（発券式）・皇城南門（主城門は発券式／甕城門は過梁式）、あるいは元大都和義門甕城門（発券式）[中国科学院考古研究所ほか1972]など、元の都城では過梁式・発券式が混在している。研究史上、過梁式から発券式への転換は北宋～南宋とされてきた[傅熹年1977・陳良偉2002・蔣暁春2022]が、両者は元代まで選択的に採用されていた点がわかる。

　　なお、本城門の特徴的な部分は、北側に東西80m・南北31.5m前後の矩形広場を持つ点である。広場の北・東・西の囲壁は、東西の闕台に接続する。東西壁に１門（西壁・東壁門）ずつ、北壁には３門（西門・中門・東門）があり、北壁中門は３門道である。囲壁内には２列の礎石が規則的に並んでおり、囲壁は塼積みである。東・西壁門、および北壁東・西門は、囲壁内の礎石１間分が門で、幅5m前後の単門道となる。北壁中門のみ３門道で、中門道東西に各２個、東西門道の東端・西端に各１個の礎石が設置される。中門道幅4.95m、東西門道幅4.5mである。以上、矩形広場の門は非常に簡単な構造で「Ⅳ：牌楼（牌坊）式」の可能性が指摘されている。

【皇城南門】[河北省文物研究所ほか2007・河北省文物研究所2012]（図32②）

　　ⅡA(3)。礎石の数から、桁行５間・梁行２間の３門道殿堂式門に分類しておくが、実際には壁体と門扉施設で構成される特殊な門（桁行方向５間３戸・奥行は門壁・隔壁南北幅）である。版築基壇や階段・スロープ、路面の舗装などを持たない非常に簡略化された城門である。東西城壁・東西門壁・東西隔壁・門道・門扉で構成される。東西門道と東西城壁の間には、東西門壁がある。塼積みで構築され、門道側には門砧石を置く。門壁の壁面には漆喰が塗布され、赤色に塗られている（紅壁）。東西隔壁も塼積みで構成され、東西に門砧石を置く。３門道は基本的に同じ構造をしているが、西門道幅5.3m・中門道幅6.4m・東門道幅5.1mを測る。各門道の中央には左右門砧石・将軍石が東西に並ぶ。門砧石には、門框石をはめる長方形の溝とその内側（北側）に内開き門扉の門軸の枘穴（海窩）がある。さらに、壁体側には門柱の円形の枘穴があり、その南北軸線上、門砧石の南北に各１個の「戧柱」を承ける長方形の礎石が設置されている。南北の「戧柱」礎石の中央には、長方形の枘穴が穿たれているが、穴の断面を見ると、いずれも門砧石方向に傾いている。このことから南北

204　第3章　東アジア古代都城門の構造・機能とその展開

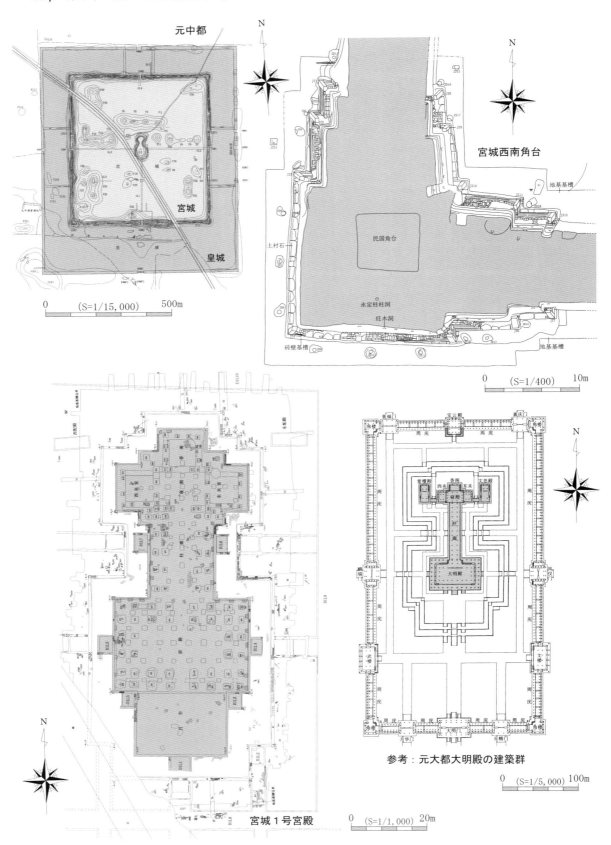

図32　元中都の城門①

第3節　中原都城（漢・唐・宋）と草原都城（遼・金・元）の門遺構　205

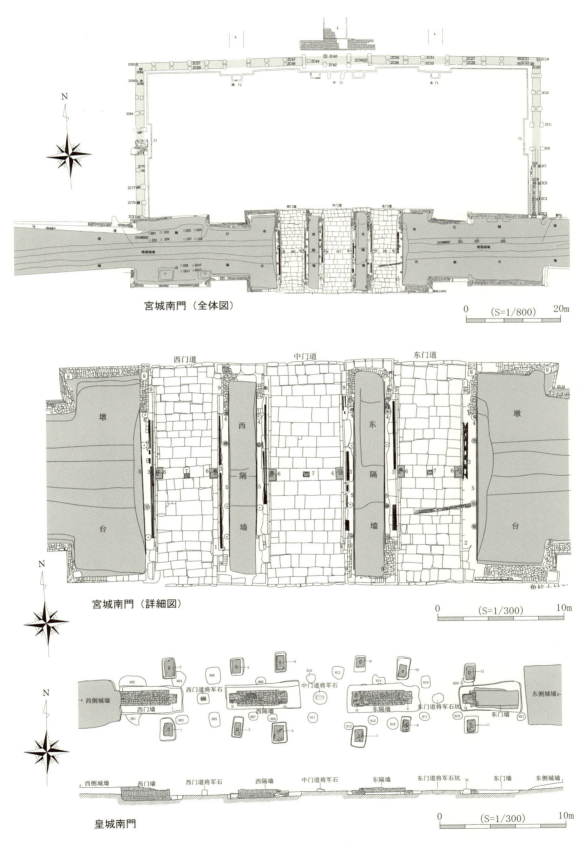

図32　元中都の城門②

の礎石の上に置かれた木柱はセットで中央門砧石上の門柱を支える構造をしていたことがわかる。以上、構造的には牌坊式（Ⅳ）に近い簡易な門構造といえる。

第4節　高句麗・渤海都城の門遺構

1. 高句麗の都城門

（1）国内城 [吉林省文物考古研究所ほか 2004a]（図 33）

　高句麗の都城は、平地城と山城がセットになる点が知られている。中期高句麗では、国内城と丸都山城がセットになる。国内城は、いびつな方形を呈し、北壁（730m）・西壁（702m）および南壁西側部分が地上に残存している。城門に関しては、北壁に 2 門（西門・中門）、西壁に 2 門（北門・南門）が確認されている。

【北壁中門】（図なし）
　城内を南北に貫通する朝陽街によって、北門遺構は破壊されているが、東西の馬面が残存している。西側馬面（東辺 6.5m・北辺 10.25m・西辺 6.25m）、東側馬面（東辺 6.1m・北辺 9.5m・西辺 5.5m）で、両者に挟まれた中門道の幅は 6.5m と推定される。

【北壁西門】（図 33）
　ⅠA(1)。単門道の過梁式門と考えられる。城壁・門道・馬面から構成され、持ち送り構造の石積みを主体として構築されている。壁体部分では、平面楔形の石の長辺を壁面に合わせて構築し、最下部には「基石」と呼ばれる大型の石を用いる。門道は北東隅・北西隅が直角で、門内の内側に向けてハの字状を呈する。北出口左右の直角部分に位置する「框基石」間で 5.6m、門道の奥行は 13m を測る。北東の框基石から数えて 5・6 個目の東側基石（E5・E6）、および北西の框基石から数えて 6・7 個目の西側基石（W6・W7）が左右対称となる。E5・W6 は門道側に突出しており、上面には長方形の柄穴（「門柱礎石」と呼称）がある。一方、E6・W7 の上面には門軸を承ける円形の柄穴（「門枢礎石」と呼称）があり、2 つの石がセットで門砧石の役割を果たした点がわかる。北の框基石から門軸までの距離は 3.15m、両者の距離は 5.9m を測る。なお、この門扉施設の基石上面の壁側には、幅 40-45cm の南北方向の凹溝が削りこまれている。門道左右の基石上面には、これと繋がる凹溝が続いており、木製地覆を設置した痕跡とされる。木製地覆の推定長は 8.9m で、上面に排叉柱が並んでいたと考えられるが、詳細は不明である。ここでは、前漢長安城で普遍的なⅠAの系譜を引く類型と考えておく。門道前面の左右には、馬面が存在する。門道から東馬面西辺までは 3.6m、東馬面は東西 9.5m・南北 6m を測る。一方、門道から西馬面東辺までは 4.1m、西馬面は東西 9.3m・南北 5.8m を測る。

【西壁南門】（図 33）
　ⅠA(1)。単門道の過梁式門と考えられる。国内城の西南隅から、西城壁は北 235m の地点で、西に屈曲して更に北へ続く。この屈曲点に南向きの門道を持つ西壁南門がある。門道の西壁は比較的よく残存しているが、東壁の残りがわるく、門道幅は不明である。門道部分は南側が低く、北側が高い地形となっており「斜

第4節 高句麗・渤海都城の門遺構 207

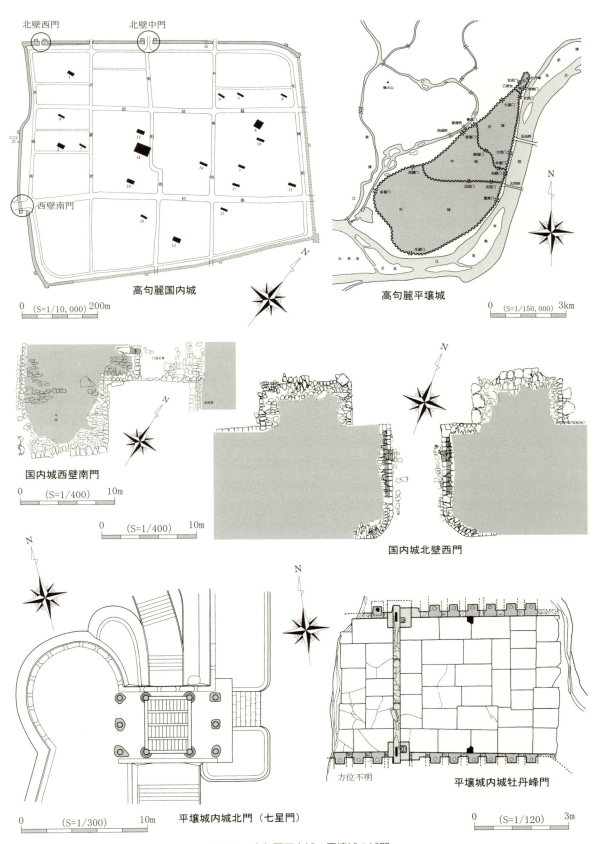

図33 高句麗国内城・平壌城の城門

208　第3章　東アジア古代都城門の構造・機能とその展開

坡式門道」とされる。門道の西側では、門柱礎石を検出している。門柱を安置する方孔の西側には木製地覆を据えた幅40cmの凹溝があり、北壁西門と同じ過梁式門と推定できる。なお、門の西側には東西9.9m・南北8.5mの南側に突出する馬面が検出されている。城壁の屈曲、スロープ式の門道、外側に突出する馬面など、西壁南門は甕城に似た空間を作りだしており、防御機能を重視した構造と推定できる［鄭元喆2009］。

　なお、高句麗の都城門における防御性の高さは、平地城とセットになる山城で顕著である。前期高句麗の山城である五女山城では、城壁の屈曲を利用した城門が見られる［遼寧省文物考古研究所2004］。また、国内城とセット関係にある丸都山城では、城壁を内側に屈曲させる1号門、門道左右の馬面状の突出によって、「甕城」に近い空間を構成する2号門などが知られる［吉林省文物考古研究所ほか2004b］。さらに、高句麗西部の重要な山城として知られる石台子山城では、城壁の屈曲部に門を設置する東門、門道の左右に馬面を持つ北門・西門などがある［遼寧省文物考古研究所ほか2012］。これらの山城門では、いずれも単門道過梁式ⅠA(1)が採用されており、前期～中期高句麗では前漢長安城の影響を受けている点が想定できる。

（2）平壌城 ［朴燦奎2015］（図33）

　後期高句麗の中心である平壌城は、大同江・普通江の合流地点に位置し、外城・中城・内城・北城から構成される。様相に関しては不明な部分も多いが、内城北門の七星門、内城内の牡丹峰門の図面が公開されている［朴燦奎2015］。中でも、朴が牡丹峰門と呼ぶ高句麗期の城門は、小泉顕夫が1930年代に平壌神社参道で発掘した遺構［小泉1986］で、その図面と共に広く存在が知られている［成ほか1993］。6世紀後半の造営とされる牡丹峰門の図面を見ると、ⅠB(1)、すなわち中原の唐代都城で多く見られる礎石に排叉柱を立てる単門道の過梁式門であることがわかる。門道幅は5mほど、門道左右に方形の礎石が配置される。断面方形の排叉柱間は内壁で充填されている。門限石・門砧石も完存し、門限石の中央付近には1.45m間隔で28cm幅の車道のための凹みがあり、さらに両端には方立穴が穿たれている。門砧石の方立穴内側には鉄製の軸受金具をはめ込んだ軸受穴がある。門軸から2.2m内側の門道左右には止扉石と思われる痕跡もある。牡丹峰門の図面は、傅熹年も引用しており、「南北朝の城門では未発見だが、その同時代の影響を受けた高句麗時代の平壌羅城城門がⅡ型（本書のⅠB）に属する」と指摘している［傅熹年1977］。

（3）安鶴宮 ［朴燦奎2015］（図34）

　安鶴宮は、国内城から平壌城へ遷都した際の「王宮」の宮殿建築群とされる［朴燦奎2015］。造営に際して破壊された下層の高句麗期墓葬の年代から、上限が6世紀中葉と指摘されており、高句麗滅亡（668）まで使用されたと考えられている［王飛峰2015］。菱形に近い方形を呈する城壁に囲繞されており、各辺は622m、周長2488mと報告されている。東・西・北壁に各1門、南壁に3門（南壁西門・中門・東門）が確認されている。また、南壁中門の中軸上には、外殿・内殿・寝殿の3つの院落構造が見られ、各院落に南門がある。ここでは、城壁の6門、外殿・内殿の南2門の図面を提示する。なお、安鶴宮の門遺構は、過梁式・発券式などは見られず、基本的には基壇上の礎石と木造建築で構成される殿堂式・殿門式（ⅡAに分類）である。

【南壁中門】（図34）

　ⅡA(3)。門基壇は東西45.6m・南北18mを測る（報告書の記述と原図の縮尺が矛盾するため、報告書の数値に

第4節　高句麗・渤海都城の門遺構　209

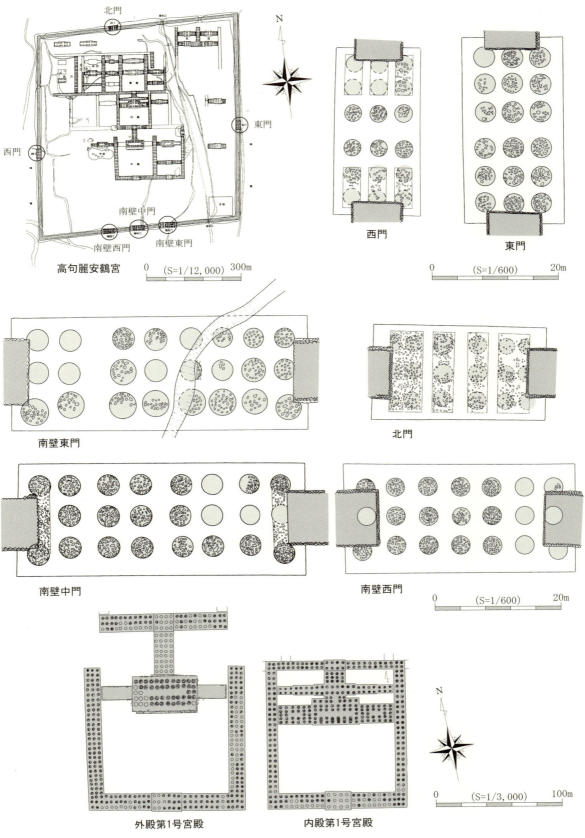

図34　高句麗安鶴宮の城門

合わせて原図の縮尺を調整した)。礎石は既に「流出」しており、礎石下の「塾石」が残ると記載されるが、礎石の据付坑に根石が残っている状況を示すものと思われる。痕跡は直径3-3.5m、深さ1-1.7mとあるので、所謂「礫墩」に近い構造と思われるが、以下では記述を統一し、「礎石据付穴」とする。柱の配置は、桁行7間（西4.6m/6m/5.1m/6.1m/5.1m/6m/4.6m東）・梁行2間（5m/5m）である。門扉施設は検出されていないが、中央および、左右から2間目が6m以上と幅広く、門道と思われる（七間三戸門）。東西端南側の礎石据付穴のみ、南に1mほどずれており、東西の城壁が左右に接続している。

【南壁西門】（図34）

ⅡA(2?)。門基壇は、東西36.1m・南北17.6mを測る。部分的に礎石が残存する。桁行6間・梁行2間だが、門道数は不明。他の城門が3門道を基本にしている点から考えると、南壁西門のみ不規則な存在であり、2門道の可能性を考慮すべきかもしれない。

【南壁東門】（図34）

ⅡA(3)。門基壇は、東西46m・南北18mを測る。南壁中門と同じ、桁行7間・梁行2間で、3門道と思われる。南壁中門・東門は、柱配置から想定される建物構造はほぼ同じだが、南壁西門の桁行が1間分少ない。なお、基壇規模でみると、南壁の3つの門は、中門→東門→西門の格差が認められ、このような差異が外殿・内殿・寝殿の中軸線、あるいは東西の院落構造とどのように対応するか、は不明な部分が多い。また南壁と対応する北壁の北門との関係性も課題となる。

【北門】（図34）

ⅡA(3)。門基壇は東西29m・南北15.2mを測る。桁行5間・梁行2間、3門道と思われるが、礎石据付穴が南北方向の布掘となっている点に特徴がある。

【西門】（図34）

ⅡA(3)。門基壇は、南北29m・東西14.6mを測る。桁行5間（北4.3m/4.3m/6m/4.3m/4.3m南）・梁行2間（4.3m/4.3m）、3門道で、両側2基の据付坑が長方形の布掘となる。門外には護城河が確認されている。

【東門】（図34）

ⅡA(3)。門基壇は、南北30m・東西15.6mを測る。桁行5間（北4.3m/4.3m/5.7m/4.3m/4.3m南）・梁行2間、3門道と思われる。城内で最も低い位置にある城門で、東には護城河が検出されている。

【外殿1号宮殿・内殿1号宮殿の南門】（図34）

安鶴宮内の中軸線上には、南側にコの字状の回廊を持つ外殿・内殿・寝殿の3つの宮殿が、南から北に向かって配置される。それぞれの回廊には南門が設置されているが、外殿南門は5×2間、内殿南門は3×2間、寝殿南門は3×1間と徐々に規模が小さくなる規則性が認められる。なお、前述した城壁の6門にも規則性がある。基壇規模は南壁3門が大きく、東・西・北門が小さい。しかし、城壁は基本的には3門道で統一されており、南壁西門のみ不規則な桁行偶数間のため、2門道の可能性が推定できる。

2. 渤海の都城門

(1) 上京城 （図35①）

　上京城は、唐長安城を模倣した平面形で、宮城・皇城・外郭城の三重構造を特徴とする。中軸正門を中心に比較的多くの城門が発掘調査されており、分類 [孫秉根ほか 2005・陳涛ほか 2009b・岳天懿 2020] や建物復原 [張鉄寧 1994・劉大平ほか 2018]、歴史的な位置付け [趙虹光 2009・2012] などの研究も進んでいる。特に、宮城中枢部の構造に関しては、後述する西古城・八連城との関係性が整理されており [王培新 2014a・b]、三朝制という観点から唐長安城太極宮・大明宮との空間構造の比較も試みられている [劉暁東ほか 2006・魏存成 2016]。外郭城では南壁正南門・南壁東門・北壁正門・北壁 11 号門、皇城では正南門が発掘調査されている。また、宮城では正門、南壁西の 3 号門、南壁東の 4 号門、1 号宮殿東西掖門、2 号宮殿南門・東西掖門、3 号宮殿東西掖門、5 号宮殿南門、宮城正北門が発掘・報告されている。上京城の報告に関しては、各概報と正報告 [黒竜江省文物考古研究所 2009] に分かれて掲載されているが、以下、出来るだけ正報告書の記載を踏まえて整理する。

【皇城南門】[黒竜江省文物考古研究所 2009]（図 35 ①）
　ⅡA(3)。3 門道の殿堂式門である。基壇は東西 30m× 南北 11.35m を測り、東西は皇城南壁に接続する。四周は石積みによる外装で、南北両側に各 3 つのスロープがある。基壇上には、桁行 7 間（西 3.6m/3.9m×5/3.6m 東）・梁行 2 間（4.3m 等間）の礎石建物の痕跡が残る。礎石は玄武岩製で、直径 1.3m ほどの据付坑の上に設置されている。東西端から数えて、1・3・5・7 間目（東西次間・東西尽間）に石積み隔壁が存在し、東西両端の礎石上には南北方向の隔壁もある。南北スロープに対応する隔壁がない部分、すなわち 2・4・6 間目（当心間・東西稍間）が門道となり、その幅は約 3.9m である。基壇上からは、炭化木材・漆喰・瓦などの大量の建築部材が出土している。

【第 2 号宮殿南門】[黒竜江省文物考古研究所 2009]（図 35 ②）
　第 2 号宮殿の南側には、コの字状の「廊廡」と呼ばれる回廊（飛廊）がある。東廊・西廊・南廊で構成されるが、南廊中央に単体の門遺構が存在する。報告では「南廊中央門」とされるが、ここでは「第 2 号宮殿南門」としておく。ⅡA(1)、単門道、木造建築の殿門である。基壇は東西 23.8m× 南北 12.1m を測り、四周に石積み外装と雨落溝がめぐる。基壇の南北中央には、スロープがあり、北が幅 4.25m・南が幅 4.3m を測る。基壇上には、桁行 5 間・梁行 2 間（4m 等間）の礎石建物の痕跡が残る。東西端の南北礎石内側には、門と連接する南廊の礎石が設置されており、「双礎石」の状態が見られる。

【第 2 号宮殿東西掖門】[黒竜江省文物考古研究所 2009]（図 35 ②）
　ⅡC(1)、第 2 号宮殿の東西に位置する同規模・同構造の単門道の宮門である。基壇は、東掖門（東西 7.4m× 南北 12.4m）、西掖門（東西 7.4m×12.5m）を測り、基壇外装は切石で、四周には雨落溝がめぐる。基壇の南北にはスロープが取り付き、東西中央には壁体が接続する。基壇上には 6 個の礎石が残り、桁行 1 間（4.2m）・梁行 2 間（3.2m 等間）の建物が復原できる。東掖門中央東西には、木製門枕・門檻が残存する。木製門枕の北部分には、鉄製門枢も残存する。東西の門枕間の距離は 2.4m を測り、内開きの門扉が想定できる。

212 第3章 東アジア古代都城門の構造・機能とその展開

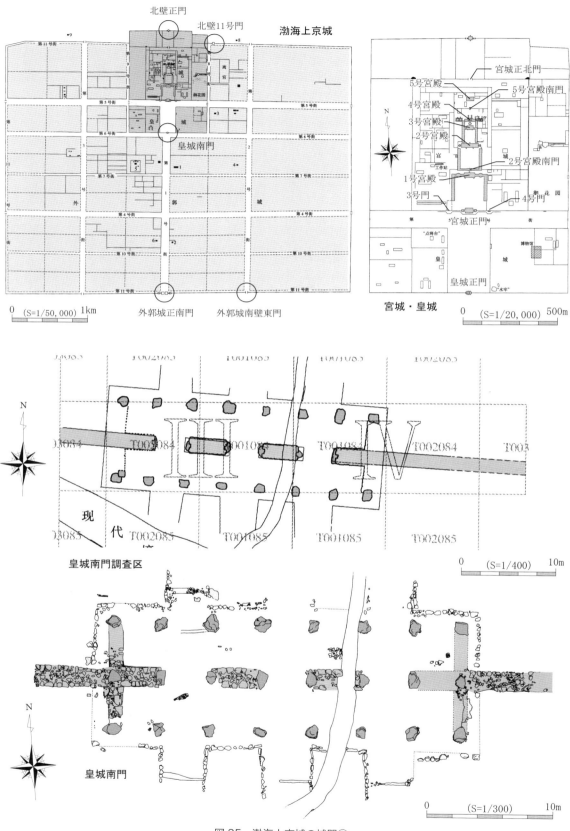

図35 渤海上京城の城門①

第4節　高句麗・渤海都城の門遺構　213

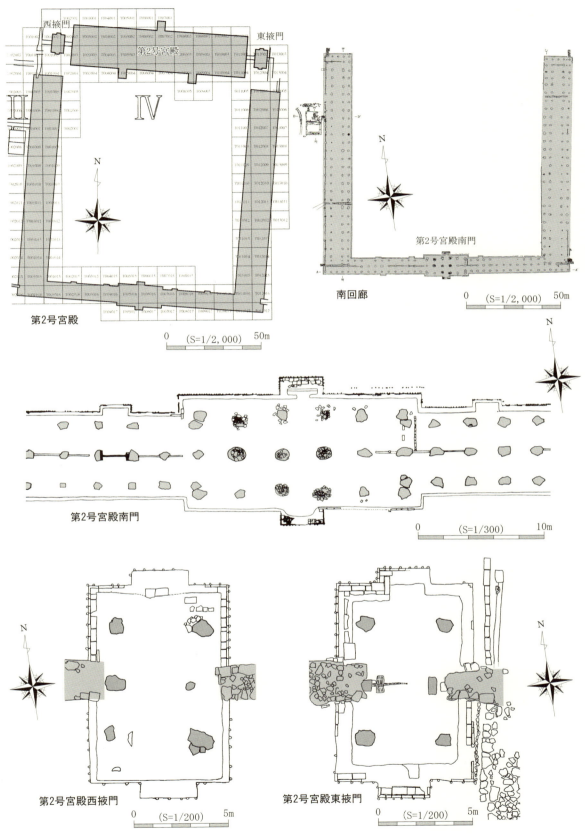

図35　渤海上京城の城門②

214 第3章 東アジア古代都城門の構造・機能とその展開

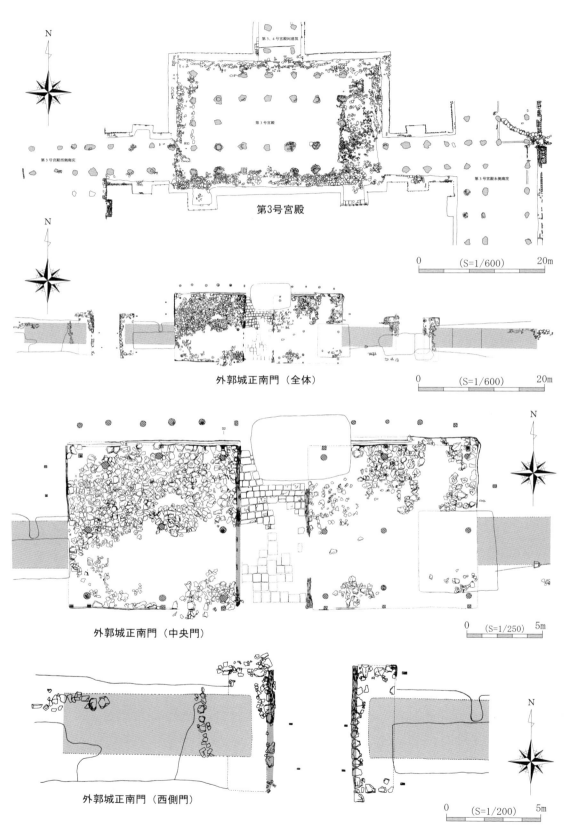

図35 渤海上京城の城門③

第4節　高句麗・渤海都城の門遺構　215

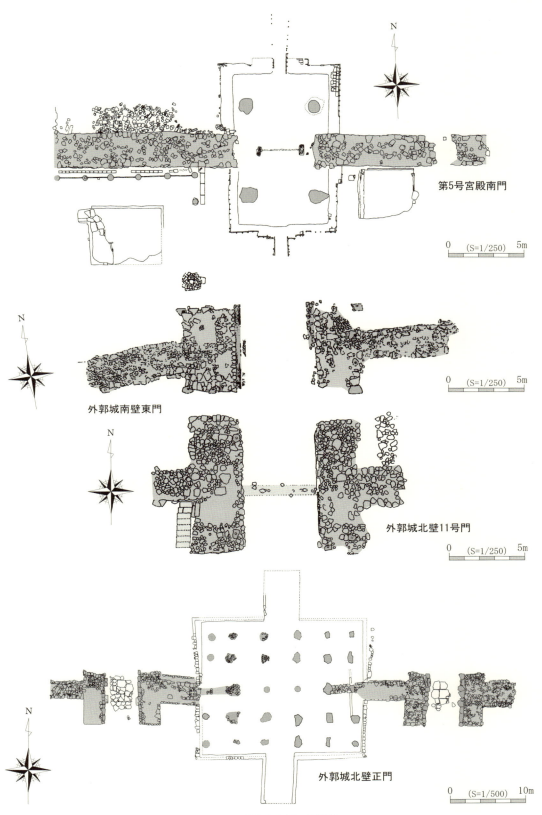

図35　渤海上京城の城門④

216　第3章　東アジア古代都城門の構造・機能とその展開

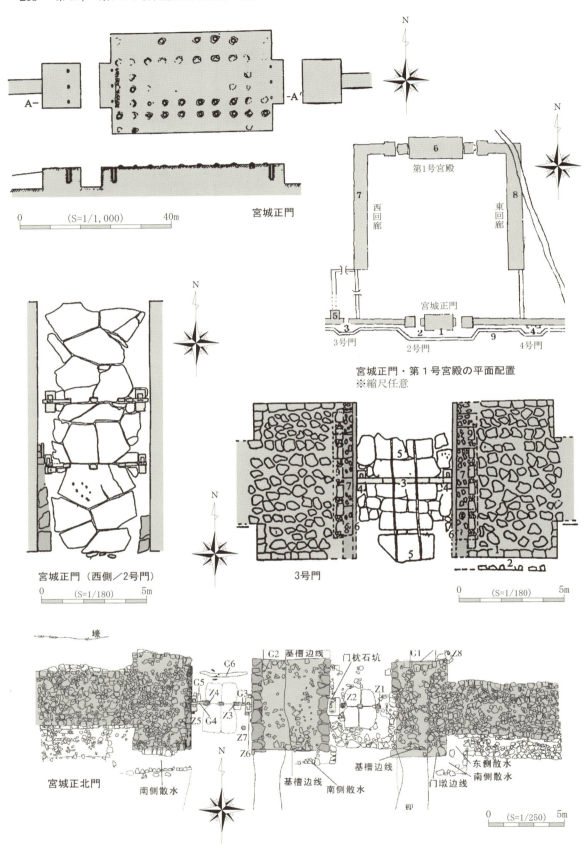

図35　渤海上京城の城門⑤

第4節　高句麗・渤海都城の門遺構　217

【第1・3号宮殿東西門】［黒竜江省文物考古工作隊 1985a・黒竜江省文物考古研究所 2009］（図35③）

　第2号宮殿東西の東西掖門とは異なる建築様式だが、中軸上の第1・3号宮殿の東西にも、南北方向の通行のための門遺構を検出している。特に第1号宮殿は、東西廊廡との間に東西15m・南北12mの基壇遺構が存在しており、門楼建築の存在が指摘されている。

【外郭城正南門】［黒竜江省文物考古研究所 2009］（図35③）

　ⅠA(3)。3門道の過梁式門である。東西側門と中央門で構成される特殊な構造で、東西57.6mを測る。中央門は東西墩台、中門道で構成される。左右墩台は東西11.1m×南北11.6mで、自然石を積み上げて構築され、外周には黄土と漆喰が塗布される。墩台上部には、東西南北3列ずつの9個の円形柱穴が認められ、部分的に柱根が炭化して残存する。また、円形柱穴に対応するように、南北縁辺部には方形・長方形の柱痕跡も見られ、「補柱」と報告されている。門道は幅4.7mで、東西の木製地覆と敷石で構成される。敷石の範囲は幅4.2mで、東西の木製地覆にはカバノキが使用されている。墩台の東西外側には、東西6.5m・南北3.3mの壁体が接続する。左右側門の構造はほぼ同じで、東西墩台および門道で構成される。墩台は東西2m×南北7.2m、門道幅は4.5mを測る。墩台の外側南北には、合計4個の柱穴が残存する。門道左右には板石を南北に並べて、その上に幅0.2mの排叉柱の基礎となる木製地覆を設置している。

【5号宮殿南門】［黒竜江省文物考古研究所 2009］（図35④）

　ⅡC(1)。第4号宮殿と第5号宮殿の間で東西隔壁中央に位置する、単門道の宮門である。基壇は東西6.15m×南北10.4mを測り、東西には玄武岩切石積の隔壁が接続する。基壇外装は塼積みで、外側には幅0.5mの雨落溝がめぐる。基壇の南北には、スロープが取り付く。基壇上には、4個の礎石が残り、東西間隔4.75m、南北間隔6.25mを測る。報告書では、桁行1間・梁行1間の建物とされるが、前述した第2号宮殿東西掖門と全く同じ構造のため、梁行方向の中央、城壁部分に礎石が存在した可能性が高い。その場合、桁行1間（4.75m）・梁行2間（3.13m）となる。中央には炭化した木製門枕・門檻が残存しており、門枕間で2.5mを測る。門南部の東西、城壁の南側では小型の建物を検出している。

【外郭城南壁東門】［中国社会科学院考古研究所 1997］（図35④）

　ⅠA(1)。単門道の過梁式門である。門道・東西墩台・左右の外郭城南壁で構成される。門道は、幅5.4-5.5m、奥行き6.1-6.4mを測る。門道東西には、大きさや形状が不揃いな土襯石を南北に並べ、その上に片側2本の木製地覆が設置される。西側の木製地覆が炭化して残存するが、1本の長さは6.5m・幅0.35mを測る。左右木製地覆の幅を引くと、門道幅は4.0mほどと推定できる。東西墩台は石積みで構築され、西墩台（東西3.6m×南北6.1m）・東墩台（東西3.2m×6.4m）を測る。西墩台上の西縁には南北に4つの礎石がある。西南隅と西北隅を結ぶ直線状で、南から2.1m・1.7m・2.1mを測る。墩台中央の南北にも対応する礎石があり、西南・西北隅の礎石から東に1.8mを測る。礎石上には炭化した方形・長方形の木柱が残存する。西墩台の東縁には礎石が存在しない点から、この部分は門道西側の木製地覆上の排叉柱を利用したものと考えられ、墩台上に楼閣が想定できる。東墩台の東縁にも同じ痕跡があり、南から2.1m・2.0m・2.1mを測る。東墩台の基壇南北中央の礎石はなくなっているが、東西墩台は同じ構造と推定できる。西墩台西南隅・西北隅と東墩台東南隅・東北隅を範囲とした東西12.3m・南北6.1m、桁行5間・梁行3間で門道左右の木製地覆上の「永定柱」を利用した「楼閣式建築」と報告される。

【外郭城北壁11号門】［黒竜江省文物考古研究所ほか1999］（図35④）

ⅠA(1)。単門道の過梁式門である。早期・晩期の二時期の変遷が指摘されている。門道と左右の墩台（東西3-3.3m・南北6-6.5m）で構成される。早期の墩台は石積みで構築され、周囲には漆喰が塗布される。墩台上には、東西南北2列ずつ合計4個の木柱の痕跡がある。西側墩台の西南側には、門楼に登るための階段を検出している。晩期には、墩台南北にさらに石積みが加えられると同時に、東西方向に1.5m間隔で2つの柱を立てている。門道左右の底部には、土襯石が並べられ、その上には炭化した長さ3mの木製地覆が残存する。門道幅は5.2m、奥行きは7.5mを測り、北から3.5m・南から4mの場所に門檻の痕跡が残り、中央部分には将軍石も残存する。

【外郭城北壁正門】［黒竜江省文物考古研究所ほか2000・黒竜江省文物考古研究所2009］（図35④）

ⅡA・ⅠA(3)。中央の殿堂式門と左右の過梁式側門で構成される特殊な門遺構である。城門全体は、東西52.1m・南北30.8mを測る。中央基壇は、東西21.9-22.6m・南北18.4mで、四周は石積み、その外側には雨落溝がめぐる。基壇南北中央には、スロープが取り付く。基壇上には部分的に礎石および礎石据付穴が残存するが、中央を門道として利用する桁行5間（西3.1m/4.2m/4.2m/4.2m/3.1m東）・梁行4間（南3.1m/4.2m/4.2m/3.1m北）の殿堂式木造門と考えられる。中央基壇の中央東西には、東西5.3m・南北2.2mの壁体があり、東西側門の墩台と接続する。東西の側門はほぼ同じ構造で、墩台は東西2.4m×南北7m、門道幅は5.2mを測る。門道中央には幅2.7mの敷石路面があり、幅0.8mの砂土帯を挟んで、東西縁辺に南北方向の土襯石を並べる。土襯石の上には木製地覆が設置され、排叉柱が立てられていたと想定できる。墩台北縁から南へ0.5m、そこからさらに1.6m南の位置の門道左右に合計4カ所の門扉施設の痕跡があり、左右の距離は3.6mを測る。

【宮城正門】［黒竜江省文物考古工作隊1985b］（図35⑤）

1982〜1984年に宮城正門、および西門（3号門）・東門（4号門）が発掘されている。宮城正門は、中央の基壇、東側門：1号門、西側門：2号門で構成される。中央の独立した門楼と左右の過梁式2門で構成される類例のない特殊な門遺構ⅡA・ⅠA(2)である。中央基壇は左右に凸形の墩台を持つ構造で、突出部分を除くと、東西42m×南北27mを測る。外装は二重となっており、外壁は切石積で構築される。基壇上には、大部分の礎石が原位置で残存しており、東西10列・南北7列、中央の4個が減柱され、その数は66個を数える。すなわち、桁行9間（3.8m等間）・梁行6間（3.5m等間）の礎石建物である。東西の突出部分には、南北に3個並ぶ長方形の柱穴が検出されており、1号門東墩台・2号門西墩台上の柱穴と対応する。西墩台は、東西10m・南北12m・現高5mを測り、玄武岩の切石外装の上に漆喰が塗布される。西墩台上には、東壁から3mの位置に南北方向の3個の柱穴が並び、それぞれの距離は3.2mを測る。基底部は、切石で固められており、底には礎石が残る。西門道は幅5m・奥行き12mで、不規則な形の玄武岩の板石で舗装されている。門道内に2か所、南北2.85mの距離に内（北）開きの門扉施設がある。東西の門砧石と門框の凹槽、中央の将軍石が確認できる。門砧石間の東西距離は、4.3mを測る。門道左右の壁面には、15個の垂直の柱痕跡が左右対称に残存する。柱の直径は0.35mで、柱の南北距離は0.45mを測る。排叉柱間は、石積で充填され壁体には漆喰が塗布される。排叉柱の下面には、木製地覆、その下に土襯石が残る。

【宮城南壁3・4号門】［黒竜江省文物考古工作隊1985b］（図35⑤）

3号門は、宮城正門の2号門から西に57mに位置する。ⅠA(1)、単門道の過梁式門である。東西墩台は、

東西約4.2m・南北約7.6mで、玄武岩を積み上げて構築し、外装には切石を使用している。東墩台の南側には、雨落溝も残存する。門道は幅4.6m・奥行き7.6mの単門道で、玄武岩の板石を使用して舗装されている。敷石上面には車轍痕が認められる。門道中央、および南側には2か所の門扉施設がある。中央部分の残りがよく、東西の門砧石、門限石が残存する。門砧石と墩台壁面との間、0.95mには土襯石が並べられ、そこに設置された木製地覆の上に排叉柱が立てられていた。壁面には、漆喰が施される。

4号門は、宮城正門の1号門から東に57mに位置する。ⅠA(1)、単門道の過梁式門である。4号門は門道幅4.7m、東西墩台幅4.5mで、3号門とほぼ同じ構造で東西対称の関係にある門とされる。

【宮城正北門】[黒竜江省文物考古研究所 2015]（図35⑤）

ⅠA(2)。第5号宮殿の北92m、外郭城正北門の南215m、宮城北壁中央に位置する。東西城壁・東西墩台・1隔壁・2門道で構成される過梁式門である。東墩台（東西3.4-3.5m・南北6.7m）・西墩台（東西3.5m・南北6.5-6.7m）は石積みで構築され、南側に雨落溝がある。中央隔壁も石積みで構築され、東西5.2m・南北6.5mを測り、南側には同じく雨落溝が見られる。東門道（幅4.1-4.2m・奥行き6.6m）・西門道（幅4.1m・奥行き6.7m）ともに残存状況がよい。特に西門道の残りが良く、東西端には南北方向に10個の土襯石（報告では「門道石」）が並べられており、西側には土襯石上に長さ5.65m・幅0.4mの排叉柱の基礎となる木製地覆が残存する。門道中央には、4つの大きな石板が敷かれており、その中央の十字中心部分が長方形に割り抜かれており、将軍石がはめ込まれる。石板の両側中央には、柱穴（Z1-4）がある。西門道中央の東西には、門砧石が残存しており、両者の距離は3.2mを測る。門砧石間には、柱穴2個と将軍石が位置する。なお、門砧石のすぐ南側にも柱穴（Z5など）が検出されている。

(2) 西古城（図36①）

西古城は、外城（北壁632m・南壁628m・東壁734m・西壁726m）と内城（北壁187m・南壁188m・東壁311m・西壁307m）の二重構造を特徴とする。外城門は、北壁中央に1門、南壁中央に1門、東壁にも1門検出されているが、西壁には城門が確認されていない。外城南門・北門は、発掘調査されている。一方、内城門に関しては、南門、および中枢部（1～4号宮殿）と5号宮殿の間にある東西隔壁中央門（内城隔壁門）が発掘されている。なお、外城南門・内城隔壁門に関しては正報告書が刊行されているが、外城北門・内城南門に関しては、簡報で簡単な図面が示されるのみである。

【外城南門】[吉林省文物考古研究所ほか 2007]（図36①）

城門の破壊が進んでおり、門構造などは不明。単門道。門道幅は3.36m、奥行き8.4mに復原されている。門道東西には、河卵石を用いた墩台の基礎が残る。東墩台は東西4.2-4.4m・奥行き8.4m、西墩台は東西4.4-4.7m・奥行き8.4mを測る。墩台は城壁を包み込むように構築されており、北端・南端には大型の石を利用している。一部には、漆喰の痕跡が残る。また、墩台上部には比較的大きな石が確認でき、報告では礎石との関係性を指摘している。城門の構造は不明だが、後述する八連城外城南門と近い構造と想定できる。

【内城隔壁門】[吉林省文物考古研究所ほか 2007]（図36①）

ⅡC(1)。単門道の小型殿門である。2号宮殿と5号宮殿の間にある隔壁中央に所在する門で、単門道の木造門である。前述した渤海上京城2号宮殿東西掖門、同5号宮殿南門と類似する、所謂四脚門である。

220　第3章　東アジア古代都城門の構造・機能とその展開

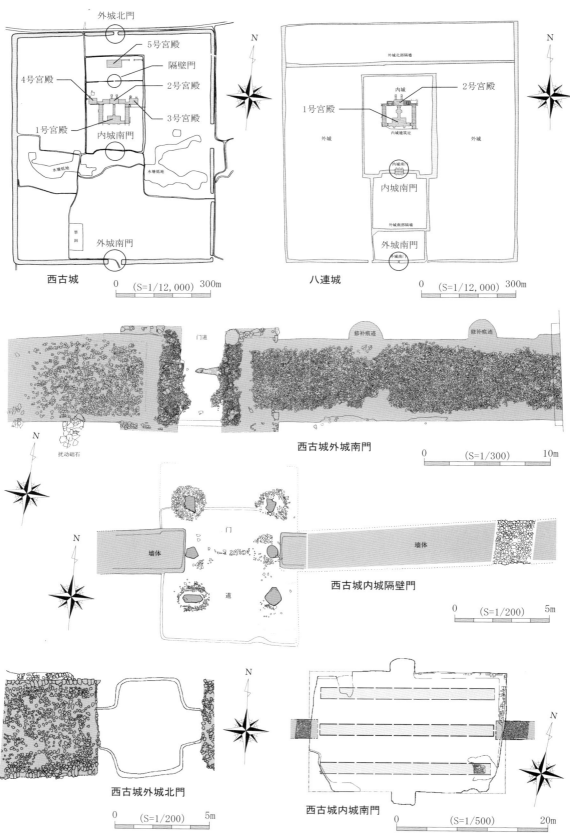

図36　渤海西古城・八連城の城門①

第4節　高句麗・渤海都城の門遺構　221

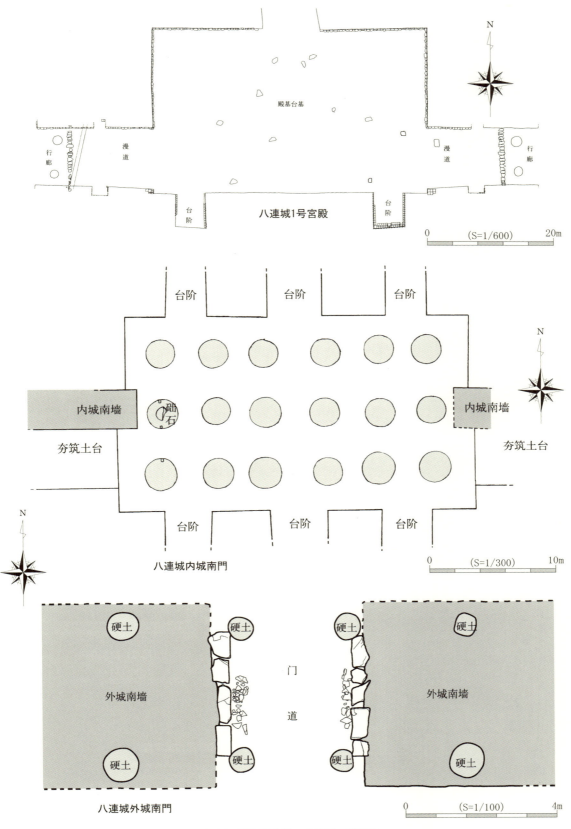

図36　渤海西古城・八連城の城門②

門は、長方形の版築基壇の上にあり、北側が破壊されているが基壇推定範囲は東西 7.3m・南北 9.8m とされる。基壇上には、6 個の礎石と据付坑が残存する。木造建築の門は、桁行 1 間（4.25m）・梁行 2 間（2.5m 等間）の規模で、報告では「瓦檐門楼建築」と呼称されている。中央に門扉があったと思われ、中央礎石間には帯状の河卵石の堆積が認められる。基壇南北には階段が存在したとされ、後宮内の純粋に歩行用の門と推定できる。

【外城北門】［吉林省文物考古研究所ほか 2016］（図 36 ①）
　門は後世の破壊が著しく、構造は不明だが、十字形の掘込地業を検出している。範囲は東西 5.5m、南北 5.45m を測る。東西の外城北壁は残存しており、南北 5.4m の石積みで構築される。詳しい構造は不明だが、遺構の状況からして単門道の過梁式門の可能性が高い。

【内城南門】［吉林省文物考古研究所ほか 2016］（図 36 ①）
　ⅡA(3?)。基壇は東西 26.4m・南北 16.5m の長方形を呈する。周囲は、黒色・黄色粘土を塼状に固めた「土坯（日干煉瓦）」による外装で、最も残存している部分で 5 段積まで確認できる。基壇の南北中央にはスロープがあり、幅は 3.2-3.3m を測る。基壇南北の破壊が進んでいるため、東西スロープの存在は確認できない。基壇上にも礎石や据付坑は確認できず、周囲の雨落溝なども検出されていない。基壇上では、東西方向の 3 つの布掘地業（基槽）が検出されており、それぞれ東西 23.3m・南北 1.6m・深さ 0.7m を測り、南北間隔は 3.5m である。布掘地業内部は、河卵石と赤褐色土が交互に 9 層敷き詰められており、この部分の上に礎石・柱などが存在していたと推定されている。なお、東西には内城南壁が基壇に連接している。西古城内城南門の規模は、後述する八連城内城南門とほぼ共通しており、3 門道の殿堂式門の可能性が高い。

（3）八連城（図 36 ①）

　八連城は、外城（東西 707m・南北 745m）と内城（東西 216m・南北 318m）の二重構造を特徴とする。外城の四周中央、および内城の東・西・南壁中央に門が想定されているが、確定しているのは中心軸上に位置する外城南門・内城南門だけである。内城北側に中枢部が位置し、廊道と回廊で連結された南側の 1 号宮殿・北側の 2 号宮殿で構成される。1 号宮殿（図 36 ②）は、殿前広場を持つ「前朝」空間（上京城 3 号宮殿に相当）で、2 号宮殿は「後寝」空間（後宮寝殿、上京城 4 号宮殿に相当）とされる。また、内城南門とその南側の閉鎖空間は、国家的な儀礼空間と想定されている。以下の記載は、報告書に準拠する。

【内城南門】［吉林省文物考古研究所ほか 2014］（図 36 ②）
　ⅡA(3)。3 門道の大型殿堂式門である。基壇は東西 27.4-28.6m・南北 16.2m の長方形（城壁の南北で基壇幅が 1m ほど異なる）で、東西には内城南壁が接続している。接続部分の城壁幅は 3.3m で、基壇・城壁には外装塼が施され、表面には漆喰が塗布される。東西城壁の南側には、版築土台が検出され、城壁上の瓦や漆喰が崩落して堆積していた。基壇上には、桁行 5 間・梁行 2 間の礎石建物の痕跡が残る。直径 2.5m 前後の円形の礎石据付穴には、河卵石と黄色版築が交互に敷かれ、その上に板状の礎石が置かれる。基壇南北には各 3 つの階段が設置されており、その幅は基壇上の柱間と対応しており、中央階段が 4.5m 幅、西階段が 3.5m 幅、東階段が 3.5-4m 幅を測る。

【外城南門】[吉林省文物考古研究所ほか 2014]（図 36 ②）

　I A(1)。外城南門は、規模の小さな単門道過梁式門とされる。門道は幅 3.2m、奥行き 5.2m を測る。東西の城壁を墩台として利用し、門道左右には西側 4 個、東側 5 個の大型の石を並べる。石はまっすぐな面を内側にして直線的に並べられており、報告では墩台両壁の石積底部の土襯石とされる。門道中央部の東西、土襯石の内側には南北 1.6m ほどの範囲に破砕された石を敷く部分があり、報告ではこの部分に排叉柱を並べる過梁式門と推定する。なお、土襯石の南北、および墩台内に円形の硬土を検出している。城門の木造建築に関連すると指摘されるが、構造は不明。柱列と考えると、桁行 3 間（3.2m/2.8m/3.2m）・梁行 1 間（3.7m）となる。報告では過梁式門とされるが、実際には唐長安城興慶宮の勤政務本楼などの殿堂式の構造に近い。

第 5 節　日本都城の門遺構

1. 7 世紀の都城門

（1）飛鳥宮（浄御原宮）（図 37）

【内郭南門 SB8010】[奈良県立橿原考古学研究所 2008]（図 37）

　内郭前殿 SB7910 の南側で検出した桁行 5 間（10 尺等間・推定総長 14.8m）・梁行 2 間（9 尺 2 間・総長 5.4m）の五間門（掘立柱建物）である。西側妻の中央に掘立柱塀 SA8020 が取り付く。基壇などは検出されていないが、南側に雨落溝 SD8021、北側に石敷 SX8022 が確認されている。階段や雨落溝の途切れ目などは確認されていないものの、報告では中央 3 間に扉を想定し五間三戸門に復原している。

【エビノコ郭西門 SB7402】[奈良県立橿原考古学研究所 1982]（図 37）

　正殿 SB7701 西側で検出した桁行 5 間（10 尺等間・総長 14.5m）・梁行 2 間（9 尺 2 間・総長 5.4m）、南北棟の五間門（掘立柱建物）である。内郭南門 SB8010 と同規模、東西の雨落溝もほぼ同様の構造である。

（2）大津宮（図 37）

【内裏南門 SB001】[滋賀県教育委員会文化部文化財保護課ほか 1992]（図 37）

　大津宮推定中軸線上に位置する門 SB001（掘立柱建物）は、東北隅部分のみが発掘され、桁行 4 間以上、梁行 2 間と推定されている。東側には、回廊 SC001 が取り付く。柱穴は一辺 1.6m ほどの方形で、深さは 1.1-1.2m を測る。判明している柱間寸法は、桁行（西 3.24m/3.14m/3.1m/2.7m）・梁行 3.2m である。回廊 SC001 の南側柱列は、SB001 の棟通りの柱列と一致し、これを中軸として南に折り返して複廊と推定されている。桁行 2.6m・梁行 2.08m で、SB001 との接続部分のみ 1.51m と近接する。

　なお、SB001 に関しては七間門と報告されているが、黒崎直は柱穴相互を結ぶ「抜取り」とされた溝状遺構を「地中梁」とし、その組み合わせパターンから五間門の可能性を指摘した [黒崎 2001]。その後、報告者の林博通は、五間門とは断定できないと反論した [林 2012]。一方、吉水は飛鳥宮内郭南門 SB8010・前期難波宮内裏南門 SB3301 が桁行等間であるのに対して、大津宮内裏南門 SB001 は両端間が狭い異なる特徴を持つとしたうえで、7 間門の可能性高いとしている [吉水 2020]。しかし、前期難波宮内裏南門の

224　第3章　東アジア古代都城門の構造・機能とその展開

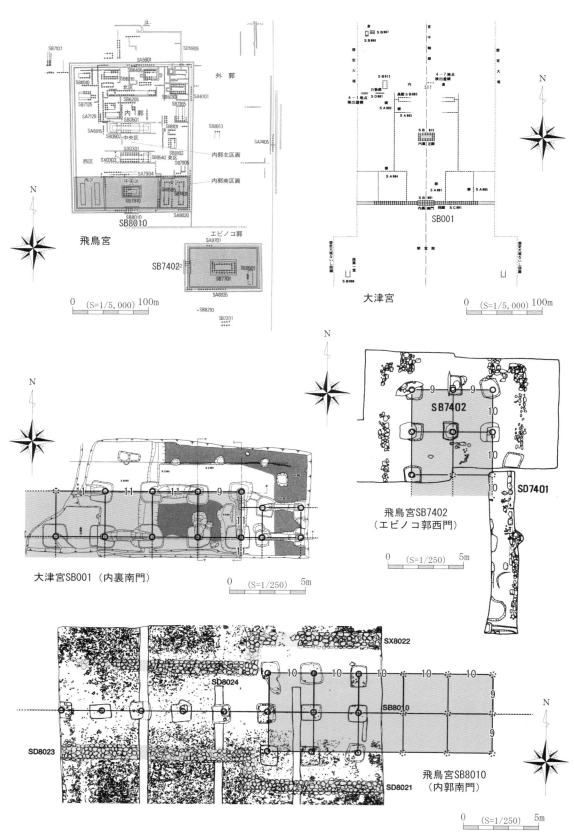

図37　飛鳥宮・大津宮の門遺構

SB3301 は、藤原宮大極殿南門へ系譜的に繋がる桁行 16 尺等間の大型の門であるのに対して、大津内裏南門 SB001 は桁行 11 尺（両端間 9 尺）とその規模は飛鳥宮内郭南門 SB8010（10 尺等間）に近い。都城の系譜関係からしても、やはり黒崎説の五間門の可能性が高いと考える。

（3）難波宮（図 38 ①）

【前期難波宮内裏南門 SB3301・東八角殿 SB875401・西八角殿 SB4201】[大阪市文化財協会 1995・2005]（図 38 ①・図 46）

　孝徳朝の難波長柄豊碕宮とされる前期難波宮の内裏南門は、日本都城史上最大級の門であると同時に、左右に取り付く複廊が東西の八角殿院に接続する特徴的な構造を持つ。ここでは、門と八角殿に分けて構造を記述する。

　内裏南門 SB3301 は、桁行 7 間（16 尺等間・総長 32.68m）・梁行 2 間（21 尺 2 間・総長 12.26m）の七間門（掘立柱建物）である。東西妻柱から外側 1.5m の地点の溝状遺構を基壇外装の抜取穴とする説によれば、基壇の東西規模は 35.45m 以上となり、藤原宮大極殿南門・平城京羅城門に次ぐ規模を持つ。南北側柱列の外側 1.4m のところには、小柱穴が確認されており、基壇の痕跡と考える説もある。

　東西の八角殿院は、東八角殿 SB875401・西八角殿 SB4201 とその周囲を方形に取り囲む回廊から構成される。両者はほぼ同規格であるため、ここでは東八角殿院の報告から、その構造を紹介する。東八角殿 SB875401 は、平面八角形の三重の柱穴（最外周・外周・内周柱穴）がめぐる掘立柱建物である。最外周の柱列は、対辺距離 17.4m（60 尺）、一辺 7.1m を測る。八角殿を取り囲む複廊は、桁行 2.85-2.95m（10 尺等間）・梁行 2.3-2.4m（8 尺等間）で、回廊全体では東西・南北回廊の棟通り柱の心々間距離が、東西 36.8m・南北 36.7m でほぼ正方形を呈する。なお、西八角殿院は東西 36.8m・南北 37.01m とされ、両者はほぼ同規格である。

【前期難波宮朝堂院南門 SB4501】[大阪市教育委員会ほか 1985]（図 38 ①）

　桁行 5 間（16 尺等間）・梁行 2 間（15 尺 2 間）の五間門（掘立柱建物）である。報告が古いため、詳細は不明だが、基壇・雨落溝などは確認されなかったようで、後述する朱雀門 SB701 および東西複廊と基本的には同一構造と考えられる。

【前期難波宮朱雀門 SB701】[大阪市文化財協会 2004]（図 38 ②）

　桁行 5 間（16 尺等間・総長 23.52m）・梁行 2 間（15 尺 2 間・柱間寸法 4.7m ＋ 4.42m）の五間門（掘立柱建物）である。基壇や雨落溝などは検出されておらず、確認されたのは門と東西複廊の柱穴のみである。SB701 の柱穴は一辺 1.8m 前後の方形で、棟通りの柱筋の柱痕跡の底レベルが浅く、南北柱筋が深い。東回廊（SC701）は桁行 9 間、西回廊（SC702）は桁行 1 間分を検出しており、桁行は 10 尺等間（門の取り付き部分のみ 11 尺）、梁行は 9 尺と 4 分の 1 等間とされる。なお、SB701 を重層門と考える説もある [李 2004]。

【後期難波宮朝堂院南門 SB001102】[大阪市文化財協会 2005]（図 38 ②）

　基壇はほぼ削平されており、基壇北辺裾周りの地覆石の抜取痕跡（SD001101）から、基壇の範囲が推定されている。それによると基壇の東西長は約 27m、北辺中央に東西 13.5m・南北 0.9m の階段がある。報告書では、桁行 5 間・梁行 2 間（15 尺等間・柱間寸法 4.4m）の基壇を伴う礎石建物を想定する。なお、後期

226 第3章 東アジア古代都城門の構造・機能とその展開

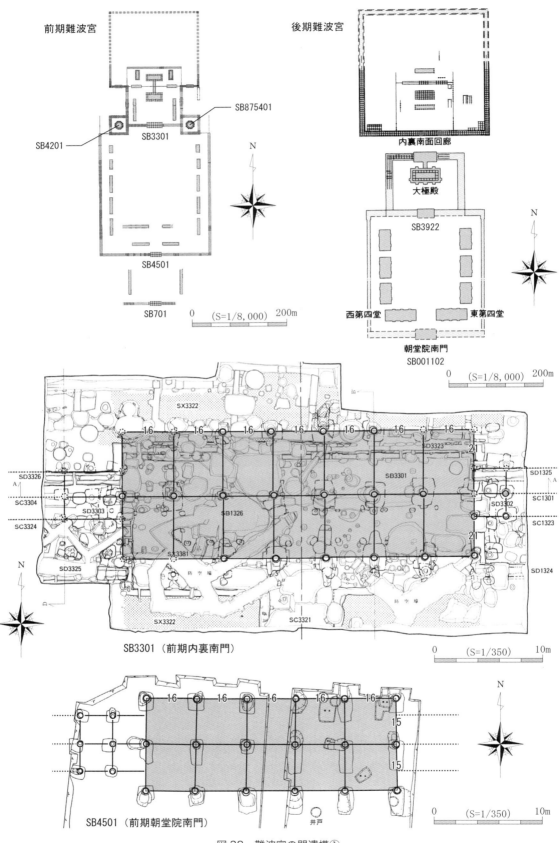

図38 難波宮の門遺構①

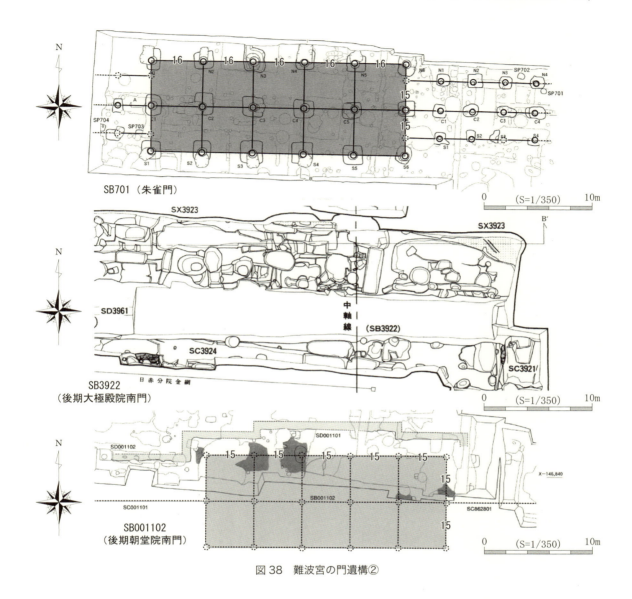

図38 難波宮の門遺構②

難波宮の大極殿院南門 SB3922 [大阪市文化財協会 1995] （図38②）に関しては、大極殿院南壁の存在から位置が特定されているものの、削平により明確な遺構は検出されなかった。

ところで、後期難波宮に関しては、中枢である大極殿院の西側（中軸から西へ158m）で南北2棟の五間門を検出している。五間門区画東面北門（SB843001）、東面南門（SB852201）は、桁行5間（中央3間15尺・両端間10尺）・梁行2間（10尺2間）の同規模の掘立柱建物 [大阪市文化財協会 2005] だが、区画の性質が不明で、門の位置付けも難しい状況にある。

(4) 藤原宮 （図39①）

【朱雀門 SB500】 [奈良国立文化財研究所 1976a]（図39①）

朱雀門 SB500 は、桁行4間分を発掘調査で確認しており、桁行5間（17尺等間）・梁行2間（17尺2間）の五間門（礎石建物）に復原されている。掘込地業などは確認されておらず、基壇も失われていたが、礎石

228　第3章　東アジア古代都城門の構造・機能とその展開

の据付穴と根石の存在から柱配置が把握されている。

【朝堂院南門】[日本古文化研究所1941]（図39②）

　日本古文化研究所が「南の門址」として発掘成果を報告している。基壇や雨落溝などは検出していないようだが、礎石の据付穴を確認しており、桁行5間（西17尺/16尺/18尺/16尺/17尺東）・梁行2間の五間門（礎石建物）と報告している。提示されている図面、および藤原宮内における他の門の規模から考えて、桁行5間（17尺等間・総長25.5m）・梁行2間（17尺2間・総長10.2m）の可能性が高い[青木2010]。

【北面中門 SB1900】[奈良国立文化財研究所1976b]（図39②）

　桁行5間（17尺等間・総長25.2m）・梁行2間（17尺2間・総長10.1m）の五間門（礎石建物）である。後世の削平によって、基壇・雨落溝や礎石の根石などは検出されなかったが、礎石据付穴の壺地業の存在で柱配置が復原されている。壺地業は1.8四方の不正方形の穴に厚さ5cm前後の版築を施すもので、特に東側の南北溝SD1901の埋め立て部分に位置する壺地業の底部では、大量の栗石を底部に敷き詰めていた。付近から出土した凝灰岩片の存在から、凝灰岩切石で化粧した基壇が想定されている。

【大極殿南門 SB10700】[奈良文化財研究所2008]（図39②）

　日本古文化研究所の発掘を踏まえて、奈良文化財研究所が2007年に全面発掘を行っている。基壇の大半は削平されており、礎石据付穴なども確認できなかったが、基壇外装の据付・抜取痕跡から規模が判明している。基壇は東西40.1m・南北14.4mを測り、南北中央に幅24.7m・出1.2mの階段と思われる突出部を持つ。なお、基壇の造成に際しては、東西44m・南北20mの範囲で掘込地業をしている点が判明している。柱配置に関する情報は発掘では確認されていないが、藤原宮大極殿院は東門SB9500[奈良文化財研究所2003a]、西門SB2200[奈良文化財研究所1978a]が桁行7間（14尺等間）・梁行2間（12尺2間）に復原されており、七間門が想定される。また、前述した朱雀門・朝堂院南門・北面中門がいずれも柱間寸法を17尺等間とする点、発掘で確認された階段の張り出しから、桁行7間・梁行2間（17尺等間）の七間五戸門に復原されている。

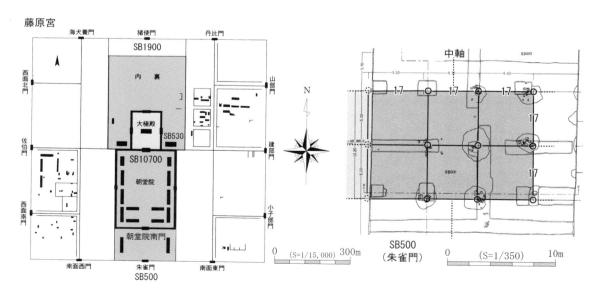

図39　藤原宮の門遺構①

第5節 日本都城の門遺構 229

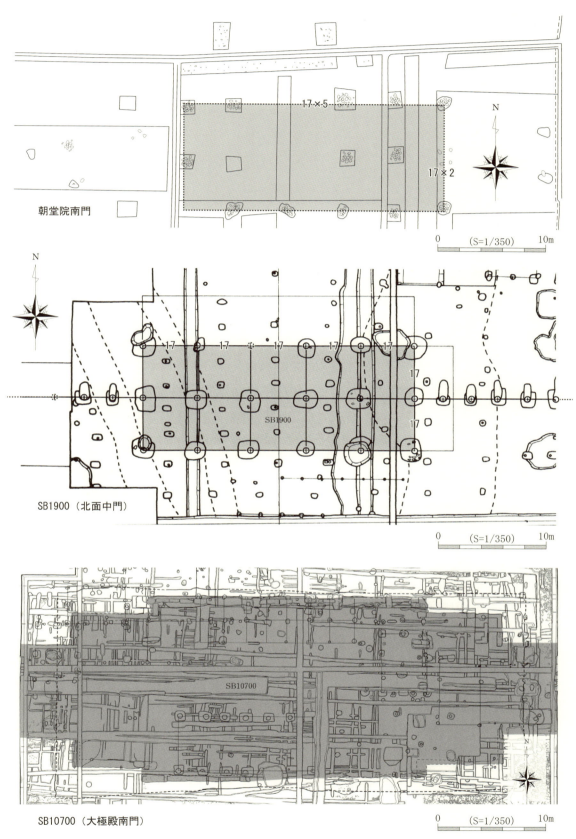

図39 藤原宮の門遺構②

230　第3章　東アジア古代都城門の構造・機能とその展開

2. 8世紀の都城門

（1）平城宮・平城京（図40①）

【朱雀門 SB1800】［奈良国立文化財研究所 1978b・1994a］（図40①）
　　桁行5間・梁行2間（17尺等間）の五間門（礎石建物）である。基壇の掘込地業の範囲は、南面大垣が接続する部分で東西31.9m、南北平均16.6mを測り、平城宮内の門遺構で最大規模である。基壇は、地山を1.5m掘り下げて川原石を敷き詰めた後に版築する総地業で、ある程度まで版築してから柱位置に布掘り（側柱）、あるいは壺掘り（棟通りの柱）で礎石の据付穴を掘る。その後、根石を置いて礎石を据付け、版築によって基壇を完成させている。残存する礎石は直径1m以上で、特別な加工は施されていない。門東西に取り付く南面大垣SA1200は、基底部幅9尺である。建物は、五間三戸の入母屋造りの二重門に復原されている。

【若犬養門 SB10200】［奈良国立文化財研究所 1982a］（図40①）
　　基壇は既に削平され、礎石・根石も残っていなかったが、整地上の柱推定位置に合計7カ所の壺地業の痕跡を検出している。その痕跡から、桁行5間・梁行2間（17尺等間）の五間門（礎石建物）と推定される。SB10200の南では二条大路SF9440の北側溝SD1250、南側溝SD4006を検出しているが、門前の北側溝には間口2間・奥行1間の橋脚SX10260がある。中心は門の中軸と対応し、柱間寸法は正面各8尺・奥行12尺である。

【建部門・東院南門 SB16000ABC】［奈良国立文化財研究所 1994b］（図40②）
　　棟門SB16000Aが、桁行2間・梁行1間の掘立柱門SB16000Bに建て替えられ、最終的に奈良時代後半に礎石建ち門SB16000Cが造営された。SB16000Cは、桁行5間（中央3間13尺・両端間10尺）・梁行2間（10尺2間）の五間門（礎石建物）である。北側柱列、東妻柱の礎石据付痕跡を検出している。礎石据付穴は、一辺2mの方形で大量の平瓦を敷いた後に根石を置いている。門の北側には、凝灰岩を組んだ雨落溝が残存し、一部には基壇化粧の凝灰岩も残存する。

【小子部門 SB5000】［奈良国立文化財研究所 1967］（図40②）
　　平城宮東張り出し部の入隅に南面して開くSB5000は、1966年の調査で盛土と礎石据付痕跡の一部が確認されていたが、小澤毅の再検討によって桁行5間（中央3間15尺・両端間10尺）・梁行2間（15尺2間）の五間門（礎石建物）に復原された。小澤は、中央区朝堂院南門SB9200・第二次大極殿院南門（下層）SB11210と同一規格の門とし、平城宮造営当初に創建されたと想定する［小澤 1994］。

【壬生門 SB9500】［奈良国立文化財研究所 1981］（図40②）
　　基壇上部は削平されており、礎石・根石などは残っていなかったが、基壇の掘込地業の範囲（東西28.9m・南北14m）が判明している。掘込地業は北側を丁寧に版築しているのに対して、南側は簡略化された築成となっている。掘込地業の北西部分で地覆石の抜取痕跡を検出しており、凝灰岩を用いた壇正積基壇と推定されている。基壇地業の東西では、基底幅9尺の南面大垣SA1200を3.6mほど取り込んでいる。南側の二条大路SF9440の北側溝SD1250にかかる橋の痕跡は確認されていない。

第5節　日本都城の門遺構　231

【第一次大極殿院南門 SB7801】[奈良国立文化財研究所 1982b]（図40 ③）

　基壇や礎石据付穴などは既に削平されていたが、掘込地業、地覆石の抜取痕跡、北側雨落溝、北面階段などが確認された。掘込地業の範囲は、東西31.5m・南北17.5mで深さ0.5-0.6mを測り、丁寧に版築されている。基壇の東北・西北隅で基壇縁に沿ってL字形にめぐる地覆石の抜取痕跡（SD7852B）があり、その外側に礫敷の雨落溝SD7833が検出されている。北面中央には、長さ14.2m、北へ1.2m張り出す形で大型の凝灰岩片が堆積し、北面階段の痕跡とされる。上層の堆積から復原されている基壇規模は、東西28m・南北16.2mで、桁行5間（中央3間17尺・両端間15尺）・梁行2間（20尺2間）の五間門が想定されている。

　なお、SB7801は、単層切妻造案（5×2間）[奈良国立文化財研究所 1982b]、重層入母屋造案（5×3間）[奈良国立文化財研究所 1994c]、単層切妻造案（5×2間）[清水ほか 2004]（図10）、重層入母屋造案（5×2間・五間三戸門）[北山 2012、中島 2013・2014] と建物復原案が変遷している。

【第一次大極殿院南面東楼 SB7802】[奈良国立文化財研究所 1982b]（図40 ③）

　第一次大極殿院南門SB7801の東側に位置する桁行5間（総長22.9m・15.5尺等間）・梁行3間（総長11.52m・13尺等間）で総柱の東西棟建物である。側柱が掘立柱、内部の柱を礎石建ちとする「掘立柱・礎石併用建物」である。側柱の柱穴は3.5m×2.5mの平面長方形、深さは2.75mの巨大なものである。内部の礎石据付穴は平面2.7m四方で、深さ0.15mの中心に根石が残存していた。SB7802は、南面築地回廊SC5600の中層礫敷改修時に増築されたもので、下層の回廊北雨落溝SD7813と院内礫敷層を埋めて、東西29m・南北8mの基壇を回廊北側に付け足して造営している。南側は築地回廊と一体化しており、築地回廊の一部を開いて新たに増築されたことがわかる。南北方向の柱筋は、回廊南側柱と一致しており、SB7802南側柱とSC5600の南側柱の間隔は3.6m（12尺）、回廊の南側を片流れの廂状にした楼閣建築とされる。

【第一次大極殿院南面西楼 SB18500】[奈良文化財研究所 2003d・奈良文化財研究所 2011]（図40 ④）

　東楼SB7802と左右対称に存在する桁行5間（15.5尺等間）・梁行3間（13尺等間）の総柱建物である。側柱を掘立柱とし、内部を礎石建ちとする楼閣建築である。南面築地回廊SC7820の北側に基壇を2回に分けて、東西27.6m・南北8.9mの範囲で増築している点が判明しており、東楼・西楼は大極殿院創建当初には存在しなかった点も追認された。

　なお、第一次大極殿院は、天平勝宝年間に西宮に改築されるが、Ⅱ期（天平勝宝5年～長岡遷都）の南門SB7750A、Ⅲ期（平城太上天皇の大同4年～）の南門SB7750B[奈良国立文化財研究所 1982b]（図40 ③）が確認されている。SB7750Aは、基壇や礎石据付痕跡などは確認されていないが、南北に基壇地覆石の抜取痕跡を確認しており、基壇の規模は東西20m・南北12.7mに復原されている。南北中央は東西13.44m・南北1.05m分張り出しており、階段とされる。階段の東西幅を建物の桁行と考えて、桁行3間（15尺等間）・梁行2間（12尺2間）の八脚門に復原されている。SB7750Bは、基壇の痕跡は確認されていないが、掘立柱の痕跡が確認されており、桁行5間（中央間13尺・脇間10尺・端間8尺）・梁行1間（18尺）と推定される。

【中央区朝堂院南門 SB9200】[奈良国立文化財研究所 1980・1987a]（図40 ④）

　中央区朝堂院南門と思われる遺構は基壇・礎石痕跡なども残っていなかったが、掘込地業の範囲（東西26m・南北16m・深さ0.35m）が確認されており、検出した土坑から4個の礎石が投棄されている状態で見つかった。発掘では4時期（A～D期）の変遷が確認されたが [奈良国立文化財研究所 1980]、その後、東側の区画の発掘成果によって、解釈が変更された [奈良国立文化財研究所 1987a]。B1期の掘立柱塀SA9201・9202の間

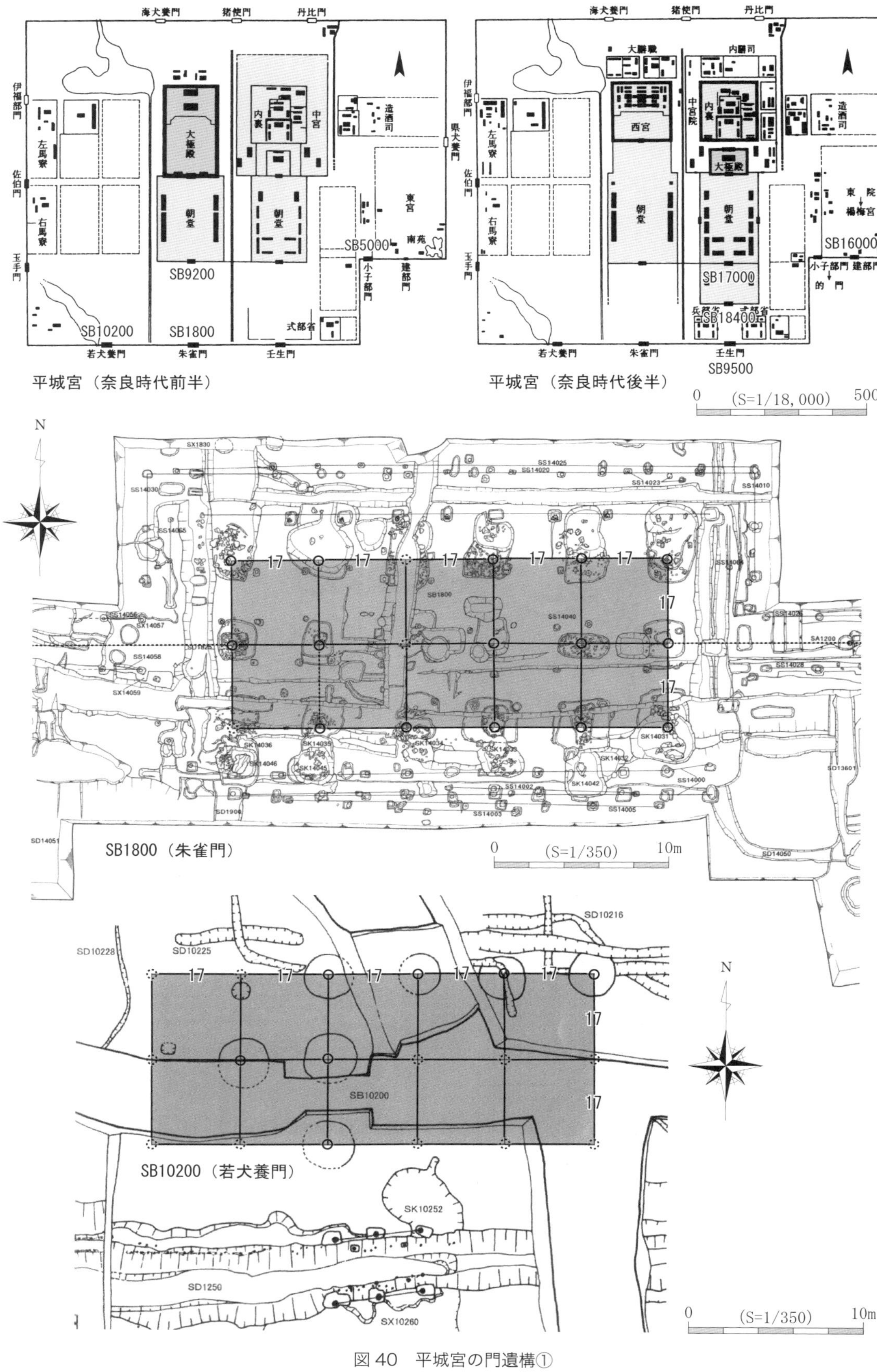

232　第3章　東アジア古代都城門の構造・機能とその展開

平城宮（奈良時代前半）　　　　　平城宮（奈良時代後半）

SB1800（朱雀門）

SB10200（若犬養門）

図40　平城宮の門遺構①

第5節　日本都城の門遺構　233

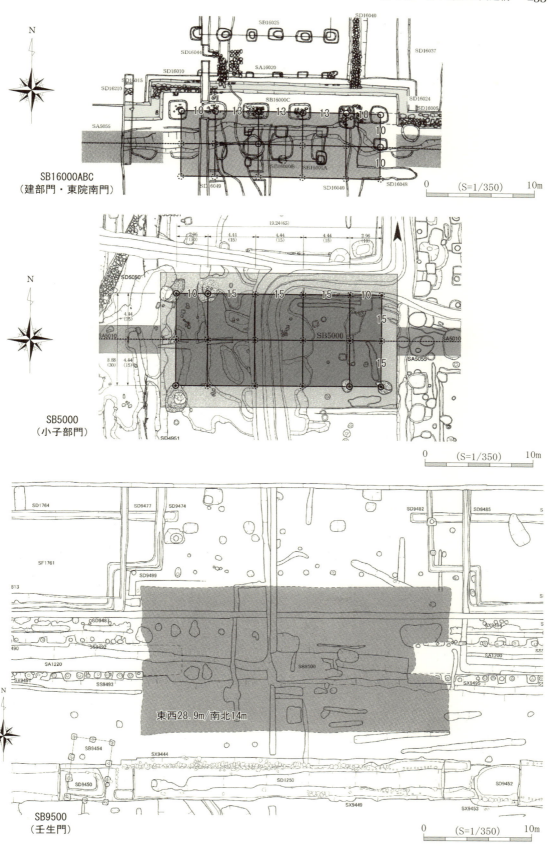

図40　平城宮の門遺構②

234 第3章 東アジア古代都城門の構造・機能とその展開

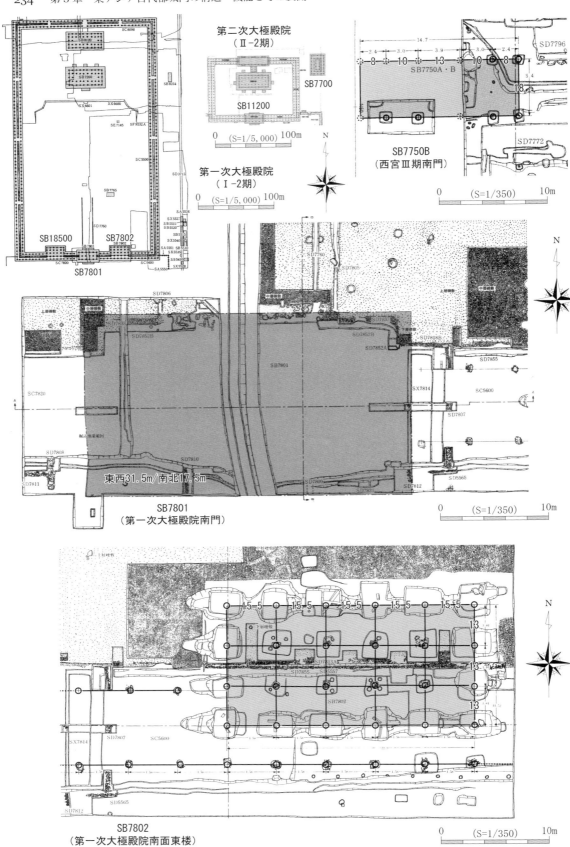

図40 平城宮の門遺構③

第5節　日本都城の門遺構　235

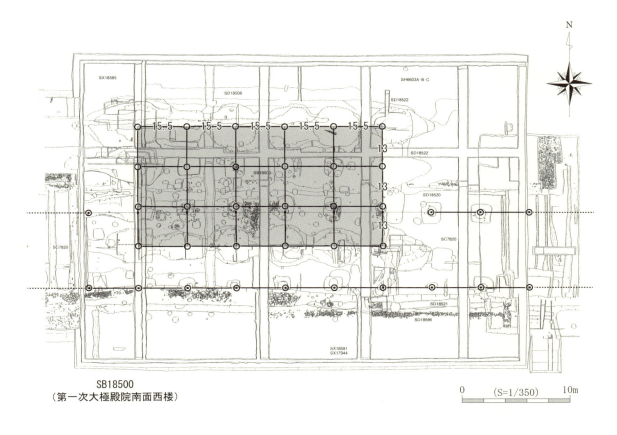

SB18500
（第一次大極殿院南面西楼）

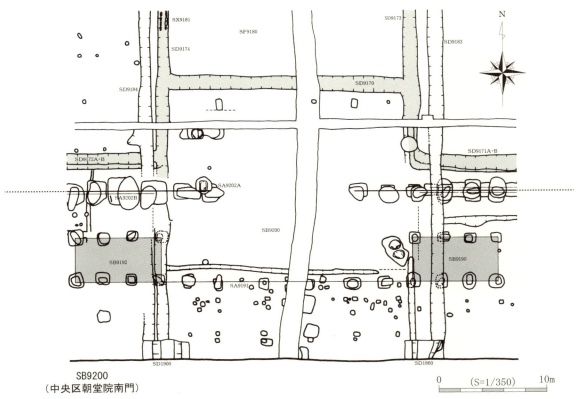

SB9200
（中央区朝堂院南門）

図40　平城宮の門遺構④

236　第3章　東アジア古代都城門の構造・機能とその展開

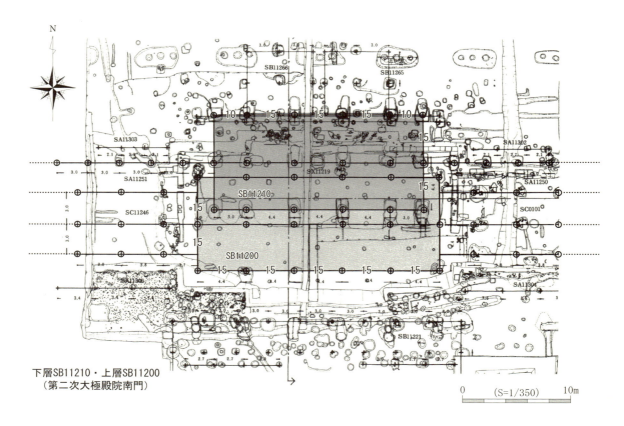

下層SB11210・上層SB11200
（第二次大極殿院南門）

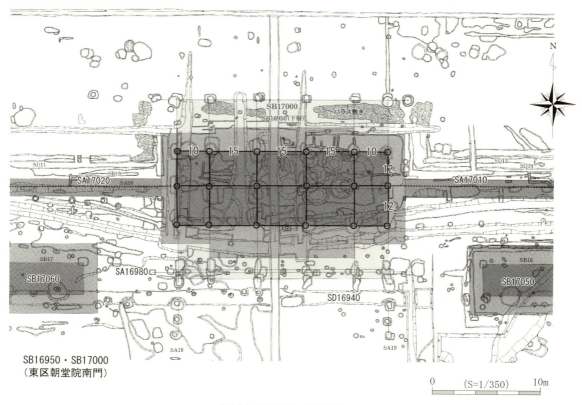

SB16950・SB17000
（東区朝堂院南門）

図40　平城宮の門遺構⑤

第5節　日本都城の門遺構　237

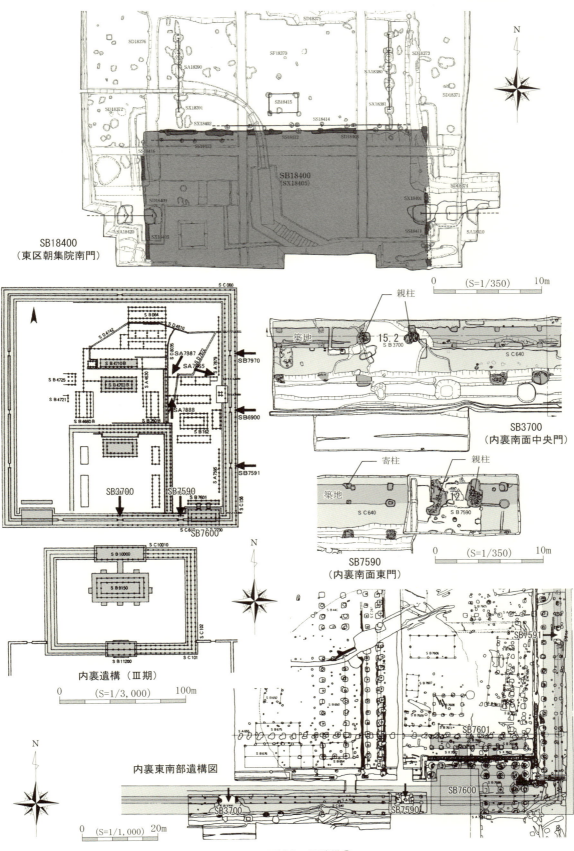

図40　平城宮の門遺構⑥

に、B2期に礎石建ちの五間門：SB9200 が造営された（8世紀前半）。建物は、桁行5間（中央3間15尺・両端間10尺）・梁行（15尺2間）の切妻造の単層門とされる。門基壇の南外側には、庇を受ける掘立柱列があり、この柱列と南側柱通りを揃えて、門前東西に桁行3間（9.5尺等間）・梁行2間（15尺等間）の東西棟建物が各1棟造営される。C期（8世紀中頃）には東西の掘立柱塀が仮設的な板塀となり、D期（奈良時代後半）には SB9200 の南庇が取り外され、東西は築地塀に作り替えられた。

【第二次大極殿院南門 SB11210・SB11200】[奈良国立文化財研究所 1993]（図40⑤）

　第二次大極殿院は、地上に痕跡をとどめるⅡ期以降、大極殿基壇などの下層にあるⅠ期遺構の2時期に整理されている。第二次大極殿院南門もⅠ期の SB11210、Ⅱ期の SB11200 が確認されている。大極殿下層正殿 SB9140 の南正面に位置する桁行5間（中央3間15尺・両端間10尺）・梁行2間（15尺2間）の五間門（掘立柱建物）が SB11210 である。基壇は地山削り出しを基本とし、南面に中央3間分の階段が検出されている。基壇の出は、東・西・南については1.8mを測り、北は不明。階段と基壇の入隅部分で凝灰岩の破片を確認しており、凝灰岩切石の壇正積基壇とされる。掘立柱の抜取り痕跡の上面は上層南門の版築によって埋められており、SB11210 の解体と上層南門の建設は一連の工程とされる。SB11210 の東西妻の中央柱には、南面東塀 SA11250 と西塀 SA11251 が取り付く。一方、Ⅱ期の第二次大極殿 SB9150 の南正面に位置する桁行5間・梁行2間（15尺等間）の五間門（礎石建物）が SB11200 である。基壇の規模は、東西26.1m・南北13.8mで、基壇の出は南北が8尺、東西の蹴羽の出は6尺、切妻造に復原される。基壇の北側には、壇正積の凝灰岩切石の一部が残存しており、その外側には雨落溝 SD11211 がある。基壇南北には、桁行中央3間分（13.3m）の階段を検出している。SB11200 の東西には、東回廊 SC0101 と西回廊 SC11246 の複廊が取り付く。

【東区朝堂院南門 SB16950・SB17000】[奈良国立文化財研究所 1996]（図40⑤）

　平城宮造営当初に造営された下層の掘立柱の門 SB16950、および上層の礎石建ちの門 SB17000 の2時期の変遷が確認されている。SB16950 は、桁行5間（中央3間15尺・両端間10尺）・梁行2間（10尺2間）の五間門（掘立柱建物）である。基壇の規模や外装などは不明だが、東西妻の中央柱に掘立柱塀が取り付く。SB17000 は、梁行を12尺等間として礎石建ちに立て替えた奈良時代後半の朝堂院南門である。掘立柱建物の柱を抜取り、その抜取り穴を版築で埋め、基壇を造成している。礎石据付穴の底部が残存しており、柱配置が確認された。基壇北側には、壇上積基壇の外装、および雨落溝の抜き取り痕跡を検出しており、基壇の出は南北6尺、東西5尺に復原されている。基壇規模は、東西22.3m・南北10.7mを測る。基壇北側には、中央3間の幅の階段痕跡も検出されている。門の東西には、築地塀が取り付く。門の南北両面には土廂の柱穴が東西に並んでおり、北廂は北側柱列から17尺、南廂は2時期あり14尺・17尺離れた2列が検出された。

　なお、東区朝堂院では近年、東門が発掘され、桁行5間（中央間15尺、脇間・端間10尺）・梁行2間（12尺）の掘立柱の五間門 SB20160（奈良時代前半）が確認されている[奈良文化財研究所 2019]。

【東区朝集院南門 SB18400】[奈良文化財研究所 2003b]（図40⑥）

　基壇上面は完全に削平されており、基壇南端部は調査区外で確認されていない。基壇周囲の地覆石の据付痕跡から、基壇の規模が東西26.2m・南北13m以上に復原されている。門の東西には、掘立柱塀（東塀 SA18410・西塀18420）を検出しているが、奈良時代後半に推定される築地塀は検出していない。

【内裏南面中央門 SB3700・南面東門 SB7590・南面東楼 SB7600】[奈良国立文化財研究所 1991]（図 40 ⑥）

　内裏Ⅲ期に遮蔽施設が築地回廊となった際に、南面築地回廊 SC640 に開いたのが中門 SB3700、東門 SB7590 で、SC640 東端に回廊を取り込んで建つのが内裏東楼 SB7600 である。

　内裏外郭の南面築地回廊 SC640 は、築地塀の基底部幅が 6 尺、側柱に対応する位置に凝灰岩切石製の築地寄柱の礎石が南北 1 対で 15 カ所に残存している。北面・東面築地回廊では、築地と側柱の芯々距離が 13 尺で、桁行は 13 ～ 13.3 尺と復原されている。南面築地回廊では中央門で桁行 15.2 尺、東門で 12 尺、SB7600 の中央 5 間が 13.3 尺・両端間 9 尺以外は、13.3 尺等間に復原されている。SB3700 は、門芯を内裏南北中軸上、および築地塀の交点に置き、15.2 尺の柱間を持つ「潜門形式」とされる。左右に親柱の礎石据付痕跡を検出しており、北側には築地寄柱の抜取り痕跡も認められる。一方、SB7590 は中門から東 12 間目に開く 12 尺の柱間を持つ潜門で、左右の親柱礎石据付痕跡とその南北に寄柱礎石据付痕跡を検出した。なお、中門を含めた東西 1 間、すなわち 3 間分、および東門 1 間では回廊基壇上に石敷歩道の存在が指摘されている。

　南面回廊 SC640 東端には桁行 7 間・梁行 4 間の四面廂付礎石建ち重層建築の SB7600 が位置する。柱間寸法は、身舎桁行 13.3 尺・梁行 13 尺、廂の出 9 尺である。基底部幅 6 尺の築地回廊を建物内に取り込んでいる。北・東・西の側柱から基壇の出は 6 尺とされ、SC640 の北側溝と連続する凝灰岩切石製の側溝がめぐる。SB7600 の北側には、階段 SX7602・SX7603、および桁行 7 間・梁行 1 間の掘立柱建物 SB7601 がある。階段は SB7601 から SB7600 の二階に登るためとされ、SB7601 は SB7600 の階隠しとしての機能を持つと同時に、北側広場に面して SB7600 の前殿的な機能を持ち合わせた建造物とされる。

【羅城門】[奈良国立文化財研究所 1972]（図 11）

　羅城門については、発掘調査によって基壇の掘込地業を確認しており、基壇規模が東西 32m・南北 17m、桁行 5 間・梁行 2 間（17 尺等間）の五間門と推定された [奈良国立文化財研究所 1972]。一方、井上和人は、その後の発掘成果に基づく朱雀大路中心軸と西側溝の位置関係から羅城門の基壇を再検討し、基壇規模を東西 41.5m・南北 16.4m に復原した。さらに、基壇の規模から建物寸法を推定し、桁行 7 間（中央 5 間 17 尺・両端間 15 尺）・梁行 2 間（15 尺 2 間）の重層入母屋建物を想定した [井上 1998b]。井上説に対して小澤毅は、平城宮の宮城門が基本的に 17 尺等間の五間門である点を踏まえて、桁行 7 間・梁行 2 間（17 尺等間）の七間門を想定し、藤原宮大極殿南門から平城京羅城門への移築の可能性を提起した [小澤 2012]。

　なお、羅城門に関しては、近年の発掘調査によって東西に羅城と思われる特殊な「二本柱列遺構」（図 47）が検出されている。東側の羅城は、東一坊大路の東側溝西側まで続いており、片側の総長約 530m、羅城門の「両翼」一坊分のみ整備されていたとされる [山川ほか 2008、大和郡山市教育委員会 2012・2014]。一方、羅城門の造営年代や羅城の構造・範囲などについては、批判的見解もある [小澤 2008]。

（2）長岡宮（図 41）

【朝堂院南門 SB40900・SC43705・SB44404】[向日市埋蔵文化財センター 2006・2007a]（図 41）

　朝堂院南門 SB40900 は、桁行 5 間・梁行 2 間（15 尺等間）に復原されているが、西側で前面に屈曲する翼廊（南面南北回廊：西／ SC44307）、および出闕形式の楼閣（SB44404）を検出している。SC44307 は、東西 2 間・南北 6 間の南北方向への突出を確認している。柱間寸法は、東西 2.4m（8 尺）・南北 3.3m（11 尺）に復原されている。回廊基壇の西側、および東側の地覆石の据付・抜取痕跡を確認している。SB44404 は、

240 第3章 東アジア古代都城門の構造・機能とその展開

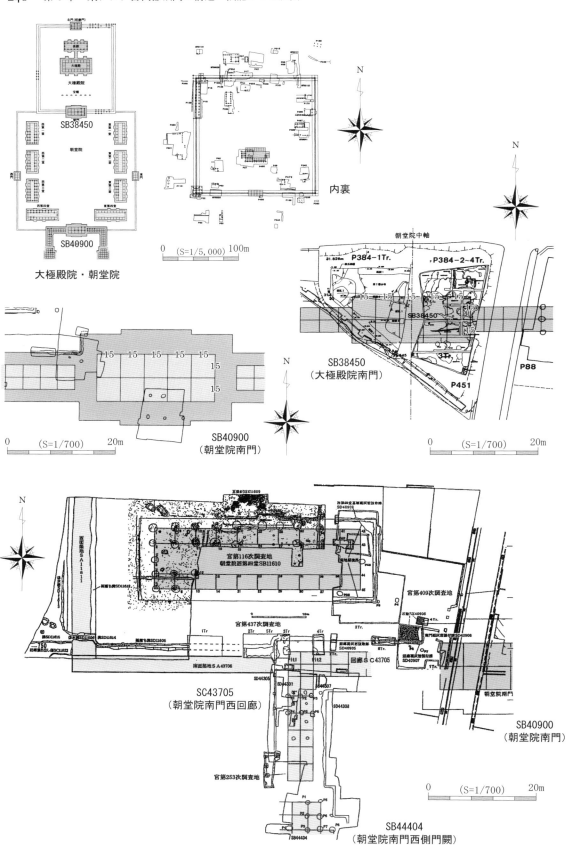

図41 長岡宮の門遺構

礎石の据付痕跡を 8 か所確認しているが、北側へ突出する出闕形式である以外、詳細は不明である。平安宮朝集院南門：応天門に附帯する翔鸞楼の前身遺構とされる。

【大極殿院南門 SB38450】[向日市埋蔵文化財センター 2001・2007b]（図 41）
　基壇・礎石などは失われており、建物東半分の礎石抜取穴の痕跡から、桁行 5 間・梁行 2 間（15 尺等間）の五間門（礎石建物）に復原されている。

第 6 節　東アジア古代都城門の構造・機能とその展開

1. 連体式双闕門の発展と唐代都城門の諸類型（図 42）

（1）都城門の種類と発展

　第 3 〜 5 節で、都城毎に門遺構を整理した。第 6 節では、第 2 節第 1 項で整理した 4 つの課題に関して考察を加える。
　中国都城門は、版築で構築される城壁と木造建築が融合する「土木混合式」を特徴とする。特に城壁の一部に空閑地を設けてトンネル状に門道を構築する城門の場合、過梁式（Ⅰ）と発券式（Ⅲ）の大きく二者が存在する。歴史的には前者から後者へと変遷するのは確かだが、両者の交代は急激に進んだものではなく、北宋〜元に併存しながら緩やかに入れ替わっている。例えば、元上都皇城南門（図 31）では、両者が主城門（発券式）・甕城門（過梁式）で併存するように、両者は選択的に造営されたと推察できる。この点は、明清期の発券式城門で、城壁の一部である門道（下部構造）とその上の門楼（上部構造）が完全に分離をしているのに対して、元代までの過梁式門は上下構造が不可分であった点と関係すると思われる。すなわち、過梁式門の門道左右の排叉柱は、門道上部の梁を支えるだけでなく、城壁・墩台・隔壁内部の暗柱と組み合って上下一体の土木混合の城門建築を形成した点に特徴がある。過梁式門は、下部構造に木造を用いることで耐久年数などは短くなるものの、建設予算を抑えることが出来る、あるいは防御の際に門道を塞ぎやすいなどのメリットもあったと思われる。それゆえに、過梁式と発券式の両者は建築様式の異なる城門として、10 〜 13 世紀の長期間、併存したのである。大型塼、あるいは石を用いて完全なアーチ構造の門道を形成し、その上の版築によって高い城壁を構築した後に、礎石を配置して重層の木造城楼を建造する完全な発券式門の登場は、元上都における皇城南門の甕城門（図 31）・元中都における宮城南門（図 32 ②）での過梁式の存在を考えると、元大都、および明代以降の都城門で達成された変化と想定できる。
　一方、基壇上の木造建築の左右に城壁が取り付く、あるいは木造建築の初層部分に城壁を取り込む大型殿堂式門（ⅡA）は、魏晋南北朝の宮城正門として登場し、唐代に闕式正殿（ⅡB）に発展した。大型殿堂式門は、渤海・日本など同時代の東アジア各国に影響を与えると同時に、過梁式・発券式と結びつきながら、明清期の宮城正門の連体双闕門へと発展する。大型殿堂式門は、過梁式門から発券式門への長い過渡期において、宮城門を荘厳化する役割を担った点に特徴がある。なお、宮城内の隔壁に設けられた小型の木造門（ⅡC）自体は、普遍的に存在したと思われるが、魏晋南北朝〜唐において宮城正門を荘厳化する役割を担った大型殿堂式門（ⅡA）、および闕式正殿（ⅡB）は、中国都城門の発展の中で重要な形式に位置付けられる。

(2) 漢～魏晋南北朝の都城門

　漢唐期に一般的な過梁式（Ⅰ）は、傅熹年が類型化したように [傅熹年1977]、不揃いな形の礎石（土襯石）の上に木製地覆を設置して排叉柱を立てるⅠAから、方形礎石に排叉柱を立てるⅠB、石製地覆に排叉柱を立てるⅠCへと変化した。唐代に一般的なⅠBにも、隋仁寿宮・唐九成宮の繚壁北門（図22）のように、礎石間を石製地覆で充填する事例があり、このような形式から「表面を平滑に加工して上面に柄穴を穿つ地覆石」を整然と並べるⅠCが発展したと思われる。ⅠCは、北宋の東京城・西京城で一般化した類型と想定でき、その構造・規格の広域的な共有には、北宋の李誡が編纂した『営造法式』（崇徳2年・1103刊行）が大きな役割を果たした可能性が高い [韓建華2023]。以上、傅熹年の過梁式の的確な整理は、最近の発掘成果からも追認できる。

　さて、前漢長安城の城門は、一門三道の過梁式門を基本とするが、この段階の城門には城壁よりも幅広な墩台は存在しておらず、門道は城門の切れ目部分に位置する。前漢長安城では東城壁の3門：宣平門・清明門・覇城門（図18）のみ門左右に突出部が附帯するが、城門建築と翼廊によって接続する後世の門闕などとは、構造が明らかに異なる。もともとは馬面などに由来する防御性を重視した構造と推定できるが、「坐西朝東」する前漢長安城の東壁のみに設置される点を考えると、象徴的な意義も窺える。なお、門の格式自体は、隔壁幅を含めた規模に差異が認められ、未央宮南門の西安門、長楽宮東門の覇城門の格式が高かった点が推定されている [劉振東2018]。その後、過梁式門は後漢～魏晋南北朝にかけて、城壁幅よりも奥行きのある墩台・隔壁を構築するようになり、城門建築自体が大型化する流れが読み取れる。

　魏晋南北朝における大きな画期は、曹魏・西晋・北魏洛陽城の宮城正門における二出闕構造を持つ大型殿堂式門、閶闔門（図19②）の登場である。中軸線・単一宮城制・太極殿東西堂システムの成立と連動して、宮城正門の儀礼空間化・荘厳化が進み出現した類型である。近年では、これらの要素の成立が、曹魏・西晋の洛陽城に遡る点が論じられている [銭国祥2023]。閶闔門は城壁上に双闕が位置しており、殿堂式の門建築自体は城壁に対して内側・北側に建造（城壁に対して、門本体が内側に位置する構造を本章では「内向タイプ」と呼称する）される。闕と門建築は幅狭の版築壁で接続されており、宮城壁が闕に直接取り付く点が特徴である。近年の調査で、漢魏洛陽城の宮城諸門は基本的に同じ形式が採用されている点が判明しており [銭国祥2018]、永寧寺南門・西門における殿堂式門（図19③）の採用に見られるように、最高格式として殿堂式が宮城門に採用された点も読み取れる。なお、東魏北斉鄴城の宮城におけるボーリング調査でも、中軸正門に同じ「内向タイプ」の門遺構（図20中右）が確認されており、閶闔門の形式が魏晋南北朝を通じて影響力を持った点が伺える [銭国祥2003]。

(3) 連体式双闕門の成立

　曹魏・西晋・北魏洛陽城の宮城正門：閶闔門に対して、後の唐代において「皇城正門」となる魏晋南北朝における「内城正門」の形式が問題となる。北魏洛陽城の内城正門：宣陽門（図19①上）は洛河の北移によって失われているため不明だが、東魏北斉鄴城の内城正門：朱明門（図20）で過梁式の連体式双闕門が確認されている点は注目できる。朱明門は宣陽門の系譜を引く可能性が高く、門道左右の墩台から飛廊が南側に伸びて闕台と連接する構造を呈する。閶闔門が「内向タイプ」だったのに対して、朱明門は城門と城壁が同一軸線上にあり、闕が外側に突出する構造（城壁に対して、飛廊と闕楼が外側に位置する構造を本章では「外向タ

第6節 東アジア古代都城門の構造・機能とその展開 243

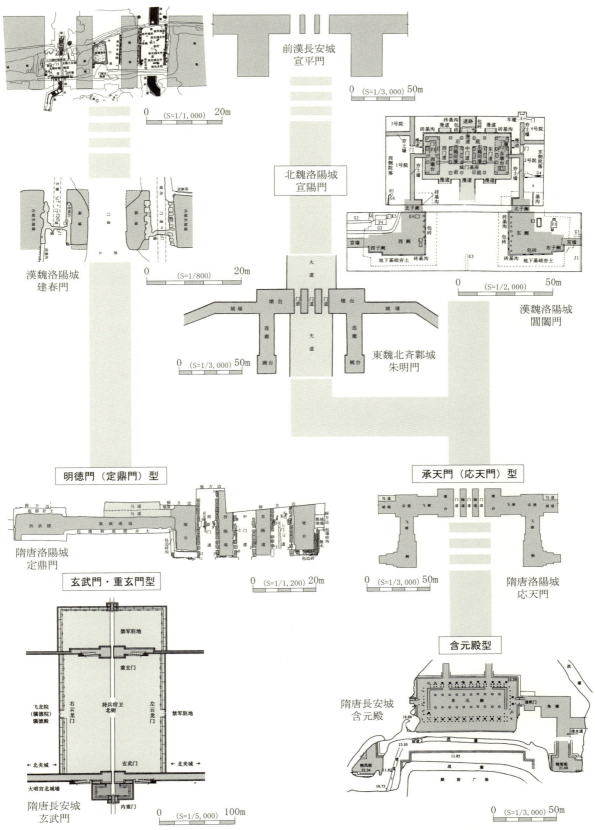

図42 漢～唐における門闕の発展と「唐代都城門四類型」の成立

244　第3章　東アジア古代都城門の構造・機能とその展開

イプ」と呼称する）が重要である。東魏北斉鄴城の宮城正門に採用された「内向殿堂式門」に対して、内城正門に「外向過梁式門」が採用されている事実は、同じ双闕でも両者の系譜が異なる点を示唆する。

　本来、漢代の「大城」であった漢魏洛陽城の城壁は、北魏期の外郭城の出現によって「内城化」するが、前漢長安城の城壁（大城）東壁には宣平門・覇城門で城門左右に突出部が確認されていた点が注目される。北魏洛陽城の内城正門である宣陽門は、後漢大城の正南門に該当する。すなわち、漢代に存在した大城門の外向突出部が城門建築と融合することで外向タイプの「連体式双闕門」が出現し、北魏洛陽城の宣陽門から東魏北斉鄴城朱明門に継承された可能性を想定しておきたい。今、魏晋南北朝における宮城正門を「閶闔門型（内向殿堂式双闕門）」、内城正門を「朱明門型（外向過梁式双闕門）」と呼称すれば、両者は明らかに異なる系譜をもって出現し、同時期に異なる空間的機能を持って併存した類型と位置付けられる。

（4）唐代四類型の成立

　唐代都城は、宮城・皇城・外郭城の三重圏構造が、中軸線によって連接する点に特徴がある。中軸上の外郭城正南門、皇城正南門、宮城正南門、宮城正北門（外郭城北門）の4つが「正門」となる。唐長安城では、皇城正門（朱雀門）の様相は不明だが、それ以外の中軸正門は調査で構造が明らかになっている。なお、唐長安城に対して門道数などで格差が存在するものの、唐洛陽城の外郭城正門・宮城正門が発掘されている点も重要で、両京を比較すれば唐王朝中枢部の都城門の設計思想を分析できる。

　唐長安城外郭城正門：明徳門（図24①）は5門道の過梁式門である。同じく3門道の過梁式門である唐洛陽城定鼎門（図25①）では、双垛楼が採用されるが、明徳門では発掘で垛楼や闕楼が附帯しない点が指摘されている。宮城門に関しては、唐洛陽城応天門（図25②）で三出闕の過梁式連体双闕門が確認されている。墩台ではなく左右の垛楼から南に伸びた飛廊が三出闕に接続しており、出闕形式を持つ「閶闔門型」、連体式の「朱明門型」の融合によって唐代宮城門が成立した点が読み取れる。その場合でも、構造的な特徴は「外向」で、基本的には「朱明門型」の系譜を引く点が想定できる。一方、唐長安城太極宮正門：承天門（図24⑤）に関しては、ボーリング調査の成果を重視して3門道を想定する説が主流 [龔国強 2018・羅瑾歆 2019] だが、実際の発掘調査で認識が大きく変わる場合も多い。例えば、大明宮正門：丹鳳門は1958年のボーリング調査で3門道と認識されていたが、発掘調査によって5門道と判明した。さらに、中軸正門の明徳門・丹鳳門が5門道で、中軸から外れる皇城南壁西門の含光門が3門道である点など、唐代都城における中軸正門の重視を考えると、承天門の5門道説は未だ有力な仮説だと考える。なお、北宋東京城の宮城正門：宣徳門、元大都宮城正門：崇天門は絵画資料や文献史料から5門道と判明しており（註16）、現存する明清北京城の宮城正門：午門も中央の3門道に加えて左右に屈曲する2門道を持つ5門道である点も考慮すべきだろう。これらの5門道を持つ宮城正門の系譜は、唐長安城承天門に由来する可能性が高い。

　唐長安城太極宮の正門である承天門の構造は発掘されていないので不明だが、その「制度」が大明宮正門：丹鳳門（図24①）と正殿：含元殿（図24④）の空間に継承されている点、および発掘によってその構造が判明している点が注目できる。丹鳳門は5門道の過梁式門だが、明徳門の城門幅55.5m・門道幅5mをはるかに上回る城門幅74.5m・門道幅9.4mを測り、宮城門の隔絶性を象徴する存在である。丹鳳門は含元殿と一体で三朝制の外朝大典空間を構成したとされ、太極宮正門：承天門に附帯する双闕・東西朝堂・肺石・登聞鼓などの諸施設は、全て主殿である含元殿に整備された。含元殿の主殿は、宮壁東西軸よりも北側に位置し、構造的には内向の「閶闔門型」の系譜を引くものと思われるが、主殿における双闕の採用過程に関しては後述する。

最後に宮城北門：玄武門（図24③）に関しては、外郭城・皇城・宮城正門が中軸南門としての象徴的な役割を担っていたのに対して、防御性の高い極めて特徴的な門構造である点が知られる。玄武門は単門道の過梁式門で、南側には小型の殿堂式門（ⅡC）である内重門が位置する。内重門は桁行2間・梁行2間の木造建築で、東西妻側に幅の狭い城壁が取り付く。内重門左右の城壁は東西で北側に屈曲し、玄武門の左右墩台の東西に取り付き単独の院落を構成する。さらに、玄武門北側には宮城北側の防御施設である夾城が存在し、夾城北門として単門道過梁式の重玄門（図24④）がある。玄武門・重玄門は巨大な墩台と3つの門扉施設を有する強固な門構えとなっており、夾城を挟んで玄武門・重玄門がセットで宮城防御の要となる城門だった点が推定できる。太極宮北門を舞台とした「玄武門の変」（626年：李世民が皇太子の李建成と弟の斉王元吉を、玄武門を抑えて殺害した事件）が示すように、宮城北門は禁軍駐屯地として重要な役割を果たしたと思われるが、大明宮の玄武門・重玄門の構造はその機能を反映した構造である。近年では、唐洛陽城の宮城北門である玄武門も発掘調査され、同様の構造を持つ点が判明しており、さらに北側の円壁南門（図25⑤）も防御に特化した構造を呈する。唐長安城大明宮・洛陽城宮城の北門建造物群で見られる特徴的な様式を、本章では「夾城門」と呼称しておく。

　以上、唐長安城では、外郭城正門：明徳門、宮城正門：承天門、宮城正門と主殿が融合した外朝空間：丹鳳門・含元殿、宮城防御の北門群：玄武門・重玄門、すなわち中軸上に位置する正門に、それぞれの機能が特化した建造物群の「様式」が成立している点がわかる。唐代都城で外郭城・皇城・宮城という三重圏構造が成立したことによって、各階層空間を連接する正門が象徴的な発展を遂げた結果といえる。中軸正門はそれぞれの「象徴的な意義」に対応して各空間を連接する「機能的構造」を発展させると同時に、中軸上の有機的な連関性を持つ建造物群としてデザインされている可能性が高い。このように唐代都城で出現した①外郭城正南門、②皇城正南門、③宮城正南門、④宮城正北門という正門の構造的特徴は、同時代の東アジア都城、あるいは北宋以降の都城に大きな影響を与えていくことになる。残念ながら②の皇城正南門（朱雀門）については遺構の状況が不明だが、③の宮城正門については太極宮・大明宮に異なる類型が存在するため、本章では合計4つの様式を「明徳門（定鼎門）型」「承天門（応天門）型」「（丹鳳門）含元殿型」「玄武門・重玄門型」と呼称する（図42下）。将来的には「朱雀門型」を加えた5つの類型を設定できる可能性もあるが、考古学のテクニカルな型式設定として、唐代都城門の四類型を設定し、同時代の東アジア、あるいは北宋以降にどのように展開・変容するかを整理していきたい。

2. 唐代都城の構造と門の階層性 − 含元殿の成立 −　（図43）

（1）宮城正門の儀礼空間化

　魏晋南北朝における洛陽城の宮城正門：閶闔門（内向殿堂式双闕門）が、東魏北斉鄴城で見られる内城正門：朱明門（外向過梁式双闕門）と融合し、唐代宮城正門（承天門・応天門）の様式が出現した可能性を指摘した。近年の発掘成果によって、閶闔門の創建は太極殿と同じく魏晋期に遡る点が指摘されている点からすると、曹魏明帝期の太極殿・東西堂システムの成立に連動して、宮城正門の荘厳化・儀礼空間化が進んだ点が想定できる［銭国祥2016・2023］。その後、北魏の外郭城の成立により、宮城と円丘を結ぶ中軸線の重要性はさらに高まり［佐川2016］、唐の三朝制の採用によって外朝大典の空間として、太極宮正門の承天門前が象徴的に整備されることになる［吉田2002］。太極宮正門の承天門の機能は、高宗・武則天期に本格化した大明宮

の造営に伴って丹鳳門から含元殿までの空間へ移行され [何歳利 2019]、唐太極宮の太極殿で行われていた元会儀などの国家的な儀礼 [渡辺 1996] が施行される外朝大典空間の舞台が初めて完成する。

(2) 闕式正殿の登場

　唐長安城大明宮含元殿は、龍尾道、主殿と飛廊で連接された三出闕構造の棲鳳閣・翔鸞閣などの構造を有すると同時に、殿前左右の東西朝堂・肺石・登聞鼓など宮城正門の機能が主殿と融合している点が大きな特徴である。含元殿の様式は様々な用語で呼称されるが、本章では宮城正門の様式である双闕の構造が採用された主殿である点を重視し「闕式正殿（主殿）」と呼称する。前述したように、含元殿は主殿が宮壁東西軸の内側に位置する「内向タイプ」で、平面構造からすると「閶闔門型」の系譜を引く可能性が高いと考える。しかし、宮城正門である閶闔門の様式から、主殿と門闕の融合様式である含元殿への飛躍は大きく、両者の間を埋める構造を考える必要がある。内田昌功は、十六国〜北朝長安城の楼閣台遺跡（図 21）を路門の遺構と推定し、含元殿への発展の図式を想定した [内田 2010]。楼閣台遺跡はボーリング調査で検出した遺構であり、構造的な分析は難しいものの、正殿が宮城南壁の内側に隣接する点や北周における三朝制の採用などの歴史的背景を考えても説得力のある仮説である。しかし、元会儀礼の実施空間として、路門では正殿と門の構造が融合しうるという思想的な背景が、楼閣台遺跡の存在によって北周に遡り得るとしても、宮城正門ではなく正殿に双闕様式が採用される含元殿の構造的な系譜を説明できるわけではない。

　その点において、宇文愷によって設計された仁寿宮仁寿殿を含元殿の直接的な祖型と考える馬得志の議論は、考古学的な発掘と構造認識に基づく極めて論理的な見解 [馬得志 2005] だと考える。含元殿は高宗 662 年に造営が開始され、翌年に完成したが、高宗は太子時代に太宗が改名した九成宮に随行しており、即位後も 654 〜 678 年の間に 8 回、毎回半年ほど九成宮で過ごしたとされる。この唐九成宮（隋仁寿宮）で確認されている 1 号宮殿（図 22）は、主殿の前面左右から延びる飛廊が楼閣に接続する建造物で、構造的な特徴は含元殿の祖型として十分な要素を持つ。馬得志の「任何事物的発展都有其源流。例如建築物的形式設計、一是創始、一是模倣沿襲或在其基礎上在予発展革新」[馬得志 2005 p.259] という指摘は極めて的確に含元殿の出現経緯を表現していると考える。

　以上、魏晋南北朝期に荘厳化が進んだ宮城正門は、北周三朝制の採用によって国家的儀礼空間へと発展する。『唐六典』（巻七、工部）の「若元正・冬至大陳設、燕会、赦過宥罪、除旧布新、受万国之朝貢、四夷之賓客、則御承天門以聴政」の記載が示す通り、宮城正門は皇帝権力を中心として行われる王朝の意思決定が、万民に伝達される象徴的な空間として機能したのである [万晋 2023]。しかし、大赦・改元・宴会・接見外蕃などを除くと、即位儀・元会儀などの最も重要な国家的儀礼は、機能的・空間的制約もあり、太極宮太極殿で実施されるのが基本だった。この宮城の構造的矛盾を克服し、外朝大典空間が整備されたのが高宗・武則天期の大明宮であり、唐九成宮 1 号宮殿の両翼を持つ主殿と承天門の構造・機能が融合し、含元殿が誕生するのである [陳涛ほか 2009a]。大明宮の丹鳳門〜含元殿という外朝空間の整備は、唐代都城の思想的な舞台の一つの完成形といえる。

(3) 含元殿の出現と展開の意義

　含元殿は唐王朝の元会儀礼の中心舞台であり、皇帝権力の隔絶性と儀礼を通じた「帝国秩序」を生み出す象徴的空間であった点は既に様々な視点で論じられている [渡辺 1996]。なお、唐長安城太極宮と大明宮の

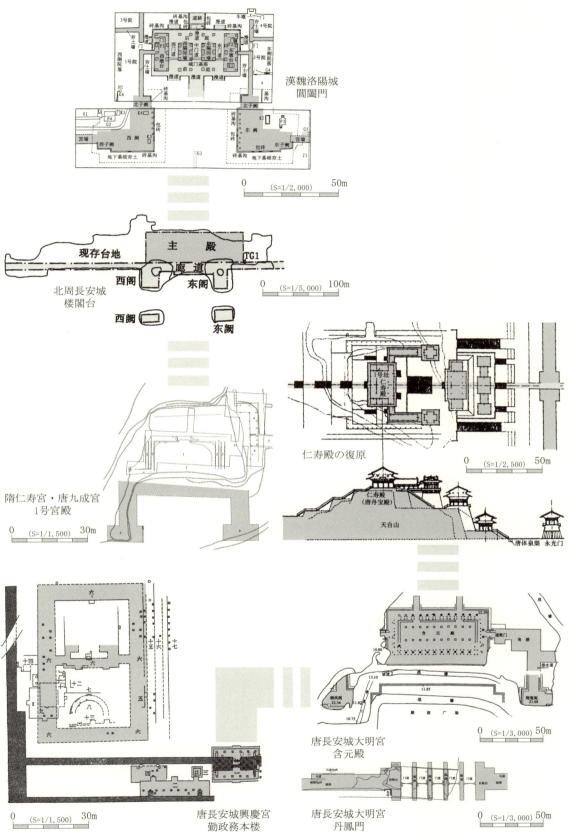

図43 含元殿の成立過程

基本的構造・機能は一致していたとされるが [古瀬1998a・吉田2002・松本2006]、即位儀は含元殿ではなく、唐末に至るまで太極宮で行われる [尾形1982・金子1994] などの重要な違いもあった。また、元会儀が承天門で実施された記録はなく、本来は太極殿で行われていた儀礼が、高宗・武則天以降に含元殿に移行したと考えられている [陳涛ほか2009a]。

　高宗・武則天以降の含元殿が、唐を中心とする「国際秩序」を具現化する空間として機能した点は、大伴古麻呂の「天宝の争長事件」[石井1983] などのエピソード（遣唐副使の大伴古麻呂が孝謙天皇の天平勝宝6年正月に報告した出来事／日本の使節が天宝12年：753年の玄宗皇帝の元会に参加し新羅と席次を争ったとされる）が端的に示している。元会を代表とする国家的な儀礼舞台としての含元殿の象徴的な存在と特徴的な構造は、東アジア世界に大きな影響を与えたとされ、渤海上京城の宮城、あるいは日本平城宮の構造を「唐三朝制」の概念で理解しようとする研究 [今井2012b][劉暁東ほか2006・魏存成2016] が行われてきた点も研究史で整理した通りである。宮城正門と正殿の融合という空間構造に関する思想は、玄宗が政務を執ったことで著名な興慶宮謹政務本楼（単門道の殿堂式門）（図23）でも認められる現象で、唐代都城において皇帝権力を象徴する場所として宮城門が「中枢化」していた点が伺われる。

　このように両翼を有する闕式正殿（主殿）という含元殿の極めて特徴的な構造は、渤海・日本など同時期に展開した東アジア都城で強く意識された一方、後述する北宋以降の都城では、基本的には継承されなかった点も重要である。出闕構造を持つ宮城正門は、北宋東京開封城の宣徳門に継承されていくものの、宮城正門と正殿が融合するのは、都城発展史上においても北周～唐の限られた時期の特殊な現象と把握できるだろう。ただし、都城の宮城中枢部の正殿が、金・元代に登場する「工字形」構造に変化していく中でも、元上都宮城北壁の闕式宮殿（闕式主殿）（図31）など部分的に含元殿の構造的系譜を引く建造物が出現する点も注意しておく必要がある。

3. 唐代都城の解体と再編成 －北宋以降の正門の変遷－　（図44①②）

（1） 北宋東京城・西京城および宋代揚州城の都城門

　北宋期の城門に関しては、東京開封城・西京洛陽城、および揚州城の事例がある。北宋期の特徴としては、①外城（唐代の外郭城）・内城（唐代の皇城）門に甕城が採用される点、②過梁式ICが主流になると同時に発券式Ⅱが出現する点、③宮城（皇城・大内と呼称）正門に唐代に成立した三出闕の双闕門が採用される点、が挙げられる。以下、3点に関して整理してみる。

　①に関しては、北宋東京城の内外城に設置された陸門・水門に甕城が採用されている点が特筆できる（図27）。甕城は、唐長安城・洛陽城では存在が確認できず、北宋東京城、特に神宗以降の時期に防御機構として採用された城門形式とされる。しかし、都城門での甕城の採用は揚州城の唐羅城でも認められ、西壁最南門の8号門（五代末の火災で消失）（図26③）は、発掘調査で甕城の構造が確認されている。唐揚州城における羅城の造営時期は不明だが、文献に登場する城壁・護城河などの造営は、『資治通鑑』の建中4年（783）、あるいは『旧唐書』乾符6年（879）の修築記事である点から、唐後半～末の整備と思われる [中国社会科学院考古研究所ほか2010・2015]。一方、揚州城の宋大城西門の発掘では、門前左右が外側に突出する五代の城壁に、北宋期に甕城壁が外に向けて増築された点が確認されている（図26③）。以上、唐後半～末・五代十国の混乱期に、防御機構としての甕城の採用が進んだと思われるが、中原都城での本格的な採用は北宋期（東

京開封城）と推定できる。

②に関しては、北宋西京洛陽城の東城宋代門（老集城門）（図25⑤）・東城東壁宣仁門（図25④）で過梁式ⅠＣが採用されており、北宋東京城順天門（図27）でも確認されたＩＣが北宋期においては主体的であった点が想定できる。韓建華が想定するように、中原地域でＩＣが急激に普遍化するのは、『営造法式』の構造・規格の情報が広く共有された点に起因する可能性が高い［韓建華2023］。なお、揚州城の宋大城南門（図26①）では唐羅城の城門が明清期まで利用されるが、北宋期には主城門（唐城門を修築）が過梁式、瓮城門が発券式とされる。一方、五代に造営された揚州城宋大城の北門（図26②）・西門（図26③）は発券式、南宋の遺構が残存する東門（図26②）も発券式で、少なくとも北宋〜南宋期には発券式Ⅲが南方で出現している点が確認できる［蔣暁春2022］。しかし、発券式が急激に普及したわけではなく、後述する遼金元でも北方では過梁式門が主体で、元上都の宮城正門では主城門に発券式、瓮城門に過梁式（図31）が採用されたように、両者は選択的に採用されていた点は前述した通りである。

③に関しては、唐洛陽城の応天門を改築した北宋西京の宮城正門：五鳳楼（図25②）、北宋期の「鹵簿鐘」に見られる東京開封城の宮城正門：宣徳門が注目できる。北宋東京開封城の宮城正門である宣徳門は、発掘調査はされていないものの、絵画・鹵簿鐘などに描かれており、その姿を知ることが出来る。宣徳門はもともと２門道だったが、北宋初期に３門道へと改築された［王子奇2023］。その後、政和２年（1112）に北宋徽宗・趙佶（註17）の「瑞鶴図」に「端門」として描かれた後に５門道へと改築され、鹵簿鐘（図6下左）に描かれることになった［傅嘉年2004］。北宋鹵簿鐘については、多くの研究者が言及している［久保田2019］［李合群2008・韓建華2016］が、門道の様式は清明上河図に描かれた過梁式門（図3右）によく似ている。主殿から左右に伸びた飛廊が垛楼に接続し、垛楼から更に南側に伸びた飛廊が前面の出闕に接続している。闕に囲まれた門道左右には、小型の南北棟も認められる。宣徳門の門形式は、発掘された唐洛陽城応天門・西京洛陽城五鳳楼（図25②）に酷似しており、唐長安城承天門・唐洛陽城応天門の系譜を引く点が明らかである。西京洛陽城五鳳楼の３門道に対して、より格式が高い５門道（おそらくは唐長安城承天門の系譜を引く）を採用したものと思われる。唐代都城で定型化した宮城正門の様式は、北宋東京城へ受け継がれた後、元大都・明清北京城の宮城正門の双闕門へと発展していくことになる。

（2）遼・金・元の都城門

遼代に関しては、上京城の城門の様相が判明している。皇城門・宮城門に基本的に採用されているのは単門道過梁式門（正門の皇城東門のみ三門道）である。中原の北宋期に見られる門道左右に密に地覆石を並べるＩＣを基本にしつつ、漢代都城の影響を受けて成立した高句麗・渤海都城の木製地覆を使用するＩＡを融合したＩＤを採用している［董新林2014］。また、皇城門には馬蹄形の瓮城を設置する。注目されるのは、中軸線に位置する宮城東正門（図28①）に３門道の大型殿堂式門ⅡＡが採用されている点である。魏晋南北朝の洛陽城宮城正門：閶闔門で出現した類型だが、唐長安城・唐洛陽城・北宋東京城の宮城正門が過梁式双闕門ⅠＢ・ＩＣである点からすると、遼上京城宮城正門の大型殿堂式門の系譜は中原都城ではない可能性が高い。過梁式門の構造的系譜が示すように、遼は渤海都城の影響を強く受けたと思われ、渤海上京城皇城正門（図35①）や西古城内城南門（図36①）・八連城内城南門（図36②）に見られる殿堂式門が遼上京城宮城正門の直接的な系譜と考える（註18）。

金代に関しては事例が少ないものの、金上京城の南城南壁西門（図29）で単門道過梁式門が検出されている点が注目出来る。唐代ＩＢと遼代ＩＤを組み合わせた構造を持つ城門の可能性があり、城外には半円

250　第3章　東アジア古代都城門の構造・機能とその展開

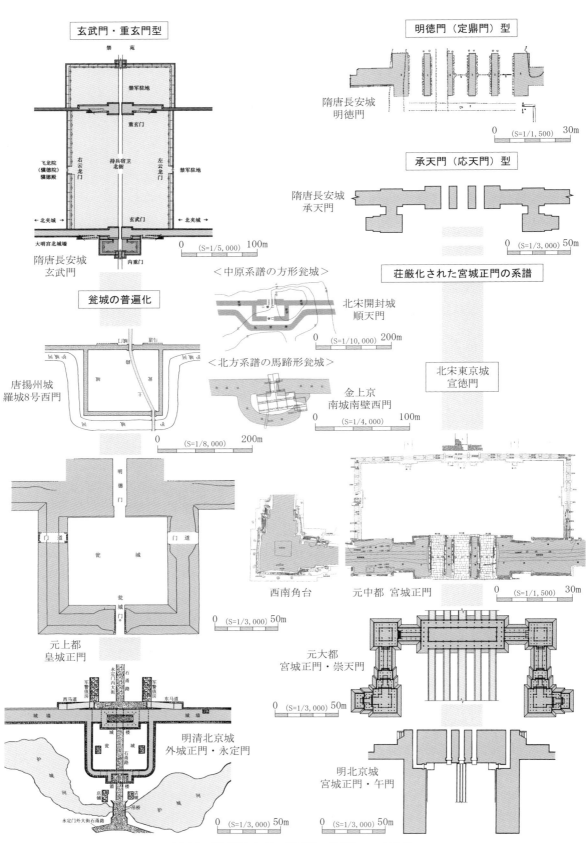

図44　唐以降における都城門の発展とその系譜①

第6節　東アジア古代都城門の構造・機能とその展開　251

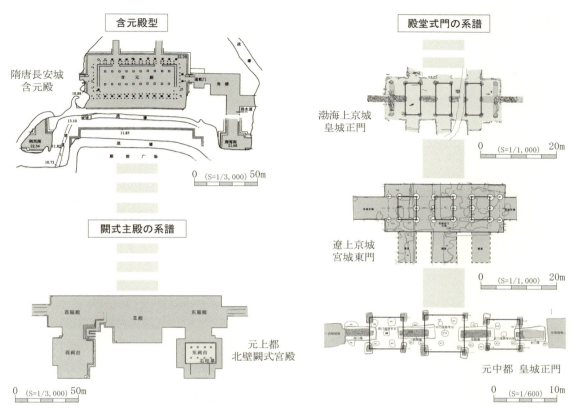

図44　唐以降における都城門の発展とその系譜②

形の甕城が設置されている。一方、長白山祭祀の神廟遺跡である金宝馬城中枢南門、行宮とされる金太子城南門では、桁行3間・梁行2間の小型殿堂式門が採用されており（図30）、規模の大きい城壁を伴わない「宮門」には、土木混合式ではあっても基本的には木造建築に近い様式が採用されている点がわかる。なお、元大都に影響を与えた金中都では城壁や水関遺跡の発掘は進んでいるものの［北京遼金城垣博物館2001・北京市考古研究院2023］、城門は発掘されていない。しかし、山西省繁峙県岩山寺南殿の西壁仏殿図に描かれる宮殿は、金中都の姿を反映していると考えられており［傳熹年1998b］、宮城正門は主殿（東西配殿）・東西飛廊・垛楼・南北飛廊・東西闕など北宋宣徳門［李合群2008］や元大都崇天門［林梅村2011］に近い双闕式門の形で描かれている点は注目できる。

　元代に関しては、上都・中都の中軸正門の様相が判明している。元上都は宮城・皇城・外城の三重圏構造を持つが、皇城正門（図31）が発掘調査されている。平面方形の甕城を持ち、主門道は単門道発券式、甕城門は単門道過梁式で、元代においても過梁式・発券式は選択的に採用されていた点がわかる。なお、元上都で注目すべきは、宮城中軸線上の北壁に位置する闕式宮殿（図31）である。その特異な位置が注目されており、史料に基づく殿名比定や機能推定などの研究が蓄積されてきた［陸思賢1999・魏堅2008］が、中軸上に位置する主殿に東西廂殿、およびその前面に闕楼が付随する平面形は、明らかに唐長安城大明宮含元殿の構造的特徴を継承している。しかし、宮城門と主殿の融合によって、外朝大典の国家的空間を現出させる唐含元殿の本来的な機能や思想が継承されたわけではなく、その構造的特徴のみが「痕跡的」に残存し、元代の新しい思想に基づいて特殊な主殿が造営されたものと推定できる。ちなみに、元上都の宮城正殿である大安閣は、もともと北宋東京開封城・金南京開封城の熙春閣が移築されたものである［久保田2019］［馮恩学2008］。

5間四方4層、左右に各2間の耳構が存在する特殊な楼閣形式 [王貴祥 2017] を正殿に採用したのは、中原の象徴的な建物構造を取り入れることで、元朝の優位性を象徴的に示そうとしたフビライの意図によるものと思われる。元上都北壁の闕式主殿（穆清閣）も、同様の象徴性をもって造営された可能性がある。

　一方、同じく宮城・皇城・外城の三重構造を有する元中都は、元大都の構造的特徴を引く都城として注目でき、宮城中枢主殿、宮城正門、皇城正門の構造が発掘調査で明らかになっている。宮城中枢部の主殿は、所謂「工字形」基壇を持つ大型宮殿（図32①下左）で、元大都の大明殿（図32①下右）・延春閣の系譜を引く正殿である。宮城正門（図32②）は、元大都宮城正門：崇天門 [傅嘉年 1993・林梅村 2011] の系譜を引くと考えられるが、構造は若干異なり、「三観両闕三門道過梁式」と報告される様式である。過梁式は唐ⅠC、遼ⅠDを融合させた形式で、元上都皇城南門の甕城門（図31）で見られる過梁式とも異なる。門建築の東西には、崇天門で想定されている前面に突出する連体式双闕ではなく、双垜楼が採用されている。また、城門は三出闕の連体双闕ではないものの、宮城壁の西南隅・東南隅には三出闕の角楼（図32①上右）を造営しており、元中都の宮城正門に関しては、双垜楼と東西三出闕角楼で元大都崇天門と同様の空間を表現した可能性が高い。なお、門内の矩形広場の存在は特徴的で、その構造は唐大明宮玄武門内側の内重門（図24③）の構造に類似する。皇城正門（図32②）は、門砧石と礎石を含めた柱配置から、5間×2間の殿堂式門に分類したが、実際には塼積壁と門扉施設で構成される特殊な門形式で牌坊式に近い構造である。

（3）夾城門から甕城へ

　北宋、遼金元の都城門について整理した。この時期の重要な論点として、①甕城の出現、②宮城闕門の発展、③思想空間の変容過程、の3つがある。以下、各論点を整理する。

　まず、①甕城の出現について。甕城は、中国では新石器時代から存在する普遍的な防御施設 [孫周勇ほか 2016a] であるが、中枢の中原都城に採用されるのは、北宋東京開封城（図27）からである。なお、北宋東京城を遡る時期の唐揚州城で既に出現している点（図26）を考慮すると、中原都城における甕城の系譜は、李春林や陳良偉が指摘するように唐長安城大明宮北門の建築群（重玄門・夾城・玄武門・内重門）（図24③④）、すなわち本章で夾城門と呼称した様式（「玄武門・重玄門型」）から発展したと考えるのが妥当である [李春林 2001・陳良偉 2002]。この点に関しては、唐長安城大明宮北門の防御機構と渤海上京城の宮城北側の閉鎖空間（宮城正北門〜外郭城北壁正門）を比較した趙虹光が、「内甕城」[趙虹光 2009 p.537] とも呼称し、その共通性の高さを強調している点も注目できる [趙虹光 2012 p.117]。一方、唐東都洛陽城の宮城北側で最近調査されている玄武門・内重門も唐長安城大明宮とほぼ同じ構造を呈することが判明しており [洛陽市文物考古研究院 2022b]、さらに北側の円壁城南門でも、3つの単門道が南北に並ぶ特殊な門が採用されるなど、宮城北門建築群の防御性の高さとその共通性を把握することが出来る。夾城に関しては、高宗〜武則天の時期の洛陽城において上陽宮への秘密の通路として存在した麗景夾城 [韓建華 2010] が知られており、興慶宮南側・東側の夾城など、特に玄宗期に防御・移動連絡施設として発展した点が指摘されている [趙雨楽 2004]。唐長安城（洛陽城）における宮城北門の防御機能が夾城と結びつき発展した「玄武門・重玄門型」の夾城門は、都城門における防御性の高い特徴的な空間構造の1つの類型として認識できる。唐代都城の宮城北門建築群は、渤海上京城などに影響を与えるとともに、唐後半〜末にかけて揚州城などで甕城として造営され、北宋東京城から本格的に採用されたものと考える。これら唐揚州城・北宋東京城に見られる甕城が平面方形である点は、その構造的系譜が唐長安「玄武門・重玄門型」の夾城門に由来する点を強く示唆している。一方、若干時期が下る遼・金の都城で展開する甕城は、馬蹄形・楕円形の「鉤形」である点が特徴で、高句麗や渤海

の山城［鄭元喆2009］、あるいは漢代以降に草原地域に展開していた城郭［徐承炎ほか2015・李双ほか2017］等の系譜を引く可能性がある。元上都において、皇城・宮城の南北中軸線に位置する甕城が方形、皇城東西壁の甕城が楕円形を呈する事実［陳暁虎2020］は、草原都城において上記の2つの系譜が融合している点を示すものだろう。

（4）宮城闕門の発展

次に、②宮城闕門の発展について。北宋、および遼・金・元に展開した都城の宮城門においても、大きく2つの系統が存在する。まず、北宋東京城の宮城正門：宣徳門に関しては、発掘調査が行われていないものの、絵画・美術資料［傅熹年2004・李合群2008］で構造が判明しており、唐洛陽城の宮城正門：応天門を改修した西京五鳳楼（図25②）と同じ三出闕の連体式双闕門（図6下左）である点がわかる。5門道で、門楼と東西垛楼・東西闕が飛廊で連結する様式は、前述したように唐長安城太極宮正門：承天門（図24⑤）の系譜を引く可能性が高い。一方、北方の草原地帯に展開した遼上京城の宮城東正門（図28①）は、渤海上京城皇城南門（図35①）・西古城内城南門（図36①）・八連城内城南門（図36②）の系譜を引く大型殿堂式門である。上記2つの系統は、過梁式IC・ID、あるいは方形・楕円形甕城のように、金・元の草原都城で融合が進んだものと想定できるが、最終的には北宋宣徳門の系譜を引く元大都宮城正門：崇天門として結実し、明清期の午門へと発展することになる（註19）。

以上の二系統（中原において北宋に継承された唐の系譜／漢から高句麗・渤海、そして遼へと継承された系譜）の存在を考えると、元中都の宮城正門に元大都崇天門の様式が採用される一方で、皇城正門には簡易化した殿堂式門が認められる点も理解できる。元中都皇城正門（図32②）は、渤海から遼の草原都城へ展開した殿堂式門（ⅡA）の最終的な形態と想定できる（図44②）。その後、明清期の都城における城壁の巨大化によって門楼は、下部の門道とは構造的に分離して城壁上に建造される様式（発券式：Ⅲ）が一般化し、門道と一体化した木造城門である殿堂式は、宮城内の宮門（ⅡC）としてのみ、残存することになる。

（5）思想空間としての都城の変容過程

最後に、③思想空間の変容について。北宋〜元までの都城門に関するここまでの議論を整理したのが、（図44）である。唐長安城（洛陽城）では、宮城・皇城・外郭城の三重圏構造が成立し、特に中軸上に位置する正門が異なる階層空間を連接する象徴的・機能的役割によってそれぞれ発展を遂げ、有機的な関係性を持つ四類型として成立した点を指摘した。唐代都城の思想空間は、大明宮含元殿という形で結実することになるが、北宋以降の都城においては三重圏構造という基本構造が継承されていくにも拘わらず、その階層空間を連接する門に関しては、本来的な連関が解きほぐされ、各王朝が創始する新しい思想空間の中で再編成されながら更なる発展を遂げることになる。

まず、外郭城正南門の「明徳門型」は、宮城正北門（外郭城正北門でもある）の「玄武門・重玄門型」の夾城門と融合し、外郭城（外城）・皇城（内城）において防御性の高い甕城門として発展する。平面方形の甕城は、唐後半〜末にかけて都城門として唐揚州城に採用されており、北宋東京開封城で普遍化する。北宋東京開封城においては、楕円形の甕城も確認されている［劉春迎2004・孟凡人2019］が、外城南正門の南薫門など中軸正門で方形甕城が採用されている点が重要だと考える［陳暁虎2020］。その後、高句麗・渤海の山城、あるいは草原都城で展開する馬蹄形（楕円形）甕城と、中原都城の中軸正門で採用された夾城門由来の甕城が融

合し、元上都・大都から明清北京城へと発展した可能性が高い（図44①左列）。

次に、宮城正門に採用された連体式双闕門の類型である「承天門型」は、唐東都洛陽城の応天門（北宋西京の五鳳楼）を介して、北宋東京城の宣徳門、元大都崇天門、明清北京城午門へと発展する（図44①右列）。一方、北方の遼上京城宮城東正門では、渤海都城の皇城門・内城門で見られた殿堂式門が採用されるが、金・元都城では中原都城の双闕式宮城門へと収斂されていく。元中都の皇城正門で見られた様式は、殿堂式ⅡＡの最終形態である可能性が高い（図44②右列）。最後に、宮城正門と正殿が融合した唐代都城の最高格式である「含元殿型」は、同時期の渤海・新羅・日本など東アジア諸国に大きな影響を与えたと考えられているが、北宋以降に採用されることはない。宮城中枢部の正殿は、宮城門とは空間配置上も、構造上も明確な「距離」を持つことになり、宋に創始され、金・元代に一般化する「工字形」正殿が都城の中枢部として明清都城に継承される。含元殿の構造が、かろうじて残存要素として復古的に出現するのは、元上都宮城北壁の闕式宮殿のみである。その場合も本来的には宮城門、すなわち宮城南壁と融合するはずの主殿が、宮城北壁に位置して南面しており、外朝大典空間としての含元殿の思想的な背景が継承されたわけではなく、あくまでも唐代都城の「復古的」要素として採用されたものと思われる（図44②左列）。

このように見てくると、思想空間として「1つの完成形」とされる唐長安城（洛陽城）は、中国都城の発展史上の大きな画期ではあっても、その空間構造が固定化して後世に継承されたわけではない点が明らかである。また、本書第1章で整理したように、唐王朝の都城は同時代の東アジア世界で大きな影響力を持ったが、後の時代の都城に与えた影響は、北宋東京城の方がはるかに大きかった点も明白である。「長安城は決して中国都城の完成形態ではなく都城制のなかの一到達点にすぎない」と指摘した新宮学は、北宋以降の金・元・明清都城の重圏構造に着目して、近世の皇城空間の成立過程を論じた［新宮2009］が、考古学の遺構研究や構造分析においても通時的な視点が重要だと考える。特に、都城の空間構造の分析で重要なのは、唐代に成立した宮城・皇城・外郭城の三重圏構造に着目する視点である。新宮が指摘するように、唐代における宮城・皇城は一体として内城空間を形成しており、皇城が独立しているわけではない［新宮2009 p.290］。北宋期にも唐代の基本構造は引き継がれ、宮城（大内）・旧城（裏城）・新城（外城）の三重圏構造が認められるものの、唐代の皇城にあたる空間－旧城は官民を区別する場所ではなく階層的コミュニケーション空間として発展した点が指摘されている［久保田2014］。すなわち、唐代都城における重圏構造は、北宋以降、特に皇城空間を中心にその性格や機能が変質しながら発展しており、それ故に、異なる階層空間を連接する中軸正門もその本来の連環を解きほぐされ、各王朝が創始する新しい思想空間の中で再編成されていった点が想定できる。「思想空間の解体・再編成」こそが、都城の発展における本質と言える。

以上、北宋以降における都城門の発展過程を概観すれば、唐代都城の思想空間がさらに解体・再編成されて新しい思想空間へと発展している点が読み取れる。この点は、唐代に東アジアに展開した高句麗・渤海・日本都城においても同様だと思われ、「完成化された固定的な唐代都城の構造」が各国に「引き移された」わけではなく、唐代都城の単純な模倣の上に各国都城が造営されたわけでもない。当時の東アジアの国際的な階層秩序を反映し、各国は唐の長安城・洛陽城の思想空間を積極的に学びながらも、各国の伝統や支配体制に合致する形で戦略的に都城を導入し、その思想を解体・再編成する作業を通じて、新たな都城を創始していったと考える。このように考えれば、唐長安城・洛陽城の平面的な特徴、あるいは特定要素のみに注目して、各国都城との共通性・非共通性を議論する比較研究の方法論自体に限界がある点がわかる。重要なのは、唐代都城の思想空間をどのように解体・再編成し、各国において新しい空間構造を現出させているのか、という原理面（メカニズム）の比較である。

第 6 節　東アジア古代都城門の構造・機能とその展開　255

4. 唐代都城門の東アジアへの展開

（1）高句麗の都城門

　高句麗の都城は、平地城・山城がセットになる点が最大の特徴である。中期高句麗の国内城では、漢代の系譜を引く単門道過梁式門ⅠAが採用されており、城門が馬面と組み合う防御性の高い門構造が特徴である。特に国内城西壁南門（図33）では、城壁の屈曲部で南に突出する馬面と南北方向の城門が造営されており、前期高句麗の五女山城［遼寧省文物考古研究所 2004］、中期高句麗の丸都山城［吉林省文物考古研究所ほか 2004b］、あるいは高句麗西部の重要な山城として知られる石台子山城［遼寧省文物考古研究所ほか 2012］などでも認められる様式である。この点は、第 2 章「唐砕葉城の歴史的意義」の西域都市の分析で論じた「屈曲門」と同様な構造・機能を持つものと推定できる。一方、後期高句麗の平壌城では、南北朝期の中原地域では類例の少ない過梁式ⅠBが内城牡丹峰門（図33）に採用されている点が注目できる。ⅠBは唐長安城・洛陽城などでは普遍的な様式だが、魏晋南北朝ではまだ類例が少なく、傅熹年が分類をした段階においては発掘事例が存在していなかった。そのため、傅熹年は高句麗平壌城の牡丹門の類例を示し、中原から伝わったものとした［傅熹年 1977］。その後の発掘で、北魏洛陽城の建春門（図19②）、十六国～北周長安城の宮門（図21）が知られるようになり、傅熹年の想定が正しかったことが判明した。いずれにしても、中原地域の魏晋南北朝～唐代における都城の最新の造営技術が、高句麗に流入している点が想定できる。また、後期平壌城と同時期の「王宮」［王飛峰 2015］とされる安鶴宮（図34）は、菱形に近い特殊な城壁で囲繞されるが、中軸線上で、南側にコの字状の回廊を持つ外殿・内殿・寝殿の 3 つの院落が連続する平面配置を特徴とする。発掘された城門は、いずれも殿堂式ⅡAに分類しているが、木造建築の城門の左右に城壁が取り付く構造である。中軸正門を見ると、南壁中門 7×3 間（3戸）、外殿南門 5×2 間、内殿南門 3×2 間、寝殿南門 3×1 間と北側に向かって徐々に規模が小さくなる規則性がある。城壁の 6 門（東・西・北各 1 門／南 3 門）に関しては東・西・北門の規模が小さく、南壁の 3 門の規模が大きい。なお、南壁門に関しては、中門・東門が桁行 7 間（3戸）だが、西門のみが桁行 6 間と不規則な構造となる。桁行が偶数となる城門の類例は非常に少なく、唐長安城大明宮含耀門（図24①）・興安門（図24②）、渤海上京城宮城正北門（図35⑤）の 2 門道など非常に限られている。高句麗安鶴宮南壁西門の桁行 6 間は類例がないため、位置付けが難しいが、中央 2 間を門道として利用する 2 門道（2戸）の可能性もある。

　以上、後期高句麗の平壌城・安鶴宮に関しては、平壌城牡丹峰門に見られるⅠB過梁式門、あるいは安鶴宮の整然とした平面配置とⅡA殿堂式門など、その具体的な系譜は明らかではないものの、中原都城の情報が常に更新される状況にあった点が推測できる。

（2）渤海の都城門

　渤海都城に関しては、中心的な都城である上京城と唐長安城の共通性が指摘されてきた［魏 2004］［劉暁東ほか 2006、趙虹光 2009・2012、魏存成 2016］。また、西古城・八連城は、上京城の宮城部分に相当する点も研究史上の基本理解となっている［王培新 2014b］。特に渤海上京城では、数多くの城門が発掘調査されていることもあり、考古学・建築史学からの分類が行われてきた。孫秉根・馮浩璋は、陳良偉の唐長安城・洛陽城における城門の分類研究［陳良偉 2002］を参考に、渤海上京城の城門をⅠ類（単門道）：排叉柱と墩台上の

永定柱による「過梁式木門楼」、Ⅱ類（3門道もしくは一殿両門式）：殿宇式・大型門楼、の2種類に分類した。Ⅱ類は、外郭城正南門・皇城南門・宮城南門・外郭城北壁正門など中軸正門で、Ⅰ類よりも格式が高く、特に宮城南門は第5号街と皇城中央の広大な広場に開く最高格式の城門で、唐長安城承天門と同じく渤海王の重要な儀礼空間だった可能性を指摘した［孫秉根ほか2005］。一方、陳涛・李相海は、Ⅰ類：中央基壇の木造建築と左右の門道、Ⅱ類：単門道の2種類に分類した［陳涛ほか2009b］。これらの研究を受けて、渤海上京城の宮殿建築を総合的に分析・復原した劉大平・孫志敏が、建築史学の立場から再分類している。すなわち、「門道式城門」（本章の過梁式）、「楼閣式城門」（本章の殿堂式）、「門道と楼閣の結合式城門」の3種類である［劉大平ほか2018］。近年では、岳天懿も過梁式・殿堂式を融合させた類型の存在を重視している［岳天懿2020］が、本章での分類も同様の視点に立つ。以上を踏まえ、ここでは2つの視点から渤海都城門を整理する。すなわち、①構造に基づく分類、②中軸正門の関係性、の2点である。

まず、①の構造的な分類について。研究史上は門道数が分類の要素となっている場合もあるが、本章では過梁式門（Ⅰ）と殿堂式門（Ⅱ）の大きく2種類に分類した上で、渤海上京城の特徴として両者を融合させた類型が存在する点を整理してきた。すなわち、3種類である。まず、過梁式門では、外郭城南壁東門（図35④）・外郭城北壁11号門（図35④）・宮城正北門（図35⑤）がある。宮城正北門の特殊な2門道を除けば単門道で、門道左右に土襯石を並べた後、木製地覆を設置する漢・高句麗の系譜を引く過梁式ⅠAである。なお、外郭城正南門（図35③）も中央門道の左右墩台を大型に、左右門道を小型に構築するという特殊な構造ではあるが、やはり3門道の過梁式門である。次に7×2間（皇城南門）（図35①）、5×2間（第2号宮殿南門）（図35②）、1×2間（第2号宮殿東西掖門・第5号宮殿南門）（図35②④）と規模の違いがあるものの、礎石建物を基本とし、左右に回廊・城壁が取り付く殿堂式門（ⅡA・ⅡC）がある。最後に渤海上京城における特徴的な構造の類型として、中央の殿堂式門の左右に過梁式の「脇門」を設置する外郭城北壁正門（図35④）・宮城正門（図35⑤）がある。前述した過梁式3門道の外郭城正南門も、中央門道を過梁式で作る点以外は、同様の思想に基づく城門である。なお、唐宮城における「側門」は特別な用語として用いられる［松本2006］ため、ここでは「脇門」と呼称しておく。宮城正門は9×6間、外郭城北壁正門は5×4間の殿堂式門楼で、東西に過梁式の脇門を持つ点が特徴である。特に宮城正門は中央に門道が存在せず、構造上は2門道で、渤海王の隔絶性を表現する構造となっている点が注目される。

構造における3つの分類を踏まえた上で、②中軸正門の関係性を整理してみる。今、唐長安城（大明宮）と渤海上京城の中軸正門の構造を比較したのが（図45）である。まず、唐長安城（大明宮）の中軸正門の大きな特徴は、宮城正門・正殿が融合した含元殿前の龍尾道という特徴的な施設によって、中心（皇帝権力）の隔絶性が明示されている点である。明徳門・丹鳳門は中央馳道のほか、左右に各二道が存在するが、臣下が「皇帝の空間」にアクセスする門道は龍尾道前で左右各一道に集約され、東西龍尾道から含元殿へアプローチすることになる。また、含元殿左右の通乾門・観象門は、皇帝が宣政殿において常朝に臨む際に文武百官が序班し、入門したという記録があり［松本2019］、含元殿以北が皇帝の空間（本来の宮城門）として認識されていた点がわかる。一方、宮城の北門建築群に関しては、防御性の高い単門道が連続する点が唐長安城（大明宮）の特徴で、含元殿以南に皇帝権力の隔絶性を「可視化」する象徴的空間が設計されているのとは対照的な機能的空間である点が読み取れる（図45左列）。この唐長安城（大明宮）の中軸正門の構造との比較という視点で渤海上京城の中軸正門を見てみると、3門道の外郭城正南門・皇城正南門に対して、2門道の宮城正南門において中心が隔絶されている点が読み取れる。渤海上京城の宮城正門で表現されたのは、明らかに中心を隔絶する空間、すなわち「含元殿空間の模倣」と推定できる。さらに、渤海上京城の宮城1～3号宮殿いずれもが前面中央にスロープ（階段）がない「左右階」である点も確認でき、宮城正門で見ら

第6節　東アジア古代都城門の構造・機能とその展開　257

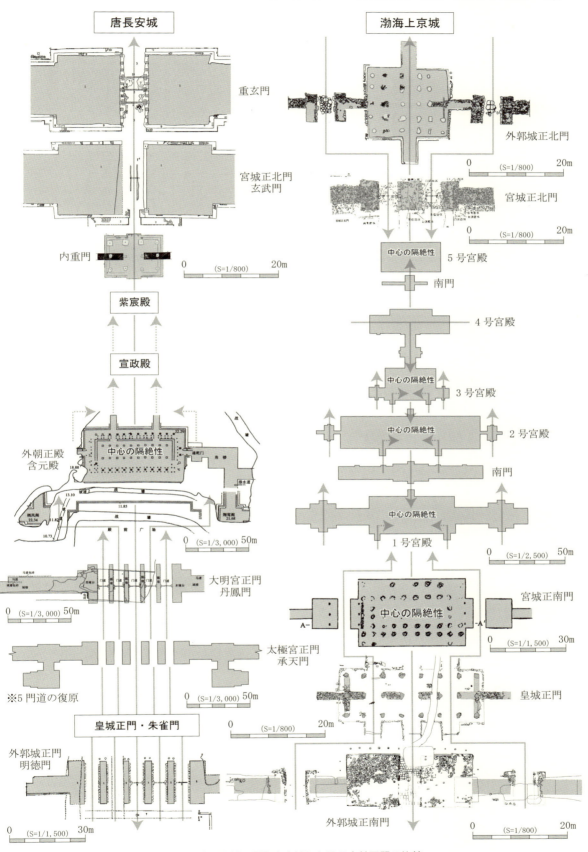

図45　唐長安城と渤海上京城における中軸正門の比較

れる中心の隔絶性が「反復的」に表現されている点も読み取れる。一方、渤海上京城の宮城北門建築群の様式は、唐長安城とは大きく異なる。すなわち、宮城正北門は都城門の中でも唐長安城大明宮含耀門・興安門（図24①②）以外に類例のない２門道（皇帝・王が通行しない門）だが、宮城正門と同じく北に対して中心の隔絶性を表現したものとみられる。宮城正北門・正南門は、南北に対置する形で２門道を採用することで渤海王の隔絶性を表現したのである。それに対して左右脇門を主門から離れた場所に置く特殊な３門道である外郭城正北門は、やはり、南側の外郭城正南門と対応する構造と位置付けられる（図45右列）。このように、渤海上京城では、宮城の南北正門を対置させる構造によって、渤海王の隔絶した権威を象徴的に表現しているものと考える。

以上、①②の論点の整理から渤海上京城の構造的特徴を把握した。唐長安城、特に大明宮含元殿の空間を強く意識しながらも、独自の論理で都城が構造化されている点を読み取ることが出来る。その際に、宮城南側における中心の隔絶性が渤海王の居住空間である４号宮殿に対するものと考えるのであれば、北門建築群が象徴している隔絶性の中心は、おそらく５号宮殿だと推定できる。上京城５号宮殿（図35①上右）は、西古城５号宮殿（図36①上左）と同じ特徴的な空間配置から、様々な機能が想定されてきたが、渤海王の権力を隔絶すると同時に、北側からのアプローチの方向性を持つ点から考えると、唐長安城大明宮の麟徳殿[中国科学院考古研究所 1959・劉致平ほか 1963・楊鴻勲 1987]に類する機能を持っていた可能性がある（註20）。すなわち、渤海上京城は大明宮含元殿や麟徳殿など、唐長安城大明宮の思想的空間を模倣しながらも、独自の論理で空間構造を再設計している点を読み取ることが出来る。渤海上京城は唐長安城との高い共通性が指摘されている都城だが、その造営過程も単純な模倣というわけではなく、唐都城の思想空間を解体・再編成して、渤海の支配体制に合わせた都城を造営している点が重要だと考える。

なお、最後に西古城・八連城との関係性を整理しておくと、両者は上京城の宮城部分の平面配置を持ち、外城南門に単門道過梁式、内城南門に５×２間（３戸）の殿堂式門を採用する（図36①②）。渤海上京城中軸正門で単門道を採用するのは、２号宮殿南門・５号宮殿南門のみで、西古城・八連城は異なる論理で設計された都城である点が読み取れる。さらに、西古城・八連城における内城南門における大型殿堂式門の採用は、渤海上京城の内城に該当する皇城正門に対応すると思われるが、中原都城の宮城正門を意識して設計されている可能性が高い。この点は、渤海都城に採用された大型殿堂式門が、遼上京城の宮城東正門（図28①）へと展開する点（図44②右列）を考慮する必要があるだろう。

（3）日本の都城門

まず、日本都城門に関しては、前期難波宮・大津宮・飛鳥宮・藤原宮・平城宮（京）・長岡宮・平安宮の様相について、年代順に概要を整理する。なお、日本都城門の構造は、中国都城では殿堂式（ⅡC）と分類した範疇に属し、木造建築の左右に回廊や築地塀などが取り付く構造を基本とする。中国都城門で一般的な城壁・門道・門建築が一体化する土木混合型の構造は、日本都城門では事例がなく、百済経由で高句麗山城の影響を受けた「朝鮮式山城」に類例がある[岡山県総社市教育委員会 2005・2006]。

まず、孝徳朝の難波長柄豊碕宮とされる前期難波宮は、中軸正門の朱雀門（図38②）、朝堂院南門（図38①）、内裏南門（図38①）の構造が判明している。朱雀門SB701・朝堂院南門SB4501は、桁行５間（16尺等間）・梁行２間（15尺２間）、同規模の五間門である。一方、内裏南門SB3301は、桁行７間（16尺等間）・梁行２間（21尺２間）、日本都城史上最大級の七間門である。左右に取り付く複廊によって、東西八角殿院と連接する。孝徳朝に続く天智朝の大津宮では、内裏南門SB001が発掘調査で桁行７間（中央５間11尺・両端間９

尺)・梁行 2 間（11 尺 2 間）に復原されているが [林 2012・吉水 2020]、地中梁の組み合わせ [黒崎 2001]、前期難波宮内裏南門 SB3301 との規模の差などから五間門の可能性が高いと考える。この点は、続く天武朝の飛鳥浄御原宮（伝承飛鳥板蓋宮跡Ⅲ b 期遺構）の内郭南門 SB8010・エビノコ郭西門 SB7402 が、桁行 5 間（10 尺等間）・梁行 2 間（9 尺 2 間）である点とも共通する [林部 2001]。7 世紀末の 694 年に成立した藤原京では、羅城・羅城門が存在しないため [井上 2004b p.215・小澤 2008 p.208]、宮城門の規模と構造が問題となる。藤原宮の門遺構を整理した青木敬によると、宮城門：五間門、大極殿院門：七間門という規格性が存在するという [青木 2010]。中軸正門を見ると、朱雀門 SB500（図 39 ①）・朝堂院南門（図 39 ②）・北面中門 SB1900（図 39 ②）が桁行 5 間（17 尺等間）・梁行 2 間（17 尺 2 間）の五間門であるのに対して、大極殿南門 SB10700（図 39 ②）のみ七間門が想定されるなど、大極殿南門＝内裏南門が藤原宮最大の門と確認できる。（図 46 下）に示した前期難波宮の中軸線と同じで、7 世紀代の都城では内裏南門が最も重要な門と意識されていた点がわかる。なお、7 世紀代の門遺構は桁行等間である点が特徴で、前期難波宮内裏南門・藤原宮大極殿南門の門戸数については、確実なところは不明である。しかし、藤原宮大極殿南門の基壇南北中央にある幅 24.7m の階段と思われる突出の規模が、門遺構の桁行 5 間分（17 尺 × 5 間 = 85 尺）とほぼ一致し、七間五戸門の可能性が高い。小澤毅は藤原宮大極殿南門が平城京羅城門に移築されたと考えており [小澤 2012]、この点は、井上和人の復原による平城京羅城門が七間五戸門 [井上 1998b] である点とも符合する。

　8 世紀初頭に造営された平城京は、羅城門（図 11 上）が七間門に復原されており、近年の発掘調査で羅城門の東西 1 坊分に 2 本の柱をセットにした遮蔽施設（羅）が検出されている [山川ほか 2008・大和郡山市教育委員会ほか 2014]（図 47）。羅城門は発掘当初、平城宮朱雀門と同じ桁行 5 間・梁行 2 間（17 尺等間）と想定されていたが、井上和人の再検討で、桁行 7 間（中央 5 間 17 尺・両端間 15 尺）・梁行 2 間（15 尺 2 間）に復原 [井上 1998b] され、近年では藤原宮大極殿南門が移築されたと考える小澤毅によって桁行 7 間・梁行 2 間（17 尺等間）と推定されている [小澤 2012]。一方、平城宮に関しては、宮城 12 門のうち、発掘されているのは佐伯門・玉手門・若犬養門・朱雀門・壬生門・小子部門・建部門の 7 門である。佐伯門・玉手門は基壇の一部が確認されているだけだが、朱雀門 SB1800（図 40 ①）・若犬養門 SB10200（図 40 ①）と同じ桁行 5 間・梁行 2 間（17 尺等間）の規格とされる。壬生門（図 40 ②）に関しては東西 28.9m・南北 14m の朱雀門に次ぐ規模の基壇を検出しているが、建物構造については不明である。小子部門 SB5000（図 40 ②）は桁行 5 間（中央 3 間 15 尺・両端間 10 尺）・梁行 2 間（15 尺 2 間）、建部門 SB16000C（図 40 ②）は桁行 5 間（中央 3 間 13 尺・両端間 10 尺）・梁行 2 間（10 尺 2 間）と判明している。以上の状況から、井上和人は、平城宮の宮城門には朱雀門と同じ基本規格が存在し、壬生門・小子部門・建部門がその規模を減じた破格の門と位置付けた [井上 2010 p.37]。

　平城宮内の門に関しては、中央区（図 51 ①）・東区（図 51 ②）に分けて、関係性をまとめた。まず、中央区では朱雀門の北側、中央区朝堂院南門 SB9200（図 40 ④）が桁行 5 間（中央 3 間 15 尺・両端間 10 尺）・梁行 2 間（15 尺 2 間）とされる。注目すべきは、第一次大極殿院南門 SB7801（図 40 ③）である。掘込地業のみが残存するが、その規模から桁行 5 間（中央 3 間 17 尺・両端間 15 尺）・梁行 2 間（20 尺 2 間）と想定され、東西に取り付く築地回廊上には東楼 SB7802（図 40 ③）、西楼 SB18500（図 40 ④）が附帯する。第一次大極殿南門は、その規模や東西楼閣の存在など、奈良時代前半において最も格式の高い門である点が明らかである。一方、東区は奈良時代後半の上層遺構を中心に整理すると、壬生門北側に朝集院南門 SB18400（図 40 ⑥）が検出されているが、建物構造は不明である。東区朝堂院南門 SB17000（図 40 ⑤）は、桁行 5 間（中央 3 間 15 尺・両端間 10 尺）・梁行 2 間（12 尺 2 間）の五間門で南北に土廂が設置されている。門前左右には仗舎（SB17050・SB17060）が確認されている。その北側には、奈良時代前半期の中宮閤門（大安殿南

門) SB11210 が、第二次大極殿院造営に際して桁行5間・梁行2間（15尺等間）の礎石建ち南門 SB11200 に建て替えられている（図40⑤）。東区最北部には、奈良時代を通じて内裏が存在したが、南面築地回廊上に位置する3つの門のうち、発掘されている中央門 SB3700・東門 SB7590（図40⑥）は、どちらも簡便な「潜門」形式である。なお、南面築地回廊上の東西には、楼閣が設置されているが、東楼 SB7600（図40⑥）は北側広場に面する構造をしており、門の荘厳施設とは考えにくく、内裏南面の門は極めて機能的な空間となっている。内裏の門が簡易な施設である点は、称徳天皇が居住したとされる第一次大極殿院跡地の西宮南門 SB7750A が、桁行3間（15尺等間）・梁行2間（12尺2間）の八脚門に復原されている点とも符合する。

長岡宮では、大極殿院南門 SB38450、朝堂院南門 SB40900 が桁行5間・梁行2間（15尺等間）の五間門と判明しているが、朝堂院南門の東西廊が南に屈曲し、三出闕に接続する連体双闕門である点が重要である（図41）。平安京羅城門（図11下）・平安宮朱雀門に関しては、遺構が確認されていないため、文献記録のみが研究対象となる。朱雀門・羅城門共に七間五戸重層門とする説が主体ではあるが、井上和人は平城宮朱雀門と平安宮羅城門の関係性から、平安京羅城門の九間門説を再検討すべきと指摘する [井上2010 p.31]。なお、平安宮八省院の朝集院南門の応天門には、連体式双闕門が採用されている（図14右）。

発掘された日本都城門を年代順に整理した。以下、本章では3つの論点を設定し、中国都城門との比較を行う。すなわち、①日本都城における最大門の移動現象、②唐代都城の三重圏構造からみた日本都城門、③正門から見た日本都城の空間構造とその変化、である。

（4）日本都城における最大門の移動現象

日本都城の中軸正門における大きな特徴として、門戸数不一致の原則がある。唐長安城・洛陽城においては、外郭城・皇城・宮城正南門の門道数は5・3門道、宮城北門群は単門道となるように統一されており、宮城を中心として中軸正門が相互に連関しながら設計された点に特徴がある（図45左列）。一方、渤海上京城では宮城正南門・正北門で、唐長安城含元殿の空間を模倣した渤海王の隔絶性を示す2門道が採用され、その南北には3門道が採用される規則性が認められた（図45右列）。このように、中軸正門の門道数・門戸数は、どのような思想的背景を基に都城の階層空間を設計・配置しているか、を知るうえで重要な要素である。日本都城門では、中軸正門の門戸数が一定ではなく、7世紀には内裏南門、8世紀には羅城門が最大規模・門戸数になる特徴がある。この「最大門の移動現象」を整理してみたい。

中軸正門の関連性がわかる7世紀代の都城としては、前期難波宮・藤原宮がある。前期難波宮に関しては、その先進的な構造を説明する際に、天武朝の造営を想定する説 [山中1986・泉2018]、あるいは天武朝の複都構想に基づいて前期難波宮が増築されたと考える説 [重見2020] がある。しかし現在のところは、飛鳥宮Ⅲb期のエビノコ郭正殿の存在を画期として評価し、前期難波宮内裏前殿→エビノコ郭正殿→藤原宮大極殿の系譜を想定する説が主流である [林部2001]。孝徳朝の難波長柄豊碕宮と想定される前期難波宮の中軸正門を整理した（図46下）を見ると、多くの研究で強調されてきたように東西の八角殿院と連接する内裏南門の巨大な規模が際立っている。門戸数を確定する要素はないものの、藤原宮大極殿南門の七間五戸門との共通性が伺われ、朝堂院南門・朱雀門は五間三戸門と考えられる。前期難波宮内裏南門（図46下左）・藤原宮大極殿南門（図50中）は、宮城のほぼ中心という象徴的な位置にあって、朝堂院と内裏を連接する重要な機能を果たしたものと思われる。藤原宮においても、朱雀門・朝堂院南門・北面中門などの中軸正門が五間門なのに対して、大極殿南門（内裏南門）のみは大型基壇を持つ七間五戸門である。以上、7世紀の日本都城においては、内裏に居住する天皇が出御する空間（内裏前殿・大極殿）に南面する門の格式を最も重視

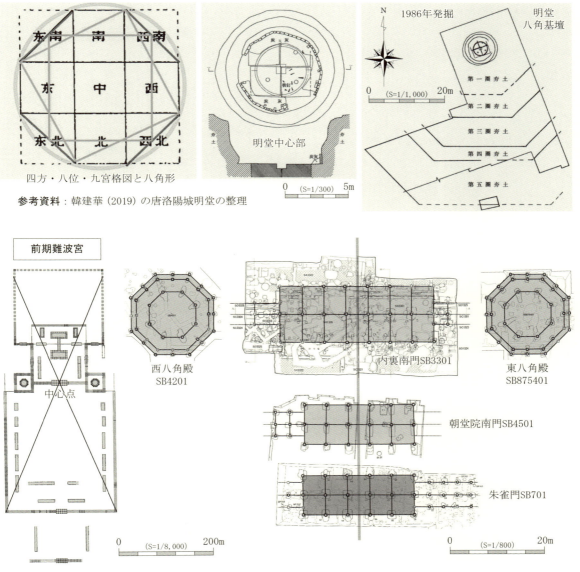

図46 前期難波宮における中軸正門の構成

する原則が認められる。

8世紀の平城京では、都城最大門が羅城門へと移行する。平城京羅城門は、井上和人の研究によって七間五戸門の可能性［井上1998a・b］が指摘されており、都城最大門は平安京羅城門に継承されていく可能性が高い。近年には、小澤毅が発掘調査の成果を踏まえて、藤原宮大極殿南門の建造物が平城京羅城門に移築された可能性を指摘した［小澤2012］。小澤の指摘は、7世紀の都城最大門であった内裏南門・大極殿南門の象徴的機能が8世紀都城の羅城門へと「移行」した点を示すと同時に、平城京羅城門の直接的系譜を示した点で重要である。そもそも、中国都城においては、前漢長安城に系譜を持つ3門道過梁式門（中門道は皇帝の「馳道」、左右門道は臣下の「傍道」）の2つの隔壁、および魏晋南北朝で発達する左右墩台を合わせた7要素（3門道・2隔壁・2墩台）を都城門の基本形としてきた［徐竜国2015・王子奇2023］。北魏洛陽城宮城正門の閶闔門で出現した大型殿堂式門が桁行7間・3門道である点も、この伝統を引き継ぐものである。すなわち、中国都城宮城正門の「七間三道門」は最高格式と認識されていたと思われ、特に殿堂式七間三道門は、後世

では遼上京城宮城東正門・元中都皇城正門、東アジアでは高句麗安鶴宮正門・渤海上京城皇城正門へと継承されている。殿堂式では、唐長安城興慶宮（五間一門道／中央1門道）、渤海八連城内城南門・西古城内城南門（五間三門道／中央1門道・両端2門道）など、「五間一道・五間三道門」が格式の下がる類型といえる。その意味では、過梁式門ではあるが、11要素（5門道・4隔壁・2墩台）で構成される唐長安城明徳門・丹鳳門などは、まさに「破格」の格式であったと想像できる。唐長安城明徳門の11要素は、北宋東京開封城宣徳門、元大都崇天門、明中都宮城午門、明清紫禁城午門など、「京師」の宮城正門の格式として過梁式から発券式へと姿を変えながらも連綿と継承されていくことになる。

このような中国都城における門道数の格式を踏まえると、7世紀の日本では都城門の最高格式として中国の「宮城七間門」を強く意識し、両端間を除く中央5間をすべて門戸として利用する日本独自の「七間五戸門」（中国都城門は、殿堂式・過梁式共に門道間に基本的には隔壁を持つ）を創造したものと思われる。その格式は、前期難波宮内裏南門→藤原宮大極殿南門（内裏南門）→平城京羅城門→平安京羅城門へと継承された可能性が高い。ここでは、平安京羅城門を「七間門」（図11下）と想定するが、「九間門」[井上1998a・b]を想定しにくいのは、単門道（桁行3・5間＝3・5要素）・3門道（桁行5・7間＝5・7要素）・5門道（桁行11間＝11要素）を基本とする唐代都城門の原則上、思想的に存在するのが難しい類型だからである（註21）。

以上、日本都城では中国都城宮城正門の「七間三道門」が強く意識されており、前期難波宮・藤原宮では内裏南門に最高格式の門「七間五戸門」（「七間三戸門」の可能性もある）を採用したものの、平城京遷都の際にその格式が羅城門へと移されたと考える。すなわち、日本都城における最大門の「移動現象」は、緩やかな変化ではなく、平城京羅城門の誕生による劇的な変化と想定できる。本来、都城門の規模は、空間相互を隔絶する城壁の規模と相関することを原則とするが、中国式の「封閉式里坊制」ではなく、「開放式里坊制」を採用した日本都城においては、城壁構造と門の規模が必ずしも一致しない点に特徴がある。律令国家の完成段階に入った8世紀の日本では、平城京において、主に諸外国からの使節や国内向けに威信を示す[田島1986・古内2017]ための装置として、宮内最大門であった藤原宮大極殿南門を羅城門へと移築し、（図47）のように東西1坊分の「翼廊状」の羅城[山川ほか2008]を造営したものと思われる。平城京羅城門の象徴性とその機能は、平安京羅城門まで継承されていくことになる。なお、都城最大門の「移動現象」に関しては、奈良時代の大寺院、すなわち興福寺[奈良文化財研究所2010b]、大安寺[奈良市教育委員会1999]、薬師寺[奈良国立文化財研究所1987b]などにおいて、中門よりも南大門が大きい事実[奈良国立文化財研究所1994a図21]と連動する現象である可能性が指摘されている[清水2010]。この点に関しては、平城京で誕生した新しい象徴的空間である羅城門・羅城の空間構造が、一つの格式として寺院や官衙、例えば多賀城政庁南門の翼廊形式[宮城県多賀城跡調査研究所1980・1982]（図15下）などに影響を与えたと考える。平城宮・京で確立した都城門の様式、例えば桁行中央間が広く両端間が狭くなる柱配置[李2004]、あるいは七間五戸（三戸）門・五間三戸門・八脚門などの明確な階層的序列は、8世紀における都城門・官衙門・寺院門の基準になったと思われる。

(5) 唐代都城の三重圏構造からみた日本都城門

本章では、漢〜唐における都城の発展史を整理する中で、唐長安城・洛陽城における外郭城・皇城・宮城の三重圏構造こそが、唐代都城の基本構造である点を確認した。この異なる階層空間を相互に「連接」するのが都城門であり、外郭城正南門・皇城正南門・宮城正南門・宮城正北門の4つの要素が唐代都城の空間連鎖の要である。中でも唐長安城大明宮含元殿において、宮城正門・正殿の融合した構造が成立した点が

第6節 東アジア古代都城門の構造・機能とその展開　263

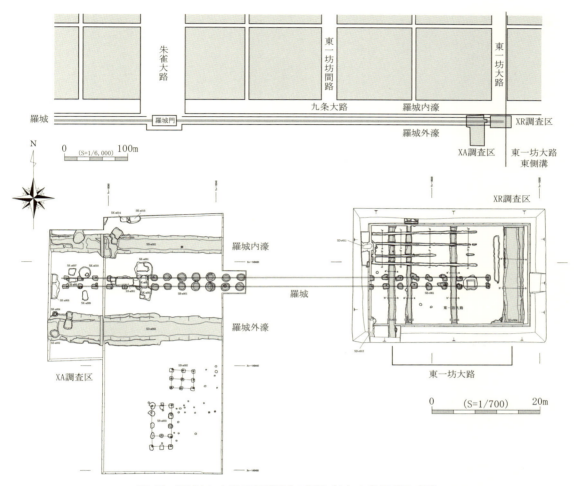

図47　平城京における南面羅城の復原（上）と発掘成果（下）

大きな画期であり、その思想と特徴的な構造が東アジア都城に強い影響を与えた点が想定されてきた [浅野 1990・福田ほか 2002][王仲殊 2003]。含元殿の殿前空間は、元会などの国家的儀礼が施行される外朝空間と位置付けられている [杜文玉 2015・何歳利 2019] ため、唐の三朝制が渤海や日本にどのような影響を与え、外朝・中朝・内朝の三朝が各国都城における宮城のどの部分に該当するのか、という視点で国際的な比較研究が蓄積されてきた [金子 2007・山田 2007・今井 2012b][劉暁東ほか 2006・魏存成 2016]。しかし、唐長安城の三重圏構造を忠実に模倣した渤海上京城とは異なり、日本都城は藤原京以降「京・宮」の二重構造を基本としている。まずは外郭城・皇城・宮城という唐代都城の基本構造が、日本都城の構造にどのように反映されているか、を議論する必要がある。平城京以降の羅城門を外郭城正門と把握する点は問題ないので、実際には皇城門・宮城門が日本都城で存在するのかどうか、が問題となる。

　日本都城では、宮城と皇城が区別されておらず、朱雀門を「宮城門」とも「皇城門」とも呼称したことから、隋唐都城よりも古い都城の原型を伝えていると考えた岸俊男の議論が著名である [岸 1976]。一方、「宮城門」と「皇城門」を区別した上で、平城宮以降の都城中枢部を位置付けたのが、金子裕之である。金子は、「日本では皇城・宮城一体、皇城の考え方が曖昧」であった点を前提とし、『続日本紀』和銅3年（710）正月の藤原宮に関する記載「皇城門外朱雀路」も日本では宮城・皇城の区分が曖昧だったために、2つの語を同義に用いたと考えた。さらに、唐長安城では東西二朝堂の北側に宮城門が位置するため、日本都城では

大極殿門が該当するものの、実際には大極殿院・朝堂院が日本都城では一体である点から「ここ（大極殿門）で宮城と皇城を分離することはできない。（－中略－）。限られた状況下で唐の宮城構造を真似るなら、宮城・皇城が一体化した朝堂院（朝集殿院）南門を宮城門にする他ない」[金子2007 p.62]とし、長岡宮朝堂院南門の門闕を位置付けた（図5中）。唐都城の宮城門・皇城門の存在から日本都城の中枢部を理解しようとした金子の視点は非常に重要である。しかし、新宮学が指摘するように、唐代都城の宮城・皇城は一体として内城を構成しており、皇城が独立しているわけではない。また、唐代都城の基本構造は北宋以降にそのまま継承されるわけでもなく、特に唐代の皇城空間（北宋東京城では、「皇城」は「宮城」の別称として用いられた）は、北宋以降には空間的機能が変質する[久保田2014]と同時に、特に元代のモンゴル的要素との融合によって近世皇城空間が新しく成立していく点が指摘されている[新宮2009]。つまり、唐代都城においても宮城・皇城が一体化した「内城空間」の中で、皇帝と臣下の「象徴的な境界」に位置するのが宮城門だったことになる（註22）。

　以上の研究を踏まえれば、宮城・皇城の明確な区別がないとされる日本都城も、唐代都城の本来的構造を反映している可能性が高く、宮（唐代都城の宮城＋皇城、すなわち内城）の南面中門が「皇城正門」であり、宮内部において天皇と臣下の象徴的な境界が「宮城正門」と認識されていたと考える。結論を先に述べれば、日本都城において「宮城正門」は固定的存在ではなく、歴代都城で一定の方向性をもって移動（南下）していくと考えている。ただし、文献史料や研究史上の呼称では、宮城門・皇城門が混在するため、本章では日本都城における宮の南面中門（唐代都城の皇城正門＝内城正門）を「空間的皇城正門」と呼称し、宮内において天皇と臣下の境界に位置して儀礼空間の中枢として機能する門（唐代都城の宮城正門）を「儀礼的宮城正門」と呼称し議論を進める。空間的皇城正門＝朱雀門（奈良時代後半－壬生門）なので、実際には各都城における儀礼的宮城正門を認識する作業が中心的課題となる。その際に注目されるのは、魏晋南北朝以降、歴代都城の宮城正門には必ず門闕形式が採用されている点である。本章では、門が、附帯する建造物を含めてどのように荘厳化されているか、に着目して日本都城における儀礼的宮城正門の意義を考えてみたい。

　日本における都城門の荘厳化に関しては、宮城内における中心建物（門を含む）周辺に位置する「楼閣建築」の重要性を指摘した上野邦一の整理[上野2010]が注目できる。これらの建物は、山田邦和が「楼閣附設建築」と呼称するものを含む。山田は「楼閣附設建築」を、唐長安城承天門・含元殿などを模倣して、桓武天皇が長岡宮・平安宮内に造営した建造物と位置付けている[山田2007]。しかし、上野・山田が指摘する「楼閣（附設）建築」を見ると、全てが同一レベルで比較できる建造物ではなく、いくつかのタイプに分類ができる点に気づく。（図48）に示したように、本章では以下のⅠ～Ⅲ類に分類する（註23）。

【Ⅰ類】中軸正門と回廊によって接続する建造物
　前期難波宮内裏南門SB3301に取り付く東西回廊によって接続される東八角殿SB875401・西八角殿SB4201、平城宮中央区第一次大極殿院南門SB7801に取り付く東西築地回廊上に位置する東楼SB7802・西楼SB18500、平城宮内裏南壁の東西両端に位置する東楼SB7600・西楼、長岡宮朝堂院南門SB40900に取り付く東西回廊が前面に屈曲して接続する東門闕・西門闕SB44404、平安宮朝集院南門：応天門の門闕である棲鳳楼・翔鸞楼が該当する。中軸正門に附帯する施設として、本章で議論の対象となる類型である。Ⅰ類は、中軸正門東西に独立院が接続するⅠA類、中軸正門東西回廊上に楼閣が位置するⅠB類、中軸正門に翼廊と双闕楼が附帯するⅠC類に細分が可能である。

【Ⅱ類】大極殿院の東西に位置し、空間としては内裏の内部で独立して存在する建造物
　藤原宮大極殿院東西の大型礎石建物：東楼SB530・西楼、平城宮東区第二次大極殿院東西の南北棟建物：

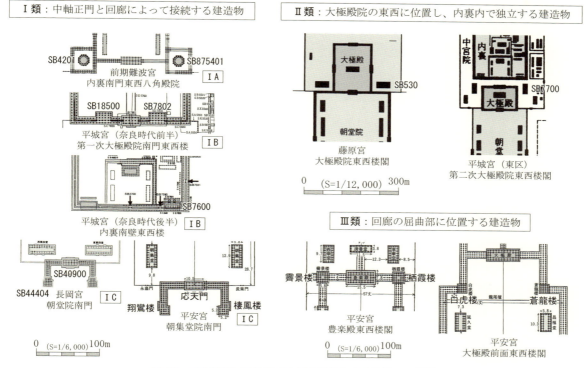

図 48　日本都城における「中枢を荘厳化する施設」の分類

東楼 SB7700・西楼が該当する。藤原宮・平城宮ともに、大極殿院外側の内裏に単独で位置するため、大極殿を荘厳する施設かどうかは不明だが、大極殿院全体を含む中軸を荘厳化する施設と考えられる。

【Ⅲ類】回廊の屈曲部に位置する建造物

　平安宮八省院の大極殿前面左右に位置する蒼龍楼・白虎楼、平安宮豊楽院の豊楽殿東西に位置する霽景楼・栖霞楼が該当する。中国都城では「角楼」と呼ぶ建造物で、前者は大極殿、後者は豊楽殿を荘厳化する役割を果たしたと思われる。

　このように整理すると、内裏の内部で独立するⅡ類、「角楼」と呼ぶべきⅢ類を除くⅠ類が、まずは確実な中軸正門の荘厳化施設と位置付けられる。まず、ⅠA類の前期難波宮内裏南門東西の八角殿に関しては、内裏南門と接続しているのは正確に言うと八角殿院である。中国都城でもこのような形の附帯施設は確認されておらず、正確な機能は不明である。近年、進展が著しい前期難波宮の研究［積山 2020・李 2020］だが、八角殿院については古市晃が 5 説（仏殿説／鐘台説／東西楼閣説／儒教・道教建築説／鐘楼・鼓楼説）にまとめた［古市 2004］ように諸説あり、結論には至っていない［岸 1988、中尾 1995a・2014、李 2014］。中国都城に目を向けると、宮城中枢部の八角形建築として思い浮かぶのは、唐洛陽城に武則天が建造した明堂である。天地の祭神や祖先祭祀を行う空間であるとともに、皇帝の徳治を示す明堂は 688 年に唐洛陽城宮城中枢部の乾元殿の場所に造営された。738 年に玄宗が明堂の撤去を命じた際の史料の記載として「又去柱心木、平座上置八角楼」［王溥 1955 p.281］とあるが、2008 〜 2012 年に行われた全面発掘によって巨大な八角形の版築が確認された［中国社会科学院考古研究所洛陽唐城隊 1986・韓建華 2019］（図 46 上）。ちなみに、明堂の北西に位置する天堂は巨大な円形版築を持つが、中心坑は同じ八角形である［洛陽市文物考古研究院 2016］。武則天明堂の八角形基壇の構造については諸説あったが、現在は武則天の明堂が八角形、天堂が上円下方形とされ、

発掘で確認された八角基壇を基にした郭黛姮の復原案が採用されている [洛陽市文物局 2017]。

　唐洛陽城の武則天明堂（688・万象神宮）は、孝徳朝難波長柄豊碕宮（650 前後）と想定される前期難波宮よりも年代的に新しいため、前期難波宮八角殿院の祖型として想定されることはなかったが、前漢長安城 [中国社会科学院考古研究所 2003]・漢魏洛陽城 [中国社会科学院考古研究所 2010] でも確認されている礼制建築：明堂は、皇帝の統治・支配の根源を示す象徴的な建造物であり、7 世紀段階の日本都城が中国都城における礼制建築（明堂）の思想的影響を受けている可能性は十分にある。前期難波宮では回廊を通じて八角殿院が内裏正門と連接することから、本章では礼制建築（明堂）の影響を受けた「内裏南門を荘厳化する左右楼閣」を想定しておく（註 24）。

　次に、Ⅰ B 類とした平城宮中央区大極殿院南門東西楼（奈良時代前半）、東区内裏南壁東西楼（奈良時代後半）に関しては、ともに平城宮内の築地回廊上に造営された楼閣ではあるものの、性質・機能が異なる点が推定できる。中央区大極殿院南門 SB7801 に取り付く東西築地回廊上の東楼 SB7802・西楼 SB18500 は、大極殿院創建よりやや遅れる I -2 期に造営された東西楼閣だが、構造的には本章の中国都城門の分類で Q2 とした双塚楼に該当する。確実に、中軸正門である大極殿南門を荘厳化する施設である。一方、平城宮東区の内裏Ⅲ期に遮蔽施設が築地回廊となった際に、南面築地回廊上、潛門形式の中門 SB3700・東門 SB7590・西門の左右、すなわち南壁東西隅に造営されたのが東楼 SB7600・西楼である。発掘された東楼 SB7600（図 40 ⑥）に注目すると、築地回廊造営時のⅢ期（745-760 年頃）と時期が新しい点に加えて、北側に階隠し機能を持つ SB7601 が位置するなど、内裏内部に向けた構造である点に特徴がある。重見泰は、飛鳥～奈良時代中頃までの内裏南門に関して、「見えない王」である大王の私的空間は本来出入りのない閉ざされた空間であったため、南門も簡易であり、内裏南面に格式の高い門が開くのは、平城宮中央区の「西宮」南面築地回廊上における八脚門 SB7750A 以降と指摘する [重見 2020 p.148-151]。すなわち、日本都城において、天皇の私的な空間である内裏正門は荘厳化の対象ではない可能性が高い。なお、平城宮の東楼 SB7600 と同様の構造は、後期難波宮の内裏南面複廊の東西隅（SB1021・SB11222）にも認められる（図 38 ①上右）[高橋 2014]。

　最後のⅠ C 類は、長岡宮朝堂院南門 SB40900、平安宮朝集院南門：応天門に附帯する屈曲する翼廊、東西闕楼である。中国都城門の分類で指摘した Q4、すなわち連体双出闕に該当する。明らかに唐長安城太極宮承天門、唐洛陽城応天門を模倣する正門の荘厳施設である。

　ここまで日本都城における中軸正門を荘厳化する附帯施設をⅠ類とし、平城宮内裏南壁東西楼を除く 4 例を確実な「荘厳化された門」と位置付けた。Ⅰ類は前期難波宮から平安宮まで全時代に存在しながら、Ⅰ A 類→Ⅰ B 類→Ⅰ C 類と変化したことがわかる。一方、Ⅱ類（藤原宮 SB530・平城宮 SB7700）はⅠ A 類（前期難波宮八角殿）から派生した類型であり、宮城正門の附帯施設から大極殿院自体の荘厳施設へと変化し、平安宮に至って朝堂院・豊楽院に取り込まれ、Ⅲ類（大極殿白虎楼・蒼龍楼／豊楽殿霽景楼・栖霞楼）が成立したものと考える。宮城正門と直接連接するⅠ類に比べて、Ⅱ・Ⅲ類の機能・役割・意義などは不明な部分が多いのは確かだが、系譜的に関連しながら「中枢を荘厳化する施設」として発展した可能性が高い。

　以上を踏まえて、中軸正門の規模、および大極殿院を含む中枢を荘厳化する附帯施設の有無を整理したのが（表 3）である。Ⅰ類の附帯施設によって「荘厳化された門」は、前期難波宮内裏南門（Ⅰ A）→平城宮中央区大極殿院南門（Ⅰ B）→長岡宮朝堂院南門（Ⅰ C）→平安宮朝集院南門（Ⅰ C）となり、徐々に南側に移動（南下）した点がわかる。中国都城門において附帯施設を持つのは基本的に宮城正門である点を考えれば、本章の結論は極めてシンプルである。すなわち、日本都城では唐代都城の三重圏構造が常に意識されており、唐外郭城正門は京正門の羅城門、唐皇城正門は宮正門の朱雀門（奈良時代後半のみ壬生門）に該当する一方、唐宮城

正門は内裏南門（前期難波宮・藤原宮）→大極殿院南門（藤原宮・平城宮）→朝堂院南門（長岡宮）→朝集院南門（平安宮）と該当する門が徐々に南下したものと考える。以上、日本都城の発展史上の大きな特徴として、「空間的皇城正門が固定化」する一方で、「儀礼的宮城正門が南下」する現象を把握できる。なお、本章の「儀礼的宮城正門」とは、『養老令』で規定される「宮城門」（『大宝令』の「外門」）ではなく、7〜8世紀の日本都城の宮内において、当時の人々が「天皇と臣下の空間の境界（接続点）」と考えていた場所（唐代都城における「宮城正門」の位置）を示す。つまり、唐代都城の基本構造である三重圏構造は、日本都城でも強く意識されており、宮城・皇城を一体の「内城」と把握する考え方も踏襲したと考える。唐長安城では、宮城・皇城が南北に配置されるが、日本都城では「皇城の中に宮城を包摂する」空間構造であるため、「儀礼的宮城正門」の位置が見えにくくなるものの、天皇と臣下の空間の境界は常に意識されており、両空間を連接する正門に関しては天皇が出御する特別な儀礼空間として認識されていたと考える。

　以上、日本都城の造営に際しては、中国唐代都城の三重圏構造が基本となったと想定できるが、実際にはその思想的空間が解体・再編成されて、日本独自の空間として再設計されている点が重要である。特に、唐代都城における宮城正門は、天皇と臣下の境界を示す門として強く意識されたと思われるが、日本都城では内裏と一体化した大極殿院、およびその南側の朝堂院という「二大院」が宮内に配置される基本構造が藤原宮・平城宮で成立したため、実際には宮内で日本独特の三分節構造が現出することになった。『大宝令』（701）と『養老令』（718）の規定にある三門は、この宮内三分節構造を反映するものと想定できる。すなわち、大極殿院南門（内裏外郭南門）−内門・閣門、朝堂院南門−中門・宮門、宮南面中門（朱雀門・壬生門）−外門・宮城門という基本認識である。その中で大極殿南門こそが、唐代都城の宮城正門にあたる空間（「儀礼的宮城正門」）と認識されていたと思われ、天皇が出御する特別な空間として機能したと考える[城倉2023]。

（6）正門から見た日本都城の空間構造とその変化

　ここまで議論した「都城最大門の移動現象」、および「儀礼的宮城正門の南下現象」を踏まえて、日本都城中枢部の空間構造の変遷を整理してみたい。日本古代都城の正門の規模と構造を整理した（表3）、および中枢部の変遷過程を整理した（図49）を基にまとめてみる。日本都城中枢部の変遷過程に関しては、研究史上あらゆる角度から分析されてきた。近年の中枢部の変遷を整理した図版を見ると、中尾芳治[中尾2014 pp.218-219図8]、渡辺晃宏[渡辺2020 p.12図7]、重見泰[重見2020 p.182第23図]など、いずれも大極殿の系譜を中心に整理している点が特徴である。特に、渡辺の図版に象徴的に示されているように、「天皇の日常的政務空間（内裏前殿）」および「国家的儀礼空間（大極殿）」の系譜・系統関係から、変遷を考える研究が主流である。その際に宮内の空間的「分節構造」は意識されておらず、朱雀門・壬生門のラインで各都城の図版が「揃えられて」いる。一方、本章では日本都城の中心にあるのは内裏で、その構造変化[橋本2011]こそが、中枢部の変遷において重要な役割を果たしたと考えるため、内裏の中心で各都城を合わせた。さらに、儀礼的宮城正門・空間的皇城正門・外郭城正門という唐代都城の三重圏構造からみた分節構造を示した（図49）。

　まず、7世紀の都城では、前期難波宮の内裏南門に関して、中尾が唐長安城太極宮承天門の模倣を想定し、内裏を唐宮城、朝堂院を唐皇城に対応する空間と指摘している点[中尾2014 p.208]が注目できる。すなわち、朱雀門を皇城正門、内裏南門を宮城正門とする考え方で、この議論の背景には佐竹昭の文献史学からのアプローチがある。佐竹は、大宝令以前の赦宥儀礼を検討し、藤原宮大極殿南門が唐長安城太極宮承天門の機能の一部を受容していると指摘した[佐竹1988]。唐長安城太極宮承天門前の東西朝堂、大明宮含元殿前の東

表3 日本古代都城における正門の規模と構造

都城門（規模）		前期難波宮	藤原京	平城京 中央区	平城京 東区（上層）	長岡京	平安京 豊楽院	平安京 朝堂院
内裏南門	遺構番号	SB3301			SB3700	—		承明門
	楼閣	西楼SB4201 東楼SB87541			西楼 東楼SB7600	—		—
	桁行（尺×間数）	7(16×7)	—	—	1(?)	5(13×5)?	—	?
	梁行（尺×間数）	2(21×2)			2(?)	2(14×2)?		?
	基壇規模(m)	?			?	?		?
大極殿院 南門	遺構番号		SB10700	SB7801	SB11200	SB38450		
	楼閣		西楼 東楼SB530	西楼SB18500 東楼SB7802	西楼 東楼SB7700			
	桁行（尺×間数）	—	7(17×7)	5(?)	5(15×5)	5(15×5)	—	—
	梁行（尺×間数）		2(17×2)	2(?)	2(15×2)	2(15×2)		
	基壇規模(m)		40.1×14.4	27.8×16.2	26.1×13.8	?		
朝堂院 南門	遺構番号	SB4501	—	SB9200	SB17000	SB40900	儀鸞門	会昌門
	前殿・闕	—	—	—	西前殿SB17060 東前殿SB17050	西闕SB44404 東闕	—	—
	桁行（尺×間数）	5(15×5)	5(?)	5(10+15×3+10)	5(10+15×3+10)	5(?)	5(?)	5(?)
	梁行（尺×間数）	2(15×2)	2(?)	2(15×2)	2(12×2)	2(?)	2(?)	2(?)
	基壇規模(m)	?	?	26.0×16.0	22.3×10.7	?	?	?
朝集院 南門	遺構番号				SB18400		豊楽門	応天門
	闕				—		—	翔鸞楼 栖鳳楼
	桁行（尺×間数）				?		5(?)	5(?)
	梁行（尺×間数）				?		2(?)	2(?)
	基壇規模(m)				26.4×13.2		?	?
宮正門	遺構番号	朱雀門SB701	朱雀門SB500	朱雀門SB1800	壬生門SB9500		朱雀門	
	桁行（尺×間数）	5(16×5)	5(17×5)	5(17×5)	5(?)	—	7(?)	
	梁行（尺×間数）	2(15×5)	2(17×2)	2(17×2)	2(?)		2(?)	
	基壇規模(m)	?	?	31.9×16.6	28.8×14.0		?	
京正門	遺構番号				羅城門SB700			羅城門
	桁行（尺×間数）	—	—		7(17×7)	—		7(?)
	梁行（尺×間数）				2(17×2)			2(?)
	基壇規模(m)				41.5×16.4			?

※濃いトーンは、各都城の最大規模を持つ門。薄いトーンは、東西楼＋闕など附帯施設を持つ門を示す。
※太枠は想定される「儀礼的宮城正門」。二重枠は「空間的皇城正門」を示す。
※尺は、1尺＝0.3mの唐大尺。門号は通説に従い、発掘された門は遺構番号を示した。

西朝堂の在り方が、孝徳朝の難波長柄豊碕宮に導入されたと考える中尾は、内裏南門東西の八角殿院も唐制を模倣した鼓楼・鐘楼と考えている［中尾1995a・2014］。この点に関しては、唐代の時報・諸門開閉システムを検討した吉田歓が、唐代においては宮城中枢部の正殿前庭（太極宮前庭・宣政殿前庭）に鐘楼・鼓楼が設置され、承天門の鼓によって諸門が開閉されていたことを指摘している点が重要である。吉田は、中国では皇帝が時間を支配し、その時間（昼夜を分ける諸門の開閉時間）を人民に知らしめる「住民支配の要の位置に承天門があった」とする一方で、日本では陰陽寮の漏刻台に鼓が置かれるように「天皇による時間の支配を表現する姿勢が弱い」［吉田2011 p.49］としている点も注目出来る。前期難波宮の内裏南門では、唐代都城の宮城正門が強く意識されつつも、その機能や意義が日本都城では大きく変質している点が重要だと考える。唐代都城における宮城正門は、本来的には外朝大典の儀礼空間として機能したが、佐竹が指摘するように「日本の宮室における中国的な外朝機能の希薄性は、天皇が自らの正当性を、民衆を前にした儀礼の場で論理的

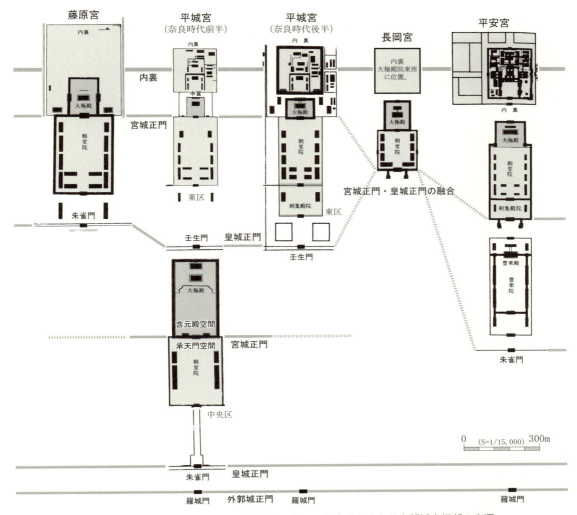

図49　「宮城正門」「皇城正門」「外郭城正門」の概念からみた日本都城中枢部の変遷

に示す必要を感じなかったから」[佐竹1988 p.16] という指摘は、極めて的確な表現だといえる。

前期難波宮内裏南門の系譜は、遺構の規模や構造からみて藤原宮大極殿南門（内裏外郭正門）の七間五戸門に引き継がれた点は確実である。藤原宮大極殿南門には左右楼閣などの荘厳施設は存在しないが、「内裏前殿」としての大極殿と「五位以上官人の侍候空間」[吉川2005] としての朝堂院の間にある大極殿南門が、「儀礼的宮城正門」の役割を果たした点は佐竹の分析 [佐竹1988] でも明らかで、だからこそ朱雀門を「皇城門」と呼称したものと思われる。唐長安城太極宮承天門前・大明宮含元殿前に整備された朝堂は、集議・儀礼・訴訟の空間 [佐藤1977] であり、日本都城の朝堂とは性質が異なる。しかし、小澤毅が「四朝堂であれ十二朝堂であれ、朝堂が官人の侍候空間であり、大極殿南門より南の朝堂院は臣下の空間であった」とし、「大極殿南門が天皇の空間の南端に位置し、臣下の空間である朝堂院との結節点として機能した」[小澤2012 p.684] と指摘するように、藤原宮大極殿南門は明らかに唐の宮城正門を意識した建造物だと考える。

710年の平城京の造営に際しては、704年に帰国した粟田真人を執節使とする第8次遣唐使の持ち帰った情報が重要な影響を与えた点が想定されており [井上2008 p.22]、平城京と唐長安城の共通性が様々な角度から指摘されてきた [王1997]。平城京の最大の特徴は、外郭城正門、すなわち羅城門の出現である。前期難波宮内裏南門・藤原宮大極殿南門など、宮内において天皇の権威を象徴する存在として機能した最大の

七間五戸門は、国家の威信を国内外に明示する象徴的な存在である羅城門へと移行した。羅城門は、日本都城の国家的シンボルとして、その存在が平安京まで継承されることになる。このように、前期難波宮・藤原宮の「天皇の権威を象徴する内裏（大極殿）南門」から、平城京の「国家の威信を示す羅城門」へと最大門は移動したが、大極殿南門の「儀礼的宮城正門」としての機能・役割は、平城宮でもそのまま継承されたものと思われる。『続日本紀』に記載された「重閣門」を検討した小澤毅は、藤原宮大極殿南門、平城宮中央区大極殿南門（奈良時代前半）、平城宮東区大極殿南門（奈良時代後半）に比定し、藤原宮・平城宮の「重閣門」は一貫して大極殿南門を指す呼称であった点を指摘した。また、朱雀門・羅城門も継続して重層であった点を強調した [小澤 2012]。小澤が重層と指摘する大極殿南門・朱雀門・羅城門は、唐代都城の三重圏構造の結節点に位置する宮城正門・皇城正門・外郭城正門に該当する門である。例えば、藤原宮大極殿南門・平城宮中央区大極殿南門が、宮中心に位置する点はよく知られている（藤原宮大極殿南門はほぼ中心、平城宮中央区大極殿南門はやや北側に位置する）[小澤 2018 p.303] が、（図 50）に示したように、その位置はまさに唐長安城の皇城・宮城（内城）の中心、すなわち承天門の位置に対応する。藤原宮・平城宮の大極殿南門が、唐代都城の宮城正門を志向して設計されている点は、都城の空間構造上も明らかである。日本都城における朝堂院の本質は、臣下が天皇に侍候するための空間とされる [吉川 2005] が、天皇と臣下の空間の境界にある大極殿南門が唐代都城における宮城正門と同じ象徴的な意義が付与されながらも、日本の支配体制に合致する形で設計し直されている点が重要だといえる。以上、日本都城では平城京の誕生によって初めて、唐代都城における外郭城正門（羅城門）、皇城正門（朱雀門）、宮城正門（中央区大極殿南門）の「三重圏構造」が実現したと考える。平城宮中央区大極殿院南門 SB7801 は「儀礼的宮城正門」と認識されていたからこそ、天皇が出御する空間（橋本義則の「閤門出御型」）となり、その空間を荘厳化する施設として東楼 SB7802・西楼 SB18500、すなわち中国都城門 Q2 の「双垛楼」が採用されたのである [城倉 2023]。

このように奈良時代前半の平城宮（図 51 ①）では、唐長安城の皇城正門を朱雀門、宮城（太極宮）正門を中央区大極殿院南門、という空間配置で再現する一方で、中央区大極殿院内部の空間構造（大極殿・龍尾壇・殿前広場）は唐長安城大明宮の外朝空間（丹鳳門〜含元殿）を模倣した可能性が高い [浅野 1990・狩野 1990・鬼頭 2000・今井 2012b・積山 2013]。その場合、中央区大極殿南門 SB7801 は、平城宮朱雀門との関係では「承天門」、平城宮中央区大極殿との関係では「丹鳳門」、両者の空間構造を同時に再現したことになる。すなわち、平城宮中央区大極殿南門 SB7801 は、唐長安城太極宮・大明宮両者を模倣した空間の結節点に位置する重要な存在であると同時に、羅城門（外郭城正門）・朱雀門（皇城正門）と並ぶ三重圏構造の最奥の宮城正門として、天皇権力の隔絶性を表象したものと考える。以上、平城宮最大の特徴は、奈良時代前半の中央区において唐長安城太極宮・大明宮の空間構造を同時に表現した点にあると考えるが、もう一つの大きな特徴は、東区において藤原宮の基本構造：内裏／大極殿院（中宮院）／十二朝堂院を継承する [小澤 2003・2018、渡辺 2020] 点である。列島の伝統的な大王を中心とする支配体制と中国都城の思想が結びついて創造された 7 世紀の都城：藤原宮の基本構造では、第 8 次遣唐使がもたらした情報（特に唐長安城大明宮の空間構造）を表現するのが難しく、中央区に「承天門型」「含元殿型」の空間構造を再現し、藤原宮までの伝統的な空間構造をもう一つの軸線として東区に「スライド」させたもの（図 51 ②）と思われる（註 25）。中央区が国家的な儀礼空間、東区が日常の政務空間として奈良時代前半に併存した点は、発掘調査によって明らかになっているが、本来、国家的な儀礼空間としての役割を果たすべき「儀礼的宮城正門」と認識されていたのは、あくまでも中央区大極殿南門 SB7801 だったと考える。それゆえに、SB7801 には荘厳施設として東西楼が造営されたのに対して、東区下層中宮閤門 SB11210 は、藤原宮大極殿門の系譜を引き（ともに II 類）、荘厳施設などが造営されなかった可能性が高い。しかし、奈良時代後半の「還都後」には、東区に中心が移行し、

第 6 節　東アジア古代都城門の構造・機能とその展開　271

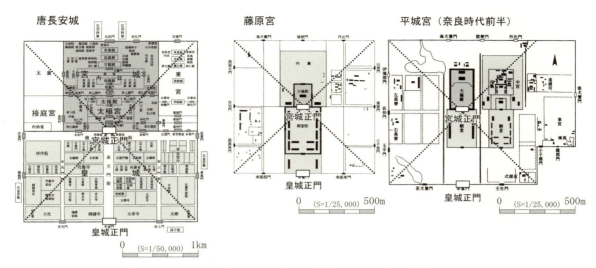

図 50　唐長安城・藤原宮・平城宮の「宮城正門」と「皇城正門」の位置

壬生門が「空間的皇城正門」、東区大極殿南門が新しい「儀礼的宮城正門」と認識されたと考える。

　長岡宮・平安宮に向けた日本都城中枢部の変化は、内裏の独立 [古瀬 1998b・橋本 2011]、儀礼空間（大極殿出御型・閤門出御型）の機能分化 [橋本 1995] などの方向性が指摘されてきた。その際に重要となるのが、「儀礼的宮城正門・空間的皇城正門」の空間配置がどのように変化したか、である。長岡京は、新しい皇統の都を造営するという桓武朝の理念のもとに、複都制を廃して平城京と後期難波宮が 1 つにまとめられた点に歴史的意義があるとされる。また、後期難波宮の中枢部が長岡宮に移建された点も定説となっている [中尾 1995b・國下 2014]。長岡宮では中軸上の大極殿南門 SB38450、朝堂院南門 SB40900 が検出されており（図 41）、特に朝堂院南門は二条大路に接して、その南面に一辺 600 尺四方の正方形区画が東西に存在したとされる（朝堂院南面区画）[古閑 2020]（図 13）。長岡宮朝堂院南門は、唐長安城太極宮正門：承天門、および唐洛陽城宮城正門：応天門に採用された連体双闕門（連体双出闕 Q4）である。正門を荘厳化する附帯施設の存在から、平城宮中央区大極殿院南門・東区大極殿院南門の系譜を引く「儀礼的宮城正門」である可能性が高い。注目すべきは、日本都城初の中国式連体双闕門の採用が、宮南壁中門、すなわち二条大路に接する朱雀門（空間的皇城正門）の位置という点である。長岡宮において、日本都城史上初めて「儀礼的宮城正門」と「空間的皇城正門」が融合し、宮南面大路の「広場」に開かれたことになる（図 49）。長岡宮において、朝堂院南門と朱雀門が「兼用」なのは、「仮説の都」の造営を急いだためという解釈 [鍋田 1996 p.473] もあるが、連体式双闕門が宮南面に広場をもって開く空間は、本来的な唐代都城における宮城正門の外朝空間の在り方を模倣している可能性が極めて高く、桓武朝の新しい試みを反映する画期的な現象と考える。

　佐竹昭が指摘 [佐竹 1988] したように、藤原宮など日本宮室における中国的外朝空間の希薄性は、天皇が自らの正当性を、民衆を前にした儀礼で示す必要がなかったからと思われる。中国皇帝は、宮城前面の外朝大典空間で実施される元会儀礼（実際は太極殿・含元殿での開催）[渡辺 1996]、あるいは南郊円丘で実施される祭天儀礼 [妹尾 2001・金子 2006] を通じて、万民に自らの正当性を示す必要があった一方で、日本天皇は統治の必然性を、民衆を前に示す必要がなかった。そのため、平城宮中央区大極殿院において中国式の国家的儀礼空間を模倣しつつも、「儀礼的宮城正門」は天皇と臣下の境界に置かれることになった。しかし、光仁天皇から引き継いだ「新たな皇統」を国内外に示す必要性に迫られたのが、桓武朝である。長岡宮において、天皇の権威を象徴する「儀礼的宮城正門」が南下して「空間的皇城正門」と融合した点は、延暦 4 年（785）・

272　第3章　東アジア古代都城門の構造・機能とその展開

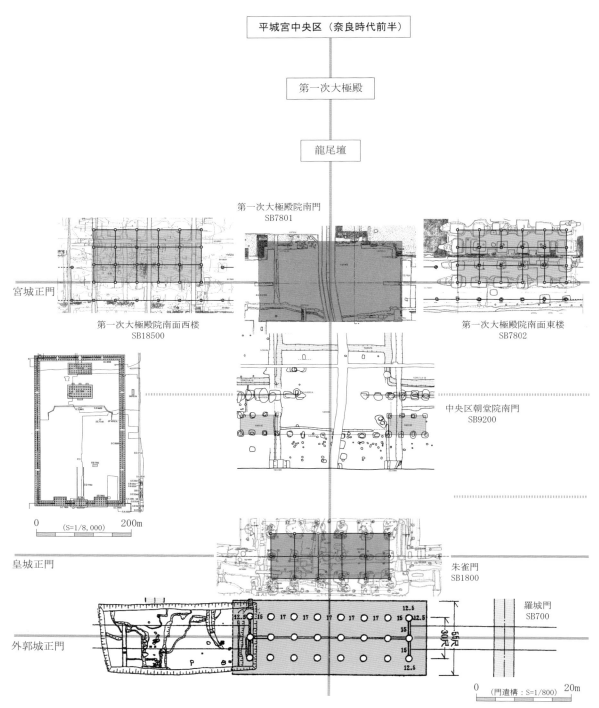

図51　平城京・宮における中軸正門の構成①

6年（787）に「交野柏原」で桓武が行った祭天儀礼［狩野1931・山中2011］と連動する現象と把握することもできる。桓武天皇は、中国式連体双闕門を外朝大典空間として長岡宮正門に導入することで、天皇－臣下・民衆の接点を集約して可視化すると同時に、日本都城には存在しなかった礼制建築の空間を新たに導入し、新しい皇統による統治の正当性を内外に示したものと考える。

　続く平安宮では、内裏が完全に独立し、「閤門出御型」の儀礼が豊楽院として機能分化したことで、大極殿院・

第6節　東アジア古代都城門の構造・機能とその展開　273

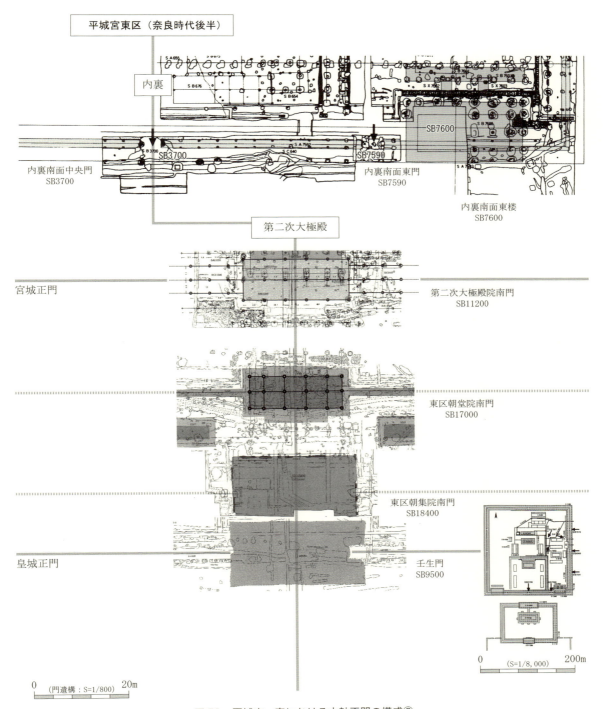

図51　平城京・宮における中軸正門の構成②

朝堂院・朝集院が「八省院」として一体化し、八省院前面の朝集院南門（応天門）に「儀礼的宮城正門」の荘厳施設である連体式双闕門が引き継がれる。これは、長岡宮段階で「閤門出御型」の空間として機能した「儀礼的宮城正門」の性格が大きく変化しており、結果として朝集院正門の位置まで南下したものと思われる。この段階で再び「儀礼的宮城正門」と「空間的皇城正門」は分離し、朱雀門（皇城正門）と応天門（宮城正門）が中軸上で近接して存在する日本都城の最終的配置となるのである。

（7）むすびにかえて―周礼・三朝制採用という考え方とその限界―

　以上、本節では唐代都城の三重圏構造を相互に連接する中軸正門（外郭城正門・皇城正門・宮城正門）の視点から、日本都城中枢部の空間構造の変遷を整理した。東アジアの都城研究では、日本都城の詳細な調査成果を踏まえて、中国都城を比較の対象とする分析は多いものの、中国都城の枠組みから日本都城を考える視点は、王仲殊の一連の研究 [王仲殊 1983・1999・2000a・2000b・2001a・2001b・2002・2003・2004] を除けば、極めて限られている。また、考古学的分析に関して言えば、最も比較研究が進む唐長安城・日本平城京に関しても、平面配置の共通性・非共通性の検討が中心となっている段階である [王 1997、井上 2004b・2008]。そのため、本章では重圏構造を特徴とする都城の空間相互の結節点である中軸正門に着目し、漢～元までの発掘された遺構を整理した上で、高句麗・渤海・日本都城の空間構造を比較する分析方法を提示した。近年、中国の急激な経済発展によって、膨大な発掘資料が蓄積されているものの、遺構の国際的比較研究に関しては、各国の建造物の存在形態や思想的な背景の違いによって直接的な比較は難しいと考えられてきた。しかし、共通の機能を持つ遺構の分析など、特定の分析条件を設定すれば、遺構レベルでの都城の直接的・実証的な国際比較は十分に可能だと考える。

　一方、日中都城の比較研究の分野では、『周礼』に基づいて藤原京の京域を理解しようとする研究 [中村 1996、小澤 2003・2008]、『周制』あるいは唐の『三朝制』に基づいて前期難波宮 [中尾 1995a・1995b、豊田 2001、吉田 2002]・平城宮 [今井 2012b] の構造を把握しようとする研究が多く蓄積されている。しかし、遺構の存在形態の比較などの考古学的作業ではなく、実態の見えにくい思想的な解釈から、実際の遺構を解釈する方法論には十分な注意が必要だと考える。この点に関しては、藤原京の構造と唐代における『周礼』の解釈が大きく異なる点を整理した上で、「『周礼』そのものの内容を直接的に実現した都城であるとはいえない」とした外村中の指摘 [外村 2009 p.31] や、「『大唐六典』の注文は、すでに存在する太極宮・大明宮の殿舎を、三朝制に当てはめ」て解釈したもので、その「記述だけを根拠に安易に三朝制が隋唐の宮城に導入されたものとし、それを前提に立論することの危うさ」を説いた村元健一の指摘 [村元 2014 p.309] にも十分に注意を払う必要がある。もちろん、思想的な背景の追及は都城研究の重要なアプローチではあるが、考古学分野に関して言えば、発掘された遺構自体の丁寧な解釈と比較研究の蓄積こそが、迂遠に見えても、都城の本質や歴史性にアプローチする最も重要な基礎作業だと考える。

　中国都城は重層的な歴史的背景に基づいて、各王朝が伝統の継承と革新を繰り返して「創造」した思想空間であり、同じ平面形・空間構造を持つ都城は1つとして存在していない。いずれの都城も唯一無二の構造を持つのが基本である。つまり、中国諸王朝が造営した都城においても、歴代王朝で継承され連綿と存在してきた思想空間を、その都度、解体・再編成する作業によって多様な空間構造や平面配置が生み出されてきたのである。この点は、高句麗・渤海・新羅・日本などに展開した都城も同様で、隋唐都城を単純に模倣したわけではなく、各王朝が国家戦略に基づく主体的な選択によって、各国の統治スタイルに合致した独自の思想空間＝「世界観（宇宙）」を、その都度、地上に現出させたのである。地域的な伝統と隋唐王朝を中心とする新しい世界秩序に基づく都城の思想性が結びつく形で、各国に都城が伝播した点に、この時期の東アジアにおける都城制の歴史的意義が見いだせる。その意味では、隋唐都城の展開に関して「中国の制度を完全に模倣するというようなことはありえず、各民族の特色を濃淡さまざまな形で織りこんでいるはず」[町田 1981 p.222] という町田章の指摘は、極めて的確な表現だと考える。

おわりに

　本章では、中国都城における空間構造の発展、および東アジアへの展開過程について、都城の本質的特徴である重圏構造とその連結機能を持つ「門」に着目して分析を行った。漢〜元という長い年代幅で「都城門」の構造・機能の発展を位置付けると同時に、高句麗・渤海・日本都城との比較を行うという時空間共に広い分析を行ったため、大枠での整理になってしまったが、中国都城の空間構造の発展と東アジアへの展開に関する歴史性の一端を示すことができたと考える。最後に、本章の総括として考察でのトピックをまとめて、成果としたい。

①城壁にトンネル状の門道を構築する中国都城門として、過梁式・発券式の２種類がある点、前者から後者への緩やかな転換が北宋〜元の長期間に及ぶ点を指摘した。また、基壇上に木造建築で造営される殿堂式は、宮門として一般的だが、魏晋南北朝における宮城正門の大型殿堂式門が唐の闕式正殿へと発展する点を論じた。さらに、漢〜魏晋南北朝の過梁式・殿堂式の発展過程を整理した。

②魏晋南北朝の宮城正門として「内向殿堂式双闕門（閶闔門型）」、内城正門として「外向過梁式双闕門（朱明門型）」が採用された点を指摘した。

③唐代都城は、宮城・皇城・外郭城の三重圏構造が中軸線によって連接する点に特徴がある。唐長安城では、外郭城正門（明徳門）、皇城正門（朱雀門）、宮城正門（承天門）、宮城正門と正殿が融合した外朝空間（丹鳳門・含元殿）、宮城防御の北門建築群（玄武門・重玄門）の「様式」が成立していた点を指摘し、発掘されていない朱雀門を除いた４類型を設定した。

④都城正門の中でも、北周〜唐の三朝制の採用によって、宮城正門前が「外朝大典」の空間として発達した。結果として、高宗・武則天期に宮城正門と正殿が結びついた含元殿（長安城大明宮）に結実した。

⑤本来は「外朝大典」空間として位置づけられていた太極宮の承天門だが、実際には機能的・空間的な制約もあり、国家的な儀礼は太極殿で実施されていた。そのため、高宗・武則天期に宮城正門と正殿を融合させた含元殿が大明宮に造営され、唐長安城の「思想的舞台」が完成する。含元殿は、離宮として利用されていた九成宮１号宮殿の両翼を持つ正殿と、承天門の構造・機能が融合する形で誕生した可能性が高い。

⑥唐長安城大明宮含元殿の様式（闕式主殿と前面の龍尾道、前面東西の朝堂・肺石・登聞鼓など）は、元会など外国使節も参加する国家的な儀礼を通じて、東アジア世界における唐を中心とした階層構造を視覚的に示す舞台空間として、各国（渤海・日本など）の模倣対象となった。しかし、北宋以降の都城では、元上都宮城北壁の闕式主殿など、復古的な様式としてのみ残存し、正殿としては継承されることがなかった。

⑦北宋以降の都城門の特徴について、内外城に採用される甕城、過梁式から発券式への転換、宮城正門における連体双出闕門の継承、の３点に着目して整理した。甕城は唐後半〜五代十国の混乱期に防御機構として揚州城などで採用され、北宋東京開封城から一般化した。過梁式門は北宋期に石製地覆を用いるＩＣが現れ、『営造法式』によって普遍的な構造・規格として広まった。また、北宋期以降は過梁式から発券式への転換が始まり、元代まで緩やかに交替が進んだ。さらに、唐長安城承天門の様式は、北宋東京開封城の宣徳門・元大都崇天門・明清北京城午門に継承された。

⑧遼・金・元の都城門に関して、整理をした。遼では中原由来の過梁式ＩＣと高句麗・渤海経由のＩＡを融合したＩＤが見られる。また、中軸上に位置する宮城東門では、渤海都城の「内城（皇城）南門」に見られた大型殿堂式門が採用された。続く金の様相は不明な部分が多いものの、元については上都・中都・

大都の都城門について整理できた。上都では金南京開封城の熙春閣が正殿の大安殿として移築されたが、含元殿を模倣した宮城北壁の闕式主殿（穆清閣）も同様の象徴性をもって造営された可能性を指摘した。さらに、元中都の宮城正門では「三観両闕三門道過梁式」の門が採用され、元大都では連体双出闕構造が崇天門に採用された点を整理した。

⑨甕城は新石器時代から存在する普遍的な防御施設だが、中国都城で本格的に採用されるのは北宋東京開封城以降である。その系譜は、唐長安城大明宮の北側夾城に見られる北門建築群に由来すると考えられる。唐洛陽城宮城、あるいは渤海上京城の宮城北側でも同様の構造が認められ、これらが「方形甕城」として北宋期以降の都城に採用された一方、高句麗・渤海などの山城、あるいは草原地帯の城郭に由来する甕城が馬蹄形・楕円形の甕城として発展した可能性を指摘した。両者は、遼・金・元の草原都城において融合が進んだと考える。

⑩中国都城の発展史上、唐長安城は一つの到達点として認識できる。しかし、それは一つの到達点に過ぎず、北宋、あるいは遼・金・元の草原都城を経て、明清期に至るまでその思想的な空間は、各王朝によって解体・再編成され、連綿と発展していった。

⑪魏晋南北朝～唐代に東アジアに伝播した都城の事例として、高句麗・渤海・日本の都城門を対象として比較を行った。

⑫高句麗では、山城・平地城がセット関係になる点に特色がある。その様相は不明な部分が多いものの、都城門の構築技法や思想的な背景などから、中原都城の情報が常に更新される状況であったと推定できる。

⑬渤海都城では、過梁式、殿堂式、両者の融合という3種類の都城門が認められる。特に、中軸正門の様相が判明している上京城を対象とし、中軸正門の関係性を唐長安城と比較した。渤海上京城は、唐長安城、特に大明宮含元殿の空間を強く意識しながらも、渤海王を中心とする支配体制を象徴する独自の論理で正門相互の関係性が設計されていた点を明らかにした。

⑭日本都城門に関しては、まず、前期難波宮・大津宮・飛鳥宮・藤原宮・平城宮（京）・長岡宮・平安宮の様相を整理した。その上で、中国都城門との比較から、3つの論点を設定した。すなわち、日本都城における最大門の移動現象、唐代都城の三重圏構造からみた日本都城門の特徴、正門からみた日本都城の空間構造とその変遷、である。

⑮日本都城では、中国都城の宮城正門で採用された「七間三道門」を強く意識した上で、「七間五（三）戸門」を最高格式として前期難波宮・藤原宮の内裏南門に採用した。しかし、8世紀の平城京では、諸外国からの使節や国内向けに威信を示す装置として、羅城門を最大門とした。羅城門の象徴性とその機能は、以後、平安京まで続いていくと同時に、平城京で見られる都城門の階層性は、国内における官衙門・寺院門などの基準となった。

⑯日本都城においても、宮城・皇城・外郭城という唐代都城の三重圏構造が強く意識されていた。研究史上は宮城・皇城の明確な区別はされていないと指摘されてきたが、唐長安城においても宮城・皇城は一体で内城を構成していた点を整理し、同様の視点で日本都城が分析可能である点を示した。

⑰外郭城正門＝羅城門である点は問題ないものの、日本都城では宮城門・皇城門の用語が混在するため、本章では宮の南面中門（唐代都城の皇城・内城正門）を「空間的皇城正門」、宮内において天皇と臣下の境界に位置して儀礼空間の中枢として機能する門を「儀礼的宮城正門」と呼称することにした。「空間的皇城正門」が朱雀門である点は動かないので、「儀礼的宮城正門」の認識が課題となる。

⑱中国都城の宮城正門では、必ず門闕形式が採用される点に注目し、日本都城における中枢を荘厳化する施設の分類を行った。すなわち、Ⅰ類（中軸正門と回廊によって接続する建造物）、Ⅱ類（大極殿院の東西に位置し、

空間としては内裏の内部で独立する建造物）、Ⅲ類（回廊の屈曲部に位置する建造物）である。特に中軸正門と直接連接するⅠ類を附帯する例を荘厳化された門と規定し、その変化（ⅠA→ⅠB→ⅠC）を位置付けた。さらに、ⅠAからⅡ類、そしてⅢ類へと発展する可能性も指摘した。

⑲中枢を荘厳化する施設の分類を踏まえて、荘厳化された門が、前期難波宮内裏南門（ⅠA）→平城宮中央区大極殿院南門（ⅠB)→長岡宮朝堂院南門（ⅠC）→平安宮朝集院南門（ⅠC）と徐々に南下する点を指摘し、日本都城では「空間的皇城正門が固定化」するのに対して、「儀礼的宮城正門が南下」する現象が大きな特徴である点を論じた。

⑳日本都城における「都城最大門の移動現象」「儀礼的宮城正門の南下現象」を踏まえて、日本都城中枢部の空間構造の変遷を整理した。前期難波宮の内裏南門、藤原宮の大極殿院南門、平城宮の中央区大極殿南門がいずれも宮のほぼ中心に位置するように、その配置は、唐長安城太極宮の正門：承天門の機能を模倣した可能性高い。奈良時代前半の平城宮では、唐長安城の皇城正門を朱雀門、宮城正門を中央区大極殿院南門という空間配置で再現する一方、中央区大極殿院で大明宮の外朝空間（丹鳳門～含元殿）を模倣した点に大きな特徴がある。中央区で「含元殿模倣空間」を表現したために、藤原宮以来の基本構造は壬生門の軸線にスライドされることになったが、奈良時代後半にはこちらが中軸（東区大極殿南門が新しい「儀礼的宮城正門」となる）として再整備された。

㉑続く長岡宮では、日本都城史上初となる中国式の連体双闕門が採用され、「空間的皇城正門」と「儀礼的宮城正門」が融合し、宮南面広場に外朝空間が整備された。これは、「皇統の交代」によって自らの正当性を内外に示す必要に迫られた桓武天皇が、天皇－臣下・民衆の接点を集約して可視化した空間を設計するという新しい試みだったと考えた。長岡宮における連体双闕門の採用と外朝空間の整備は、円丘儀礼などの礼制建築の造営とも連動する試みである可能性が高い。しかし、平安京では「閤門出御型」の儀礼が豊楽院として機能分化したことで、儀礼的宮城正門の役割が変質し、大極殿院・朝堂院・朝集院が一体化した「八省院」の正門として連体式双闕門が継承された。これによって、朝集院正門の位置まで儀礼的宮城正門が南下したのである。

㉒最後に、周礼・三朝制などの思想的な解釈から、実際の遺構を解釈する方法論の限界を指摘し、考古学的な方法論を用いて東アジア都城の遺構を通時的・国際的に比較する作業の重要性を指摘した。

以上が、本章の成果である。発掘された都城門の遺構に着目し、東アジア世界の中で時空間を越えて比較する方法論を示した点が、本章の最大の成果だと考える。

なお、本章での研究視点、すなわち、都城の重層空間を現出させた「城壁」と中軸上に位置する「正門」の国際的な比較は、1967年に法制史学者の瀧川政次郎（1897-1992）が既に示していた方法論である。都城の本質にアプローチする手段としての「羅城・羅城門の分析」の重要性を看破した瀧川の先進的な研究は、現在の都城研究でも色褪せない重要な比較視座を示したものとして高く評価できる。一方で、グローバル化が進む現代において逆説的に「各国単位で完結する内向的な研究」が増えている状況を目の当たりにする時、瀧川の痛烈な都城研究への批判が呼び起される。「唐都長安、洛陽の都城制、唐国全般の制度を追及することなくして行われた、これまでの日本都城の研究は、この立場から根本的にやり直さねばならない。（中略）。私は、長安、洛陽を見ていない者、また見ようともしない者は、日本都城制を論ずる資格はないと言いたい。」[瀧川1967 pp.93-96]。瀧川の批判は、東アジア都城を研究する我々にとって、50年以上を経た今でも非常に重い。

註

(1) 本章は、科研報告書（城倉正祥 2021『唐代都城の空間構造とその展開』）の第Ⅱ部の論文「東アジア古代都城門の構造・機能とその展開」の内容を基本としている。科研報告書に関しては、早稲田大学リポジトリ・全国遺跡報告総覧でオールカラーPDFを無料公開しているので、参照してほしい。なお、基本的な論旨に関しては、科研報告書から変更はないが、細部に関しては引用文献や註、文章の記述を増やして補足をした。

(2) 唐長安城大明宮北門の玄武門に対して、唐洛陽城宮城北門の玄武門も 2020 年に発掘調査されている。2024 年度現在、概報は刊行されていないが、玄武門は「単門道過梁式門」で、やはり、内側に内重門が検出されている [洛陽市文物考古研究院 2022b p.143]。洛陽宮城玄武門内側の小院内では、大明宮玄武門内（図 24 ③）では検出されていない東西堂も確認されており、その機能なども注目される。

(3) 趙虹光は、この空間を「内甕城」とも呼称する [趙虹光 2009 p.537] が、都城の所謂「内甕城」としては、現存する明南京城の聚宝門（現南京市中華門）が著名である。単門道の城門内側に、3 つの甕城が近接して並ぶ堅固な防御機構である [中国社会科学院考古研究所 2023 pp.317-318]。明代の「内甕城」は 1 つの城門に防御機構を集中させた構造であるため、唐長安城大明宮・唐洛陽城宮城・渤海上京城宮城の北側で見られる「夾城」とは、構造が大きく異なる。唐代の宮城北側の防御施設としての「夾城」が、北宋以降に外側に突出する「甕城」として定式化し、場合によって「外甕城」「内甕城」に作り分けられていく、という過程が大きな流れと考えられる。

(4) 門闕については、絵画資料が比較的豊富な点も重要である。唐代懿徳太子墓の壁画 [王仁波 1973]（図 6 下右）が著名だが、石窟に描かれる場合も多い [蕭黙 1989 pp.95-120]。なお、漢代～魏晋南北朝では、墓葬の中に形象されることもあり、石棺床前面に闕が表現される事例がある [韓偉 2001]。北宋期では、東京開封城の宣徳門が徽宗（趙佶）の「瑞鶴図」[傅熹年 2004] に「端門」として描かれ、遼寧省博物館所蔵の「鹵簿鐘」[久保田 2019] にも鋳造されている（図 6 下左）。金代の事例としては、山西省繁峙県岩山寺南殿の西壁仏伝図における宮殿が著名で、金中都の宮城を表現したものと考えられている [傅熹年 1998b]。さらに、元代ではアメリカのネルソン・アトキンス美術館に所蔵される「元人宦迹図」に元大都の宮城正門である崇天門が描かれている [林梅村 2011]。これらの豊富な絵画資料と発掘された遺構を対比する分析を進めていく必要がある。

(5) 中国都城門の種類と構造に関しては、科研報告書(P.84 表 1)の分類を見直した。本章の論旨に大きな影響は生じないが、Ⅲの発券式を細分化するとともに、Ⅳとして牌楼（牌坊）式を加えた。

(6) 三燕龍城の宮城南門の発掘成果は、2024 年現在、未報告のため、類型としては設定していない。今後の類例の増加などによって、過梁式は更に細分される可能性が高い点に注意しておきたい。

(7) 発券式の細分は、本章の論旨に影響を与えるものではないため、あくまでも暫定的な分類である。なぜなら、発掘調査で確認されるのは発券式の基部が基本であり、天井部分の構造を前提とする本章での分類を判断するのが難しいからである。なお、蔣暁春のＢ類 [蔣暁春 2022 p.29] など、現存する明清期の都城門では見られない形式などは類型化しておらず、将来的には現存事例の集成を踏まえて再検討したいと考えている。

(8) 表 2 では、類型を視覚的に把握しやすいように、寺院門の諸例を図面として付け加えた。

(9) 十六国～北朝期の長安城宮城、宮門遺跡については、科研報告書段階では劉振東の論考 [劉振東 2010] に情報が限られていたが、その後に簡報が刊行された [中国社会科学院考古研究所漢長安城工作隊 2023]。そのため、本章では（図 21）に報告図面を掲載し、記載を補足した。

(10) 外郭城南壁西門の安化門は、2023 年に発掘調査が実施されている。

(11) 註 2 で言及したように、近年、宮城・大内正北門の玄武門が発掘調査されているが、2024 年現在、未報告であるため本章での検討には加えていない。

(12) 科研報告書刊行後に、含嘉倉城の報告書 [洛陽市考古研究院 2023] が出版され、徳猷門の正式な図面も公開されたため、本章では図面を差し替えた。

(13) 2024 年 7 月に発表された国家文物局の「考古中国重大項目」によると、外城北壁の景龍門が 2023 〜 2024 年に発掘調査され、一門三道の過梁式である点が明らかとなった。報道によると、その構造は順天門と共通するようである。

(14) 科研報告書刊行後に、遼祖陵の報告書 [中国社会科学院考古研究所ほか 2023] が刊行された。本章では、参考資料を増やすため、島田正郎が発掘調査した祖州城 [島田 1956] の内南門の事例も加えた。

(15) 蒋分類の B 類・二段式 [蒋暁春 2022] に近いが、段差はあっても前・後面ともにアーチ型を呈する。ここでは、Ⅲ C の中で段差がある類型として把握しておく。

(16) 北宋東京開封城の宣徳門に関しては、状況が若干複雑である。宣徳門は発掘調査をされていないものの、文献史料の検討から北宋初期に 2 門道から 3 門道へと改築されたと考えられており、王子奇は「列郡」と「国都」との階層差が意識されたものと指摘している [王子奇 2023]。その後、遼寧省博物館所蔵の「鹵簿鐘」に見られるように、北宋徽宗の時期に隋唐長安城承天門などをモデルに 5 門道へと更に改築された [久保田 2019]。

(17) 北宋の第 8 代皇帝である徽宗（趙佶）（在位 1100-1126）は、第 6 代神宗の六男で、芸術に優れた皇帝として知られる。靖康元年（1126）に金軍が開封を陥落させた際、譲位した欽宗（趙桓）と共に金に連行された。「瑞鶴図」「鹵簿鐘」は、ともに現在、遼寧省博物館に所蔵されている。

(18) 遼上京城を分析した劉露露も、近年、高句麗→渤海→遼の都城で継承される要素を整理している [劉露露 2022]。

(19) ところで、元大都については明清北京城の下層に存在するため、発掘が難しく、全体像を把握するのが難しい [徐斌 2022・中国社会科学院考古研究所ほか 2024]。宮城正門である崇天門に関しても、発掘調査は実施されておらず、文献史料などを基に復原されてきた。特に、傅熹年の建築復原案（図 16 ②下）[傅熹年 1993] が、代表的な復原案として広く受け入れられてきた。しかし、近年では新たな絵画資料が注目を集めている。この絵画資料は、上海のコレクターからアメリカに渡ったもので、現在、ミズーリ州カンザスシティに所在するネルソン・アトキンス美術館に所蔵されている [久保田 2019]。もともと「宋人画趙邇」とされていた資料だが、傅熹年によって元代と特定され「元人宦迹図」と改名された [林梅村 2011]。この絵画には、北宋東京開封城の宣徳門、金中都の応天門の系譜を引き、明清紫禁城の午門へと繋がる元大都の宮城正門、崇天門が描かれている。この絵画に描かれた崇天門は、傅熹年の復原図とは、かなり印象が異なる。まず、城門の主殿は重層ではなく単層である。次に、過梁式と思われる 5 門道も、門道が非常に狭く、背の高い形式で、北宋鹵簿鐘に描かれる宣徳門 [李合群 2008] に近い。さらに、傅熹年は、垛楼と闕楼を結ぶ飛廊を高低差のない形で復原していたが、実際は闕が主殿に比べてもかなり低い位置にあり、垛楼から大きく下がる飛廊が取り付いている。このように、絵画に描かれた元大都崇天門は、想定よりも高低差がある立体的な構造を呈し、北宋開封城の宣徳門の特徴を色濃く継承していることがわかる。

一方、元大都崇天門から明清紫禁城午門への変遷を考える際に注目されるのは、洪武 2 年（1369）、現在の安徽省鳳陽県に造営された明の最初の都城である明中都 [王剣英 2005、孟凡人 2013・2019] の宮城正門である午門 [中国社会科学院考古研究所 2023 p.332 図 7-3-2] である。明中都の宮城午門は、中央 3 門道の左右に L 字状の東西掖門が位置する 5 門道、飛廊と闕が一体化した巨大な「東西観」など、その構造は現存する明清北京城の午門（図 7 中）と酷似する。元大都崇天門と明中都午門・明清北京城午門の型式学的距離をどのように考えるかは、今後の大きな課題である。

(20) 劉大平・孫志敏は、上京城 5 号宮殿でみられる総柱構造の形式が、唐大明宮麟徳殿・新羅雁鴨池の臨海殿・朝鮮景福宮の会慶楼などと共通する点を指摘し、賓客をもてなす饗宴空間として重層の楼閣を想定している [劉大平ほか 2018 pp.182-188]。

(21) なお、桁行 9 間の中国都城門の事例が存在しないわけではない。現存する紫禁城の太和門 [王璞子 1979] は、宮内最大の宮門で桁行 9 間・梁行 4 間、殿堂式の重層門である。これは、宮城正門の午門の楼閣建築の桁行 9 間とも一致

280　第3章　東アジア古代都城門の構造・機能とその展開

する規格である。しかし、太和門の両端間は非常に狭く、物理的にも塞がれている。階段は中央3間に対応する3階段(中央は馳道)であり、基本的には「七間三門道」の思想に基づく点は明らかである。

(22) 中国都城における「三重圏構造」が成立するのは、北魏洛陽城で外郭城が造営されて以降である。北魏洛陽城において外郭城が造営されたことで、漢代の「大城」が「内城」となり、その中央北側の宮城を含めた三重圏構造が成立する。北魏洛陽城では宮城正門（閶闔門）と内城正門（宣陽門）を結ぶ銅駝街に官庁が集中的に配置されたことにより、唐代の皇城の原型が生まれていくことになるが、宮城を除く内城の内部では様々な官署が分布していた（図19①下左）。唐長安城では中央北詰の位置で宮城・皇城が南北に位置する（図24①上左）が、北宋東京城では内城内に宮城が位置する「回字形」[董新林 2019]に回帰し、金中都・元大都・明清北京城とこの基本構造が踏襲されていくことになる。このように見れば、中国都城の歴史上も宮城・皇城が明確に分かれていたわけではなく、基本的には内城空間の中に宮城が位置し、皇帝と臣下の象徴的な境界に「宮城門」が置かれていたことが理解できる。日本都城における「宮」は中国都城の「内城」に該当し、その中に天皇と臣下の境界である宮城門が置かれたことになり、基本構造は中国都城を踏襲していると考えることができる。

(23) 科研報告書の段階では、中軸からの距離という視点で「中枢を荘厳化する施設」を分類したが、本章では系譜関係を重視して分類を入れ替えた。すなわち、旧Ⅱ類→新Ⅲ類、旧Ⅲ類→新Ⅱ類である。

(24) 前期難波宮の八角殿院に関しては、本書の第4章・第4節・第3項の(3)で詳述している。

(25) 福田・浅川は、大宝遣唐使がもたらした情報に基づく平城京の造営に関して「朱雀門正面にあった従来の大極殿・朝堂院地区は壬生門の正面に追いやられ、朱雀門の正面には含元殿を意識した第一次大極殿院がなかば強引に割り込んできた」[福田ほか 2002 p.47]と表現するが、まさに的確に平城宮の造営理念を表している。平城宮に関しては、このような経緯によって宮城内に2つの軸線を有する「双軸構造」が出現するわけだが、「双軸構造」自体は中国都城の発展史上でも珍しい現象ではない。例えば、曹魏鄴北城（図1左）の2軸構造は「駢列制」と呼ばれ、漢魏洛陽城・南朝建康城などに影響を与えたと考えられている。また、本書第4章・第4節・第1項の(3)で整理したように、唐東都洛陽城の明堂・天堂の2軸構造は、北宋西京洛陽城・東京開封城（図27上右）で新たな「双軸構造」を生み出し、金・元を通じて明清期の内廷・外朝構造へと発展していくことになる。以上、平城宮における双軸構造は特別な現象ではなく、中国都城の発展史上でも普遍的な現象の一つと考えることもできる。

引用文献（日本語）

青木　敬　2010「飛鳥・藤原地域における7世紀の門遺構」『官衙と門』奈良文化財研究所　pp.11-25

アーサー・F・ライト（奥崎裕司訳）　1966「象徴性と機能－長安及び他の大都市に関する考察－」『歴史教育』14-12　pp.1-21

浅野　充　1990「古代天皇制国家の成立と宮都の門」『日本史研究』338　pp.21-47

新宮　学　2009「近世中国における皇城の成立」『都市と環境の歴史学』4　中央大学文学部東洋史学研究室　pp.255-293

石井正敏　1983「大伴古麻呂奏言について」『法政史学』35　pp.27-40

石川千恵子　2010『律令国家と古代宮都の形成』勉誠出版

泉　武　2018「前期難波宮孝徳朝説の検討」『橿原考古学研究所論集』17　pp.66-77

市　大樹　2020「門籍制と門膀制をめぐる日唐比較試論」『日本古代律令制と中国文明』山川出版社　pp.5-35

市　大樹　2021「門の呼称からみた日本古代王宮の特質と展開」『古代日本の政治と制度』同成社　pp.72-93

市　大樹　2024「日唐王宮の空間構成と門」『日本古代の宮都と交通』塙書房　pp.43-104

稲田孝司　2012「古代山城の技術・軍事・政治」『日本考古学』34　pp.45-69

井上　薫　1961「宮城十二門の門号と乙巳の変」『日本古代の政治と宗教』吉川弘文館　pp.3-26
井上和人　1998a「平城京羅城門再考－平城京の羅城門・羅城と京南辺条条里－」『条里制・古代都市研究』14　pp.5-44
井上和人　1998b「平城京羅城門の再検討」『奈良国立文化財研究所年報』1998-1　pp.12-13
井上和人　2004a「唐代長安の諸門について」『法史学研究会会報』9　pp.26-44
井上和人　2004b『古代都城制条里制の実証的研究』学生社
井上和人　2008『日本古代都城制の研究』吉川弘文館
井上和人　2010「日本古代の都城における門形制の展開」『官衙と門』奈良文化財研究所　pp.27-50
井上和人　2017「日本列島古代山城の軍略と王宮・都城」『日本古代学』9　pp.1-33
井上充夫　1958「古代における門の一性格」『日本建築学会論文報告集』60　pp.581-584
今井晃樹　2011「魏晋南北朝隋唐時代都城の軸線の変遷」『中国考古学』11　pp.65-87
今井晃樹　2012a「隋唐の城門」『技術と交流の考古学』同成社　pp.54-73
今井晃樹　2012b「唐・日本・渤海の外朝」『文化財論叢』Ⅵ　奈良文化財研究所　pp.947-960
今泉隆雄　1986「長岡宮宮城門号考」『長岡京古代文化論叢』中山修一先生古希記念事業会　pp.337-359
今泉隆雄　1989「再び平城宮の大極殿・朝堂について」『律令国家の構造』吉川弘文館　pp.245-306
今泉隆雄　1993『古代宮都の研究』吉川弘文館
今泉隆雄　1998「門牓制・門籍制と木簡」『古代木簡の研究』吉川弘文館　pp.140-172
上野邦一　2010「古代宮殿における中心建物周辺の荘厳空間」『古代学』2　pp.11-16
内田昌功　2004「魏晋南北朝の宮における東西構造」『史朋』37　pp.1-19
内田昌功　2009「北周長安宮の空間構成」『秋大史学』55　pp.52-66
内田昌功　2010「北周長安城の路門と唐大明宮含元殿」『歴史』115　pp.1-19
海野　聡　2019「門と条坊にみる平城京と建築の接続」『古代の都城と交通』竹林舎　pp.159-186
王　維坤　1997『中日の古代都城と文物交流の研究』朋友書店
王　守春　2004「中国における歴史的都市の中心軸の構造と都市形態（The Structure of the Central Axis in Some Chinese Historical Cities and the Form of City）」『東アジアの都市形態と文明史』国際日本文化研究センター　pp.7-43
応地利明　2011『都城の系譜』京都大学学術出版会
大阪市教育委員会・大阪市文化財協会　1985「儀三武信治ビル建替え工事に伴う難波宮跡発掘調査（NW83-6）略報」『昭和58年度　大阪市内埋蔵文化財包蔵地発掘調査報告書』　pp.58-60
大阪市文化財協会　1995『難波宮址の研究』10
大阪市文化財協会　2004『難波宮址の研究』12
大阪市文化財協会　2005『難波宮址の研究』13
大澤正巳・小澤佳憲　2008「大野城跡第46次調査（北石垣地区）C区城門跡出土の鉄製扉軸受金具の理化学的調査」『大宰府史跡発掘調査報告書Ⅴ（平成18・19年度）』九州歴史資料館　pp.65-79
岡田英男　1984『日本の美術212　門』至文堂
尾形　勇　1982「中国の即位儀礼」『東アジアにおける日本古代史講座　第9巻』学生社　pp.21-48
岡山県総社市教育委員会　2005『古代山城　鬼ノ城　鬼城山史跡整備事業に伴う発掘調査』
岡山県総社市教育委員会　2006『古代山城　鬼ノ城2　鬼城山史跡整備事業に伴う発掘調査』
小澤　毅　1994「平城宮小子門の再検討」『奈良国立文化財研究所年報』1994　pp.66-67

小澤　毅　2003『日本古代宮都構造の研究』青木書店
小澤　毅　2008「平城京左京「十条」条坊と京南辺条里」『王権と武器と信仰』同成社　pp.456-466
小澤　毅　2012「平城宮と藤原宮の「重閣門」」『文化財論叢』Ⅵ　奈良文化財研究所　pp.681-704
小澤　毅　2018『古代宮都と関連遺跡の研究』吉川弘文館
愛宕　元　2001「隋唐長安城の都市計画上での中軸線に関する一試論」『唐代史研究』3　pp.4-18
貝塚茂樹　1984「朝と闕－門と広場－」『中国の古代国家』中央公論社　pp.9-79
金子修一　1994「唐の太極殿と大明宮－即位儀礼におけるその役割について－」『山梨大学教育学部研究報告』44　pp.52-64
金子修一　2006『中国古代皇帝祭祀の研究』岩波書店
金子隆之・清水真一・清水重敦　2003「平城宮第一次大極殿院楼閣の復原設計」『奈良文化財研究所』2003　pp. 27-31
金子裕之　2007「長岡京会昌門の楼閣遺構とその意義」『古代都市とその形制』奈良女子大学古代学学術研究センター　pp.48-71
金子裕之　2014『古代都城と律令祭祀』柳原出版
狩野直喜　1931「我朝に於ける唐制の模倣と祭天の礼」『徳雲』2-2　pp.1-24
狩野　久　1990「律令国家と都市」『日本古代の国家と都城』東京大学出版会　pp.225-259
亀田修一　1995「日韓古代山城比較試論」『考古学研究』42-3　pp.48-66
魏　存成　2004「渤海都城プランの発展およびその隋唐長安城との関係」『東アジアの都市形態と文明史』国際日本文化研究センター　pp.143-162
岸　俊男　1976「日本の宮都と中国の都城」『日本古代文化の探究・都城』社会思想社　pp.101-139
岸　俊男　1988『日本古代宮都の研究』岩波書店
北山夏希　2012「南門の復原検討－第一次大極殿院の復原研究6－」『奈良文化財研究所紀要』2012　pp.68-69
鬼頭清明　2000「日本における大極殿の成立」『古代木簡と都城の研究』塙書房　pp.271-299
國下多美樹　2014「長岡京遷都と後期難波宮の移建」『難波宮と都城制』吉川弘文館　pp.244-260
久保田和男　2014「宋都開封の旧城と旧城空間について」『都市文化研究』16　pp.79-91
久保田和男　2019「大元ウルスの都城空間と王権儀礼をめぐって－宋遼金都城と元大都の比較史的研究の試み－」『長野工業専門学校紀要』53　pp.1-20
黒崎　直　2001「近江大津宮「内裏南門」柱穴考」『近江の考古と歴史』西田弘先生米寿記念論集刊行会　pp.163-169
小泉顕夫　1986『朝鮮古代遺蹟の遍歴－発掘調査30年の回想－』六興出版
小島　毅　1989「郊祀制度の変遷」『東洋文化研究所紀要』108　pp.123-219
古閑正浩　2020「長岡宮における中枢施設の配置と条坊」『難波宮と古代都城』同成社　pp.669-679
斎藤国治　1992「『延喜式』にのる日出日入、宮門開閉時刻の検証」『日本歴史』533　pp.80-90
佐伯有清　1963「宮城十二門号と古代天皇近侍氏族」『新撰姓氏録の研究』吉川弘文館　pp.437-474
佐伯有清　1970「宮城十二門号についての研究」『日本古代の政治と社会』吉川弘文館　pp.309-331
坂井秀弥　2010「地方官衙と門」『官衙と門』奈良文化財研究所　pp.137-142
佐川英治　2016『中国古代都城の設計と思想－円丘祭祀の歴史的展開－』勉誠出版
佐川英治　2017「鄴城に見る都城制の転換」『魏晋南北朝史のいま』勉誠出版　pp.153-162
佐竹　昭　1988「藤原宮と朝廷の赦宥儀礼」『日本歴史』478　pp.1-19
佐藤武敏　1977「唐の朝堂について」『難波宮と日本古代国家』塙書房　pp.183-213
滋賀県教育委員会文化部文化財保護課・滋賀県文化財保護協会　1992『錦織遺跡－近江大津宮関連遺跡－本文編』

重見　泰　2020『日本古代都城の形成と王権』吉川弘文館

島田正郎　1956『祖州城』中沢印刷株式会社

清水重敦・清水真一・山田　宏　2004「平城宮第一次大極殿院南門・回廊の復原設計」『奈良文化財研究所紀要』2004　pp.38-41

清水重敦　2010「都城・官衙における門の建築」『官衙と門』奈良文化財研究所　pp.107-120

城倉正祥　2013「日中古代都城における正門の規模と構造」『技術と交流の考古学』同成社　pp.384-396

城倉正祥　2017「中原都城と草原都城の構造比較」『中国都城・シルクロード都市遺跡の考古学的研究』早稲田大学東アジア都城・シルクロード考古学研究所　pp.5-56

城倉正祥　2023「宮城正門の象徴性－都城門の国際比較から－」『東亜絹研News』6　早稲田大学東アジア都城・シルクロード考古学研究所

妹尾達彦　1992「唐長安城の儀礼空間－皇帝儀礼の舞台を中心に－」『東洋文化』72　pp.1-35

妹尾達彦　1998「帝国の宇宙論－中華帝国の祭天儀礼－」『王権のコスモロジー』弘文堂　pp.233-255

妹尾達彦　2001『長安の都市計画』講談社

積山　洋　2007「中国古代都城の軸線プランと正殿」『条里制・古代都市研究』22　pp.118-131

積山　洋　2013『古代の都城と東アジア－大極殿と難波京－』清文堂

積山　洋　2020「前期難波宮研究の課題」『難波宮と大化改新』和泉書院　pp.155-174

外村　中　2009「賈公彦『周礼疏』と藤原京について」『古代学研究』181　pp.26-33

成　周鐸・東　勇杰（武末純一訳）　1993「韓日古代城門礎石初探」『古文化談叢』30 中　pp.731-746

髙橋　工　2014「前期・後期難波宮跡の発掘成果」『難波宮と都城制』吉川弘文館　pp.55-77

瀧川政次郎　1967「羅城・羅城門を中心とした我が国都城制の研究」『京制並に都城制の研究 法制史論叢 第2冊』角川書店　pp.89-304

田島　公　1986「外交と儀礼」『日本の古代　第7巻　まつりごとの展開』中央公論社　pp.193-246

田中広明　2003「豪族の家を形作るもの－門と大甕－」『地方の豪族と古代の官人』柏書房　pp.169-204

田中広明　2005「官衙の門、居宅の門」『埼玉県埋蔵文化財調査事業団研究紀要』20　pp.103-114

田中広明　2010「居宅・館・集落と門」『官衙と門』奈良文化財研究所　pp.143-157

谷口　満　2016「応門から闔闔門へ－中国都城の門朝城郭構造研究序説－」『東北大学東洋史論集』12　pp.41-82

陳　力　1998「漢唐時代の都市計画における「中軸線」について」『阪南論集 人文・自然科学編』34-1　pp.1-8

角田文衞監修　1994『平安京提要』角川書店

豊田裕章　2001「前期難波宮と「周制」の三朝制について」『ヒストリア』173　pp.124-149

豊田裕章　2007「藤原京の京域と周制の王城（國）との関わりについて」『古代文化』59-2　pp.21-37

直木孝次郎　1964『日本古代の氏族と天皇』塙書房

直木孝次郎　1968『日本古代兵制史の研究』吉川弘文館

直木孝次郎　1975「大極殿の門」『飛鳥奈良時代の研究』塙書房　pp.88-104

直木孝次郎　1987「平城宮諸門の一考察－中壬生門を中心に－」『日本書紀研究』15　pp.159-172

直木孝次郎　2001「正月元日の朱雀門と楯槍」『日本歴史』632　pp.96-98

中尾芳治　1995a「前期難波宮と唐長安城の宮・皇城」『難波宮の研究』吉川弘文館　pp.173-188

中尾芳治　1995b「後期難波宮大極殿院の規模と構造について」『難波宮址の研究』10　大阪市文化財協会　pp.159-174

中尾芳治　2014「難波宮から藤原宮へ」『難波宮と都城制』吉川弘文館　pp.196-224

中島咲紀　2013「南門の構造形式と屋根形式の検討－第一次大極殿院の復原研究10－」『奈良文化財研究所紀要』2013

pp.48-49
中島咲紀　2014「南門の柱間装置の検討－第一次大極殿院の復原研究13－」『奈良文化財研究所紀要』2014　pp.6-7
中村太一　1996「藤原京と「周礼」王城プラン」『日本歴史』582　pp.91-100
長山雅一　1973「前期難波宮朝堂院の二つの門をめぐって」『難波宮跡研究調査年報1972』難波宮址顕彰会
　　pp.49-58
長山雅一　1995「前期難波宮の内裏南門」『難波宮址の研究』10　大阪市文化財協会　pp.149-158
鍋田　勇　1996「長岡京条坊制の再検討Ⅱ」『京都府埋蔵文化財論集』3　京都府埋蔵文化財調査研究センター
　　pp.465-474
奈良県立橿原考古学研究所　1982「明日香村飛鳥京跡－第74次～80次および嶋宮推定地第17次調査概報－」『奈良県
　　遺跡調査概報1980年度　第2分冊』　pp.255-259
奈良県立橿原考古学研究所　2008『飛鳥京跡Ⅲ　内郭中枢の調査（1）』
奈良国立文化財研究所　1967「第39次調査　東面南門推定地東側」『奈良国立文化財研究所年報』1967　pp.42-45
奈良国立文化財研究所　1972『平城京羅城門跡発掘調査報告』大和郡山市教育委員会
奈良国立文化財研究所　1973『昭和47年度平城宮跡発掘調査部発掘調査概報（1）－平城宮第75・77次発掘調査－』
奈良国立文化財研究所　1976a「南面中門地区の遺跡（第1次調査）」『飛鳥・藤原宮発掘調査報告Ⅰ－小墾田宮推定地・
　　藤原宮の調査－』pp.51-53
奈良国立文化財研究所　1976b「藤原宮第18次の調査」『飛鳥・藤原宮発掘調査概報』6　pp.16-22
奈良国立文化財研究所　1978a「藤原宮第21次（西殿）の調査」『飛鳥・藤原宮発掘調査概報』8　pp.14-22
奈良国立文化財研究所　1978b『平城宮発掘調査報告9　宮城門・大垣の調査』
奈良国立文化財研究所　1980「推定第1次朝堂院南門の調査（第119次）」『昭和54年度　平城宮跡発掘調査部発掘調査
　　概報』pp.9-14
奈良国立文化財研究所　1981「平城宮南面東門（壬生門）の調査第122次」『昭和55年度　平城宮跡発掘調査部発掘調
　　査概報』pp.3-10
奈良国立文化財研究所　1982a「平城宮の調査第133次」『昭和56年度　平城宮跡発掘調査部発掘調査概報』pp.23-28
奈良国立文化財研究所　1982b『平城宮発掘調査報告11　第一次大極殿地域の調査』
奈良国立文化財研究所　1987a「推定第一次朝堂院南門東側の調査（第176次）」『昭和61年度　平城宮発掘調査概報』
　　pp.27-33
奈良国立文化財研究所　1987b『薬師寺発掘調査報告』
奈良国立文化財研究所　1991『平城宮発掘調査報告13　内裏の調査2』
奈良国立文化財研究所　1993『平城宮発掘調査報告14　第二次大極殿院の調査』
奈良国立文化財研究所　1994a『平城宮朱雀門の復原的研究』
奈良国立文化財研究所　1994b「平城宮の調査」『1993年度　平城宮跡発掘調査部発掘調査概報』pp.2-61
奈良国立文化財研究所　1994c「平城宮第一次大極殿院復原模型の製作」『奈良国立文化財研究所紀要』1994　pp.68-71
奈良国立文化財研究所　1996「平城宮の調査第250・259次調査」「平城宮の調査第265次調査」『1995年度　平城宮跡
　　発掘調査部発掘調査概報』pp.4-21,31-38
奈良文化財研究所　2003a「藤原宮の調査　大極殿の調査　第117次」『奈良文化財研究所紀要』2003　pp.78-84
奈良文化財研究所　2003b「平城宮の調査第326次」『奈良文化財研究所紀要』2003　pp.134-139
奈良文化財研究所　2003c『古代の官衙遺跡Ⅰ　遺構編』
奈良文化財研究所　2003d「第一次大極殿院西楼の調査－第337次－」『奈良文化財研究所紀要』2003　pp.140-152

奈良文化財研究所　2008「藤原宮の調査 大極殿院南門の調査 第148次」『奈良文化財研究所紀要』2008　pp.58-69

奈良文化財研究所　2010a『官衙と門』報告編・資料編　第13回古代官衙・集落研究会報告書

奈良文化財研究所　2010b「興福寺南大門の調査－第458次－」『奈良文化財研究所紀要』2010　pp.154-163

奈良文化財研究所　2011『平城宮発掘調査報告17 第一次大極殿院地区の調査2』

奈良文化財研究所　2019「平城宮東区朝堂院の調査－第602次－」『奈良文化財研究所紀要』2019　pp.146-156

奈良市教育委員会　1999「史跡大安寺旧境内の調査」『奈良市埋蔵文化財調査概要報告書平成10年度』　pp.95-122

西本昌弘　2008a「藤原宮と平城宮の宮城十二門号－県犬養小宮門と小子部門－」『日本古代の王宮と儀礼』塙書房　pp.113-142

西本昌弘　2008b「初期平安宮にいたる宮城十二門号」『日本古代の王宮と儀礼』塙書房　pp.167-185

日本古文化研究所　1941「南の門阯」『日本古文化研究所報告第11 藤原宮阯傳説地高殿の調査2』　pp.20-21

橋本義則　1984「平安宮草創期の豊楽院」『日本政治社会史研究　中』塙書房　pp.176-216

橋本義則　1986「朝政・朝儀の展開」『日本の古代 第7巻 まつりごとの展開』中央公論社　pp.99-192

橋本義則　1995『平安宮成立史の研究』塙書房

橋本義則　2011『古代宮都の内裏構造』吉川弘文館

馬場　基　2018「門の格からみた宮の空間」『史料・史跡と古代社会』吉川弘文館　pp.365-391

林　博通　2012「大津宮「内裏南門」地中梁説への疑問」『淡海文化財論叢』4　pp.119-121

林部　均　2001『古代宮都形制過程の研究』青木書店

布野修司　2015『大元都市－中国都城の理念と空間構造－』京都大学学術出版会

福岡県教育委員会　1991『特別史跡　大野城跡Ⅶ－大宰府口城門発掘調査概報－』

福岡県教育委員会　2010『特別史跡大野城整備事業Ⅴ　下』

福田美穂・浅川滋男　2002「含元殿と麟徳殿（唐長安城宮殿の構造と影響）」『建築雑誌』1488　pp.45-47

古市　晃　2004「孝徳朝難波宮と仏教世界－前期難波宮内裏八角殿院を中心に－」『大阪における都市の発展と構造』山川出版社　pp.15-40

古内絵里子　2017「儀礼空間としての都城の確立－藤原京から平城京へ－」『古代都城の形態と支配構造』同成社　pp.291-309

古瀬奈津子　1998a「儀式における唐礼の継受－奈良末～平安初期の変化を中心に－」『日本古代王権と儀式』吉川弘文館　pp.58-90

古瀬奈津子　1998b「宮の構造と政務運営法－内裏・朝堂院分離に関する一考察－」『日本古代王権と儀式』吉川弘文館　pp.128-171

文化庁文化財部記念物課　2010『発掘調査のてびき－集落遺跡発掘編－』

文化庁文化財部記念物課　2013『発掘調査のてびき－各種遺跡調査編－』

町田　章　1981「隋唐都城論」『隋唐帝国の出現と日本　東アジア世界における日本古代史講座　第5巻』学生社　pp.178-223

松本保宣　1993「唐代の側門論事について」『東方学』86　pp.36-52

松本保宣　2006『唐王朝の宮城と御前会議』晃洋書房

松本保宣　2013「朝堂から宮門へ－唐代直訴方式の変遷－」『外交史料から10～14世紀を探る』汲古書院　pp.77-126

松本保宣　2019「唐代入閣の儀と甘露の変」『芳村弘道教授退職記念論集』立命館大学人文学会　pp.142-167

宮城県多賀城跡調査研究所　1980『多賀城跡　政庁跡　図録編』

宮城県多賀城跡調査研究所　1982『多賀城跡　政庁跡　本文編』

宮城県多賀城跡調査研究所　2017『多賀城跡　南門地区／外郭跡1』
宮田浩之　2010「西海道官衙の門」『官衙と門』奈良文化財研究所　pp.91-106
向井一雄　1999「石製唐居敷の集成と研究」『地域相研究』27　pp.7-38
向井一雄　2016『よみがえる古代山城－国際戦争と防衛ライン－』吉川弘文館
向日市埋蔵文化財センター　2001「長岡宮跡第384次（7ANEHJ-6地区）〜大極殿閤門、乙訓郡衙跡、山畑古墳群〜発掘調査報告」『向日市埋蔵文化財調査報告書第52集』　pp.1-30
向日市埋蔵文化財センター　2006「長岡京跡第443次（7ANFMK-21地区）〜朝堂院南面回廊・「翔鸞楼」、乙訓郡衙、山畑古墳群〜発掘調査報告」『向日市埋蔵文化財調査報告書第72集』　pp.51-84
向日市埋蔵文化財センター　2007a「長岡宮台444・445次（7ANFMK-22・23地区）〜朝堂院南面回廊・「翔鸞楼」・乙訓郡衙跡、山畑古墳群〜発掘調査報告」『向日市埋蔵文化財調査報告書第75集』　pp.93-117
向日市埋蔵文化財センター　2007b「長岡宮跡第451次」『向日市埋蔵文化財調査報告書第76集』　pp.93-99
村田和弘　2000「発掘調査によって検出された四脚門の検討」『京都府埋蔵文化財情報』75　pp.44-49
村田晃一　2010「古代奥羽の城柵・官衙の門と囲繞施設」『官衙と門』奈良文化財研究所　pp.51-89
村田治郎　1981『中国の帝都』綜芸社
村元健一　2014「中国宮城の変遷と難波宮」『難波宮と都城制』吉川弘文館　pp.298-315
森　公章　2000「二条大路木簡と門の警備」『長屋王家木簡の基礎的研究』吉川弘文館　pp.308-338
森　公章　2003「郡家の施設と部署－郡雑任の執務形態との関係から－」『弘前大学国史研究』115　pp.1-25
山川　均・佐藤亜聖　2008「平城京・下三橋遺跡の調査成果とその意義」『日本考古学』25　pp.85-103
山口裕平　2003「西日本における古代山城の城門について」『古文化談叢』50上　pp.65-95
山下信一郎　2010「文献からみた古代官衙の門の機能」『官衙と門』奈良文化財研究所　pp.121-135
山下信一郎　2015「日本古代の都城と宮城十二門－東面宮城門の変遷を中心に－」『日本古代のみやこを探る』勉誠出版社　pp.175-194
山下信一郎　2018「古代饗宴儀礼の成立と藤原宮大極殿閤門」『史料・史跡と古代社会』吉川弘文館　pp.339-364
山田邦和　2007「桓武朝における楼閣附設建築」『国立歴史民俗博物館研究報告』134　pp.155-176
山田英雄　1987「宮城十二門号について」『日本古代史攷』岩波書店　pp.194-199
大和郡山市教育委員会　2012『稗田・若槻遺跡　平城京南方遺跡』
大和郡山市教育委員会・元興寺文化財研究所　2014『平城京十条発掘調査報告書（旧称下三橋遺跡）』
山中　章　2011「考古学からみた日本古代宮都壇廟研究の現状と課題」『東アジア都城の比較研究』京都大学学術出版会　pp.404-406
山中敏史　1986「律令国家の成立」『岩波講座日本考古学』6　pp.227-294
山中敏史　1994『古代地方官衙遺跡の研究』塙書房
山中敏史　2003「Ⅵ－7門」『古代の官衙遺跡Ⅰ－遺構編－』奈良文化財研究所　pp.136-142
吉川　聡　2002「『重閣門』・朱雀門考」『文化財論叢』Ⅲ　奈良文化財研究所　pp.213-222
吉川真司　2005「王宮と官人社会」『列島の古代史3　社会集団と政治組織』岩波書店　pp.155-196
吉田　歓　2002『日中宮城の比較研究』吉川弘文館
吉田　歓　2011「漏刻と時報・諸門開閉システム」『米沢史学』27　pp.37-52
吉水眞彦　2020「近江大津宮中枢部の復元について」『難波宮と古代都城』同成社　pp.408-418
李　陽浩　2004「前期難波宮宮城南門および複廊の建築について」『難波宮址の研究』12　大阪市文化財協会　pp.181-192

李　陽浩　2014「古代東アジアにおける八角形建物とその平面形態」『難波宮と都城制』吉川弘文館　pp.316-335
李　陽浩　2020「大化改新と宮殿建築－新しい建築類型をめぐって－」『難波宮と大化改新』和泉書院　pp.131-154
渡辺晃宏　1995「平城宮東面宮城門号考－東院南門（SB16000）の発見によせて－」『律令国家の政務と儀礼』吉川弘文館　pp.82-105
渡辺晃宏　2020『日本古代国家建設の舞台　平城宮』新泉社
渡辺信一郎　1996『天空の玉座』柏書房
渡辺信一郎　2000「宮闕と園林」『考古学研究』47-2　pp.12-28
渡辺信一郎　2003『中国古代の王権と天下秩序』校倉書房
渡辺信一郎　2009「六朝隋唐期の大極殿とその構造」『都城制研究』2　奈良女子大学古代学学術研究センター　pp.73-89

引用文献（中国語）

安家瑶　2005a「唐大明宮含元殿遺址的幾箇問題」『論唐代城市建設』陝西人民出版社　pp.408-427
安家瑶　2005b「唐大明宮含元殿竜尾道形制的探討」『新世紀的中国考古学』科学出版社　pp.691-706
北京遼金城垣博物館　2001『金中都水関遺址考覧』北京燕山出版社
北京市考古研究院　2023『金中都（2019-2020）城墻遺址考古発掘報告』科学出版社
程義　2008「試論隋唐東西両京布局差異的成因」『考古』2008-12　pp.71-79
陳建軍・余冰　2019「太極殿建築形制之探討」『洛陽考古』2019-1　pp.35-45
陳良偉　2002「隋唐両京城門基本類型及相関問題」『21世紀中国考古学与世界考古学』中国社会科学出版社　pp.481-505
陳涛・李相海　2009a「隋唐宮殿建築制度二論－以朝会礼儀為中心－」『中国建築史論彙刊』1　pp.117-135
陳涛・李相海　2009b「渤海上京龍泉府城門建築初探」『華中建築』2009-7　pp.113-116
陳篠　2021『中国古代的理想城市－从古代都城看「考工記」営国制度的淵源与実践－』上海古籍出版社
陳暁虎　2020「関于中国古代都城瓮城城門「正直之制」的初探－以明清北京城東直門、西直門為線索的城門形制研究－」『古建園林技術』2020-1　pp.38-40
重慶市文物局　1992『四川漢代石闕』文物出版社
董琦　1994「瓮城溯源」『文物季刊』1994-4　pp.42-49
董新林　2014「遼代城門営建規制初探」『慶祝張忠培先生八十歳論文集』科学出版社　pp.533-546
董新林　2019「遼上京規制和北宋東京模式」『考古』2019-5　pp.3-19
杜金鵬　2009「周原宮殿建築類型及相関問題探討」『考古学報』2009-4　pp.435-468
杜金鵬・銭国祥　2007『漢魏洛陽城遺址研究』科学出版社
段清波　2006「古代闕制研究－以秦始皇陵三出闕為基礎－」『西部考古』1　pp.304-330
杜文玉　2012a「唐大明宮含元殿与外朝朝会制度」『唐史論叢』15　pp.1-25
杜文玉　2012b「唐大明宮宣政殿与唐代中朝制度研究」『乾陵文化研究』7　pp.1-26
杜文玉・趙水静　2013「唐大明宮紫宸殿与内朝朝会制度研究」『江漢論壇』2013-7　pp.120-127
杜文玉　2015『大明宮研究』中国社会科学出版社
方継成　1958「試論闕的起源和発展」『人文雑誌』1958-5　pp.83-86
馮恩学　2008「北宋熙春閣与元上都大安閣形制考」『辺疆考古研究』7　pp.292-302
傅熹年　1973「唐長安大明宮含元殿原状探討」『文物』1973-7　pp.30-48

傅熹年　1977「唐長安大明宮玄武門及重玄門復原研究」『考古学報』1977-2　pp.131-158

傅熹年　1993「元大都大内宮殿的復原研究」『考古学報』1993-1　pp.109-151

傅熹年　1995「隋唐長安洛陽城規制手法的探討」『文物』1995-3　pp.48-63

傅熹年　1998a「対含元殿遺址及原状的再探討」『文物』1998-4　pp.76-87

傅熹年　1998b「山西省繁峙県岩山寺南殿金代壁画中所絵建築的初步分析」『傅熹年建築史論集』文物出版社　pp.282-313

傅熹年　2004「宋趙佶〈瑞鶴図〉和它所表現的北宋汴梁宮城正門宣徳門」『中国古代建築十論』復旦大学出版社　pp.231-243

傅熹年主編　2009『中国古代建築史　第二巻　三国、両晋、南北朝、隋唐、五代建築』中国建築工業出版社

龔国強　2018「有関隋唐長安城門的幾个問題」『華夏考古』2018-6　pp.16-42

国慶華・孫周勇・邵晶　2016「石峁外城東門址和早期城建技術」『考古与文物』2016-4　pp.88-101

郭義孚　1963「含元殿外観復原」『考古』1963-10　pp.567-572

郭義孚　1996「鄴南城朱明門復原研究」『考古』1996-1　pp.10-21

韓釗・李庫・張雷・賈強　2004「古代闕門及相関問題」『考古与文物』2004-5　pp.58-64

韓建華　2005「中国古代城闕的考古学観察」『中原文物』2005-1　pp.53-61

韓建華　2010「唐東都洛陽「麗景（門）夾城」考」『考古学集刊』18　pp.454-474

韓建華　2016「北宋西京宮城五鳳楼研究」『揚州城考古学術研討会論文集』科学出版社　pp.255-267

韓建華　2019「東都洛陽武則天明堂初探」『中原文物』2019-6　pp.113-121

韓建華　2023「宣仁門遺址時代辨析」『考古』2023-8　pp.95-103

韓品錚・楊国慶　2004「中国古代瓮城初探－兼論新鄭故城城門内建築遺址与南京的内瓮城－」『中国古都研究』15　pp.239-246

韓偉　2001「北朝安伽墓囲屏石榻之相関問題浅見」『文物』2001-1　pp.90-101

河北省文物研究所・張家口市文物管理処・張北県元中都遺址管理処　2007「2003年度元中都皇城南門的発掘」『文物』2007-1　pp.50-63

河北省文物研究所　2012『元中都』文物出版社

河北省文物研究所・張家口市文物考古研究所・崇礼区文化広電和旅游局　2019「河北張家口市太子城金代城址」『考古』2019-7　pp.77-91

郝紅暖・呉宏岐　2009「遼、西夏、金都城建設対中原制度的模倣与創新」『中南民族大学学報』2009-3　pp.88-92

黒竜江省文物考古工作隊　1985a「渤海上京宮城第一殿東西廊廡遺址発掘清理簡報」『文物』1985-11　pp.48-51

黒竜江省文物考古工作隊　1985b「渤海上京宮城第2、3、4号門址発掘簡報」『文物』1985-11　pp.52-61

黒竜江省文物考古研究所　1987「黒竜江克東県金代蒲峪路故城発掘」『考古』1987-2　pp.150-158

黒竜江省文物考古研究所・牡丹江市文物管理站　1999「渤海国上京龍泉府遺址1997年考古発掘収獲」『北方文物』1999-4　pp.42-49

黒竜江省文物考古研究所・牡丹江市文物管理站　2000「渤海国上京龍泉府外城正北門址発掘簡報」『文物』2000-11　pp.4-22

黒竜江省文物考古研究所　2009『渤海上京城』文物出版社

黒竜江省文物考古研究所　2015「黒竜江寧安渤海上京城宮城北門址発掘簡報」『文物』2015-6　pp.4-13

黒竜江省文物考古研究所　2017「哈爾濱市阿城区金上京皇城西部建築址2015年発掘簡報」『考古』2017-6　pp.44-65

黒竜江省文物考古研究所　2019「哈爾濱市阿城区金上京南城南垣西門址発掘簡報」『考古』2019-5　pp.45-65

河南省文物考古研究所　1997『北宋皇陵』中州古籍出版社

河南省文物考古研究院　2019「河南開封北宋東京城順天門遺址2012-2017年勘探発掘簡報」『華夏考古』2019-1　pp.13-41

何歳利　2019「唐大明宮「三朝五門」布局的考古学観察」『考古』2019-5　pp.102-115

賀業矩　1996『中国古代城市規劃史』中国建築工業出版社

姜波　2003『漢唐都城礼制建築研究』文物出版社

蒋暁春　2022「四川現存宋代山城城門調査簡報」『中国国家博物館館刊』2022-6　pp.19-32

賈鴻源　2017「唐長安三朝五門布局考」『唐史論叢』25　pp.138-156

焦南峰　2012「西漢帝陵的門闕与「門闕制度」」『徐苹芳先生紀念文集』上海古籍出版社　pp.33-43

吉林大学辺疆考古研究中心　2017「吉林安図県宝馬城遺址2014年発掘簡報」『考古』2017-6　pp.66-81

吉林省文物考古研究所・吉安市博物館　2004a『国内城』文物出版社

吉林省文物考古研究所・吉安市博物館　2004b『丸都山城』文物出版社

吉林省文物考古研究所・延辺朝鮮族自治州文物局・延辺朝鮮族自治州博物館・和竜市博物館　2007『西古城』文物出版社

吉林省文物考古研究所・吉林大学辺疆考古研究中心・琿春市文物管理所　2014『八連城』文物出版社

吉林省文物考古研究所・吉林大学辺疆考古研究中心・延辺朝鮮族自治州博物館・和竜市文物管理所　2016「吉林和竜西古城城址2007-2009年発掘簡報」『文物』2016-12　pp.4-20

吉林省文物考古研究所・吉林大学辺疆考古研究中心　2018「吉林安図県金代長白山神廟遺址」『考古』2018-7　pp.67-81

遼寧省文物考古研究所　2004『五女山城』文物出版社

遼寧省文物考古研究所・瀋陽市文物考古研究所　2012『石台子山城』文物出版社

梁思成　2001a『営造法式注釈　梁思成全集　第7巻』中国建築工業出版社

梁思成　2001b『図像中国建築史（第2版）』三聯書店

李春林　2001「唐長安城門考古総述」『西安長楽門城楼修繕工程報告』文物出版社　pp.50-66

李合群　2008「北宋東京皇城宣徳門考」『中原文物』2008-2　pp.64-69

李剣平編著　2011『中国古建築名詞図解詞典』山西科学技術出版社

李誠撰（方木魚訳注）　2018『営造法式』重慶出版社

李双・徐磊・高興超・古日扎　2017「鄂爾多斯高原古代城址瓮城的類型学考察」『草原文物』2017-1　pp.95-99

李鑫・申建偉・呂勁松・李徳方　2013「隋唐東都城考古所見城門遺址的初歩類型学考察」『洛陽考古』2013-2　pp.66-78

李遇春　2005「漢長安城城門述論」『考古与文物』2005-6　pp.54-58

李玉潔　2016「先秦古都城門的装飾建築研究－以闕与象魏為視角－」『中原文物』2016-1　pp.49-53

李自智　2004「中国古代都城布局的中軸線問題」『考古与文物』2004-4　pp.33-42

林梅村　2011「元大都的凱旋門－美国納爾遜・阿金斯芸術博物館蔵元人「宦跡図」読画札記－」『上海文博論叢』2011-2　pp.14-29

劉春迎　2004『北宋東京城研究』科学出版社

劉春迎　2017「北宋東京外城上的瓮城及其形制考略」『河南大学学報』57-5　pp.91-97

劉大平・孫志敏　2018『渤海国建築形制与上京城宮殿建築復原研究』哈爾濱工業大学

劉慶柱　2000『古代都城与帝陵考古学研究』科学出版社

劉慶柱　2005「古代門闕遺址的考古発現与研究」『新世紀中国考古学』科学出版社　pp.514-533

劉慶柱主編　2016『中国古代都城考古発現与研究』社会科学文献出版社

劉露露　2022「遼上京城的渤海因素探析」『北方文物』2022-2　pp.55-63

劉瑞　2011『漢長安城的朝向、軸線与南郊礼制建築』中国社会科学出版社

劉思怡・楊希義　2009「唐大明宮含元殿与外朝聴政」『陝西師範大学学報　哲学社会科学版』2009-1　pp.42-46

劉暁東　1999「日本古代都城形制淵源考察－兼談唐渤海国都城形制淵源－」『北方文物』1999-4　pp.35-41

劉暁東・李陳奇　2006「渤海上京城「三朝」制建制的探索」『北方文物』2006-1　pp.38-47

劉振東　2010「十六国至北朝時期長安城宮城2号建築（宮門）遺址発掘」『2009中国重要考古発現』文物出版社　pp.132-135

劉振東　2018「漢長安城城門遺址考古発現与研究」『華夏考古』2018-6　pp.3-8

劉致平・傅熹年　1963「麟徳殿復原的初歩研究」『考古』1963-7　pp.385-402

羅瑾歆　2019「唐長安城太極宮承天門形制初探」『考古』2019-12　pp.70-81

洛陽博物館通訊組　1960「洛陽発現唐城厚載門」『考古』1960-5　p.6

洛陽博物館　1981「隋唐洛陽含嘉城徳猷門遺址的発掘」『中原文物』1981-2　pp.11-12

洛陽市文物工作隊　1988「隋唐東都応天門遺址発掘簡報」『中原文物』1988-3　pp.22-24

洛陽文物工作隊　1992「洛陽発現宋代門址」『文物』1992-3　pp.15-18

洛陽市文物局　2017『図説　明堂天堂』文物出版社

洛陽市文物考古研究院　2016『隋唐洛陽城天堂遺址発掘報告』科学出版社

洛陽市文物考古研究院　2022a『隋唐洛陽城門遺址研究』三秦出版社

洛陽市文物考古研究院　2022b『洛陽考古百年』科学出版社

洛陽市考古研究院　2023『隋唐洛陽含嘉倉城考古発掘報告』科学出版社

陸思賢　1999「関于元上都宮城北墻中段的闕式建築台基」『内蒙古文物考古』1999-2　pp.40-43

馬得志　1959「唐長安興慶宮発掘記」『考古』1959-10　pp.549-558

馬得志　1961「1959-1960唐大明宮発掘簡報」『考古』1961-7　pp.341-344

馬得志　1982「唐長安与洛陽」『考古』1982-6　pp.640-646

馬得志　1987「唐長安城発掘新収獲」『考古』1987-4　pp.329-336

馬得志　2005「唐大明宮含元殿的建築形成及其源流」『新世紀的中国考古学』科学出版社　pp.681-690

孟凡人　2013『明朝都城』南京大学出版社

孟凡人　2019『宋代至清代都城形制布局研究』中国社会科学出版社

内蒙古師範大学・内蒙古文物考古研究所・内蒙古文物保護中心　2014「内蒙古錫林郭勒元上都城址闕式宮殿基址発掘簡報」『文物』2014-4　pp.45-57

寧夏文物考古研究所・銀川西夏陵区管理処　2007『西夏三号陵』科学出版社

寧夏文物考古研究所・銀川西夏陵区管理処　2013『西夏六号陵』科学出版社

牛世山　2014「「考工記・匠人営国」与周代的城市規劃」『中原文物』2014-6　pp.26-34

朴燦奎　2015『平壌地区高句麗都城遺迹』香港亜洲出版社

銭国祥　2003「由閶闔門談漢魏洛陽城宮城形成」『考古』2003-7　pp.53-63

銭国祥　2010「魏晋洛陽都城対東晋朝建康都城的影響」『考古学集刊』18　pp.387-403

銭国祥　2016「中国古代漢唐都城形制的演進－由曹魏太極殿談唐長安城形制的淵源－」『中原文物』2016-4　pp.34-46

銭国祥　2017「北朝佛寺木塔的比較研究」『中原文物』2017-4　pp.43-54

銭国祥　2018「漢魏洛陽城城門与宮院門的考察研究」『華夏考古』2018-6　pp.9-15

銭国祥　2019a「北魏洛陽内城的空間格局復原研究」『華夏考古』2019-4　pp.78-83

銭国祥　2019b「北魏洛陽外郭城的空間格局復原研究」『華夏考古』2019-6　pp.72-86

銭国祥　2020「北魏洛陽宮城的空間格局復原研究」『華夏考古』2020-5　pp.86-90

銭国祥　2023「曹魏西晋洛陽都城的空間格局復原研究」『華夏考古』2023-5　pp.103-113

秦始皇帝陵博物院　2014『秦始皇陵園北内外城間門闕建築勘探簡報』

邱靖嘉　2021「崇礼太子城遺址与金泰和宮興廃考」『中国国家博物館館刊』2021-11　pp.38-49

山東省文物考古研究所　1982『曲阜魯国故城』斉魯書社

山東省文物考古研究所・泰安市岱廟博物館　2011「泰安岱廟西華門遺址的考古清理」『海岱考古』4　pp.258-268

陝西省文物管理委員会　1958「唐長安城地基初歩探測」『考古学報』1958-3　pp.79-91

陝西省雍城考古隊　1985「鳳翔馬家庄一号建築群遺址発掘簡報」『文物』1985-2　pp.1-26

陝西省考古研究所　2004『秦都咸陽考古報告』科学出版社

陝西省考古研究院　2011「漢陽陵帝陵陵園南門遺址発掘簡報」『考古与文物』2011-5　pp.3-13

陝西省考古研究院・楡林市文物考古勘探工作隊・神木県石峁遺址管理処　2017「陝西神木県石峁城址皇城台地点」『考古』2017-7　pp.46-56

陝西省考古研究院・楡林石文物考古勘探工作隊・神木市石峁遺址管理処　2020「陝西神木市石峁遺址皇城台大台基遺迹」『考古』2020-7　pp.34-46

陝西省考古研究院・神木市石石峁遺址管理処　2024『石峁遺址研究資料彙編（1977 ～ 2023)』科学出版社

陝西省考古研究所昭陵博物館　2006「2002年度唐昭陵北司馬門遺址発掘簡報」『考古与文物』2006-6　pp.3-16

申茂盛・馮丹　2015『秦漢帝王陵門闕建築比較研究』秦始皇陵博物院

史硯忻　2023「十六国北朝時期長安城平面布局蠡測」『考古与文物』2023-2　pp.136-145

石自社　2009「隋唐東都形制布局特点分析」『考古』2009-10　pp.78-85

石自社　2018「隋唐東都与北宋西京門遺址的観察」『華夏考古』2018-6　pp.22-35

宿白　1978「隋唐長安城和洛陽城」『考古』1978-6　pp.409-425

孫周勇・邵晶　2016a「瓮城溯源－以石峁遺址外城東門址為中心－」『文物』2016-2　pp.50-56

孫周勇・邵晶　2016b「馬面溯源－以石峁遺址外城東門址為中心－」『考古』2016-6　pp.82-89

孫周勇・邵晶・邸楠　2020「石峁遺址的考古発現与研究綜述」『中原文物』2020-1　pp.39-62

孫秉根・馮浩璋　2005「渤海上京龍泉府城門的類型」『新世紀的中国考古学』科学出版社　pp.809-825

孫麗娟・李書謙　2008「「考工記」営国制度与中原地区古代都城布局規劃的演変」『中原文物』2008-6　pp.55-60

汪勃　2015「揚州城的城門考古」『大衆考古』2015-11　pp.20-37

汪勃　2016「晩唐楊呉両宋時期揚州城城門之発掘与研究」『東亜都城和帝陵考古与契丹遼文化国際学術研討会論文集』科学出版社　pp.255-265

王燦熾　1984「談元大都的城墻和城門」『故宮博物院院刊』1984-4　pp.49-57

王飛峰　2015「安鶴宮年代考」『慶祝魏存成先生七十歳論文集』科学出版社　pp.110-121

王慧・盧成敢　2024「長白山神廟遺址的年代与布局研究」『北方文物』2024-2　pp.78-84

王貴祥　2017『消逝的輝煌』清華大学美術出版社

王静　2009「城門与都市－以長安通化門為主－」『唐研究』15　pp.23-50

王剣英　2005『明中都研究』中国青年出版社

王培新　2014a「渤海国東京故址琿春八連城城址布局復原考察」『慶祝張忠培先生八十歳論文集』科学出版社

pp.521-532

王培新　2014b「渤海王城城址布局比較分析」『東北亜古代聚落与城市考古国際学術研討会論文集』科学出版社　pp.303-310

王溥　1955『唐会要・明堂制度』中華書局

王璞子　1979「太和門」『故宮博物院院刊』1979-3　pp.70-71

王仁波　1973「唐懿徳太子墓壁画題材的分析」『考古』1973-6　pp.381-393

王三営・葛奇峰　2016「中国古代瓮城研究」『揚州城考古学術研討会論文集』科学出版社　pp.375-395

王天航　2023「長安規制与洛陽規制－隋唐宮殿建築発展的両条主線－」『唐都学刊』2023-3　pp.21-25

汪盈・董新林　2018「遼上京皇城和宮城城門遺址浅析」『華夏考古』2018-6　pp.36-42

王仲殊　1957「漢長安城考古工作的初歩収獲」『考古通訊』1957-5　pp.102-110

王仲殊　1958「漢長安城考古工作収獲続記－宣平城門的発掘－」『考古通訊』1958-4　pp.23-32

王仲殊　1982「中国古代都城概説」『考古』1982-5　pp.505-515

王仲殊　1983「関于日本古代都城制度的源流」『考古』1983-4　pp.354-370

王仲殊　1999「論日本古代都城宮内大極殿龍尾道」『考古』1999-3　pp.72-84

王仲殊　2000a「関于日本第七次遣唐使的始末」『考古与文物』2000-3　pp.21-27

王仲殊　2000b「論洛陽在古代中日関係史上的重要地位」『考古』2000-7　pp.70-80

王仲殊　2001a「関于中日両国古代都城、宮殿研究中的若干基本問題」『考古』2001-9　pp.70-77

王仲殊　2001b「試論探長安城大明宮麟徳殿対日本平城京、平安京宮殿設計的影響」『考古』2001-2　pp.71-85

王仲殊　2002「試論唐長安城与日本平城京及平安京何故皆以東半城（左京）為更繁栄」『考古』2002-11　pp.69-84

王仲殊　2003「中国古代宮内正殿太極殿的建置及其与東亜諸国的関係」『考古』2003-11　pp.75-90

王仲殊　2004「論唐長安城円丘対日本交野円丘的影響」『考古』2004-10　pp.69-81

王仲殊　2010「漢長安城門遺址的発掘与研究」『考古学集刊』17　pp.106-148

王子奇　2023「従列郡到国都－唐宋城門営建与改建工程所見城門制度与時人観念－」『中国人民大学学報』2023-4　pp.143-156

万晋　2023「上下溝通与信息伝逓－唐長安城門的政治空間意義－」『法天地・界無形－古都長安営建中的行為選択－』先生師範大学出版総社　pp.200-223

万雄飛　2020「三燕龍城宮城南門遺址及建築特点」『東アジア考古学論叢Ⅱ－遼西地域の東晋十六国期都城文化の研究－』奈良文化財研究所　pp.107-123

魏存成　2016「魏晋至隋唐時期中原地区都城規劃布局的発展変化及其対高句麗渤海的影響」『辺疆考古研究』20　pp.277-306

魏堅　2008『元上都　上・下』中国大百科全書出版社

呉春・韓海梅・高木憲　2012『唐大明宮史料匯編』文物出版社

呉悦娜・許政　2020「先秦至両漢時期帝王陵門闕位置関係研究」『北京建築大学学報』36-1　pp.40-47

肖愛玲・周霞　2012「唐長安城門管理制度研究」『陝西師範大学学報』2012-1　pp.65-71

蕭黙　1989「闕・城垣」『敦煌建築研究』文物出版社　pp.95-150

徐斌　2022『元大内規劃復原研究』文物出版社

徐承炎・曹中月　2015「新疆瓮城起源芻議」『塔里木大学学報』27-4　pp.55-62

徐光翼　1993「曹魏鄴城的平面復原研究」『中国考古学論叢』科学出版社　pp.422-428

徐光翼　2002「東魏北斉鄴南城平面布局的復原研究」『鄴城考古発現与研究』文物出版社　pp.343-355

徐竜国・徐建委　2017「漢長安城布局的形成与「考工記・匠人営国」的写」『文物』2017-10　pp.1-12
徐竜国　2015「中国古代都城門道研究」『考古学報』2015-4　pp.425-450
徐竜国　2019「漢魏両晋南北朝都城模式及其演変」『中原文物』2019-1　pp.48-56
徐小亮　2017「隋唐時期的闕」『文化創新比較研究』2017-30　pp.16-17
楊鴻勲　1987「唐大明宮麟徳殿復原研究階段報告」『建築考古学論文集』文物出版社　pp.234-252
楊鴻勲　1989「唐長安大明宮含元殿復原研究」『慶祝蘇秉琦考古五十五年論文集』文物出版社　pp.525-539
楊鴻勲　1991「唐長安大明宮含元殿応為五鳳楼形制」『文物天地』1991-5　pp.24-25
楊鴻勲　1996「唐長安城明徳門復原探討」『文物』1996-4　pp.76-84
楊鴻勲　1997「唐長安大明宮含元殿復原再論」『城市与設計学報』1　pp.75-102
楊鴻勛　2013『大明宮』科学出版社
楊軍凱　2012「唐大明宮「五門」考」『文博』2012-4　pp.52-55
楊寛　2016『中国古代都城制度史研究』上海人民出版社
楊武站　2011「関于漢陽陵帝陵陵園南門遺址的幾点認識」『考古与文物』2011-5　pp.75-79
岳天懿　2020「渤海都城城門与城墻研究」『北方考古』2020-5　pp.56-65
俞偉超　1985「中国古代都城規劃的発展階段性」『文物』1985-2　pp.52-60
于有光　2022「早期瓮城結構試析」『西部考古』23　pp.291-301
張春長　2003「有関元中都城墻的幾点思考」『文物春秋』2003-5　pp.29-38
張建鋒　2016『漢長安城地区城市水利設施和水利系統的考古学研究』科学出版社
張鉄寧　1994「渤海上京龍泉府宮殿建築復原」『文物』1994-6　pp.38-58
張衛星　2014「秦始皇陵門観系統研究」『秦始皇帝陵博物院』2014　pp.98-128
張先得　2003『明清北京城垣和城門』河北教育出版社
趙海洲・張広軍　2005「漢代陵墓前的闕門及其起源探討」『平頂山学院学報』20-6　pp.56-59
趙虹光　2009「渤海上京城城門建制研究」『新果集』科学出版社　pp.530-541
趙虹光　2012『渤海上京城考古』科学出版社
趙祥明　2016「泰山岱廟古建築考古発掘与保護措施研究」『古建園林技術』2016-1　pp.68-72
趙雨楽　2004「唐玄宗政権与夾城復道」『陝西師範大学学報（哲学社会科学版）』2004-33　pp.49-54
鄭褘　2017「先秦至宋代的瓮城演変初探」『寧夏大学学報（人文社会科学版）』39-5　pp.98-103
鄭元喆　2009「高句麗山城瓮城的類型」『博物館研究』2009-3　pp.54-59
中国科学院考古研究所　1959『唐長安大明宮』科学出版社
中国科学院考古研究所洛陽発掘隊　1961「隋唐東都城址的勘査和発掘」『考古』1961-3　pp.127-135
中国科学院考古研究所・北京市文物管理処元大都考古隊　1972「元大都的勘察和発掘」『考古』1972-1　pp.19-28
中国社会科学院考古研究所西安工作隊　1974「唐代長安城明徳門遺址発掘簡報」『考古』1974-1　pp.33-39
中国社会科学院考古研究所洛陽工作隊　1978「隋唐東都城址的勘察和発掘続記」『考古』1978-6　pp.361-379
中国社会科学院考古研究所洛陽唐城隊　1986「唐東都武則天明堂遺址発掘簡報」『考古』1986-3　pp.227-230
中国社会科学院考古研究所西安唐城工作隊　1987「唐長安皇城含光門遺址発掘簡報」『考古』1987-5　pp.441-448
中国社会科学院考古研究所洛陽漢魏故城工作隊　1988「漢魏洛陽城北魏建春門遺址的発掘」『考古』1988-9
　pp.814-818
中国社会科学院考古研究所西安唐城工作隊　1988「陝西唐大明宮含耀門遺址発掘記」『考古』1988-11　pp.998-1001
中国社会科学院考古研究所洛陽唐城隊　1989「洛陽隋唐東都城 1982-1986 年考古工作紀要」『考古』1989-3

pp.234-250

中国社会科学院考古研究所　1993『漢杜陵陵園遺址』科学出版社

中国社会科学院考古研究所洛陽唐城隊　1994「唐東都乾元門遺址発掘簡報」『考古』1994-1　pp.34-36

中国社会科学院考古研究所洛陽漢魏城隊　1995「北魏洛陽永寧寺西門遺址発掘紀要」『考古』1995-8　pp.698-701

中国社会科学院考古研究所・河北省文物研究所鄴城考古工作隊　1996「河北省臨漳県鄴南城朱明門遺址的発掘」『考古』1996-1　pp.1-9

中国社会科学院考古研究所　1996a『漢長安城未央宮』中国大百科全書出版社

中国社会科学院考古研究所　1996b『北魏洛陽永寧寺』中国大百科全書出版社

中国社会科学院考古研究所　1997『六頂山与渤海鎮－唐代渤海国的貴族墓地与都城遺址－』中国大百科全書出版社

中国社会科学院考古研究所洛陽唐城隊・洛陽市文物工作隊　1997「隋唐洛陽城永通門遺址発掘簡報」『考古』1997-12　pp.44-49

中国社会科学院考古研究所西安唐城工作隊　1997「唐大明宮含元殿遺址 1995-1996 発掘報告」『考古学報』1997-3　pp.341-406

中国社会科学院考古研究所西安唐城工作隊　1998「関于唐含元殿遺址発掘資料有関問題的説明」『考古』1998-2　pp.93-96

中国社会科学院考古研究所・南京博物院・揚州市文物局揚州考古隊　1999「揚州宋大城西門発掘報告」『考古学報』1999-4　pp.487-517

中国社会科学院考古研究所洛陽唐城隊　2000「河南洛陽隋唐城宣仁門遺址的発掘」『考古』2000-11　pp.42-48

中国社会科学院考古研究所洛陽唐城工作隊　2000「洛陽唐東都円壁城南門遺址発掘簡報」『考古』2000-5　pp.34-38

中国社会科学院考古研究所　2003『西漢礼制建築遺址』文物出版社

中国社会科学院考古研究所洛陽故城隊 2003「河南洛陽漢魏故城北魏宮城閶闔門遺址」『考古』2003-7　pp.20-41

中国社会科学院考古研究所・河北省文物研究所鄴城考古工作隊　2003「河北臨漳県鄴南城遺址勘探与発掘」『考古』2003-10　pp.27-32

中国社会科学院考古研究所洛陽唐城隊・洛陽市文物工作隊　2004「定鼎門遺址発掘報告」『考古学報』2004-4　pp.87-130

中国社会科学院考古研究所・南京博物院・揚州市文物局・江蘇揚州唐城考古隊　2005「江蘇揚州宋大城北門水門遺址発掘簡報」『考古』2005-12　pp.24-40

中国社会科学院考古研究所洛陽唐城隊　2006「河南洛陽市隋唐宣政門遺址的発掘」『考古』2006-4　pp.31-36

中国社会科学院考古研究所西安唐城隊　2006「西安市唐長安城大明宮丹鳳門遺址的発掘」『考古』2006-7　pp.39-49

中国社会科学院考古研究所西安唐城隊　2007「西安市唐大明宮含元殿遺址以南的考古新発現」『考古』2007-9　pp.3-6

中国社会科学院考古研究所洛陽唐城工作隊　2007「河南洛陽市隋唐東都応天門遺址 2001－2002 年発掘簡報」『考古』2007-5　pp.33-38

中国社会科学院考古研究所洛陽唐城隊　2007「河南洛陽市隋唐東都重光北門遺址的発掘」『考古』2007-11　pp.47-54

中国社会科学院考古研究所　2007『唐大明宮遺址考古発現与研究』文物出版社

中国社会科学院考古研究所　2008『隋仁寿宮唐九成宮考古発掘報告』科学出版社

中国社会科学院考古研究所漢長安城工作隊　2008「西安市十六国至北朝時期長安宮城遺址的鑚探与試掘」『考古』2008-9　pp.25-35

中国社会科学院考古研究所漢長安城工作隊　2009「西安漢長安城直城門遺址 2008 年発掘簡報」『考古』2009-5　pp.49-60

中国社会科学院考古研究所　2010『漢魏洛陽故城南郊礼制建築遺址』文物出版社

中国社会科学院考古研究所・南京博物院・揚州市文物考古研究所　2010『揚州城1987-1998年考古発掘報告』文物出版社

中国社会科学院考古研究所・南京博物院・揚州市文物局・江蘇揚州唐城考古工作隊　2012「江蘇揚州市宋大城北門遺址的発掘」『考古』2012-10　pp.25-51

中国社会科学院考古研究所・南京博物院・揚州市文物考古研究所・揚州唐城考古工作隊　2013a「江蘇揚州城南門遺址発掘報告」『考古学集刊』19　pp.369-419

中国社会科学院考古研究所・南京博物院・揚州市文物考古研究所・揚州唐城考古工作隊　2013b「揚州唐宋城東門遺址的発掘」『考古学集刊』19　pp.316-368

中国社会科学院考古研究所　2014『隋唐洛陽城』文物出版社

中国社会科学院考古研究所西安唐城工作隊　2014「西安市唐長安城大明宮興安門遺址」『考古』2014-11　pp.44-53

中国社会科学院考古研究所・河北文物研究所・河北臨漳県文物旅游局　2014『鄴城考古発現与研究』文物出版社

中国社会科学院考古研究所・南京博物院・揚州市文物考古研究所　2015『揚州城遺址考古発掘報告1999-2013年』科学出版社

中国社会科学院考古研究所洛陽漢魏故城隊　2015「河南洛陽市漢魏故城発現北魏宮城太極東堂遺址」『考古』2015-10　pp.3-6

中国社会科学院考古研究所洛陽漢魏故城隊　2016「河南洛陽市漢魏故城太極殿遺址的発掘」『考古』2016-7　pp.63-78

中国社会科学院考古研究所　2017『隋唐長安城遺址－考古資料編－』文物出版社

中国社会院考古研究所内蒙古第二工作隊・内蒙古文物考古研究所　2017「内蒙古巴林左旗遼上京宮城東門遺址発掘簡報」『考古』2017-6　pp.3-27

中国社会院考古研究所内蒙古考古第二工作隊・内蒙古文物考古研究所　2018「遼祖陵黒龍門遺址発掘報告」『考古学報』2018-3　pp.373-406

中国社会科学院考古研究所　2018『中国考古学－三国両晋南北朝巻－』中国社会科学出版社

中国社会科学院考古研究所洛陽唐城工作隊・洛陽市文物考古研究院　2019「河南洛陽市隋唐東都宮城核心区南部2010-2011年発掘簡報」『考古』2019-1　pp.60-84

中国社会院考古研究所内蒙古第二工作隊・内蒙古文物考古研究所　2019「内蒙古巴林左旗上京宮城南門遺址発掘簡報」『考古』2019-5　pp.20-44

中国社会科学院考古研究所　2022『漢長安城研究』商務印書館

中国社会科学院考古研究所漢長安城工作隊　2023「西安市十六国至北朝時期長安城宮城宮門遺址的勘探与発掘」『考古』2023-8　pp.48-65

中国社会科学院考古研究所・内蒙古自治区文物考古研究院　2023『遼祖陵－2003-2010年考古調査発掘報告－』文物出版社

中国社会科学院考古学研究所　2023『中国考古学－宋遼金元明巻－』（上下冊）中国社会科学出版社

中国社会科学院考古研究所・北京市文物管理処　2024『元大都　1964-1974年考古報告』文物出版社

周原考古隊　2002「陝西扶風県雲塘、斉鎮西周建築基址1999-2000年度発掘簡報」『考古』2002-9　pp.3-26

諸葛浄　2016『遼金元時期北京城市研究』東南大学出版社

朱海仁　1998「略論曹魏鄴城、北魏洛陽城、東魏北斉鄴城南城平面布局的幾个特点」『広州文物考古集』文物出版社　pp.1-28

296　第 3 章　東アジア古代都城門の構造・機能とその展開

図表出典

図 1 　鄴北城 [中国社会科学院考古研究所 2018 p.52 図 1-14]、北魏洛陽城 [佐川 2016 p.178 図 4] を改変して作成。

図 2 　北魏洛陽城 [銭国祥 2018 p.11 図 4]、東魏北斉鄴城 [銭国祥 2016 p.42 図 9] を改変して作成。

図 3 　朱明門 [郭義孚 1996 p.17 図 12]、北宋汴梁城門 [傅熹年 1977 p.138 図 5] を改変して作成。

図 4 　大明宮 [何歳利 2019 p.110 図 3]、長安城図碑 [何歳利 2019 p.107 図 2] を改変して作成。

図 5 　[今井 2012b p.948 表 1・金子 2007 p.64 図 13・山田 2007 p.172 図 18] を改変して作成。

図 6 　前漢陽陵 [陝西省考古研究院 2011 p.5 図 5]、前漢長安城礼制建築 14 号遺跡 [中国社会科学院考古研究所 2003 p.164 図 136]、西夏 3 号陵 [寧夏文物考古研究所ほか 2007 p.95 図 54]、北宋汴梁宣徳門 [孟凡人 2019 p.50 図 1-12]、唐懿徳太子墓 [王仁波 1973 p.383 図 3-1] を改変して作成。

図 7 　明北京城 [孟凡人 2019 折込図 9-2]、紫禁城 [孟凡人 2019 折込図 10-1]、午門 [孟凡人 2019 p.626 図 10-7]、永定門 [孟凡人 2019 p.526 図 9-18] を改変して作成。

図 8 　門号整理表 [山下 2010 p.122 表 1]、平城宮門号 [山下 2015 p.181 図 1・p.182 図 2] を改変して作成。

図 9 　宮門概念図 [浅野 1990 p.25 図 1]、右表 [浅野 1990・今泉 1998・直木 1975] の記述から作成。

図 10 　[清水 2010 p.117 図 16・p.120 図 19・p.120 図 20] を改変して作成。

図 11 　平城京羅城門 [井上 1998a p.14 図 7]、平安京羅城門 [角田 1994 p.303 図 52] を改変して作成。

図 12 　藤原宮・平城宮 [小澤 2003 p.241 第 23 図・p355 第 44 図]、諸門の規模 [小澤 2012 p.694 表 2・図 5] を改変して作成。

図 13 　[古閑 2020 p.672 図 2] を改変して作成。

図 14 　[角田 1994 p.150 図 8・p.153 図 11・p.157 図 14] を改変して作成。

図 15 　平城宮東区上層朝堂院南門 [奈良文化財研究所 2010a 資料編 p.44 図 40・山中 2003 p.139 図 2 ③]、多賀城政庁南門 [奈良文化財研究所 2010a 資料編 p.175 図 4] を改変して作成。

図 16 ①　唐洛陽城右掖門・宣仁門 [石自社 2018 p.29 図 4]、漢長安城覇城門 [王仲殊 2010 p.124 図 14]、唐洛陽城尚書省正門 [陳良偉 2002 p.493 図 8] を改変して作成。

図 16 ②　唐洛陽城定鼎門 [石自社 2018 p.25 図 2]、北斉鄴南城朱明門 [中国科学院考古研究所 2018 p.59 図 1-17]、北魏洛陽城閶闔門 [銭国祥 2018 p.12 図 5]、元大都崇天門 [孟凡人 2019 p.298 図 6-9] を改変して作成。

図 17 ①　隋仁寿宮繚壁北門 [中国社会科学院考古研究所 2008 p.9 図 3]、渤海上京城第 2 号宮殿東掖門 [黒竜江省文物考古研究所 2009 p.38 図 21・p.39 図 22]、元中都 [河北省文物研究所 2012 p.341 図 162・p.343 図 164・p.343 図 165・p.348 図 167・p.348 図 168] を改変して作成。

図 17 ②　門の各部名称・水城東門出土唐居敷・平城宮東面大垣出土礎石・平城京羅城門出土礎石・法隆寺東大門の木製唐居敷 [向井 1999 p.7 図 1・p.10 図 3・p.11 図 4・p.24 図 18]、大野城大宰府口城門の唐居敷 [福岡県教育委員会 2010 p.471 第 247 図]、鬼城山西門 [岡山県総社市教育委員会 2005 p.169 図 158]、平城宮 SD650 出土扉軸受金具 [奈良文化財研究所 2011 p.222 図 92]、大野城北石垣 C 区城門出土扉軸受金具 [福岡県教育委員会 2010 p.471 第 247 図]、高句麗石台子山城北門 [遼寧省文物考古研究所ほか 2012 p.46 図 35・p.48 図 38] を改変して作成。

図 18 ①　前漢長安城 [劉振東 2018 p.4 図 1]、宣平門の復原 [劉振東 2018 p.5 図 2]、覇城門の復原 [王仲殊 2010 p.122 図 11]、西安門の中門道 [王仲殊 2010 p.132 図 22]、覇城門の南門道 [王仲殊 2010 p.124 図 14]、西安門 [劉慶柱主編 2016 p.264 図 8-2] を改変して作成。※西安門中門道の実測図については、王仲殊 2010 掲載図面に記述との矛盾が見られたため、左右反転して表示した。

図 18 ②　宣平門 [劉慶柱主編 2016 p.265 図 8-3]、直城門旧図面 [王仲殊 2010 p.141 図 28]、直城門新図面 [中国社会

297

科学院考古研究所漢長安城工作隊 2009 p.51 図 5] を改変して作成。

図 19 ①　北魏洛陽城の外郭城 [銭国祥 2019b p.74 図 1]、内城 [銭国祥 2019a p.79 図 1]、宮城 [銭国祥 2018 p.11 図 4] を改変して作成。

図 19 ②　建春門 [中国社会科学院考古研究所 2018 p.36 図 1-5]、西陽門 [銭国祥 2018 p.11 図 4]、閶闔門 [銭国祥 2018 p.12 図 5] を改変して作成。

図 19 ③　北魏洛陽城永寧寺 [中国社会科学院考古研究所 2018 p.46 図 1-8]、南門 [中国社会科学院考古研究所 2018 p.47 図 1-9]、西門 [中国社会科学院考古研究所 2018 p.47 図 1-10] を改変して作成。

図 20　東魏北斉鄴城の外郭城 [中国社会科学院考古研究所 2018 p.63 図 1-19]、内城 [中国社会科学院考古研究所 2018 p.57 図 1-15]、宮城 [中国社会科学院考古研究所 2018 p.61 図 1-18]、朱明門 [郭義孚 1996 p.17 図 12] を改変して作成。

図 21　十六国北朝長安城 [中国社会科学院考古研究所 2018 p.77 図 1-24]、東西小城 [中国社会科学院考古研究所漢長安城工作隊 2008 p.26 図 2]、楼閣台遺跡 [中国社会科学院考古研究所漢長安城工作隊 2008 p.27 図 3]、宮門 [中国社会科学院考古研究所漢長安城工作隊 2023 p.50 図 4・p.51 図 6] を改変して作成。

図 22　隋仁寿宮・唐九成宮 [中国社会科学院考古研究所 2008 図 2]、北門 [中国社会科学院考古研究所 2008 p.9 図 3]、1 号殿址 [中国社会科学院考古研究所 2008 図 4]、3 号殿址 [中国社会科学院考古研究所 2008 図 16] を改変して作成。

図 23　長安図碑 [陝西省文物管理委員会 1958 附図 3]、興慶宮全図 [馬得志 1959 p.550 図 2]、勤政務本楼 [馬得志 1959 p.551 図 3]、2-4 号遺構 [馬得志 1959 p.532 図 4] を改変して作成。

図 24 ①　隋唐長安城 [龔国強 2018 p.17 図 1]、大明宮 [何歳利 2019 p.106 図 1]、明徳門 [中国社会科学院考古研究所西安工作隊 1974 p.34 図 3]、含輝門 [中国社会科学院考古研究所西安唐城工作隊 1988 p.1000 図 2]、丹鳳門 [中国社会科学院考古研究所西安唐城隊 2006 p.42 図 4] を改変して作成。

図 24 ②　含光門 [中国社会科学院考古研究所西安城工作隊 1987 p.444 図 1・p.445 図 2]、興安門 [中国社会科学院考古研究所西安唐城工作隊 2014 p.46 図 2・3]、銀漢門 [中国社会科学院考古研究所 2007 p.31 図 13] を改変して作成。

図 24 ③　玄武門・内重門・重玄門 [中国社会科学院考古研究所 2007 p.30 図 11・p.32 図 15・p.28 図 8・p.30 図 12] を改変して作成。

図 24 ④　重玄門 [中国社会科学院考古研究所 2007 p.33 図 16]、含元殿 [中国社会科学院考古研究所 2007 p.85 図 2・p.66 図 2・p.89 図 5] を改変して作成。

図 24 ⑤　門の復原形は [陝西省文物管理委員会 1958 p.81 図 1・羅瑾歆 2019 p.79 図 6] をトレース、表は [羅瑾歆 2019 p.81 附表 1・2・3] を改変して作成。

図 25 ①　隋唐洛陽城 [石自社 2018 p.24 図 1]、宮城 [中国社会科学院考古研究所 2014 p.375 図 5-28]、定鼎門 [中国社会科学院考古研究所 2014 図 2-15・2-16・2-17・2-18] を改変して作成。

図 25 ②　応天門（1990・2001）[中国社会科学院考古研究所 2014 p.379 図 5-33]、応天門（復原）[中国社会科学院考古研究所 2014 p.400 図 5-49]、応天門西区 [中国社会科学院考古研究所洛陽唐城工作隊ほか 2019 p.69 図 11]、応天門東区 [中国社会科学院考古研究所 2014 p.381 図 5-35] を改変して作成。

図 25 ③　右掖門 [中国社会科学院考古研究所 2014 p.162 図 3-7]、永通門 [中国社会科学院考古研究所 2014 p.65 図 2-35]、長夏門 [中国社会科学院考古研究所 2014 p.60 図 2-31・2-32] を改変して作成。

図 25 ④　徳猷門 [洛陽市考古研究院 2023 p.83 図 99]、宮城西隔城東壁門 [中国社会科学院考古研究所 2014 p.755 図 6-51]、宣仁門 [中国社会科学院考古研究所 2014 p.254 図 4-10]、安寧門 [中国社会科学院考古研究所 2014 p.718 図 6-14]、長楽門 [中国社会科学院考古研究所 2014 p.412 図 5-59] を改変して作成。

図 25 ⑤　建春門 [中国社会科学院考古研究所 2014 p.69 図 2-38]、崇慶門 [中国社会科学院考古研究所 2014 p.402 図 5-50]、宣政門 [中国社会科学院考古研究所 2014 p.407 図 5-55]、円壁南門 [中国社会科学院考古研究所 2014 p.926

298　第 3 章　東アジア古代都城門の構造・機能とその展開

図 6-170]、尚書省正門 [陳良偉 2002 p.493 図 8] を改変して作成。

図 26 ①　唐宋揚州城 [中国社会科学院考古研究所ほか 2015 p.3 図番号なし]、唐揚州城 [中国社会科学院考古研究所ほか 2010 p.64 図 44]、揚州城南門 [中国社会科学院考古研究所ほか 2015 図 78] を改変して作成。

図 26 ②　揚州城東門・北門 [中国社会科学院考古研究所ほか 2015 p.169 図 105・p.220 図 141] を改変して作成。

図 26 ③　揚州城西門 [中国社会科学院考古研究所ほか 2010 p.112 図 90]、宋三城図 [中国社会科学院考古研究所ほか 2015 p.5 図番号なし]、8 号西門 [中国社会科学院考古研究所ほか 2010 p.85 図 64・p.80 図 58・p.81 図 59] を改変して作成。

図 27　北宋東京開封城・宮城 [孟凡人 2019 図 1-2・1-8]、瓮城門の各種類 [孟凡人 2019 p.30 図 1-4]、順天門 [河南省文物考古研究院 2019 p.15 図 1・p.18 図 5] を改変して作成。

図 28 ①　表 [汪盈ほか 2018 p.39 表 1]、遼上京城 [董新林 2019 p.6 図 2]、宮城東門 [中国社会院考古研究所内蒙古第二工作隊ほか 2017 p.7 図 7・中国社会科学院考古研究所 2023 図 3-1-4] を改変して作成。

図 28 ②　宮城南門 [中国社会院考古研究所内蒙古第二工作隊ほか 2019 p.24 図 7]、祖州城内南門 [島田 1956 内南門址平面図]、黒龍門 [中国社会院考古研究所内蒙古考古第二工作隊ほか 2018 p.381 図 6] を改変して作成。

図 29　金上京城 [董新林 2019 p.11 図 4]、南城南壁西門 [黒竜江省文物考古研究所 2019 p.47 図 3・p.48 図 5] を改変して作成。

図 30　金宝馬城 [吉林省文物考古研究所ほか 2018 p.69 図 3]、金太子城 [河北省文物研究所ほか 2019 p.78 図 2] を改変して作成。

図 31　元上都 [魏堅 2008 図 2]、闕式宮殿 [内蒙古師範大学ほか 2014 p.46 図 2]、宮城南門 [魏堅 2008 p.278 図 10・図 1・p.279 図 11] を改変して作成。

図 32 ①　元中都宮城・皇城 [河北省文物研究所 2012 p.31 図 4]、宮城西南角台 [河北省文物研究所 2012 p.89 図 35]、宮城 1 号宮殿 [河北省文物研究所 2012 図 87]、元大都大明殿建築群 [孟凡人 2019 p.300 図 6-11] を改変して作成。

図 32 ②　元中都宮城南門 [河北省文物研究所 2012 図 160・p.340 図 161]、皇城南門 [河北省文物研究所 2012 p.448 図 213] を改変して作成。

図 33　国内城 [吉林省文物考古研究所ほか 2004a p.10 図 5]、平壌城 [朴燦奎 2015 p.5 図 1]、国内城西壁南門 [吉林省文物考古研究所ほか 2004a p.37 図 20]、国内城北壁西門 [吉林省文物考古研究所ほか 2004a p.30 図 16]、七星門 [朴燦奎 2015 p.6 図 2]、牡丹峰門 [朴燦奎 2015 p.7 図 3] を改変して作成。

図 34　安鶴宮 [朴燦奎 2015 p.23 図 15]、南壁中門・南壁西門・南壁東門・北門・西門・東門 [朴燦奎 2015 p.28 図 23・p.29 図 25・p.30 図 27・p.31 図 29・p.32 図 30・p.33 図 32]、外殿第 1 号宮殿・内殿第 1 号宮殿 [朴燦奎 2015 p.35 図 36・p.39 図 42] を改変して作成。

図 35 ①　外郭城・皇城・宮城 [黒竜江省文物考古研究所 2009 p.15 図 9]、皇城南門調査区配置 [孫秉根ほか 2005 p.818 図 8] および [黒竜江省文物考古研究所 2009 p.529 図 379] を合成、皇城南門 [黒竜江省文物考古研究所 2009 附図 380a] を改変して作成。

図 35 ②　第 2 号宮殿・南回廊 [黒竜江省文物考古研究所 2009 p.27 図 13・p.43 図 25]、第 2 号宮殿南門 [黒竜江省文物考古研究所 2009 附図 14a]、東掖門・西掖門 [黒竜江省文物考古研究所 2009 p.38 図 21・p.40 図 23] を改変して作成。

図 35 ③　第 3 号宮殿 [黒竜江省文物考古研究所 2009 p.233 図 172]、外郭城正南門（全体）[黒竜江省文物考古研究所 2009 附図 395a]、外郭城正南門中央門・西側門 [黒竜江省文物考古研究所 2009 p.551 図 396・p.554 図 398] を改変して作成。

図 35 ④　第 5 号宮殿南門 [黒竜江省文物考古研究所 2009 附図 310a]、外郭城南壁東門 [孫秉根ほか 2005 p.811 図 2]、外郭城北壁 11 号門 [黒竜江省文物考古研究所ほか 1999 p46 図 7]、外郭城北壁正門 [黒竜江省文物考古研究所 2009

附図 414a] を改変して作成。

図35⑤　宮城正門・平面配置 [黒竜江省文物工作隊 1985b p.52 図 2]、2・3 号門 [黒竜江省文物工作隊 1985b p.54 図 4・p56 図 11]、宮城正北門 [黒竜江省文物考古研究所 2015 p.6 図 2] を改変して作成。

図36①　西古城 [吉林省文物考古研究所ほか 2007 p.15 図 10]、八連城 [吉林省文物考古研究所ほか 2014 p.291 図 238]、西古城外城南門・内城隔壁門 [吉林省文物考古研究所ほか 2007 p.23 図 13・p.23 図 23]、西古城外城北門・内城南門 [吉林省文物考古研究所ほか 2016 p.5 図 3・p.6 図 5] を改変して作成。

図36②　八連城 1 号建築・内城南門・外城南門 [吉林省文物考古研究所ほか 2014 p.55 図 41・p.26 図 15・p.23 図 13] を改変して作成。

図37　飛鳥宮 [奈良文化財研究所 2010a 資料編 p.1 図 1]、大津宮 [奈良文化財研究所 2010a 資料編 p.3 図 1]、大津宮 SB001[奈良文化財研究所 2010a 資料編 p.3 図 2]、飛鳥宮 SB7402 [奈良文化財研究所 2010a 資料編 p.2 図 2]、飛鳥宮 SB8010[奈良文化財研究所 2010a 資料編 p.2 図 3] を改変して作成。

図38①　前期難波宮 [奈良文化財研究所 2010a 資料編 p.111 図 1]、後期難波宮 [奈良文化財研究所 2010a 資料編 p.112 図 2]、SB3301[奈良文化財研究所 2010a 資料編 p.114 図 5]、SB4501[奈良文化財研究所 2010a 資料編 p.112 図 3] を改変して作成。

図38②　SB701[奈良文化財研究所 2010a 資料編 p.113 図 4]、SB3922[奈良文化財研究所 2010a 資料編 p.117 図 12]、SB001102[奈良文化財研究所 2010a 資料編 p.117 図 13] を改変して作成。

図39①　藤原宮 [奈良文化財研究所 2010a 資料編 p.4 図 1]、SB500[奈良文化財研究所 2010a 資料編 p.5 図 2] を改変して作成。

図39②　朝堂院南門 [奈良文化財研究所 2010a 資料編 p.14 図 12]、SB1900[奈良文化財研究所 2010a 資料編 p.9 図 7]、SB10700[奈良文化財研究所 2010a 資料編 p.10 図 8] を改変して作成。

図40①　平城宮（奈良時代前半・後半）[奈良文化財研究所 2010a 資料編 p.27 図 1]、SB1800[奈良文化財研究所 2010a 資料編 p.28 図 2]、SB10200[奈良文化財研究所 2010a 資料編 p.29 図 5] を改変して作成。

図40②　SB16000ABC[奈良文化財研究所 2010a 資料編 p.30 図 9]、SB5000[奈良文化財研究所 2010a 資料編 p.31 図 10]、SB9500[奈良文化財研究所 2010a 資料編 p.32 図 13] を改変して作成。

図40③　第一次大極殿院 [奈良文化財研究所 2010a 資料編 p.34 図 15]、第二次大極殿院 [奈良文化財研究所 2010a 資料編 p.42図38]、SB7750B[奈良文化財研究所 2010a 資料編 p.38図23]、SB7801[奈良文化財研究所 2010a 資料編 p.35 図 16]、SB7802[奈良文化財研究所 1982b 図版編 PLAN11] を改変して作成。

図40④　SB18500[奈良文化財研究所 2011 図版編 遺構実測図 23]、SB9200[奈良文化財研究所 2010a 資料編 p.41 図 35] を改変して作成。

図40⑤　SB11210・SB11200[奈良文化財研究所 2010a 資料編 p.43 図 39]、SB16950・SB17000[奈良文化財研究所 2010a 資料編 p.44 図 40] を改変して作成。

図40⑥　SB18400[奈良文化財研究所 2010a 資料編 p.46 図 43]、内裏遺構図 [奈良文化財研究所 2010a 資料編 p.48 図 45]、SB3700[奈良文化財研究所 2010a 資料編 p.49 図 46]、SB7590[奈良文化財研究所 2010a 資料編 p.49 図 48]、内裏東南部遺構図 [奈良文化財研究所 2010a 資料編 p.47 図 44] を改変して作成。

図41　大極殿院・朝堂院 [奈良文化財研究所 2010a 資料編 p.125 図 2]、SB40900[奈良文化財研究所 2010a 資料編 p.127 図 9]、SB38450[奈良文化財研究所 2010a 資料編 p.127 図 8]、朝堂院南門闕 [向日市埋蔵文化財センター 2006 p.52 図 30] を改変して作成。

図42　直城門 [中国社会科学院考古研究所漢長安城工作隊 2009 p.51 図 5]、宣平門 [劉振東 2018 p.5 図 2]、閶闔門 [杜金鵬ほか 2007 p.690 図 4]、建春門 [中国社会科学院考古研究所 2018 p.36 図 1-5]、朱明門 [中国社会科学院考古研究

所 2018 p.59 図 1-17]、定鼎門 [中国社会科学院考古研究所 2014 図 2-15]、応天門 [中国社会科学院考古研究所 2014 p.400 図 5-49]、玄武門 [楊鴻勲 2013 p.58 図 2-32]、含元殿 [中国社会科学院考古研究所 2007 p.89 図 5] を改変して作成。

図 43　閶闔門 [杜金鵬ほか 2007 p.690 図 4]、楼閣台 [中国社会科学院考古研究所漢長安城工作隊 2008 p.27 図 3]、隋仁寿宮 1 号宮殿 [中国社会科学院考古研究所 2008 図 4]、仁寿宮の復原 [楊鴻勲 2013 p.367 図 9-11]、興慶宮 [馬得志 1959 p.550 図 2]、含元殿 [中国社会科学院考古研究所 2007 p.89 図 5]、丹鳳門 [中国社会科学院考古研究所西安唐城隊 2006 p.42 図 4] を改変して作成。

図 44 ①　長安城玄武門 [楊鴻勲 2013 p.58 図 2-32]、長安城明徳門 [中国社会科学院考古研究所西安工作隊 1974 p.34 図 3]、長安城承天門 [羅瑾歆 2019 p.79 図 6]、揚州城 8 号西門 [中国社会科学院考古研究所ほか 2010 p.80 図 58]、北宋開封城順天門 [河南省文物考古研究院 2019 p.15 図 2]、金上京城南壁西門 [黒竜江省文物考古研究所 2019 p.47 図 3]、元上都宮城南門 [魏堅 2008 p.278 図 10]、明北京城永定門 [孟凡人 2019 p.526 図 9-18]、元中都西南角台 [河北省文物研究所 2012 p.89 図 35]、元中都宮城正門 [河北省文物研究所 2012 図 160]、元大都崇天門 [孟凡人 2019 p.298 図 6-9]、明北京城午門 [孟凡人 2019 p.626 図 10-7] を改変して作成。

図 44 ②　長安城含元殿 [中国社会科学院考古研究所 2007 p.89 図 5]、元上都闕式宮殿 [内蒙古師範大学ほか 2014 p.46 図 2]、渤海上京城皇城南門 [黒竜江省文物考古研究所 2009 附図 380a]、遼上京城宮城東門 [中国社会院考古研究所 2023 図 3-1-4]、元中都皇城正門 [河北省文物研究所 2012 p.448 図 213] を改変して作成。

図 45　長安城重玄門 [中国社会科学院考古研究所 2007 p.33 図 16]、玄武門 [中国社会科学院考古研究所 2007 p.28 図 8]、内重門 [中国社会科学院考古研究所 2007 p.30 図 12]、含元殿 [中国社会科学院考古研究所 2007 p.89 図 5]、丹鳳門 [中国社会科学院考古研究所西安唐城隊 2006 p.42 図 4]、承天門 [羅瑾歆 2019 p.79 図 6]、明徳門 [中国社会科学院考古研究所西安工作隊 1974 p.34 図 3]、渤海上京城外郭城正北門［黒竜江省文物考古研究所ほか 2000 p.5 図 2]、宮城正北門 [黒竜江省文物考古研究所 2015 p.6 図 2]、5 号宮殿・南門 [黒竜江省文物考古研究所 2009 p.432 図 307] をトレース、3・4 号宮殿 [黒竜江省文物考古研究所 2009 p.229 図 168] をトレース、2 号宮殿・南門 [黒竜江省文物考古研究所 2009 p.27 図 13] をトレース、1 号宮殿 [黒竜江省文物工作隊 1985b p.52 図 2] をトレース、宮城正南門 [黒竜江省文物工作隊 1985b p.52 図 2]、皇城正門 [黒竜江省文物考古研究所 2009 附図 380a]、外郭城正南門 [黒竜江省文物考古研究所 2009 附図 395a] を改変して作成。

図 46　参考資料の唐洛陽城明堂 [韓建華 2019 p.116 図 3・p.118 図 7]、前期難波宮全図 [奈良文化財研究所 2010a 資料編 p.111 図 1]、SB875401[大阪市文化財協会 2005 p.44 図 26]、SB3301[奈良文化財研究所 2010a 資料編 p.114 図 5]、SB875401[大阪市文化財協会 2005 p.38 図 20]、SB4501 [奈良文化財研究所 2010a 資料編 p.112 図 3]、SB701[奈良文化財研究所 2010a 資料編 p.113 図 4] を改変して作成。

図 47　羅城門の復原 [山川ほか 2008 p.96 図 16]、XA・XR 調査区 [大和郡山市教育委員会ほか 2014 別添図 1] を改変して作成。

図 48　前期難波宮 [奈良文化財研究所 2010a 資料編 p.111 図 1]、平城宮第一次大極殿院 [奈良文化財研究所 2010a 資料編 p.34 図 15]、平城宮内裏 [奈良文化財研究所 2010a 資料編 p.48 図 45]、長岡宮朝堂院 [奈良文化財研究所 2010a 資料編 p.125 図 2]、平安宮朝集院・豊楽殿・大極殿 [角田 1994 p.153 図 11・p.157 図 14]、藤原宮 [奈良文化財研究所 2010a 資料編 p.4 図 1]、平城宮 [奈良文化財研究所 2010a 資料編 p.27 図 1] を改変して作成。

図 49　[大阪市文化財協会 1995 fig55] を改変して作成。

図 50　唐長安城太極宮 [妹尾 2001 p.123 図 32]、藤原宮 [奈良文化財研究所 2010a 資料編 p.4 図 1]、平城宮 [奈良文化財研究所 2010a 資料編 p.27 図 1] を改変して作成。

図 51 ①②　SB18500[奈良文化財研究所 2011 図版編 遺構実測図 23]、SB7801[奈良文化財研究所 2010a 資料編 p.35 図 16]、SB7802[奈良文化財研究所 1982b 図版編 PLAN11]、第一次大極殿院 [奈良文化財研究所 2010a 資料編 p.34

図 15]、SB9200[奈良文化財研究所 2010a 資料編 p.41 図 35]、SB1800[奈良文化財研究所 2010a 資料編 p.28 図 2]、SB700[井上 1998a p.14 図 7]、内裏東南部遺構図 [奈良文化財研究所 2010a 資料編 p.47 図 44]、SB11200[奈良文化財研究所 2010a 資料編 p.43 図 39]、SB17000[奈良文化財研究所 2010a 資料編 p.44 図 40]、SB18400[奈良文化財研究所 2010a 資料編 p.46 図 43]、SB9500[奈良文化財研究所 2010a 資料編 p.32 図 13]、内裏遺構図 [奈良文化財研究所 2010a 資料編 p.48 図 45] を改変して作成。

表 1　中国都城門に関する研究史の整理を基に作成。
表 2　[山中 2003] の分類、[文化庁文化財部記念物課 2013 p.99 図 101] を基に作成。
表 3　[小澤 2012 p.694 表 2・図 5]、および各都城門の報告書を基に作成。

第4章　太極殿・含元殿・明堂と大極殿
－唐代都城中枢部の展開とその意義－

はじめに

　唐代を中心として東アジアに展開した都城の考古学的国際比較に関しては、都城全体の平面外形の比較、および周礼・三朝制などの思想的背景に基づく比較、主に2つの方法論が主体となってきた。しかし、各王朝が創始する思想空間としての都城に1つとして同じ平面形は存在しておらず、平面的な形の比較には限界がある。また、周礼・三朝制などの形而上の思想を前提とした分析では、現実に存在する都城を恣意的に解釈してしまう危険性もある。では、どのような考古学的方法をとるべきだろうか。その際に注意すべきは、各国の都城は唐長安城・洛陽城など中原都城の単純な模倣によって出現したわけではなく、中原の伝統的な思想や概念を解体・再編成した上で、各地の支配体制や思想観念に基づいて各国で都城が「再創造」された点である。すなわち、都城の空間構造を現出させるメカニズム（原理）を、都城の構成要素毎に分解しながら通時的・広域的に分析をしていく方法が有効だと考える。以上の視点から、第2章[城倉2021]では、唐代都城の三重圏構造を現出させた原理の解明を目的とし、都城の階層空間を結びつける役割を果たした都城門、特にその中でも正門の遺構に着目して、その構造・機能と東アジアへの展開過程を考察した。本章でも、基本的には同様の視点・方法論に基づいた上で、都城の中枢に位置する宮城正殿の遺構を分析対象とする（註1）。

　中原で発達した都城中枢部の正殿に関しては、秦始皇帝がBC212年に造営した阿房宮前殿から、前漢長安城未央宮前殿・後漢洛陽城南宮前殿へと発展し、曹魏明帝が青龍3年（235）に洛陽宮に造営した太極殿に結実した。「歴代点名、或沿或革、唯魏之太極、自晋以降、正殿皆名之」（『初学記』巻二十四、居処部、殿、叙事）とされるように、太極殿は魏晋南北朝から唐が滅亡するまでの670年以上、「建中立極」の思想に基づき宮城正殿であり続けた。太極殿の名称は北宋西京洛陽城を最後に消えるものの、北宋東京開封城の「工字形」正殿である大慶殿にその機能は受け継がれ、遼・金・元の草原都城を経て、現存する清北京紫禁城太和殿まで連綿と継承された。しかし、中原都城が東アジア各国へ展開した唐代は、太極殿以外の宮城正殿が複数存在した特異な時代だった。すなわち、唐高宗龍朔3年（663）に完成した唐長安城大明宮含元殿、および唐睿宗垂拱4年（688）に唐洛陽城乾元殿跡地に造営され、焼失後の唐武則天天冊万歳2年（696）に再建された明堂（万象神宮→通天宮）を加えた3つの正殿が国家的儀礼空間として併存していた。都城の展開最盛期における太極殿・含元殿・明堂という3つの宮城正殿の併存現象は、従来の研究ではあまり注目されてこなかった。特に武則天の洛陽明堂は、その存在の「異質さ」故に都城発展史上の例外として認識されてきた部分も大きい。太極殿・含元殿・明堂、三者の関係性と宮城正殿としてのそれぞれの構造的特徴の考古学的な把握は、東アジアへ展開した都城の系譜を考究する上で、非常に重要な視点だと考える。

　本章では、唐長安城・洛陽城の宮城正殿である太極殿・含元殿・明堂の遺構に着目し、前後の時代における中国都城の正殿の変遷を踏まえて、その構造や系譜的位置を整理する。その上で、渤海都城・日本都城中枢部との比較を行い、唐代における都城制の東アジアへの展開過程に関する歴史性を正殿の考古学的比較分析の視点から考究する。

304 第4章 太極殿・含元殿・明堂と大極殿

第1節　東アジア古代都城中枢部の変遷に関する研究史

　東アジアに展開した古代都城の中枢部に関する研究には、膨大な研究史が存在する。本章は、中国中原・草原で発達した都城、および渤海・日本都城の正殿遺構の構造比較を目的とするが、それには都城研究史上で宮城正殿がどのように分析され、位置付けられてきたか、を渉猟・整理する作業は避けて通れない。そのため、本章執筆に際しては、まず日中の都城中枢部の研究論文・著作・報告書を集成し、500本以上の重要論文を情報カード化した上で、トピック毎に研究史を整理した。文末の引用文献の内容を見れば明らかだが、都城中枢部の理解に関しては、新たな発掘調査に基づいて更新されてきた歴史があるため、日本都城中枢部の研究史が非常に厚く、中国都城中枢部の研究は2000年以降の発掘事例の増加に伴って急増している状況にある。以上を踏まえて、都城の歴史的な発展とは逆になるが、本章では日本都城中枢部の研究史→日中古代都城の比較研究史→中国都城中枢部の研究史、の順序で整理を進める。

　都城中枢部の研究史に関しては、文献史学・建築史学・考古学など様々な分野にまたがっており、論点も非常に多岐にわたる。膨大な研究史を時系列で網羅的に整理するよりも、研究課題を明確化するために、本章ではトピック毎にタイトルを付けて、記載を進める。また、本研究分野においては現段階の日中における研究史の整理自体が、今後の研究の基礎作業としても重要な意味を持つと考えるため、図面などを丁寧に提示しつつ、整理を進める。なお、本研究で分析対象、および研究史の整理対象とするのは、宮城中枢部において国家的な儀礼空間として機能した「正殿」とし、皇帝・王・天皇が居住した空間は一部を除いて対象外とする。皇帝・王・天皇の居住空間と国家的な儀礼空間との関わりも重要な論点ではあるが、中国都城では皇帝の居住空間の発掘例が現段階ではほとんど存在していないため、本章では国家的な儀礼の舞台となった正殿の国際比較を課題とする。

1. 日本都城における中枢部の研究

（1）日本都城中枢部の研究

　日本では、関野貞による大極殿＝「朝堂の正殿」[関野1907]という指摘に基づき、大極殿・朝堂の関係性を追求する研究が行われてきた。また、大極殿は内裏正殿から発展したと考えられているため[相原2010 p.12]、日本都城では内裏正殿・大極殿・朝堂の関係性の追求を中心に研究が進んできた。以上を踏まえ、日本都城の中枢正殿、すなわち大極殿の研究史に関しては、相原嘉之や積山洋の研究史の整理[相原2010・積山2013a]を参考にしながら、大極殿の起源・系譜・発展・系統・構造・思想論を中心に整理した上で、朝堂院の位置付けに関する研究にも言及する。さらに、即位儀・元日朝賀儀・御斎会など大極殿院・朝堂院を舞台とする儀礼の文献史研究、複都制・天命思想など、日本都城中枢部に関連する研究史をそれぞれのトピック毎に整理する。

（2）大極殿の起源・系譜論

　関野貞の大極殿＝「朝堂の正殿」との指摘を受けた福山敏男は、朝堂院の分析を進めるとともに、史料か

第1節　東アジア古代都城中枢部の変遷に関する研究史　305

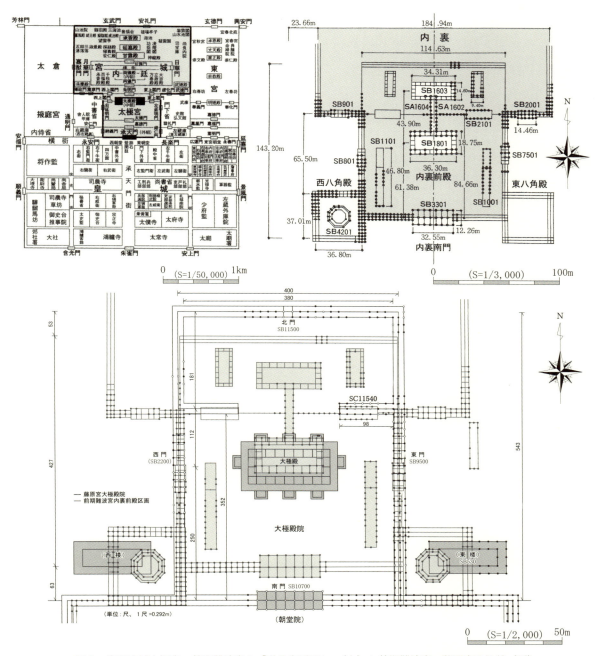

図1　唐長安城太極宮・前期難波宮の「逆凸字プラン」（上）と前期難波宮・藤原宮の比較（下）

ら大極殿の成立を天武朝飛鳥浄御原宮とした [福山 1957]。その後、前期難波宮・飛鳥浄御原宮・藤原宮の中枢部の発掘調査の進展に伴い、大極殿の起源論に関する議論が進んだ。中尾芳治は、前期難波宮の内裏前殿SB1801を大極殿に相当する施設とし、前期難波宮が藤原宮に直接的に繋がる構造を持つ点を指摘した [中尾 1972・1981]。直木孝次郎も、前期難波宮で内裏内部の「大殿」が公的な性格を増し、前殿SB1801が内裏から独立して、藤原宮大極殿に発展すると考えた [直木 1973・1975・1995]。一方、岸俊男は、前期難波宮の系譜を検討する中で、唐代都城の影響を認めつつも、藤原京の系譜は北朝都城にたどれるとの持論を踏まえ、SB1801の東西にある南北長殿（西長殿：SB1101／東長殿SB1001）を、魏晋南北朝期における太極殿

東西堂の模倣と位置付けた［岸 1977a・b］。なお、福山敏男以来の天武朝大極殿成立説に関しては、飛鳥宮跡の発掘調査が進展するまでは、日本書紀の「粉飾・文飾・潤色」と位置付け、藤原宮で大極殿が成立したと考える説が主流だった［狩野 1975・鬼頭 1978・和田 1980・今泉 1984］。

その後、飛鳥宮跡の発掘調査が進展すると、Ⅲ-B期のエビノコ郭正殿 SB7701 を画期と把握する説［亀田 1987・菅谷 1987］が現れた。小澤毅・林部均は、飛鳥宮跡Ⅲ-B期を天武朝の浄御原宮に比定し、エビノコ郭（東南郭）正殿 SB7701 を史料上の「大極殿」と位置付けた［小澤 1988・1997a、林部 1998］。しかし、史料上の殿名の問題を除くと、エビノコ郭正殿 SB7701 から藤原宮大極殿への飛躍は大きく、孝徳朝難波長柄豊碕宮とされる前期難波宮の中枢部の構造が藤原宮の原型になったと考える説［積山 2002・2009］も根強い。山本忠尚は、エビノコ郭正殿の梁間 3 間庇付建物に関して、5 世紀後半に出現し、7 世紀以降に正殿となり、8 世紀以降の天皇の内裏正殿へと繋がる系譜と指摘し、大極殿説に疑問を投げかけている［山本忠 2004］。また、鶴見泰寿は SB7701 を大極殿ではなく、「朝堂」と位置付ける［鶴見 2023］。以上、大極殿の名称問題は別にしても、構造的には藤原宮大極殿の登場を大きな画期と考える説が主流である。

前期難波宮に関しては、軒廊で接続する内裏前殿 SB1801 と後殿 SB1603、巨大な内裏南門 SB3301 と東西八角殿（東 SB875401／西 SB4201）、内裏前殿東西の長殿（東 SB1001／西 SB1101）、広大な朝庭と 14 朝堂など、その「先進的」な構造が早くから注目されており、唐長安城太極宮との類似性、および藤原宮への系譜が指摘されてきた［中尾 1995a・2014］。孝徳朝の難波長柄豊碕宮を日本都城史上の画期と考える説は、文献史学の立場［吉川 1997、西本 1998・2008、市 2020］でも強調されている。さらに、唐長安城太極宮と前期難波宮の比較に関しては、中枢部の「逆凸字形プラン」の共通性を指摘する積山洋［積山 2013a］（図 1 上）や、遣唐使を通じてもたらされた太極宮の情報に基づく模倣を想定する村元健一の議論［村元 2020a］も注目される。白雉 3 年（652）に完成した孝徳朝難波長柄豊碕宮が、唐長安城太極宮をモデルとしており、その構造を基本として藤原宮が造営された点が有力視されつつあるといえる。

一方、前期難波宮における三朝制の採用や中国都城の模倣による「先進性」を強調する立場を批判し、推古朝の小墾田宮など伝統的な王宮から日本都城の発展を考えるのが重見泰である。重見は飛鳥宮跡Ⅲ期をa・b・cに細分し、Ⅲ-a：後岡本宮（内郭の造営）、Ⅲ-b：浄御原宮前半（内郭前殿 SB7910／大安殿の造営）、Ⅲ-c：浄御原宮後半（エビノコ郭造営／大極殿 SB7701 の造営）と整理した（図 2）。その上で、前期難波宮内裏前殿 SB1801 は、天武朝の複都構想に基づいて増築された建造物とした。重見の議論は、天武 12 年（683）の複都制の詔を積極的に評価することで、浄御原宮エビノコ郭正殿 SB7701 と藤原宮大極殿の間の型式的距離を埋めようとする議論と把握できる［重見 2020a・2023］。しかし、天武朝の部分的な殿舎の造替はあっても、孝徳朝難波長柄豊碕宮の基本構造が天武朝に引き継がれたと考える説［家原 2020・佐藤 2022］が現在は主流である。他方で、前期難波宮の天武朝造営説［山中 1986］も古くから存在しており、今後も発掘調査の進展を踏まえて、飛鳥宮との比較研究や造営年代の議論が進むことが期待される。ところで、これらの都城が国内に与えた影響も研究が進んでいる。例えば、川部浩司は近年の斎宮の発掘成果を踏まえた上で、飛鳥時代（7 世紀後半〜8 世紀初頭）の斎王宮殿域（斜方位区画）は孝徳朝難波長柄豊碕宮、皇大神宮は天武朝難波宮・藤原宮がモデルになったと指摘している［川部 2024］。

以上、日本都城における大極殿の起源、すなわち藤原宮大極殿の系譜に関しては、前期難波宮・飛鳥宮の発掘調査の進展に伴って、議論が活発化している状況にある。近年では藤原宮大極殿院の発掘調査も進み、前期難波宮との構造比較［奈良文化財研究所 2020］も進展しつつある（図 1 下）。また、藤原宮大極殿院東西の東楼（SB530）・西楼の系譜を前期難波宮内裏南門東西の八角殿院、あるいは魏晋南北朝期の太極殿東西堂に求める議論［竹内 2009］など、宮城正殿に「附帯する施設」も併せて分析が進んでいる点も注目出来る。こ

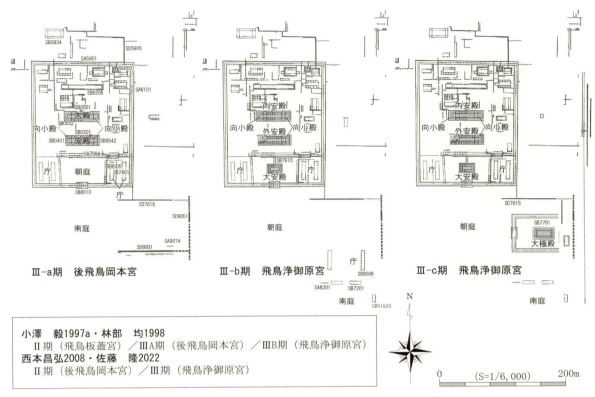

図2　重見泰による飛鳥宮跡Ⅲ期遺構の殿舎比定

の点は、上野邦一が整理したように、中心建物周辺の荘厳施設という枠組みでの通時的分析［上野 2010］も重要である。ところで、大極殿の起源・系譜論では、各都城における中枢正殿の「建造物としての画期」が議論の対象となることが多く、必然的に各研究者によって強調する部分が異なる。しかし、歴代王権が伝統の継承と革新を繰り返して創造した都城は、その個別の存在自体が画期となるため、通時的・系統的・客観的分析が重要である。前期難波宮・近江大津宮［林 2001・吉水 2020］・飛鳥宮・藤原宮など、各宮城中枢部の比較研究を進めると同時に、藤原宮以降の大極殿の発展、あるいはそのモデルとなった中国都城中枢部との比較も含めて広い視野で議論する必要がある。

(3) 大極殿の発展・系統論

藤原宮以降の大極殿に関しては、積山洋が6つの特徴を挙げている。すなわち、①朝堂院の北側に位置する、②大極殿院を形成する、③基壇上に建つ、④9×4間（四面廂）建物となる、⑤桁行に対する梁行の比率が0.42〜0.46となる、⑥礎石建ち瓦葺建物となる、の6つの特徴である［積山 2013b］。特に、平城宮第一次大極殿（中央区大極殿）、および第二次大極殿（東区大極殿）の発掘調査の進展によって、唐長安城太極宮・大明宮との比較が可能となり、日本都城中枢部の研究が活発化した。日中都城の比較の際に重要になるのが、平城京造営の契機となった粟田真人を執節使とする大宝遣唐使［新蔵 1995・河内 1996・妹尾 2020b］の存在である。現在では、大宝遣唐使が持ち帰った情報に基づいて平城京遷都が決定されたとする説が主流になっている［井上 2008・2021、石川 2010・2020］。その主要な根拠になっているのが、平城宮朱雀門の中軸線上に造営された第一次大極殿院の空間構造が唐長安城大明宮含元殿の模倣［狩野 1975・鬼頭 1978・浅野 1990］である可能

308　第4章　太極殿・含元殿・明堂と大極殿

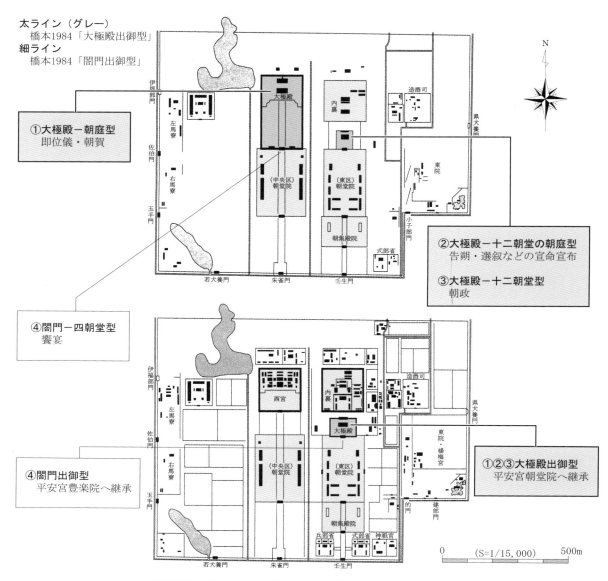

図3　奈良時代前半（上）と後半（下）の平城宮における天皇出御の儀礼空間

性が高い点である。この点は、後述するように中国都城の側からも注目されている［王仲殊1999・2000］。なお、日本における唐制の受容は奈良時代後半に本格化する点、天平勝宝度の遣唐使以降の報告で含元殿が登場して大明宮の日本への影響が決定的になる点から、平城宮造営時における大明宮の影響に関する過大評価を批判し、太極宮の模倣の可能性を指摘する意見もある［古瀬1992・西本2015］。

　平城宮は東アジアで最も発掘が進められている都城だが、中央区・東区の2つの軸線をもつ特殊な中枢部の構造が発掘によって徐々に明らかになってきた（図3・4・5）。阿部義平による初期の中枢部把握［阿部1974・1984］から、中枢部の機能や儀礼空間としての整理［岩永1996］が進展し、特に豊富な文字史料を基にして中央区（図4上）・東区（図4下・図5）のそれぞれの機能と変遷に関する研究が蓄積された。特に、大極殿院の機能に関する分析として後の研究に大きな影響を与えたのが、橋本義則による儀礼の分類である。橋本は、奈良時代の天皇が出御する儀礼を「大極殿出御型」と「閤門出御型」に分類した。前者は天皇が大極殿に出御し、大極殿門を挟んで朝庭に文武百官が列立する儀礼（即位儀・元日朝賀・任官・叙位・改元宣詔・

第1節　東アジア古代都城中枢部の変遷に関する研究史　309

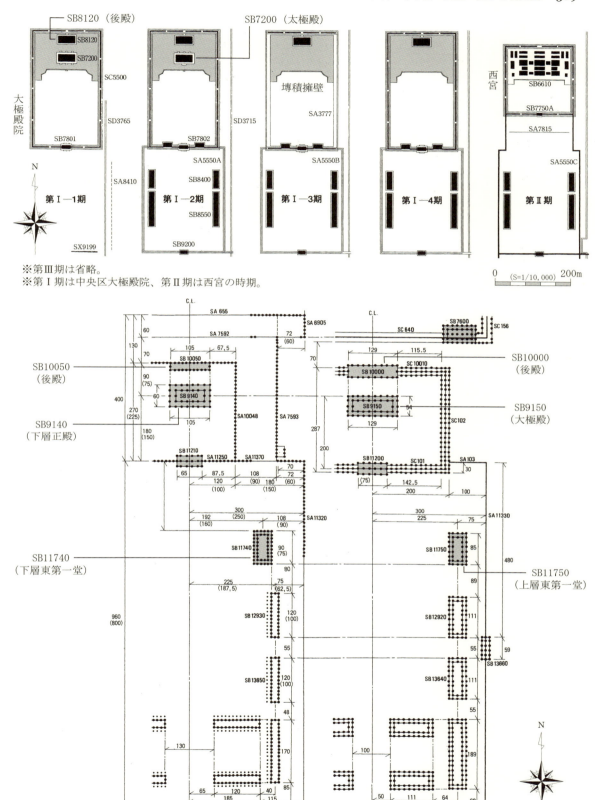

※第Ⅲ期は省略。
※第Ⅰ期は中央区大極殿院、第Ⅱ期は西宮の時期。

図4　平城宮中央区の変遷（上）と東区の変遷（下）

310 第4章 太極殿・含元殿・明堂と大極殿

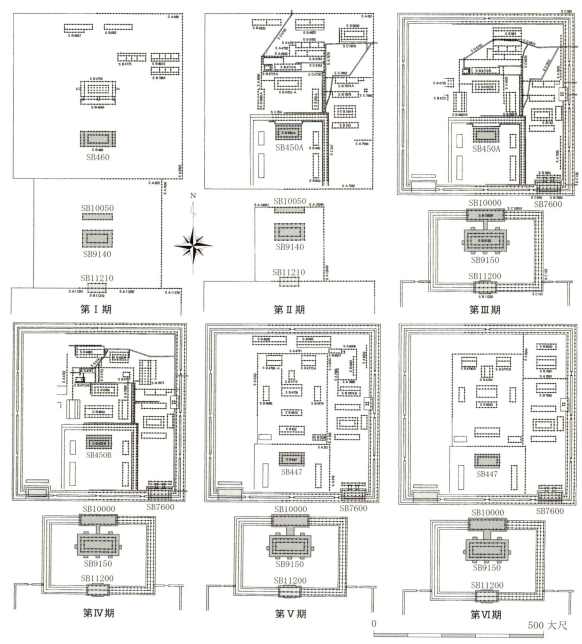

図5 平城宮内裏・東区大極殿院の変遷

告朔など)、後者は天皇が大極殿閤門(南門)に出御し、朝堂に集まる臣下と共食する儀礼(節会・騎射・賜宴など)とする。その上で、平城宮「大極殿出御型」→平安宮「朝堂院出御型」、平城宮「閤門出御型」→平安宮「豊楽院出御型」の系譜関係を指摘した[橋本1984・1986](図3・6)。橋本の研究を受けた今泉隆雄は、平城宮中央区を儀式・饗宴の空間、東区を日常朝政の空間とし、大極殿・朝堂院での政務・儀式・饗宴を、それが行われた空間を踏まえて以下の四類型に分類した。すなわち、①大極殿－朝庭型(即位儀・朝賀):中央区大極殿＋朝庭、②大極殿－十二朝堂の朝庭型(告朔・選叙などの宣命宣布):東区下層正殿・大極殿＋十二朝堂・朝庭、③大極殿－十二朝堂型(朝政):東区下層正殿・大極殿＋十二朝堂・朝庭、④閤門－四朝堂型(饗宴):中央区閤門＋四朝堂、である[今泉1980・1989・1993・1997]。なお、④の饗宴の場としての中央区大極殿

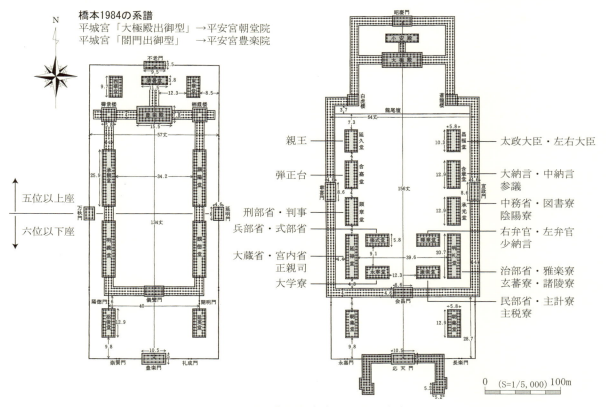

図6　平安宮の豊楽院（左）と朝堂院（右）

閣門の役割は、奈良時代後半には東区大極殿閣門＋十二朝堂に移行した点も指摘されている [小澤2012]（図3）。なお、東区下層正殿SB9140に関しては、寺崎保広が大安殿に比定 [寺崎1984] したが、現在は上層の第二次大極殿SB9150への建て替え時期を孝謙天皇即位前後（740年代末〜750年代前半）とし、奈良時代前半に東区下層正殿は中宮正殿の大安殿として中央区第一次大極殿と機能を分掌したと推定されるに至っている [山元2015・渡辺2020]。ところで、東区下層正殿SB9140を大安殿に比定した寺崎は、平安時代には小安殿とも呼ばれた大極殿後殿についても考察し、藤原宮段階の後門から平城宮では塀・回廊が取り付く後殿となり、長岡宮・平安宮に至って回廊から独立する過程を想定した [寺崎2006b]。なお、この点は近年の調査で藤原宮大極殿の後方至近で東西回廊と接続する後殿が検出され [報告E4：奈良文化財研究所2023]、日本都城における後殿の系譜も議論されるようになっている [廣瀬2023]。

　橋本・今泉・寺崎・小澤の議論、および近年の発掘調査の成果を踏まえて、平城宮中枢部の歴史的位置付けを行っているのが渡辺晃宏である。まず、渡辺は中央区大極殿院西楼の調査で南面回廊基壇下の整地層から和銅3年（710）3月の荷札木簡が出土した点から、遷都時に第一次大極殿は未完成とし、和銅8年（715）の元日朝賀が大極殿の竣工を示す行事と推定した [渡辺晃2003]。また、中央区朝堂院で称徳の大嘗宮が発見されたことを受け、中央区大極殿院Ⅱ期の遺構を西宮に比定した上で、諸説あった中宮を東区内裏・下層正殿とし、寺崎保広の説に基づき中宮正殿を大安殿と呼称していた点を推定した [渡辺2006]。また、平城宮第一次大極殿を即位儀・元日朝賀儀・蕃客辞見の舞台空間とし、壇上の大極殿（天皇の場）と階下の庭（臣下の場）によって、身分秩序を演出する空間であった点を強調した。一方、東区下層正殿：大安殿は日常政務の空間として、第一次大極殿とその機能を分掌したと考えた。さらに、奈良時代前半における第一次大極殿と東区下層正殿の二者については、飛鳥浄御原宮の内郭前殿SB7910（外安殿or大安殿）とエビノコ郭

312　第4章　太極殿・含元殿・明堂と大極殿

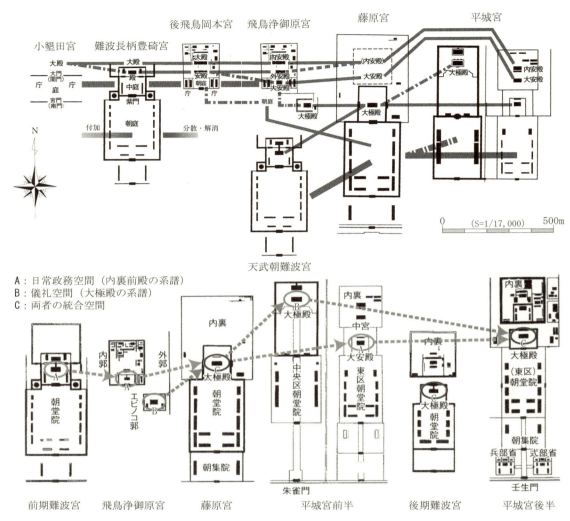

図7　重見泰（上）と渡辺晃宏（下）による日本都城中枢部の変遷案

正殿 SB7701（大極殿）が藤原宮で一元化された後に、平城宮段階で再び分化したものと位置付けた [渡辺晃 2009]。すなわち、日本的な日常政務空間（内裏前殿の系譜）と中国的な儀礼空間（大極殿の系譜）の統合に苦心していた段階を経て、還都後に初めて平城宮東区の第二次大極殿で両者の統合が実現すると整理した [渡辺 2020]。飛鳥浄御原宮エビノコ郭正殿 SB7701 を大極殿成立の画期と見る点は、前述の重見泰の議論とも共通するが、日本都城中枢部の変遷を内裏正殿・内裏前殿・大極殿の系統関係から読み解こうとする両者の視点が、現段階での最新研究 [重見 2020a pp.158-159 第23図／渡辺 2020 p.12 図7] といえる（図7）。

（4）大極殿の構造・分類研究

　ここまで大極殿の空間構造を中心とした研究史を整理したが、大極殿の建造物としての構造分析や遺構自体の分類研究も非常に重要である。
　平城宮第一次大極殿の構造に焦点を当て、移建の問題を扱ったのが小澤毅である。小澤は、平城宮第一次大極殿 SB7200：桁行9間・梁行4間（四面廂）の調査成果を再検討し、桁行総長149尺（身舎17尺等

第 1 節　東アジア古代都城中枢部の変遷に関する研究史

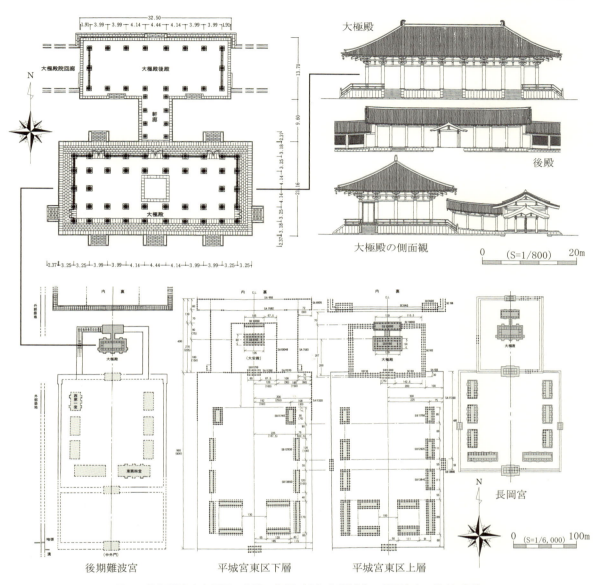

図 8　後期難波宮大極殿・後殿の復原（上）と平城宮・長岡宮との比較（下）

間・廂 15 尺）・梁行総長 66 尺（身舎 18 尺等間・廂 15 尺）に復原した。その上で、藤原宮大極殿・恭仁宮大極殿が同規模である点に注目し、藤原宮大極殿→平城宮第一次大極殿→恭仁宮大極殿の移建を想定した [小澤 1993]。また、平城宮第一次大極殿の南面階段にも注目し、学報 17[報告 E5：奈良文化財研究所 2011] の中央 1 階段説を批判し、学報 11[報告 E5：奈良国立文化財研究所 1982] の 3 階段→ 1 階段改造説を追認した。藤原宮大極殿が南面 3 階段である点、興福寺中金堂が南面 3 階段から幅広い 1 階段に改造された点を根拠とし、天皇が大極殿院南門での饗宴儀礼の際に南面階段から塼積擁壁木階を降りて出御した可能性も指摘した [小澤 2020]。陽明文庫所蔵宮城図所載八省院指図・年中行事絵巻所載朝堂院絵図・朝賀絵図 [福山 1957 図版 63・67・70] で判明している平安宮大極殿の南面階段は 3 階段である一方、唐長安城太極宮太極殿は東階・西階の 2 階段 [藤森 2000・吉田 2006] であるように、南面階段は儀礼空間としての大極殿（太極殿）の利用方法、あるいは天皇（皇帝）の権威を象徴する役割を果たす重要な要素である。平城宮第一次大極殿の基壇に関しては、寺院や中国の事例との比較 [報告 E5：奈良文化財研究所 2009] も行われているが、平城宮第二次大極殿

314　第4章　太極殿・含元殿・明堂と大極殿

【鬼頭による大極殿の分類】
　①前期難波宮型

　②平城宮第一次大極殿型
　　→唐長安城大明宮含元殿の模倣
　　→長岡宮大極殿
　　→平安宮大極殿

　③藤原宮大極殿型
　　→唐長安城太極宮太極殿の模倣
　　→平城宮第二次大極殿
　　→後期難波宮大極殿

※縮尺は原図と同じ。

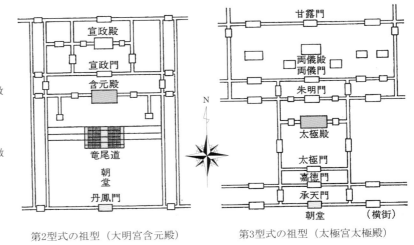

図9　鬼頭清明による大極殿の分類とその系譜

以降、建築平面や基壇規模が縮小する方向が指摘されている［平澤2002］。平城宮第二次大極殿SB9150、後期難波宮大極殿SB1321［澤村1995］、長岡宮大極殿（後期難波宮大極殿からの移建とされる）［中尾1995b・積山2013b］は、いずれも後殿と軒廊で結ばれた「工字形」を呈し（図8）、藤原宮大極殿→平城宮第一次大極殿→恭仁宮大極殿と移築されたと考えられる建造物に比べて小型化している。

　以上のように、藤原宮以降の大極殿に関しては、移建による建造物としての直接的な系譜関係が想定される例がある。しかし、唐招提寺講堂（平城宮東区朝集院の東朝集堂を移建した）例が示すように［奈良文化財研究所2006b］、建造物としての移建は必ずしも機能上の系譜と一致するわけではない。そのため、発掘された大極殿の遺構に関しては、あくまでもそれぞれの平面構造や空間配置に基づいて分類が行われてきた。代表的な研究として、鬼頭清明・積山洋・吉田歓の研究がある。まず、鬼頭清明は日本の大極殿を中国の太極殿と比較した上で「構造的に形式分類」し、以下の3分類を設定した。すなわち、①前期難波宮型、②平城宮第一次大極殿型（＋長岡宮大極殿・平安宮大極殿／唐長安城大明宮含元殿の模倣形式）③藤原宮大極殿型（＋平城宮第二次大極殿・後期難波宮大極殿／唐長安城太極宮太極殿の模倣形式）である（図9）。その上で、藤原宮成立段階（694）には、含元殿（662-）が存在していたものの、白村江の戦い（662）以降は太極殿（617-）の情報しか参考に出来ず、大宝遣唐使（702）の派遣によってもたらされた大明宮の情報によって、第2形式が出現したと考えた［鬼頭1978・2000］。次に、積山洋は大極殿と内裏・朝堂との関係を整理し、6分類を設定した。すなわち、①内裏前殿A型（前期難波宮内裏前殿・後岡本宮内郭前殿・藤原宮大極殿）、②内裏前殿B型（平城宮東区下層正殿・第二次大極殿）、③朝堂院正殿A型（後期難波宮大極殿・恭仁宮大極殿）、④朝堂院正殿B型（平城宮第一次大極殿・長岡宮大極殿）、⑤朝堂院正殿C型（平安宮大極殿）、⑥単独型（エビノコ郭正殿）である。その上で、内裏前殿期（①⑥）→大極殿Ⅰ期（①）→大極殿Ⅱ期（②③④）→大極殿Ⅲ期（⑤）の4時期に区分した［積山2013b］。上記分類に関しては、鬼頭が中国における正殿の系統から分類を行っているのに対して、積山は内裏正殿（前殿）から成立した大極殿が朝堂院との結びつきを強める国内の変遷に着目している点に違いがある。両者の視点の違いにより、結果として大極殿の分類に大きな差異が生まれる点も興味深い。最後に、天皇の大極殿への出御方法を中国と比較する作業を踏まえて、大極殿を後殿との関係性から分類したのが吉田歓である。吉田は、平安初期の『内裏儀式』において、冕服を着た天皇が小安殿から四幅布単が敷かれた軒廊を通り、大極殿に出御して高御座に着座する点を整理した。一方、中国皇帝は『大唐開元礼』によると、輿で閤門を

出て太極殿内の西房経由で御座へ出御し、東房を経て還御する。この在り方は、前漢における前殿内の「房」から輿に乗って出御する方式の系譜を引くとされるが、南朝梁では輿に乗った皇帝が太極殿前まで来て、自ら階段を登って御座についたように太極殿東西堂の存在により出御方法が変化した点を想定する。吉田によると、中国の「後房」が大極殿と別棟である点が日本の特徴であり、日本の「工字殿」は「柱廊」で主殿と後殿を結ぶ北宋以降の工字形正殿とは異なり、日本独自に生み出されたものとする。このような整理を踏まえて、吉田は日本の大極殿を後殿との関係から3つに分類した。すなわち、①内裏正殿と結合するタイプ（前期難波宮内裏前殿）、②後殿・後門が大極殿院回廊あるいは塀に取り付くタイプ（藤原宮大極殿・平城宮東区下層正殿・後期難波宮大極殿・平城宮第二次大極殿）、③後殿が大極殿院回廊から独立するタイプ（平城宮第一次大極殿・長岡宮大極殿・平安宮大極殿）である。中でも天皇の冕服の着用が開始された時期：後期難波宮大極殿・平城宮第二次大極殿の軒廊の存在を重視し、それが長岡宮・平安宮へ続くと考えた [吉田 2006]。天皇の出御方法も踏まえて、大極殿を後殿との関係性という視点から分類した吉田の②類は鬼頭の藤原宮大極殿型、③類は平城宮第一次大極殿型に対応しており、ともに中国都城を比較対象とする両者が同じ分類案を示している点は重要である。東アジア都城の正殿の比較を試みる本章においては、鬼頭・吉田の研究が出発点になる点を明記しておく。

(5) 大極殿の思想背景

日本の大極殿が、中国の魏晋南北朝～唐宋代の宮城正殿である太極殿から命名されている点は明らか [王仲殊 2003 p.89] である。岸俊男が古く整理したように「太極は太一ともいい、天地萬物の根源を意味し、宇宙の本體であることから、天を支配する神で、占星思想にいう紫微宮の中心に常居する星」 [岸 1977b p.3] で、太極殿は天命思想に基づいて世界を支配する中国皇帝の正当性を象徴する宮城の正殿である。一方、日本大極殿は、天武～持統朝における日本の国号・天皇号の確立、大嘗祭・即位式の整備など、日本的な君主の地位が確立する中で「太極殿」ではなく「大極殿」と故意に名称を違えたという説もある [岩永 2008 p.473]（註2）。大極殿の思想背景については、特に平城宮第一次大極殿に焦点を当て、中国との比較から設計思想や統治理念を追求した内田和伸の研究がある [内田 2011]。なお、大極殿を含めた宮中枢部の構造を中国と比較する際に、重要とされてきたのが三朝制に基づくアプローチである。

玄宗期に成立した『唐六典』（巻七、尚書、工部）には、唐長安城太極宮の承天門・太極殿・両儀殿に以下の記載がある。すなわち、①「若元正冬至大陳設、燕會、赦過宥罪、除旧布新、受万国之朝貢、四夷之賓客、則御承天門、以聴政。蓋古之外朝。」②「其北曰太極門、其内曰太極殿、朔望則坐而視朝焉。蓋古中朝也。」③「又北曰両儀門、其内曰両儀殿、常日聴朝而視事焉。蓋古之内朝也。」である。『唐六典』に記載される三朝は、周制の三朝（燕朝・治朝・外朝）とは異なり、玄宗期に実際に存在した殿舎を周制に当てはめて解釈したもの [吉田 2002・村元 2020a・豊田 2020] だが、唐太極宮・大明宮の「三朝」と日本都城中枢部の対応関係を整理した研究は非常に多い [岸 1977a・中尾 1995a p.179 第38図・金子 2007 p.64 図13・山田 2007 p.172 図18]。例えば、今井晃樹は奈良時代前半の平城宮に関して、唐長安城太極殿・大明宮の対応関係も踏まえた上で、丹鳳門：中央区朝堂院南門、承天門・含元殿（外朝）：第一次大極殿院＋中央区朝堂院、太極殿・宣政殿（中朝）：東区下層正殿＋東区下層朝堂院、両儀殿・紫宸殿（内朝）：内裏の対応関係を示した [今井 2012 p.948 表1]。周礼・三朝制など、抽象的な思想背景から実際に存在する都城中枢部の構造を比較・解釈する方法論には十分な注意が必要と考える [城倉 2021 p.187] が、唐長安城と渤海・日本などの各国都城を比較する際の視点として、三朝制が注目されてきた点は重要である。

(6) 大極殿閤門・左右楼閣・龍尾道（壇）

　前述したように、天皇の大極殿への出御に関連して、大極殿の南面階段、あるいは後殿という附帯施設が果たした役割は重要である。藤原宮以降の大極殿に関しては、回廊・築地回廊で囲繞された単独の「大極殿院」（平安宮のみ 12 朝堂と一体化して「朝堂院・八省院」）を形成するため、院内の構成要素も含めた分析が必要になる。具体的には、大極殿院南門（閤門）・南面左右楼閣・殿前広場・龍尾道（壇）・回廊・後殿などが挙げられる。ここでは、専論が存在する大極殿閤門・左右楼閣・龍尾道（壇）の研究史に関してのみ、簡単に整理する。

　大極殿院の南面中央門は、閤門とも呼ばれ、奈良時代においては橋本義則の「閤門出御型」[橋本 1986] に分類される大極殿と並ぶ重要な天皇出御の空間である。大極殿院南門に出御した天皇は、朝庭に南面し、左右朝堂に着座する臣下と共食する（饗宴儀礼）。日本における大極殿院南門については、既に詳述した [城倉 2021] ので省略するが、文字史料から呼称を整理した市大樹も大極殿院南門が持つ多様な機能を強調している [市 2021]。特に、藤原宮で成立し、奈良時代に発展した饗宴儀礼の空間としての大極殿院南門については、山下信一郎の研究が特筆される。山下は、橋本義則の「閤門出御型」を継承しつつ、天皇が大極殿院南門に出御する場合だけでなく、内裏に出御して五位以上の官人を内裏に宴し、六位以下官人を朝堂に饗する形態がある点を指摘する。この場合、天皇は大極殿院南門には出御しないが、大極殿院南門は「同門を挟んだ内外空間とその場の参列者を、物理的かつ精神的に媒介・結合する重要な役割を果た」すことになる。この形態の儀礼を「閤門出御型」から分離し、山下は「閤門介在型」饗宴儀礼として類型化した。また、藤原宮・平城宮で重要な役割を果たした大極殿院南門は、本来的には大王宮の内裏「大門」に由来し、7 世紀に併存していた「内裏・朝庭系」と「広場・苑池系」儀礼が、藤原宮大極殿院南門の成立によって前者に統一される過程を想定した [山下 2018]。藤原宮以降の大極殿院南門・朝堂を中心とする饗宴儀礼に関しては、山元章代・志村佳名子も整理しており、奈良時代前半の平城宮中央区 4 朝堂が平安宮豊楽院と同じく様々な階層・人数の臣下を着坐させられる汎用性の高い構造である点 [山元 2020]、奈良時代後半には饗宴の場が東区朝堂に一本化され、長岡宮・平安宮に至って機能分化しながら内裏紫宸殿を中心とする日本的な饗宴儀礼の空間が成立していく過程 [志村 2015] が指摘されている。

　平城宮大極殿院南門の左右には、東楼 SB7802・西楼 SB18500 の存在が知られている。浅野充は、この左右楼閣について、唐長安城大明宮含元殿の棲鳳閣・翔鸞閣を模倣した点を指摘し、平城宮中央区を「中華を体現する場」と位置付けた [浅野 1990]。なお、上野邦一は平城宮中央区大極殿院南門の東西楼だけでなく、東区大極殿院の東西で内裏内部に位置する楼閣（東楼 SB7700）にも注目し、中心建物の前面左右などにおいて中心を荘厳化する楼閣の重要性を強調した [上野 2010]。この点に関しては、山田邦和も「楼閣附設建築」の重要性を指摘し、桓武天皇が唐長安城承天門・含元殿を模倣して、長岡宮・平安宮に造営した建造物と位置付けている [山田 2007]。大極殿・大極殿院南門周辺の楼閣建築に関しては、異なる系譜を持ついくつかのタイプに分類できる点は既に指摘した [城倉 2021 p.181] ところだが、その構造・機能だけでなく、中国都城におけるモデルの追究なども視野に分析を蓄積する必要がある。

　なお、大極殿と大極殿院南門の間に存在する重要な施設として、龍尾道（壇）がある。その名称が示す通り、高宗龍朔 3 年（663）に落成した大明宮正殿：含元殿前の龍尾道 [安家瑤 2005a・b] をモデルとしたもので、平城宮中央区大極殿、平安宮大極殿前に存在する点が知られる [王 1999・2008a]。平安宮では「龍尾壇」と呼ばれたが、発掘調査では明確な形として遺構が確認されているわけではない [京都市文化市民局 2019]。一方、平城宮中央区の第一次大極殿前では長方形の塼を積んで構築した塼積擁壁 [内田 2002] が検出されてお

り、中央を隔絶し、左右斜路から臣下を登壇させる唐長安城大明宮含元殿前の龍尾道を模倣した構造が確認されている。唐皇帝の隔絶した権力を象徴的に可視化する舞台装置として著名な龍尾道であるが、平城宮中央区大極殿前の塼積擁壁の正面部分には木階が検出されている。王仲殊はその存在を疑問視しており［王仲殊 1999］、学報 17 でも天皇が大極殿を降りることはないとするが［報告 E5：奈良文化財研究所 2011］、小澤毅は饗宴儀礼の際に天皇が、第一次大極殿南面 3 階段の中央、および塼積擁壁木階を降りて出御する可能性を指摘している［小澤 2020 p.484］。この点に関しては、内田和伸も「塼積擁壁正面中央には天皇が南門に出御するときに使うと考えられる、掘立柱でできた木製階段の遺構」が存在すると言及しており、同様の想定をしている点がわかる［内田 2011 p.6］。後述するように平安時代の『儀式』［渡辺校注 1980］によると、元日朝賀儀・即位儀において、大極殿南面中央階段を使用するのは確かに皇太子だけだが、唐長安城太極宮太極殿では南面中央階段自体が存在しておらず［藤森 2000］、モデルとなった唐代都城との構造・機能面の差異も含めて大極殿周辺の施設を分析する必要がある。

（7）宝幢四神旗の研究

上記の大極殿周辺の建造物に対して、大極殿前に元日朝賀儀・即位儀に際して設置される臨時の施設もあった。『文安御即位調度図』にも描かれ、大極殿の南 15 丈 4 尺に樹てる銅烏幢・日像幢・月像幢（宝幢）、および四神旗である（図 14 下左）。宝幢四神旗は、朝堂に囲まれた朝庭、あるいは大極殿前の殿庭部分で 7 基の「幢旗遺構」として検出される。『続日本紀』大宝元年（701）正月乙亥朔条には、「天皇御大極殿受朝。其儀於正門樹烏形幢。左日像・青龍・朱雀幡、右月像・玄武・白虎幡。蕃夷使者、陳列左右。文物之儀、於是備矣。」とあり、藤原宮の元日朝賀で正門（大極殿院南門）前に「幢幡」が樹てられたことがわかる。「幢幡」（以下、宝幢もしくは幢旗遺構と記載する）樹立は唐の儀仗制度を範として成立したとされ、藤原宮朝堂院朝庭から大極殿前庭へと移動した点が判明している［志村 2019］。中国古代の神話にある日像（太陽の中に赤烏）、月像（月の中に菟・蟾蜍・桂樹）、あるいは四神に対して、日本は八咫烏を銅烏幢の形で配置する点が独自であり、倭国の自己認識を表現したものとされる［西本 2017］。なお、幢幡の図像を検討した塚田良道も、中国の思想を導入しながらも天皇を中心とする国家観念を表現するように日本的に改変したものとし、天武～文武朝の成立を想定している［塚田 2024］。

発掘で検出された幢旗遺構の研究に関しては、平城宮第二次大極殿前で検出された 2 期分の遺構に関して、光仁（770 年）・桓武（781）の即位に関わる点が指摘されていた［報告 E5：奈良国立文化財研究所 1993］が、即位した天皇がいない長岡宮大極殿前で中軸から左右対称に展開する 7 基（確認されているのは 5 基）の幢旗遺構が検出され、元日朝賀での使用が指摘されるようになった［山中 1997］（図 10 下右）。長岡宮の事例を検討した吉川真司は、兵庫寮・木工寮が「幢柱管」を大極殿前庭に設置するという史料を踏まえ、宝幢柱根元の「筒状固定具」が常設されており、即位儀・朝賀儀に幢旗が使用された可能性を指摘した［吉川 1999］。また、西本昌弘は、平城宮第一次大極殿 II 期（西宮）の正殿 SB6611 前の SB7141 を 2 列の幢旗遺構とみなし、称徳の西宮での朝賀の際に使用されたと推定した［西本 2004］。これに対して、平城宮第二次大極殿の報告者でもある金子裕之は吉川説を中心に反論を行い、第一次大極殿地区の SB7141 を幢旗遺構と見る説も否定した［金子 2002］。しかし、現在は 1 回の掘削で常設の「幢柱管」を設置し、元日朝賀・即位儀などで複数回樹立する吉川説が有力と見られており、平城宮西宮の SB7141 も幢旗遺構と結論づけられている［海野 2014］。最近の研究では、大澤正吾が幢旗遺構を集成し、その変遷をまとめている。大澤は、藤原宮大極殿院南門前で検出された中央 1 基の大型柱穴（烏形幢）の東西に 3 基の柱穴がセットになる（西：月像・玄

318　第4章　太極殿・含元殿・明堂と大極殿

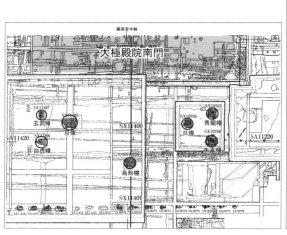

藤原宮の幢旗遺構　　　　　　　　　　　平城宮中央区大極殿院の幢旗遺構

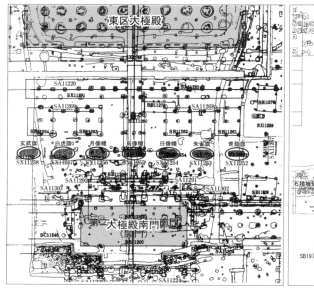
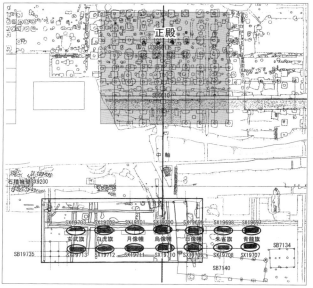

平城宮東区大極殿院（d期）の幢旗遺構　　　　平城宮中央区西宮の幢旗遺構

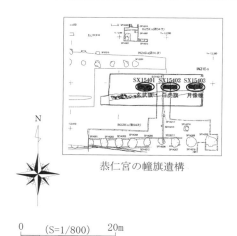
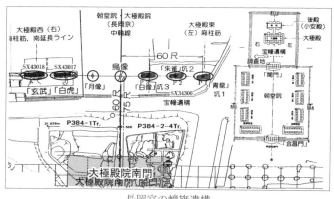

恭仁宮の幢旗遺構　　　　　　　　　　　長岡宮の幢旗遺構

図10　発掘された日本都城の幢旗遺構

武・白虎幡／東：日像・青龍・朱雀幡）ものを最古型式と位置付けた。その上で、平城宮中央区第一次大極殿前面の塼積擁壁上において第 69 次調査で検出された遺構を再検討し、主柱に対して 2 本の脇柱が付随する 3 本柱構造の幢旗遺構を 7 基推定し、新しい型式が平城宮遷都段階の中央区大極殿で達成されたと指摘した [大澤 2019a・b]（図10）。また、古川匠は恭仁宮朝堂院地区で検出された幢旗遺構に注目した。恭仁宮では、天平 13・14・15 年の元日朝賀のうち、15 年は大極殿で行われた点から、幢旗遺構北西で確認された SB11000（掘立総柱の楼閣遺構）を仮設大極殿の西楼と推定している [古川 2020、報告 E6：古川 2020]（図 59 上右）。

以上の大極殿前に樹立された宝幢・四神旗以外にも、平安宮における元日朝賀儀・即位儀に際しては、八省院北門から朱雀門外までの各所に幡が立てられたことが知られており [福山 1957 図版 70 朝賀絵図]、これらを総体として把握するべきという指摘もある [山本 2012 p.103]。また、奈良時代の元日朝賀儀・即位儀に際しては、朝堂院南門前に楯・鉾を樹てることも知られており、平城宮南西隅の SE1230 の井戸枠が隼人の威儀用楯と一致する点も指摘されている [竹森 2015]。大極殿周辺の建造物以外にも、儀礼に関わる遺構・遺物の更なる研究が必要である点が理解できる。

（8）朝堂院の研究

大極殿・大極殿院を中心として、その構成要素毎に研究史を整理してきたが、関野貞が大極殿を「朝堂の正殿」[関野 1907] としたように、日本都城において大極殿院と朝堂院は密接に関係しながら発展した。ここでは、朝堂院の平面配置や中国朝堂との比較を行った研究を中心にまとめておく。

関野貞の研究以来、朝堂は儀式の場とされてきたが、岸俊男は推古朝小墾田宮で大門前の朝庭を囲む「庁」がその起源である点を指摘し、朝堂が持つ朝参・朝政・朝儀の 3 機能の中でも、本来は朝政の場である点を強調した [岸 1975]。岸の指摘を受けた鬼頭清明は、天皇が居住する場に「庭」があり、朝堂院に転形したとし、藤原宮の 12 朝堂で基本構造が完成した点を整理した。また、中国漢代では宮城内、唐代では宮城正門前に朝堂が位置する点から、日本朝堂は集議の場である漢〜魏晋南北朝の朝堂に近く、王権が未成熟な日本では貴族層の合議が政治的に重要だった点を指摘した。その上で、律令官制の整備に伴って朝座を持つ官司の数が拡大し、日本独自の 12 朝堂となった点を推定した [鬼頭 1984]。橋本義則は、各都城の朝堂の規模に注目し、前期難波宮・藤原宮では東西第一堂が特別の規模・構造を持つ点を指摘した。平城宮以降は第一堂も他の諸堂と規模が同一となり、長岡宮・平安宮にかけて建物の格が下がる傾向から、朝政の盛衰と関わる点を整理した。さらに、奈良時代の平城宮で行われた儀式を天皇が出御する場を基準として整理し、「大極殿出御型」と「閤門出御型」を指摘した点は前述した通りである [橋本 1986]。橋本の研究を承けて、平城宮東区朝堂院の遺構を検討した寺崎保広は、下層朝堂において第一堂のみが四面廂で中軸寄りに位置するのに対して、その他の朝堂は片廂であり、前期難波宮・藤原宮の特徴を継承し、第一堂の格が高かった点を追認した。第一堂は大臣の堂であるだけなく、朝政が始まると議政官が集まる重要な堂であったとする。また、奈良時代前半においては、中央区朝堂院が儀式・饗宴の場であったのに対して、東区朝堂院が朝政の場であった点を指摘する。しかし、奈良時代後半の東区朝堂院上層以降においては、後期難波宮・長岡宮・平安宮と朝堂全体が均質化する変化の方向性を整理した [寺崎 2006a]。また、前述したように今泉隆雄は、橋本義則の「大極殿出御型」「閤門出御型」の指摘を受けて、平城宮中央区・東区に分けて、朝政・朝儀の空間を整理した [今泉 1989]。なお、金子裕之は、以上とは異なる視点で大極殿・朝堂院の関係性を整理し、「藤原宮型」と「平城宮型」に分類した。すなわち、前者は大極殿・朝堂院が中軸上で南北に位置する類型（＋後期難波宮・

長岡宮)、後者は大極殿・朝堂院の軸線が2つ並列する類型(+平安宮)で、「平城宮型」は唐長安城の太極宮・大明宮を祖型とすると考えた[金子1996]。

　以上、朝堂を朝儀の場[関野1907]、朝政の場[岸1975]とする議論は、今泉隆雄によって統合され、平城宮東区・中央区朝堂院という場に結び付けて整理された[今泉1989]。一方、吉川真司は、少なくとも8世紀前半には五位以上の官人は原則毎日、朝堂で天皇に侍候しており、これが朝堂の本質的機能だと指摘する。しかし、朝堂=五位以上官人の侍候空間という機能は、長岡宮段階では失われつつあり、大極殿ー朝堂院は国家的儀礼の場として純化したとする[吉川1996・2005]。山元章代は、藤原宮段階から朝堂院での朝政は官人によって自律的に運営され、重要事項のみが内裏で奏上されたとし、朝堂院における朝政は理念上「百官庶政」にあった点を想定する[山元2010]。志村佳名子は、日本王宮における伝統的な政務・儀礼空間である大王居所前の「庭」が、中国都城の「朝堂」の影響を受けて、藤原宮で大極殿に接続する施設へと展開したと指摘した。また、奈良時代前半の平城宮では中央区・東区が機能によって使い分けられたが、後半以降は東区朝堂に一本化される点から、内裏と繋がる東区朝堂院が本来的な朝堂と推定した[志村2015]。なお、朝堂院南側の朝集堂に関しては、岸俊男が唐長安城大明宮建福門外の百官待漏院と同じ機能を想定しているが[岸1975]、近年、馬場基が朝堂院に包摂されない集団=国司・郡司など「外官」のための空間とする説を提唱している[馬場2018]。

　ここまでの研究史が日本での朝堂院の発達を位置付けているのに対して、その語源ともなった中国の朝堂との比較を行った研究もある。佐藤武敏は、中国における朝堂の歴史について整理した。すなわち、前漢未央宮の庭中2か所に存在した朝堂は儀礼と集議の場であり、後漢、魏晋南北朝に引き継がれるが、徐々に儀礼の場としての性格を強めていく。唐長安城では太極宮正門の承天門前、大明宮正殿の含元殿前に肺石(東)・登聞鼓(西)と共に、東西朝堂が置かれた。その機能についても、賓礼・軍礼・嘉礼など儀礼が中心で訴訟・裁判などは行われたが集議の場ではない点を整理し、東宮朝堂・命婦朝堂が別に存在した点も指摘した。その上で、12堂を基本とする日本の朝堂は中国をモデルにしながらも独自性が強く、機能的には魏晋南北朝の朝堂に近いとした。しかし、系譜的には隋唐朝堂をモデルにした可能性が高く、外朝(太極宮承天門・大明宮含元殿)・朝堂・皇城の3つを一緒にして、朝堂・曹司という形に変えた可能性を指摘した[佐藤1977]。なお、中国で実際に発掘された朝堂の事例は、大明宮含元殿前の東朝堂に限られる[馬得志1987]ものの、文字史料は比較的豊富で山崎道治がその用例を集成して整理している[山崎1996a・b]。日本朝堂の起源を中国都城と比較して考えた秋山日出雄は、東魏北斉鄴城で太極殿が「南進」して中朝化し、唐では宮城正門前に出てくるが、日本で大極殿院南門前に朝堂があるのは隋唐制度の漸次的移入とした。また、「日本宮室の朝堂は、太極殿門外(原文ママ)の左右至近にある建物であり、それは平安宮八省院=朝堂院で言えば、昌福堂・延休堂にあたる。ー中略ー。藤原宮や前期難波宮でも、十二堂北端の二堂が他の建物よりも梁間が大きいのはこのことに関係がある。」とし、「中国朝堂が宮門外に進出して尚書省と一体となったのが、我が八省院=朝堂院の祖型となったと考えるが如何であろうか」と結論づけた[秋山1981]。藤原宮大極殿院南門における赦宥儀礼の廃止記事から、大極殿院南門が唐長安城太極宮承天門に比定されていた点は佐竹昭が指摘している[佐竹1988・1998]が、前期難波宮に関しても中尾芳治が三朝制の観点から唐長安城太極宮との比較を行い、内裏南門を唐外朝承天門にあたると指摘している。また、中尾は、前期難波宮の14堂のうち、東西第一堂が本来の朝堂であり、第二堂以下が日常的な政務のための「庁」と考えた[中尾1995a p.181]。しかし、近年は考えを変更しているようで、前期難波宮内裏前殿前の東西長殿(SB1001・SB1101)こそが唐代朝堂をモデルにしたものとし、14朝堂を唐長安城太極宮に対置させれば、「皇城」となる官衙地区であると指摘している[中尾2014 pp.208-215]。なお、前期難波宮内裏前殿SB1801の前面東西の長殿に関しては、

前述したように魏晋南北朝期の太極殿東西堂に起源があるという岸説 [岸 1977a・b] もある。また、内裏前殿 SB1801 と後殿 SB1603 の間の東西に存在する建物（東：SB2101）に関しては、長安城太極宮太極殿東西の上閤門に該当するという説もある [積山 2013a p.68]。さらに、飛鳥宮における朝堂の存在に関しても、空間構成を中心に検討されている [亀田 2000・林部 2001・小澤 2003] 点も付言しておく。

　ところで、日本の朝堂（院）を「皇城」と考える説は中国人研究者の王仲殊も指摘している。王仲殊は、日本朝堂院は中国朝堂から名づけられていると同時に、附属する曹司と併せて、唐長安城の皇城（省・寺・台・監）の政務機構を兼ね備えた存在とし、内裏・大極殿・朝堂院を包括する日本の宮城は、唐長安城における宮城・皇城の結合体と指摘した [王 1983][王仲殊 1983]。前期難波宮・藤原宮の朝堂院は、唐長安城の皇城を継承しているという考え方が、近年の文献史研究者に受け入れられている点も興味深い [山元 2010・市 2020]。

（9）即位儀と元日朝賀儀

　ここまで大極殿院・朝堂院の発掘調査の進展に伴う研究を中心にまとめてきたが、次には文献史を中心として都城中枢部で行われる儀礼 [奈良文化財研究所 2003・2005a] に関する研究成果を整理する。具体的には、大極殿・朝堂院を舞台とする即位儀・元日朝賀儀に焦点を当てる。

　日本古代の大王継承儀礼に関しては、岡田精司が、践祚（即位）と大嘗から成る点を指摘している。岡田は、大嘗祭が日本古代の伝統的儀礼であるという説に疑問を呈し、即位儀（王位を象徴する宝器：レガリヤの授受）こそが天孫降臨神話と不可分の本来的な儀礼であるとしたうえで、大嘗祭は持統朝から始まる律令的儀礼とした。大嘗祭は、天皇が資格を得た直後に、服属する畿外の国々の貢上する初穂をもって天皇の守護神を祭るものとし、その象徴として悠紀・主基の斎田を設定し「呪的に全国土を服属せしめる祭儀」とした [岡田 1983]。貞観年間に成立した官撰儀式書である『儀式』によると、践祚儀（剣璽渡御儀礼）は平安初期に創出された新儀で、それ以前は即位式と大嘗祭の 2 種の儀式・祭儀により構成されていた [加茂 1999]。即位儀は大極殿において挙行され、元日朝賀儀と同じ内容とされる。

　一方、中国皇帝の即位儀礼に関しては、西嶋定生が天子即位、皇帝即位の 2 段階で成り立つ点を指摘した点が有名である [西嶋 1975]。漢初の即位は宗廟で行われるが、武帝以降は柩前即位が基本となり、魏晋南北朝の太極殿で行われる柩前即位が唐にも引き継がれる。西嶋の 2 段階即位の概念を継承した尾形勇は、唐代においても伝位の場合は、凶礼としての柩前即位（天子即位）と嘉礼としての冊・宝の伝授（皇帝即位）が行われた点を指摘した [尾形 1982]。しかし、現在は天子即位に関しては疑問が呈されており、唐代即位儀礼は皇帝即位のみとされるに至っている [小島 1991・松浦 1993]。特に、松浦千春は、高祖廟の親謁が即位を完了させる儀礼である点に注目し、皇太子からの即位、および皇太子以外からの即位における謁廟について整理した。詔・冊に対応する皇帝即位の二重性が天子・皇帝即位と認識された点を指摘するとともに、祖霊の承認によって皇太子が皇帝「家」の嗣子となる、すなわち天命の受命者たらしめる儀礼が謁廟であると指摘した [松浦 1993]。中国皇帝はその祖先を通じて昊天上帝と繋がりを持ち、「受命」と「世襲」が両立するわけだが、この点は日本の「即位儀・大嘗祭」の関係性を考える上でも重要である。このような状況を踏まえて、金子修一は唐代の即位儀礼を再検討し、伝位の場合における即位儀礼を、①凶礼（柩前即位／第一次即位／大明宮）、②嘉礼（冊・宝の伝達／第二次即位／太極宮）に分けた上で、即位儀礼が太極殿で行われる第二次即位に中心がある点を明らかにした。すなわち、高宗以降に大明宮正殿として使用された含元殿に関しては、第一次・第二次の両即位でも全く関与することはなく、太極宮太極殿で行われる即位儀礼が中心であったとされる [金子 1994・2001a]。唐代の太極殿で行われる即位儀の在り方は、日本の大極殿で行われる

322　第4章　太極殿・含元殿・明堂と大極殿

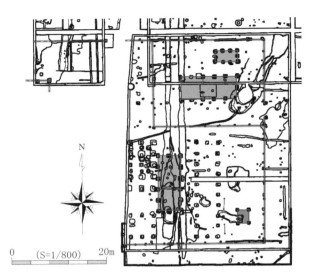

『儀式』に見られる大嘗宮

【奈良時代の天皇と大嘗祭】
①元正天皇（霊亀2年11月19日）東区朝堂院
②聖武天皇（神亀元年11月23日）東区朝堂院
③孝謙天皇（天平勝宝元年11月25日）南薬園新宮
④淳仁天皇（天平宝字2年11月23日）東区朝堂院
⑤称徳天皇（天平神護元年11月22日）中央区朝堂院
⑥光仁天皇（宝亀2年11月21日）東区朝堂院
⑦桓武天皇（天応元年11月13日）東区朝堂院

中央区朝堂院で検出された大嘗宮

平城宮で検出された大嘗宮遺構（縮尺は原図と同じ）

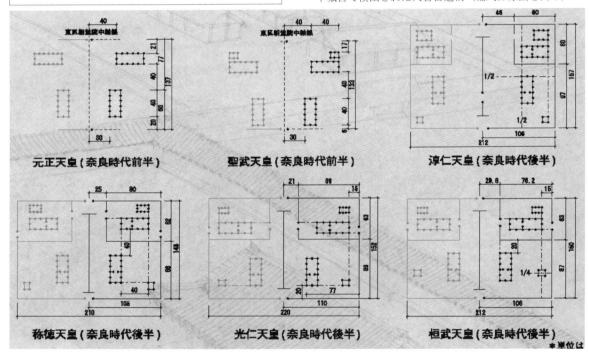

図11　平城宮朝堂院（中央区・東区）で検出された大嘗宮

即位儀を考える上でも重要である。

　さて、日本における即位儀・大嘗祭のうち、朝堂院に営まれる仮設の祭場である大嘗宮が発掘調査で検出される場合があり、都城中枢部の構造を考える上で重要な要素となる。藤原宮で即位した文武・元明の大嘗宮は未確認だが、平城宮で即位した天皇は大嘗宮が判明している。まず、平城宮東区朝堂院の朝庭部で1985年（第163次）、1986年（第169次）に実施された発掘調査で、奈良時代後半の3時期（A・B・C

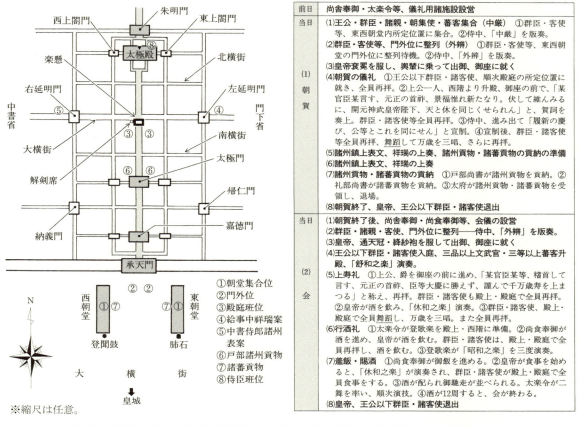

図12　渡辺信一郎による『大唐開元礼』に基づく元会儀礼の空間復原（左）と進行表（右）

期）分の悠紀院の遺構が検出された［奈良国立文化財研究所1985・1986］。その後、上野邦一の遺構の検討により、さらに2時期（01・02期）の遺構の存在が判明し、01：元正（716年）、02：聖武（724年）、A：淳仁（758年）、B：光仁（771年）、C：桓武（781年）の大嘗宮にそれぞれ比定された［上野1993］。さらに、2004年（第389次）には、中央区朝堂院の朝庭部で称徳（765年）の大嘗宮が検出され［奈良文化財研究所2006a］、平城宮外に設置されたと推定される孝謙（749年）以外の大嘗宮が全て確認された［奈良文化財研究所2019］（図11）。この平城宮の大嘗宮については、悠紀院正殿の位置を分析した岩永省三が、正殿が重ならないように桁行長40尺ずつ南にずらしていく規則性［奈良文化財研究所2005b］を再整理し、遺構がほぼ重複する光仁と桓武のみが血統的繋がりを表現していると指摘した。また、西宮を拠点とした称徳が対立関係にあった淳仁の大嘗宮の場を忌避し、元正大嘗宮に倣った位置で中央区朝堂院朝庭に造営した点も推定した。さらに、有力氏族が集合する場としての朝堂の意義が形骸化しつつあった奈良時代に、古い姿を観念的に留め、律令国家の国家秩序を象徴する「幻想の共同体パンテオン」である朝堂院に大嘗宮が造営された意義を論じた［岩永2006a］。岩永の研究を除くと、遺構としての大嘗宮に関する考古学的研究は限られているが、笹生衛は、平城宮大嘗宮の基本構造が天武朝まで遡り得る点、区画・遮蔽施設内での食膳調理と皇祖神への供饌・供食儀礼が古墳時代の豪族居館で行われた祭祀（人物埴輪配列にも表現される）などに起源をもつ点を指摘した［笹生2019］。古代の即位儀礼に伴う祖先祭祀を古墳時代まで遡って考える笹生の分析視点は、非常に重要である。青木敬は、奈良時代の大嘗宮が附属施設も含めて整備され荘厳化されていったという岩永の指摘［岩永2006b・2019］も踏まえて、淳仁・称徳から大嘗宮が大型化するなど官衙の技術が導入された点を推定し、

廻立殿が定型化しない状況から根源的な施設ではない点を指摘している[青木2022]。なお、大嘗祭・大嘗宮は日本的な要素として把握されることが多いものの、池浩三は大嘗祭を「律令体制の建設と共に、隋唐の影響を受けた即位儀礼が整備される過程で創出されたもの」であるとし、大嘗宮正殿の「室・堂」の性格に注目し、中国古代宗廟形式との比較を試みている[池1981]。平城宮で大嘗宮遺構が検出される前に発表された池の研究は非常に先進的な内容を含んでいるが、その後の研究では継承されていない。しかし、近年では中国都城での宗廟関連の遺構の検出事例も増加しており、今後の進展が強く望まれる視点である。

次には、元日朝賀儀の空間を扱った研究について整理する。日本においては、即位儀と元日朝賀儀は同構造であることから、『大唐開元礼』と『儀式』の比較を通じて、太極殿・大極殿の空間比較を行う研究が進められている。ところで、中国の元正大朝会・元会（元日朝賀儀）（図12）に関しては、渡辺信一郎が漢～唐までを整理し、漢代の朝儀（委贄儀礼＝臣従に際して君主に礼物を差し出すことで君臣関係が結ばれる）と会儀（皇帝からの賜物・賜宴による君臣関係の和合）に根源的意義がある点が指摘されている。唐代においては、中央集権化・地方諸機構の改革が進んだことで儀式としての形式化が顕著にはなったものの、皇帝－臣下、中央－地方、中華－夷狄といった対置構造、あるいは中央（皇帝）－地方州郡－外国諸蕃夷といった階層構造が1年に1度更新される象徴的な儀礼が元会であるという。渡辺はこのように論じた上で、帝国各地から貢納される産物が儀礼・祭祀を通じて全体性を獲得し、皇帝権力による再分配を通じて実現される「帝国的構造」が、皇帝権力と諸外国・諸民族との政治的従属関係にも普遍化されたと指摘した。また、中国古代国家の「帝国的構造」は貢納物の貢納を普遍原理としている点を強調した上で、中枢における公的生活部門の自己再生装置を「帝国オイコス」と呼称した[渡辺1996]。渡辺の研究は、現在に至るまで日中都城の比較研究に大きな影響を与えたが、その研究を承けて、日本史の立場から日唐元日朝賀儀礼の比較を行ったのが藤森健太郎である。藤森は『大唐開元礼』における太極殿、『儀式』における大極殿、それぞれの元日朝賀儀礼の子細を空間的に比較分析し、その類似性と差異を整理した（図13・図14上）。また、日本都城における8世紀の即位儀・朝賀儀の場についても、整理した。すなわち、唐長安城太極宮太極殿・大明宮含元殿ともに「殿庭」が主要な舞台となるが、中国皇帝と臣下の間には門が存在しないのに対して、平安宮八省院は同じ構造であるものの、8世紀の都城では天皇と参加者の間が門で隔絶される点に注目した。もともと藤原宮大極殿では、元日朝賀で大極殿南門前に宝幢四神旗が樹立されたように、参加者は大極殿門外に参列した。一方、平城宮中央区大極殿は天皇と参加者の間に門が存在しない唐の空間が模倣されたものの、恭仁宮以降は門の中に移動し、天皇が再び参列者の前に現れるのは平安宮の桓武天皇だとする。藤森はこのような天皇と参加者との関係を、「門の中の王」「壇の上の王」と表現し、平城宮遷都段階での革新が一旦頓挫したものの、桓武の平安宮で唐制に近づく即位・朝賀儀礼の一大改変がなされたと結論づけた[藤森2000]。

なお、日本における元日朝賀の初見は、孝徳朝の大化2年（646）正月甲子朔条だが、西本昌弘は孝徳朝の中国化政策の中で朝庭に百官や外国使客を会集して行う朝賀儀礼が創始された点を指摘した。前期難波宮の広大な朝庭と14朝堂は元日朝賀の儀場として注目すべきで、後の律令的十二朝堂は元日朝賀・元日節会・仏教法会に利用された点を強調した[西本1998]。前期難波宮における法会に関しては、吉川真司も「天下僧尼」を屈請した法会などを挙げて強調しており、「儒教と仏教を2つの軸とする孝徳朝の国家イデオロギー」と指摘している[吉川1997]。また吉川は、大極殿儀式からみた時期区分論を展開する中で、四字年号時代（749-770）の画期を指摘し、その代表的儀礼として大極殿で行われる法会を挙げる。平安宮大極殿で行われた御斎会は、大極殿において天皇が施主となって金光明最勝王経と吉祥悔過を行い、五穀豊穣を祈願する仏事で、その舗設は『儀式』巻五に詳しく記載されている[山本崇2004]（図15）。大極殿身舎が内陣、廂が外陣となり、高御座は仏座（八角宝殿）、高御座壇は須弥壇となる。すなわち、大極殿自体が巨大な仏堂となり、

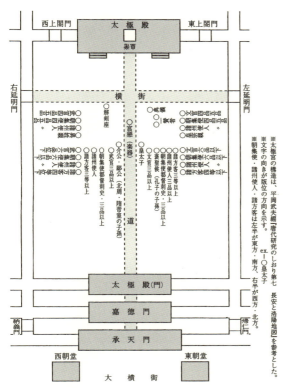
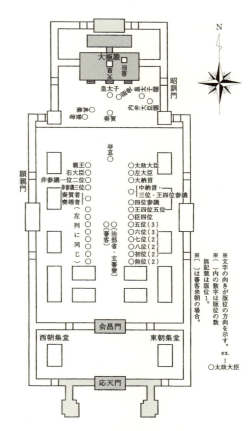

唐の元日朝賀儀礼列立図（長安城太極宮太極殿庭）　　日本の元日朝賀儀礼列立図（平安宮朝堂院）

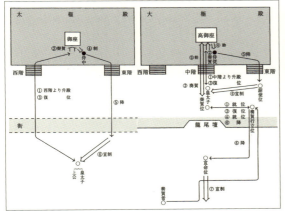
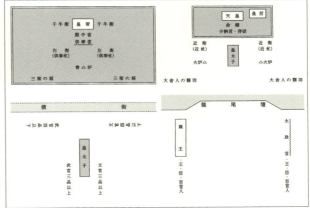

『開元礼』と『儀式』の元日朝賀における奏賀次第　　『開元礼』と『儀式』の元日朝賀における君主の周囲

図13　藤森健太郎による「元日朝賀」空間の唐・日本比較

朝堂院は寺院として機能する。吉川は、仏堂としての大極殿が総国分寺的な役割を果たすとし、中央での大極殿御斎会、地方での国分寺成立による新しい法会の形式が、国分寺制度確立期の称徳朝に成立したと想定する［吉川 2007］。以上、即位儀・元日朝賀儀だけでなく、仏教法会も大極殿の空間利用を考える上で重要な儀礼である。

ところで都城の中枢正殿である大極殿と大寺院の金堂の関係性を東アジアレベルで論じた試みとして、梁正錫の研究も注目される。梁は、中国東魏の楊衒之が著した『洛陽伽藍記』の巻一にある「浮図化有仏殿一

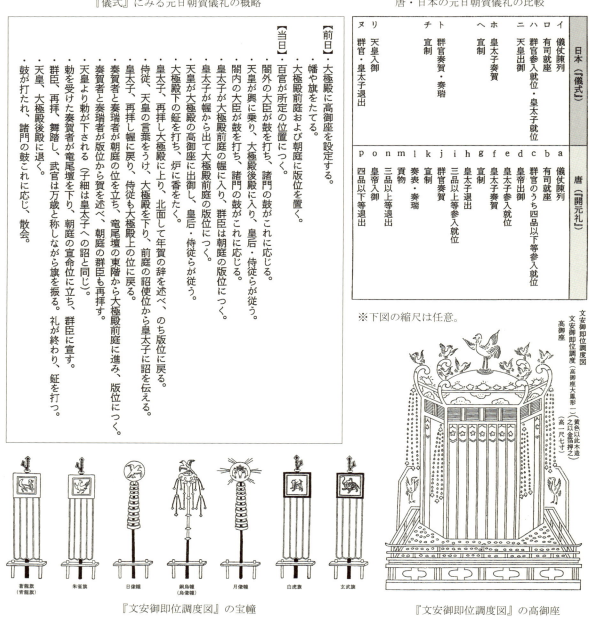

図14　元日朝賀儀礼の内容（上）と宝幢・高御座（下）

所、形如太極殿」の記載 [楊（入矢訳注）1990] に注目し、北魏洛陽永寧寺、新羅皇龍寺、日本大官大寺などの皇家発願の大寺院において釈迦仏を安置する「仏殿（金堂）」が太極殿（大極殿）と同じ桁行9間の規模を持つ点は、政治的な意味があると指摘した。その上で、「太極殿形態が、正殿としての太極殿と都城内の中心大寺の金堂という2つの建物に採用された」点を重視し、「都城内の二重太極殿」と刺激的な言葉で表現している [梁 2005]。前述した「大極殿が巨大な仏堂となる」御斎会などの法会の存在は、日本において大極殿・仏殿が「時として置換しうる」点を意味しており、整合性を持つ部分もある。また、韓国と日本の古代寺院の金堂建築を比較した箱崎和久らも、舒明朝の百済大寺、天武・文武朝の大官大寺と新羅皇龍寺金堂の規模の類似を確認し、新羅の最新技術が日本の最高格式の寺院に導入された可能性を指摘しており [箱崎

第1節　東アジア古代都城中枢部の変遷に関する研究史　327

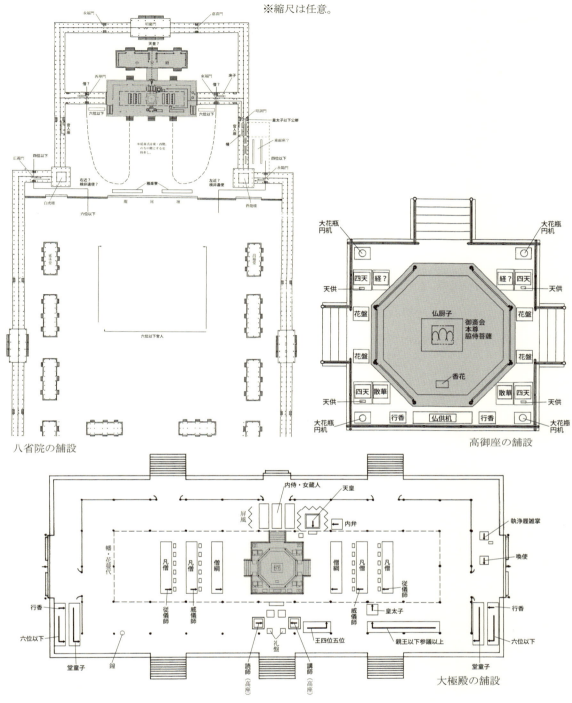

図15　御斎会における大極殿の舗設

ほか 2016 p.266]、日本と韓半島との関係性は無視できない。このように梁の議論は、韓国・日本の状況ではある程度、整合性を持つ部分があるものの、その出発点である魏晋南北朝〜唐の太極殿は、1年を象徴する桁行12間、あるいは閏月を加えた13間が基本で、梁が想定する桁行9間ではない。そもそも、『洛陽伽藍記』の記載も仏殿が太極殿のように規模が大きい点を示すものと思われるが、実際に発掘された太極殿の基壇規模は東西100m×南北60mと、想定される永寧寺仏殿よりも桁違いに規模が大きい。やはり、本来的

な発展の系譜が異なる都城中枢部の正殿と寺院仏殿（金堂）を同列に扱うことは難しいと考える。

さて、大極殿の空間構造を把握する視点に関しては、儀礼の際に天皇がどのように大極殿に出御するかを検討した、吉田歓の詳細な研究が重要である［吉田2006］。また、天皇が出御する場としての高御座も大極殿の成立、展開と密接に関わるものとして分析の対象となってきた。和田萃は、即位儀・元日朝賀儀の記事を中心として、高御座の分析を行った。そして、孝徳朝に始まる元日朝賀儀は、中国へ渡った知識人を通して元会が導入されたもので、その省略形が天皇即位儀である点を指摘した。また、高御座の形状が八角形である点に関しては、仏教に関連させるのではなく天皇による日本全土の支配を象徴するものとした。すなわち、天平改元の宣命にある「この天つ高御座に坐して天土八方（あめつちやも）を治め賜ひ調べ賜ふ事」から、大八嶋国を統治する象徴として八角形の高御座（図14下右）が成立したと考えた［和田1995］。また、吉江崇は高御座を内裏の日常的な座とは異なる非日常的なものとし、大極殿中央に常設壇が存在した点を指摘した上で、その存在は大極殿の成立と不可分であり、浄御原宮エビノコ郭正殿と同時の天武末年に成立したと推定した［吉江2003］。

以上、大極殿院・朝堂院を舞台とする儀礼、特に即位儀・元日朝賀儀・御斎会について整理したが、都城中枢部の空間構造を考える際には、発掘成果と文献史料の研究を総合化する視点が不可欠である。

（10）複都制と天命思想

最後に、日本都城を考える上で重要な複都制の研究史を整理しておく。唐の都城制の強い影響を受けた日本では、隋唐長安城・洛陽城の「両京制」をモデルとした複都制が採用されたと考えられている。複都制は、日本都城中枢部の変遷を考える際の重要論点とされる。また、日本における複都制の思想敵背景、あるいは遷都の経緯には中国における天命思想が深く関わっていると想定される［瀧川1967a］ため、ここで併せて整理する。

日本の都城研究で一般的に使用されている「複都制」という言葉は、歴史的な用語ではなく、瀧川政次郎による造語であり［瀧川1967b］、中国では唐宋期に成立した「陪京・陪都」の用語が一般的に使用されている。中国の複都制を検討した妹尾達彦は、複都制から恒常的な単都制への長い道程の中で、武則天・玄宗期を画期と指摘している。すなわち、都（京師）を補佐する陪京の用語は玄宗の時期から始まる点を指摘し、武則天による洛陽、および玄宗による長安の集権化という対を成す政治的行為によって都城の序列化が進み、陪京制・陪都制が形成されたと論じた［妹尾2020a］。同時期に展開する渤海五京制や日本の複都制も、唐の陪京制を模倣したと想定している。この点に関して、村元健一は、隋唐期において制度として複都制を取り入れたのは、隋煬帝・唐高宗のみである点を指摘し、日本は高宗期の長安・洛陽の状況を学んだことで、前期難波宮が飛鳥宮を凌駕する規模を持ちえたと推定した［村元2017］。しかし、渤海五京制、日本複都制の在り方が示すように、唐の陪京制を模倣したとしても各国独自の形で展開した点が重要である。

日本では、『日本書紀』天武12年（683）12月庚午条の記載「又詔曰、凡都城宮室、非一処、必造両参、故先欲都難波、是以、百寮者、各往之請家地」の記載が、複都制の初出記事としてよく知られている。日本における複都制に関して、瀧川政次郎は単なる唐の模倣・憧憬と考えていたが［瀧川1967b］、仁藤敦史の研究以降、日本における複都制は都城成立期（未成熟な段階の都城制）の統治形態を反映するものとして重視されるようになった［仁藤1998］。栄原永遠男は、天武天皇が中央集権的な地方支配構想に基づいて、畿内・難波・信濃を都とする計画を立てたものの、持統朝における国制・七道制の定着に伴って藤原京を中心とする支配構造が定着したことで継承されなかったと考えた［栄原2003］。舘野和己は、天武朝の複都構想につ

いて、政治的な中枢である新益京（藤原京）に対して、外交的な機能を重視した難波宮という構造を指摘した [舘野 2010a]。また、天武の副都構想は紆余曲折を経ながら平城京・難波京という形で実現したと考えた [舘野 2010b]。一方、天武朝の複都制の詔に信濃の計画がある点を重視した直木孝次郎は、新羅の侵攻に備えるための政策であると指摘した [直木 2005]。重見泰も直木の指摘を継承し、天武の副都構想は、対新羅との関係を念頭に置いたものとし、692-695 年の新羅の来朝によって新羅の脅威がなくなり、複都制構想が消滅したと結論づけた [重見 2020b]。ところで、山田邦和は、複都制こそが日本古代都城における重要論点であるとし、聖武の「彷徨 5 年」とも呼ばれる一連の遷都（恭仁京・難波京・紫香楽宮）も天武を模倣した壮大な複都構想とみる独自の見解を示している [山田 2016]。聖武朝における難波宮再興は、聖武の「天武直系」を意識した事業であり、造営が進む段階において新羅に日本の威信を誇示するための整備に変化していく点も指摘されるなど [山本 1988]、天武・聖武の難波宮に関しては共通点が多いとされる。

　しかし、日本の都城研究において複都制を自明の前提とする立場に関しては、栄原永遠男が疑問を投げかけている。栄原は、「京」と「都（天皇が居る京）」を区別し、日本における複都制は天武の晩年に一時期実現が目指された（それも観念的なものに留まる）が、その後には継承されなかった点を強調する [栄原 2019]。ところで、天武朝・聖武朝に整備が進んだ難波京は、桓武の長岡京遷都によって平城京と主副系列が 1 つに統合され [岸 1974]、後期難波宮の大極殿・朝堂院は長岡宮に移建されたと考えられている [中尾 1995b・国下 2014]。今後、難波宮・難波京の歴史的位置に関しては、更なる議論の深化が期待される。

　さて、日本古代における「主副系列」統合の画期である桓武の長岡京遷都に関しては、天智系の光仁を継ぐ桓武による「新王朝の創始」の考え方が強調されてきた。瀧川政次郎は、中国の「易姓革命」の概念から、皇統が交代しても姓が変わらない「易房革命」と呼び、桓武の一連の改革の背景に中国の天命思想を想定した [瀧川 1967a]。妹尾達彦によると、中国帝国期の王権の正当性は、超越的な力の根源である神・天によって保証されており、天命（天帝の命令）を受命した 1 人の人間が天子として地上の統治を委ねられる天命思想が、西周期以降 [豊田 1980] に成立した。その根幹になるのが、王莽の時代に整備された郊祀体系であり、皇帝が南郊で行う円丘祭祀は前近代まで継承された [妹尾 1998]。関晃が整理したように、天命思想は郊天儀礼・祥瑞制度と深く結びついている。つまり、天子が徳高い政治をすれば天（天帝・上帝・昊天上帝）がこれに感応し、麟・鳳・亀・竜その他の動植物や天然現象を出現させ、悪しき政治であれば災妖を下すという思想で、日本では孝徳朝の白雉元年が最初であるように、律令国家形成期に中国の天命思想を受容したとされる [関 1997]。周知の通り、中国の郊祀制度 [小島 1989・1991、金子 2001a・2006、妹尾 1992・2001、佐川 2016] は、古代日本に本格的に導入されることはなかったが、桓武の延暦 4 年（785）・6 年（787）、文徳の斉衡 3 年（856）の 3 回、南郊祭祀が行われた記録がある。狩野直喜が古くに指摘したように、唐においては太祖（景皇帝＝李虎、高祖李淵の祖父）をもって始祖としたが、桓武・文徳は昊天上帝を祀る際、高紹天皇（光仁）を配祀しており [狩野 1931]、その背景に桓武の天命思想に基づく新王朝の創始という意識があった点が強調されてきた [瀧川 1967a][王仲殊 2004]。一方、河内春人は交野の郊祀と長岡遷都の直接的な関係を想定せず、天智系の新しい皇統のアピールではなく、桓武・文徳の即位の正当性が不安定であり、天皇とその後継の正当性が二重で不安定だった際に行われるのが郊祀と指摘している [河内 2000]。佐野真人も天智系王朝による天命思想と長岡遷都を結びつける説に疑問を呈し、奈良時代には既に郊祀が理解されており、皇位の所在と国家の安定を保つために実施されたと推定した [佐野 2009]。しかし、宮城正門に中国都城の外朝大典空間を表現した連体式双闕門が採用される長岡宮の画期は無視できず [城倉 2021]、佐竹昭が指摘するように、中国政治思想の受容・変容において桓武朝は一つの転換点であると思われる [佐竹 2020]。なお、皇統の交替（新王朝の創始）という観念に基づく都城の新しい建造物の導入という点においては、「王位簒奪」によって皇位

についた天武が、天命思想に基づきその正当性を保障する舞台装置として浄御原宮エビノコ郭正殿（大極殿）を造営したという林部均の指摘は重要である［林部2005］。7世紀後半における天武王朝の創始、8世紀後半における天智系王朝への転換、両時期が「複都制」の創始・終焉の画期となっている点は、日本古代都城の変遷を考える上で、非常に示唆的な現象と言えるだろう。中国都城は王朝交代による新しい思想空間の創造によって発展したが、「易姓革命」のない日本において都城の画期を求めるのであれば、皇統の交替などの歴史性を無視することはできないと考える。

（11）小結

以上、日本都城中枢部に関する研究史を整理した。膨大な発掘調査の蓄積による考古学・建築史学の研究、あるいは文字史料を対象とした文献史学の研究によって、大極殿を中心とする中枢部の変遷が明らかにされてきた。しかし、現在の日本の経済状況や今後の見通しを考えると、今後、大極殿関連の大規模な調査によって研究が劇的に進展するような状況を想定することは難しい。発掘調査の継続や個別の新知見により研究は徐々に進展していくと思われるが、今後主体となるのは、現在までの成果の新しい視点での再評価や国際的な比較研究だと思われる。一方、近年、経済成長に伴う発掘調査の進展によって大きく研究が進展している中国都城に目を向けると、都城中枢の宮城構造の認識が大きく変わる成果が上がりつつあり、日本都城の起源を探る国際比較も見直しが迫られている状況にある。また、膨大な発掘調査に基づく詳細な日本都城の研究成果は、中国都城の歴史性を理解するためにも重要な比較対象である。本来、東アジアにおける都城制の発展と展開の歴史的意義の追究という視点でみれば、都城は現代国家の枠組みを越えて比較が必要な普遍的な研究対象である。さらに、中国都城は殷周を遡る時期から明清北京城まで連綿と続く歴史があり、東アジア諸国に伝播した時期は、その中でも魏晋南北朝〜唐代と極めて限られた時期に過ぎない。日本都城研究が蓄積してきた膨大な詳細研究を継承しながらも、より広い時空間で都城の本質を探る研究が、求められていると考える。

2. 日中古代都城の比較研究

ここまで日本都城における中枢部の研究史について、トピック毎に分類整理した。次には、中国都城における中枢部の研究史をまとめるが、その前に両者を繋ぐ視点として日中古代都城の比較を扱った研究に関して、簡単に整理しておく。当該研究分野では、中国都城研究の立場から日本を比較対象とする分析は極めて少なく、そのほとんどが日本の特定都城の発掘調査成果を踏まえて、その系譜・源流を探る視点である。日中都城の宮城中枢部の研究史については、吉田歓が2002年までの研究を端的にまとめており［吉田2002］、本章での研究視点や問題意識と共通する点も多い。しかし、吉田の分析対象は文字史料が中心であるのに加えて、この20年間、日中両国で蓄積された発掘成果も膨大な量に及ぶ。ここでは、日本都城の源流を探る研究に絞って、整理をする。

（1）平城京の系譜

幕末の北浦定政による平城京の調査を踏まえて、関野貞は『平城京及大内裏考』を発表し、平城京の源流

表1　宿白による日本都城と唐長安城・洛陽城の要素比較

各都城の具体的状況	都城の平面形南北が広い東西が狭い	宮城が都城の中央北詰に位置する	朱雀大路を都城中軸上に置く	都城は左右対称東市と西市を置く	大部分の条坊は平面方形を呈する	各条坊の東西に坊門を置く	各条坊は16の坪に区画される	朱雀大路の南端＝羅城門内の両側に宗教建築を置く
藤原京	✓	✓	✓					
難波京	✓	✓	✓		✓			
平城京	✓	✓	✓	✓	✓	✓	✓	
長岡京	✓	✓	✓		✓			
平安京	✓	✓	✓	✓	✓		✓	✓
形の遡源	洛陽制度	長安制度	長安制度	長安制度	洛陽制度	長安朱雀門街東西第一・二街里坊制度	長安洛陽？制度	洛陽制度

※［宿白 1978　p. 423 表］を翻訳して作成。

を唐長安城に求めた [関野 1907]。その後の発掘調査の進展に伴って、平城京・藤原京・前期難波宮の系譜に関して、中国都城との積極的な比較を行ったのが岸俊男である。岸俊男は、藤原京の宮城が都城中央に位置する点、あるいは前期難波宮内裏前殿 SB1801 および東西の長殿が太極殿東西堂の系譜を引く点、などを指摘し、唐長安城・洛陽城などの影響を認めつつも、日本都城は隋唐以前の中国都城（北魏洛陽城・東魏北斉鄴城など）の伝統を継承すると考えた [岸 1976・1977b]。この点については、中国の郭湖生も「城市制度」から見ると平城京は隋唐長安城の模倣だが、「宮室制度」からみると平城宮は南北朝の宮城構造と共通すると指摘している [郭湖生 1981・1990] 点が注目できる。当時の中国では、まだ北朝都城の発掘調査が進んでおらず、漢から隋唐都城への変遷過程も明らかになっていなかったため、北朝・南朝都城の比較 [銭国祥 2010] なども進んでいなかった。南北朝都城から発展した隋唐都城がモデルになっているのであれば、日本都城も当然ながら南北朝都城の系譜も引き、共通点も多いことになるが、70・80 年代の研究段階では、源流となる中国の様相が明らかではなく、系譜関係の整理に限界があった。

　岸俊男説の南北朝都城系譜説に関しては、王仲殊が日文 [王 1983・1994・2004]、中文 [王仲殊 1983・1999・2000・2001a・2001b・2002・2003] で数多くの著作を示し、批判を加えている。その論点は、150 〜 160 年の時代差がある北魏洛陽城・藤原京に関係性を見出すのが難しい点、藤原京・平城京は唐長安城・洛陽城の模倣（両者の融合体）である点、粟田真人を執節使とする大宝遣唐使（第七次遣唐使）（註3）が持ち帰った大明宮の情報で平城宮・平城京が造営された点、唐長安城太極宮太極殿・大明宮含元殿が日本の大極殿に影響を与えた点、大明宮麟徳殿が平城宮西宮・平安宮豊楽院に影響を与えた点、平安京段階では唐都が強く意識された点、など多岐に及ぶ。ちなみに、王仲殊の日中都城の比較に際する基本的な考え方は、日本都城の個別要素を「長安制度」「洛陽制度」に分けて検討し、日本都城は唐長安城・洛陽城両者を模倣しているとした宿白の先進的な研究 [宿白 1978]（表1）に強い影響を受けている。特に、日本都城における条坊が 300 歩（1 里）四方の正方形里坊を 16 分割する「洛陽制度」に基づく点を指摘した宿白の研究は重要な視点である。この点に関しては、5 尺＝ 1 歩、360 歩＝ 1 里と想定される隋唐長安城に対して、300 歩を 1 里とする隋唐洛陽城は 6 尺＝ 1 歩の 300 歩、すなわち 1800 尺四方を基準にすると思われ、平城京や渤海上京城と一致する [積山 2010・井上 2005] 点が重要だと考えている [城倉 2017 p.16]。なお、日本都城は唐長安城・洛陽城のどちらをモデルにしているのか、という点に関しては、劉暁東が前期難波宮・藤原京は隋唐洛陽城、平城京は隋唐長安城と指摘し、渤海都城においても前者から後者へと影響力が変化する点を指摘している点も注目できる [劉暁東 1999]。

　一方、藤原京・平城京ともに、その模倣対象は唐洛陽城ではなく唐長安城のみが「模倣惟一藍本」とする

332　第4章　太極殿・含元殿・明堂と大極殿

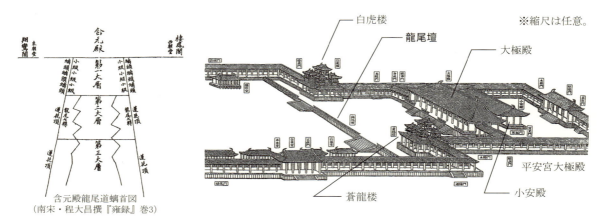

図16　含元殿の龍尾道（左）と平安宮大極殿の龍尾壇（右）

のが王維坤である。王維坤も日文 [王 1997・2008a・2008b]、中文 [王維坤 1990・1991・1992・2002] で多くの論文を書いているが、藤原京・平城京の模倣原型は唐長安城のみであり、特に大明宮含元殿が日本・渤海都城中枢部に与えた影響が大きいと考え、藤原宮大極殿でも龍尾道（図16）の存在を想定している。平城京に関しては、井上和人も「すべては唐長安城を指向して」いる [井上 2008 p.39] と王維坤と同様の見解を示している。井上は、平城京朱雀大路の幅が長安城朱雀大街の幅の2分の1である点、平城京は「長安城×半分→90度回転」したもの、つまり4分の1の面積である点を指摘し、「唐国との国家間の格の相違を顕示し、国家としての恭順の意を唐に対して表現するもの」と考えた [井上 2008 p.40]。なお、前述したように大宝遣唐使の情報に基づいて平城京遷都が決断された点はほぼ定説化しており、平城宮第一次大極殿院の空間が大明宮含元殿を模倣した点は多くの研究者が論じている [狩野 1975・鬼頭 1978・浅野 1990・外村 2011・今井 2012]。この点に関しては、大明宮含元殿の影響が現れるのは天平勝宝度の遣唐使以降という見解 [古瀬 1992・西本 2015] もあるが、中国人研究者も平城宮第一次大極殿院と大明宮含元殿の直接的な関係を想定するのが通説となっている [王 2008a] [王仲殊 1999・陳嫣 2020]。さらに、王仲殊は平城宮中央区の西宮、および平安宮豊楽院のモデルを大明宮麟徳殿としている [王仲殊 2001b] が、福田美穂・浅川滋男は建築史学の立場から、平城宮と大明宮の比較を行っている。福田・浅川は、平城宮中央区が大明宮含元殿の模倣、東区が藤原宮からの継承とし、奈良時代後半の西宮（桁行9間の総柱建物が南北に3棟並ぶ構造）に麟徳殿の影響がみられるとした。また、平安宮の段階では、含元殿・麟徳殿は既に憧憬の対象ではなかったとも指摘している [福田ほか 2002]。

以上の研究史からもわかる通り、平城京造営に際して大宝遣唐使が持ち帰った情報が重要な役割を果たした点、平城宮中央区が唐長安城大明宮を模倣している点は、ほぼ確実視されつつある。しかし、発掘調査が進む大明宮のみが主要な比較対象になっている点は否めず、太極宮との関わりは議論が少ない状況にある。また、高宗・武則天期に発展した洛陽城に関しては、宮城や外郭城の様相が発掘調査で判明しつつあり、平城京、あるいは日本都城に与えた影響に関して今後は議論を深める必要がある。

（2）藤原京の系譜

藤原京の復原に関しては、1969年に岸俊男によって、東西京極を中ツ道・下ツ道、北京極を横大路、南京極を阿部山田道とする南北12条・東西8坊案が示され、広く受け入れられた。岸説は1坊を半里四方と

するのが特徴で、藤原宮は中央やや北よりに位置する [岸 1988]。このような宮城の位置から、岸は藤原京が北魏洛陽城などに系譜を持つ点を主張したのである [岸 1976]。その後、岸説の藤原京よりも外側で道路遺構が検出され、いわゆる「大藤原京説」が主張されるようになった。京域の拡大によって、宮城が中心近くに位置することが判明する過程で、秋山日出雄は中国北朝の鄴城を検討し「日本の藤原京と平城京との関係は、中国南北朝期の鄴京と隋唐都城の関係に、則応している」[秋山 1982 p.82] と指摘した。その後、1996 年には岸説の条坊呼称でいう場所の東十坊大路、西十坊大路（東西京極）が確認され、中村太一・小澤毅によって十条十坊説が提唱されることになる [中村 1996・小澤 1997b]。小澤毅は、藤原京に関して 10 里四方の正方形が当初から設定されていたものとし「実在の中国都城を直接モデルにしたのではなく、『周礼』にみられるような中国都城の理想型に基づいて設計された、いわば理念先行型の都城」[小澤 2003 p.220] と位置付けた。藤原京は、天智 8 年（669）から長期に渡る遣唐使の中断で中国からの直接情報が途絶えた中で造営された理念先行型の都城であり、大宝 2 年（702）に派遣された遣唐使の持ち帰った情報によって、平城京遷都が決まり、藤原京の「形態上の問題点が、平城京では、唐長安城と共通する方向への変化によって克服され」た [小澤 2003 p.222] と考えたわけである。一方、藤原京十条十坊説に関しては、南北京極が確定していない点を踏まえてさらに広がると考える説 [山中 2011]、天武新城段階の不整形プラン説 [山田 2016]、あるいは文献史料を重視した岸俊男の 12 条 8 坊を継承する説 [西本 2014・仁藤 2022] など、国内においても異論がある。さらに、唐代における『周礼』の解釈と藤原京の構造が異なる点を指摘し、『周礼』そのものの内容を直接的に実現した都城であるとはいえないとする外村中の指摘もある [外村 2009]。藤原京を「理念先行型都城」と断定してしまうよりは、同時代の唐長安城・洛陽城の発掘成果も踏まえて、考古学的な現象を遺構レベルで丁寧に比較する作業が今後求められると考える。

　ところで、藤原京に関しては、新羅文武・神文王代と日本天武・持統朝の性格を比較した李成市が、新羅王京とほぼ同じ規模である点などを踏まえ、新羅を参照しつつ、その上位に立とうとした都城と位置付けている [李 2004]。新羅王京については、発掘調査の進展を踏まえて、高麗尺（1 尺 35.5cm）で設計され、都市計画の基準が皇龍寺から北宮に段階的に移行した点が指摘され、不規則な形の街区も復原されている [黄 2011]。その点を踏まえた上で、小澤毅は新羅王京と藤原京は形態・設計で大きく異なり、小中華を目指した日本が新羅王京を模倣したとは考えられないと指摘している [小澤 2011]。なお、藤原京から平城京への転換は、中国の南朝系都城→北朝系都城に該当すると考え、中国南朝系都城が新羅王京を介して藤原京に導入されたという佐川英治の指摘もある [佐川 2018][佐川英治 2015]。

(3) 前期難波宮の系譜

　平城京・藤原京を遡る時期の都城に関しては、飛鳥宮が日本の伝統的な王宮から発展したとされるのに対して、孝徳朝難波長柄豊碕宮とされる前期難波宮と中国都城の比較が試みられてきた。既に整理したが、岸俊男・中尾芳治・積山洋・村元健一などが代表的研究者であり、唐長安城太極宮にそのモデルを求める説が主流となっている。特に積山洋は、前期難波宮の内裏に見られる「逆凸字形プラン」が唐長安城太極宮と共通する可能性を指摘する [積山 2013a] が、この点は三朝制の比較視点に基づいて内裏正殿 SB1603 を両儀殿（内朝）、内裏前殿 SB1801 を太極殿（中朝）、内裏南門を承天門（外朝）に比定する説 [岸 1977b、中尾 1995a・2014] とも整合性を持つことになる。また、隋唐の宮城構造を検討した村元健一は、南から北に向かって小さくなる 3 つの空間が並ぶ基本構造を整理し、中枢に行くほど儀礼への参加者が少なくなり、空間規模の大小が皇帝との親疎を可視的に示す点を指摘した。さらに、三朝制に関しては、賈公彦『周礼疏』が高宗の

時期に成立するため、唐初は鄭玄説が主流だが、『周礼』や『三朝制』も明確には規定されておらず、『唐六典』の記載も太極宮設計時の概念ではなく、実際に存在する宮城を周制に当てはめて解釈している点を強調する。その上で、7世紀中葉段階において、中国からの影響は儒教の経典に基づくものではなく、遣隋使・遣唐使を通じてもたらされた「実際の宮城の情報」とした。すなわち、唐の太極宮から大明宮へと受朝の場が変化したことで、日本都城における模倣対象も変化していくと考えた [村元 2014・2020a]。

(4) 小結

以上、平城京・藤原京・前期難波宮の系譜を中国に求める研究、すなわち日中比較都城研究に関して整理した。前期難波宮が唐長安城太極宮、平城宮中央区が唐長安城大明宮の強い影響を受けている点から想定できるように、日本都城の宮に関しては唐の宮城・皇城の構造に関する直接的な情報に基づいて造営されている可能性が高い。一方、京に関しては唐長安城・洛陽城の影響を受けている可能性が高いものの、京域が未だ確定していない藤原京に関しては、諸説ある状況といえる。日本の条坊と中国の里坊（外郭城）との比較は、改めて論じる予定なので、ここでは踏み込まないが、中枢部の遺構レベルでの国際比較に限ってみると、前期難波宮・平城宮中枢部の研究に関心が集中している状況である。このような特徴的な構造の部分的な比較には限界があるため、中原・草原都城、渤海都城、日本都城など、各国・各王朝の中枢部の変遷を踏まえて東アジアレベルで相互に比較する作業が重要だと考える。特に、近年の発掘調査の進展によって劇的に研究が進んでいる中原都城の様相を基に、新しい比較の視点を見出してく必要がある。

3. 中国都城における中枢部の研究

(1) 中国都城中枢部の研究

日本都城中枢部の研究が1970年代以降の膨大な発掘調査の蓄積によって、進展してきたのに対して、中国都城中枢部の研究は2000年頃までは豊富な文献史料を中心に研究が進んできた。その段階では、発掘によって様相が判明している日本都城（前期難波宮・藤原宮・平城宮）の成果を基に、中国都城を比較対象とする日本人研究者の研究が多かった。しかし、2000年以降、中国の急激な経済発展に伴って、中国社会科学院考古研究所の各都城調査隊などがボーリング調査・発掘調査を進めたことにより、研究は劇的に進展した。各都城調査隊が発表する簡報・報告書の成果に基づいて、文献史学・建築史学・考古学など様々な分野の研究論文が毎年、膨大な量、蓄積されている。

以上を踏まえ、本節ではまず、中国都城研究史の大きな流れと日本人研究者による機能論を重視した宮城の復原研究を整理する。次に、漢～魏晋南北朝、唐～宋、遼・金・元の時代毎に、発掘調査の進展に基づく中枢部の研究成果をまとめる。最後に、渤海都城の中枢部に関する研究史を整理する。

(2) 中国都城の通時的研究

中国都城の通時的研究としては、王仲殊・兪偉超・楊寛・劉慶柱などの研究が代表例 [王仲殊 1982・兪偉超 1985・楊寛 1993・劉慶柱 2000] として挙げられるが、考古学的調査によって把握された都城平面形を礼制

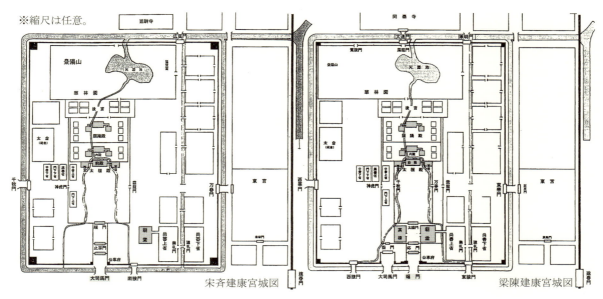

図17　渡辺信一郎による南朝建康宮城の復原案

と政治史の立場から検討し、その変遷を位置付けた楊寛の研究は最も通時的・体系的研究といえる。日本にもその成果が紹介される [楊1987] とともに、殷周～明清までの都城・陵墓の大局的な流れをまとめた著作集が復刊されるなど [楊寛2016a・b]、今なお、その研究は強い影響力を持っている。なお、近年では歴代都城の発掘成果を整理した概説書 [劉慶柱主編2016・中国社会科学院考古研究所2010a・2018b・2023] も刊行されている。中国都城の通時的位置付けに関して言えば、建築史学分野の整理も重要である [劉敦楨1996、傅熹年1998a、楊鴻勲2009・2023、劉叙傑主編2009、傅熹年主編2009]。発掘による検出遺構の構造分析や史料に基づく建造物の復原は、唐長安城大明宮 [楊鴻勲2013]、高句麗都城 [張明皓2019]、渤海上京城 [張鉄寧1994・劉大平ほか2018] など個別の都城単位でも進められており、中国都城研究の重要分野である。なお、中国歴代王朝の都城造営に関する思想的な概観 [陳篠2021] なども、近年の中国では建築史学分野で盛んである。

(3) 日本人研究者による宮城分析

　さて、中国都城の中枢部の研究に関しては1970年以降に膨大な発掘事例を蓄積した日本都城との比較という視点で、多くの日本人研究者が分析してきた。前述したように難波宮の系譜を追究した岸俊男 [岸1977b]、日本大極殿の系譜を追究した鬼頭清明 [鬼頭1978]、朝堂院の祖型を追究した秋山日出雄 [秋山1981] など、いずれも中国都城中枢部の検討を行っている。唐の宮城正門での儀礼 [佐竹1988]、朝堂 [佐藤1976・山崎1996a]、前殿 [村田1951、鈴木1980・1982・1990] など、特定の遺構を対象にした分析も蓄積されている。特に、前殿に関しては、吉田歓が秦始皇帝の甘泉宮前殿（BC220）・阿房宮前殿（BC212）で出現し、前漢未央宮前殿、そして曹魏明帝太極殿に繋がる系譜を整理している [吉田2021]。文献史学の立場からの研究としては、後漢の宮城を復原した渡邉将智 [渡邉2014]、六朝期の太極殿を扱った渡辺信一郎 [渡辺信2000・2009]（図17）、漢～唐の宮城構造の変遷を扱った吉田歓 [吉田2002] や村元健一 [村元2010・2014・2016・2019・2020a・2020b・2022]、北周長安城の宮城構造を復原して隋唐期への変化を論じた内田昌功 [内

336　第4章　太極殿・含元殿・明堂と大極殿

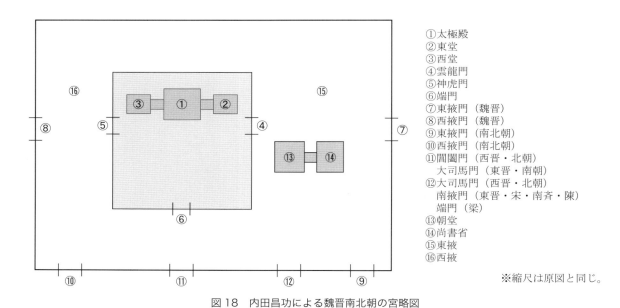

図18　内田昌功による魏晋南北朝の宮略図

①太極殿
②東堂
③西堂
④雲龍門
⑤神虎門
⑥端門
⑦東掖門（魏晋）
⑧西掖門（魏晋）
⑨東掖門（南北朝）
⑩西掖門（南北朝）
⑪閶闔門（西晋・北朝）
　大司馬門（東晋・南朝）
⑫大司馬門（西晋・北朝）
　南掖門（東晋・宋・南斉・陳）
　端門（梁）
⑬朝堂
⑭尚書省
⑮東掖
⑯西掖

※縮尺は原図と同じ。

田2004・2009・2010・2013]など、漢～唐にかけての宮城構造とその変化が詳細に位置付けられてきた。これらの研究を網羅的に整理する余裕はないが、宮城正殿に関する成果としては前殿から太極殿への変化が明らかになっている点が注目できる。すなわち、秦始皇帝の阿房宮前殿（BC212）が前漢・後漢に引き継がれ、曹魏明帝青龍3年（235）の太極殿の造営［安田2006］を経て、太極殿・東西堂（東堂：皇帝の朝政空間、西堂：皇帝の居住空間）［劉敦楨1934・1982］の「東西軸構造」［内田2004］が成立した（図18）。太極殿・東西堂は「六朝太極宮型宮城」［渡辺信2009］として南朝にも引き継がれ、魏晋南北朝を通じて存在する基本構造となる。その後、魏晋南北朝を通じて生まれた単一宮城の南北構造、あるいは宮城南の官署の集中配置（皇城の成立）を基礎として、前漢長安城の北東部隅角部分を改築した北周長安城において三朝制に基づく宮城構造が確立し、隋唐都城へ発展していくことになる。

　なお、唐代都城の宮城に関しては、長安城の太極宮・大明宮に関する研究が多く蓄積されている。太極宮・大明宮を比較し、その「三朝」構造が一致する点は佐藤武敏・古瀬奈津子・松本保宣・吉田歓らが機能論の側面から詳述している［佐藤1976・2004、古瀬1998、吉田2002、松本2006］（図19）。両宮城の差異については、即位儀礼の場として分析した金子修一、前者から後者への歴史的転換を整理した妹尾達彦の研究［金子1994・妹尾2014］も重要である。ところで、太極殿・大明宮の「三朝構造」が同一であるという日本人研究者の視点に関しては、太極宮の外朝とされる承天門の構造・機能を詳細に検討した陳涛・李相海が両宮城の差異を丁寧に整理している点が注目できる。すなわち、外朝大典の空間とされる承天門は、実際の文献史料からすると大赦・改元・宴会・接見外蕃などに使われており、元正大朝会の開催記録はなく、国家的な儀礼は太極殿、高宗・武則天以降は大明宮含元殿で挙行されていた。その理由として、承天門は大朝会などの国家的儀礼の実施には不向きな規模・構造をしている点を挙げ、その欠点が高宗期、特に武則天によって含元殿の造営という形で完全に解消された点を強調する。すなわち、『唐六典』の三朝制の記載は、本来は大明宮で初めて達成された儀礼空間の構造を、編撰者が意図的に太極宮に当てはめたもので、太極宮・大明宮の構造には根源的に大きな差異があるという考え方である［陳涛ほか2009］。

　以上、漢～唐の宮城中枢部に関する日本人研究者の研究を簡単に整理したが、特に徹底した史料批判による詳細な「機能論」に基づく宮城構造の復原研究は、重要な成果を蓄積してきた。なお、本章では議論の対

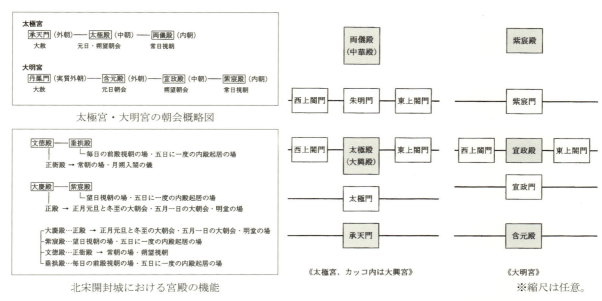

図19 松本保宣（左）と吉田歓（右）による唐長安城・北宋開封城における宮城の構造と機能

象としていないが、円丘 [安家瑶2001・2002] で行われる南郊を中心とする皇帝祭祀 [金子2001a・2006][金子修一2018・2019] と宮城中枢部を結びつける分析 [妹尾2001・佐川2016][妹尾達彦2012・2019] も日本人研究者が進めてきた重要な研究として注目できる。

（4）日本人研究者による東アジア史の視点

ところで、日本人研究者が中国都城を分析対象とする場合、東アジア世界の中での都城制の歴史的位置付けが課題になることが多い。特に日本都城との比較の視座に基づいて中国都城を分析する場合、必然的に東アジア世界の国際関係をどのように把握するか、が歴史的な解釈に影響を与えることになる。ここでは、金子修一の著作 [金子2001b・2010・2019] に基づき、研究動向のみを簡潔に整理しておきたい。

6～8世紀の中国王朝と周辺諸国との関係を「冊封体制」という理論的枠組みで理解しようとしたのが、西嶋定生である [西嶋2002]。漢字文化・儒教・律令制・仏教の4つを指標とする「歴史的文化圏」として提唱した西嶋定生の「東アジア世界」の存在は、現在は広く使用されている概念であるが、李成市や金子修一らは批判的に検討を行っている [李2000・金子2019]。李成市は、西嶋定生の「東アジア世界」を検討してその歴史的背景や有効性・限界を整理した上で、秦漢以来の中国皇帝の支配は郡県制と羈縻と呼ばれる異民族首長に対する支配に二分されるとする堀敏一の議論を引用し、冊封は「中国皇帝と異民族の首長との関係のあり方からすれば、一部に過ぎず、それが周辺諸民族との関係を規定するわけではない」[李2000 p.47]と指摘した。一方、金子修一も、日本の歴史的展開を中国・朝鮮半島と結びつける枠組みとして登場した西嶋定生の理論と、中国史を中心とした東アジア論を展開した堀敏一 [堀2006] の理論を対比して、両者の研究の意義を考究した。結論的には、西嶋定生の「冊封体制論」は、魏晋南北朝においてはある程度有効だが唐代の国際秩序を把握する上では無理がある点、北アジア・中央アジア・東南アジア研究の進展を踏まえて中国と周辺国との関係を一律には理解するのが難しい点などの問題点を指摘した [金子2010]。

以上の研究動向を踏まえれば、「東アジア世界」における都城制の比較研究においても、特定の理論的枠

338　第4章　太極殿・含元殿・明堂と大極殿

組みで歴史的位置付けをするのは難しく、個別現象の動態を通時的・国際的・多角的に丁寧に叙述することが重要だとわかる。

（5）漢〜魏晋南北朝の都城中枢部の研究

　本題である中国都城中枢部の研究史について、整理を進めていきたい。前述したように中国都城中枢部の研究は、各調査隊が実施する発掘の成果によって劇的に進展しつつあるが、ここでは漢〜魏晋南北朝、唐〜北宋、遼・金・元、そして渤海と中原との比較に分けて整理する。
　中国都城中枢部の発展で大きな画期となるのは、秦始皇帝の阿房宮前殿の造営である。秦の都城であった咸陽宮は前漢長安城 [徐竜国 2022・中国社会科学院考古研究所 2022] 北側の渭河北岸に立地し、東西 870m・南北 500m の城壁に囲まれる範囲 [張建鋒 2019] に存在するが、検出されている宮殿遺構は北西部に集中し、規模も阿房宮前殿ほどは大きくはない [報告 A1：陝西省考古研究所 2004]。なお、咸陽宮を遡る秦櫟陽宮（前漢初頭の造営時期を含む）も、近年では発掘調査が進んでいる [中国社会科学院考古研究所ほか 2020・2022] が、中枢部の全容は未だ明らかではない。一方、前漢長安城南西側に位置する阿房宮では、巨大な前殿遺構が現在も残存している。地表面に残る版築基壇の規模は、東西 1119m・南北 400m・高さ 7〜9m を測り [報告 A1：中国社会科学院考古研究所ほか 2014]、まさに桁違いの規模を誇る。しかし、考古学的な調査は、ボーリングによる範囲確認と一部の試掘に限られており、具体的な構造などはほとんど不明である。この阿房宮前殿の系譜を引くのが、前漢長安城内西南に位置する未央宮（東西 2250m・南北 2150m）中央に造営された前殿である。前漢長安城は東を向く構造（坐西朝東）をしているが、未央宮・前殿は南面する構造（坐北朝南）を持つ。前殿はボーリング調査によって、東西 200m・南北 400m の規模を持つ基壇が確認されている。前殿基壇上には、南北に連なる 3 つの宮殿遺構が想定されているが、やはり具体的な構造に関しては不明な部分が多い。続く後漢洛陽城に関しても、建武 14 年（38）に南宮正殿として前殿が建造されたが、

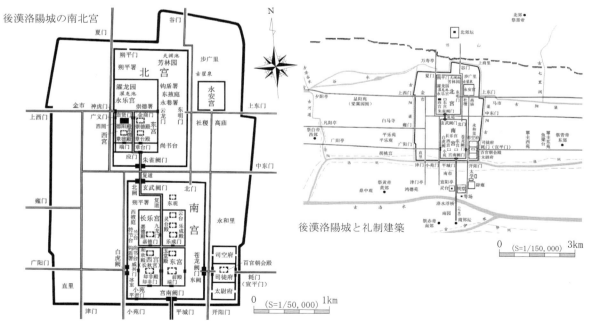

図 20　後漢洛陽城の復原

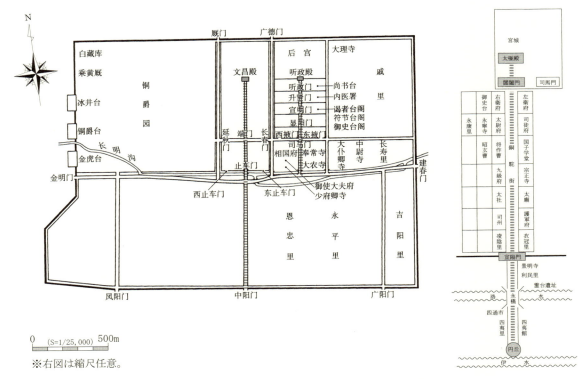

図21　曹魏鄴北城（左）と北魏洛陽城（右）の中軸線

遺構としては未だ確認されていない[銭国祥2002・2003・2022a]（図20）。このように、秦漢期の宮城中枢部、特に前殿の様相は考古学的に不明な部分が多い現状にあるが、後述する曹魏・西晋・北魏洛陽城の宮城正門〜太極殿の中枢部が発掘調査されたことにより、魏晋南北朝の都城研究が急速に進展している状況である。

　魏晋南北朝の都城に関しては、曹魏鄴北城、曹魏・西晋・北魏洛陽城、東魏・北斉鄴南城、北周長安城の調査研究が進んできた。太極殿・東西堂の成立、坐北朝南する単一宮城の成立、宮城正門南側の官庁集中配置（皇城空間の前身）の成立、外郭城の成立など、隋唐都城の原型が形成されていく時期である。この時期の都城制の意義を論じた先駆的研究に、郭湖生・朱海仁の研究がある。郭湖生は、北魏洛陽城に閶闔門と司馬門の2つの軸線が存在し、それぞれ「礼儀性的大朝殿廷一組」「処理政務的議事処及枢要部門一組」[郭湖生1990 p.16]で構成される点を指摘した。この構造を「駢列制」と呼称し、もともとは曹操が造営した鄴北城の文昌殿・聴政殿の二軸構造に由来する点、西晋を継承した東晋南朝から再び北朝北魏へ導入される点を論じた[郭湖生1981・2003]。朱海仁も曹魏鄴北城の画期を指摘し、それを継承する北魏洛陽城・東魏北斉鄴城において隋唐都城の「隋唐封閉式都城」の原型が完成した点を強調した[朱海仁1998]。なお、魏晋南北朝都城における東西2つの軸線、および中軸線の成立に関しては、佐川英治が文献史料の分析から興味深い指摘を行っている。佐川は、よく知られた曹魏鄴北城の復原図[徐光冀1993 p.424図2]（図21左）に対して疑問を呈し、中陽門－司馬門－聴政殿の中心に対して、西側に止車門－端門－文昌殿を想定し、シンメトリー構造を否定する。その上で、漢魏洛陽城においても魏晋期まで宣陽門に向かい合うのは司馬門であり、閶闔門と並ぶ「双軸制」が採用されていたが、北魏洛陽城において宣陽門が移築されたことで、太極殿－閶闔門（官庁街の集中配置）宣陽門－円丘が並ぶ中軸道路が完成し、東魏北斉鄴城で中軸シンメトリー構造が採用されたと指摘した[佐川2017・2018]（図21右）。同じく文献史学の渡辺信一郎は、曹魏太極殿を模倣した南朝においても大司馬門の軸線に存在した西側に偏る太極殿の軸線（図17左）が、梁の天監12年（512）の

340　第 4 章　太極殿・含元殿・明堂と大極殿

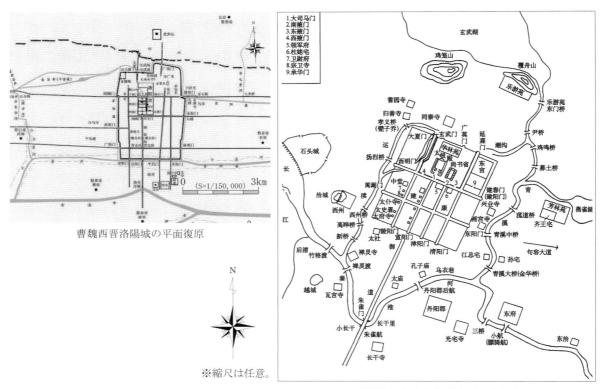

図 22　曹魏西晋洛陽城（左）と六朝建康城（右）の平面形

大改築によって中央の南掖門が端門に改修され、中軸線に朝堂を取り込むシンメトリーな宮城構造（図 17 右）が出現したと想定している [渡辺信 2009]。一方、漢魏洛陽城の発掘を長年主導した銭国祥は、閶闔門・2 号門・3 号門・太極殿の軸線は、曹魏明帝の「宮室修治」[安田 2006] により整備されたもので、曹魏西晋期に成立した単一宮城制が南朝に影響を与えたと想定している [銭国祥 2010・2016・2022b・2023a]（図 22）。特に司馬門に関しては、『水経注』（巻一六、穀水）にある「司馬門南。魏明帝始築闕、崩圧殺数百人、遂不復築、故無闕門。門南屏中、旧有置銅翁仲処。」の記載から、後漢北宮正門の朱雀門の修築工事の際に事故が発生し、代わりに西側の閶闔門の位置で曹魏の中心軸が整備され、東側の司馬門は重要な官署・尚書省・朝堂などが置かれることになり、その二軸構造を北魏が踏襲したと考えた [銭国祥 2003 p.59]。銭国祥は、曹魏西晋期に成立した単一宮城を中心として、北魏が宮城・内城・外郭城を整備していく過程を想定している [銭国祥 2019a・2019b・2020]。このように魏晋南北朝期に存在する「駢列制・双軸制」と呼ばれる宮城の 2 つの軸線構造の存在形態については諸説あるものの、隋唐都城に続く原型が漢魏洛陽城・東魏北斉鄴城・北周長安城の北朝都城で形成されていく過程は徐々に明らかになりつつある。特に、単一宮城における東西 2 つの軸線構造は、後述する北宋期の都城を考える際にも問題になる重要論点である点は強調しておきたい。

「建中立極」の宮城正殿である太極殿に関しては、その機能や構造が文献史料から検討されてきた [李文才 2006] が、漢魏洛陽城の太極殿・東堂が発掘された意義は非常に大きい [報告 A4：中国社会科学院考古研究所洛陽漢魏故城隊 2015・2016]。なお、曹魏・西晋洛陽城における単一宮城の存在については、太極殿の位置問題と合わせて、多くの議論が蓄積されてきた [佐川 2010・外村 2010]。詳細に関しては、向井佑介・田中一輝らが研究史を整理している [向井 2012・田中 2017] ため省略するが、現在は後漢の北宮にあった徳陽殿を中

心に曹魏に単一宮城が成立したという銭国祥の説 [銭国祥 2003] が広く受け入れられている状況である [聶暁雨ほか 2017、陳建軍ほか 2020、陳蘇鎮 2021・2022、趙永磊 2021]。曹魏・西晋・北魏洛陽城の宮城中枢部の様相が発掘調査によって明らかになりつつある [郭ほか 2021] 点は重要で、特に太極殿の構造に関する研究が今後、蓄積される点が予想される。一例を挙げると、陳建軍らは太極殿に関連する史料を集成したうえで、太極殿の建築構造についてまとめている。すなわち、発掘によって検出された創建期（曹魏）の太極殿は、桁行 12 間で南面には東西 2 階段が存在していたが、北魏も同じ構造を踏襲したとされる。しかし、北周の「洛陽宮」の造営に際して、桁行 13 間に改築された。一方、西晋から南朝に継承された太極殿は当初、桁行 12 間で建築されたが、梁武帝の天監 13 年（513）に北魏の太極殿を上回る規模の 13 間に改築された（『建康志』巻二一、城闕志「太極殿、建康宮内正殿也。晋初造以十二間、象十二月。至梁武帝、改製十三間、象閏焉。）点を整理した。そして、基本的には北魏洛陽城、および東魏・北斉鄴城の太極殿の構造が、隋大興城大興殿・唐長安城太極殿の桁行 12 間、南面に東西 2 階段を有する建造物へと継承された点を指摘した [報告 A4：陳建軍ほか 2019]。

東魏・北斉鄴城に関しては、ボーリング調査によって内城・宮城の平面配置が判明しており [郭済橋 2013・徐光翼 2014]、基本構造が北魏洛陽城と共通する点が多くの研究者によって指摘されている。太極殿・東西堂、およびその北側の昭陽殿が魏晋南北朝における「前朝」正殿にあたる建築群である点は、曹魏・西晋・北魏洛陽城の発掘調査から判明しているが、注目されるのは 2023 年に公表された北斉鄴城の「後寝」の主要建築群の調査成果である [報告 A5：中国社会科学院考古研究所ほか 2023]（図 37 ①右）。昭陽殿より北側は「帝后寝宮」に該当し、北斉の文献史料では顕陽殿・宣光殿の二殿が主要宮殿であった点が知られている。最近の発掘調査では、「東西廊房」で連接されたシンメトリーで規格的な 206・209 号大殿が確認され、その様相が明らかになった。中原都城では宮城の前朝にあたる中枢正殿が明らかになっている事例はあるものの、後寝部分の様相が明らかになったのは初めてである。高句麗・渤海・日本では、王・天皇の居住空間の発掘が進んでおり、東アジアレベルでの比較研究が進むことが期待される分野である。

西安における十六国（前趙・前秦・後秦）〜北朝（西魏・北周）期の都城に関しては、前漢長安城北東部に位置する東西二小城が宮城遺跡とされる。西小城南壁にある楼閣台遺跡 [劉振東 2006、報告 A6：中国社会科学院考古研究所漢長安城工作隊 2008] を積極的に評価し、北周長安城の宮城構造を復原した内田昌功の一連の研究 [内田 2009・2010・2013] もある。しかし、村元健一は、文献史料や地名から北周宮城は前漢長安城の南部に位置していた可能性を指摘し、文献史料上も西魏・北周の宮城構造に「画期性を見出すのは困難」[村元 2022 p.43] と指摘している。一方、東西小城を結ぶ宮門 [中国社会科学院考古研究所漢長安城工作隊 2023] の発掘成果で十六国〜北朝・隋の変遷が明らかになり、近年の中国の研究者は十六国・北周期長安城の存在とその意義を積極的に評価するようになっている [史硯忻 2023]。

最後に、漢〜魏晋南北朝の都城の長い歴史を概観し、考古学的遺構の変遷過程をまとめている徐竜国の研究にも言及しておく。徐竜国は、当該時期の前段を「統一王朝時期」、後段を「大分裂時期」と把握し、単一宮城・三城制・中軸対称布局・一門三道・坐北朝南などの新しい様式が発展していく過程を整理した [徐竜国 2019]。その上で、都城の建築遺構を、①城壁・城門、②宮殿官署、③礼制建築、④宗教建築のそれぞれ異なる特徴を持つ 4 つに分類し、前漢期の高台建築が土木技術の進歩によって徐々に低くなり、楼閣などの木造中心の建築様式へ変化する点を整理した [徐竜国 2020]。発掘される遺構の種類毎に、その構造を通時的に比較する考古学的視座を示している点において、徐竜国の研究は非常に重要である。分解する要素に差異はあるものの、本書でも基本的には同様の方法論に基づいている点は注意しておきたい。

342　第4章　太極殿・含元殿・明堂と大極殿

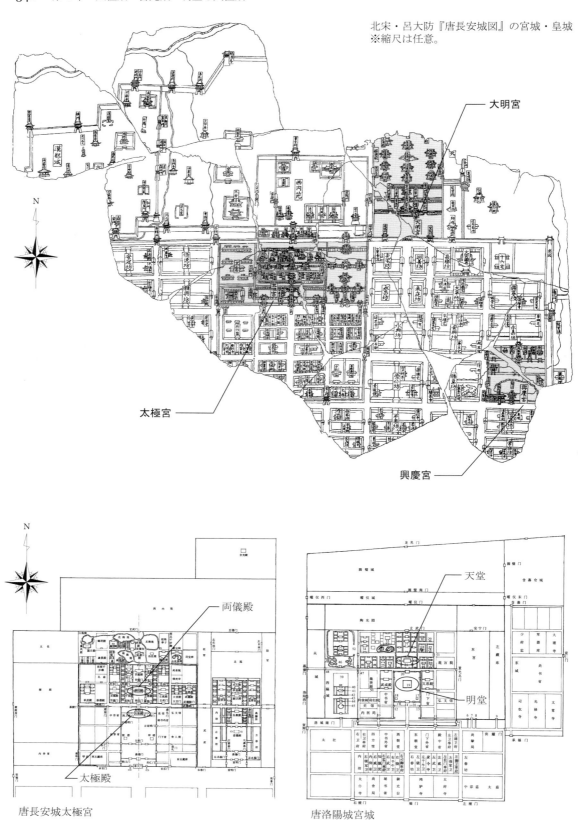

北宋・呂大防『唐長安城図』の宮城・皇城
※縮尺は任意。

図23　唐長安城・洛陽城の宮城

(6) 唐〜北宋の都城中枢部の研究

　前述したように漢魏洛陽城中枢部の発掘調査により、魏晋南北朝の都城研究が急激に進展しつつある。唐代都城に関しては唐長安城 [陝西省文物管理委員会 1958] が都城発展史上のひとつの到達点と考えられてきたが、中枢である太極宮に関しては考古学的な情報が極めて少なく、主に北宋呂大防の「唐長安城図碑」（図23上）の分析 [妹尾 2009] や文献史料に基づく復原 [傅熹年主編 2009 p.384 図3-2-2]（図23下左）が進められてきた。一方、太宗が造営を始め、高宗以降には実質的に長安城の中枢となる大明宮に関しては、丹鳳門・含元殿・麟徳殿・太液池などが発掘調査され、現在も「国家遺跡公園」として整備されるなど調査研究・保存整備・活用公開が進展している。なお、近年の動向として注目されるのは、京師としての長安城に対する陪京（陪都）であった東都洛陽城における発掘調査の進展である。唐洛陽城は、高宗〜武則天期に整備され、武則天の時期には神都として中枢部に明堂・天堂が造営されるなど殷賑を極めた。また、続く北宋期には東京開封城に対して、西京洛陽城として再整備されており、唐代都城の諸要素は洛陽を通じて北宋へと継承された可能性が高い。この点は、唐代都城をひとつの到達点と考える従来の研究ではあまり注目されてこなかった部分であり、唐代都城から北宋都城への変容過程、そして北宋から遼金元の北方都城への展開過程は、近年、中国でも非常に注目されている研究分野である。以下、唐〜北宋期の都城中枢部の研究史を、近年の動向を中心に整理する。

　唐長安城大明宮に関しては、発掘調査報告や関連文献がまとめられている [報告A8：中国社会科学院考古研究所 2007]。麟徳殿 [報告A8：中国科学院考古研究所 1959]、含元殿と東朝堂 [馬得志 1961・1987、中国社会科学院考古研究所西安唐城工作隊 1997・1998、中国社会科学院考古研究所陝西第一工作隊 2012]、丹鳳門 [中国社会科学院考古研究所西安唐城隊 2006] などが発掘・報告されている意義は大きい。現在までに建築史学の立場からの復原研究 [郭義孚 1963、劉致平ほか 1963、傅熹年 1973・1998a・1998b、楊鴻勲 1987・1989・1991・1997・2013]、文献史料の整理 [呉春ほか 2012]、三朝制に関する分析 [辛徳勇 1991、劉思怡ほか 2009、楊軍凱 2012、杜文玉 2012a・2012b・2015、杜文玉ほか 2013、賈鴻源 2017、何歳利 2019]（図24）など非常に多くの研究が蓄積されている。特に大明宮正殿であり、元正冬至の大朝会・改元発布・大赦・冊封・受貢の場、すなわち外朝大典空間として機能した含元殿については、左右朝堂、左右楼閣（翔鸞閣・棲鳳閣）、龍尾道などの建築構造が研究対象となってきた。皇帝権力の隔絶性を可視化すると同時に、左右階から臣下を登壇させる特徴的な立体構造に関しては、渤海・日本都城への影響が注目されてきた [安 1998・2003][安家瑶 2005a・b、王仲殊 1999]。また、大明宮正殿でありながら左右楼閣を有する「闕式主殿」の構造は、承天門の系譜を引く朝堂・肺石・登聞鼓などの諸施設の存在も含めて分析対象となってきた。これに関しては、馬得志が隋仁寿宮・唐九成宮1号宮殿を含元殿の祖型と考えている点が注目できる [馬得志 2005]。なお、外国使節が来朝した際の宴会の場となった麟徳殿についても、日本都城へ影響を与えたと考える説 [王仲殊 2001b] がある点も注意しておきたい。

　唐洛陽城に関しては、唐長安城との対比的分析 [宿白 1978、馬得志 1982、傅熹年 1995・1998a、姜波 1996、李永強ほか 1998、石自社 2009、王天航 2023] が多く蓄積されているが、近年、1959〜2001年の発掘調査を総括する報告書が刊行され [報告A10：中国社会科学院考古研究所 2014]、研究が新しい段階へ進みつつある。宮城中枢部に関しても、応天門・明堂・天堂・九洲池などの発掘成果が整理され、武則天期に大明宮と並ぶ威容を誇った宮城構造が判明しつつある。もともと隋煬帝の東都宮の大規模造営によって形成された中枢部主軸 [傅熹年主編 2009 p.392 図3-2-4] は、端門（皇城正門）・則天門（宮城正門）・乾陽門・乾陽殿で構成されて

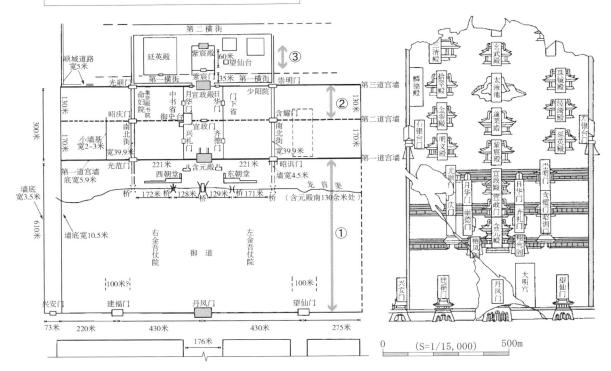

図24　唐長安城大明宮における「三朝」(左)と北宋・呂大防『長安城図碑』の大明宮(右)

いたが、隋滅亡後に焼失し、唐太宗に至って洛陽宮と改称して再整備され、高宗が東都と改称して正殿を乾元殿、乾陽門を乾元門(665)とした。その後、武則天が乾元殿を取り壊して明堂(万象神宮:688)を造営し、北西側に天堂も建造した。695年に明堂・天堂は焼失するが、696年には明堂が再建され、通天宮と改称された。玄宗の時期には、明堂の上層が撤去されて717年に乾元殿(740年に含元殿)と再度改称され、安史の乱で焼失した。ここでは、宮城中軸[報告A11：中国社会科学院考古研究所洛陽唐城隊1989、楊煥新1994a・b](図23下右)上に位置する建造物の発掘成果を中心に整理しておく。

　まず、唐代洛陽城の宮城正門は三出闕を有する一門三道の過梁式門：応天門である[洛陽市文物工作隊1988、中国社会科学院考古研究所洛陽唐城工作隊2007、報告A10：中国社会科学院考古研究所2014、中国社会科学院考古研究所洛陽唐城工作隊ほか2019、洛陽市文物考古研究院2022]。隋則天門・唐応天門は、開元年間に五鳳楼と改称されて北宋西京に継承されるが、その構造は北宋東京宣徳門(三門道から五門道に改修される)に影響を与えた点が指摘されている[韓建華2016a]。正殿は隋乾陽殿・唐乾元殿から武則天の明堂へと変遷したが、1986年の発掘調査で巨大な4つの礎石を設置した八角形の礎石据付穴と、隋乾陽殿上層に八角形の基壇(東西87.5m・南北72m)が検出されて位置が判明した[報告A10：中国社会科学院考古研究所洛陽唐城隊1988](図26上左)。文献史上、武則天明堂は「上円下方」とされているため、八角基壇は天堂であり、その南側で検出されている基壇を明堂とすべきなどの疑義が呈されたが[辛徳勇1989・余扶危ほか1993]、考古学の立場に基づいて位置・構造などから改めて明堂の可能性が指摘され[王岩1993]、現在は明堂と確定している[韓建華2019]。中国史上、明堂は「天円地方」を表現する「上円下方」の構造を基本とするため[南澤2018][王世

仁 1963、楊鴻勲 1998・2012、中国社会科学院考古研究所 2003・2010b]（図 25）、韓建華は漢代に見られる「亜字形」明堂の変体として武則天の八角形明堂を位置付けている [韓建華 2019 p.118 図 7]（図 26 上右・中）。ちなみに、高宗永徽 2 年（651）の明堂案も八角とされており [傅熹年主編 2009 p.435 図 3-3-2]（図 26 下左）、上円下方の概念と八角形基壇の構造は矛盾するものではないという姜波の重要な指摘もある [姜波 1996 p.442]（図 26 下右）。武則天が「自我作古、用適于事」（『旧唐書』巻二二、礼儀志二）の決意のもとに造営した明堂の歴史性は、様々な角度からその意義が論じられている [大西 2020・南澤 2010][楊鴻勲 2001・王貴祥 2011・呂博 2015] が、金子修一が指摘するように「明堂は単に武周の政治的象徴としての役割を果たしていたのではなく、事実上の正殿としての役割を果たしていた」[金子 2001a p.270] 点が重要である。「宮廟合一」によって特殊な構造と儒教的来歴を持っていたとしても、武則天の明堂は神都洛陽の宮城正殿として建造され、その役割を果たしていたのである。また、1973 〜 79 年に洛陽博物館が、明堂の北西側、中軸から西へ 100m の位置で直径 64.8m の大型円形建物を検出した。中央には 3 つの石を組み合わせた巨大な礎石を設置した八角形の礎石据付穴が確認され、中心礎石の周囲には礓墩（4 つの石を組み合わせた基礎）が内圏 12 基、外圏 20 基巡ることが確認された [報告 A10：洛陽市文物考古研究院 2016]。円形基壇の外側には、東西 69m・南北 78m の方形基壇も確認されており、白馬寺の僧：薛懐義が主体となって造営した天堂と考えられるに至っている（図 27）。石自社は、天枢・明堂の八角形、天堂の上円下方など、いずれも中国古代の天円地方に基づく宇宙観や哲学思想を表現した武則天の政治性の強い象徴的建造物である点を指摘している [石自社 2021 p.98]。なお、これら宮城中枢部の西側に位置する隔城では、皇家苑林として著名な九洲池も発掘されている [韓建華 2018]。

　ところで、中国の歴史学会では武則天期の研究と再評価が急激に進んでいる（註 4）。武則天は、永徽 6 年（655）に皇后になると、高宗が病状の悪化を理由に政治から退くことになる顕慶 5 年（660）以降、国事に重大な影響力を持つことになる。神龍元年（705）に退位するまで、実に 45 年に渡って唐朝の政権を運営した武則天の時期は、考古学的に見ても宮殿建築・陵墓・仏教、その他の文化面で革新的な時期と評価されるようになっている [姜捷 2002]。唐長安城大明宮の含元殿の造営、唐洛陽城宮城の明堂の造営など、宮城中枢部の構造的革新に武則天の影響があった点は、まぎれもない事実である。

　さて、唐代洛陽城宮城中枢部の軸線が北宋期にどのように変化していくのか、も重要な論点である。社会科学院考古研究所洛陽唐城隊のボーリング調査によって、唐宋期の中軸上の主要宮殿の変遷が推定されている [報告 A11：中国社会科学院考古研究所洛陽唐城隊 1989 p.247 図 9、楊煥新 1994b p.154 図 1]。その後、近年の発掘成果も踏まえて、韓建華・石自社らが軸線の変容過程とその意義を整理している [韓建華 2016b・c、石自社 2016]（図 29 上）。韓建華の復原図 [韓建華 2016a p.267 図 12] によると、北宋は唐の中軸線を沿用しており、主に乾元殿・明堂跡地より北側に正殿である太極殿を置くことで、左右廊（千歩廊）で囲まれた「前庭」空間を広く設定したとされる。中軸建物は、南から五鳳楼・太極門・太極殿・天興殿であり、特に正殿である太極殿は前殿と後閣が「柱廊」で結ばれる「工字形」の「前後二殿」形式である点が注目できる。宮城全体の構造を見ると、『河南志』附録にある「唐西京城図」（図 29 中右）で知られるように宮城を皇城が包摂する「回字形」構造をしている。韓建華は、北宋初期には下向きの凸形を呈する宮城（唐の大内・東隔城・西隔城を含む）から、宋徽宗の時期の大規模改修で北側に広がった点を想定しているが [韓建華 2016c p.116-117 図 1 〜 3]（図 29 下）、基本的には宮城・皇城の「回字形」構造、正殿（太極殿）の「工字形」前後二殿構造が北宋期の大きな特徴といえる。また、中軸西側部分に大型の宮殿遺構が多数検出されている点も重要である [韓建華 2016c p.118 図 4]。特に天堂の西南側で検出された北宋期の 1・2 号建築 [報告 A11：洛陽市文物考古研究院 2016] が注目できる。1 号建築は前面に月台、左右に配房を持つ大型基壇で、柱廊を通じて後閣である

346　第4章　太極殿・含元殿・明堂と大極殿

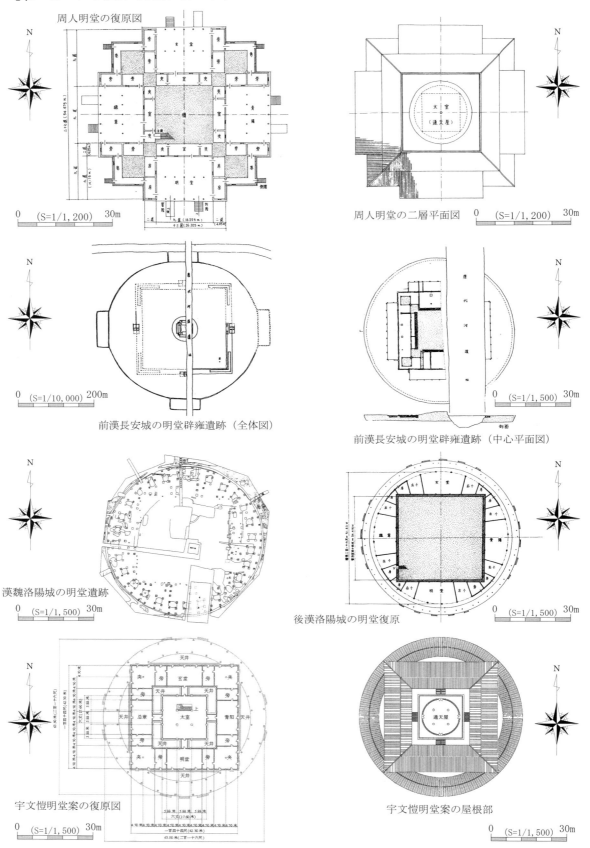

周人明堂の復原図

周人明堂の二層平面図

前漢長安城の明堂辟雍遺跡（全体図）

前漢長安城の明堂辟雍遺跡（中心平面図）

漢魏洛陽城の明堂遺跡

後漢洛陽城の明堂復原

宇文愷明堂案の復原図

宇文愷明堂案の屋根部

図25　楊鴻勲による明堂の諸例

第1節　東アジア古代都城中枢部の変遷に関する研究史　347

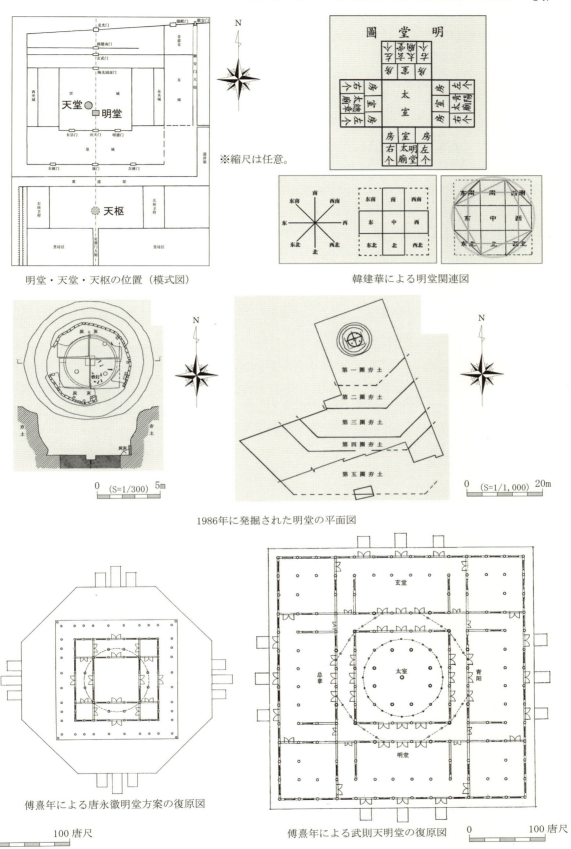

図26　唐洛陽城における武則天明堂関連の資料

348　第4章　太極殿・含元殿・明堂と大極殿

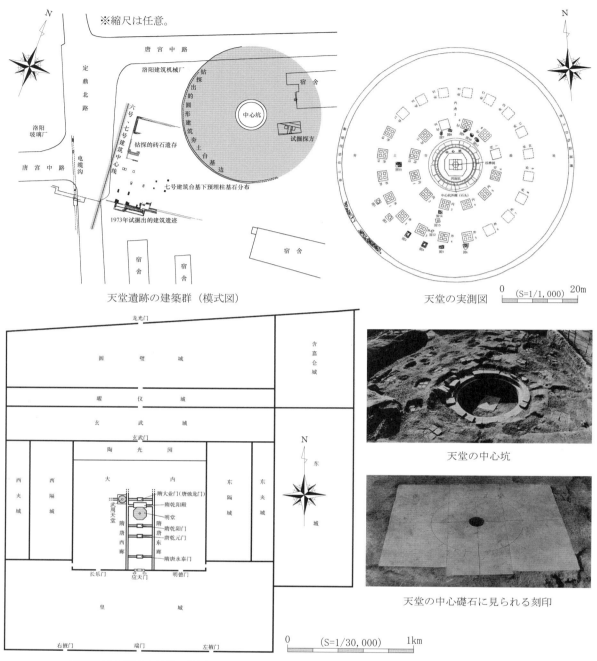

図27　唐洛陽城における天堂の位置と発掘成果

2号建築と連接する「工字形」建築である。唐代の大型宮殿を改修している点から、陳良偉は中軸西側に存在した唐宣政殿・宋文明殿の可能性を指摘しており［陳良偉 2016 p.144］、王書林も唐武成殿・北宋文明殿と位置付けている［王書林 2020 p.129・2023a、王書林ほか 2022］（図28）。

　なお、北宋西京洛陽城の中軸、および西側の2つの軸線の問題については、文献史研究の立場から注目されてきた現象である。例えば、北宋東京開封城では、中軸の大慶殿（正殿／正月元旦・冬至の大朝会の場）・紫宸殿（望日視朝の場）に対して、西側に文徳殿（正衙／常朝の場）・垂拱殿（毎日の前殿視朝の場）が位置する

第1節　東アジア古代都城中枢部の変遷に関する研究史　349

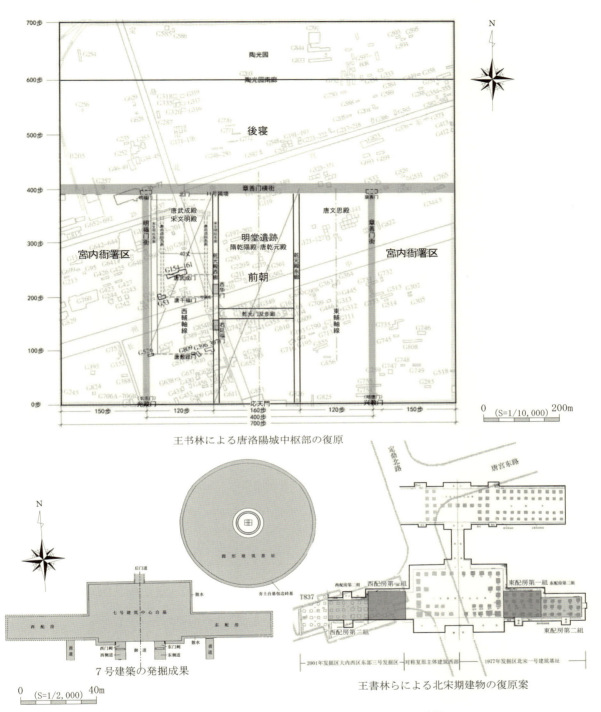

図28　唐洛陽城武成殿・北宋西京洛陽城文明殿とされる遺構

二軸構造が知られている[松本2020 p.172 図5・6]（図30・31）。王書林は、「中軸・西補軸」と呼称する[王書林2020 p.110 表3-3]。松本保宣は、鈴木亘[鈴木1980]・傅熹年の研究[傅熹年主編2009]を整理しつつ、東京開封城の東西二軸構造は隋唐五代の洛陽宮を媒介にしたもので、その淵源は武則天の明堂・天堂にある点を指摘した[松本2020]。すなわち、武則天期に洛陽宮城西側の政治空間化が進み、唐長安城大明宮延英殿での議政の開始[松本1993・2006・2013]などに影響を与えたと考えたわけである。北宋東京城の宮城につ

350 第4章 太極殿・含元殿・明堂と大極殿

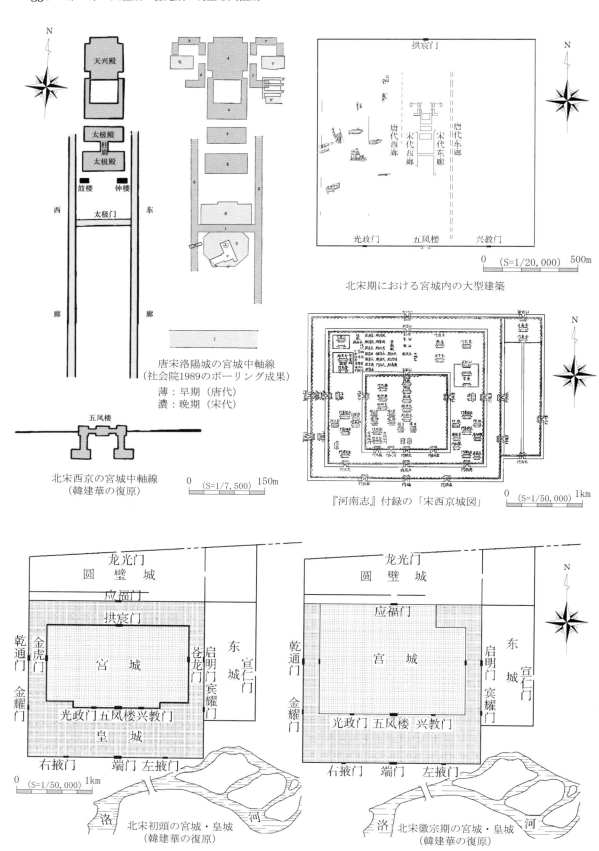

図29 北宋西京洛陽城の宮城復原

第1節　東アジア古代都城中枢部の変遷に関する研究史　351

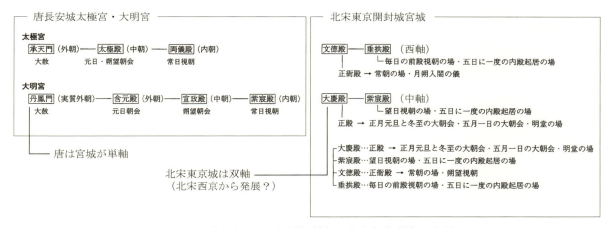

図30　松本保宣による唐宮城（左）と北宋宮城（右）の比較

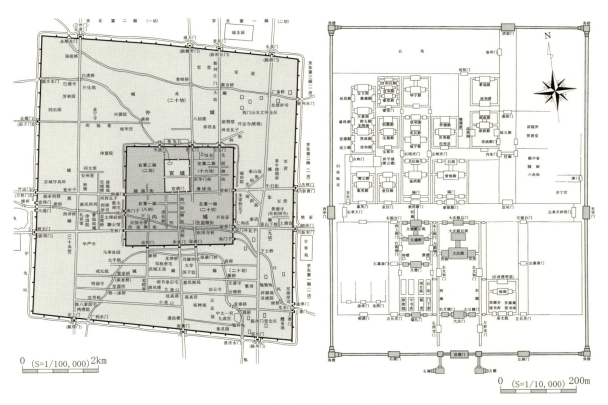

図31　北宋東京開封城の重圏構造（左）と宮城復原（右）

いては、発掘によって中枢部の構造が判明しているわけではないが、文献史料・絵画資料を通じた宮城の復原研究が蓄積されている［久保田 2007］［劉春迎 2004、報告 A12：孟凡人 2019、久保田和男 2021］。今後は、北宋西京・東京の比較分析も進んでいくと思われる。

　以上、唐宋期の宮城中枢部の研究状況について、整理した。特に唐代都城中枢部の研究は、長安城大明宮を中心に進んできたが、近年、唐都洛陽城の中軸線の様相と北宋西京への変遷過程が判明しつつあることで、唐から北宋に向けた都城の発展に大きな関心が向けられている状況にある。北宋都城は、遼金元の草原都城への展開においても重要であり、都城の大きな変革期に位置すると思われる。すなわち、①宮城・皇城の「回

字形」構造、②宮城内の東西二軸構造、③「工字形正殿」の二殿構造など、新しい構造的特徴が生まれる時期で、それらの要素が武則天期の唐洛陽城宮城中枢部から生まれている点は非常に重要な論点である。①はもともと魏晋南北朝都城における宮城・内城の関係性、②も同じ時期の「駢列制・双軸制」と関わる可能性があり、今後、更なる検討が必要な分野である。また、③については、後述するように明清期の「三殿制」へと発展する要素であると同時に、高句麗・渤海・日本などでは唐代には既に認められる特徴でもある。北宋都城は、唐までの「封閉式里坊」から「開放的街巷制」への過渡期 [久保田 2018][石自社 2016] に位置付けられるなど、様々な点から見て、都城発展史上の大きな画期と把握することが出来るだろう。

(7) 遼・金・元の都城中枢部の研究

契丹の遼、女真の金、モンゴルの元、各王朝が造営した都城に関しては、文献史料を中心に研究が進められてきた。しかし、近年では遼上京城 [報告 B1：董新林 2019]・金上京城 [報告 B3：黒竜江省文物考古研究所 2017、黒竜江省文物考古研究所 2019・2023]・元上都 [報告 B5：魏堅 2008]・元中都 [報告 B6：河北省文物研究所 2012] などの中枢部の発掘調査が蓄積され、北方・草原地帯に位置する遼・金・元都城の考古学的研究が急激に進んでいる。ここでは、中枢部の調査研究事例を中心に研究史を整理しておく。

遼太祖の耶律阿保機が造営した遼上京城（臨潢府）は、内蒙古巴林左旗に位置する。北側の皇城・南側の漢城の二城構成で、皇城（内城）中央やや東に位置する宮城が東向き（坐西朝東）である点が判明している。発掘によって宮城東門の東華門が、一門三道の殿堂式門と判明し [中国社会院考古研究所内蒙古第二工作隊ほか 2017]、その西側に1・2・3号院が徐々に規模を減じながら続く主軸構造が明らかになった [報告 B1：董新林 2019]。劉露露は、このような宮城構造、殿堂式城門構造、瓦当などから渤海上京城の影響を指摘している [報告 B1：劉露露 2022]（図 32）。また、董新林は皇城（内城）・漢城（外城）の連接構造を北方少数民族が漢族を統治する体制で生まれる構造として「日字形／遼上京規制」と定義した。その上で、中原の北宋東京城に見られる宮城・内城・外城の三重圏構造を伝統的な様式と捉えて「回字形／北宋東京模式」として対置し、両者が明清北京城で統合されていく過程を論じた [報告 B1：董新林 2019]。北方遊牧民族が中原都城をモデルにしながらも、新しい都城を造営していく過程は歴史学でも注目される分野であり [郝紅暖ほか 2009]、建築史学の立場から遼・金・元都城の構造を通時的に分析する優れた研究も存在する [諸葛浄 2016]（図 33）。北方遊牧民族が活躍したこの時期の都城は、明清北京城への過渡期でもあり、考古学・文献史学・建築史学などの成果を網羅した孟凡人の体系的研究もある [孟凡人 2013、報告 C1：孟凡人 2019]。

金代前半期に造営された金上京城（会寧府）は、黒龍江省ハルビン市阿城区に位置する。曲尺状を呈し、北城・南城の二城で構成され、南城西側に中枢域の皇城が坐北朝南する [報告 B3：黒竜江省文物考古研究所 2017]。東西 500m・南北 645m の皇城中軸上には、正門の午門から中軸上に 1〜5 号基壇が確認され、特に 4 号宮殿が「工字形」を呈する [報告 B4：孟凡人 2019 p.183]。一方、金が現在の北京市に造営した金中都に関しては、中枢部の発掘は行われていないものの、文献史料・絵画資料から詳細な復原が行われている。宮城は大きく南の前朝、北の後寝で構成され、宮城正門の応天門は闕門で、その前に御道と左右千歩廊がある（図 33 左）。前朝前面の大朝殿は「工字形」の大安殿、前朝後方の常朝殿がやはり「工字形」の仁政殿である [諸葛浄 2016 p.35 図 3-4]。金中都の構造は、北東に場所を変えて元大都に継承されることになる [渡辺 2017][傅熹年 1993]。元大都の宮城は明清期の紫禁城へと発展するが、文献史料によると宮城には前面の大明殿建築群、後方の延春閣建築群、ともに「工字形」の建築群で構成される。宮城正門は、双闕式五門道の崇天門で、その姿はアメリカのネルソン・アトキンス美術館所蔵の元人『宦迹図』にも描かれている [林梅村 2011 p.19 図 7]。

第1節　東アジア古代都城中枢部の変遷に関する研究史　353

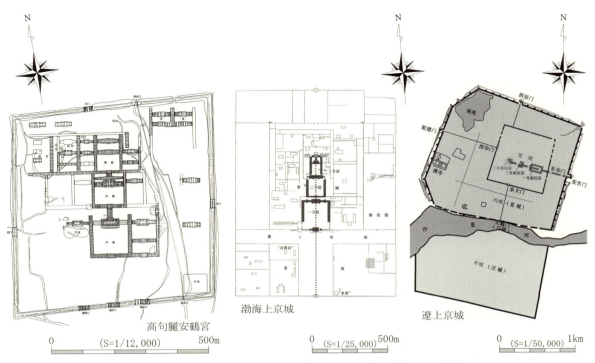

図32　劉露露により系譜関係が指摘される高句麗・渤海・遼の都城

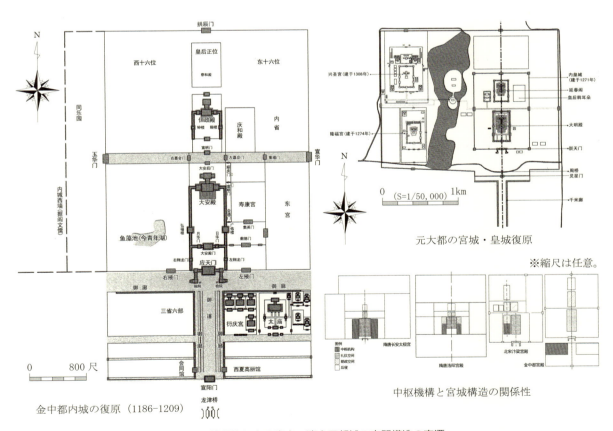

図33　諸葛浄による唐宋〜遼金元都城の空間構造の変遷

元大都宮城中枢部の「工字形」正殿の在り方は、明清の外朝「三大殿」(清の太和殿・中和殿・保和殿)へと発展していくことになる。このように見てくると、北宋東京・西京で成立した「工字形」正殿のあり方が、草原都城を経て明清北京城の紫禁城へと発展していく過程を理解できる。

なお、金中都・元大都から明清北京城へと繋がる系譜とは別に、元には上都・中都が存在しており、発掘調査が進展している点が注目できる。フビライが造営した元上都は、内蒙古正藍旗に位置する[報告B5：魏堅2008]。宮城・皇城・外城の三重圏構造で、宮城中央の1号下層遺構がフビライ建造の正殿：大安閣とされる。大ハーンの即位空間でもあった大安閣は、金南京(北宋徽宗の潜邸にあった熙春閣)から移築されたものとされる[久保田2019 p.14]が、現存する遺構は東西36.5m・南北30mと規模が小さい。文献史料からは、四層にも及ぶ「多層楼閣」建築が想定されており[馮恩学2008・王貴祥2017]、大都以降には元朝皇帝の夏の離宮として利用された上都の特殊性を物語る。一方、宮城内最大の建造物は、北壁中央に位置する東西130m×南北60mの闕式主殿[陸思賢1999、報告B5：内蒙古師範大学ほか2014]で、文献史料の穆清閣と考える意見が多い[久保田2019 p.13図15]。元中都は、第7代皇帝の武宗カイシャン(中国名：海山、在位4年)が造営した未完成の都城とされ、河北省張北県に位置する[報告B6：河北省文物研究所2012]。元上都→元大都→元中都の順に造営されたが、明清期の改築によって原型を失っている大都の宮城中枢部を考える上で重要な都城である。宮城・皇城・郭城の三重構造で、宮城中央に1号宮殿が位置する。1号宮殿は、正殿(前面に月台)と寝殿(東西に夾室・北に香閣)が柱廊で結ばれる「工字形」正殿で、文献史上の元大都大明殿建築群との高い共通性が指摘されている。また、航空写真のソイルマーク、ボーリング成果から宮城内の平面配置を復原した陳篠は、モンゴル高原のカラコルム[白石2022]や瀋陽故宮との共通性を指摘し、草原都城に見られる民族的特色を想定している[陳篠2016、陳篠・孫華2018、陳篠・孫華・劉誌秋2018]。

以上、遼金元代の北方・草原都城に関しては、従来、文献史料・絵画資料を基にした研究が進んできたが、近年の発掘調査の進展によって、実際の遺構レベルで宮城中枢部を把握できるようになっている点が注目できる。特に、北宋東京・西京で出現した「工字形」正殿が草原都城でも受け継がれ、明清北京城における紫禁城の三殿式へと発展していく過程が考古学的にトレースできる点は非常に重要である。

(8) 渤海都城と中原都城の比較研究

713年に大祚栄が唐玄宗に「渤海郡王」に冊封された渤海国は、五京制を採用した。中京顕徳府(西古城)・上京龍泉府(上京城)・東京龍原府(八連城)・西京鴨緑府・南京南海府である[宋玉彬2009]。首都(京師)は、「旧国」(敦化)時代から中京→上京→東京→上京と変遷し、150年以上は上京城を中心としていた。近年、上京城[報告D2：黒竜江省文物考古研究所2009]、西古城[報告D3：吉林省文物考古研究所ほか2007]、八連城[報告D4：吉林省文物考古研究所ほか2014]の発掘報告書が刊行されたことで、渤海都城の構造研究、および中原や高句麗・日本都城との比較研究が急激に蓄積されている。

まず、渤海都城が唐長安城の影響を強く受けている点は、多くの研究で指摘されてきた点だが、その前後の系譜、すなわち高句麗都城(安鶴宮など)が渤海都城に与えた影響、渤海都城が遼都城(上京城など)に与えた影響が、議論されている点も注目しておきたい。例えば、平壌遷都以降の後期高句麗における宮殿遺構とされる安鶴宮[報告D1：朴燦奎2015]に関していえば、その年代は不明な部分が多かったが、近年では出土土器を検討した王飛峰により6世紀後半〜高句麗滅亡(668)の年代が考えられており[王飛峰2015]、その構造が南北朝期の中原都城と共通する点も指摘されている[梁2012][王飛峰2020]。魏存成は、高句麗安鶴宮の南宮・中宮・北宮が並ぶ中軸構造について、北魏洛陽・北斉鄴城〜隋唐長安城の「前朝後寝」の構造的

第1節　東アジア古代都城中枢部の変遷に関する研究史　355

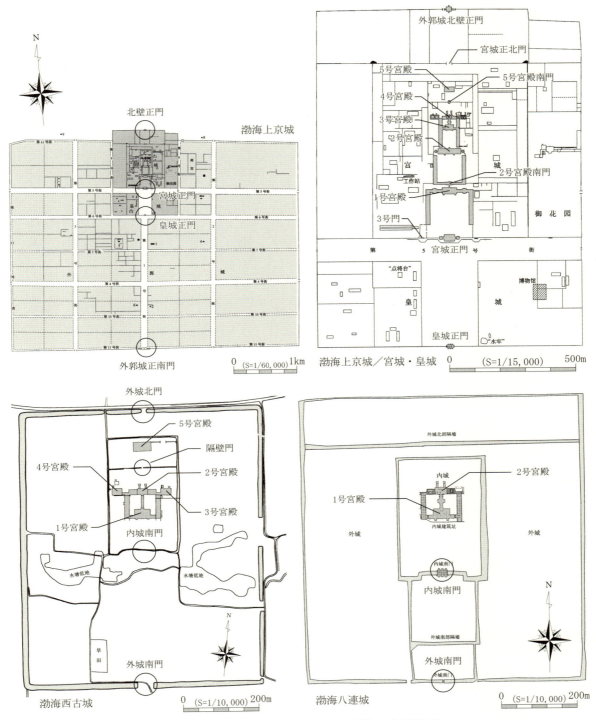

図34　渤海都城（上京城・西古城・八連城）の中枢部比較

影響を受けているとし [魏 2004][魏存成 2003]、南宮を「前朝的外朝」、中宮を「前朝的内朝」と位置付けた [魏存成 2016 p.298]。高句麗後期の王宮とされる安鶴宮に関しては、丸都山城などの中期高句麗とは相違点が多く、隋・唐長安城などの影響を受けており、渤海上京城に展開したとする説もある [張明皓 2019]。なお、渤海都城から遼都城への影響に関しては、遼上京城の宮城構造（「三院落」構造）に渤海上京城の宮城中軸線

の影響を考える説もある [報告 B1：劉露露 2022]（図 32）。渤海都城前後の系統性は、今後、研究の深化が期待される分野である。

さて、発掘調査の進展によって、渤海都城の研究は急激に進んでいる。考古学の成果を踏まえた専門書 [劉暁東 2006、魏存成 2008・2015、報告 D2：趙虹光 2012] も多く刊行されているが、ここでは宮城中枢部の問題に限って、研究史を簡単に整理しておく。前述したように渤海都城は、中京→上京→東京→上京と変遷したと考えられているが、最も長い歴史を持つ上京のみが、唐長安城を模倣した宮城・皇城・外郭城を備えた都城とされる。西古城・八連城は、上京城の宮城部分のみで構成されるため、上京城が段階的に整備されたとする説 [劉暁東ほか 1991・趙哲夫 2015] もあるが、未解決の部分も多い。上京城の宮城中軸線は、南から宮城正門・1～5 号宮殿、宮城正北門で構成され、北側には唐長安城大明宮の北門建築群・唐洛陽城宮城北の円壁道と共通する空間がある [趙虹光 2009、報告 D2：趙虹光 2012 p.117]。西古城・八連城は、上京城の 1・2 号宮殿が存在しない構造となるが、王培新は、前者は最初の渤海王城であるため、後者は離宮・陪京の性格のためと想定している [王培新 2014]。三都城の関係性については、今後の発掘による遺構の前後関係の確認や遺物の型式学的分析の進展で更に研究が深化していくと思われる（図 34）。

このように、渤海都城では上京龍泉府が、唐長安城の忠実な模倣形とされており、それゆえに唐宮城に見られる「三朝制」の概念で比較研究が蓄積されてきた。詳しくは劉暁東・李陳奇が研究史をまとめている [劉暁東ほか 2006] が、唐長安城の太極宮を模倣対象とするか、大明宮を模倣対象とするか、によって上京城宮城中枢部の理解が異なる点が注目される。太極宮を模倣していると考えるのが、劉暁東・李陳奇である。劉暁東らは、3・4 号宮殿を寝殿と捉え、2 号宮殿を内朝、1 号宮殿を中朝、宮城正門前を外朝と考えた。宮城正門前は T 字形の広場となっているが、承天門の制度を模倣した外朝大典空間としている。外朝・中朝・内朝と南から北に向けて広場・庭院は狭くなるが、殿堂の桁行は大きくなる（正南門：9 間／ 1 号宮殿：11 間／ 2 号宮殿：19 間）点も注目し、唐長安城含元殿・麟徳殿、あるいは北宋正殿が桁行 11 間で最高ランクである点から、1・5 号宮殿（11 間）の格式が高く、2 号宮殿（19 間）が特殊である点を整理した [劉暁東ほか 2006]。ちなみに、劉暁東は、都城全体の構造に関しては唐洛陽城→唐長安城と影響が変化する点を指摘し、日本も唐洛陽城の影響を受けた前期難波宮・藤原京から、唐長安城の影響を受けた平城京へと変化するとし、渤海・日本都城が連動すると考えた [劉暁東 1999]。前述した上京城の模倣を太極宮と見る説に対して、大明宮を想定するのが魏存成である。魏存成は、上京城段階造営説に立ち、第一次上京時代に 3・4 号宮殿が造営（西古城・八連城の 1・2 号宮殿部分と同じ）され、第二次上京時代に大明宮の影響を受けて 1・2 号宮殿が増設されたと考え、宮城正門～ 1 号宮殿が外朝（丹鳳門～含元殿）、2 号宮殿が中朝（宣政殿）、3・4 号宮殿が内朝（紫宸殿）に対応する点を指摘した [魏存成 2016]。唐・渤海上京城・平城宮の宮城中枢部の比較では「三朝制」に基づく視点が多く、今井晃樹・王維坤も渤海上京城の 1 号宮殿を含元殿の模倣と考えており、殿前に龍尾道（壇）を持つ平城宮中央区大極殿との共通性を指摘している [今井 2012・王 2008a]（表 2）。

以上、渤海都城は上京城・西古城・八連城の発掘調査で研究が飛躍的に深化しており、高句麗からの系譜、遼への系譜が議論になるとともに、上京城の宮城構造が唐長安城、あるいは日本平城宮と比較対象になっている。その場合でも、渤海都城中枢部の相互の関係性、あるいは系譜に関しても太極殿・大明宮など諸説あり、定説を得るには至っていない状況である。

（9）小結

中国都城の中枢部に関する研究史を整理した。特に、2000 年以降の発掘調査の進展によって、研究が劇

第1節　東アジア古代都城中枢部の変遷に関する研究史　357

表2　渤海上京城の宮城構造と三朝制諸説

研究者	渤海上京城			
	宮城正門（第5号街上）	1号宮殿	2号宮殿	3・4号宮殿
劉暁東・李陳奇 2006	外朝 （太極宮承天門）	中朝 （太極宮太極殿）	内朝 （太極宮両儀殿）	寝殿
王維坤 2008	—	大明宮含元殿	—	—
今井晃樹 2012	—	外朝 （太極宮承天門） （大明宮含元殿）	中朝 （太極宮太極殿） （大明宮宣政殿）	内朝 （太極宮両儀殿） （大明宮紫宸殿）
	平城宮			
	中央区朝堂院南門	中央区大極殿院 中央区朝堂院	東区大極殿院下層建物 東区朝堂院下層	内裏
魏存成 2016	外朝 （大明宮丹鳳門～含元殿）		中朝 （大明宮宣政殿）	内朝 （大明宮紫宸殿）

的に進展している点がわかる。中枢正殿を通時的に見れば、秦始皇帝の阿房宮に始まる秦漢の「前殿」、曹魏明帝の洛陽宮に始まる魏晋南北朝の「太極殿・東西堂」、唐の「太極殿（唐初～）」「含元殿（高宗～）」「明堂（武則天期）」の3つの正殿、北宋西京洛陽城・東京開封城に始まる「工字形正殿」、明清期の「三殿（三台）」へと変遷した点が整理できる。重要なのは、中枢正殿の多くが、文献史料としての存在だけでなく、発掘遺構など考古学的に把握できる状況になりつつある点である。

従来は、このような宮城正殿の構造に関する通時的な変遷を踏まえた上で、正殿自体の系統性や礼制建築との関係性、あるいは同時代における周辺国への伝播の問題などを扱う研究が存在していなかった。魏晋南北朝～唐代を中心に周辺国（高句麗・渤海・日本など）に伝播した都城中枢部を考える際にも、あくまでも中国都城の通時的変遷を踏まえて議論すべきだと考える。さらに、正殿の国際比較の際にも、唐の「三朝制」など思想的な背景が主な論点となってきたが、考古学的な発掘調査で確認している正殿自体の構造的な比較が進んでいない点も課題である。漢代前殿の「前朝後寝」構造、魏晋南北朝期の太極殿・東西堂の東西軸構造、北宋以降の「工字形」正殿と明清期の「三殿」構造など、考古学が得意とする構造的な分析が必要だと考える。なお、研究史上、魏晋南北朝における宮城の「駢列制」が議論の対象となってきたが、近年では北宋西京・東京でも確認されるように、宮城中枢部における双軸（東西、あるいは南北）構造も、時空間を越えて存在する中国都城の特色である可能性も出てきた。いずれにしても、長い歴史をもつ中国都城の宮城中枢部の分析において、隋大興城・唐長安城を完成形とみる視点だけでは、中枢正殿が持つ根源的意味を解き明かすことは出来ない。あくまでも通時的な空間・構造分析に基づいて、中国都城の発展や伝播を考究する必要があると考える。

4. 論点と課題

ここまで多くの紙幅を費やし、東アジア都城の宮城中枢部、およびその正殿の研究史について、整理してきた。筆者の力量の限界から新疆、朝鮮半島、あるいは中央アジア、北アジア、東南アジアなどの動向をまとめることが出来なかったが、日中両国で蓄積されてきた膨大な研究の一部は個別トピック毎に論点を整理

できたと考える。中原を中心に発達した都城制、特にその中枢部の根幹的な構造を理解するためには、通時的な分析、国際的な比較分析が必要である。そのためには、文献史学・建築史学・歴史地理学・考古学などの様々な分野の研究動向を多言語で渉猟する作業は避けて通れない。第1節各項の小結で、問題点などは整理してきているが、最後に東アジア都城中枢部、特に正殿の構造的な分析に際しての論点と課題を簡潔に整理しておく。

都城中枢部の研究に関しては、高度経済成長期以降の日本で発掘調査が蓄積され、詳細な研究が積み重ねられてきた。その比較対象として中国都城中枢部の研究が日本人研究者によって行われてきたが、90年代、あるいは2000年以降には中国の急激な経済発展に伴って発掘調査が蓄積され、都城中枢の構造が徐々に明らかになりつつあり、従来の都城研究の「定説・認識」も大きく変わっている。これまでの都城研究は、文献史学を中心に進められてきたが、発掘による遺構・遺物の検出によって、考古学的情報を文献史料と突き合せつつ、どのように解釈していくか、が課題になってきている。いずれにしても研究の核心は、長い歴史を持つ中国都城の中枢部の構造認識にある。各王朝が創始する都城、その遷都とはすべからく画期であり、中国都城においても1つとして同じ形の都城は存在しない。北方異民族や西域商業民など多様な影響を受けつつ成立していく中原地域の伝統的な都城から、北方遊牧民族の遼・金・元などの草原都城を経て、明清期に完成していく都城の構造と諸制度は、その通時的な分析こそが重要と考える。このような中国都城の通時的な分析を中心に据えつつ、各王朝単位での周辺地域への伝播を明らかにする必要がある。特定の時代における特定要素を抜き出して、その国際的な影響関係を論じても、それが都城制のどのような本質を反映しているのか、理解することは難しい点を認識する必要がある。

このように都城制研究においては、中国都城の通時的分析に立脚すべきと考える。特に、考古学分野の研究に関していえば、急激に蓄積される発掘資料を基にして、史料批判とは異なる角度から発掘遺構を構造レベルで分析する作業が重要だと考える。「周礼」「三朝制」などの思想的背景の追究はもちろん重要な分野ではあるが、宮城中枢部の空間構造、あるいは正殿の構造比較など考古学が得意とする分析を蓄積することが、現在もっとも重要な視点だと考える。特に、中国都城中枢部の正殿に関しては、漢代の前殿、魏晋南北朝の太極殿・東西堂、そして唐の太極殿・含元殿・明堂へと発展した。すなわち、高句麗・渤海・日本など東アジア諸国への都城の伝播の最盛期である唐代においても、模倣対象となり得る正殿が少なくとも三殿存在する点は注意する必要がある。また、北宋期に誕生した「工字形」正殿は、遼・金・元の都城を経て明清期の「三殿制」へと発展するが、北宋を遡る段階の高句麗・渤海・日本などでは同様の構造を持った正殿が出現している点も注意が必要である。各王朝における都城中枢部の設計論理を読み解きつつ、正殿の構造を通時的・国際的に分析する視点が重要だと考える。

第2節　東アジア古代都城の遺構比較に関する方法論

1. 比較視座と方法論

第1節では、東アジア古代都城の中枢部に関する研究史を整理した。発掘された遺構・遺物、文献史料、絵画資料などを対象に、膨大な研究が積み重ねられてきた。本書では発掘された中国、日本の正殿遺構の分析を行うが、ここではその際の比較視座と方法論を整理しておく。

研究史を踏まえた論点と課題は、第1節第4項で整理しているが、従来の研究では中国都城の正殿を通

時的に分析対象とする研究視点がなかった。また、「周礼」や「三朝制」などの思想的背景と実際の都城中枢部の配置を検証することで、国際的な比較をする視点は存在したものの、中国都城における正殿の構造変化を踏まえた上で、遺構レベルで国際比較する作業は「龍尾道（壇）」などの特徴的な構造比較を除けば、ほとんど存在してこなかった。その理由としては、①中国都城における発掘で正殿の検出例が少なかった点、②建築様式の大きく異なる東アジア各国の正殿遺構を直接比較するのは難しいと認識されていた点、大きく2点が挙げられる。しかし、研究史でまとめたように、90年代以降、中国国内の発掘調査の進展によって、正殿の検出事例は劇的に増加しており、正殿の構造を考古学的・通時的に分析することが可能な研究状況となっている。また、都城門の国際比較 [城倉 2021]（本書第3章）でまとめたように、同じ機能を持つ遺構であれば、建築様式は異なっていたとしても構造的な比較は十分に可能である。都城中枢部の研究では、常に文献史学の「機能論」が中心となってきたが、本書は考古学的な「構造論」によって、中国都城中枢部の変遷と展開に関する歴史的な意義を追究することを目的とする。

　なお、従来の東アジア都城の国際比較では、特定都城の発掘成果を踏まえた上で、その源流を探るために特定の中原都城の中枢部と比較を行い、その共通性・非共通性から国際的な影響関係を議論する研究が主体だった。しかし、中国諸王朝の長い歴史の中で発展した思想空間である都城を、その平面形にのみ着目して国際的に比較する手法には限界がある。あくまでも中原都城、草原都城、そして明清都城へと連綿と蓄積された思想・構造を通時的に分析し、その特性や変化の方向性などを総合的に把握した上で、魏晋南北朝〜唐など特定の時期に各国に伝播した都城を比較する方法が有効だと考えている。隋唐期など短い特定期間のみを取り上げて都城の「源流」を追究する視点は、本来は非常に複雑に展開した都城の歴史性や、当時の国際関係を部分的・一面的に評価してしまう危険性もある。中国都城中枢部におけるダイナミックな動態を考古学的・通時的に把握した上で、その根幹部分が同時代の東アジア都城にどのように影響を与えたのか、受け取る側の論理も踏まえて分析する視点が重要だと考える。

　以上、理論的な比較視座を提示したが、次には具体的な方法論を整理しておく。本書の方法論は、非常にシンプルである。秦漢・魏晋南北朝・隋唐・北宋の中原都城、遼・金・元の草原都城の発掘された正殿遺構を集成し、文献・建築史学などの分野も参考にしながら、発掘遺構を構造的に位置付ける。この作業によって、都城中枢部の正殿に見られる構造的特徴や通時的な変化の方向性を明らかにしたうえで、特に魏晋南北朝〜隋唐期に都城制が伝播した高句麗、渤海、日本都城との比較を行う。国際比較の際には、各国都城中枢部の中で正殿がどのように位置付けられるのか、また各国の中でどのように正殿が変遷するのか、も重要な分析視点となる。なお、本書が目的とするのは、各国における都城の受容実態を明らかにすることではなく、中国で発展した都城制の根源的な意義、その展開の歴史性を追及することである。その目的のために、特に3つの正殿（太極殿・含元殿・明堂）が共存した特異な時期である唐に注目し、東アジアにおける展開の動態を把握する作業を通じて、その歴史性について考究してみたい。

2. 分析対象遺構

　本章で分析対象とする発掘遺構について、以下に整理しておく。第3節では、第1項で中原都城（秦・前漢・後漢・魏晋南北朝・隋唐・北宋）、第2項で草原都城（遼・金・元）、第3項で明清都城、第4項で高句麗・渤海都城、第5項で日本都城の正殿遺構の図面を提示し、発掘報告書の記載を中心として現状の成果を整理する。なお、基本的には発掘された遺構を分析対象とするが、正殿が発掘されていない都城に関しては、文献史料

表3　東アジア都城の正殿遺構（分析対象一覧）

段階	年代	都城	名称	建物規模 東西	建物規模 南北	図版	報告書
前殿	秦	A1. 阿房宮	前殿	―	―	図35	A1-a
		参考：咸陽宮	1号宮殿	―	―		A1-b
	前漢	A2. 長安城未央宮	前殿	―	―	図36	A2-a
	後漢	A3. 洛陽城南宮	前殿	―	―	図20	―
太極殿	曹魏・西晋・北魏	A4. 洛陽城（宮城）	太極殿（東堂・西堂）	12（→13）間	5間	図37	A4-a, b, c
	東魏・北斉	A5. 鄴城（宮城）	太極殿（東堂・西堂）	―	―		A5-a, b
	北周	A6. 長安城（宮城?）	楼閣台遺跡	―	―	図38	A6-a
	唐	A7. 長安城太極宮	太極殿	12間?（文献）	5間?	図39	―
		A8. 長安城大明宮	含元殿（翔鸞閣・棲鳳閣・龍尾道・朝堂）麟徳殿前殿	13間 11間	5間 5間		A8-a, b
		A9. 長安城興慶宮	勤政務本楼・花萼相輝楼	5間	3間	図40	A9-a
		A10. 洛陽城（宮城）	明堂・天堂	―	―	図41	A10-a, b, c
工字形正殿	北宋	A11. 西京洛陽城（大内）	太極殿・文明殿?	―・9間	―・5間	図42	A11-a, b, c, d, e
		A12. 東京開封城（大内）	大慶殿・文徳殿	9間	―		A12-a
	遼	B1. 上京城（宮城）	―	―	―	図43	B1-a, b
		B2. 中京城（宮城）	―	―	―		B2-a
	金	B3. 上京城（宮城）	―	―	―	図44	B3-a
		B4. 中都（宮城）	大安殿・仁政閣	11間・9間	―・―	図45	B4-a
	元	B5. 上都（宮城）	大安閣・穆清閣	9間・―	5間・―	図46	B5-a, b
		B6. 中都（宮城）	1号宮殿	7間	5間	図47	B6-a
		B7. 大都（宮城）	大明殿・延春閣	11間・9間	7間・―	図48	B7-a
三台	明	C1. 北京城（紫禁城）	皇極殿（中極殿・建極殿）	9間?	5間	図49	C1-a
	清	C2. 北京城（紫禁城）	太和殿（中和殿・保和殿）	11間	5間		C2-a
南北朝―唐	高句麗	D1. 安鶴宮	外殿（内殿・寝殿）	11間	4間	図50	D1-a
	渤海	D2. 上京城	1号（2・3・4・5号）宮殿	11間	4間	図51	D2-a, b
		D3. 西古城	1号（2・3・4・5号）宮殿	7間?	4間?	図52	D3-a
		D4. 八連城	1号（2号）宮殿	7間?	4間?	図53	D4-a
成立期	難波長柄豊碕宮 652-	E1. 前期難波宮	内裏後殿SB1603	9間	5間	図54	E1-a
			内裏前殿SB1801	5間	5間		
	667-	E2. 近江大津宮	内裏正殿SB015	7間?	4間?	図55	E2-a
	飛鳥浄御原宮 672-	E3. 飛鳥宮（Ⅲ期）	内郭前殿SB7910	7間	4間	図56	E3-a, b
			エビノコ郭正殿SB7701	9間	5間		
発展期	694-	E4. 藤原宮	大極殿（後殿SB11650）	9間（9間）	4間（2間）	図57	E4-a, b, c, d, e
			（東楼SB530）	9間	4間		
	710-	E5. 平城宮	中央区大極殿SB7200（後殿SB8120）	9間（9間）	4間（4間）	図58	E5-a, b, c, d
			（中央区塼積擁壁SX6600・木階SX6601）	―	―		
			東区下層正殿SB9140（後殿SB10050）	7間（10間）	4間（2間）		
			東区上層大極殿SB9150（後殿SB10000）	9間（9間）	4間（2間）		
			東区東楼SB7700	4間	6間		
	740-	E6. 恭仁宮	大極殿SB5100	9間	4間	図59	E6-a, b, c
			（西楼SB11000）	7間以上	4間		
	744-	E7. 後期難波宮	大極殿SB1321（後殿SB1326）	9間（不明）	4間（不明）	図60	E7-a
成熟期	784-	E8. 長岡宮	大極殿（後殿）	9間（7間）	4間（2間）	図61	E8-a
	794-	E9. 平安宮	大極殿（小安殿）	11間（9間）	4間（2間）	図62	E9-a, b, c, d
			豊楽殿（清暑堂）	9間（7間）	4間（2間）		

※日本都城の年代は、文献史料に基づく一般的な遷都年代を目安として記載した。

や測量・ボーリング調査などに基づく復原図を提示しながら、補足する。なお、第3節では正殿に関連する重要な周辺遺構についても、実測図を提示しながら整理をしていく。

中国都城で分析対象とするのは、秦阿房宮（前殿）、前漢長安城（未央宮前殿）、後漢洛陽城（南宮前殿）、曹

魏鄴北城（文昌殿）、曹魏・西晋・北魏洛陽城（太極殿）、東魏北斉鄴城（太極殿）、西魏北周長安城（楼閣台遺跡）、唐長安城（太極宮太極殿・大明宮含元殿・興慶宮勤政務本楼）、唐洛陽城（明堂）、北宋西京洛陽城（太極殿）、北宋東京開封城（大慶殿）、遼上京城（名称不明）、金上京城（名称不明）、金中都（大安殿）、元上都（大安閣）、元中都（名称不明）、元大都（大明殿）、明清北京城（皇極殿・太和殿）である。実際に発掘調査されている正殿遺構は限られているが、文献史料や現存遺構も含めると正殿の通時的な変遷は十分に整理することが可能である。

　高句麗都城は、山城・平地城がセットになるが、中枢部の様相がわかるのは後期高句麗の安鶴宮に限られる。一方、渤海に関しては、上京城を中心として、中京城（西古城）・東京城（八連城）を分析対象とする。

　日本都城では、前期難波宮：難波長柄豊碕宮（内裏前殿SB1801）、近江大津宮（内裏正殿SB015）、飛鳥宮：飛鳥浄御原宮（内郭前殿SB7910・エビノコ郭正殿SB7701）、藤原宮（大極殿）、平城宮（中央区大極殿SB7200・東区大極殿SB9150）、恭仁宮（大極殿SB5100）、後期難波宮（大極殿SB1321）、長岡宮（大極殿）、平安宮（大極殿・豊楽殿）を対象とする。特に内裏前殿・大極殿を分析対象とするが、龍尾道（壇）や後殿などの附属施設、および周辺楼閣なども遺構を提示し、正殿との関係性を整理する。

　以上、本稿で分析対象とする遺構に関しては、（表3）に整理した。便宜的に中国都城は「前殿→太極殿→工字形正殿→三台」、日本都城は「成立期→発展期→成熟期」の段階を設定している。（表3）のように中国都城（中原都城：A1-A12／草原都城：B1-B7／明清都城：C1-C2）、高句麗・渤海都城（D1-D4）、日本都城（E1-E9）でそれぞれ番号を付け、第3節での記載、および章末の「東アジア正殿の報告書」と対応させた。宮城名がわかる都城に関しては記載し、それ以外は都城名を掲載した。各都城の正殿に関する記載を含む論文・報告書は膨大になるが、ここでは第3節での記載で原典となったものに限って掲載した（報告書は章末に整理したので、文章中では引用を省略）。建物規模は、正殿の総間数を桁行（東西）・梁行（南北）の順序で記載（中国では一般的に「通面闊」「通進深」と呼称する）した。各都城の正殿の情報は、（表3）の図版番号・報告書番号を見れば確認できるようにしているが、本書で示した実測図の引用元に関しては、図表出典で引用頁・図版番号を明記した。なお、第3節は基礎資料の提示を主目的とするため、主観的な記述は極力避けて、報告書に基づく情報を丁寧に記載する。その上で、第4節において基礎資料の提示を踏まえ、いくつかのトピックを設定して考察を深める。

第3節　東アジア古代都城の正殿遺構

1. 中原都城（秦・前漢・後漢・魏晋南北朝・隋唐・北宋）の正殿遺構

（1）秦阿房宮（図35）（報告書A1-a,b）

　戦国期には七雄の1つとされた秦は、本拠地である雍城からBC383年に櫟陽城[中国社会科学院考古研究所ほか2020・2022]、BC350年には咸陽城[報告A1：陝西省考古研究所2004]に遷都した。BC221年に始皇帝が全土を統一するとBC220年には渭水の南に甘泉宮前殿、BC212年に阿房宮前殿を造営した[吉田2021]。阿房宮前殿は、前漢未央宮前殿・後漢洛陽城南宮前殿・曹魏洛陽宮太極殿へと続く、史上初、そして未完の正殿である。（図35上）にあるように、咸陽宮・阿房宮は前漢長安城の北側、西南側にそれぞれ位置している。

　咸陽宮はこの時期の秦の宮殿建築を知るうえで、非常に重要な遺跡である。宮内では33カ所の基壇遺構がボーリング調査で確認されており、主体建築ではないものの、残りの良い1号宮殿が発掘されている。1

362　第4章　太極殿・含元殿・明堂と大極殿

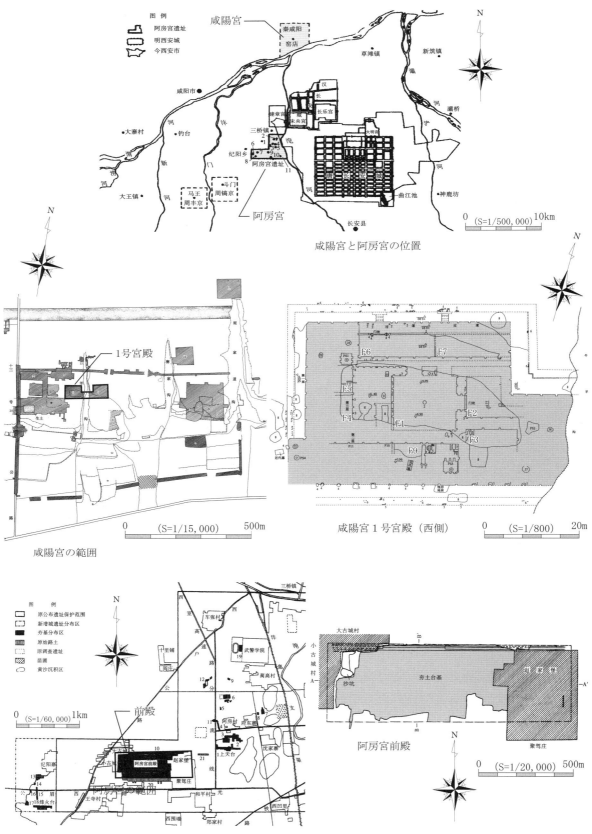

図35　秦咸陽宮1号宮殿と阿房宮前殿

号宮殿（図35中左）は、東西177m・南北45mを測り、凹字形の平面形を呈する。東西対称の建造物が中央の「飛閣復道」で連接される構造で、春秋戦国期に流行した「両観形式」とされる遺構である。西側建物だけが発掘されているが、版築基壇の上に多くの部屋が多層的に存在し、周囲には回廊が巡る（図35中右）。巨大な版築上に重層的・複合的な建造物を構築する秦代の様相がわかる事例である。

秦阿房宮前殿は、始皇帝が渭水南の上林苑内[中国社会科学院考古研究所 2018a]に建造した正殿で、文献上は東西500歩・南北50丈とされる。地元で「郿鄔嶺」と呼ばれる巨大な版築が残存しており（図35下）、ボーリングや部分的な発掘が行われている。残存する版築基壇は東西1119m・南北400m・高さ7-9mで、ボーリング調査の復原値によると東西1270m・南北426m（面積54万㎡）、高さは秦代地面から最大12mとされ、歴史上最も大きな版築遺構である。発掘調査では、基壇上面で秦代の宮殿遺構は検出されず、基壇・北壁・東壁・西壁で構成され、前殿は未完成とされる。この点は、『史記』や『漢書』の記載とも一致する。完成していれば、咸陽宮1号宮殿のように基壇上に複合的な建造物群が存在する構造を呈したものと推測できる。

（2）前漢長安城未央宮（図36）（報告書A2-a）

前漢長安城の中枢は、西南部に位置する未央宮である。未央宮は、東西2150m・南北2250mを測り、ほぼ中心に阿房宮前殿を継承した「大朝正殿」である前殿が位置する（図36左）。前殿は、東西200m・南北400mの長方形を呈し、最南端の高さ0.6mから北端の高さ15mまで徐々に高度を上げる構造を呈する。基壇上には南部・中部・北部に3つの宮殿建築があり、いずれの前面にも庭院が確認されている（図36右）。なお、南部・中部宮殿の間には東西長廊、中部・北部宮殿の東西には南北長廊が検出されている。

前殿の最南端には版築に挟まれた門と思われる遺構を検出している。その北側に位置する南部宮殿は東

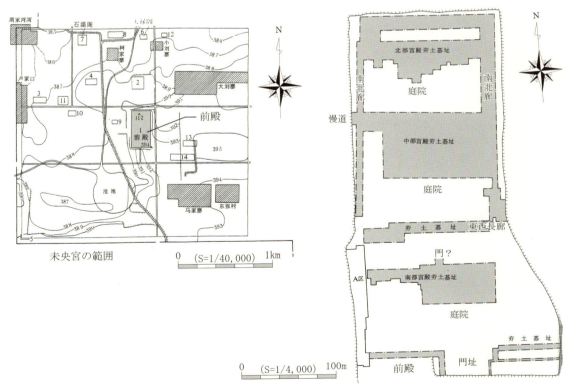

図36　前漢長安城未央宮の前殿

364　第4章　太極殿・含元殿・明堂と大極殿

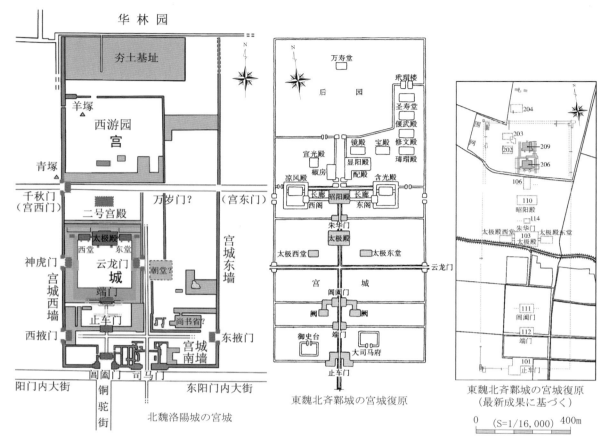

図37　北魏洛陽城と東魏北斉鄴城の宮城と太極殿①

西79m・南北44mを測る。北側中央に門と思われる遺構を検出しており、西側は刀の把のように細い構造をしている。南部宮殿の北には、東西134m・南北12-15mを測る東西方向の長廊がある。中部基壇は東西121m・南北72mを測り、西北隅は西側に続く慢道もしくは門道に連結している。その北側の北部宮殿は東西118m・南北47mを測り、中央が南に凸形に突出する。中部・北部宮殿の東西には、南北方向の長廊も検出されている。

前漢長安城は「坐西朝東」の都城とされるが、未央宮は「坐北朝南」し、前殿は巨大な版築上に大型の宮殿が南北に3基連なる複合的な建造物であることがわかる。秦阿房宮前殿の系譜を引きながら、宮城中軸上に大型宮殿を連続的に配置する新しい思想が見られる点が重要である。

(3) 後漢洛陽城南宮 (図20)

後漢の建武14年（38）に光武帝が洛陽城南宮正殿として建造したのが、前殿である（註5）。後漢洛陽城には北宮・南宮が並び立つ構造が文献史料から復原されている [銭国祥2022a] が、後漢前殿の位置や構造については考古学的に確認されたことはなく、詳細は不明である。なお、漢魏洛陽城の発掘調査では、上層から北魏、西晋、曹魏、後漢の遺構が確認されるため、最下層の後漢代の遺構に関しては、遺構の保護の観点から発掘部分が限られており、全体を把握するのが難しい状況にある。

第3節　東アジア古代都城の正殿遺構　365

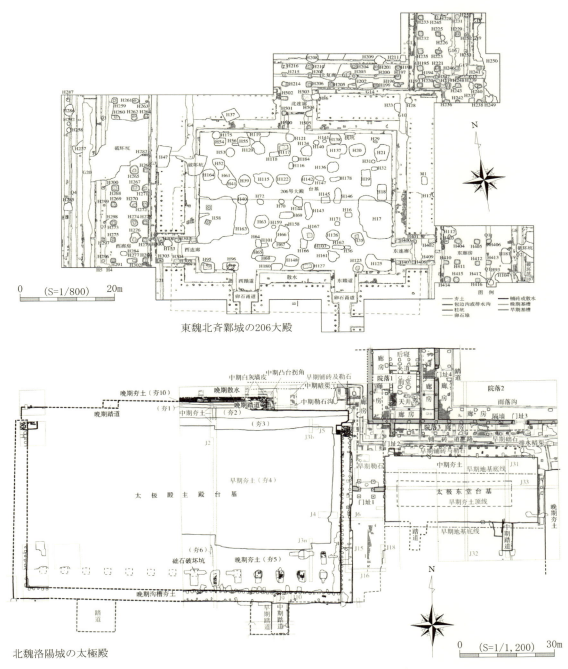

図37　北魏洛陽城と東魏北斉鄴城の宮城と太極殿②

(4) 曹魏・西晋・北魏洛陽城（図37）（報告書A4-a,b,c）

　まず、この時期の洛陽城の宮城構造を考える上で重要な鄴北城について、言及しておく。鄴北城は、三国魏の曹操が造営した都城で、（図21左）に示した徐光翼の復原図が著名である[徐光翼1993]。中軸正門の中陽門上に位置するのは外朝正殿である文昌殿で、東側の内朝（中朝）主殿は日常政務の場：聴政殿である。聴政殿の南側には主要な官署が位置しており、東西二軸構造を特徴とする。一方、洛陽城は近年の発掘調査

の進展により、後漢の北宮部分を中心として曹魏に単一宮城が成立し、西晋・北魏と沿用されたと考えられるようになっている。曹魏・西晋・北魏洛陽城の宮城正殿は、青龍3年（235）に曹魏明帝が造営した太極殿（東堂・西堂）である。曹魏洛陽城で成立した太極殿は、魏晋南北朝～唐まで宮城正殿として継承される。

漢魏洛陽城の宮城は、大きく南北に分かれており、太極殿はやや西側に偏った位置の宮城正門：閶闔門の軸線上に存在する（図37①左）。国家的な儀礼の場である太極前殿の東西には、東堂（皇帝の日常聴政空間）、西堂（皇帝の居住空間）が位置し、その後方には「昭陽殿（2号宮殿）」の存在が想定されている。近年、太極殿の東半分、および東堂が発掘調査され、様相が明らかになりつつある。太極殿の基壇は、東西98-102m・南北59-62mで、断ち割り調査によって早期（曹魏・西晋）、中期（北魏）、晩期（北周）の3時期に区分されている。なお、晩期の太極殿の修築は未完成である点が確認されており、北周宣帝の「洛陽宮」の造営に関する文献記載と符合する点が指摘されている。（図37②下）のように、早期の太極殿基壇は中期に北側へ7.9m、晩期に南側へ18m拡張されており、南側で2列（17基）の礎石据付穴を検出している。特に南側の14基は、芯々距離6.75mで整然と並んでおり、晩期太極殿の桁行が13間である点がわかる。基壇南面には東西に階段（建物東西端から各3間目の位置）が確認でき、東階段は幅5.2mで残長10.1mを測る。一方、基壇北面中央には東西51m・南北3mの突出部があり、その両端に東西方向の階段（幅2.5m・残長5.6m）が確認できる。なお、東堂との間の中央部分には、南北方向の門遺構（東閤門）を検出している。東西方向の隔壁の南北に各4基の礎石があり、桁行3間・梁行2間（日本語では八脚門）の宮門[銭国祥2018]である。

以上、北周の未完成の太極殿は桁行13間と判明したが、陳建軍らの整理によると文献史料上は魏晋洛陽城の太極殿は桁行12間で「1年12カ月」を表象したものだという[報告A4：陳建軍ほか2019]。曹魏・西晋の12間の太極殿は南朝でも継承されたが、梁武帝が閏月を加えた13間（東西堂は7間）に改築した。しかし、陳では再び12間に戻され、隋唐に継承された。洛陽城の北周期の太極殿は南朝梁で見られた桁行13間を採用したものと思われ、柱間6.75m×13間＝87.75mとなり、北朝期の1尺長を29.6cmほどと考えると、300尺の近似値となる。一方、梁行の根拠はないが、5間とされる[報告A4：陳建軍ほか2019 p.40図6]。

太極殿の東西堂はボーリング調査でほぼ同規模と判明しているが、東堂の発掘によって全体像が判明した。太極殿と東堂は東西の軸線を揃えており、両者の間は14mを測る。東堂の基壇は、東西48m・南北22mで、南面に東西階段（東階段は幅3.5m・長さ12m）が検出されている。東堂の北4mでは、幅3.4mの東西方向の塼敷御道を検出しており、その北側には大型の廊房建築と院落が附属する。太極殿前が広大な殿前広場であるのに対して、太極殿・東西堂より北側が一体的な空間として存在していた点が伺われる。

このように魏晋南北朝期の宮城正殿である太極殿が、桁行12（13）間・梁行5間の建造物で、基壇南面に東西2階段を持つ構造である点、規模の小さい東西堂もやはり南面2階段を持つ点、太極殿と東西堂の間には南北方向の東西閤門が存在する点、太極殿・東西堂は北側の廊房建築・院落と密接した構造である点、などが漢魏洛陽城の発掘調査によって判明した意義は大きい。

（5）東魏・北斉鄴城 (図37)（報告書A5-a,b）

北魏の分裂後、534年に東魏は鄴南城に遷都したが、北魏洛陽城の構造をほぼ継承した点が知られている。宮城は、ボーリング成果と文献史料の整理によって、殿名比定した徐光冀の研究が引用されることが多い[徐光冀2014]。（図37①中）のように、主軸上の基壇遺構は、南から101号（止車門）・112号（端門）・111号（閶闔門）・103号（太極殿／殿前東西に東堂・西堂）・114号（朱華門）・110号（昭陽殿／東西に含光殿・涼風殿）にそれぞれ比定している。「外朝正殿」である太極殿とされる103号基壇は東西80m・南北60mで、北魏洛

陽城太極殿よりも東西が20mほど小さい。一方、「内朝主殿」の昭陽殿とされる110号基壇もほぼ同じ規模で、東西は飛廊を通じて配殿へと接続している。「前朝後寝」の前朝は太極殿・昭陽殿の前後構造を呈するのが魏晋南北朝期の特徴とされ、前者は国家的な儀礼の場、後者は日常的な政務に使用されるなど両殿が深く結びつく形で機能した点が推定されている[郭済橋2001]。昭陽殿の発掘事例がなく、具体的な構造は不明だが、太極殿は東西堂だけでなく、後方の昭陽殿と深く結びつく形で機能したと考えられる。

　なお、東魏北斉鄴城に関しては、2023年に公表された宮城中軸線上の北部に位置する206・209大殿の発掘事例が非常に重要である[報告A5:中国社会科学院考古研究所ほか2023](図37①右)。外朝正殿ではないが、東アジアの高句麗・渤海・日本都城との比較でも重要な論点を含むため、発掘成果を整理しておきたい。

　(図37①右)のように、最新のボーリング・発掘成果によると「第一重宮城」は東西346-366m・南北1050mで、その外側にも宮城区の範囲は広がるようである。宮城の「前朝」部分は太極殿(東西堂)・昭陽殿の南北二殿を中心とするが、その北側の「後寝」部分で東西の廊房建築で連接された206・209大殿が発掘調査された。206大殿の基壇は、東西40.6m・南北33.5m、残高0.5mを測り、南面の東西に2階段、東・西・北には「連廊」が位置する(図37②上)。基壇上の礎石据付穴、および南面階段の位置から桁行7間(5.2m等間)の建物が想定されている。連廊の基壇は、北連廊(東西6.58m・南北9m)、東連廊(東西8.46m・南北6.43m)、西連廊(東西8.27m・6.44m)を測り、それぞれ桁行2間・梁行2間である。東西に位置し、南北方向に続く廊状建築は「廊房」と呼称され、東廊房の基壇は東西幅10.36m・残高0.5mを測る。廊房は東西3間(西2.2m・4.5m・2.2m東)で、中央が広く東西端が狭いため「単間廊房」と推定されている。南北方向の柱間は東西連廊との接続部分のみ5.2mで、その他は4.2m幅である。なお、西廊房もシンメトリーな構造である。北連廊は東西方向の「複廊」(基壇の南北幅6.3m・残高0.3-0.6m／連廊北側のみ柱間5.2×2.2mで、その他は4.7m×2.2m)に連接し、複廊は東西で206の東西廊房北側、および209の東西廊房の南側と連接する構造を呈する。大殿周囲には、「卵石堆」が等間隔に巡り、大殿南面の東西階段の南には「卵石甬道」が検出されている。

　上記206・209大殿に関しては、出土遺物から北斉の時期の建造物と考えられている。北斉期の昭陽殿より北側の後宮では、文献史上、「顕陽殿・宣光殿」が主要宮殿(帝后寝宮)として知られているが、206・209は中軸上で宮城北側の主要殿であり、今後は殿舎名比定も含めて議論が進むと思われる。

(6) 北周長安城 (図38) (報告書A6-a)

　十六国〜北朝の宮城は、前漢長安城北東部に位置する点が想定されており、特に西小城の南城壁上に位置する楼閣台遺跡が注目できる(図38下左)。楼閣台遺跡は、西小城の南城壁、やや西寄りに位置する。独立した両闕、東西閣とそれを繋ぐ廊道、主殿で構成される(図38下右)。両闕間の距離は74mで、西闕(東西32m×南北20m、高さ5.4m)、東闕(東西28m×南北22m、高さ6m)を測る。両閣は両闕の位置と対応し、西閣(東西22m×南北34m、西闕まで36m)、東閣(東西18m×南北36m、東闕まで30m)を測る。廊道は両閣よりも低い位置にあり、東西長72m、南北幅12-16mを測る。東西闕・東西閣・廊道で囲繞された部分は、広場とされる。その北側に東西長128m、南北幅41mを測る主殿が検出されている。ボーリング調査に基づく成果ではあるが、報告では、東宮は太子宮、西宮は皇宮で、西宮の楼閣台遺跡は、前・後秦の太極前殿、北周期の「路寝」であり、両闕間の広場を「路門」と想定している。

　なお、文献史料による限り少なくとも十六国時代の宮城は長安城南部に位置する可能性が高い点から、楼閣台を含めた北東部の遺構を北朝の宮城と見る説には慎重な立場もある。村元健一は、文献史料の分析からも「西魏・北周の宮城構造に画期性を見出すのは困難」[村元2022 p.43]としている。しかし、西小城・東

368 第4章 太極殿・含元殿・明堂と大極殿

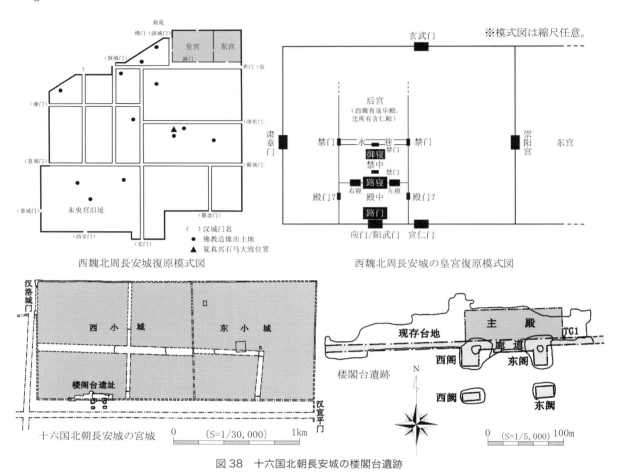

西魏北周長安城復原模式図

西魏北周長安城の皇宮復原模式図

十六国北朝長安城の宮城

図38 十六国北朝長安城の楼閣台遺跡

小城を結ぶ一門道の宮門の発掘により、十六国〜北朝・隋までの変遷が明らかになり[中国社会科学院考古研究所漢長安城工作隊2023]、近年では中国の研究者も十六国〜北周期の長安城の存在とその歴史的意義を積極的に評価し、復原研究が進められている[史硯忻2023]（図38上）。

（7）唐長安城太極宮（図39①）

唐長安城太極宮は、北宋呂大防の『唐長安城図』（図23上）や文献史料に基づいて復原された傳熹年の図が著名である（傳熹年主編2009 p.385図3-2-2）（図23下左）。中軸上に承天門（外朝）・太極殿（中朝）・両儀殿（内朝）が並ぶ構造は判明しているが（図39①上左）、大規模な発掘調査はほとんど行われておらず、考古学的な情報は非常に限られている。

（8）唐長安城大明宮（図39①②）（報告書A8-a,b）

大明宮は唐長安城北東部に位置し、高宗以降は実質的な宮城として機能した。大規模なボーリングや発掘調査が行われ、現在は「国家遺跡公園」として整備されている。中軸上に丹鳳門・含元殿（外朝）、宣政殿（中朝）、紫宸殿（内朝）が並ぶ基本構造（図39①上右）は、太極宮と共通する（図19）。

外朝正殿が「殿門融合形式」とも表現される含元殿で、元会儀礼など外朝大典の中心的舞台空間である。

第3節 東アジア古代都城の正殿遺構 369

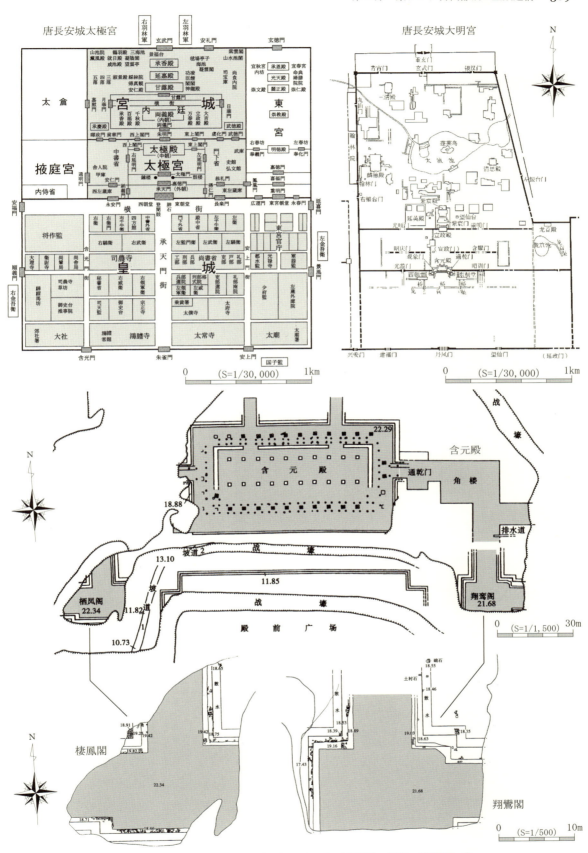

図39 唐長安城太極宮（太極殿）と大明宮（含元殿・朝堂・麟徳殿）①

370　第4章　太極殿・含元殿・明堂と大極殿

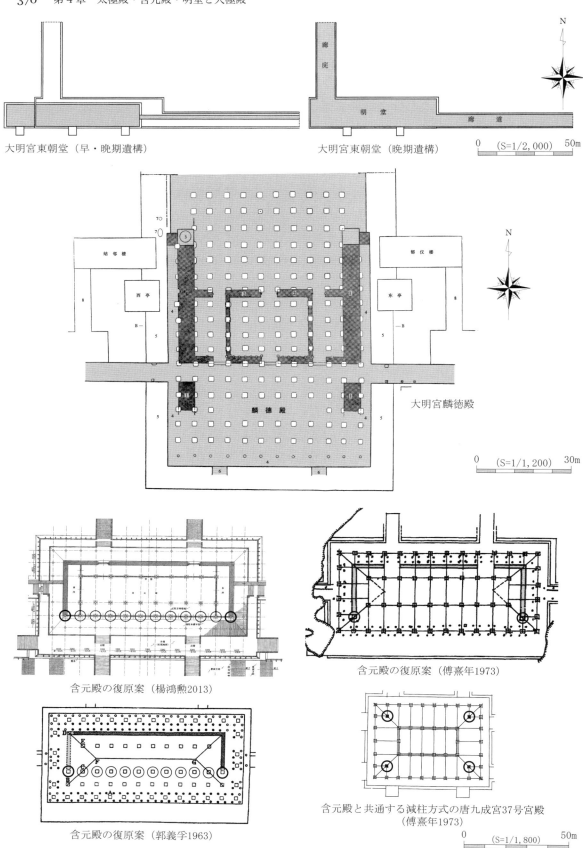

図39　唐長安城太極宮（太極殿）と大明宮（含元殿・朝堂・麟徳殿）②

殿堂（図 39 ①中）、左右門、左右角楼、飛廊、両閣（図 39 ①下）、龍尾道、殿前広場、朝堂（図 39 ②上）、肺石・登聞鼓などで構成される建築群の総称である。大明宮の正門は丹鳳門だが、含元殿は太極宮正門：承天門の構造・機能・系譜を継承する闕式正殿である。殿堂基壇は外装石の範囲で東西 76.8m・南北 43m を測り、周囲には雨落溝がめぐる。基壇上には、礎石据付穴下層に 4 つの方形石を平置きした「承礎石」（清代の王森文が命名／唐九成宮 37 号宮殿などでも検出されている）が存在し、その位置から柱配置が復原されている。基壇中央には、桁行 9 間（柱間 5.35m・東西両端間 5m）・梁行 1 間（柱間 9.7m）の柱痕跡（報告では「金柱」「内柱」）がある。この柱痕跡の三方を囲繞するように北壁（幅 1.3m）、東西壁（幅 1.5m）があり、金柱と壁の芯々距離は北で 4.85m、東西で 5.3m を測る。さらに、北壁から北の檐柱列までは芯々 4.25m、金柱南列から南檐柱列までは 9.2m である。建物四周の壁体〜檐柱（側柱）部分は、「副階」と呼ばれる。基壇北側には東西 2 つのスロープがあり、基壇東西端には東の翔鸞閣・西の棲鳳閣に接続する飛廊が取り付く。

　左右両閣は、母闕に 2 つの子闕が附帯する三出闕形式を呈する。『唐六典』によると、閣下には朝堂[馬得志 1987]・肺石・登聞鼓が配され、承天門の制度と共通するとある。残存する東側の飛廊は曲尺形を呈し、屈曲部では東西 22.4m×南北 16.8m の角楼を検出し、主殿との間には通乾門が位置する。含元殿東西の通乾門と観象門は、皇帝が宣政殿で常朝に臨む際に文武百官が両門前に序班し入門したと言われる。通乾門の版築は、東西 7.7m×南北 15.1m で建物構造は不明だが、一門道と推定できる。

　含元殿に関しては、2 回の発掘調査[馬得志 1961・中国社会科学院考古研究所西安唐城工作隊 1997] の成果を踏まえて、郭義孚・傅熹年・楊鴻勲らが復原案を公表している[郭義孚 1963、傅熹年 1973・1998b、楊鴻勲 1989・1997・2013]。しかし、（図 39 ②下）を見てわかる通り、研究者によって復原案が若干異なっている。建物の殿身（身舎）に該当する北・東・西壁に囲まれた部分に関して、郭義孚・楊鴻勲は南側の位置に礎石の存在を想定するのに対して、傅熹年はレーダー探査の成果で承礎石が確認できない点から、減柱されたと考えている（図 39 ②下－黒丸部分）。この点に関して、傅熹年は東壁・西壁南端のみ礎石が存在する点を重視する。すなわち、外檐角柱と金柱列外端柱を繋ぐ線の中点に位置するこの柱によって、身舎南面が減柱されていると考え、この「45°角枕中点加柱支承的做法」を、北魏洛陽城永寧寺塔[中国社会科学院考古研究所 1996]、隋仁寿宮・唐九成宮 37 号宮殿[中国社会科学院考古研究所 2008]（図 39 ②下の右下）などの系譜を引く建築技法と位置付けた（李氏朝鮮の現存する宮殿の中にも類似の柱位置を持つ例がある）。その上で、後述する大明宮麟徳殿前殿、あるいは渤海上京城 1 号宮殿などで見られる「斗底槽」が新しい建築様式であるのに対して、含元殿の事例は北朝の古い伝統を引き継ぐものと指摘した[傅熹年 1998b、報告 A8：中国社会科学院考古研究所 2007 p.425]。今、傅熹年の復原案に基づいて、建物の柱間寸法を示すとすれば、殿身（身舎）が桁行 11 間（西 5.3/5/5.3×7/5/5.3m 東）・梁行 3 間（北 4.85/9.7/4.85m 南／南列は減柱するので実際には南金柱と南檐柱の間は 9.2m）となり、四周副階（廂）の 1 間分（4.25m）を含め、全体では桁行 13 間・梁行 5 間の建造物ということになる。なお、唐長安城太極宮太極殿の構造は考古学的には明らかになっていない（文献では桁行 12 間）が、大明宮含元殿が魏晋南北朝を通じて主流であった太極殿の桁行 12 間ではなく、南朝建康の梁武帝期・北朝洛陽の北周宣宗期太極殿の桁行 13 間を継承する点も傅熹年の指摘と整合性を持つ可能性がある。ところで、含元殿に関しては遺構の分析から年代的な変遷（隋観徳殿→唐含元殿）を整理する視点や、山牆の周囲に副階を持つ同じ構造の山西省晋祠聖母殿[劉敦楨 1996] と比較する視点を示した王天航の研究も注目される[王天航 2024]。唐宋、あるいは遼金時期の大型宮殿の発掘事例も増加しており、この分野での進展が期待できる。

　大明宮内の北西部に位置し、外国使節を迎える際の宴会の場として著名な麟徳殿も発掘調査されている（図 39 ②中）。基壇は南北 130.4m・東西 77.6m を測る大明宮最大の宮殿で、基壇南面には東西階、東西側面には楼閣・亭が位置し、基壇は大きく上下二層構造を呈する。建物は前殿・中殿・後殿の三殿構造で、東西に

は幅1間の南北方向の山壁（山墻）が存在する。やはり、複数の研究者による復原案[劉致平ほか1963、傅熹年1998a、楊鴻勲1987・2013]が存在するものの、ここでは楊鴻勲の復原案[楊鴻勲2013 p.281図5-10]に基づいて構造を整理しておく。前殿は桁行9間（東西山壁を含めると11間）・梁行4間で、手前には1間分の土廂状の柱痕跡が確認できる。中殿は、桁行9間（東西山壁を含めると11間）・梁行5間で、前壁、後壁、隔壁によって3室に分かれる。後殿は、桁行9間・梁行6間で、やはり3室に分割されている。南北に大型宮殿が並ぶ巨大な建造物である麟徳殿の壮観な姿に、外国使節が圧倒された点は容易に想像できる。同様の施設としては、唐長安城興慶宮の花萼相輝楼などが挙げられる。

（9）唐長安城興慶宮（図40）（報告書A9-a）

　玄宗皇帝以降に三大内（図23上）の1つ、南内と呼ばれた興慶宮（東西1080m・南北1250m）は、北宋呂大防碑でおよその構造が把握できる（図40上左）。南西部の発掘調査によって、勤政務本楼・花萼相輝楼と想定される遺構が検出されている（図40上右）。

　勤政務本楼は城門建築でありながら、玄宗が政務を執った興慶宮の主殿とされ、大明宮含元殿の影響を受けたと思われる「殿門融合形式」である。興慶宮の南壁は大明宮北壁と同じ夾城の構造を呈し、内重壁幅5m・外重壁幅3.5mで、両者の間は20mを測る。西城壁から東へ125m、内重壁上に1号建築、すなわち勤政務本楼が位置し、一門道の殿堂式門ⅡB(1)である[城倉2021 p.100]（図40下）。長方形の基壇上には、桁行5間（総長26.5m）・梁行3間（総長19m）の礎石建物があり、東西各2間分が宮城壁と連接している。中央の門道幅は4.9mで、門道左右の城壁に接する場所で各8個の礎石がある。城門自体は殿堂式だが、中央門道は過梁構造を持つ特殊な形式である。門道には2つの門扉施設と車両の轍痕跡が確認されている。

　勤政務本楼の北西側には、「日字形」回廊とされる6号基壇があり、もともと西壁上に存在していた花萼相輝楼（17号遺構とされる）に対して、拡張後の726年に再建が始まり、736年に完成した花萼相輝楼とされる。東西63m・南北92mの範囲で、東西廊はそれぞれ幅10mを測る。中央には横廊が東西に貫通し、横廊の南側には左右階が確認できる（図40上右）。多くの建物が重複するため全体像は不明だが、建築史分野では積極的に復原が試みられている[楊鴻勲2009 p.475図418・寳培徳ほか2006 p.13図10]。

　ところで、概報で興慶宮の勤政務本楼とされた遺構（図40下）に関しては、玄宗が執務をした勤政務本楼ではないという立場がある点も紹介しておく。李百進は、勤政務本楼とされる門遺構に関して、玄宗が政務を執った主殿としては小さい点などを指摘し、あくまでも夾城内に位置する「南便門」とする。その上で、南便門の北側でL字形の花萼相輝楼・勤政務本楼が一体化した建造物の存在を想定している[李百進2005]。ただし、その後に発表された楊鴻勲、あるいは寳培徳・羅宏才らの復原研究でも基本的には馬得志が示した概報[報告A9：馬得志1959]の結論である門楼建築を勤政務本楼と想定している。本章でも概報の結論を採用して、議論を進める。

（10）唐洛陽城（図41）（報告書A10-a,b,c）

　高宗・武則天期に最盛期を迎える唐洛陽城は、文献史料に基づいて復原が行われてきたが（図23下右）、近年の発掘調査の進展により、宮城中軸線の構造が明らかになった（図41上左）。宮城正殿は、隋乾陽殿→唐乾元殿→武則天明堂（万象神宮→通天宮）と変遷し、玄宗期に明堂上層が撤去されて乾元殿・含元殿と名称変更され、安史の乱で焼失した。明堂の北西側には、やはり武則天が造営した天堂が位置する。

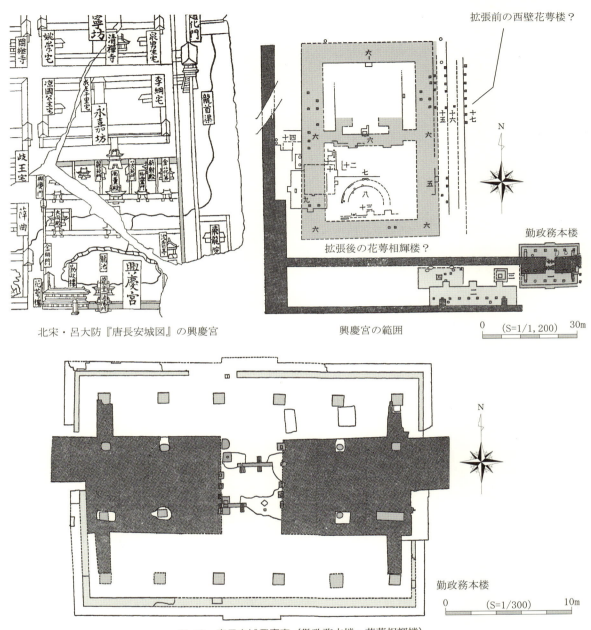

北宋・呂大防『唐長安城図』の興慶宮　　興慶宮の範囲

図40　唐長安城興慶宮（勤政務本楼・花萼相輝楼）

　武則天明堂の基壇検出範囲は東西54.7m・南北45.7mと限られているが、ボーリング成果も併せて、八角形の基壇を持つ点が明らかになった（図41下左）。八角形基壇の中心には、円形の「柱坑」があり、底部内径9.8mの深部には4つの大型青石を組み合わせた巨大な礎石が確認されている（図41上右）。1個の青石は2.3-2.4m四方で、厚さは1.5mを測る。中心には方形の柱槽（一辺0.78m・深さ0.4m）があり、その外側には二重の円形線刻（外圏直径4.17m・内圏直径3.87m）が認められ、四方には方位を示す線刻もある。北西・東南・西南の青石の中央には円孔があり、大型礎石を再利用したものと思われる。「柱坑」底面の周囲には、浅い八角形の塼積もある。「王者の殿堂」とも呼ばれ、皇帝の徳治を示す礼制建築である明堂が、宮城正殿として建造された特殊な事例とされるが、発掘によってその構造が明らかになっている意味は大きい。
　天堂は、明堂の北西、中軸線から西側100mの位置に確認されている。隋武安殿・唐武成殿とされる7 (6)

374　第4章　太極殿・含元殿・明堂と大極殿

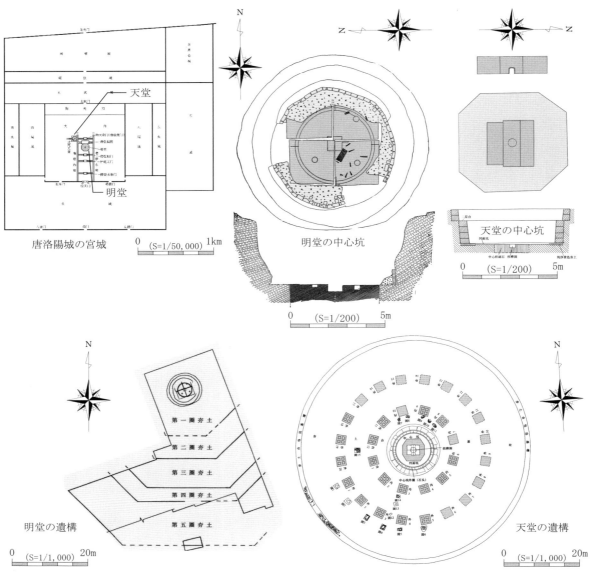

図41　唐洛陽城の明堂・天堂

号建築の北東部で直径 64.8m・残高 0.5-1.2m の巨大な基壇が確認されている（図41下右）。円形基壇の周囲には、塼積外装の基槽（幅 1.4m・深さ 0.5m）が検出され、範囲が確定している。円形基壇の中央には、「柱坑」が確認されており、底部は 4m 四方の正方形の角が取れた八角形を呈する（図41上右）。中央部分には、3つの石（3.83×1.2m/3.93×1.13/3.71×1.15m、厚さ 0.8m）を組み合わせた大型礎石が検出されている。中央には直径 0.32m の柱槽があり、それを中心として直径 1.78m の陰刻線（柱の直径か）がある。また、円を中心として十字が切られ、円刻の外側には円を 12 等分する「刻度線」が描かれている（図27下右）。なお、円形基壇の上には、中心の「柱坑」の外側で二重の礎墩（礎石据付穴）が確認されている。内圈礎墩は中心点から 13.4m、内圈と外圈礎墩の間は 9m を測る。内圈礎墩は 12 基、外圈礎墩は 20 基を数える。礎墩は、基壇上に一辺 2.5m 四方の竪穴を掘り込んだもので、規格の揃った 4 つの青石が据えられている。これとは別に、塼を使った礎石据付穴が不規則な位置に確認されており、報告では、円形建築を造営する際に西南方向に傾きが生じたため柱を補足した「加固柱」と考えている。

第3節　東アジア古代都城の正殿遺構　375

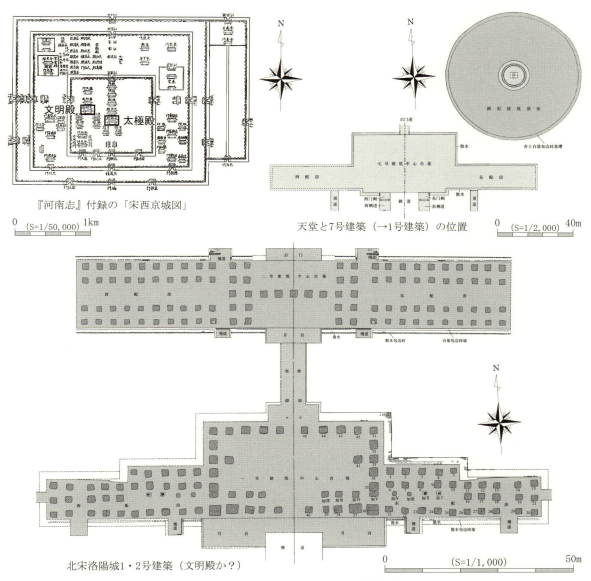

図42　北宋洛陽城の宮城と1・2号建築遺構

（11）北宋西京洛陽城（図42）（報告書 A11-a,b,c,d,e）

　北宋期に西京として栄えた洛陽城については、唐の宮城中軸線との関係性がボーリング調査の成果から整理されており（図29上左）、明堂の北側で2つの基壇が柱廊で結ばれた「工字形」の太極殿が確認されている。唐代長安城・洛陽城では存在していない正殿の様式であり、北宋期が正殿を含む宮殿建築の大きな画期である点が読み取れる。なお、北宋西京洛陽城の太極殿はボーリング調査のみで発掘が行われていないため詳細は不明だが、中軸線西側の天堂西南部分で「工字形」を呈する1・2号宮殿が検出されており、北宋期の文明殿と想定されている点は重要である（図28・図42上左）。（図42下）の1・2号建築は、もともと唐代の天堂西南に位置する凸形基壇の7号建築から始まっている。7号建築は東西に配房を持ち、南側に幅14mの御道と側道を持つなど、隋武安殿、あるいは唐代の武成殿と考えられている。その後、天堂と近い時期に

6号建築へと改築され、唐中晩期には3号建築となり、北宋期の1号建築へと変遷した。1号建築は新たに建造された2号建築と柱廊で結びつく「工字形」建築となったが、その年代は発掘で出土した銭貨から北宋徽宗期以降とされる。北宋徽宗は西京洛陽城の宮城の大きな改変を行った点が指摘されている（図29下）が、この時期以降に宮城内の重要建築の1つの様式として「工字形」建築が主流となり、後の時代に継承されていくことになる。

　1号建築（7号→6号→3・4号→1号へ）は、中心基壇が東西89m・南北30.5mの凸形を呈し、南側には月台が存在する。基壇上で検出されている礎墩から、中心建物は桁行9間・梁行5間で東西に配房を持つことがわかっている。幅8mの柱廊で北側の2号建築と連結されている。2号基壇は全体発掘が行われていないため、基壇規模は確定していないが、やはり中心建物・東西配房で構成される。中心建物は東西両端に南北方向2列各10基、中央に東西5基の礎墩が確認される特殊な柱配置である。1・2号の「工字形」宮殿に関しては、王書林らが北宋文明殿の可能性を指摘しているが[王書林ほか2022]、北宋西京洛陽城で認められる双軸構造が唐武則天期の明堂・天堂の2つの軸線の系譜を引き、北宋東京開封城の双軸構造（大慶殿・文徳殿）へと発展した可能性は非常に高い[松本2020]。唐東都洛陽城・北宋西京洛陽城の宮城中枢部の発掘調査によって、唐から北宋への発展過程の具体像が明らかになりつつある点は非常に重要で、「工字形」正殿、宮城の双軸構造など、草原都城から明清都城へと継承される諸要素の画期が北宋期にある点がわかる。

（12）北宋東京開封城（図43）（報告書A12-a）

　北宋東京開封城は、中枢部の発掘調査がほとんど行われていないため、考古学的情報は少なく、主に文献史料から復原が進んできた（図31）。宮城は東西華門を結ぶラインを境に南の「外朝」、北の「内廷」に分かれる。外朝正殿は大朝会など国家的儀礼の場である中軸上の大慶殿で、外朝正衙殿は日常的な政務空間である西軸上の文徳殿である（図43上左）。北宋宮城における「双軸構造」は、北宋西京洛陽城から発展したものと考えられる（図30）。

　外朝正殿の大慶殿は、桁行9間で東西に配殿（桁行各4間）があり、柱廊によって後閣（斎需殿）と連接する。殿庭には、鼓楼・鐘楼を置き、基本的な構造は、ボーリング調査で判明している北宋西京洛陽城の「工字形」太極殿（図29上左）とほぼ同じである。一方、西軸の常朝正衙殿とされる文徳殿も「工字形」を呈し、殿庭左右に鼓楼・鐘楼を置き、左右には東西上閣門、後方には閣を置く。前述した北宋西京洛陽城の1・2号建築に近い構造をしていたものと推定できる。

2. 草原都城（遼・金・元）の正殿遺構

（1）遼上京城（図43）（報告書B1-a,b）

　遼太祖の耶律阿保機が造営した上京城は、北の皇城と南の漢城に分かれる「日字形」を呈する（図43上右）。北側の皇城の中央東よりに宮城が存在する。東西740m・南北770mで、近年の発掘調査の進展により「坐西朝東」する点が確認された。東から西に向かって、1・2・3号院と院落が位置する点が判明している。渤海や中原の影響を受けつつも、東向きの都城を造営するなど、契丹族の独自の形式が読み取れる。

　なお、近年では契丹族の政治・行政中枢域である皇城の発掘調査が進展している。宮城の東西中軸線に坐

第3節　東アジア古代都城の正殿遺構　377

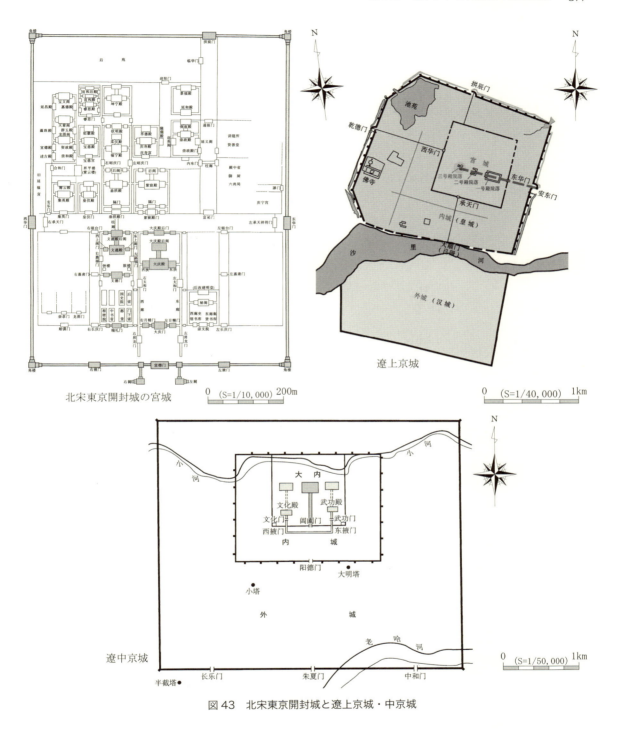

図43　北宋東京開封城と遼上京城・中京城

西朝東する大型宮殿（2015JZ1）が確認された他にも、そのやや北側において遼代の坐西朝東する桁行9間・梁行8間（周囲に副階がめぐる）の宮内最大の大型宮殿（2019JZ1）が調査されている [中国社会科学院考古研究所内蒙古第二工作隊ほか 2020]。この大型宮殿は、遼代の東向き（JZ1B）から金代には規模を縮小して南向き（JZ1A）に建て替えられていると報告されており、機能の追及などが今後の課題となる。また、宮城南側でも皇家寺院・礼制建築などの機能が推定される南向きの大型建造物（2022JZ1）が発掘される [中国社会科学院考古研究所内蒙古第二工作隊ほか 2024] など、発掘調査が劇的に進展している点が注目できる。

（2）遼中京城 （図43）（報告書B2-a）

　遼中京城は発掘が進んでいないため、全体像は不明な部分が多い。宮城（皇城・大内）は、内城の中央北側に位置し、1km四方の正方形を呈する（図43下）。中軸上に「坐北朝南」する形で大型宮殿が配置されており、北宋東京開封城・西京洛陽城の影響を受けているとされる。

（3）金上京城 （図44）（報告書B3-a）

　金は、渤海・遼と同じく「五京制」を採用したことが知られる。前半期の都城が、金上京城で、北城・南城が「曲尺形」に配置される（図44左）。宮城（皇城・大内・大内所）は、南城の西側に位置し、東西500m・南北645mを測る。東西に位置する南北廊に挟まれた中軸上に5基の基壇が南北に並び、そのうち4号建築が最大規模の「工字形」基壇である［報告B4：孟凡人2019 p.184図4-2］。中軸上の基壇は未発掘のため詳細は不明だが、近年、西軸の1号基壇が発掘調査されている。

　1号基壇（図44右）は、東西41m・南北33mの「十字形」の基壇で、上面に36基の礎墩を確認している。中央の浅い円形の溝が巡る部分が主殿と考えられており、東西の「挟屋」、北の「後閣」、南の「前庁」が附属する非常に独特な形式の建造物である。なお、近年には宮城北東部で廊廡構造を持つ附属建築も検出されており、1号基壇と同時期とされている［黒竜江省文物考古研究所2023］。

（4）金中都 （図45）（報告書B4-a）

　金中都は、文献史料から復原されている（図45）。宮城正殿は大安殿（桁行11間）で、東西には「垛殿」（桁行5間）が位置し、後方には「香閣」（皇帝が大臣などと議事をする場）が位置する。北側には、第二の大殿である仁政殿（桁行9間）があり、東西には上閣門が位置する。建築物の構造については不明な部分が多いものの、主殿・東西配殿・後閣で構成される「工字形」正殿が継承されている点が注目される。

（5）元上都 （図46）（報告書B5-a,b）

　フビライが造営した元上都の宮城は東西542m・南北605mを測る（図46上左）。宮城内には「T字形」に道路が走り、その中央北側に1号基壇（図46上右）、北壁中央に2号基壇（闕式主殿）（図46下）が位置する。1号基壇を大安閣、2号基壇を穆清閣と考える説が有力とされる［報告B5：魏堅2008］。元上都の宮城正殿は、大安閣で大都の大明殿に相当する。金中都の大安殿を継承するものだが、金南京開封城（もともとは北宋東京開封城）の熙春閣が移築されたものである［久保田2019］［馮恩学2008］。中央が5間四方・4層の楼閣建築で、左右に各2間の「耳構」があり、桁行は9間とされる［王貴祥2017］。1号基壇の上層には、桁行7間・梁行6間の元滅亡後のラマ廟建築が確認されている（図46上右・中）。大安閣とされる楼閣建築遺構は検出されていないが、下層基壇の四隅で検出した白玉角柱の存在から元代の大安閣の基壇と想定されている。基壇は東西33.3m・南北34.1mを測り、南側に全長9.1mの突出するスロープが取り付く。

　一方、宮城内最大の建造物は、北壁中央に位置する東西130m・南北60mの「闕式宮殿」の2号基壇で、穆清閣と考えられている（図46下）。主殿（東西67m×南北40m）・東西廂殿（25m四方）・廊道・闕台（東西

第3節　東アジア古代都城の正殿遺構　379

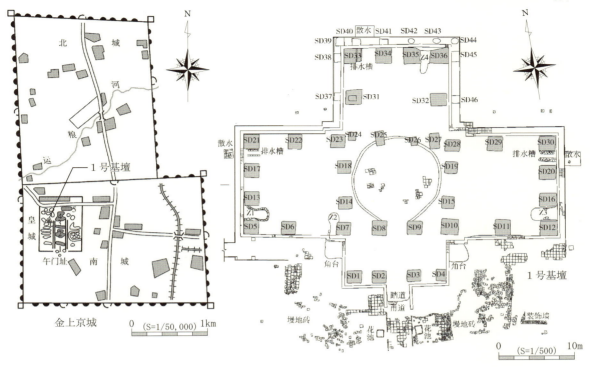

図44　金上京城の宮城内建物（1号基壇）

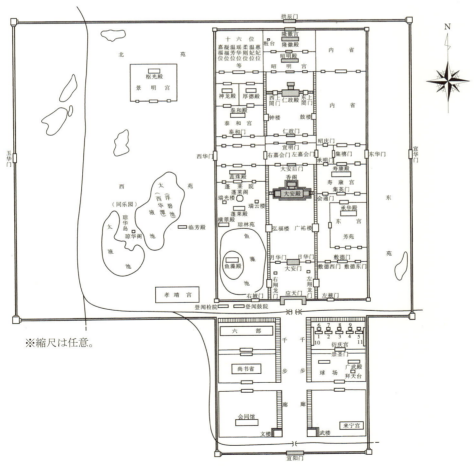

図45　金中都の皇城・宮城の復原

380 第4章 太極殿・含元殿・明堂と大極殿

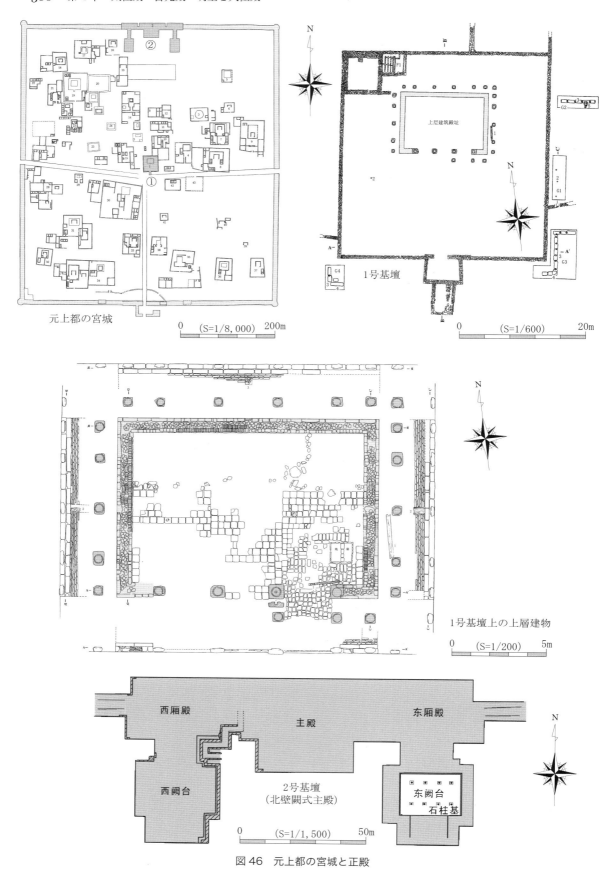

図46 元上都の宮城と正殿

24m×南北16m)・スロープ・殿前広場で構成される。闕台と西側スロープが発掘調査されている。廂殿と闕台は廊道で結ばれており、闕台は南向きに突出する凸形を呈する。版築と二重の外装塼で構築される。東闕台上には、各4個の2列の覆盆式の礎石が残存しており、礎石間の距離はおよそ3mを測る。闕台の南には、明台（東西10m・南北4m残存）がある。西闕台の北東側には、主殿側面に繋がるスロープを検出している。地面は塼で舗装されており、何度か屈曲しながら主殿へ登る構造となっている。闕式宮殿は、北壁と同時期に造営されており、1256-1258年のフビライ即位前の時期と想定されている。その構造的特徴から、唐長安城大明宮含元殿など中原の様式を採用しながら、草原都城特有の発展を遂げた形式と理解されている。

(6) 元中都 (図47)（報告書B6-a)

元武宗カイシャンの造営した中都は、1308年から造営が開始されたが、わずか数年で造営停止となった。

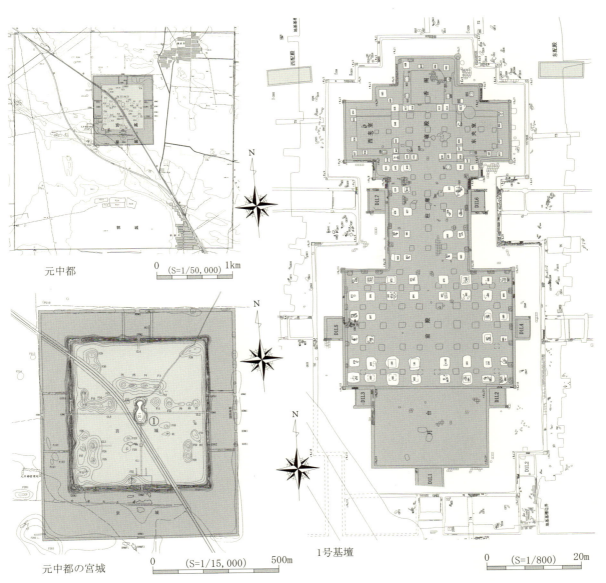

図47 元中都の宮城と正殿

382　第4章　太極殿・含元殿・明堂と大極殿

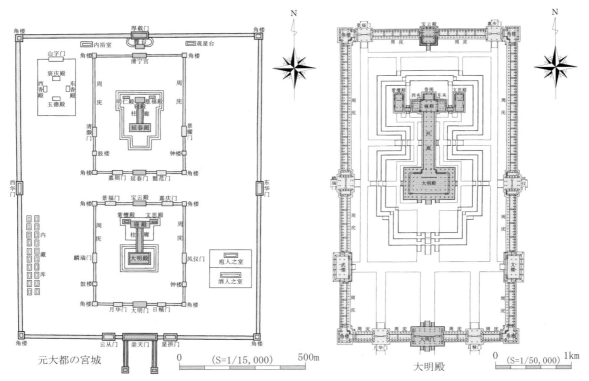

図48　元大都の宮城と正殿

　宮城の中心部分に正殿である1号基壇（図47左上・左下）が位置しており、全面が発掘調査されている稀有な事例である。元大都の大明殿に該当する「工字形」正殿で、基壇は上層・下層の二段築成となっている（図47右）。上層は南から月台・前殿・柱廊・寝殿・東西夾室・香閣で構成される。月台は前面に位置し、東西24.8m・南北17.5mを測る。前殿は、柱痕跡から桁行7間(総長36.36m/元尺31.62mなら115尺)・梁行5間(総長26.06m/82尺)の建物と判明している。前殿は北側の柱廊（東西3間・南北4間）を通じて、寝殿と接続する。寝殿は桁行3間・梁行3間で、東西夾室と香閣も柱間は狭いものの桁行3間・梁行3間である。上層基壇への階段は7カ所で、月台の東・西・南、前殿の東・西、柱廊の東・西に位置する。下段基壇外の東西には、東西配殿も存在する。後述する元大都の宮城正殿である大明殿は文献史料でしか復原できないが、中都の1号基壇は大明殿の基本構造を反映していると考えられており、非常に重要な発掘事例となる。

（7）元大都（図48）（報告書B7-a）

　元大都の宮城（大内）は、現在残る明清期の故宮と景山公園の下層に存在しており、様相は不明な部分が多い。ただし、近年では故宮内の部分的な発掘成果や文献史料から復原が試みられており [徐斌2022・2023]、ここではそれらの成果を踏まえながら構造を検討する。元大都の宮城は、南の「大明殿建築群」と北の「延春閣建築群」で構成される（図48左）。正殿は大明殿で、文献史料によると元中都1号基壇と共通する「工字形」と判明している（図48右）。前殿は桁行11間（200尺）・梁行7間（120尺）で、中都1号基壇の前殿よりも規模はかなり大きい。柱廊は南北7間、寝殿は桁行5間、東西夾室は桁行各3間、香閣は桁行3間とされる。なお、寝殿の東には文思殿、西には紫壇殿が附属する。一方、延春閣も「工字形」で、桁行は9間と大明殿よりも一回り規模が小さい。

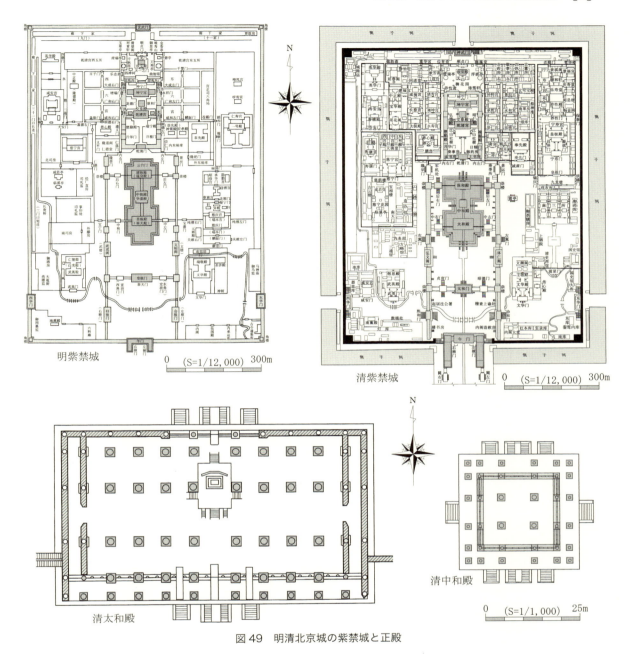

図 49　明清北京城の紫禁城と正殿

3. 明清都城の正殿

(1) 明北京城（図49）（報告書C1-a）

　明北京城の宮城中枢正殿は、現在の清紫禁城における三台の前身建築である。正殿はもともと永楽18年（1420）に建造された奉天殿で、その後、何度か火災による焼失と再建を繰り返しながら皇極殿に改名され、清代に太和殿となった。三台の形式は、既に明代に成立（皇極殿・中極殿・建極殿）している（図49上左）が、清代にかけて若干、建物の規模が縮小し、場所も移動した点が推定されている [孟凡人 2013 p.243]。

(2) 清北京城 (図49) (報告書C2-a)

最後に清北京城の宮城正殿について、まとめておく。清紫禁城は、明代の構造を継承したもの (図49上右) で、外朝には三台 (三殿) が位置する。元大都大明殿の「工字形」を継承する基壇ではあるが、柱廊ではなく東西130m・南北227.7mの巨大な基壇上に太和殿・中和殿・保和殿の三大殿が独立して存在する形式へと変化している。現存する太和殿は、康熙34年 (1695) 以降のもので、桁行11間 (総長60.1m)・梁行5間 (総長33.33m) である (図49下)。

北宋東京開封城の「工字形」正殿：大慶殿の建築様式は、金中都大安殿・元大都大明殿へと継承されたが、明清期には「工字形」基壇の上に三殿が並ぶ「三台」の様式へと発展した点が整理できる。

4. 高句麗・渤海都城の正殿遺構

(1) 高句麗安鶴宮 (図50) (報告書D1-a)

朝鮮人民民主主義共和国の平壌市大城区、大城山城の南麓に位置する高句麗安鶴宮は、後期高句麗の王宮と考えられている。安鶴宮に関しては、高句麗時代説、高麗時代説という全く異なる年代の議論があり、どちらの立場かによって、本章での議論も大きく異なるため、まずは論点を整理しておく。安鶴宮を平壌遷都後のいわゆる「後期高句麗」の王宮遺跡と考えるもともとの通説に対して、千田剛道は、宮内下層で確認された古墳 (M1～M3号墓) が6-7世紀と考えられる点、特に軒平瓦 (中国では「滴水瓦」とされる) などが高麗の首都である満月台遺跡と対比出来る点などから、安鶴宮を高麗時代の王宮とし、「この遺跡 (安鶴宮) の建築群に伴う瓦は高麗時代に下るものであって、高句麗都城ではありえない。ー中略ー。渤海都城へ継承されたとする見方は成り立たない」[千田2015 p.130] と結論づけた。また、田中俊明も高句麗の平壌遷都時の平地城と山城のセット関係に関しては、清岩里土城と大城山城を比定し、安鶴宮に関しては『高麗史』の文宋35年 (1081) の西京「左宮」に比定している。さらに、安鶴宮を中心とする里坊の存在にも否定的見解を示し、586年に長安城に遷都して初めて「坊里制」が施行されたと指摘した [田中2004]。これら安鶴宮＝高麗時代説を検証した王飛峰は、M3号墓出土の陶壺が新羅の影響を受けた高句麗系土器である点、高麗時代に普遍的な遺物である青磁などは見つかっていない点、外縁に連珠紋のある四弁蓮華文瓦当の図像が江西大墓の壁画文様と一致する点、滴水 (軒平瓦) の出現が朝鮮半島では百済に遡る点を示し、陶器・瓦当・滴水 (軒平瓦) などすべて典型的な高句麗の遺物であり、高麗時代のものは含まれていないと結論づけた。以上を踏まえて、後期高句麗の6世紀中葉～高句麗滅亡 (668) までの年代を想定した [王飛峰2020]。

以上のように、中国・北朝鮮・韓国の研究者の中では、安鶴宮＝高句麗説が主流になっている。そのため、安鶴宮の宮城構造の特徴を中原からの影響力の中で理解したうえで、渤海上京城 [梁2012][張明皓2019]、あるいは遼上京城 [報告B1：劉露露2022] への系譜的発展を積極的に評価する研究が蓄積されている状況である。ところで、王飛峰は、主に遺物から安鶴宮の年代を位置付けているが、遺構の点からも年代観の追認が可能である。例えば、(図50下) の参考資料で示したように、安鶴宮＝高麗時代説の千田が遺物を比較した高麗の首都、開京 (開城) の満月台遺跡では、工字形正殿の長和殿が確認されている。前後の宮殿が柱廊で結びつく形式は、北宋西京洛陽城の太極殿、北宋東京開封城の大慶殿で初めて出現する様式 (図71上) (ⅠB類) で、

第3節　東アジア古代都城の正殿遺構　385

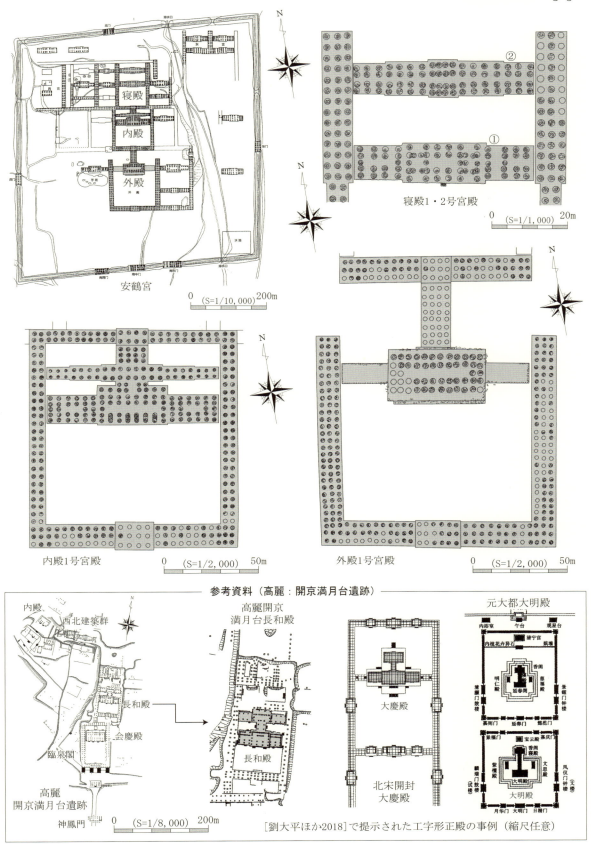

図50　高句麗安鶴宮の宮城と正殿

劉大平らも長和殿に関しては中国からの影響を指摘している[劉大平ほか2018]。振り返って、安鶴宮(図50上)を見てみると、前後の宮殿を柱廊が直接結びつける工字形正殿は存在しておらず、南北に配置された各宮殿が東西の廊廡にそれぞれ連接する魏晋南北朝の中原に起源をもつ古い様式を持っており、明らかに渤海上京城の宮城へと繋がる要素を保持している点がわかる。以上、遺物・遺構から見て安鶴宮は、高句麗の王宮と考えるのが妥当である。本章では安鶴宮を平壌遷都後の後期高句麗時代の王宮と把握し、議論を進める。

高句麗安鶴宮は一辺622mの歪んだ方形(図50上左)で、中軸上に南から外殿（南宮・正殿）、内殿（中宮・日常政務）・寝殿（北宮・王の居住空間）が並ぶ。各宮殿前には殿庭が広がり、それを囲む「コの字」状回廊によって院落を構成する。後述する渤海都城の宮城に見られる「廊廡建築」に系譜的に繋がる要素である。残念ながら報告は非常に簡易で、各宮殿の様相を把握することは難しいが、外殿・内殿・寝殿の実測図を基に整理しておく。

外殿1号宮殿（図50中右）は、桁行11間・梁行4間の建物で、東西に配殿があり、北側は廊道によって内殿回廊へと接続している。一方、内殿1号宮殿（図50中左）は、桁行7間・梁行5間で東西配殿（桁行5間・梁行4間）を持つ。北側では、南北方向の廊道と東西方向の廊道が交差する特殊な構造を呈する。このように高句麗安鶴宮の廊道は、北宋期以降に主流となる中原・草原都城の「工字形」宮殿の柱廊とは全く異なる構造をしている。宮殿相互が結びついているわけではなく、宮殿建築は回廊（廊廡）と結びつく点が特徴である。なお、寝殿の1・2号宮殿（図50上右）もそれぞれ東西の回廊（廊廡）と連接している。

(2) 渤海上京城 （図51）（報告書D2-a,b）

渤海上京城の宮城は、東西620m・南北720mの範囲で、中軸上に南から1～5号宮殿が確認されている（図51上左）。ここでは、1～5号の順番で各宮殿の様相を整理する。

1号宮殿は、報告書が刊行されておらず、著作・論文中に引用されている[報告D2：趙虹光2012 p.17図3・傅熹年1998a p.425図8]（図73上中）。基壇は東西56m・南北27m、高さ3.1mを測り、南面東西に2階段（幅3.8m・長さ5.4m）、北面中央に1階段（幅3.5m・長さ5m）が取り付く。基壇上の礎石から、桁行11間・梁行4間と判明しており、傅熹年が唐長安城大明宮麟徳殿前殿との共通性を指摘する「斗底槽形」[傅熹年1998b]の柱配置を呈する。東西の「慢道建築」と報告される建物によって南向きの「コの字形」を呈する廊廡（長廊）に接続する。なお、「慢道建築」とされる建物の東西には、南北方向の門遺構も確認されている。宮城正門との間の殿庭空間は、大明宮丹鳳門～含元殿の空間と共通する点が指摘されている。

2号宮殿は、南側に位置する北向きの「コの字形」廊廡で囲まれた院落を構成する。基壇は東西92m・南北22.5mの大型の長方形で、南面東西に2階段、北面中央に1階段が取り付く（図51下）。基壇上面の残りは悪く、原位置を保つ礎石は存在しない。しかし、芯々4.5mとして、桁行19間・梁行4間の大型建造物が想定されている。なお、南面階段は、東西端からそれぞれ6間目に位置する。2号基壇の東西には、東掖門・西掖門がある。

3・4号宮殿は、南側の3号宮殿と廊道で接続された北側の4号宮殿、その左右の4-1・4-2宮殿で構成される。3号宮殿は「朝堂的機能」、4号宮殿（4-1・4-2含む）は「渤海王宮の生活区」と報告書では想定されている（図51中）。まず、3号宮殿の基壇は、東西32.8m・南北21m、高さ1.6mを測り、南面東西に2階段が取り付く。基壇上面の礎石は残りがよく、桁行7間・梁行4間（それぞれ4m等間）で、東西の廊道、北側の廊道に接続している。東西廊道部分には、南北方向の門遺構も検出されている。北側廊道は、南北7間の単廊だが、中央部分に桁行3間・梁行1間の建物が確認できる。一方、4号宮殿は東室・西室（それぞれ東西8m・南北

第3節　東アジア古代都城の正殿遺構　387

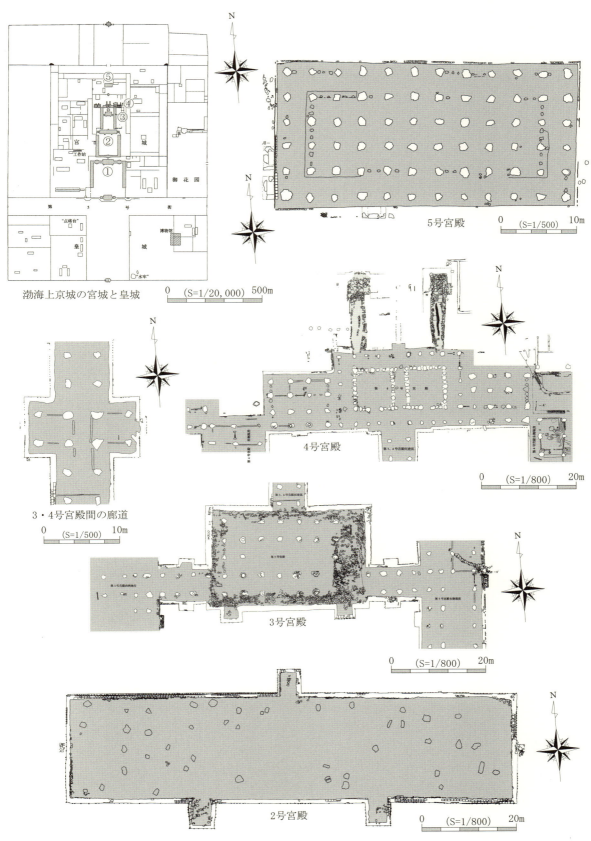

図51　渤海上京城の宮城と正殿

388　第4章　太極殿・含元殿・明堂と大極殿

8.7m) の2室構造で、「中央廊」と周囲には「回廊」（廂）が巡る。北側には2基のオンドル、東西には3×3間の配殿も存在する。このように、渤海3・4号宮殿は、北宋期以降の中原・草原都城の中枢正殿のような機能を分掌する前・後殿が柱廊で結ばれた「工字形」ではなく、渤海王の居住空間と日常的な政務空間が結ばれた構造を呈する点が重要である。

　ところで、1・2・3号宮殿の基本構造は共通しており、南面東西の2階段、基壇東西の2階段の存在によって、中心権力の隔絶性を表現している。この基本構造は、唐長安城大明宮含元殿の影響を受けたものと思われる [城倉2021 p.174 図45]。

　5号宮殿は、宮城最北に位置する東西40.4m・南北20.4m、高さ0.4-0.5mの大型基壇である（図51上右）。いわゆる総柱構造で、桁行11間・梁行5間、身舎外周に壁体が見られ、四面に回廊（廂）が確認できる。報告書では、1～3号宮殿と異なり、中央を「減柱」してないため、2層構造の楼閣建築とする。また、宮城北側で最も高い建造物であるため、宮城北側を警戒する機能を持ったと想定されている。この点は、西古城5号宮殿の記載部分で、改めて言及する。

（3）渤海西古城（図52）（報告書D3-a）

　西古城の内城は、東西187m・南北306-311mで、中軸上に南から1・2号宮殿（上京城の3・4号宮殿）、5号宮殿（上京城の5号宮殿）が確認できる（図52上左）。内城正殿の1号宮殿は、東西41m・南北22.5-25.5m、高さ0.7-1.1mの基壇で、南面東西に2階段が取り付く。東西は廊道により南北方向の廊廡に接続し、北は廊道で2号宮殿に接続する。基壇上面の残りは悪いものの、上京城3号宮殿と同規模とすれば桁行7間・梁行4間の建造物が想定できる。北側に接続する2号宮殿は、東西27m・南北15m、高さ0.15-0.3mの基壇で、北に2基のオンドルが取り付く。東西には配殿が存在するが主殿も含めて柱配置は不明である。更に東には3号宮殿、西には4号宮殿が位置し、上京城3・4（4-1/4-2）宮殿と基本構造は同じである（図52下）。

　5号宮殿は、やはり内城最北に位置する東西46.7m・南北24.5mの基壇で、基壇上には礎石、礎石据付穴が残存し、柱配置が判明している（図52上右）。桁行11間・梁行5間で、中国では「斗底槽形」と呼ばれる四面廂建物である。前述した上京城の5号宮殿の基壇とほぼ同じ位置・規模・構造であるため、総柱か否かの建物構造の違いはあっても、機能は共通する可能性が高い。渤海上京城が唐長安城大明宮の影響を強く受けている点は明らかであり、宮城・内城深部に位置する5号宮殿は、麟徳殿と共通する饗宴施設 [劉大平ほか2018] の可能性が高いと考えている。なお、この論点に関しては、第4節の考察部分で言及する。

（4）渤海八連城（図53）（報告書D4-a）

　八連城の内城は、東西216-219m・南北313-316mで、基本的な構造は西古城内城と一致する。しかし、5号宮殿に該当する基壇は確認されていない（図53上左）。中心は、1・2号宮殿（上京城の3・4号宮殿）である（図53上右）。

　1号宮殿は、東西42.4m・南北26.3m、高さ2-2.2mの基壇で、南面東西に2階段（東：幅4.2m・長さ5.2m/ 西：幅4.2m・長さ5.3m）が取り付く。東西は慢道・廊道によって廊廡に接続し、北は廊道によって2号宮殿と接続する。東西慢道の外側には、南北方向の階段も確認できる。北の廊道は「中字形」に中央が膨らみ、何らかの建物が想定される。北側に接続する2号宮殿は、東西30.6m・南北18.5m、高さ1mの基壇で、南

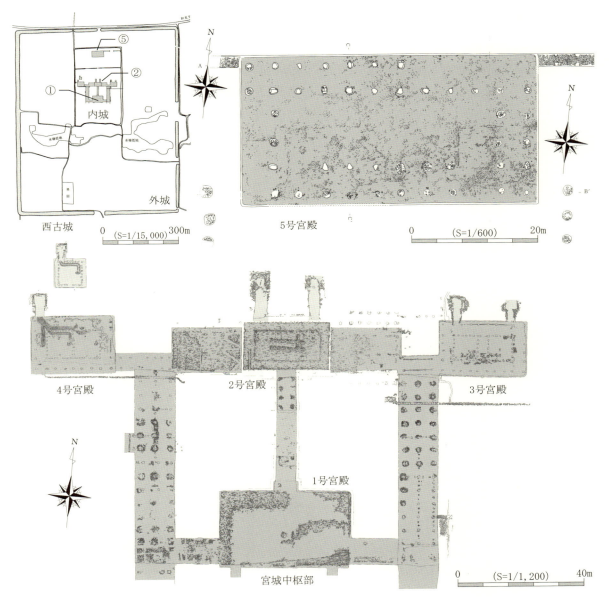

図52　渤海西古城の宮城と正殿

面中央の廊道の左右に2階段が取り付く。主殿はやはり2室構造を呈するが詳細は不明で、北には2基のオンドル、東西には桁行7間・梁行4間の配殿（朶殿）が存在する（図53中右・下）。

　最後に、渤海都城の宮城・内城構造で特徴的な「廊」について言及しておく。渤海都城中枢部は、「コの字形」の回廊（「廊廡」と呼称される）と南北に連なる宮殿によって殿庭を持つ院落構造が形成される点に特徴がある。「廊廡」は通常、幅2～4間で、いわゆる「複廊」構造を基本とする。一方、宮殿相互を前後に結び付ける、あるいは宮殿と東西の廊廡を結びつける役割を果たすのが「廊道」（飛廊・行廊・連廊とも呼称される）である。これは幅1間の「単廊」構造を基本とする。このように渤海都城では、中軸上の各宮殿が、東西の廊廡建築と結びつくと同時に、上京城3・4号宮殿、西古城1・2号宮殿、八連城1・2号宮殿のように、前後の宮殿が廊道で結びつき、「工字形」に近い構造を呈する場合がある。非常に特徴的な構造だが、中原で北宋以降に登場する「工字形」正殿のように機能を分掌する前殿・後殿が柱廊で結びつく形式とは明らかに異なる

390　第4章　太極殿・含元殿・明堂と大極殿

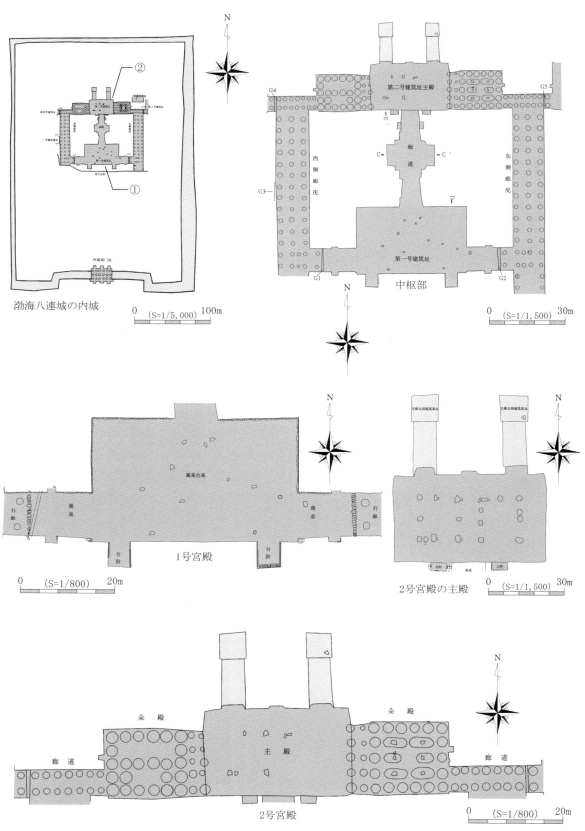

図53　渤海八連城の宮城と正殿

構造で、渤海王の居住空間と日常的な政務を行う宮殿が結びつく「工字形」の平面形は、高句麗の系譜を引き、渤海の特徴的な構造と考えられてきた。しかし、2023年に公表された北斉鄴城の宮城北側で検出された後寝の206・209大殿[報告A5：中国社会科学院考古研究所ほか2023]は、その祖型と思われる構造を呈する。魏晋南北朝→高句麗→渤海という系譜を考慮する必要があると同時に、唐長安城・洛陽城の後寝部分の構造を渤海が模倣した可能性もある。今後、研究の進展が期待される領域である。この問題については東アジア都城における前殿・後殿の問題と併せて、第4節の考察部分で取り上げ、詳しく整理する。

5. 日本都城の正殿遺構

（1）前期難波宮（図54）（報告書E1-a）

孝徳朝難波長柄豊碕宮とされる前期難波宮は、内裏前殿SB1801と後殿SB1603が軒廊SC1701で結ばれている（図54左）。

内裏前殿SB1801は、桁行9間（総長36.65m＝125.5尺/西13・13・14・15・15.5・15・14・13・13尺東）・梁行5間（総長18.98m＝65尺/13尺等間）の四面廂、掘立柱建物である（図54右）。側柱の外約1mに「小柱穴」が巡り、木製基壇とされる。軒廊SC1701は単廊で、南北9間である（図54中）。内裏後殿SB1603は、部分的な発掘調査だが、桁行9間（総長34.31m）・梁行5間（総長14.6m）と推定されている。

なお、最新の発掘調査では、内裏後殿の北方に大型の内裏正殿を想定できる成果があり[大阪市教育委員会事務局文化財保護課2023・積山2023]（図54左）、今後の調査の進展と日本都城における内裏構造の発展に関する研究の進展が期待される。

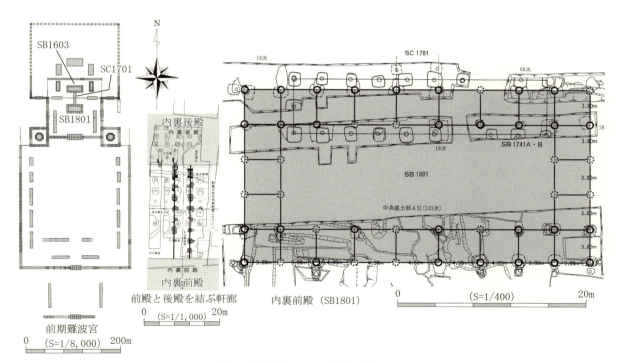

図54　前期難波宮の内裏前殿（SB1801）

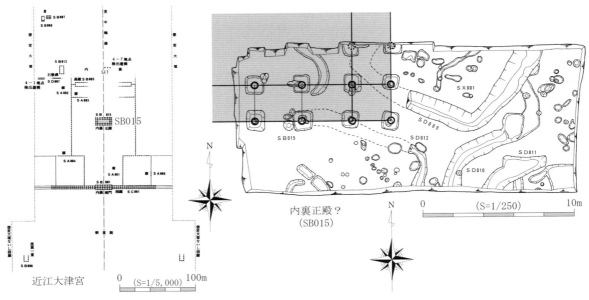

図 55　近江大津宮の内裏正殿 (SB015)

(2) 近江大津宮 (図 55)(報告書 E2-a)

　天智朝の近江大津宮では、想定中軸上で内裏南門 SB001 と内裏正殿 SB015 が確認されている (図 55 左)。
　内裏正殿 SB015 は、桁行 3 間分 (西 3.11m・3.33m・2.6m 東)・梁行 2 間分 (南 2.5m・2.7m 北) を検出しており、四面廂の掘立柱建物と推定されている (図 55 右)。柱穴は一辺 1.1-1.3m、深さ 0.45-0.65m で、柱の直径は 0.35m 前後である。SB015 は内裏南門 SB001 の真北に存在し、両者の東側柱列の位置が一致することから、SB001 と同じ桁行 7 間を想定している (SB001 は五間門との説もある)。報告書では、桁行 7 間 (総長 21.3m)・梁行 4 間 (総長 10.4m) の四面廂建物と推定している [報告 E2：滋賀県教育委員会文化財部文化財保護課ほか 1992 p.178 模式図]。

(3) 飛鳥宮Ⅲ期 (図 56)(報告書 E3-a,b)

　飛鳥宮Ⅲ期の遺構としては、内郭前殿 SB7910 とエビノコ郭正殿 SB7701 が注目できる (図 56 上左)。
　内郭前殿 SB7910 は、西側半分を発掘しているが、北東隅の石敷きも確認しており、規模が判明している。それによると、桁行 7 間 (総長 20m)・梁行 4 間 (総長 11.2 m) (身舎 10 尺 / 廂 9 尺) の四面廂、掘立柱建物である (図 56 下)。柱穴は一辺 1.8m、深さ 1.3m で、柱の直径は 0.6m ほどとされる。本来は基壇上の高まりがあったと推定されているが、削平されており、周囲 (側柱より 1.2m の位置) 四面を囲むように石敷 SX7916 が検出されている。
　エビノコ郭正殿 SB7701 は、北側の側柱一列分のみ未検出だが、桁行 9 間 (総長 29.2m/11 尺等間)・梁行 5 間 (身舎 10 尺 / 廂 11 尺) の四面廂、掘立柱建物である (図 56 上右)。柱穴は一辺 1.2m、深さ 1.1m ほどで、柱はいずれも抜き取られている。柱の直径は、推定 0.5m ほど。明確な基壇は確認されていないが、側柱より外側の東・南側には川原石の石敷が検出されている。

第 3 節　東アジア古代都城の正殿遺構　393

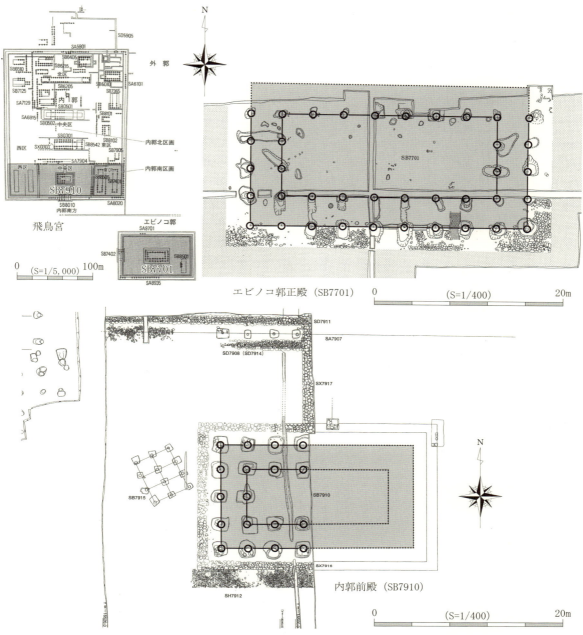

図 56　飛鳥宮の内郭前殿（SB7910）とエビノコ郭正殿（SB7701）

（4）藤原宮（図 57）（報告書 E4-a,b,c,d,e）

　藤原宮（図 57 上左）は、近年の発掘調査により大極殿院の様相（図 57 上右）が明らかになりつつある。ここでは、大極殿、後殿 SB11650、東楼 SB530 に注目する。

　大極殿は、日本古文化研究所の調査で桁行 7 間・梁行 4 間と復原された［報告 E4：日本古文化研究所 1936］が、近年は測量調査の成果を踏まえて再検討が行われている（図 57 下左）。現状の基壇遺構は水田耕作により大きく改変されているが、測量図と礎石据付穴の位置を踏まえて、桁行 9 間・梁行 4 間（身舎桁行 17 尺等

394　第4章　太極殿・含元殿・明堂と大極殿

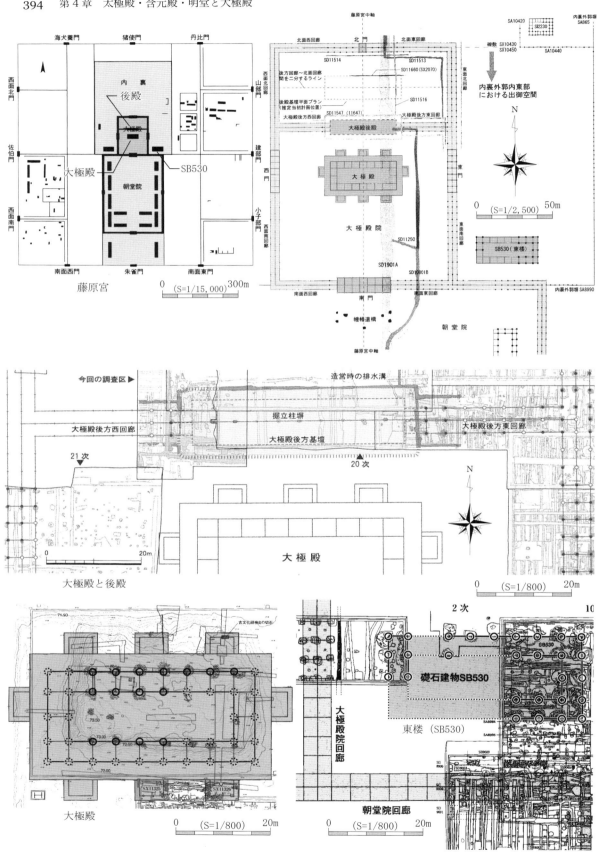

図57　藤原宮の大極殿・後殿・東楼

間・梁行 18 尺等間 / 廂 15 尺）の四面廂、礎石建物を想定する小澤毅の復原案［小澤 1993］が追認された。基壇規模は不明だが、南北面に各 3 基、東西各 1 基の階段が想定されている。

　大極殿後殿 SB11650 は、近年の発掘で検出された遺構である［報告 E4：奈良文化財研究所 2022・2023、岩永 2023］（図 57 中）。基壇規模は東西 50.8m・南北 16.4m で、建物の痕跡は削平されていたが、東西棟の礎石建物が想定されている。東西で後方東回廊 SC11540・西回廊 SC11640 と接続している。

　東楼 SB530 は、大極殿院東面南回廊の東で検出した東西棟建物である（図 57 下右）。桁行 9 間（総長 42m/140 尺）・梁行 4 間（総長 18m/60 尺）（身舎 16 尺・廂 14 尺）の四面廂、礎石建物である。宮内では大極殿に次ぐ規模を持つ大型建築で、文献上の「東楼」に比定されている。

（5）平城宮（図 58 ①②③）（報告書 E5-a,b,c,d）

　平城宮は、奈良時代前半と後半で平面配置が大きく変化した点が知られる（図 58 ①上）。正殿である大極殿は、奈良時代前半は朱雀門軸線上の中央区大極殿院（第一次大極殿院）、後半は壬生門軸線上の東区大極殿院（第二次大極殿院）に位置していた。なお、奈良時代前半の東区正殿は、国家的儀礼の場としての中央区大極殿に対して、日常的な政務空間として機能したと考えられているが、本章では大極殿を分析対象とする。対象とするのは、（図 58 ①中）にあるように中央区大極殿院（大極殿 SB7200・後殿 SB8120・塼積擁壁 SX6600・木階 SX6601）、東区大極殿院（大極殿 SB9150・後殿 SB10000・軒廊 SC9144）である。

　中央区大極殿 SB7200 は、Ⅱ・Ⅲ期の遺構で基壇がほぼ削平されている。そのため、1982 年の学報 11 では、北面地覆石抜取痕跡 SD7165 と南面地覆石据付痕跡 SD7167 から、東西 35m 以上・南北 29.5m の基壇を想定し、南北面に各 3 基の階段を想定した。桁行 9 間（総長 45.1m）・梁行 4 間（総長 20.7m）（身舎桁行 17 尺等間・梁行 18 尺等間／廂 17 尺）の四面廂、礎石建物と復原した。建物復原を踏まえて、基壇規模も東西 53.1m（180 尺）× 南北 29.5m（100 尺）と復原された。一方、2011 年の学報 17 では、基壇が東西 53.2m（180 尺）× 南北 28.7m（97 尺）、階段が北面 3 基、南面 1 基、東西各 1 基と解釈が変更された。建物規模に関しても、桁行 9 間・梁行 4 間（身舎の桁行 17 尺・梁行 18 尺／廂 15 尺）と廂の出が変更されている（図 58 ②上）。なお、南面階段については、研究史で整理したように、小澤毅が造営時の 3 階段から 1 階段への改造を指摘している［小澤 2020］。また、二重基壇の可能性が想定されている点も重要である［報告 E5：奈良文化財研究所 2009］。

　中央区大極殿後殿 SB8120 は、大極殿と同じく基壇がほぼ削平されているが、北面回廊に繋がる軒廊の地覆石据付痕跡・雨落溝（SD244・SD242）、および基壇北側の雨落溝（SD8103）の存在から、東西 49.7m× 南北 25m と想定されている。建物規模は全く不明だが、大極殿 SB7200 と同規模の桁行 9 間・梁行 4 間と推定されている（図 58 ①中左・表 3）。なお、小澤毅は藤原宮大極殿後殿の調査成果、その他の大極殿後殿の事例も踏まえて、桁行 9 間・梁行 2 間（149 尺×34 尺）に復原している［小澤 2023b p.277］。

　中央区大極殿前の塼積擁壁 SX6600・木階 SX6601 は、大極殿 SB7200 に附属する施設として重要である（図 58 ①下）。唐長安城大明宮含元殿の龍尾道を模倣した塼積擁壁 SX6600 の直下、バラス敷の下で検出した階段遺構が SX6601 である（図 58 ②下左）。東西 2 間（5.5m）・南北 1 間（1.69m）だが、バラス敷下での検出遺構のため、報告書では建設時の仮設的木階の可能性も指摘されている。しかし、平城宮中央区大極殿院南門には、天皇が饗宴の際に出御した点が知られており、その際に利用した階段という説が有力である。

　東区上層正殿：大極殿 SB9150 は、基壇周囲が削られた状態だが、残高 1.3-1.5m、基壇上面は残存状況が良好で、44 カ所すべての礎石据付穴が残存していた（図 58 ③下）。礎石据付穴は一辺 2.5m 前後の円形・

396　第4章　太極殿・含元殿・明堂と大極殿

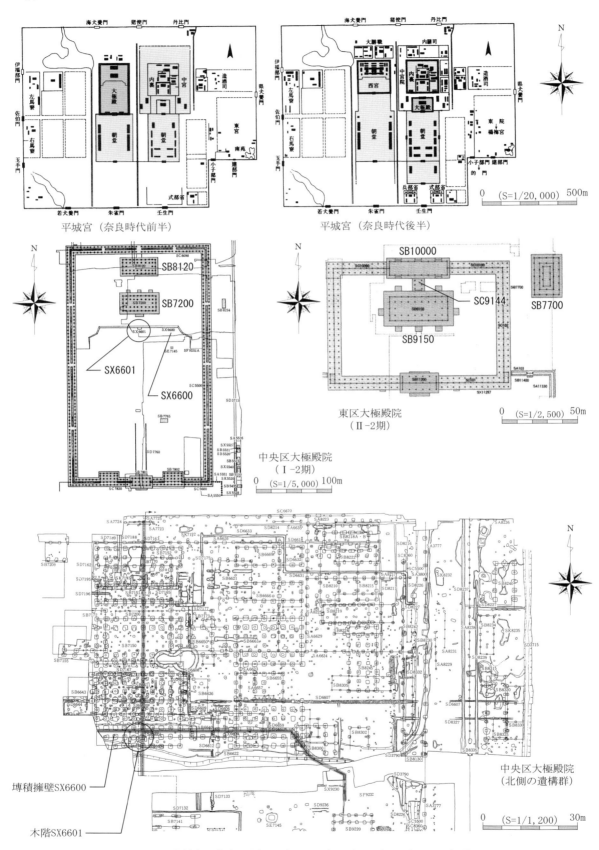

図58　平城宮の中央区大極殿（SB7200）と東区大極殿（SB9150）①

第3節　東アジア古代都城の正殿遺構　397

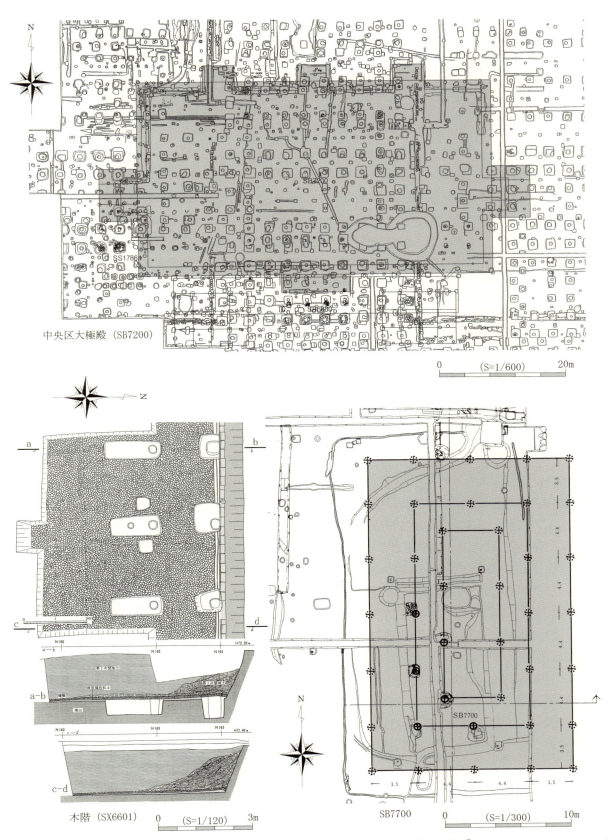

中央区大極殿（SB7200）

木階（SX6601）

SB7700

図58　平城宮の中央区大極殿（SB7200）と東区大極殿（SB9150）②

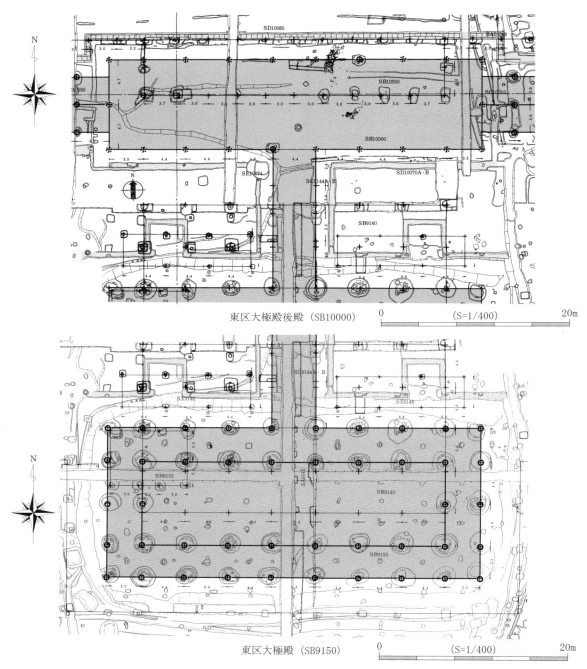

東区大極殿後殿（SB10000）

東区大極殿（SB9150）

図58　平城宮の中央区大極殿（SB7200）と東区大極殿（SB9150）③

隅丸方形を呈する。桁行9間（総長38m/129尺）・梁行4間（総長15.9m/54尺）（身舎15尺等間・廂12尺・基壇の出13尺）の四面廂、礎石建物である。基壇は凝灰岩切石による壇正積で、南面には中央間と東西から各3間目の位置に幅15尺（4.45m）・出12尺（3.55m）の3階段、北面にも東西に対応する位置に2階段、東西は南から2間目に各1階段、合計7基の階段が確認・想定されている。

東区上層大極殿SB9150と後殿SB10000を結ぶ軒廊SC9144は、2時期に分かれる。SC9144Aは、南北長10m・東西幅3.8mだったが、SC9144Bでは基壇幅が27尺（8.0m）に拡張されている。桁行2間・梁行1間（15尺等間）に復原されている（図58③上）。

第3節 東アジア古代都城の正殿遺構 399

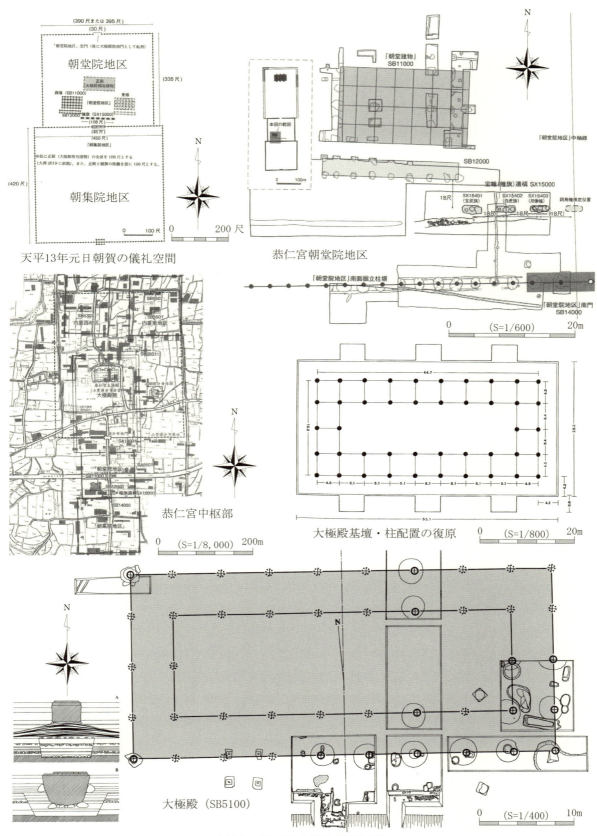

図59 恭仁宮の大極殿（SB5100）

400　第4章　太極殿・含元殿・明堂と大極殿

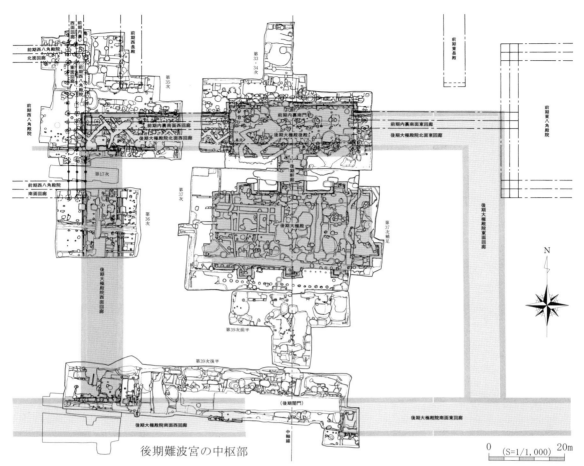

図60　後期難波宮の大極殿（SB1321）と後殿（SB1326）①

　東区上層大極殿後殿SB10000は、凝灰岩の壇正積基壇で、基壇北側の雨落溝(SD10084-86)が完存しており、南側の外装石の抜取り痕跡も明瞭なため正確な範囲が確定できる（図58③上）。基壇は東西140尺（41.3m）・南北46尺（13.6m）で、階段は北面3か所、南面2か所で確認されている。階段は基壇外に張り出さず、内側に入り込む特殊な構造を呈する。北面3か所の位置は、軒廊SC9144AとSB9150の北面東西階段の位置と対応し、東西回廊との接続点にも存在する。基壇上の削平は著しいが、南北2か所の礎石据付穴から、桁行9間（総長38.7m/129尺/中央7間15尺/両端間12尺）・梁行2間（総長9.4m/32尺/16尺2間）、基壇の出は南北7尺（2.1m）、側面5.5尺（1.6m）、切妻造の礎石建物に復原されている。

　なお、東区下層正殿SB9140・下層後殿SB10050についても簡単に整理しておく。下層正殿・後殿は、上面遺構の保護のため、完全には発掘されていないが、SB9140は桁行7間（総長31m/105尺）・梁行4間（総長17.7m/60尺）（15尺等間）の四面廂、掘立柱建物に復原されている。一方、SB10050は、桁行10間（総長31m/105尺/中央8間10尺/両端間12.5尺）・梁行2間（総長5.9m/20尺/10尺2間）の切妻造、掘立柱建物に復原されている。

　最後に東区大極殿院東楼SB7700は、大極殿院の東83mに位置する楼閣建築である（図58①中右・図58②下右）。基壇の掘込地業は、東西21m・南北29.5mで、桁行6間・梁行4間の総柱、礎石建ち、南北棟の楼閣風建物とされる。建物下層は身舎が15尺等間の2間×4間、四面の廂12尺で、身舎内に桁行3間・梁行1間を想定し、この部分が建物上層の範囲と考えられている。

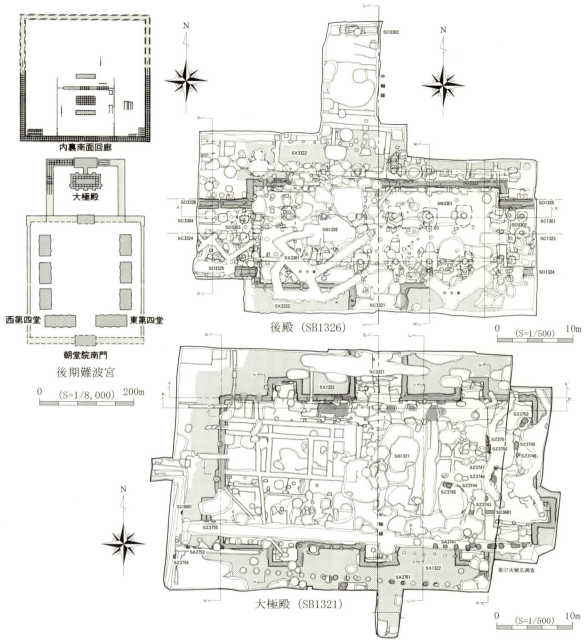

図 60　後期難波宮の大極殿（SB1321）と後殿（SB1326）②

（6）恭仁宮（図59）（報告書 E6-a,b,c）

　恭仁宮には、平城宮中央区の大極殿 SB7200 が移建された点が知られている。大極殿院（図59中左）の北部に位置する大極殿 SB5100 は、残存する礎石、および抜取痕跡（図59下）の発掘調査から柱配置が復原されている（図59中右）。報告では、桁行9間（総長149尺/身舎17尺等間/廂15尺）・梁行4間（総長66尺/身舎18尺/廂15尺）とされる。しかし、小澤毅は報告書の単位尺0.3mではなく、0.2953-0.2955mとし、桁行総長44.0m・梁行総長19.5mに復原している［小澤 1993］。基壇は瓦積みで、北面・南面に各3基の階

402　第4章　太極殿・含元殿・明堂と大極殿

段を想定している。現在までに、大極殿後殿は確認されていない。

　なお、近年では、SB5100を中心とする大極殿院の南の「朝堂院地区」「朝集院地区」で新しい発見が報告されている。朝堂院地区（図59上左）では、桁行7間以上・梁行4間（10尺等間）の総柱掘立柱建物SB11000、その南の桁行8間・梁行1間（10尺等間）の東西棟掘立柱建物SB12000などが検出された。さらに両建物の東南側では、幢旗遺構SX15000（18尺等間）が検出された（図59上右）。幢旗遺構は2回の樹立痕跡が認められるため、天平13・14年の元日朝賀（天平15年は大極殿SB5100で開催）のための仮設建物がSB11000・12000に該当する可能性が指摘されている [報告E6：古川 2020]。

　ところで、恭仁京に続いて遷都された紫香楽宮では、大極殿は建造されなかったが、中枢建物の様相が報告されている [甲賀市教育委員会 2023]。

（7）後期難波宮（図60①②）（報告書E7-a）

　後期難波宮（図60②左）では、正殿の大極殿と後殿、それを結ぶ軒廊が発掘調査されている（図60①）。

　大極殿SB1321の基壇は削平のため礎石・据付穴などは残存していなかったが、基壇周囲の地覆石や階段の抜取り痕跡などが残っており、およその輪郭を把握できる（図60②右下）。基壇は東西41.4m（141尺）・南北21.16m(71.5尺)を測り、階段は7カ所で確認されている。南面には中央(幅15尺・4.44m/出8尺・2.37m)、東西より各3間目の位置に2階段（幅13.5尺・3.99m/出8尺・2.37m）があり、北面にも南面東西階段と対応する位置に存在する。東西各面には南から1間目の位置に階段（幅11尺・3.25m/出8尺・2.37m）がある。北側中央には軒廊SC3321（南北9.5m・東西6m）があり、後殿SB1326と接続する。SB1321は凝灰岩切石による壇正積基壇で、柱間寸法は桁行9間（総長35.2m・119尺/西11・13.5×2・14・15・14・13.5×2・11尺東）・

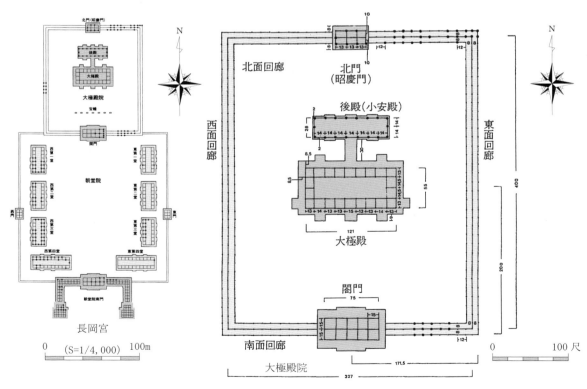

図61　長岡宮の大極殿

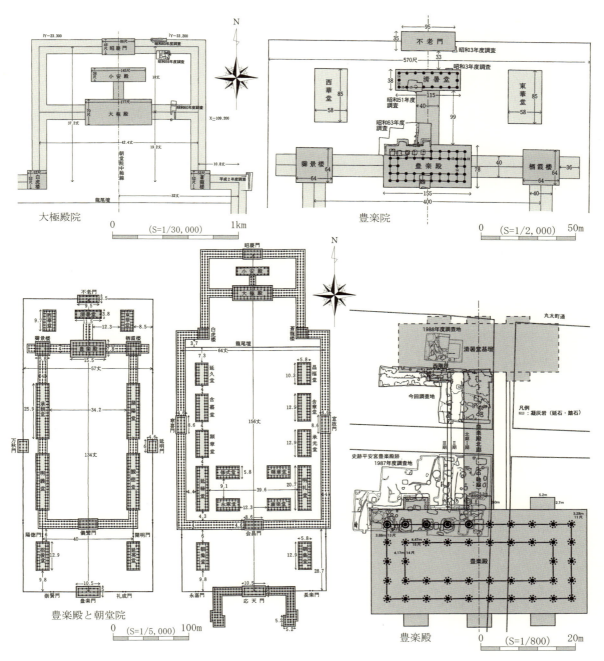

図62 平安宮の豊楽殿と大極殿

梁行4間（総長14.79m・50尺／南11・14×2・11尺北）と推定されている。

後殿SB1326も壇正積基壇であるが、階段などの構造は不明。同じく地覆石の抜取り痕跡によって、大きさが判明している（図60②右上）。基壇規模は、東西32.5m・南北13.7mを測る。

(8) 長岡宮（図61）（報告書E8-a）

長岡宮（図61左）の大極殿は、1961年に発掘が行われているが、詳細な報告書などは刊行されていない。

404　第4章　太極殿・含元殿・明堂と大極殿

基壇は東西41.4m（138尺）・南北21.6m（72尺）で、周囲には小石敷が確認された（図61右）。基壇南面に3か所、北面に2か所の階段（幅4.6-4.9m・14-15尺/出2.7m・9尺）が確認されており、東西面にも階段の存在が推定されている。建物痕跡は既に削平されていたが、桁行9間（西13・14・13×2・15・13×2・14・13尺東）・梁行4間（南13・14.5×2・13尺北）の柱間寸法が推定されている。

後殿は1960年に発掘されており、基壇は東西31.2m（104尺）・南北13.5m（45尺）と判明している。基壇南面に2か所、北面に3か所の階段（幅4.25m・14尺/出6m・2尺）が確認され、軒廊は幅3.6m（12尺）・長さ9m（30尺）に復原されている。建物は推定ではあるが、桁行7間・梁行2間（14尺等間）の切妻、もしくは寄棟造りとされる。長岡宮大極殿の後殿は、初めて回廊から独立した構造を呈する点が特徴である。なお、後期難波宮と長岡宮の大極殿・後殿は、基壇規模がほぼ同じであるため、前者から後者へと移建されたと考えられている [報告E8：向日市史編さん委員会1983 p.366]。

（9）平安宮（図62）（報告書E9-a,b,c,d）

平安宮では、東に朝堂院、西に豊楽院が並列する（図62下左）。朝堂院北側に位置する大極殿・小安殿は発掘されていないため、考古学的な情報はないものの、絵画資料・文献史料から構造が復原されている（図62上左）。大極殿は桁行11間・梁行4間の四面廂、礎石建物である。一方、後殿である小安殿は桁行9間・梁行2間と判明している。

一方、豊楽院の豊楽殿は1987年に発掘調査が行われており、凝灰岩切石の壇正積基壇と判明している（図62上右・下右）。発掘では、北面西階段と5カ所の礎石据付穴を検出しており、文献史料と合わせて、桁行9間（身舎15尺・4.5m等間/廂13尺・3.9m/基壇の出12尺・3.28m）・梁行4間（身舎14尺・4.17m等間/廂13尺・3.9m/基壇の出12尺・3.28m）に復原されている。2007年には、清暑堂の南面西階段（幅5.2m・出1.5m）と豊楽院と清暑堂を繋ぐ軒廊の一部も検出されている。清暑堂は、桁行7間（15尺等間）・梁行2間（14尺等間）に復原されている。

第4節　中国都城における正殿の発展と唐代における東アジアへの展開

ここまで研究史の整理を踏まえた論点と課題の抽出、分析方法の提示、正殿遺構の図面集成を示した。最後に考察として、中国都城における正殿の発展、および唐代における東アジア各国への展開に関して、いくつかのトピックに分けて議論を深める。第2節第1項の「比較視座と方法論」で示したように、本章では中国都城の宮城中枢正殿の遺構を構造的に分析すると同時に、3つの正殿：太極殿・含元殿・明堂が併存した特異な時期である唐代の長安城・洛陽城が東アジア各国の都城にどのような影響を与えたのか、を議論する。なお、本研究の目的は、中国都城の発展に関する歴史的位置付けと、同時代における都城の展開のメカニズムの分析を通して、「中国都城とは何か」という根源的問題にアプローチする点にある。中国における各王朝が造営した都城の個別的な位置付け、あるいは高句麗・渤海・日本など各国における都城導入の具体的様相を追究することが目的ではない。それゆえに、秦・漢・魏晋南北朝・唐宋の中原都城から、遼・金・元の草原都城を経て明清都城へと発展する、時代を越えた正殿遺構の通時的比較という縦軸の分析、および中国都城が最も影響力を持って周辺国に伝播した唐代における東アジアへの展開過程という横軸の分析、この2つの時空間を越えた比較を行う学問的な課題を設定した。

以上の前提に立ち、考察の議論を進める。まずは、第4節第1項で中原都城から草原都城を経て明清都城へと発展する正殿について通時的に整理する。特に、従来はあまり注目されてこなかった唐代における3つの正殿の併存現象、あるいは北宋期における工字形正殿の出現などの論点を掘り下げる。次には、第4節第2項で魏晋南北朝〜唐代に、高句麗・渤海へと展開した正殿の様相を整理する。近年、北魏洛陽城・東魏北斉鄴城など、南北朝期の中原都城の様相が明らかになった点により、高句麗都城の再評価が必要となっているのに加えて、高句麗と渤海の継承関係についても議論が蓄積されているため、これらの論点を深める。第4節第3項では、中原・草原都城、高句麗・渤海都城における正殿の発展を踏まえた上で、日本都城における正殿の様相を整理する。日本都城は非常に古い時期から多くの発掘調査の成果が蓄積されており、分析対象となる要素も多く、当然ながら論点も多い。ここでは、大極殿の系統性・朝堂の意義・八角殿と楼閣建築の関係性・後殿の発展など、中枢部に関連する複数の論点を取り上げる。第4節第4項では、唐代に絞って東アジアに展開した正殿の規模と構造を比較し、都城の国際的な階層性について議論する。最後に、第4節第5項では、唐代に展開した東アジア都城の意義について、儀礼・饗宴空間としての中枢部の視点から位置付けを行う。

1. 中原都城における正殿の発展と草原・明清都城への継承

（1）前殿から太極殿への発展過程

　中国都城の正殿は、秦始皇帝が阿房宮に造営した前殿から始まる[吉田2021]。阿房宮前殿（図35下）は未完成とされるが、その系譜は前漢長安城未央宮前殿・後漢洛陽城南宮前殿へと継承される。この中で、建造物の平面配置が判明しているのは、前漢長安城未央宮前殿だが、南北に三殿が並ぶ構造をしており（図36右）、最も南側（前面）に位置する建造物を前殿として復元する説[楊鴻勲2009 p.235図227・王貴祥2017 pp.15-23]が主流を占める。後漢洛陽城南宮前殿に関しては、考古学的な情報はなく、その位置が文献史料から推定されている（図20左）。その後、曹操が造営した鄴北城で、文昌殿（国家的儀礼空間）・聴政殿（日常的政務空間）の双軸構造（駢列制）（図21左）が出現するものの、前殿を継承する国家的な儀礼空間は、曹魏明帝の青龍3年（235）の太極殿（図37②下）で大きな画期を迎える。単一宮城制の成立時期、あるいはその過程については未だ不明な部分も多いが、正殿の発展史において曹魏洛陽城の太極殿の成立が最も大きな画期となっている点は、発掘された遺構の規模や構造からみても明らかである。

　曹魏に創建された太極殿は、発掘によりいくつかの大きな改築があった点が判明しており、曹魏・西晋（早期）→北魏（中期）→北周（晩期）へと継承された。洛陽城太極殿は、基壇を有する単独の建造物で南面に東西2階段が取り付く。ちなみに、南面の東西2階段は、北魏平城の中枢建物でも確認されており[山西省考古研究所ほか2005]、隔絶した中心権力を可視化する機能が想定できる。洛陽城太極殿は、後方の昭陽殿、および左右に位置する東西堂と深く結びつく一体的な構造体であった点も判明している。また、曹魏・西晋の太極殿は、1年（12カ月）を象徴する桁行12間（梁行5間）の建造物[報告A4：陳建軍ほか2019]だったが、南朝梁武帝が造営した閏月を加えた桁行13間の太極殿[王貴祥2017 p.32図1-51]を継承する形で、北周期に桁行13間へと改築された。しかし、未完成のまま終わったことが確認されている。魏晋洛陽城の太極殿は、南朝の太極殿（図17・図22右）に影響を与える[銭国祥2010]と同時に、北魏・北周洛陽城、あるいは東魏・北斉鄴城（図37①右）を経て唐長安城太極宮太極殿へと継承されていくことになる[銭国祥2016]。なお、

唐長安城太極殿は桁行12間とされる[報告A4：陳建軍ほか2019]が、隋洛陽城[銭国祥2023b]の乾陽殿・唐洛陽城の乾元殿は桁行13間とされており[王貴祥2012]、魏晋南北朝～唐では12・13間が最高格式と意識された点が分かると同時に、正殿において建物の前面中央に柱が配置される偶数間（12間）も存在し得たことが読み取れる。

（2）唐長安城・洛陽城における3つの正殿：太極殿・含元殿・明堂

　魏晋南北朝の洛陽城太極殿の構造が発掘で確認された意味は非常に大きく、関連研究が急激に活性化している。一方、当該期の東西堂・昭陽殿と深く結びつく太極殿の構造的特徴が、唐長安城太極宮太極殿にどのような形で継承されたかについては、発掘が行われていないため不明である。しかし、唐高宗以降に元会などの国家的舞台となる大明宮含元殿に関しては、全掘調査が行われており、様相が判明している（図39①中）。含元殿の遺構としての成立過程については、前稿で整理した[城倉2021 pp.166-168]が、隋仁寿宮仁寿殿・唐九成宮1号宮殿の闕式主殿の系譜を引きながら、外朝大典空間である宮城正門の機能が正殿と合体した殿門融合形式である点に特徴がある。魏晋南北朝期の中央を隔絶する南面2階段の太極殿の系譜を引く形で、左右翼廊・左右閣（棲鳳閣・翔鸞閣）に囲繞される殿前空間に巨大な龍尾道を整備し、その前面には承天門の制度を継承する東西朝堂・登聞鼓・肺石が位置する。主殿の基壇規模は、魏晋南北朝の洛陽城太極殿よりも小規模だが、太極殿の中央を隔絶する基本構造を引き継ぎながら、宮城正門の構造的特徴と融合することで非常に特徴的な形式へと発展したことが伺える。主殿の建造物自体に注目すると、いくつかの復原案があるものの、傅熹年の研究成果に基づけば、魏晋南北朝の建築様式（減柱方式）を引き継いでおり[傅熹年1998b、報告A8：中国社会科学院考古研究所2007 p.425]（図39②下）、桁行13間・梁行5間に復原できる。魏晋南北朝を通じて主流であった桁行12間の太極殿ではなく、南朝梁武帝期・北周宣宗期の桁行13間の太極殿を継承した可能性もある。

　唐長安城大明宮含元殿は、殿門融合形式という特徴的な構造、および後述するように渤海上京城・日本平城宮などに強い影響を与えた点が知られており、唐の宮城正殿の「完成形」と把握されてきた。しかし、その構造的特徴は、太極宮の正門：承天門、正殿：太極殿の融合に由来するものであり、唐王朝の国家的儀礼空間の象徴的な場所ではあっても、系譜的にはあくまでも太極殿の「派生形」である点には注意が必要である。実際に、（図63）の変遷で示したように、含元殿の構造は北宋以降の正殿には継承されておらず、元上都北壁主殿（図46下）など復古的な事例[報告B5：内蒙古師範大学ほか2014]を除けば、後世に与えた影響は極めて限定的である。北宋の西京洛陽城太極殿・東京開封城大慶殿に継承されたのは、唐長安城太極宮太極殿の系譜である点は明らかで、秦漢～魏晋南北朝における前殿・太極殿の系譜が、北宋以降の正殿に引き継がれた点（図63の左側の系譜）は、遺構の構造的な特徴からも明確である。すなわち、中国都城の宮城中枢部で2000年以上に渡って継承されたのは、あくまでも前殿・太極殿の系譜なのである。

　以上の太極殿・含元殿と並んで、武則天期に神都洛陽で正殿として造営されたのが明堂（図26）である。武則天は、本来、南郊に位置する礼制建築[姜波2003]であり、王者の徳治を象徴する明堂を「万象神宮・通天宮」と称して、宮城中軸上に位置する正殿：乾元殿を解体してその場所に造営した。「宮廟合一」とも呼ばれるこの手法は、中国都城の歴史上、武則天期以外には認められない稀有な現象である。明堂の遺構は、巨大な礎石を設置した礎石据付穴、隋乾陽殿・唐乾元殿上層の八角基壇が検出されて特定された（図41上右・下左）[報告A10：中国社会科学院考古研究所洛陽城隊1988]が、文献史料上、基壇は上円下方の可能性が高いとの反論[辛徳勇1989]があるなど、その構造の特異性に起因する議論があった。明堂の北西側、中軸から

第4節　中原都城における正殿の発展と唐代における東アジアへの展開　407

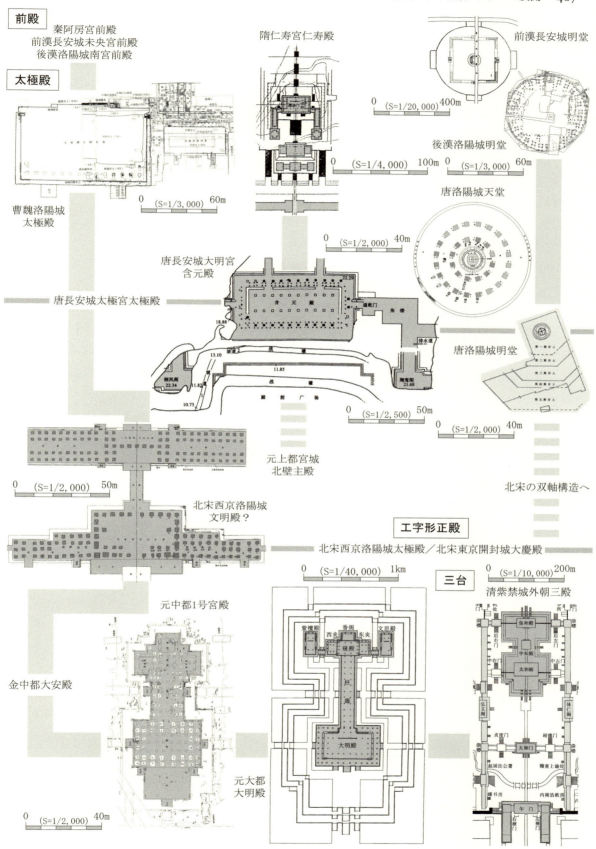

図63　中国都城における正殿遺構の変遷

西に 100m の位置では、直径 64.8m の円形基壇とその周囲の方形基壇で構成される天堂（図 27・図 41 下右）が確認されており、明堂・天堂の基壇平面形に表現された象徴性が議論の対象となってきた。しかし、唐高宗の永徽 2 年（651）、総章 2 年（669）に検討された明堂方案では、八角形の基壇の存在が明記されており（図 26 下左・図 70 上左）、上円下方の概念と八角基壇の構造は矛盾するものではなく [姜波 1996 p.442]、天枢・明堂の八角形、天堂の上円下方など、いずれも中国古代の宇宙観や哲学思想を表現した武則天の政治性の強い象徴的建造物と考えられるに至っている [石自社 2021 p.98]。武則天が自らの統治の正当性を内外に示すために、儒教（明堂）・仏教（天堂）・道教などあらゆる信仰を総動員した点が伺われる [妹尾 2023]（註 6）。

このように見てくると、日本が藤原宮の造営（694）後に、大宝遣唐使を派遣した時期（702-704）は、唐の最盛期であると同時に、長安城・洛陽城に模倣対象となりうる 3 つの正殿（太極殿・含元殿・明堂）が並び立つ特異な時期だったことがわかる。粟田真人を執節使とする大宝遣唐使は、702 年に長安入りし、武則天によって麟徳殿で招宴されただけでなく、南郊祭天儀礼への参加を含む数々の儀礼に参加したと推定されており [妹尾 2020b]、遣唐使の優遇は武則天にとって皇帝の威光が遠い国々まで及ぶことを内外に示す機会だったと推定されている [金子 2009]。武則天明堂は、玄宗期には上層が撤去されて乾元殿・含元殿と改称され、安史の乱で焼失するため、比較的短い期間に存在した正殿ではあるが、後述するように宮城中枢部に明堂・天堂が並び立つ洛陽宮城中枢部の構造は、北宋宮城に強い影響を及ぼすなど、近年ではその存在の再評価の機運が高まっている点も注目できる。なお、玄宗は唐長安城興慶宮の勤政務本楼で執務し、花萼相輝楼（図 40）を饗宴空間として利用したが、興慶宮に関しては、後の時代や同時代の東アジアへの影響力は認められない。

以上、唐長安城・洛陽城では、特に高宗－武則天の時期に、太極殿・含元殿・明堂の 3 つの正殿が並びたつ特異な時代が存在していた。3 つの正殿は、後の時代、あるいは同時代の周辺国へ、それぞれ異なる形で展開することになるが、このような視点で遺構の構造を比較する分析は今までの研究ではほとんど注目されてこなかった。その理由は、唐王朝を象徴する国家的儀礼空間としての含元殿を「完成形」と把握する見方、あるいは特異な歴史的背景で出現した明堂の存在を不規則な存在として把握する見方、などが研究の主流にあった点に起因する。しかし、魏晋南北朝の洛陽城太極殿の発掘によって前殿・太極殿の系譜が再評価されると同時に、隋唐洛陽城における中枢部の発掘が進み、北宋以降への展開過程が明らかになってきたことにより、既存の枠組みに囚われない分析が必要となっている。ここまで見てきたように、唐長安城・洛陽城の完成期である「初唐」の時期は、3 つの正殿が存在する特異な時期である。その中にあっても、正殿の中心的存在は、あくまでも秦漢前殿・魏晋南北朝太極殿の系譜を引く太極宮太極殿であり、高宗以降の含元殿、武則天の明堂は、長い中国都城の発展史上においては「刹那的」類型である点を考慮する必要がある。以上の視点に立ち、以降の考察ではこの 3 つの正殿の存在を深める形で、時空間を越えた比較を試みる。

（3）北宋期における双軸制・工字形正殿の出現と草原都城・明清都城への継承

唐長安城・洛陽城では、高宗－武則天の時期に、3 つの宮城正殿が並び立つ最盛期を迎えるが、その中でも中心にあったのは常に太極殿だった。この点は、唐代の即位儀礼が大明宮含元殿ではなく、唐末に至るまで嘉礼である冊・宝の伝達（第二次即位）が太極殿で行われていたように [金子 1994]、機能的な側面からも確認できる。唐長安城太極宮太極殿の実際の遺構が確認されていないものの、『大唐開元礼』[池田解題 1972] に記載される元会の空間配置（図 12・13 上左）からすると、含元殿は承天門の機能を融合した特殊な構造であったとしても、あくまでも宮城正門－太極殿の空間から生まれた「派生形」である点が読み取れる。

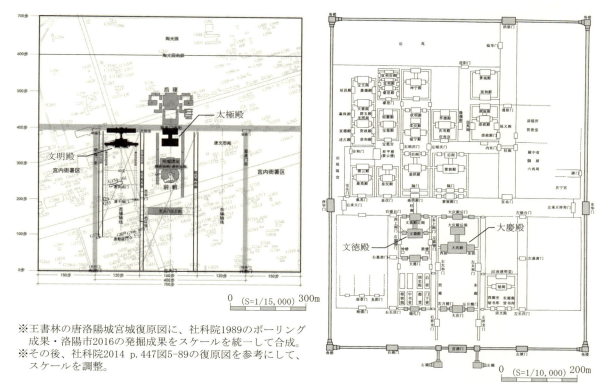

※王書林の唐洛陽城宮城復原図に、社科院1989のボーリング成果・洛陽市2016の発掘成果をスケールを統一して合成。
※その後、社科院2014 p.447図5-89の復原図を参考にして、スケールを調整。

図64　北宋西京洛陽城（左）と北宋東京開封城（右）の双軸構造

特に、基壇南面中央に階段を設けず、皇帝権力の隔絶性を表現する基本構造は、明らかに魏晋南北朝から唐の太極殿に引き継がれたもので、含元殿の龍尾道もその基本構造を発展させたものである。実際に含元殿の殿門融合形式という特徴的な構造は後世に受け継がれておらず、前殿の「末裔」である太極殿こそが、中国歴代王朝が継承したただひとつの正殿であった点が読み取れる。

一方、武則天明堂は玄宗期に上層が解体され、安史の乱で焼失していくが、武則天が造営した洛陽宮の明堂・天堂という二軸構造は、魏晋南北朝の駢列制とは異なる系譜の双軸構造を生み出すことになる。この点は研究史の第1節第3項部分で詳細をまとめているが、松本保宣は北宋開封城に見られる双軸構造（中軸の大慶殿・紫宸殿／西軸の文徳殿・垂拱殿）が、隋唐五代の洛陽宮を媒介にして生まれたもので、その淵源を武則天の明堂・天堂の双軸構造に求めている[松本2020]。唐長安城の太極宮・大明宮はいずれも単軸構造（図30左）を基本としたが、（図64右）にあるように北宋東京開封城は、宮城正門の宣徳門の中軸上には正殿：大慶殿（大朝会などの国家的儀礼を実施）が位置し、西軸には正衙殿：文徳殿（常朝の場）が位置する。この双軸構造は、武則天の天堂造営[王書林2023b]など唐代前半期に宮城西側の政治空間化が進み、唐代後半期の唐長安城大明宮延英殿での議政の開始[松本2006]などにも影響を与え、洛陽宮を媒介として北宋東京開封城で完成した様式とされる。

なお、北宋期の宮城中枢部の建造物に関する個別の要素に注目すると、東京開封城宮城正門の宣徳門が西京洛陽城宮城正門の応天門（後の五鳳楼）に系譜を持つ点[城倉2021][韓建華2016a]、東京開封城の大慶殿などの工字形正殿が西京洛陽城の太極殿（図29上左）に系譜を持つ点が注目できる。東京開封城の正殿：大慶殿、正衙殿：文徳殿の発掘調査は行われていないが、文献史料から主殿が柱廊によって後閣と結びつく工字形を呈する点が知られている。この構造は、西京洛陽城宮城の太極殿のボーリング調査で確認されているだけで

なく、西軸、すなわち天堂の南西側で検出された1・2号宮殿（図42）でも確認されている。陳良偉・王書林らは、唐宣政殿・武成殿／北宋文明殿の遺構と考えているが[陳良偉2016・王書林2020]（図64左）（註7）、いずれにしても北宋期の宮城中枢部の双軸構造・工字形正殿、あるいは宮城・皇城・外郭城の回字形構造などの都城の大きな変革が、唐東都洛陽城・北宋西京洛陽城を媒介として生まれた点を想定している点が特筆できる（註8）。その場合でも、北宋西京洛陽城の宮城中心で、武則天明堂の北側に位置する太極殿（図29上左）、および西軸の天堂の南西側に位置する文明殿が、大きな変革期の中心にある点が重要である。中国都城正殿はあくまでも前殿から続く太極殿の系譜であり、その存在が武則天明堂・天堂で生み出された双軸構造と融合する形で北宋期の新しいスタイルへと変革している点が読み取れる。唐代第三の正殿である明堂は、建造物としての直接的な系譜では後世に繋がらないものの、北宋以降の中枢部において新しい形の双軸構造を生み出す重要な契機となったのである。一方、唐代第二の正殿である含元殿は、中央を隔絶する殿門融合式の闕式主殿自体が継承されることがなく、元上都の穆清閣とされる宮城北壁主殿（図46下）など、復古的な様式としてのみ残存することになる。

　以上、北宋期における宮城中枢部の双軸制の成立、南面中央に階段を持つ工字形正殿の出現が、曹魏明帝の太極殿登場に次ぐ大きな画期となっていることがわかる。北宋は、唐東都洛陽城・北宋西京洛陽城を媒介として、唐の都城制を継承し、新たなスタイルを創出したのである。北宋の都城制は、同時代の遼中京（図43下）などに影響を与え、南宋を滅ぼした金へと継承されていくことになる（註9）。発掘はされていないものの、金中都の大安殿・仁政閣の南北構造（図45）は、北宋期の双軸構造が南北に転換したものと考えられ、元大都の大明殿建築群・延春閣建築群へと継承される[傅熹年1993]（図48）。この時期の正殿遺構の発掘事例としては、元武宗カイシャンが1308年に造営した元中都の1号宮殿（図47右）が知られている。北宋期では、主殿と後閣が幅の狭い柱廊によって結ばれる形式だったが、柱廊部分が大型化し、前殿と寝殿（後方香閣・東西挟室）を結ぶ一体化した建造物へと発展している点が読み取れる。一方、元は上都の正殿：大安閣として、楼閣建築である北宋東京開封城・金南京開封城の熙春閣を移築したとされ[久保田2019][馮恩学2008]、同じく中原の宮城正殿の復古的な様式として唐長安城大明宮含元殿を模倣した北壁闕式主殿（穆清閣）を採用した可能性も考えられる。しかし、前殿・太極殿の系譜を継承する金中都大安殿・元大都大明殿の系譜は、着実に明清都城へと継承され、清紫禁城の三台（太和殿・中和殿・保和殿）（図49）へと結実する。すなわち、北宋の双軸構造は、金中都において南北構造へと変化したが、明清期に至って内廷・外朝構造へと定式化し、工字形正殿も巨大な工字形基壇の上に三殿が並び立つ構造へと変化したのである。建造物としての正殿の発展過程からすると、明代の三台（奉天殿→皇極殿／中極殿／建極殿）の成立が北宋期に続く画期といえる。

　ここまで、秦～清までの正殿の変容過程を、遺構の構造を中心に整理してきた。（図63）にその変遷過程を示し、（表3）に要素を整理したが、中国都城の中枢正殿には大きく4つの段階が認められる。秦・前漢・後漢の前殿、魏晋南北朝～唐の太極殿、北宋～元の工字形正殿、明清の三台である。各王朝において、この主系列の「派生形」が出現することはあっても、あくまでもその根幹に秦阿房宮で創出された前殿の系譜が一系列的に継承されている点が重要である。中国の歴代王朝で継承される一系列的な正殿こそが、国家的儀礼を通じて皇帝権力を創出する主要な装置であったことがわかる。

　以上の中国都城中枢部における正殿の系統論を踏まえなければ、魏晋南北朝～唐代に東アジア各国に伝播した都城の本質を見極めることは難しい。第4節第1項での整理を踏まえて、次には高句麗・渤海・日本との比較へと議論を進めたい。

2. 高句麗・渤海都城における正殿の構造とその特色

（1）渤海都城の正殿

　中原・草原都城における正殿の遺構変遷を踏まえた上で、高句麗・渤海都城の正殿の構造とその特色について整理してみたい。まずは、年代的には逆になるが、渤海都城について言及する。

　渤海都城については、上京城が宮城・皇城・外郭城を完備しており、唐長安城の強い影響を受けた都城とされている。2021年に刊行した科研報告書では、唐長安城・渤海上京城の中軸上の正門・建造物を比較する図版を作成［城倉 2021 p.174 図45］して、その特徴を整理した。渤海上京城は、宮城の正南門・正北門で類例の非常に少ない「二門道」を採用しており、1・2・3号宮殿も唐長安城太極殿・大明宮含元殿などと同じで基壇南面に東西階段を持つ「中心を隔絶する」構造である点を指摘した。（図65左）にあるように、渤海上京城の中軸上の建造物は、1・3号宮殿など、南面の東西階段が建造物の両端間部分に取り付く構造（2号宮殿は中央から東西に向かって各4間目）となっており、唐長安城大明宮含元殿の龍尾道の強い影響が認められる［王 2008a・今井 2012］［魏存成 2016］。唐宮城における三朝との対応関係については諸説あるものの（表2）、劉大平・孫志敏の整理によれば、大きくは宮城正門前を外朝とするか、宮城正門〜1号宮殿までを外朝とするか、の二説に集約することができ、前者は太極宮、後者は大明宮を模倣対象と考えるため立場が異なる［劉大平ほか 2018 p.104］。劉大平・孫志敏は、現在までの議論を踏まえて後者の説を採用しているが、科研報告書［城倉 2021 p.174 図45］で議論した中軸上の建造物が中心の隔絶性を反復明示する構造的な特色を考えても、やはり大明宮含元殿の影響を強く受けた可能性が高いと判断する。特に、魏存成が整理した宮城正門〜1号宮殿の閉鎖空間が大明宮における丹鳳門〜含元殿の外朝空間に該当するという説［魏存成 2016］は、後述する日本の平城宮中央区大極殿院という閉鎖空間を考える上でも示唆的な指摘である。

　以上、渤海上京城では、宮城正門と左右廊廡によって囲繞された規模の大きな閉鎖空間を前庭として持つ1号宮殿が国家的な儀礼空間、すなわち正殿である可能性が高いと思われる。その空間は、承天門前を外朝空間とする太極宮ではなく、明らかに大明宮含元殿の強い影響を受けている。一方、渤海都城の基本構造として注目されるのが、上京城3・4号宮殿である。2基のオンドルが設置された東西2室構造の主殿に左右配殿が附属する渤海王の居住空間（4号宮殿）と、廊道によって南側に位置する日常の政務空間（3号宮殿）が連接される「工字形」に近い構造を呈し、劉大平・孫志敏は中原の「前朝後寝」制度の模倣と位置付ける［劉大平ほか 2018 p.70］。ここでは、この工字形の南北宮殿部分を渤海都城の「基本構造」と呼称しておく。この基本構造は、西古城1・2号宮殿、八連城1・2号宮殿と一致しており（図65中）、上京城には、その南側に1・2号宮殿が附加されたことがわかる。つまり、西古城・八連城では、1号宮殿が日常政務の空間であると同時に、国家的な儀礼空間として正殿の役割果たした可能性が高く、上京城ではその更に南側に2つの閉鎖空間が附加された構造を呈することになる。

　このように見てくると、渤海都城において中原都城、特に唐長安城・洛陽城におけるすべての要素（宮城・皇城・外郭城の三重圏構造）を完備するのは上京城のみで、西古城・八連城で見られた工字形の基本構造の南側に、大明宮を意識した1（2）号宮殿の閉鎖空間が配置されたことが分かる。渤海都城に見られる「基本構造＋含元殿模倣空間」という空間構成については、後述する日本都城でも共通した現象、すなわち（平城宮）＝（東区：藤原宮の基本構造）＋（中央区大極殿院：含元殿模倣空間）＋（中央区朝堂院：麟徳殿模倣空間）が認められる点は重要である。いずれにしても、渤海上京城の南北に3つの空間（宮城正門〜1号宮殿／2号宮殿

412　第4章　太極殿・含元殿・明堂と大極殿

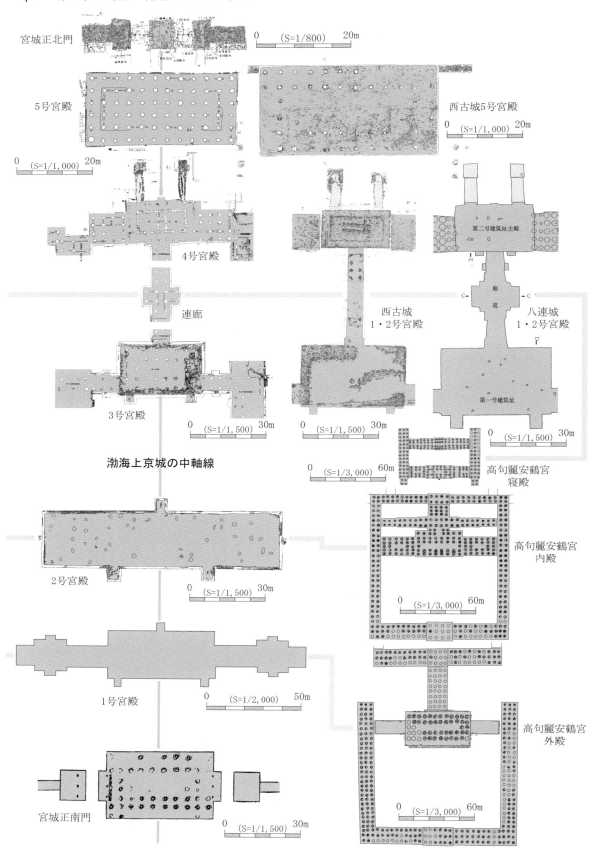

図65　高句麗・渤海都城における正殿・寝殿の構造

/3・4号宮殿）が配置される構造は、唐長安城大明宮の丹鳳門～含元殿、宣政殿、紫宸殿の空間配置を強く意識している可能性が極めて高い。一方、廊廡によって閉鎖的空間を構成する方式、あるいは工字形を呈する後寝空間などは、高句麗安鶴宮とも共通しており、その系譜を引く可能性が高い点も注意しておく必要がある。

（2）高句麗・渤海都城の共通性と後寝の系譜

渤海都城では、工字形を呈する基本構造（上京城の3・4号宮殿／西古城・八連城の1・2号宮殿）が存在し、上京城では大明宮含元殿を模倣した空間がその南側に配置された点を整理した。注目すべきは、後期高句麗の安鶴宮でも、外殿・内殿・寝殿の3つの空間が南北に並ぶ構造（図50）が認められる点である。特にコの字形の廊廡により、閉鎖空間を作り出す方式は渤海都城へ継承された可能性が高い。近年は、外殿1号宮殿（南宮正殿）を中原都城の正殿の影響を受けた建造物と考える説 [張明皓 2019 pp.103-108] もある。例えば、梁正錫は安鶴宮の南宮正殿（外殿1号宮殿）には魏晋南北朝の太極殿・東西堂の構造が採用されたと考え、渤海上京城の宮城構造へと発展すると指摘している [梁2012]。すなわち、（図50上左）の外殿1号宮殿の東西に位置する建物を東西堂と把握するわけである。梁正錫の指摘する安鶴宮外殿1号宮殿の「東西堂」に関しては、明らかに中軸上とは異なる院落を構成しており、中原で見られる太極殿・東西堂の構造（図37②下）とは大きく異なるため、系譜関係の根拠とするのは難しいと考える。しかし、安鶴宮外殿1号宮殿の桁行11間・梁行4間の建物規模が、渤海上京城1号宮殿と一致している点は確かで、高句麗・渤海では桁行11間を最高格式の正殿として認識していた可能性がある（図65下）。また、渤海上京城の2号宮殿は、報告書で桁行19間・梁行4間の特殊な大型建造物（図51下）と想定されているが、高句麗安鶴宮の内殿1号宮殿（図50中左）の東西に配殿（桁行5間・梁行4間）が取り付く主殿（桁行7間・梁行5間）を1つの基壇上で表現したと考えれば、その系譜を説明できる可能性がある（図65中）。

なお、前述した渤海上京城の後寝（3・4号宮殿）部分、すなわち、渤海都城の基本構造に関しては、高句麗安鶴宮の寝殿など南北二殿構造（図50上右）に対応することになるが、唐代の長安城・洛陽城でいわゆる内朝にあたる部分が発掘された例はなく、具体的な構造の系譜に関しては不明な部分が多かった。しかし、近年に発掘調査され、2023年に概報が刊行された東魏北斉鄴城の206・209大殿の成果は、高句麗・渤海都城における後寝（王の居住空間と日常政務の空間）の系譜を考える上で、重要な成果だった [報告A5：中国社会科学院考古研究所ほか 2023]。以下、この点について言及する。

（図66左）に示したように、東魏北斉鄴城の宮城南側では、太極殿と東西堂、およびその北側に位置する昭陽殿が前朝部分に該当し、その主軸北側に位置する206・209大殿（図37②上）が後寝に該当する。南北に並ぶ両大殿は、東西に存在する南北の連房、および両殿の間にある東西方向の複廊を通じて相互に連接されている（図66中）。（図66右）で示した渤海上京城3・4号宮殿のように十字廊廡によって南北殿が直接繋がっているわけではないものの、その共通性から渤海の基本構造の系譜が中原都城の後寝部分にある点は十分に想定できる。東魏北斉鄴城の後寝部分の構造が、隋唐期にどのように継承されたのか、中原地域の発掘事例がないため不明だが、同様の構造が後述する日本都城の前期難波宮（内裏後殿SB1603／前殿SB1801）などにも認められる点（図54左）は重要である。渤海を遡る時期の高句麗安鶴宮の寝殿1・2号宮殿（図50上右）も、東魏北斉鄴城206・209大殿とよく似た平面形状を呈する。高句麗安鶴宮の年代に関しては、土器を検討した王飛峰が、6世紀後半～高句麗滅亡の688年と想定しており [王飛峰2015]、南北朝～隋唐の影響を受けて成立している可能性が高い。すなわち、渤海上京城の基本構造も高句麗の系譜を引きつつ、唐長安城・

414　第4章　太極殿・含元殿・明堂と大極殿

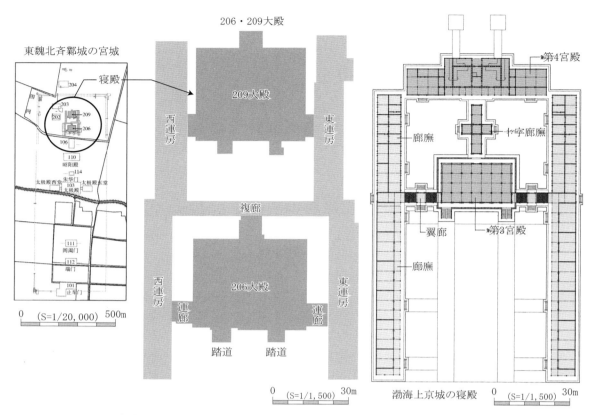

図66　東魏北斉鄴城の後寝（206・209大殿）と渤海上京城の後寝（3・4号宮殿）の比較

洛陽城における宮城北側の後寝部分の影響を受けて成立した可能性が高いと考える。現状では、唐長安城・洛陽城の宮城建築で同様の形式は発掘調査では確認されていないが、日本前期難波宮・渤海上京城（西古城・八連城）が南北朝期の宮城構造の系譜を引いてそれぞれ独自な形式を生み出したと考えるよりは、同時期の中原都城の宮城構造（特に長安城太極宮）に何らかのモデルが存在した可能性を想定するのが妥当ではないかと考える。以上、渤海上京城・西古城・八連城で共通する基本構造が、太極殿を中心とする東魏北斉鄴城の宮城、その後寝部分と高い共通性が見られる現象からすると、この基本構造こそが唐長安城太極宮の要素を模倣したものであり、上京城においてのみ大明宮の要素が前面に付加されたと考えることも出来る。このように考えると、渤海都城と日本都城の発展過程における共通性を見出すことができると考える。

（3）渤海上京城の饗宴施設－5号宮殿の役割－

ところで、他にも渤海都城の宮城建築の注目される要素として、上京城5号宮殿（図51上右）、西古城5号宮殿（図52上右）が挙げられる。5号宮殿は宮城最北部に単独で存在する大型宮殿で、桁行11間・梁行5間、上京城では「満堂柱建築（総柱建物）」、西古城では「斗底槽形建築（四面廂建物）」である。上京城の報告書では、総柱構造である点から二層の楼閣建築とされ、宮城北側を警戒する機能を持った点が想定されている［報告D2：黒竜江省考古研究所 2009 p.486］。しかし、宮城内で全く同じ位置・規模・構造の基壇を持つ西古城では、内部が減柱される通常の宮殿建築であり、建築様式が異なっていても両者は同一の機能を持つ宮殿と想定できる。劉大平・孫志敏は、上京城5号宮殿に関して、「満堂柱建築」すなわち総柱建物の形式が、唐大明宮

麟徳殿、新羅期雁鴨池の臨海殿、朝鮮期景福宮の会慶楼などと共通する点を指摘し、賓客をもてなす饗宴空間として重層の楼閣を復原した [劉大平ほか 2018 pp.182-188]。西古城は、柱配置から楼閣建築ではないと思われるが、その機能はやはり饗宴施設の可能性が高い。

　なお、渤海上京城の主軸上の門構造を検討した科研報告書でも、宮城正南門・正北門 [黒竜江省文物工作隊 1985・黒竜江省文物考古研究所 2015] で中央を隔絶する意識が明示されており、5号宮殿は北側からのアプローチの際に中心の隔絶性が表現された点を指摘し、防御などの機能ではなく、その位置からも大明宮麟徳殿と共通する機能を想定した [城倉 2021 pp.174-175]。以上、渤海上京城では1(2)号宮殿で含元殿、5号宮殿で麟徳殿など、唐長安城大明宮の強い影響が認められる点が重要である。この点は日本平城宮中央区で認められる要素と共通しており、東アジア世界の中で連動する現象と考えるが、第4節第4項で論点を更に深めてみたい。

3. 日本都城における正殿の構造とその特色

(1) 大極殿の系統と発展

　日本都城の正殿である大極殿の分類に関しては、研究史でまとめたように鬼頭・吉田・積山が分類案を提示している [鬼頭 1978・2000、吉田 2006、積山 2013b]。積山が内裏正殿（前殿）から成立した大極殿が朝堂院との結びつきを強める方向性から6分類していたのに対して、鬼頭は中国都城の正殿との比較から前期難波宮型、平城宮第一次大極殿型、藤原宮大極殿型の3分類（図9）を示した。なお、天皇の出御方法も踏まえて、大極殿を後殿との関係性から分類した吉田もほぼ同じ分類を示している。本章では、中国正殿との比較から分類を行った鬼頭の研究を踏襲するが、前節までの中国正殿の大きな流れを踏まえるならば、正殿の発展史上の根幹にあるのは常に太極殿であり、唐代の一時期のみ含元殿が内外に強い影響力を持った点を前提に分類を行う必要がある。第4節第2項の渤海でも魏晋南北朝の太極殿を継承する唐長安城太極宮の影響を受けた基本構造に、上京城において宮城前面に大明宮の要素が附加されたと把握したが、日本でも同じ現象が存在すると考える。そのため、鬼頭の分類を継承し「太極殿型大極殿」（図67右側の系統）、「含元殿型大極殿」（図67左側の系統）を設定する。中国における正殿の変遷の中心には常に前殿・太極殿の系譜があり、唐代の一時期のみ太極殿・含元殿・明堂が併存した特殊な時期が存在した点は明らかなので、特殊な発展を遂げた明堂（本来は礼制建築）を除く太極殿・含元殿を対置的に把握することで、唐・渤海・日本の都城を同一の基準で比較できると考える。すなわち、太極殿・含元殿型の二分類による分析は、東アジア都城を比較するための技術的な「系統把握」であり、必要であれば細部の構造で類型を細分して段階を設定するのが現実的だと考える。ただし、都城の歴史的性質上、新たな正殿の造営はすべからく画期であり、その年代が確定できる以上、細かい段階設定をする意義については疑問も残る。

　以上の前提を踏まえて、（図67）を基に日本都城における大極殿の発展過程を整理しておく。まず、前期難波宮が唐長安城太極宮を模倣している点は、中尾・積山・村元が整理した通り [中尾 1995a・積山 2013a・村元 2022] で、太極宮の逆凸字形構造が反映されていると考える積山（図1上）の見解に基づけば、内裏後殿（SB1603）と前殿（SB1801）が軒廊で連接される状況は、魏晋南北朝～唐の影響を受けた高句麗安鶴宮・渤海上京城の後寝構造と同様の位置付けが可能である。すなわち、唐長安城太極宮が発掘されていないため詳細は不明だが、魏晋南北朝の宮城における太極殿北側の後寝構造（皇帝の居住空間と日常政務の空間が連房・

416　第4章　太極殿・含元殿・明堂と大極殿

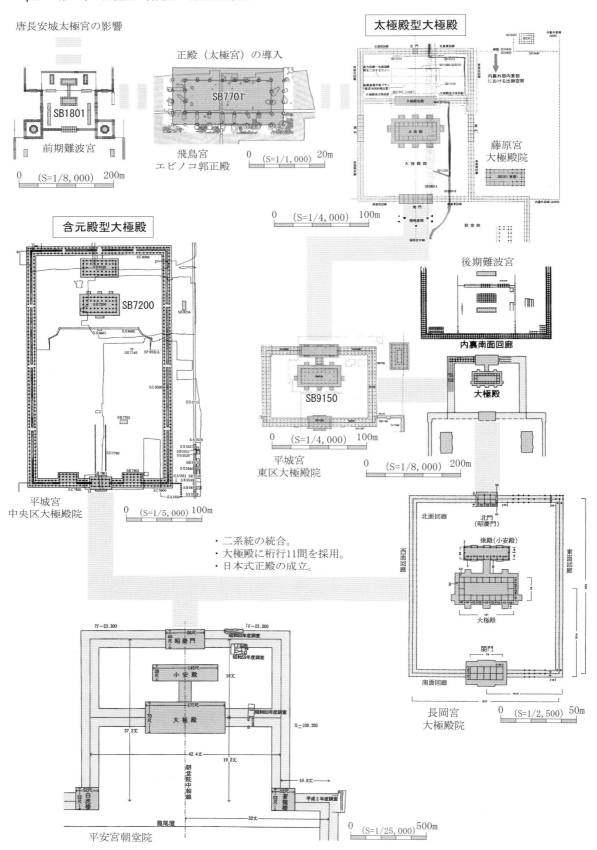

図67　日本都城における正殿：大極殿の系統と変遷

複廊を介して結ばれる構造）が、何らかの形で唐長安城太極宮に継承されており、それゆえに高句麗・渤海・日本などで共通した構造が現出した可能性が高い。一方、日本における単独正殿の成立は、やはり、飛鳥宮エビノコ郭正殿（SB7701）が画期と思われ［重見2023］、藤原宮大極殿院は前期難波宮の平面配置を基本として設計された（図1下）ものの、大極殿としての系譜はエビノコ郭正殿を継承し、初めての太極殿型大極殿である藤原宮大極殿が成立したとみることができる。なお、前期難波宮内裏前殿SB1801・エビノコ郭正殿SB7701は、梁行3間（身舎）の四面廂建物だが、山本忠尚は「梁間3間庇付建物」を7世紀の正殿、8世紀以降の天皇の内裏・御在所正殿と位置付けた上で、藤原宮大極殿以降の画期を指摘しており［山本忠2004］、非常に示唆的である。前期難波宮と飛鳥宮内郭・エビノコ郭との関係性は、今後、更なる議論が期待されるが、いずれにしても両者の構造的融合が藤原宮大極殿の成立に繋がった点は明らかである。

　日本における太極殿型大極殿の特徴は、単独の院落を構成し、その後方に回廊と接続する後殿を配置する（後に回廊から独立する）点にある。中国都城の後寝構造に由来する特徴を持つ前期難波宮中枢部（内裏前殿・後殿）だけでなく、エビノコ郭正殿の系譜を考えなければ成立し得ない特徴である。また、大極殿閤門を介して12朝堂（前期難波宮は14朝堂／後期難波宮・長岡宮は8朝堂）と連接する日本都城の「基本構造」が藤原宮で完成している点も重要である。すなわち、前期難波宮で導入されたのは太極宮の基本構造ではあったが、それは魏晋南北朝の宮城構造を継承する後寝部分であり、前朝にあたる太極殿の構造はエビノコ郭正殿で初めて導入されたと考える。前期難波宮の宮城構造を基本としながら、エビノコ郭正殿の構造を導入して、両者を融合させた藤原宮大極殿院こそが日本最初の中国式都城であり、その成立の背景に中国都城の発展過程の中心に位置する唐長安城太極宮（太極殿）が強い影響を与えた点を想定しておく。

　藤原宮で確立した太極殿型大極殿の基本構造は、以後の日本都城で継承されていくことになるが、702年に派遣された大宝の遣唐使［妹尾2020b・井上2008・金子2009］［王仲殊2000］が持ち帰った情報により、大明宮の情報が日本都城において新たに「付加」されることになる。すなわち、平城宮中央区大極殿院・朝堂院である。平城宮中央区大極殿院が大明宮含元殿の影響を強く受けている点は、多くの研究者によって指摘されてきた［狩野1975・鬼頭1978・浅野1990］。福田・浅川は、大宝遣唐使がもたらした情報に基づく平城宮の造営に関して、「朱雀門正面にあった従来の大極殿・朝堂院地区は壬生門の正面に追いやられ、朱雀門の正面には含元殿を意識した第一次大極殿院がなかば強引に割り込んできた」［福田ほか2002 p.47］と表現したが、まさに的確に平城宮の造営理念を表現するものと考える。藤原宮で成立した日本都城の基本構造（太極殿型大極殿）は、平城宮では東側にスライドされ［城倉2021 p.185］、南北の長大な閉鎖空間、および龍尾道を基本とする含元殿型大極殿が中央に配置されたのである（図67中左）。

　以上のように、日本都城では藤原宮で成立した太極殿型大極殿が中心的類型として継承されるものの、平城宮中央区においてのみ含元殿型大極殿が「付加」される点に特色がある。この点は、中国の中原都城においても前殿・太極殿の系譜が中心にあり、唐代の限られた期間にのみ含元殿が現れる状況と一致する。また、渤海都城における太極宮系統と思われる基本構造に、上京城で1・5号宮殿など大明宮（含元殿・麟徳殿）の影響が「付加」される点も共通する。すなわち、構造的な観点から巨視的に東アジア都城を見渡すと、唐・渤海・日本都城の正殿の変遷は明らかに連動していると思われるのである。

　このように日本都城では、藤原宮で成立した太極殿型大極殿と平城宮中央区で「付加」された含元殿型大極殿の2系統が存在していたが、奈良時代後半の平城宮東区で両者は集約され、平安宮に至って完全に統合されていく。平安宮朝堂院では、長岡宮までの工字形の大極殿の南側に位置する閤門が消失する形で龍尾道（壇）が設けられ、桁行11間の大極殿が成立するなど、両系統の融合によって日本独自の様式が成立した点が読み取れる。以上の視点で日本都城の画期を考えるとすれば、太極殿型大極殿が成立した藤原宮、そ

して日本独自の大極殿が成立した平安宮、大きく2つ転換点を見出すことが可能である。

（2）儀礼的宮城正門と朝堂

　日本都城の大極殿に太極殿模倣、含元殿模倣の2型式が存在する点を指摘した鬼頭清明の先駆的研究[鬼頭1978・2000]、および先学の優れた研究を整理した上で、最新の中原都城・渤海都城の発掘成果を踏まえて、日本都城における正殿の系統と変遷を整理した。膨大な発掘資料と分析が蓄積されてきた都城研究という性質上、屋上屋を架す作業にならざるを得ない部分もあるが、現段階における調査研究の成果を総括する形で、遺構を中心に東アジアレベルで国際的に比較する作業は重要だと考える。ここまで日本都城の正殿の発展を整理したため、次には、いくつかの論点に絞って更に考察を深めていきたい。

　まずは、第3章で整理した儀礼的宮城正門、そして日本都城の朝堂について議論する。日本都城では前期難波宮で初めて出現する朝堂（14朝堂）は、内裏南門SB3301の前面に位置する（図54左）。前期難波宮が唐長安城太極宮を模倣した点は研究史上で指摘されてきたが、内裏南門が太極宮正門である承天門を意識した点は中尾芳治・佐竹昭の研究[中尾2014・佐竹1988]でも明らかになっている。第3章では唐長安城・洛陽城の宮城正門を志向した日本都城の門を「儀礼的宮城正門」と呼称し、内裏南門→大極殿院南門→朝堂院南門→朝集院南門と徐々に南下する点を指摘した[城倉2021]（表4）。前期難波宮内裏南門SB3301は、発掘で確認された最初の儀礼的宮城正門である。その東西において門と回廊で接続する東西八角殿は闕（閣）に相当する楼閣施設と考える。長安城太極宮正門の承天門も左右に闕を有する[羅瑾歆2019]が、その前面左右には東西朝堂が位置する。承天門の機能を継承した大明宮含元殿前の東西朝堂（図39①上右・②上）も、同じ位置である。日本の朝堂は小墾田宮の「庭」と「庁」から発達したと考える説[岸1975]もあるが、前期難波宮が太極宮の模倣であるとするならば、儀礼的宮城正門の内裏南門SB3301前面にある朝堂、中でも最北に位置する東西の第一堂は、唐長安城の朝堂を強く意識した空間配置の可能性が高い。東西第一堂を唐都城の朝堂に由来すると位置付ける視点は、日本朝堂を中国都城と比較して位置付けた秋山日出雄が古くに指摘しており[秋山1981]、中尾芳治も前期難波宮の第一堂が本来の朝堂であり、第二堂以下が日常政務の「庁」に該当すると指摘している[中尾1995a]。なお、前期難波宮・藤原宮・平城宮東区下層の朝堂において第一堂が別格であり、平城宮東区上層・長岡宮・平安宮と朝堂全体が均質化する点は橋本義則・寺崎保広が整理しており[橋本1986・寺崎2006b]、第一堂こそが中国朝堂を模倣した本来的な朝堂である可能性は極めて高い。奈良時代後半における平城宮東区の上層朝堂の均質化と儀礼的宮城正門の南下は連動する現象であり、前期難波宮・藤原宮・平城宮下層段階で強く意識されていた「宮城正門」と「朝堂（東西第一堂）」との関係性が崩れていく過程を示すものと考える。

　以上、（図68）で示したように、唐都城の宮城正門前の東西朝堂は、前期難波宮・藤原宮段階では内裏南門、平城宮東区下層段階では大極殿院南門という儀礼的宮城正門前の第一堂に表現されていると思われる。第二堂以下は、佐藤武敏が指摘したように必然的に外朝・皇城を加えた空間[佐藤1977]ということになる。なお、近年、中尾芳治は第一堂を本来の朝堂と見る説を撤回し、前期難波宮前殿東西の南北長殿（西SB1101／東SB1001）（図1上右）を東西朝堂とし、朝堂院全体を皇城空間と捉えているが[中尾2014]、同様の視点に立つ文献史研究者も多い[山元2010・市2020]。しかし、日本都城における儀礼的宮城正門の空間配置を考えれば、第一堂が本来的な朝堂であり、第二堂以下が皇城に該当する可能性が高いと考える。この点は藤原宮段階の幢旗列（天皇と臣下の境界）が大極殿院南門前に置かれていたのに対して、平城宮東区大極殿院では南門の北側に移動していく現象（図10）とも連動すると考える。つまり、儀礼的宮城正門と本来の朝堂の空間的配

第4節　中原都城における正殿の発展と唐代における東アジアへの展開　419

表4　日本古代都城における「儀礼的宮城正門」と「空間的皇城正門」

都城門（規模）		前期難波宮	藤原京	平城京 中央区	平城京 東区（上層）	長岡京	平安京 豊楽院	平安京 朝堂院
内裏南門	遺構番号	SB3301			SB3700	―		承明門
	楼閣	西楼SB4201 東楼SB87541	―		西楼 東楼SB7600	―		―
	桁行（尺×間数）	7(16×7)			1(?)	5(13×5)?		?
	梁行（尺×間数）	2(21×2)			2(?)	2(14×2)?		?
	基壇規模(m)	?			?	?		?
大極殿院 南門	遺構番号		SB10700	SB7801	SB11200	SB38450		
	楼閣		西楼 東楼SB530	西楼SB18500 東楼SB7802	西楼 東楼SB7700	―		
	桁行（尺×間数）		7(17×7)	5(?)	5(15×5)	5(15×5)		
	梁行（尺×間数）		2(17×2)	2(?)	2(15×2)	2(15×2)		
	基壇規模(m)		40.1×14.4	27.8×16.2	26.1×13.8	?		
朝堂院 南門	遺構番号	SB4501	―	SB9200	SB17000	SB40900	儀鸞門	会昌門
	前殿・闕	―	―	―	西前殿SB17060 東前殿SB17050	西闕SB44404 東闕	―	―
	桁行（尺×間数）	5(15×5)	5(?)	5(10+15×3+10)	5(10+15×3+10)	5(?)	5(?)	5(?)
	梁行（尺×間数）	2(15×2)	2(?)	2(15×2)	2(12×2)	2(?)	2(?)	2(?)
	基壇規模(m)	?	?	26.0×16.0	22.3×10.7	?	?	?
朝集院 南門	遺構番号				SB18400		豊楽門	応天門
	闕	―	―	―	―			翔鸞楼 栖鳳楼
	桁行（尺×間数）				?		5(?)	5(?)
	梁行（尺×間数）				?		2(?)	2(?)
	基壇規模(m)				26.4×13.2		?	?
宮正門	遺構番号	朱雀門SB701	朱雀門SB500	朱雀門SB1800	壬生門SB9500		朱雀門	
	桁行（尺×間数）	5(16×5)	5(17×5)	5(17×5)	5(?)		7(?)	
	梁行（尺×間数）	2(15×5)	2(17×2)	2(17×2)	2(?)		2(?)	
	基壇規模(m)	?	?	31.9×16.6	28.8×14.0		?	
京正門	遺構番号				羅城門SB700		羅城門	
	桁行（尺×間数）	―	―		7(17×7)		7(?)	
	梁行（尺×間数）				2(17×2)		2(?)	
	基壇規模(m)				41.5×16.4		?	

※濃いトーンは、各都城の最大規模を持つ門。薄いトーンは、東西楼＋闕など附帯施設を持つ門を示す。
※太枠は想定される「儀礼的宮城正門」。二重枠は「空間的皇城正門」を示す。
※尺は、1尺＝0.3mの唐大尺。門号は通説に従い、発掘された門は遺構番号を示した。

置が崩れていくことで、天皇権の象徴である儀礼的宮城正門は南下し、朝堂院は本来の構造から離れて均質化すると同時に、天皇と臣下の境界が大極殿前に再設定されるという変化の方向性が読み取れる。そして、平安宮段階に至り大極殿院南門は意義を失い、正殿である大極殿が朝堂第一堂（延休堂：親王／昌福堂：太政大臣と左右大臣）と龍尾道（壇）を隔てて対置される構造へと発展したのである（図6右）。

一方、含元殿型大極殿を採用した平城宮中央区の4朝堂は、上記の藤原宮で完成した太極殿型大極殿に付随する朝堂とは異なる機能を持った可能性が高い。やはり、儀礼的宮城正門の系譜を引く中央区大極殿院南門SB7801は、天皇が饗宴のために出御する「閤門出御型」の空間（図3）で、その南に位置する4朝堂は麟徳殿など唐皇帝の饗宴施設を志向した空間と考える。大明宮正殿である含元殿を中央区大極殿院で表現したとすれば、国家的な儀礼空間とセットになるのは天皇が行う饗宴空間であり、その特別な空間として4朝堂が東区朝堂とは別に設計された可能性が高い。後述するように、都城中枢部の正殿を中心とした儀礼

420　第4章　太極殿・含元殿・明堂と大極殿

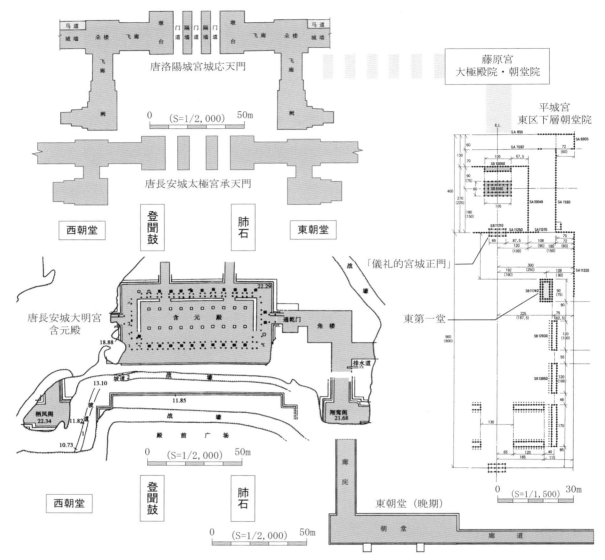

図68　唐長安城太極宮・大明宮の朝堂と日本都城の朝堂（第一堂）

空間は構造的な共通性をもって東アジアに展開したのに対して、饗宴空間は渤海都城の5号宮殿のように各国の特色を持って展開した点に歴史性が見いだせる。これは唐玄宗皇帝が造営した興慶宮の勤政務本楼とセットになる花萼相輝楼も非常に特徴的な独自の饗宴空間である点とも符合する。平城宮では東区の実務空間としての12朝堂に対して、中央区の4朝堂は国家的な儀礼空間、特に饗宴儀礼の場として設計された可能性が高く、その構造は平安宮豊楽院の承観堂・顕陽堂・明義堂・観徳堂の4堂（図6左）へと継承される[橋本1986]のである。福田美穂・浅川滋男は建築史学の立場から、平城宮中央区が大明宮の模倣であり、奈良時代後半の西宮に麟徳殿の影響が見られると指摘[福田ほか2002]し、王仲殊も中央区西宮・平安宮豊楽院のモデルを麟徳殿と考えた[王仲殊2001b]が、中央区4朝堂こそが日本的に「解釈」された麟徳殿由来の饗宴空間だったと考える。平城宮中央区大極殿院で採用された含元殿型大極殿、大極殿院南門での「閣門出御型」儀礼、平安宮豊楽院4堂への系譜的展開を踏まえれば、当然導き出されるべき結論である。

（3）前期難波宮の八角殿院と藤原宮以降の楼閣建築

　日本都城における太極殿・含元殿の影響に関しては既に整理したが、八角形の巨大な基壇を持つ武則天明堂に関しては、周辺諸国へのどのような影響が考えられるだろうか。前述したように、武則天明堂は中国においても直接的な建造物として後の時代の正殿に影響を与えることはなかったが、天堂・明堂の空間配置は北宋宮城の新たな双軸構造を生み出し、後の時代に大きな影響を与えた。では、平城宮造営の直接の契機とされる大宝遣唐使が深く関わった武則天が造営した明堂は、日本に影響を与えたのだろうか。

　中国都城の歴史上、礼制建築である明堂が宮城中枢正殿となった事例、あるいは巨大な仏殿（天堂）が中枢部に建造された事例も武則天期のみである。日本都城の宮城中枢部で八角形の建造物としては、前期難波宮の内裏南門東西に位置する八角殿院（西 SB4201／東 SB875401）がある。唐代における八角形の建造物は、武則天明堂や九洲池八角亭 [傅熹年主編 2009 p.395・韓建華 2018] など非常に類例が少ない。東アジアでは高句麗・新羅・日本の山城や寺院に類例が多く [李 2014]、高句麗丸都山城 [吉林省文物考古研究所ほか 2004] の事例が最も古いとされる。丸都山城の宮城部分に存在する八角形の 2・3 号建築に関しては、王飛峰が慕容皝の攻撃（342）から平壌遷都（427）までの時期と位置付け、河西回廊に展開した仏塔が中原を経ずに直接伝播したと指摘した [王飛峰 2014]。前期難波宮の八角殿に関しても、仏殿と考える説が根強い [古市 2004]。しかし、前期難波宮の模倣対象である唐長安城太極宮では八角形の建造物は知られておらず、中原都城中枢部で存在するのは洛陽の武則天明堂（688-738）のみである。武則天明堂の八角形に関しては、漢〜南北朝の明堂が「天円地方」を表現する上円下方を基本とし、文献史料上の武則天明堂も上円下方とされるため、発掘当初は仏殿である天堂と考える説があった [辛徳勇 1989]。実際に発掘によって明堂・天堂の遺構（両者の中心坑はいずれも八角形）の比定が確定してからも、明堂の仏教的側面を強調する視点も多い [王貴祥 2011]。しかし、金子修一が明堂の正殿としての機能を強調した [金子 2001a] ように、礼制建築としての儒教的側面、あるいは儀礼に認められる仏教的側面があったとしても、武則天明堂は国家的な儀礼空間である宮城正殿として建造された点に歴史的意義が見いだせる。実際に、石自社は、明堂・天枢の八角形、天堂の上円下方形など、いずれも中国古代の宇宙観や哲学思想を表現した武則天の政治性の強い建造物と位置付けている [石自社 2021 p.98]。すなわち、八角形という平面形をもって都城中枢部の建造物を直ちに仏教的性格と位置付けることは出来ないと考える。

　例えば、7 世紀の日本で採用された八角墳に関しても、網干善教は仏教に関連づける通説に疑義を呈し、「八角形の造形（建築）は仏教にもあるのであって仏教のみにあるものではな」く、「その根本の思想は中国における政治、祭儀の儒教思想から出発し、仏教もその影響を受けている」と極めて的確にその歴史性を指摘している [網干 1979 p.208・225]（註 10）。和田萃も朝賀・即位儀の際に天皇が出御する八角形の高御座（図 14 下右・図 15）に関して、「天皇による日本全土の支配を象徴する」[和田 1995 p.185] ものと位置付けており、同様の視点に立つ。以上の視点からすると、前期難波宮の八角殿も必ずしも仏教に関連するものではなく、天皇権力を象徴する建造物と把握できるのではないだろうか。その際に注目されるのは、やはり、武則天明堂との関連性である。唐睿宗垂拱 3 年（688）に乾元殿跡地に建造された明堂（万象神宮）に対して、650 年前後の造営 [市 2014] が想定される前期難波宮の系譜として武則天明堂は全く想定されてこなかった。しかし、唐高宗の永徽 2 年（651）・総章 2 年（669）の明堂方案では、八角形基壇の存在が明記されており（図 26 下左）、前期難波宮の同時代の唐では既に八角形の明堂が構想されていた。また、唐武則天の明堂に関しても、八角形の建造物を想定しない複数の説があるのも事実だが、現在は郭黛姮の八角基壇・八角建物の復

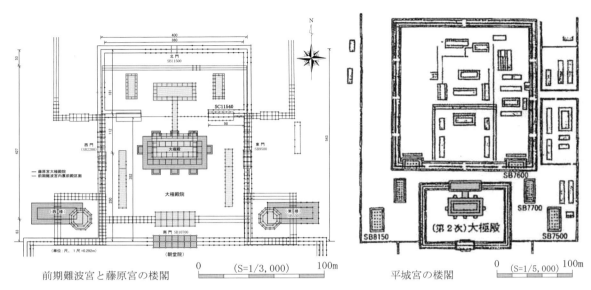

図69　前期難波宮八角殿院と楼閣建築の展開

原案が有力視されている [洛陽市文物局 2017 p.24]。なお、最新の調査で確認されている唐の北郊方丘も八角基壇の可能性が指摘されており、北周・唐では文献史上も礼制建築の方丘に八角形が採用された点が確認されている [張建林 2023]。すなわち、前期難波宮の八角殿は唐（高宗〜武則天期）における最新の礼制建築など、儒教的な思想の影響を受けている可能性がある（図70）。武則天明堂は直接的に日本都城に影響を与えることはなかったが、唐高宗〜武則天期に存在した八角形建物の象徴性が日本に影響を与え、天皇権力の象徴として八角基壇や高御座、あるいは八角墳として展開した可能性を考える必要があるのではないか。もちろん、「八角形」の系譜を一元的に把握する視点への批判もあると思われるが、日本の都城・山城・寺院・墳墓などの多要素に「横断的に」採用された点に意味を見出す視点 [網干 1979] も重要だと考える。ちなみに新しい時代の類例ではあるが、光武元年（1897）に李氏朝鮮国王の高宗は、円丘壇を造営して大韓帝国皇帝として即位した。その後、光武3年（1899）に建設された皇穹宇は、八本の柱を中心とする八角形の平面形を持つ。これは清の天壇・皇穹宇（祭祀のための位牌を安置する場所）の八柱を模倣したもので、中国における「九重天」を「八柱」が支えるという思想に由来する。八角形の平面形は結果的に現出したもので、基本的には「八柱建物」と呼ぶべきものだが、「八角」の思想的な観念は現存する明清、李氏朝鮮の都城にまで継承されている点がわかる。

　以上の視点に基づき、科研報告書では前期難波宮の東西八角殿を「礼制建築（明堂）の影響を受けた内裏南門を荘厳化する左右楼閣」と位置付けた [城倉 2021 p.181]。唐長安城・洛陽城の宮城正門（承天門・応天門）を志向した日本都城の儀礼的宮城正門は、いずれも左右に閣、あるいは闕を有する（表4太枠）。前期難波宮の内裏南門は八角殿院を左右楼閣にもつ特殊な事例だが、中尾芳治が指摘するように八角殿院は藤原宮の大極殿院東西楼（東楼 SB530）へと受け継がれる（中尾 2014）（図69左）。藤原宮大極殿院東西楼（東楼 SB530）も、平城宮東区大極殿院の東西楼（東楼 SB7700）に系譜的に展開すると思われる（上野 2010）（図69右）。ところで、科研報告書では、日本都城中枢部に位置する「楼閣建築」を、Ⅰ・Ⅱ・Ⅲ類に分類した [城倉 2021 p.181 図48]（註11）。特に、Ⅱ類（藤原宮 SB530・平城宮東区 SB7700）はⅠA類（前期難波宮八角殿）から派生したものであり、宮城正門の附帯施設から大極殿院自体の荘厳施設へと変化し、平安宮に至って朝堂院・豊楽院に取り込まれ、Ⅲ類（大極殿白虎楼・蒼龍楼／豊楽院霽景楼・栖霞楼）が成立するのである。Ⅰ類は全時代に存在し

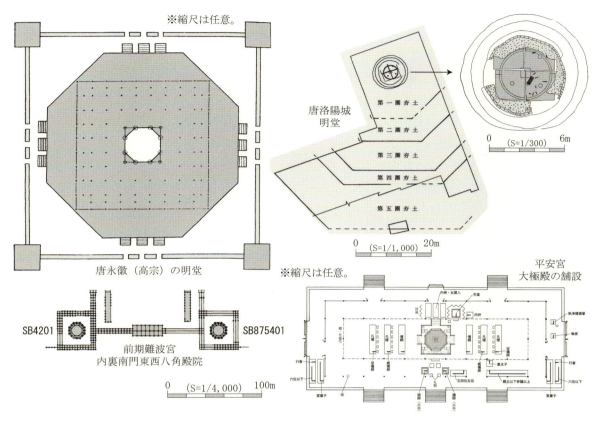

図70　東アジア都城中枢部に見られる八角形の系譜

ながらⅠA類→ⅠB類→ⅠC類と変化し、そこから派生した系統としてⅠA類→Ⅱ類→Ⅲ類への発展が想定できる。すなわち、前期難波宮八角殿から始まった宮城中枢部の楼閣は、儀礼的宮城正門を荘厳化する左右楼閣（Ⅰ類）として平安宮まで存続しながら、藤原宮・平城宮において大極殿院東西の楼閣（Ⅱ類）という派生形を生み出し、平安宮に至って朝堂院・豊楽院に取り込まれて回廊屈曲部に位置する楼閣（Ⅲ類）へと変化したと考えられる。儀礼的宮城正門の左右楼閣・闕であるⅠ類を除くと、Ⅱ・Ⅲ類の機能は不明な部分が多いものの、構造物の系譜関係を整理した上で、機能的な側面についても史料の分析などの関係性を検討しながら議論を深めていく必要があると考える。

（4）東アジア都城における「後殿」の位置付け

日本都城の内裏前殿・大極殿に関しては、正殿後方に後殿が存在する点が大きな特徴とされる。平安初頭の『内裏儀式』によると、元日朝賀・即位儀の当日、天皇は大極殿と後方の「後房」（小安殿・後殿）の間にある軒廊に敷かれた四幅布単上を、冕服を着用して自ら歩き、高御座に着座する（図14上左）。一方、『大唐開元礼』では、皇帝は輿で閤門を出て、太極殿内の西房を経由して御座へ着き、儀式終了後には東房を経由して退殿する［吉田2006］（図71中右）。吉田歓は、正殿と「後房」が別棟である点が日本大極殿の最大の特徴とし、主殿と後閣が「柱廊」で結ばれる北宋以降の「工字形正殿」の出御方式と共通するが、中国の模倣ではなく日本独自で生み出された形式とする［吉田2006 p.15］。後殿に関する研究史上の議論は少ないが、平城宮学報14では、藤原宮段階の大極殿回廊に開く門から、平城宮で発展し、長岡宮で単独の殿舎となる

変化が指摘されている [報告 E5：奈良国立文化財研究所 1993]。近年では、藤原宮大極殿の後方に東西回廊と連接する後殿とされる遺構が検出され [報告 E4：奈良文化財研究所 2023]（図 57 中）、前期難波宮→藤原宮→平城宮東区への後殿の系譜が想定されている [廣瀬 2023]（図 71 下）。小澤毅は、藤原宮大極殿の後殿が、平城宮中央区大極殿の後殿へと移建された可能性も指摘している [小澤 2023b]。

なお、大極殿・後殿については、吉田歓が分類を行っている。すなわち、①内裏正殿と後殿が結合するもの（前期難波宮）、②後殿が大極殿回廊に取り付くもの（藤原宮・平城宮東区・後期難波宮）、③後殿が回廊から独立するもの（平城宮中央区・長岡宮・平安宮）の 3 分類である [吉田 2006 p.17]。吉田は日本の後殿に関して、北宋を遡る時期の日本独自の形式と考えているが、前述したように渤海都城でも「工字形」の類型が存在しており、注意が必要である。劉大平・孫志敏は、渤海上京城 3・4 号宮殿を「前朝後寝」の形式と位置付け、唐代にはまだ普遍的な存在ではなかったものの、北宋以降に工字形に定式化し、高麗（図 50 下）など周辺にも影響を与え、後世の元・明・清へと発展した点を強調した [劉大平ほか 2018 p.116-119]。このように、中国・渤海・日本都城の「工字形正殿」の問題は、各国単位で議論されているが、東アジア全体で見ると、明らかにいくつかの異なる系譜の類型が存在しており、それらが峻別されることなく議論されている点が問題だと思われる。そのため、東アジア全体での遺構の構造的な分類作業が必要だと考える。以下、東アジア都城中枢部の正殿・正衙殿・寝殿の連接形式を I〜III に 3 分類した上で、細分案も提示する（図 71 上）。

【I 類】中原から草原都城へと継承される前殿・太極殿の系譜。太極前殿・東西堂が北側の「昭陽殿」と深く結びつく形式から発展する。北宋以降は、前殿と後閣が柱廊で結びつき、明清都城では巨大な基壇上に三殿が南北に並ぶ構造へと変化する。後閣は、皇帝の待機・更衣・饗宴空間など機能が多様化していく。
　（I A 類）魏晋・北魏洛陽城、東魏北斉鄴城の太極殿・東西堂と昭陽殿。太極前殿は単独殿。
　（I B 類）北宋西京洛陽城太極殿、東京開封城大慶殿と後閣。正殿・後閣は柱廊で結ばれる工字形。
　（I C 類）清紫禁城の太和殿・中和殿・保和殿の三台。巨大な工字形基壇上に三殿が位置する。

【II 類】宮城北方の後寝建築の系譜。皇帝・王・天皇の居住する大殿と日常政務の大殿を東西に存在する南北連房・廊廡によって連接する、あるいは南北大殿が廊道によって直接接続する。東魏北斉鄴城で確認されているが、唐代都城では未確認。しかし、高句麗・渤海・日本などで同様の形式が認められる。
　（II A 類）東魏北斉鄴城の寝殿 206・209 大殿。両者は直接ではなく、左右の南北連房で連接する。
　（II B 類）高句麗安鶴宮の寝殿。東西の南北方向廊廡により、寝殿の 1・2 号宮殿が連接する。
　（II C 類）渤海上京城 3・4 号宮殿、西古城 1・2 号宮殿、八連城 1・2 号宮殿。渤海王の居住空間と日常政務の宮殿が、左右に存在する南北廊廡によって結びつくと同時に、南北殿が廊道（単廊）によって直接、連結する。内裏の後殿・前殿が結びつく前期難波宮は、この類型に該当する。

【III 類】日本の大極殿と小安殿の系譜。出御の際に天皇が身支度する後房と大極殿が結びつく。唐長安城太極殿の正殿内に存在した西房・東房が、後方において独立する形式。藤原宮から成立するが、II 類と同じく回廊と連結される建造物から、徐々に独立した後房へと発展する。
　（III A 類）藤原宮大極殿、平城宮中央区大極殿、平城宮東区大極殿、後期難波宮大極殿の後方に位置する後殿。大極殿院の回廊と結びつく形式から、軒廊を通じて大極殿との直接的な結びつきを強める形式へと変化する。
　（III B 類）長岡宮大極殿、平安宮大極殿の後殿。回廊からは完全に独立する。

第4節　中原都城における正殿の発展と唐代における東アジアへの展開　425

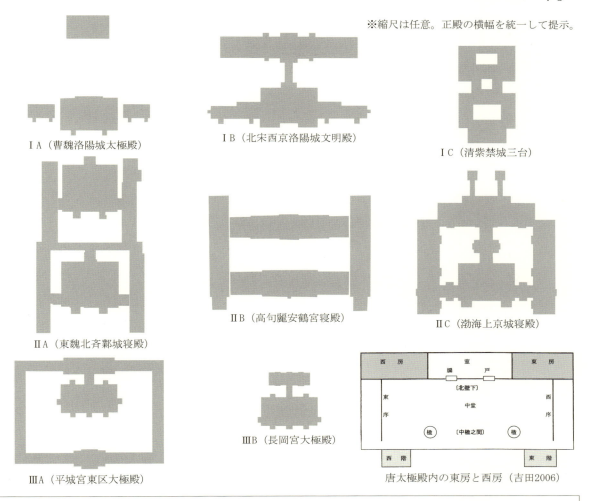

※縮尺は任意。正殿の横幅を統一して提示。

ⅠA（曹魏洛陽城太極殿）　ⅠB（北宋西京洛陽城文明殿）　ⅠC（清紫禁城三台）

ⅡA（東魏北斉鄴城寝殿）　ⅡB（高句麗安鶴宮寝殿）　ⅡC（渤海上京城寝殿）

ⅢA（平城宮東区大極殿）　ⅢB（長岡宮大極殿）　唐太極殿内の東房と西房（吉田2006）

ⅠA−太極殿と後方の昭陽殿。　ⅡA−中原の宮城後方に所在する寝殿。　ⅢA−日本の大極殿と回廊に接続する「後殿」。
ⅠB−北宋〜元の工字形正殿。　ⅡB−高句麗の寝殿。　ⅢB−大極殿と回廊から独立した「後殿」。
ⅠC−清代の三台（三殿）。　ⅡC−渤海の寝殿。

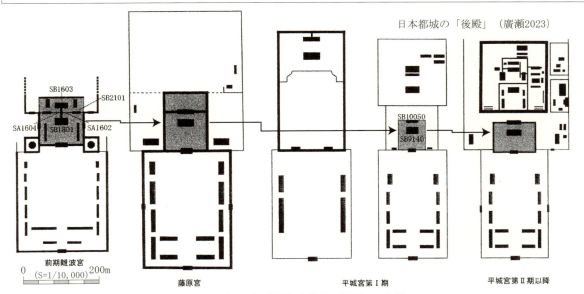

日本都城の「後殿」（廣瀬2023）

前期難波宮　藤原宮　平城宮第Ⅰ期　平城宮第Ⅱ期以降

図71　東アジア都城における「後殿」の分類

以上を踏まえて、東アジア全体の流れを整理する。まず、中原の魏晋南北朝期に太極殿・東西堂と後方の昭陽殿が結びつく（機能的な連接であり、物理的な連結ではない）形式（ⅠA類）が成立する。残念ながら唐代の太極殿の様相は不明だが、北宋西京洛陽城の太極殿・東京開封城の大慶殿で正殿と後閣が結びつき、工字形正殿（ⅠB類）が成立する。北宋の工字形正殿は、金・元など北方都城に引き継がれ、明清北京城の三台（ⅠC類）へと発展する。なお、北宋東京開封城の大慶殿の工字形正殿は、高麗開京の満月台長和殿（図50下）にも影響を与えた点が想定できる点も重要である。Ⅰ類こそは、中国都城で発達した前殿・太極殿と後方の殿（後閣）が融合する中枢の類型といえる。

一方、東魏北斉鄴城など魏晋南北朝の宮城北方における後寝の大殿が日常的な政務空間と結びつく形式（ⅡA類）は、高句麗安鶴宮（ⅡB類）や渤海上京城・西古城・八連城（ⅡC類）に強い影響を与える。日本の前期難波宮も、新発見の「正殿」との関係性は不明なものの、藤原宮以降の大極殿院のような独立した院落は存在しておらず、内裏前面において「後殿」が最も南の「前殿」と結びついており、構造上はⅡC類に該当する。唐長安城・洛陽城の宮城後寝部分が明らかになっていないため、系譜関係は不明だが、皇帝・王・天皇の居住空間と日常政務の空間を結びつけるⅡ類の思想は、中原都城にその起源がある可能性が高い。日本の前期難波宮ではⅡC類が採用されたが、続く藤原宮では、エビノコ郭正殿の系譜を引く単独院落：大極殿（太極殿型大極殿）が創始され、その後方に回廊と接続する後殿が位置する新形式（ⅢA類）が生まれた。本来は太極殿内に存在した東西房を独立させた点では日本独自の形式だが、日本の後殿は大極殿を囲繞する回廊に接続しており、系譜上はⅡC類から派生した可能性が高い。日本では、平安時代以降、大極殿に対して「小安殿・後殿」と呼ばれる（「小安」の史料上の初出は809年、以降は「後殿」とも呼称される）[小澤2023b 註9]が、中国のⅠ類、すなわち前殿・太極殿に対する後閣とは全く系譜が異なる点を考慮に入れれば、本来は『儀式』など日本の文献上でも見られる「後房」[吉田2006 p.2・堀内2011]と呼ぶべき建造物である。

このように、高句麗・渤海・日本において、中原よりも早く正殿と後閣（後殿）が柱廊によって結びつくⅠ類の工字形正殿が成立したとは言い難く、東アジアに展開したのは中原都城における宮城後方の後寝建築の影響を受けた形式（Ⅱ・Ⅲ類）である可能性が高い。もちろん、高句麗・渤海・日本など各国が独自性の強い中枢部を造営した点は事実だが、東アジアレベルでの構造的な系譜の検討なくして、各国単位において分類をし、その独自性を強調するだけでは、都城の歴史性を見誤る可能性もある。

4. 唐代東アジア都城の正殿遺構－規模と構造の比較－

（1）唐・渤海・日本都城の正殿遺構

ここまで中原・草原都城、明清都城、高句麗・渤海都城、日本都城の正殿に関する変遷と論点の整理を行った。第4節第4項では、時代を絞って、唐・渤海・日本都城の発掘された正殿遺構に関して、規模・構造に着目して比較してみる。（図72）には、元会（元日朝賀）・即位など国家的儀礼の舞台空間となった各国の正殿遺構を示した。

まず、唐長安城太極宮太極殿は、漢代の前殿、魏晋南北朝の太極殿の系譜を引く、まさに中枢の正殿だが、残念ながら遺構の状況は不明である。ここでは、隋大興城大興殿・唐長安城太極殿の祖型となった北魏～北周の洛陽城太極殿の図面を示した。魏晋南北朝の太極殿には東西堂があり、太極殿は南面左右に2階段が取り付く。本来は桁行12間（1年12ヵ月）を基本としたが、南朝梁や北周には13間（閏月を加えた13ヵ

第4節　中原都城における正殿の発展と唐代における東アジアへの展開

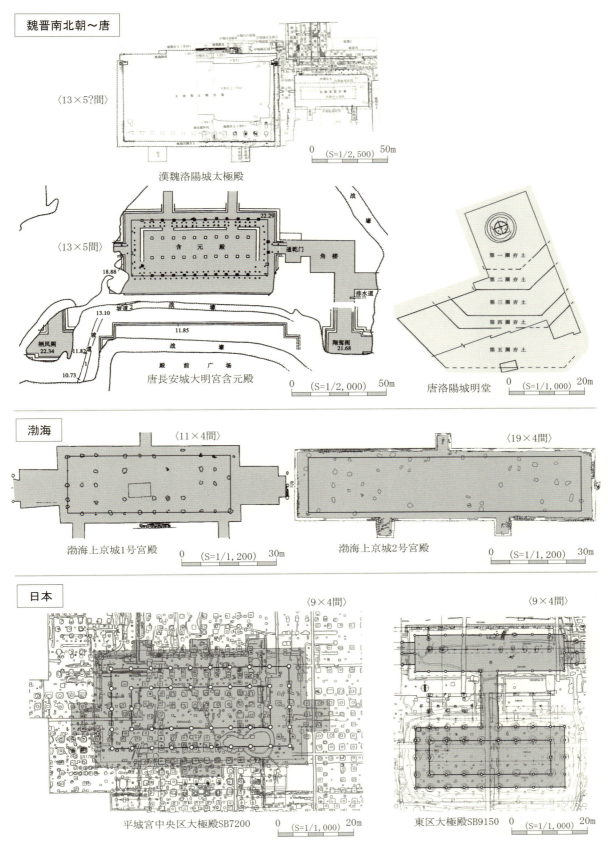

図72　唐代東アジア都城の正殿とその比較

月)の太極殿が採用された。中央階の存在しない南面左右2階段は皇帝権力の隔絶性を象徴的に示しており、太極殿の桁行にも観念的な意味が込められていた点が重要である。唐長安城太極殿の構造は不明(文献上は、桁行12間)だが、魏晋南北朝の太極殿の構造的特徴を継承した点は間違いない。

　高宗以降に中心的な宮城となる大明宮の含元殿は、太極殿(正殿)・承天門(正門)の制度・構造を継承し、新しく創造された殿門融合の闕式正殿である。構造的には唐九成宮1号宮殿などの両翼を持つ正殿の影響を受けて成立した革新的構造を持つ建造物ではあるが、傅熹年が指摘したように、北魏洛陽城永寧寺・唐九成宮37号宮殿に見られる特徴的な減柱方式(図39②下右)、あるいは37号宮殿の礎石下に見られる「承礎石」[中国社会科学院考古研究所 2008 p.57]の存在など、伝統的な技法を継承している点が重要である[傅熹年 1998b]。南北朝太極殿の系譜を継ぐ桁行13間、南面左右2階段を構造的に発展させた龍尾道など、皇帝権力の隔絶性を象徴的に示す舞台空間である。渤海・日本に強い影響を与えた特徴的な建造物ではあるが、あくまでも太極殿から派生した類型であり、北宋以降には継承されない点は前述した通りである。

　武則天が神都とした洛陽城において、隋乾陽殿・唐乾元殿の場所に造営された宮廟合一の礼制建築・正殿が明堂である。巨大な八角基壇という特殊な構造ではあるが、天円地方など中国の伝統的な思想に基づいて造営された武則天の宮城正殿である。含元殿とは異なり、前殿・太極殿から派生した建物ではなく、礼制建築から生まれた点に特色があるものの、太極殿・含元殿と並んで武則天期には正殿として機能した点が重要である。構造的に言えば、後世に直接的な影響を与えない点は含元殿と同じだが、武則天が洛陽に造営した明堂・天堂は、北宋以降の宮城における新しい双軸構造を生み出すなど、大きな画期となった。

　次に、同時代の渤海都城を見てみると、渤海上京城では宮城正門と「コの字状」廊廡、および1号宮殿で構成される広大な空間が国家的な儀礼の場となった点が注目できる。研究史上も指摘されてきたように、唐長安城大明宮の丹鳳門〜含元殿の空間が表現された可能性が高い[魏存成 2016](表2)。1号宮殿は、桁行11間で唐長安城大明宮の含元殿よりも2間分小さく設計されているが、基壇南面の東西両端間の位置に左右2階段が取りつき、やはり渤海王の権力の隔絶性を表現したものと思われる。一方、2号宮殿は渤海上京城の独自性が表現された部分だと思われる。東西92mという極めて広い基壇の上面には、桁行19間・梁行4間の長大な単層建築が想定されている[劉大平ほか 2018 p.169 図5.26]。これは、高句麗安鶴宮の内殿1号宮殿(図65下右)など地域的に展開した様式に系譜を持つ可能性高い。

　最後に日本都城の正殿では、前期難波宮内裏前殿SB1801・飛鳥宮エビノコ郭正殿SB7701の桁行9間・梁行5間を祖型として、藤原宮大極殿(9×4間)が成立した。藤原宮大極殿が移建されたと考えられている平城宮中央区大極殿・恭仁宮大極殿[小澤 1993]に対して、平城宮東区大極殿・後期難波宮大極殿・平安宮大極殿と徐々に建物規模は縮小する[平澤 2002]が、平安宮に至って桁行11間の日本的な大極殿へと発展した[家崎 1993]。日本大極殿の特徴としては、南面に3階段が取り付く点、後方に「後房(小安殿・後殿)」が存在する点が挙げられる。特に、正殿の南面中央に階段が存在する点は、唐・渤海の都城正殿には認められない大きな特徴といえる。この点は、『儀式』にみえる元日朝賀の奏賀において、皇太子が大極殿中階段を利用する場合(図13下左)に加えて、閤門出御型の饗宴儀礼の際に天皇が南面中央階段を利用した[小澤 2020]点に起因する構造の可能性が高い。後述するように唐・渤海正殿における中央の隔絶性は、唐皇帝・渤海王の饗宴儀礼の場が、宮城後方に位置する点と関連すると思われる。すなわち、国家的儀礼の舞台となる正殿と皇帝・王・天皇の饗宴の場との空間的な関連性が、各国正殿の基壇構造(階段位置)に反映されていると考えられる。その意味において、南面中央に階段が取り付く日本大極殿は、同時代の東アジア世界でも特殊な事例であり、それは大極殿前に閤門・朝堂からなる饗宴空間を設定した点に起因すると考える。

　さて、このように唐・渤海・日本都城の正殿における構造・規模を整理すると、唐皇帝の正殿(桁行13間)、

渤海王の正殿（桁行11間）、日本天皇の正殿（桁行9間）と、同時代における国際的な階層性を読み取ることができる（図72）。ちなみに、後期高句麗の平壌に位置する安鶴宮の外殿1号宮殿も桁行11間で、唐を中心とした国際的な関係性が、正殿の桁行規模に反映されている可能性が高い。このような階層性は、唐と各国との関係性の「遠近」に基づくものと思われ、国際的な階層秩序から脱して日本が独自の正殿を造営し始めるのが、平安宮大極殿（桁行11間）以降である点も興味深い。

（2）東アジアにおける正殿の二系統－太極殿型・含元殿型正殿の展開－

　唐・渤海・日本の正殿における規模・構造の比較に続いて、東アジア全体の中で正殿の系譜を位置付けてみたい。具体的には、太極殿・含元殿の二系統の正殿が渤海・日本に与えた影響を考えてみる。

　中国都城の中枢正殿には大きく4つの段階がある。すなわち、①前殿、②太極殿、③工字形正殿、④三台である（表3）。この中国歴代王朝で継承される一系列的な正殿の存在に対して、唐では含元殿、明堂を加えた3つの正殿が併存する特殊な時代があった。特に、高宗以降に元会儀礼の主要な舞台空間となった含元殿が、渤海・日本都城に大きな影響を与えた点は、多くの研究によって指摘されてきたところである。ここでは、太極殿・含元殿の二系統の影響に論点を絞り、渤海・日本都城の正殿に関して整理を試みる。

　第4節第2項で議論した通り、渤海上京城3・4号宮殿、西古城1・2号宮殿、八連城1・2号宮殿の構造は、中原都城の宮城北部の後寝建築に由来しているものと思われ、これを「基本構造」と呼称した。それに対して、上京城1（2）号宮殿が唐長安城大明宮含元殿の影響を受けた構造と推定でき、特に宮城正門～1号宮殿の空間は丹鳳門～含元殿の空間を強く意識して設計されている点は空間構造上も明らかである。つまり、渤海都城においては明確な形で太極殿型の影響を把握することは出来ないが、少なくとも中原都城に影響を受けて成立した基本構造に、上京城においてのみ含元殿模倣空間が前面に付加された点が読み取れる。

　一方、日本都城では前期難波宮段階では長安城太極宮を強く意識しながらも、その正殿は渤海都城の基本構造（ⅡC類）と共通するように、唐の太極殿の構造的特徴を発現させたものではなかった。しかし、飛鳥宮エビノコ郭正殿で太極殿を意識した単独院落を構成する正殿が初めて造営され、藤原宮において前期難波宮の宮構造、飛鳥宮エビノコ郭の正殿を融合する形で新しい「大極殿院」の構造が誕生した。前述した通り、藤原宮大極殿こそが日本最初の太極殿型大極殿であり、それ以降の日本都城の「基本構造（内裏＋大極殿院＋朝堂院）」となる。すなわち、中国都城と同じく日本においても太極殿型大極殿が中枢の系統を占めたわけだが、平城宮段階において大宝遣唐使からもたらされた情報によって、中央区大極殿院で含元殿型大極殿が成立することになる。渤海都城においては、基本構造の南側に含元殿模倣空間が成立したが、日本の場合は中央に含元殿模倣空間が配置されたことで基本構造が東側に再配置されることになった[福田ほか2002]。平城宮の朱雀門上に位置する中央区は、大極殿院で丹鳳門～含元殿の空間、4朝堂院で麟徳殿の空間が表現されたものと思われ、両者を繋ぐ存在として儀礼的宮城正門である大極殿院南門SB7801が建造された。前稿でも指摘した通り、中央区大極殿院南門SB7801は、空間的皇城正門である朱雀門との関係においては「承天門」[羅瑾歓2019]、大極殿との関係においては「丹鳳門」[中国社会科学院考古研究所西安唐城隊2006]、すなわち太極宮・大明宮両者の正門の役割を継承したのである[城倉2021 p.185]。

　以上、渤海・日本における中枢部の空間構造は、唐の動きに連動していることがわかる。すなわち、前殿・太極殿の系譜を引く唐長安城太極宮（太極殿）を基本とし、そこにある段階で大明宮（含元殿）の要素が付加される変遷過程である。その場合でも、東アジア都城の中枢に位置したのは中国都城の長い歴史の中で一系列的に発展した前殿・太極殿の系譜であり、唐前半期における太極殿・含元殿・明堂の3つの併存現象が、

430　第 4 章　太極殿・含元殿・明堂と大極殿

東アジア都城において様々な形で発現したことにより、各国で多様な形式の中枢部が生み出されたものと推定できる。武則天明堂のみは、東アジア世界において構造的な影響というよりは、思想的な影響を与えた点が特徴だが、太極殿・含元殿はまさに直接の模倣対象として強い影響力を持った点が明らかである。

5. 儀礼・饗宴空間としての都城中枢部と東アジアへの展開

　中国都城の中枢正殿における変遷と唐代における東アジアへの展開について、発掘遺構の考古学的な分析を基に整理してきた。最後に、中国都城における正殿を含む中枢部の構造が、どのような経緯で東アジア各国に伝播したのか、唐代並行期の渤海上京城・日本平城宮を例に考えてみたい。各国がどのような過程を経て中原都城の中枢部の構造を導入するのかを考究する作業は、中国歴代王朝がどのように思想的な空間を継承しつつ革新・創造を繰り返していくのか、を検討する上で非常に重要な知見をもたらす。時空間を越えて継承される要素こそが、都城の本質に近い部分と考えられるからである。
　以下では、唐長安城・洛陽城の中枢部が、渤海・日本都城にどのように伝播し、どのように変容したのかを、①国家的儀礼空間としての正殿、および、②皇帝・王・天皇が関わる饗宴空間の2つの要素から考古学的に考えてみたい。

（1）国家的儀礼空間としての正殿

　中国都城の宮城中枢部の正殿として存在した太極殿における中心的儀礼は、冬至もしくは元日の朝に、在京九品以上の官僚、地方・外国からの使節団が参加する「元正冬至大朝会」である。特に、元正（1月1日・元日・元旦）の元会が中心となる [渡辺 1996 p.107]。渡辺信一郎によると、元会は朝（朝賀儀礼）と会（会儀）に分かれるという。朝賀儀礼は、①上公1人による皇帝への賀詞と皇帝からの答礼、②諸州からの上表文・瑞祥物の奏上、③諸州貢物・諸蕃貢物の貢納、を内容とする。一方、会儀は上寿酒礼・饗宴・芸能を内容とする [渡辺 1996 pp.168-169]。『大唐開元礼』巻九七「皇帝元正冬至受群臣賀」[池田解題 1972] には、太極殿における元会儀礼の詳細が記されている（図12）が、実際には玄宗以降、唐末に至るまで大明宮含元殿で開催されたと考えられている。元会は太極殿・含元殿の正殿を中心とした「閉じられた空間で挙行される儀礼」[渡辺 1996 p.168] とされ、日本の『儀式』でも、元日朝賀儀は平安宮大極殿を中心とした朝堂院内で開催された（図13上）。大明宮含元殿での元会儀礼の様相は明らかではないものの、太極宮太極殿に倣うものとされ、丹鳳門～含元殿までの閉鎖空間が舞台となったと思われる（図24左）。この空間を模倣したのが、平城宮中央区（大極殿院＝大極殿閤門～大極殿）、および渤海上京城1号院（宮城南門～1号宮殿）である点は、研究史上でも明らかである [村元 2022 p.178][魏存成 2016 p.300]。今、（図73上）に三者を比較した図を提示したが、①宮城正門～正殿までが回廊によって閉じられた空間を構成する点、②正殿の南面が東西階段や龍尾道（壇）により中央を隔絶する構造となっている点、など大明宮含元殿の思想に基づき、渤海・日本で中枢空間が再構成されている点が読み取れる。
　では、これら2例を含めて、太極殿型・含元殿型の正殿が各国に導入される契機とは何だろうか。例えば、各国正殿の桁行規模に、唐（13間）・渤海（11間）・日本（9間）といった国際的な階層性が認められるように、中国側から何らかの規模に関する要請や設計図の共有のような現象があったと考えられなくもない。しかし、設計思想や空間構造は唐の中枢正殿を模倣していても、その設計のあり方は各国単位で強い独自性が表現さ

第4節　中原都城における正殿の発展と唐代における東アジアへの展開　431

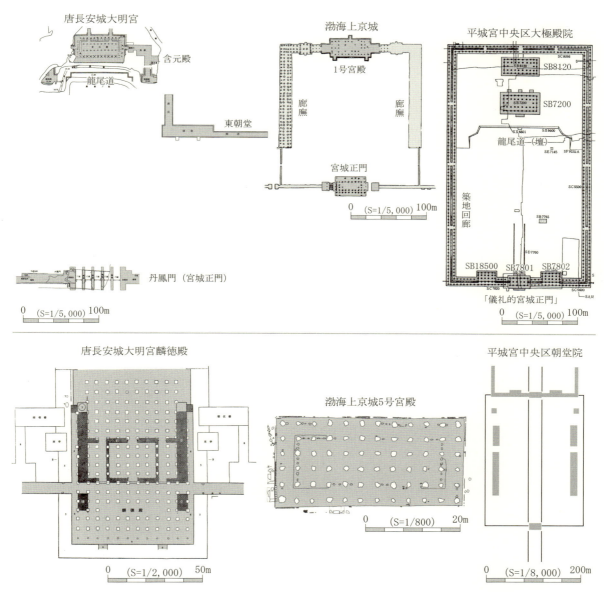

図73　唐代都城の国家的儀礼空間（上）と饗宴空間（下）の比較

れており、建造物や附属施設（龍尾道・廊廡・回廊・楼閣・幢旗など）の個別の建築様式も大きく異なり、唐の直接的な影響下に成立したものとは思えない。正殿の桁行規模に階層的な差が認められるのは、各国が唐の正殿規模に対して「自らを位置付けた結果」と思われ、唐帝国、あるいは唐皇帝との関係性の「遠近」を各国が意識した結果と考えられる。このように、都城中枢部の展開に関しては唐側が積極的に関与する「直接的な」伝播ではないと思われるが、各国の中枢正殿に元会（元日朝賀儀礼）における「儀礼の舞台空間」としての高い共通性（図73上）が認められる点は非常に重要である。この点は、設計図などの「ハード」による模倣によって各国の中枢部が現出したのではなく、各国から派遣された使節が儀礼に参加するという「ソフト」面での体験に基づく模倣の可能性を示唆していると考える。

例えば、日本平城宮中央区の成立は、太極殿型の藤原宮大極殿を採用していた日本にとって重要な転換期となるが、その造営には粟田真人を執節使とする大宝遣唐使の持ち帰った情報が大きな役割を果たしたと想

定されている [井上2008・小澤2023a]。つまり、遣唐使の「諸蕃（蕃使）」としての元会への参加体験が、日本での都城中枢正殿の模倣空間が生まれる契機となっている可能性が高い。この点は、日本以外の東アジア各国に関しても同様の経緯が想定できる。すなわち、唐皇帝を中心とする国内の君臣秩序、あるいは国際的階層性を、正殿を中心とする儀礼によって1年に1度更新する元会を各国が模倣し、その空間を独自に再現することによって、二次的に新たな思想空間が創造されていくのが都城中枢部の伝播の実態だと思われる。このような伝播過程において、西嶋定生が想定した「冊封体制」[西嶋2002] などの官位は介在しておらず、唐皇帝が主催する国家的儀礼への参加体験というある意味では「個別の体験」が中枢部伝播の背景にあったと考える。以上、各国使節による儀礼体験とその舞台空間の再創造・再創出こそが、各国において独自色の強い中枢正殿の模倣形態を生み出す背景にあったと想定できる。ちなみに、このような視点は、既に村元健一がその著作の「序章」の中で、「日本政権内で一定の地位にあり、政治的影響力をもつ人物が中国の宮城中枢部に入り、宮城空間を実見し、そこで行われた宮廷儀礼を体験したこと」が宮城構造の受容の契機だったと的確にまとめている [村元2022 p.8]。漢籍などの書物の思想的な解釈によって再現したものではなく、「実際に宮殿や宮城の姿を見た遣唐使たちのもたらした情報が日本宮城の造営にあたっても中国宮城の姿を再現する上で大きな根拠とな」ったという考え方である [村元2020a p.252]。この点に関しては、西本昌弘が孝徳朝難波長柄豊碕宮について、朝庭に百官や外国使客を会集して行われる元日朝賀の創始に伴って朝堂区を設けた点を強調しており [西本1998]、儀礼空間、特に元会空間の再創造こそが新しい宮城構造を生み出す原理となっている点を読み取れる。

このように、実際に存在する唐の宮城中枢部の情報は遣唐使からもたらされたと思われるが、特に大きな画期となったのは大宝の遣唐使 [王仲殊2000] である。粟田真人ら遣唐使を接待した唐の高官：杜嗣先の墓誌の分析から、金子修一が指摘するように、武則天は皇帝の威光が遠い日本まで及ぶことを内外に示すため、遣唐使をかなり優遇したとされる [金子2009]。さらに、大宝遣唐使の足跡を詳細に検討した妹尾達彦によれば、粟田真人らは南郊祭天を含む数々の儀礼に参加し、武則天より前後に例がないほど厚遇を受けたという [妹尾2020b]。元会儀礼や南郊儀礼への参加、『旧唐書』『新唐書』にも記載のある大明宮麟徳殿での饗宴への参加など、かれらの「儀礼体験」が平城宮中央区の設計の根幹となった点は疑いない。なお、外国使節の皇帝謁見儀礼に関しては、謁見と宴会がセット関係になる点が指摘されている [石見1995・1998] が、国家的な儀礼空間と共に饗宴空間が合わせて模倣対象となる点も重要である。

ここでは上記の想定に基づき、宮城中枢部伝播の背景となる基本情報の取得に際して大きな役割を果たした遣唐使、彼らが実際に中国で参加した儀礼に関して簡単に整理しておきたい（註12）。まず、5世紀に南朝へ朝貢した倭の五王最後の武（雄略天皇）以降、基本的に倭国は中国を中心とする冊封体制には参加しておらず、遣隋使・遣唐使も対等外交を志向したという考え方が強調される時代があった [王仲殊2003]。しかし、現在では遣唐使の派遣はあくまでも唐を中心とする朝貢体制への参加を意味し、唐に対する対等外交と考える余地はないとされている [榎本2014・河上2019]。前期遣唐使が派遣された7世紀では、百済滅亡とそれに続く対唐・新羅の白村江の戦いなど激動する朝鮮半島情勢の中で、対唐外交も不安定な時期が続いていた。倭国（日本）の対唐外交が安定期に入るのは、30年ぶりに派遣された後期遣唐使の大宝遣唐使以降である。例えば、東野治之は、『唐決集』に付載される唐僧維蠲の手紙にある「約二十年一来朝貢」を、702年出発の大宝遣唐使が唐側に約束したものと把握する。『旧唐書』には、舒明朝に派遣された最初の遣唐使に対して、太宗が「歳貢」（毎年の朝貢）を免じたという記録が見られるが、朝貢国にとっては本来、唐皇帝が主催する毎年の朝賀（元会）に参加をするのが義務だった。しかし、奈良時代においては20年に一度、遣唐使を派遣すればよいという約束が、唐と日本の間で存在したようである。この点が示すように、各国の朝貢使

は唐の皇帝が宮城中枢正殿（太極殿、後に含元殿）で実施する元正大朝会（元会・朝賀）への参加が唐側から期待されており、各国、もちろん日本の遣唐使もその日程を最重視して計画が立てられたと推定されている[東野 1999 pp.27-33・92-93]。大宝遣唐使の派遣により、唐と日本は「朝貢体制」という枠組みの中で関係性が安定することとなり、「二十年一貢」によって、留学生・留学僧を送り出すことができ、先進文物（主として「貢物」に対する皇帝からの「回賜品」）や政治・文化・思想・宗教などあらゆる情報を得ることが可能になったと思われる[榎本 2014 p.265]。

　問題となるのは、実際に派遣された遣唐使が中国でどのような儀礼に参加したか、である。この点は、古瀬奈津子が体系的に整理している[古瀬 2003]。遣唐使は、「四船」と呼ばれる四船に分乗するのが一般的で、総勢500～600人とされる。しかし、実際に長安に入京できる人員に関しては、唐側が費用を負担するため40人前後に制限され、その他は長江下流の開港都市である揚州城で待機することになる。長安に入京した少人数の使節は、中国の外交儀礼に従ってもてなされるが、『大唐開元礼』巻七十九・八十には外交使節の取り扱いについて「賓礼」が規定されている（註13）。特に蕃主（使）に対する儀礼としては、①迎労、②戒見日、③奉見・受表幣、④宴会、⑤奉辞、5つの儀礼が規定されており、これに従って皇帝への謁見、皇帝からの賜宴が行われる。田島公によれば、中国の伝統的な外交儀礼は、このような皇帝主宰のもと宮内で行われる外交儀礼（賓礼）と、中国語の文書による国家意思の伝達（文書外交）で構成されていた[田島 1986 p.201]。これら太極殿・延英殿で行われる謁見・賜宴の「賓礼」に加えて、田島は『大唐開元礼』巻九十七の「嘉礼」に含まれる元正大朝会も「蕃主（使）が参加する場合は外交儀礼の一つと見なせる」と指摘する[田島 1986 p.200]。すなわち、太極宮太極殿、あるいは大明宮含元殿で実施される国家的な儀礼、元会である。東野治之は遣唐使派遣の第一目的を元会（朝賀）への参加と理解するが[東野 1999]、一年に一度、皇帝を中心とする帝国の階層秩序を更新する国家的儀礼である元会への蕃主（使）の参加は、唐側にも非常に重要な意味を持っていたと思われる。遣唐使たちにとっても唐の宮城正殿である太極殿・含元殿で実施される国家規模の儀礼への参加はインパクトが大きかったと思われ、都城中枢部の各国への伝播を考える時、朝貢使の元会への参加体験は最も大きな要素だと想定できる。実際に、日本も文武天皇以降は元日朝賀において渤海・新羅使を参加させており、大極殿と朝庭・朝堂で実施される元日朝賀は日本の「小中華」思想を体現する場とされる[田島 1986 p.228]。以上、遣唐使が参加した儀礼から考えても、東アジア各国における都城中枢部の伝播という過程においては、元正大朝会という「儀礼」、およびその「舞台空間（正殿＋朝庭）」が模倣対象となり、各国において二次的な儀礼空間が生み出されていった可能性が高いと考える。ここでは、このような現象を「儀礼（空間）の連鎖」と呼称しておく。

　ところで、皇帝が宮城中枢部で行う「賓礼」「嘉礼」以外にも、蕃主（使）が参加した可能性のある重要な儀礼として郊祀・封禅がある。例えば、665年の第5次遣唐使は高宗の封禅への参加が本来的な目的だったという説[葛 2014]があり、武則天に厚遇された702年の大宝遣唐使も南郊儀礼へ参加した可能性が指摘されている[妹尾 2020b]。いわゆる「吉礼」に該当するこれらの儀礼[妹尾 2001 p.161 表1・p.162 図45]への参加体験が、日本における都城の宮城中枢部以外の要素、例えば八角墳の造営などに反映されている可能性がある点も注意をしておきたい。平安時代の9世紀であれば、慈覚大師円仁、あるいは真如（高丘）親王など求法のために入唐した事例[田島 1997、エドウィン・O・ライシャワー 1999]が知られているが、東アジアへ都城が展開した最盛期である7世紀中葉～8世紀初頭（唐高宗・武則天期）における遣唐使の中国での活動内容は記録も限られており、不明な部分も多い。この時期の国際関係は、百済の滅亡（660）、高句麗滅亡（668）、白村江の戦い（663）後の新羅の統一など、朝鮮半島情勢とも深く関わる問題であり、唐を中心とした東アジアの国際情勢の中で遣唐使、あるいは都城制の伝播の実態を追及していく必要がある。

以上は日本の遣唐使の事例ではあるが、唐皇帝の儀礼の中心舞台となった太極殿・含元殿（明堂）が各国の模倣対象となったのは、その空間が「諸蕃」も含めた帝国の国際的な階層秩序を儀礼によって可視化する巨大な舞台装置であったためであり、その儀礼体験を通じて各国に情報がもたらされ、それぞれの空間の再現方法の差異によって東アジアに都城が多様な形で展開したと考えられる。唐皇帝にとっては、儀礼を通じて国内の階層秩序に諸外国を組み込むことで「中華・王化思想」が東アジア世界において具現化されることになる。一方、各国は使節を通じて唐皇帝を中心とする階層秩序の更新儀礼に関わることで、二次的な階層秩序の「創出役」を意識的・無意識的に担っていくことになる。このような過程は、渡辺信一郎が「帝国オイコス」と呼称した中央－地方、中華－夷狄を貫く中華皇帝を中心とする貢納原理を基本としている[渡辺信 1996・2003][渡辺信一郎 2021]。中華の皇帝を中心とする階層秩序は、天命に基づく宇宙論[妹尾 1998]、あるいは昊天上帝を祀る祭天儀礼[金子 1982・2001a、妹尾 1992]と結びつきながら、宮城正殿で開催される国家的な儀礼によって可視化されることで、象徴的な権力が現実世界で具現化されていたのである。社会人類学では、クリフォード・ギアツの劇場国家「ヌガラ」など、王や貴族が民衆に代わって儀礼を主催するという国家論[クリフォード・ギアツ 1990]もあるが、古代東アジアの専制国家においては、皇帝・王・天皇が自らの正当性を天命、あるいは祖先祭祀による血統によって内外に示し、その正当性を証明し続けることが重要だった。中国歴代王朝は、①受命と血統による権力の正当性を祖先祭祀・祭天儀礼（陵園または太廟・郊壇）によって示し、②支配・被支配の関係性を即位・元会儀礼（中枢正殿）によって更新したが、いずれにおいても儀礼が皇帝権力を可視化し、恒常化させる機能を果たした。軍事力、経済力、それらを支える行政的な官僚機構などと共に、思想的に設計され、周到に準備された舞台空間で行われる皇帝による儀礼は、まさに国家の根源を支えたのである。

このように、唐の皇帝権力の中枢である正殿の構造が各国に伝播した背景には、漢籍による思想的情報や中国側からの設計図の提示などがあったわけではなく、各国使節による「儀礼体験」という毎回条件の異なる個別的な体験に基づいていた可能性が高い。その場合においても、各国の支配システムに合致する形で中枢部の構造が再創造され、地域色の強い空間が生み出されることになった。この点に関しては、中国の歴代王朝が伝統的な思想を継承しながら、革新・創造を繰り返して中枢部の構造を変化させたあり方とは、根本的に異なる展開過程と考えることも出来る。例えば、日本天皇は血統によって支配の正当性・必然性が証明される歴史的発展があり、天智・天武系の「皇統の転換」などの時期を除いて円丘祭祀などの儀礼が根付くことはなかった。東アジアに展開した都城は、常に受容側の実態に合わせて柔軟に変化したのである。すなわち、中原都城から草原都城へと発展した中国歴代王朝の都城が「思想の継承」であったのに対して、隋唐期を中心に東アジアに伝播した都城制は、国家間の高度な意思疎通を前提にしたものではなく、受容側の自律的な「選択模倣」によって異なる思想空間を再現した点に歴史的意義を読み取ることができる。

（2）皇帝・王・天皇の饗宴空間にみられる多様性

中国都城の宮城中枢正殿が、外国使節の儀礼体験によって各国に模倣空間を生み出した点を整理したが、国家的な儀礼空間としての正殿と並び、注目されるのが饗宴空間の模倣である。中国では、外国使節の皇帝謁見儀礼では、謁見と宴会が必ずセット関係になっていた[石見 1995・1998]。このような「賓礼」による謁見・宴会のセット関係だけなく、元会などの国家的な「嘉礼」においても正殿と大規模な饗宴施設は、必ずセット関係となっていた。唐長安城大明宮では含元殿と麟徳殿、興慶宮では勤政務本楼と花萼相輝楼など、正殿と饗宴空間がセットになる事例が判明している。では、大明宮含元殿の影響を受けた点が確実な渤海上京城、

平城宮中央区では、含元殿型正殿とセットでどのような饗宴空間が採用されたのだろうか。

（図73下）では、唐大明宮麟徳殿の系譜を引くと思われる渤海上京城・日本平城宮の饗宴空間を示した。渤海上京城5号宮殿は、西古城5号宮殿と同じ桁行11間×梁行5間の建造物である（図65上）。前者は総柱建物、後者は四面廂建物だが、前述の通り、近年の研究では渤海上京城5号宮殿を麟徳殿の影響を受けた重層の楼閣を持つ饗宴施設と見る説が有力である[劉大平ほか2018 pp.182-188]。含元殿型正殿である渤海上京城1号宮殿と同じ桁行11間の建造物で、両者は宮城北側と南側に対置されるセット関係にある可能性が高い。一方、日本平城宮では奈良時代後半の中央区大極殿跡に建てられた西宮を麟徳殿の模倣とする説[報告E5：奈良国立文化財研究所1982 p.234-235／fig110・福田ほか2022][王仲殊2001b]が主流である。あるいは、麟徳殿と平城宮北方の松林苑内の内郭（松林宮）の共通性を指摘する意見もある[今井2023]。しかし、平城宮中央区大極殿院が含元殿空間の模倣であるとすれば、粟田真人ら大宝遣唐使が武則天の饗宴に招かれた麟徳殿の模倣空間が近接した位置関係で表現されている可能性は十分にある。その際に注目されるのが、中央区大極殿院南門に天皇が出御し、4朝堂院で実施される「閤門出御型」の饗宴儀礼である[橋本1986・今泉1989・山下2018]。平城宮中央区の4朝堂院は、藤原宮の太極宮型大極殿に附属する12朝堂院から発展した東区朝堂院とは系譜が異なり、含元殿型大極殿である中央区大極殿院の南に位置し、その機能や性質が大きく異なる。中央区4朝堂院は、平安宮豊楽院の4堂形式（出御場所は閤門→豊楽殿）へと発展したと想定でき[橋本1986]、麟徳殿との建築様式の共通性は低くても、正殿と饗宴施設が近接した場所でセット関係になる点では一致する。長安城の興慶宮花萼相輝楼や曲江池、渤海上京城5号宮殿などを見ても、饗宴空間は各国の独自色が非常に強く表出する部分と考えられる。例えば、奈良時代末の光仁朝の平城宮では、正月節会の饗宴儀礼において国家的空間（東区大極殿閤門＋朝堂）、天皇の私的空間（内裏）、中間的空間（東院・楊梅宮）という複数の饗宴空間が使い分けられていた可能性が指摘されており[吉川2003]、近年では詳細な遺構研究の立場からも追認されている[小田2021]。なお、古く日唐の朝賀儀礼を比較した倉林正次も、朝賀の基本構造の高い共通性を指摘し、「本朝の儀式が、中国のそれを規範として成り立ったもの」と位置付けた上で、朝賀の後の節会に関しては「わが国の独自性とみられる要素が比較的多くうかがわれる」[倉林1965 p.95・97]と結論づけている。史料から伺われる儀礼の内容と考古学的に把握できる空間構造が連動している点が伺われる。東アジア都城においては、元正大朝会（元日朝賀儀）の空間は中国中枢のモデルに近く、饗宴空間や王・天皇の居住空間などに強い独自性が認められるといえるだろう。今後は、各国都城における饗宴空間の機能や構造などの多様性、あるいは皇帝・王・天皇の居住空間などに関しても、更なる研究が進むことが期待される。

以上、渤海上京城5号宮殿、平城宮中央区朝堂院が唐長安城大明宮麟徳殿を模倣・志向した饗宴空間だった可能性を指摘した。建築構造は異なっていても、含元殿型正殿に「対置」される点において、空間構造上の共通性が見いだせる。各国都城の建築様式や歴史的背景が異なる点からすれば、建築構造のみの国際比較には限界もある。思想的背景を踏まえた都城の「空間構造の分析」による系譜論が重要だと考える。

おわりに

本章では、都城の宮城中枢部における正殿遺構に注目し、秦～北宋までの中原都城、遼・金・元の草原都城、明清都城までの発展過程を整理した上で、唐高宗～武則天期の長安城・洛陽城に存在した3つの正殿が高句麗・渤海・日本都城にどのように影響を与えたのか、を考古学的に検討した。研究史上、都城の宮城

正殿は様々な角度から論じられてきたが、現在までの発掘調査の成果を整理し、時空間を越えた総合的な比較を試みた研究は存在していなかった。本章では、東アジア都城における宮城正殿の変遷・展開に関する全体像を示すことが出来たと考える。「都城門」の分析[城倉2021]に続き、本章では「正殿」の時空間を越えた比較を試みたため、論点が多岐にわたった。最後に、考察でのトピックをまとめて、成果としたい。

①中原都城の宮城正殿は、秦阿房宮前殿・前漢長安城未央宮前殿・後漢洛陽城南宮前殿から、曹魏洛陽城太極殿へと発展した。魏晋南北朝の太極殿には東西堂があり、その北方には昭陽殿が太極殿と機能を分掌する形で存在していた。

②初唐（高宗〜武則天期）には、長安城太極宮太極殿・長安城大明宮含元殿・洛陽城宮城明堂の3つの正殿が併存する特殊な状況が成立した。また、唐の正殿は大明宮（含元殿／麟徳殿）、興慶宮（勤政務本楼／花萼相輝楼）のように、必ず正殿と饗宴施設がセット関係を持っていた。

③唐の3つの正殿の中でも、中枢の系譜に位置するのはあくまでも太極殿だった。含元殿は太極殿の派生形であり、明堂は礼制建築に系譜を持つ。太極殿は、明清期に至るまで一系列的に継承されたが、含元殿は元上都北壁闕式主殿など復古的な類型としてのみ残存し、明堂は天堂との関係で成立した双軸構造として、北宋以降に残存した。含元殿・明堂ともに、長い中国都城史上においては「刹那的」類型であった。

④北宋期には、武則天が造営した明堂・天堂の系譜を引く西京洛陽城の宮城構造を媒介として、東京開封城に工字形正殿と双軸構造という特徴的な様式が成立した。魏晋南北朝の駢列制とは異なる形の北宋期の双軸構造は、金代に南北の空間構成へと変化を遂げ、明清期の内廷・外朝構造へと発展した。

⑤中国都城の中枢正殿には、大きく4つの段階が認められる。秦・漢の前殿、魏晋南北朝〜唐の太極殿、北宋〜元の工字形正殿、明清の三台である。中国歴代王朝は、秦阿房宮前殿から続く一系列的な正殿の系譜を継承しており、正殿は国家的な儀礼を通じて皇帝権力を創出する主要な装置として機能し続けた。

⑥渤海都城では、上京城の3・4号宮殿の「基本構造」が、西古城・八連城と共通している。渤海王の居住空間と日常政務の正殿を連接した特徴的な構造だが、上京城でのみ、その前面に含元殿空間を模倣した1（2）号宮殿が存在していた。

⑦渤海都城で見られる「基本構造」は、高句麗安鶴宮とも共通しており、東魏北斉鄴城206・209大殿など、中原都城の宮城北側における後寝の構造と類似する。唐長安城・洛陽城における宮城後寝部分の様相は明らかではないが、中原都城の後寝建築が高句麗・渤海に影響を与えた可能性高い。

⑧渤海上京城・西古城5号宮殿は、唐長安城大明宮麟徳殿の影響を受けた饗宴施設の可能性が高い。

⑨日本都城では、唐長安城太極宮の影響を受けた前期難波宮、初の単独正殿を採用したエビノコ郭正殿などの試行錯誤を踏まえ、藤原宮で本格的な太極殿型大極殿が成立した。この系統は、平城宮東区・後期難波宮・長岡宮へと引き継がれた。一方、平城宮中央区では含元殿型大極殿が採用された。両系統は平安宮で統合され、平安宮では今までの規模を越えた桁行11間の日本的な大極殿が成立した。

⑩日本都城において唐の宮城正門を模倣した「儀礼的宮城正門」は、内裏南門→大極殿院南門→朝堂院南門→朝集院南門と南下した。その位置関係から考えて、藤原宮大極殿院南門前の朝堂院では、東西の第一堂が唐を模倣した本来の朝堂と思われ、第二堂以下は皇城に該当する可能性が高い。12朝堂院における第一堂の本来的な意味は、平城宮東区以降に薄れて朝堂院全体が均質化すると同時に、儀礼的宮城正門との空間配置も崩れていく。一方、平城宮中央区の4朝堂院は全く異なる系譜で、閤門出御型の饗宴空間から平安宮豊楽院へと発展する。平城宮で併存した12朝堂院・4朝堂院は、その系譜が大きく異なる。

⑪前期難波宮の内裏南門東西の八角殿は、宮城正門を荘厳化する闕と同じ役割を果たし、その機能は藤原宮

大極殿院東西の楼閣、平城宮東区大極殿院の東西楼閣へと継承される。八角形は仏教に由来するわけではなく、中国の皇帝権力を象徴する構造（上円下方・八角形）など儒教的な概念に由来すると思われる。武則天明堂を直接的な系譜に持つわけではないが、高宗－武則天期における礼制建築の最新の概念を導入して構想された可能性がある。

⑫中国を中心とする東アジア各国の都城では、正殿・寝殿において、前後の大殿が「廊」によって連接される工字形建築が見られる。しかし、系譜的な峻別が行われていない点に問題があると考え、東アジア全体で分類を行った。Ⅰ類は太極殿と機能を分掌する後閣が結合していく形式で、中国都城における中枢の類型となる。Ⅱ類は中原都城の後寝建築に見られる連房が皇帝の居住空間と日常政務空間を結びつける類型で、高句麗・渤海、あるいは日本の前期難波宮などに影響を与えた。Ⅲ類は、本来、太極殿内に存在する皇帝の更衣の施設（房）が日本的に発展した類型で、軒廊を通じて大極殿と後方の後房が接続する形式である。以上の整理によって、東アジア都城における工字形正殿の系統関係を把握することができた。

⑬唐・渤海・日本の同時期の正殿を比べると、唐皇帝の正殿（桁行13間）、渤海王の正殿（桁行11間）、日本天皇の正殿（桁行9間）と国際的な階層秩序が認められる。このような階層性は、唐と各国の関係性の「遠近」が表現されているものと思われ、日本は平安宮段階で桁行11間の独自の正殿を造営した。

⑭唐宮城における3つの正殿の併存という現象は、東アジア都城の正殿に多様性を生み出す原因となった。しかし、基本的には太極殿を中心とする唐の動きと連動しており、その系譜が高句麗・渤海・日本においても主流を占めたが、渤海上京城1（2）号宮殿や日本平城宮中央区などで含元殿の様式が採用された。

⑮唐の宮城中枢部の空間が、各国でその模倣形を生んだ背景には、各国の使節が「諸蕃」として元会儀礼に参加した個別的な体験があり、その情報に基づいて各国で二次的に空間が再創造された可能性が高い。各国は唐帝国との高度な意思疎通によって都城という思想空間を導入したのではなく、「儀礼体験」に基づいて自律的に選択模倣したものと考える。このような現象を、「儀礼（空間）の連鎖」と呼称した。

⑯中国の宮城正殿は、必ずセットになる饗宴空間を持つ。長安城大明宮における含元殿・麟徳殿のセット関係は、渤海上京城1・5号宮殿、平城宮中央区大極殿・4朝堂で空間的に表現された。正殿に関してはかなり忠実な空間構造の模倣が認められるのに対して、饗宴施設は各国の多様性が生み出されやすい空間だったと思われる。

以上が、本章の成果である。東アジアの都城の中枢に位置する宮城正殿に関する個別の論点を深めることが出来たのに加えて、都城という思想空間の中枢に位置する正殿の時空間を越えた動態を示せた点が本研究の最大の成果である。本章では、本書第2章の都城門に続く遺構研究として、正殿 [城倉2024] を分析対象とした。しかし、中国都城におけるもう1つの中枢である礼制建築の分析は未完の状態である。また、外郭城（里坊）に関しても、分析をする予定である。今後も分析を重ね、「都城門」「正殿」「礼制建築」「外郭城」の各要素に分解した考古学的分析を総合化して、都城とは何か、その本質的意義を考究してみたい。考古学の遺構研究は、発掘報告書によって広く共有されている情報を基に、研究史を悉皆的に渉猟し、独自の視点と方法で特定の対象を分析し、その歴史性を追求する作業を基本とする。対象遺構の構造的特徴をどのように掘り下げるか、時空間を越えた比較によってその特徴をいかに相対化していくか、が重要だと考える。都城研究においては、文献史学・建築史学・歴史地理学などの隣接分野の成果も吸収して考察を進める必要もあり、国際的・学際的な視点も求められる。今後も考古学的視点からみた東アジアの都城制の歴史的意義を追究していきたい。

註

（1）本章は、科研報告書（城倉正祥 2024『太極殿・含元殿・明堂と大極殿－唐代都城中枢部の展開とその意義－』早稲田大学東アジア都城・シルクロード考古学研究所）の内容を基本としている。科研報告書に関しては、早稲田大学リポジトリ・全国遺跡報告総覧でオールカラー PDF を無料公開しているので、参照してほしい。なお、基本的な論旨に関しては科研報告書から変更はないが、細部に関しては引用文献や註、文章の記述を増やして補足をした。

（2）日本という国号、天皇という君主号、大極殿という正殿の名称、これらの成立時期とその背景の検討は、この時期の東アジアをめぐる国際関係を考えるうえで、非常に重要な論点である。本章のテーマからは外れるが、簡単に言及しておきたい。

　　日本という国号が国外で確認できる最初の確実な事例は、中国で発見された井真成の墓誌（734 没）[韓 2009] で、現物の碑文は行方不明であるものの、杜嗣先の墓誌（713 没）[金子 2009] がそれを遡る年代となる。また、唐の張守節が著した『史記正義』（736）の「武后、倭国を改めて日本と為す」という記載が知られており、大宝の遣唐使（702 発）が武則天に日本という国号の承認を得た点が想定されている。これらの資料から、河内春人は 7 世紀後半〜 8 世紀初頭の日本国号の成立を指摘している [河内 2008]。大宝遣唐使は、天智 8 年（669）以来 33 年ぶりに派遣された遣唐使であり、日本国号の成立は、天武・持統朝で進められた藤原京の造営と連動する可能性が高い。

　　一方、天皇の君主号の成立に関しては、近年は天武朝成立説が有力とされるが、推古朝説 [大津 2024a・b]、天智朝説 [河内 2015] など、諸説ある。もともと「天皇」に関しては、唐の上元元年（674）に武后の提案で、高宗（天皇）・武后（天后）としたもので、老子（李耳）を祖先と考える唐王朝 [横手 2012] と関わりが深い道教の神格でもある「天皇」を天武朝が模倣したという説がある。しかし、遣唐使などの正式な外交使節が派遣されていない時期に、どのような形で情報を入手したのか、どのような経緯で天皇という君主号が採用されたのか、など不明な部分も多い。中国における皇帝・天子の君主号が議論の対象となってきたように [佐川 2024]、君主号は国内の支配体制だけでなく、国際関係や対外的な自己認識にも関わる重要な問題であり、より広い視野での比較研究 [佐川編 2024] も重要である。

　　なお、国号・君主号と並んで注目されるのが、日本都城の中枢正殿、すなわち大極殿の名称である。かつて、王仲殊は、高句麗・百済・新羅など朝鮮半島諸国では、正殿に中国の太極殿の名称が用いられず、日本で大極殿という殿名が用いられた点に関して、遣隋使以来の日本の中国に対する「対等外交」の姿勢が背景にあると指摘した。その上で、「太」と「大」は字形・字音・字義が共通する点を強調した [王仲殊 2003 p.82・89]。しかし、現在の研究では、日本側の唐に対する「対等外交」という姿勢には否定的な見解が多く [榎本 2014・河上 2019]、本章の結論で指摘するように、各国の正殿の規模にも「唐＞渤海＞日本」という国際的な階層性が認められる。以上から考えて、唐の太極殿を模倣しながら、欠画（闕画）など、唐との国際関係に配慮した可能性もあると個人的には考えている。なお、大極殿の成立年代に関しては、『日本書紀』の天武 10 年（681）の記載にある「大極殿」を飛鳥宮エビノコ郭正殿に比定する説が有力である。

　　以上、国号（日本）・君主号（天皇）・正殿名（大極殿）の成立は、日本が初めての中国式都城である藤原京の造営を目指した時期（天武・持統朝）に収斂されてくる可能性が高いと考える。しかし、その場合、遣唐使の派遣がない「空白の 30 年」をどのように評価するか、が最大の課題となる。

（3）遣唐使の派遣回数には、諸説ある。天智 6 年（667）に派遣された使節は、唐使の司馬法聡を熊津都督府（旧百済領）に駐留する唐軍へ送り届ける目的のため、遣唐使の派遣回数に含めない立場がある。そのため、大宝 2 年（702）に出発した遣唐使は、第 7 次、第 8 次と呼ぶ立場の違いがあり、王仲殊は第 7 次とする。本書では、東野治之の 20 回派遣説 [東野 1999 pp.28-29「遣唐使の一覧」] を採用するため、第 8 次となるが、混乱を避けるため粟田真人を執節使とする第 8 次遣唐使については、「大宝の遣唐使」と呼称する。

（4）日本の歴史学会では、「則天武后」と呼ぶのが一般的だが、これは武則天が皇帝となった事実、すなわち武周の正当

性を認めない「唐朝の歴史観」に基づくものとされる [妹尾 2023 p.5]。現在の中国では、皇后・皇太后・皇帝時代を合わせて使用できる「武則天」が一般的に使用されており、本書でも基本的に同じ立場をとる。

(5) 後漢に関しては「雒陽城」、それ以外の時代は「洛陽城」とする場合 [村元 2020b p.18] もあるが、本書では基本的には「洛陽城」で統一している。

(6) 武則天は、仏教・道教・儒教に関連する多くの称号を持つが、かつては女性として史上初の皇帝になるための手段と解釈されることが多かった。例えば、武則天は、僧薛懐義の発案で慈氏、すなわち弥勒菩薩としての称号を得た点が知られている。しかし、皇帝が菩薩戒を受けて菩薩皇帝となるのは劉宋明帝から始まって北斉・隋唐でも流行した現象であり、武則天が特別なわけでない。道教に関しても、老子を先祖とする唐王朝の歴代皇帝が利用したものであり、儒教も同様である。このように、武則天が仏教・道教・儒教などを利用した点に関しては、近年では女性特有の権威の弱さを克服するというよりは、皇帝としての権威自体を強化していたと考えられるようになっている [河上 2023]。660～705 年の 45 年の長きに渡って、皇后・皇太后・皇帝として君臨した武則天の時代を「特異な時期」と考えるのではなく、現在ではより客観的な視点で位置付けていく研究の方向性にあるといえるだろう。

(7) (図 64 左) の合成図に関しては、科研報告書 [註 1：城倉 2024] の段階では、概報で示されている中軸建造物のボーリング調査の成果図 [報告 A11：中国社会科学院考古研究所洛陽唐城隊 1989 p.247 図 9]、および公表されている明堂・天堂の基壇規模からスケールを調整した。しかし、近年、中軸線の東側廊廡の概報 [洛陽市考古研究院 2023] などでも位置関係が整理されており、科研報告書段階の図では、北側の陶光園南廊との関係性に矛盾をきたすため、本書では [報告 A10：中国社会科学院考古研究所 2014 p.447 図 5-89] で示されている復原模式図を基に中軸の建造物のスケールを再度、調整して図示した。

(8) 天堂南西側で検出された建造物に関しては、王書林の詳細な検討が参考になる。王は、報告書 [報告 A10：洛陽市文物考古研究院 2016] を詳細に検討し、7 号建築（隋武安殿）・6 号建築（唐武成殿／唐末に宣政殿・貞観殿と改名）・3 号建築（五代文明殿）・1 号建築（北宋文明殿）に比定した。さらに、隋・唐・北宋にかけての建造物の様式変化として、①総柱建物（満堂柱造）→側柱建物（減柱造）、②殿前廊→殿前月台、③南面の東西階段→中央御道、④主殿の東西廊→東西配殿、という流れを指摘した [王書林 2023a]。このような変化は、当該建物の個別的な変化というよりも、隋唐〜北宋という時代における建築様式の大きな変容過程を反映しているものと思われ、今後、更なる研究の深化が望まれる分野である。

(9) 北宋期に成立した西京洛陽城の太極殿、東京開封城の大慶殿の工字形正殿が、同時代の周辺国に与えた影響も今後検討をする必要がある。現在まで北方の遼では工字形正殿は確認されていないが、南宋臨安城の宮城では北宋開封城を継承した双軸構造だった点が指摘されている [劉慶柱主編 2016 上巻 p.438]。なお、様相は不明瞭ではあるが (図 50 下) で示したように、高麗の首都である開京満月台遺跡では、工字形正殿の長和殿が確認されている。

(10) 網干善教は、日本の八角墳の思想的起源が中国にあるとし、特に八角形の「方壇」の事例を挙げている。具体的には以下の 5 例である。

　①唐高宗永徽 3 年（652）の八角明堂（『旧唐書』巻二十二「礼儀志」）。
　②唐高宗総章 2 年（669）の八角明堂（『旧唐書』巻二十二「礼儀志」）。
　③唐高宗麟徳 2 年（665）の泰山封禅／八角方壇（『旧唐書』巻二十三「礼儀志」）。
　④唐高宗永淳 2 年（683）の嵩山封禅／八角方壇（『旧唐書』巻二十三「礼儀志」）。
　⑤唐大祀の夏至方丘祭祀（皇地祇）／八角三成（『大唐郊祀録』巻八「祭祀一」）。

以上から八角は「円」ではなく、根本は「方」であるとし、八角墳を「八角方墳」と捉えた [網干 1979 pp.190-196]。①②は本書でも議論した八角形の明堂方案であり、高宗の意思を継いだ武則天が洛陽城の宮城中枢部で建造を実現させている。一方、③④に関しては封禅に際する方壇で、特に④の嵩山封禅は高宗が 3 回の詔（676・679・683

年）を出したにも拘らず実現できず、やはり、その意思を継いだ武則天が万歳登封元年（695）に嵩山で挙行したことが知られている [大西 2020 p.297]。⑤はいうまでもなく冬至に皇帝が南郊円丘で昊天上帝を祀る祭天儀礼と対になる夏至の方丘祭祀である。網干は八角壇が登場するこれらの事例を、地を祀る「方壇」の事例と捉えていたが、これらは皇帝親祭で行われる天地を祀る儀礼の舞台空間である。天円地方、すなわち上円下方の概念と八角基壇は矛盾するものではなく [姜波 1996 p.442]、両者が深い関係にあった点が読み取れる。これら中国における皇帝を中心とする世界観を示す儒教的な思想が、日本に流入し、都城・山城・寺院・墳墓など横断的に現出した可能性が高いと考えるが、これらの中で実際に遣唐使が見聞できた要素としては、①②を基礎として唐洛陽城乾元殿跡地に垂拱3年（688）に建造され、焼失後の天冊万歳2年（696）に再建された武則天明堂（第8次遣唐使／702年発）、③の高宗が泰山で行った封禅方壇（第5次遣唐使／665年発）[葛 2014] が確実な事例として挙げられる。粟田真人を執節使とする大宝の遣唐使は、武則天の歓待を受けたが、洛陽・長安で宮城・礼制建築で行われる様々な儀礼に参加した可能性が指摘されている〔妹尾 2020b〕。なお、泰山封禅に関しては、若干状況が複雑である。西安で2011年に発見された唐に仕えた百済人である祢軍の墓誌を検討した葛継勇によれば、唐使の劉徳高と祢軍が665年に来日した理由は、倭国に高宗の封禅への参加を要請するものだったとされる。実際には、守大石・坂合部磐積らが劉徳高を唐へと送った第5次遣唐使は封禅には間に合わなかったが、唐の劉仁願・劉徳高らに随行して泰山に赴き、封禅に関連する「投龍璧」の儀式に参加した可能性が指摘されている [葛 2014 p.13]。一方、乾封元年（666）に行われた高宗の泰山封禅では、『旧唐書』によると白村江の戦いでも活躍した唐の将軍である劉仁軌に引率された新羅・百済・耽羅・倭国の「酋長」、さらには高句麗の王子が参加した記録があり、白村江で捕虜となった「倭衆（倭国の将軍）」が参加したと言われる。このように状況は複雑ではあるが、宮城中枢部で行われる元会だけでなく、皇帝親祭で行われる郊祀、あるいは封禅などの儀礼に蕃主（使）を参加させることは、皇帝権力を可視化する上で唐朝にとっても非常に重要だったものと思われる。いずれにしても、中国に派遣された正式な外国使節である遣唐使たちが参加した儀礼を通じて、都城の宮城構造だけでなく、礼制建築などの情報も日本国内に流入した可能性が高いと考える。特に、唐の礼制建築が東アジア各国に与えた影響は、考古学的に研究が少ない分野であり、今後、重要な課題になると考えている。

　ところで、八角墳に関する網干の中国儒教思想由来説は、近年では広く受け入れられており、相原嘉之も儒教思想を墳丘に採用したとしている [相原 2023]。一方、塚田良道は中国の影響を認めつつ、古墳時代中期以降に日本に存在する剣菱形を八方位にデザインする思想と、天皇号の成立が結びついて登場した墳形であると考えている [塚田 2022]。また、前期難波宮の天武朝説に立つ泉武は、前期難波宮八角殿（院）の平面形態・規模をモデルに野口王墓が成立し、壇ノ塚古墳（舒明陵）・御廟野古墳（天智陵）・牽牛子塚古墳（斉明陵）が八角形に改修されたと推定している（泉 2022）。このように八角墳に関しては、仏教に関連づける立場が少なくなっている状況だが、今後も様々な要素を東アジア世界の中で横断的に分析していく視点が求められていくと考える。

(11) 科研報告書 [城倉 2021] 段階では、中軸からの距離という視点で「中枢を荘厳化する施設」を分類したが、本書の第3章では系譜関係を重視して、分類名称を入れ替えた。対応関係は、旧Ⅰ類→新Ⅰ類、旧Ⅱ類→新Ⅲ類、旧Ⅲ類→新Ⅱ類である。Ⅱ類とⅢ類の名称を入れ替えた点を注意しておきたい。

(12) 科研報告書 [註1：城倉 2024] 段階では、遣唐使が中国で実際に参加した儀礼に関する整理が不十分であったため、本書ではこの部分を補足した。

(13) 唐の礼は以下の5つに分類される。すなわち、①吉礼（祭祀儀礼）、②賓礼（外交儀礼）、③軍礼（軍事）、④嘉礼（冠婚葬祭）、⑤凶礼（葬喪）である [古瀬 2003 p.110]。

引用文献（日本語）

相原嘉之　2010「我が国における宮中枢部の成立過程」『明日香村文化財調査研究紀要』9　pp.1-33

相原嘉之　2023「八角墳創出論」『飛鳥・藤原京と古代国家形成』吉川弘文館　pp.297-309

青木　敬　2022「奈良時代における大嘗宮の変遷とその意義」『人・墓・社会』雄山閣　pp.303-308

秋山日出雄　1981「八省院＝朝堂院の祖型」『難波宮址の研究』7　大阪市文化財協会　pp.213-234

秋山日出雄　1982「日本古代都城の原型－鄴京復原再考－」『神女大史学』2　pp.39-84

浅野　充　1990「古代天皇制国家の成立と宮都の門」『日本史研究』338　pp.21-47

阿部義平　1974「平城宮の内裏・中宮・西宮考」『研究論集』2　奈良国立文化財研究所　pp.71-91

阿部義平　1984「古代宮都中枢部の変遷について」『国立歴史民俗博物館研究報告』3　pp.121-170

網干善教　1979「八角方墳とその意義」『橿原考古学研究所論集』5　pp.181-226

安　家瑶　1998「含元殿遺跡の発掘に関する誤認を解く」『佛教藝術』238　pp.99-107

安　家瑶　2003「唐大明宮含元殿遺跡の再発掘と再検討」『東アジアの古代都城』奈良文化財研究所　pp.59-73

家崎孝治　1993「平安宮大極殿の復原」『平安京歴史研究』杉山信三先生米寿記念論集刊行会　pp.17-25

家原圭太　2020「前期難波宮の変遷と小柱穴」『難波宮と古代都城』同成社　pp.14-24

池　浩三　1981「大嘗宮正殿の室・堂の性格－中国古代の宗廟形式との比較において－」『日本建築学会論文報告集』308　pp.145-154

池田　温（解題）　1972『大唐開元禮：附大唐郊祀録』汲古書院

石川千恵子　2010『律令国家と古代宮都の形成』勉誠出版

石川千恵子　2020「平城宮の二つの「大極殿」」『難波宮と古代都城』同成社　pp.587-601

泉　武　2022「八角墳成立論」『博古研究』62　pp.1-18

市　大樹　2014「難波長柄豊碕宮の造営過程」『交錯する知－衣装・信仰・女性－』思文閣出版　pp.285-303

市　大樹　2020「難波長柄豊碕宮の革新性」『難波宮と古代都城』同成社　pp.69-79

市　大樹　2021「門の呼称からみた日本古代王宮の特質と展開」『古代日本の政治と制度』同成社　pp.72-93

井上和人　2005「渤海上京龍泉府形制新考」『東アジアの都城と渤海』東洋文庫　pp.71-110

井上和人　2008『日本古代都城制の研究』吉川弘文館

井上和人　2021『日本古代国家と都城・王宮・山城』雄山閣

今井晃樹　2012「唐・日本・渤海の外朝」『文化財論叢』6　奈良文化財研究所　pp.947-960

今井晃樹　2023「大明宮北半部と平城宮松林苑」『文化財論叢』5　奈良文化財研究所　pp.257-270

今泉隆雄　1980「平城宮大極殿朝堂考」『日本古代史研究－関晃先生還暦記念－』吉川弘文館　pp.197-242

今泉隆雄　1984「律令制都城の成立と展開」『講座日本歴史2　古代2』東京大学出版会　pp.43-67

今泉隆雄　1989「再び平城宮の大極殿・朝堂について」『律令国家の構造』吉川弘文館　pp.245-306

今泉隆雄　1993『古代宮都の研究』吉川弘文館

今泉隆雄　1997「権力表彰の場としての古代宮都」『国立歴史民俗博物館研究報告』74　pp.13-22

岩永省三　1996「平城宮」『古代都城の儀礼空間と構造』奈良国立文化財研究所　pp.57-120

岩永省三　2006a「大嘗宮移動論－幻想の氏族合議制－」『九州大学総合研究博物館研究報告』4　pp.99-132

岩永省三　2006b「大嘗宮の付属施設」『喜谷美宣先生古希記念論集』喜谷美宣先生古希記念論集刊行会　pp.343-355

岩永省三　2008「日本における都城制の受容と変容」『九州と東アジアの考古学　上』九州大学考古学研究室50周年記念論文集刊行会　pp.469-493

岩永省三　2019『古代都城の空間操作と荘厳』すいれん舎

岩永　玲　2023「藤原宮大極殿院の調査成果」『条里制・古代都市研究』38　pp.115-126

石見清裕　1995「唐代外国使節の宴会儀礼について」『小田義久博士還暦記念　東洋史論集』龍谷大学東洋史研究会

pp.127-165

石見清裕　1998「外国使節の皇帝謁見儀式復元」『唐の北方問題と国際秩序』汲古書院　pp.413-460

上野邦一　1993「平城宮の大嘗宮再考」『建築史学』20　pp.90-101

上野邦一　2010「古代宮殿における中心建物周辺の荘厳空間」『古代学』2　奈良女子大学古代学学術研究センター　pp.11-16

内田和伸　2002「平城宮第一次大極殿院内の磚積擁壁の平面形について」『文化財論叢』3　奈良文化財研究所　pp.245-258

内田和伸　2011『平城宮大極殿院の設計思想』吉川弘文館

内田昌功　2004「魏晋南北朝の宮における東西構造」『史朋』37　pp.1-19

内田昌功　2009「北周長安宮の空間構成」『秋大史学』55　pp.52-66

内田昌功　2010「北周長安城の路門と唐大明宮含元殿」『歴史』115　pp.1-19

内田昌功　2013「隋唐長安城の形成過程－北周長安城との関係を中心に－」『史朋』46　pp.1-13

海野　聡　2014「平城宮における幢旗の遺構の発見」『古代文化』66-2　pp.142-144

エドウィン・O・ライシャワー（田村実誓訳）　1999『円仁　唐代中国への旅－『入唐求法巡礼行記』の研究－』講談社学術文庫

榎本淳一　2014「遣唐使の役割と変質」『岩波講座　日本歴史3』岩波書店　pp.253-284

王　維坤　1997『中日の古代都城と文物交流の研究』朋友書店

王　維坤　1999「唐長安城における大明宮含元殿の発掘と新認識」『同志社大学考古学シリーズ』7　pp.751-764

王　維坤　2008a「唐長安城大明宮含元殿の発掘と龍尾道の復元」『古代東アジア交流の総合的研究』国際日本文化センター　pp.3-18

王　維坤　2008b「中国の都城のプランからみる日本の都城制の源流」『王権と都市』国際日本文化研究センター　pp.113-132

王　仲殊（菅谷文則・中村潤子訳）　1983「日本の古代都城制度の源流について」『考古学雑誌』69-1　pp.1-30

王　仲殊　1994「第七次遣唐使のいきさつについて」『就実女子大学史学論集』9　pp.1-15

王　仲殊　2004「唐長安城および洛陽城と東アジアの都城」『東アジアの都市形態と文明史』国際日本文化研究センター　pp.411-420

大阪市教育委員会事務局文化財保護課　2023「前期難波宮の内裏の発掘調査で重要な区画を発見！」『葦火』210　pp.2-3

大澤正吾　2019a「平城宮第一次大極殿院の幢旗遺構」『奈良文化財研究所紀要2019』　pp.42-43

大澤正吾　2019b「宮殿における幢幡（旗）遺構の展開」『条里制・古代都市研究』34　pp.15-40

大津　透　2024a「天皇号の成立と唐風化」『君主号と歴史世界』山川出版社　pp.69-89

大津　透　2024b「天皇号と日本国号」『日本史の現在2　古代』山川出版社　pp.2-16

大西磨希子　2020「則天武后の明堂と嵩山封禅」『隋唐洛陽と東アジア』宝藏館　pp.279-305

岡田精司　1983「大王就任儀礼の原形とその展開－即位と大嘗祭－」『日本史研究』245　pp.1-32

尾形　勇　1982「中国の即位儀礼」『東アジアにおける日本古代史講座 第9巻』学生社　pp.21-48

小澤　毅　1988「伝承板蓋宮跡の発掘と飛鳥の諸宮」『橿原考古学研究所論集』9　pp.367-414

小澤　毅　1993「平城宮中央区大極殿地域の建築平面について」『考古論集』潮見浩先生退官記念論文集　pp.621-646

小澤　毅　1997a「飛鳥浄御原宮の構造」『堅田直先生古希記念論文集』真陽社　pp.381-404

小澤　毅　1997b「古代都市「藤原京」の成立」『考古学研究』44-3　pp.52-71

小澤　毅　2003『日本古代宮都構造の研究』青木書店
小澤　毅　2011「七世紀の日本都城と百済・新羅王京」『日韓文化財論集』2　奈良文化財研究所　pp.1-21
小澤　毅　2012「平城宮と藤原宮の「重閣門」」『文化財論叢』6　奈良文化財研究所　pp.681-704
小澤　毅　2020「平城宮中央区大極殿の南面階段」『難波宮と古代都城』同成社　pp.476-485
小澤　毅　2023a「総論　藤原京から平城京へ」『考古学ジャーナル』778　pp.3-5
小澤　毅　2023b『古代大和の王宮と都城』同成社
小田裕樹　2021「平城宮東院6期遺構群の復元と構造」『持続する志　下　岩永省三先生退職記念論文集』中国書店　pp.429-446
郭　曉涛・銭　国祥・劉　涛　2021「漢魏洛陽城跡北魏宮城の考古学的新展開と意義－1999～2019年の調査成果－」『アジア流域文化研究』12　pp.13-26
葛　継勇　2014「祢軍の倭国出使と高宗の泰山封禅」『日本歴史』790　pp.1-17
金子修一　1982「中国－郊祀と宗廟と明堂及び封禅－」『東アジアにおける日本古代史講座　第9巻』学生社　pp.179-221
金子修一　1994「唐の太極殿と大明宮－即位儀礼におけるその役割について－」『山梨大学教育学部研究報告』44　pp.52-64
金子修一　2001a『古代中国と皇帝祭祀』汲古書院
金子修一　2001b『隋唐の国際秩序と東アジア』名著刊行会
金子修一　2006『中国古代皇帝祭祀の研究』岩波書店
金子修一　2009「則天武后と杜嗣先墓誌－粟田真人の遣唐使と関連して－」『国史学』197　pp.1-20
金子修一　2010「東アジア世界論」『日本の対外関係1　東アジア世界の成立』吉川弘文館　pp.192-216
金子修一　2019『古代東アジア世界史論考』八木書店
金子裕之　1996「朝堂院の変遷に関する諸問題」『古代都城の儀礼空間と構造』奈良国立文化財研究所　pp.263-298
金子裕之　2002「平城宮の宝幢遺構をめぐって－宝幢遺構に関する吉川説への疑問－」『延喜式研究』18　pp.106-129
金子裕之　2007「長岡京会昌門の楼閣遺構とその意義」『古代都市とその形制』奈良女子大学古代学学術研究センター　pp.48-71
狩野直喜　1931「我朝に於ける唐制の模倣と祭天の礼」『徳雲』2-2　pp.1-24
狩野　久　1975「律令国家と都市」『大系・日本国家史1　古代』東京大学出版会　pp.217-254
亀田　博　1987「七世紀後半における宮殿の形態」『横田健一先生古稀記念　文化史論叢　上』創元社　pp.690-709
亀田　博　2000『日韓古代宮都の研究』学生社
加茂正典　1999「『儀式』から見た平安朝の天皇即位儀礼－践祚儀・即位式・大嘗祭－」『日本古代即位儀礼史の研究』思文閣出版　pp.43-78
河上麻由子　2019『古代日中関係史－倭の五王から遣唐使以降まで－』中央公論新社
河上麻由子　2023「則天武后の権威の多元性」佐川英治編『多元的中華世界の形成－東アジアの「古代末期」－』臨川書店　pp.292-316
川部浩司　2024「宮殿構造からみた伊勢神宮・斎宮の成立」『古代学と遺跡学』坂靖さん追悼論文集刊行会　pp.401-409
韓　昇（河上麻由子訳）　2009「井真成墓誌の再検討」『東アジア世界史研究センター年報』3　pp.97-108
岸　俊男　1974「平城京へ・平城京から」『日本文化と浄土教論攷』井川博士喜寿記念出版部　pp.213-229
岸　俊男　1975「朝堂の初歩的考察」『橿原考古学研究所論集　創立35周年記念』吉川弘文館

岸　俊男　1976「日本の宮都と中国の都城」『日本古代文化の探求・都城』社会思想社　pp.101-139

岸　俊男　1977a「難波の都城・宮室」『難波宮と日本古代国家』塙書房　pp.137-182

岸　俊男　1977b「難波宮の系譜」『京都大学文学部研究紀要』17　pp.1-34

岸　俊男　1988『日本古代宮都の研究』岩波書店

魏　存成　2004「渤海都城プランの発展およびその隋唐長安城との関係」『東アジアの都市形態と文明史』国際日本文化研究センター　pp.143-161

鬼頭清明　1978「日本における大極殿の成立」『古代史論叢　中巻』吉川弘文館　pp.45-74

鬼頭清明　1984「日本における朝堂院の成立」『日本古代の都城と国家』塙書房

鬼頭清明　2000『古代木簡と都城の研究』塙書房

京都市文化市民局　2019『京都市内遺跡試掘調査報告　平成 30 年度』

国下多美樹　2014「長岡京遷都と後期難波宮の移建」『難波宮と都城制』吉川弘文館　pp.244-260

久保田和男　2007『宋代開封の研究』汲古書院

久保田和男　2018「五代・北宋における都城洛陽の退場」『東洋史研究』76-4　pp.141-175

久保田和男　2019「大元ウルスの都城空間と王権儀礼をめぐって－宋遼金都城と元大都の比較史的研究の試み－」『長野工業専門学校紀要』53　pp.1-20

倉林正次　1965「唐礼との比較」『饗宴の研究－儀礼編－』桜楓社　pp.77-101

クリフォード・ギアツ（小泉潤二訳）1990『ヌガラ－ 19 世紀バリの劇場国家－』みすず書房

甲賀市教育委員会　2023『史跡紫香楽宮（宮町地区）発掘調査報告書Ⅰ－朝堂区画・内裏区画の調査－』

河内春人　1996「大宝律令の成立と遣唐使派遣」『続日本紀研究』305　pp.22-38

河内春人　2000「日本古代における昊天祭祀の再検討」『古代文化』492　pp.29-41

河内春人　2008「日本国号の由来と来歴」『歴史地理教育』735　pp.70-75

河内春人　2015『日本古代君主号の研究－倭国王・天子・天皇－』八木書店

小島　毅　1989「郊祀制度の変遷」『東洋文化研究所紀要』108　pp.123-219

小島　毅　1991「天子と皇帝－中華帝国の祭祀体系－」『王権の位相』弘文堂　pp.333-350

栄原永遠男　2003「天武天皇の複都制構想」『市大日本史』6　pp.1-12

栄原永遠男　2019「「複都制」再考」『大阪歴史博物館研究紀要』17　pp.25-40

佐川英治　2010「曹魏太極殿の所在について」『六朝・唐代の知識人と洛陽文化』岡山大学文学部プロジェクト研究報告書 15　pp.19-42

佐川英治　2016『中国古代都城の設計と思想－円丘祭祀の歴史的展開－』勉誠出版

佐川英治　2017「鄴城に見る都城制の転換」『魏晋南北朝史のいま』勉誠出版　pp.153-162

佐川英治　2018「六朝建康城と日本藤原京」『東アジア古代都市のネットワークを探る』汲古書院　pp.205-221

佐川英治　2024「皇帝が「天子」を称するとき－中華の多元化と東部ユーラシア－」『君主号と歴史世界』山川出版社　pp.5-27

佐川英治編　2024『君主号と歴史世界』山川出版社

笹生　衛　2019「古代大嘗宮の構造と起源－祭式と考古資料から考える祭祀の性格－」『神道宗教』254・255　pp.87-120

佐竹　昭　1988「藤原宮と朝庭の赦宥儀礼」『日本歴史』478　pp.1-19

佐竹　昭　1998『古代王権と恩赦』雄山閣出版

佐竹　昭　2020「桓武・平城朝の政治と文化－郊祀と朔旦冬至、及び大同改元－」『難波宮と古代都城』同成社

pp.753-762

佐藤　隆　2022「前期難波宮造営過程の再検討－飛鳥宮跡との比較を中心に－」『大阪歴史博物館研究紀要』20
　　pp.21-40

佐藤武敏　1976「唐長安の宮城について」『江上波夫教授古稀記念論集 考古・美術編』山川出版社　pp.227-241

佐藤武敏　1977「唐の朝堂について」『難波宮と日本古代国家』塙書房　pp.183-213

佐藤武敏　2004『長安』講談社学術文庫

佐野真人　2009「日本における昊天祭祀の受容」『続日本紀研究』379　pp.12-29

澤村　仁　1995「後期難波宮大極殿の建物ほか二・三の問題」『難波宮址の研究』10　大阪市文化財協会　pp.185-197

重見　泰　2020a『日本古代都城の形成と王権』吉川弘文館

重見　泰　2020b「天武朝の複都構想」『難波宮と古代都城』同成社　pp.58-68

重見　泰　2023『大極殿の誕生－古代天皇の象徴に迫る－』吉川弘文館

志村佳名子　2015『日本古代の王宮構造と政務・儀礼』塙書房

志村佳名子　2019「宮廷儀礼と幢幡－儀仗制との関わりから－」『条里制・古代都市研究』34　pp.1-14

城倉正祥　2017「中原都城と草原都城の構造比較」『中国都城・シルクロード都市遺跡の考古学的研究』早稲田大学東ア
　　ジア都城・シルクロード考古学研究所　pp.5-56

城倉正祥　2021『唐代都城の空間構造とその展開』早稲田大学東アジア都城・シルクロード考古学研究所

白石典之　2022『モンゴル考古学概説』同成社

新蔵正道　1995「大宝の遣唐使派遣の背景」『続日本紀研究』293　pp.1-14

菅谷文則　1987「飛鳥京第Ⅲ期遺構と掘立柱建築の諸条件考」『横田健一先生古希記念　文化史論叢　上』創元社
　　pp.669-689

鈴木　亘　1980「中国の宮殿建築における前殿および朝堂（Ⅰ）」『QUADRATO』Ⅱ　pp.14-21

鈴木　亘　1982「古代宮殿建築における前殿と朝堂」『日本建築学会論文報告集』312　pp.152-160

鈴木　亘　1990「古代宮殿における前殿と朝堂」『平安宮内裏の研究』中央公論美術出版　pp.11-189

妹尾達彦　1992「唐長安城の儀礼空間－皇帝儀礼の舞台を中心に－」『東洋文化』72　pp.1-35

妹尾達彦　1998「帝国の宇宙論－中華帝国の祭天儀礼－」『王権のコスモロジー』弘文堂　pp.233-255

妹尾達彦　2001『長安の都市計画』講談社

妹尾達彦　2009「中国都城の沿革と中国都市図の変遷－呂大防「唐長安城図碑」の分析を中心にして－」『古代都城のか
　　たち』同成社　pp.175-200

妹尾達彦　2014「太極宮から大明宮へ－唐長安における宮城空間と都市社会の変貌－」『近世東アジア比較都城史の諸相』
　　白帝社　pp.17-59

妹尾達彦　2020a「東アジアの複都制」『アフロ・ユーラシア大陸の都市と社会』中央大学出版部　pp.135-237

妹尾達彦　2020b「長安702年：武則天と倭国朝貢使」『難波宮と古代都城』同成社　pp.801-812

妹尾達彦　2023「中国史上ただ一人の女性皇帝」『アジア人物史　第3巻　ユーラシア東西ふたつの帝国』集英社
　　pp.140-164

関　晃　1997「律令国家と天命思想」『日本古代の国家と社会』吉川弘文館　pp.140-164

関野　貞　1907『平城京及大内裏考』東京帝国大学紀要工科第3冊

積山　洋　2002「難波長柄豊碕宮と飛鳥浄御原宮－大極殿の成立をめぐって－」『市大日本史』5　pp.109-119

積山　洋　2009「大極殿の成立と前期難波宮内裏前殿」『都城制研究』2　奈良女子大学古代学学術研究センター
　　pp.1-16

積山　洋　2010「中国古代都城の外郭城と里坊の制」『歴史研究』48　pp.1-28
積山　洋　2013a「大極殿の成立と前期難波宮内裏前殿」『古代の都城と東アジア』清文堂　pp.59-96
積山　洋　2013b「大極殿の展開と後期難波宮」『古代の都城と東アジア』清文堂　pp.97-143
積山　洋　2023「前期難波宮と飛鳥宮、藤原宮」『ヒストリア』300　pp.3-21
外村　中　2009「賈公彦『周礼疏』と藤原京について」『古代学研究』181　pp.26-33
外村　中　2010「魏晋洛陽都城制度攷」『人文学報』99　京都大学人文科学研究所　pp.1-29
外村　中　2011「唐の長安の西内と東内および日本の平城宮について」『佛教藝術』317　pp.9-51
瀧川政次郎　1967a「革命思想と長岡遷都」『法制史論叢 第2冊 京制並びに都城制の研究』角川書店　pp.466-512
瀧川政次郎　1967b「複都制と太子監国の制」『法制史論叢 第2冊 京制並に都城制の研究』角川書店　pp.15-88
竹内　亮　2009「藤原宮大極殿をめぐる諸問題」『都城制研究』2　奈良女子大学古代学学術研究センター　pp.37-46
竹森友子　2015「元日朝賀儀・即位式と隼人」『日本古代のみやこを探る』勉誠出版　pp.413-428
田島　公　1986「外交と儀礼」『日本の古代　第7巻　まつりごとの展開』中央公論社　pp.193-246
田島　公　1997「真如（高丘）親王一行の「入唐」の旅」『歴史と地理－日本史の研究－』177　pp.37-54
舘野和己　2010a「日本古代の複都制」『都城制研究』4　奈良女子大学古代学学術研究センター　pp.120-133
舘野和己　2010b「天武天皇の都城構想」『律令国家史論集』塙書房　pp.121-141
田中一輝　2017『西晋時代の都城と政治』朋友書店
田中俊明　2004「高句麗の平壌遷都」『朝鮮学報』190　pp.21-60
千田剛道　2015『高句麗都城の考古学的研究』北九州中国書店
塚田良道　2022「八角墳の形態系譜」『鴨台史学』18　pp.1-27
塚田良道　2024「藤原宮の幢幡図像について」『古代学と遺跡学』坂靖さん追悼論文集刊行会　pp.399-400
鶴見泰寿　2023「飛鳥宮と空間構成」『飛鳥の儀礼と空間構成』東京大学史料編纂所　pp.21-40
寺崎保広　1984「平城宮大極殿」『仏教芸術』154　pp.145-176
寺崎保広　2006a「朝堂院の朝政に関する覚書」『古代日本の都城と木簡』吉川弘文館　pp.122-137
寺崎保広　2006b「平城宮大極殿の検討」『古代日本の都城と木簡』吉川弘文館　pp.33-121
東野治之　1999「唐と日本」「遣唐使の旅」『遣唐使船』朝日新聞社　pp.5-41,51-94
豊田　久　1980「周王朝の君主権の構造について」『西周青銅器とその国家』東京大学出版会　pp.391-456
豊田裕章　2020「唐の宮室の中心的殿舎の多様化と日本の宮室構造との関わりについて」『難波宮と古代都城』同成社　pp.790-800
直木孝次郎　1973「大極殿の起源についての一考察」『人文研究』25-1　pp.54-68
直木孝次郎　1975「大極殿の門」『飛鳥奈良時代の研究』塙書房　pp.88-104
直木孝次郎　1995「難波宮大極殿の成立」『難波宮址の研究』10　大阪市文化財協会　pp.131-148
直木孝次郎　2005「天武朝の国際関係と難波宮」『日本古代の氏族と国家』吉川弘文館　pp.7-29
中尾芳治　1972「前期難波宮をめぐる諸問題」『考古学雑誌』58-1　pp.1-29
中尾芳治　1981「前期難波宮内裏前殿SB1801をめぐって」『難波宮址の研究』7　大阪市文化財協会　pp.151-165
中尾芳治　1995a「前期難波宮と唐長安城の宮・皇城」『難波宮の研究』吉川弘文館　pp.173-188
中尾芳治　1995b「後期難波宮大極殿院の規模と構造について」『難波宮址の研究』10　大阪市文化財協会　pp.159-174
中尾芳治　2014「難波宮から藤原宮へ」『難波宮と都城制』吉川弘文館　pp.196-224
中村太一　1996「藤原京と『周礼』王城プラン」『日本歴史』582　pp.91-100
奈良国立文化財研究所　1985『昭和59年度平城宮跡発掘調査部発掘調査概報』

奈良国立文化財研究所　1986『昭和60年度平城宮跡発掘調査部発掘調査概報』
奈良文化財研究所　2003『大極殿関係史料（稿）1　儀式書編』
奈良文化財研究所　2005a『大極殿関係史料（稿）2　編年史料』
奈良文化財研究所　2005b「中央区朝堂院の調査－第367・376次－」『奈良文化財研究所紀要2005』　pp.86-95
奈良文化財研究所　2006a「中央区朝堂院の調査－第389次－」『奈良文化財研究所紀要2006』　pp.102-111
奈良文化財研究所　2006b「朝集殿院の調査－第394次・第399次－」『奈良文化財研究所紀要2006』　pp.114-118
奈良文化財研究所　2010a『官衙と門』報告編・資料編　第13回古代官衙・集落研究会報告書
奈良文化財研究所　2010b『図説　平城京事典』柊風社
奈良文化財研究所　2019『特別史跡平城宮跡　大嘗宮』
奈良文化財研究所　2020「藤原宮大極殿院の調査－第200次－」『奈良文化財研究所紀要2020』　pp.64-82
西嶋定生　1975「漢代における即位儀礼」『榎博士還暦記念東洋史論叢』山川出版社　pp.403-422
西嶋定生　2002「東アジア世界と冊封体制－6～8世紀の東アジア－」『西嶋定生東アジア史論集　第3巻』岩波書店　pp.5-58
西本昌弘　1998「元日朝賀の成立と孝徳朝難波宮」『古代中世の社会と国家』清文堂出版　pp.101-119
西本昌弘　2004「孝謙・称徳天皇の西宮と宝幢遺構」『続日本紀の諸相』塙書房　pp.273-293
西本昌弘　2008「七世紀の王宮と政務・儀礼」『日本古代の王宮と儀礼』塙書房　pp.189-372
西本昌弘　2014「大藤原京説批判」『飛鳥・藤原と古代王権』同成社　pp.159-201
西本昌弘　2015「平城宮第一次大極殿と長安城太極殿・洛陽城乾元殿」『日本古代のみやこを探る』勉誠出版　pp.139-153
西本昌弘　2017「日出処・日本の元日朝賀と銅烏幢」『日本的時空観の形成』思文閣出版　pp.109-131
仁藤敦史　1998「複都制と難波京」『古代王権と都城』吉川弘文館　pp.202-216
仁藤敦史　2022「再論・藤原京の京域と条坊」『律令制国家の理念と実像』八木書店　pp.159-182
箱崎和久・鈴木智大・海野　聡　2016「日本からみた韓半島の古代寺院金堂」『日韓文化財論集』Ⅲ　奈良文化財研究所　pp.239-287
橋本義則　1984「平安宮草創期の豊楽院」『日本政治社会史研究　中』塙書房　pp.179-216
橋本義則　1986「朝政・朝儀の展開」『日本の古代　第7巻　まつりごとの展開』中央公論社　pp.99-192
馬場　基　2018「門の格からみた宮の空間」『史料・史跡と古代社会』吉川弘文館　pp.365-391
林　博通　2001『大津京跡の研究』思文閣出版
林部　均　1998「飛鳥浄御原宮の成立－古代宮都変遷と伝飛鳥板蓋宮跡－」『日本史研究』434　pp.12-42
林部　均　2001『古代宮都形成過程の研究』青木書店
林部　均　2005「古代宮都と天命思想－飛鳥浄御原宮における大極殿の成立をめぐって－」『律令国家と古代社会』塙書房　pp.83-104
平澤麻衣子　2002「平城宮第一次大極殿の基壇と屋根形態」『文化財論叢』3　奈良文化財研究所　pp.223-244
廣瀬　覚　2023「藤原宮中枢部の構造」『考古学ジャーナル』778　pp.6-11
黄　仁鎬　2011「新羅王京の整備における基準線と尺度」『日韓文化財論集』2　奈良文化財研究所　pp.23-51
福田美穂・浅川滋男　2002「含元殿と麟徳殿－唐長安城宮殿の構造と影響－」『建築雑誌』1488　pp.45-47
福山敏男　1957「日本における大極殿の起源」『大極殿の研究』平安神宮　pp.1-9
藤森健太郎　2000『古代天皇の即位儀礼』吉川弘文館
古市　晃　2004「孝徳朝難波宮と仏教世界－前期難波宮内裏八角殿院を中心に－」『大阪における都市の発展と構造』山

川出版社　pp.15-40

古川　匠　2020「恭仁宮の構造と造営順序」『条里制・古代都市研究』35　pp.39-58

古瀬奈津子　1992「儀式における唐礼の継受－奈良末～平安初期の変化を中心に－」『中国礼法と日本律令制』東方書店　pp.365-393

古瀬奈津子　1998『日本古代王権と儀式』吉川弘文館

古瀬奈津子　2003『遣唐使の見た中国』吉川弘文館

堀内和宏　2011「平城宮大極殿院の空間と儀礼」『早稲田大学大学院文学研究科紀要』56　pp.141-153

堀　敏一　2006『東アジア世界の形成－中国と周辺国家－』汲古書院

松浦千春　1993「漢より唐に至る帝位継承と皇太子」『歴史』80　pp.63-82

松本保宣　1993「唐代の側門論事について」『東方学』86　pp.36-52

松本保宣　2006『唐王朝の宮城と御前会議』晃洋書房

松本保宣　2013「朝堂から宮門へ－唐代直訴方式の変遷－」『外交史料から10～14世紀を探る』汲古書院　pp.77-126

松本保宣　2020「隋・唐・五代洛陽宮の政治空間について」『隋唐洛陽と東アジア』宝藏館　pp.167-193

南澤良彦　2010「唐代の明堂」『中国哲学論集』36　pp.1-27

南澤良彦　2018『中国明堂思想研究－王朝をささえるコスモロジー－』岩波書店

向井佑介　2012「曹魏洛陽の宮城をめぐる近年の議論」『史林』95-1　pp.247-266

村田治郎　1951「前殿の意味」『日本建築学会研究報告』16　pp.386-389

村元健一　2010「後漢雒陽城の南宮と北宮の役割について」『大坂歴史博物館研究紀要』8　pp.1-21

村元健一　2014「中国宮城の変遷と難波宮」『難波宮と都城制』吉川弘文館　pp.298-315

村元健一　2016『漢魏晋南北朝時代の都城と陵墓の研究』汲古書院

村元健一　2017「隋唐初の複都制－7世紀複都制解明の手掛かりとして－」『大阪歴史博物館研究紀要』15　pp.1-18

村元健一　2019「隋洛陽城の成立過程－恭仁京との比較のために－」『条里制・古代都市研究』35　pp.5-18

村元健一　2020a「前期難波宮と唐の太極宮」『難波宮と大化改新』和泉書院　pp.245-269

村元健一　2020b「魏晋洛陽宮城の構造」『難波宮と古代都城』同成社　pp.776-789

村元健一　2022『日本古代宮都と中国都城』同成社

安田二郎　2006「曹魏の明帝の「宮室修治」をめぐって」『東方学』111　pp.1-21

山崎道治　1996a「漢唐間の朝堂について」『古代都城の儀礼空間と構造』奈良国立文化財研究所　pp.1-10

山崎道治　1996b「中国朝堂関係史料」『古代都城の儀礼空間と構造』奈良国立文化財研究所　pp.1-79

山下信一郎　2018「古代饗宴儀礼の成立と藤原宮大極殿閤門」『史料・史跡と古代社会』吉川弘文館　pp.339-364

山田邦和　2007「桓武朝における楼閣附設建築」『国立歴史民俗博物館研究報告』134　pp.155-176

山田邦和　2016「日本古代都城における複都制の系譜」『日本古代・中世都市論』吉川弘文館　pp.43-82

山中　章　1997「長岡宮宝幢遺構」『考古学ジャーナル』418　pp.34-36

山中　章　2011「日本古代宮都の羅城をめぐる諸問題」『東アジア都城の比較研究』京都大学学術出版会　pp.70-86

山中俊史　1986「律令国家の成立」『岩波講座日本考古学』6　pp.227-294

山元章代　2010「古代日本の朝堂と朝政・朝参」『ヒストリア』221　pp.26-53

山元章代　2015「古代日本の大極殿と「大安殿」」『日本古代のみやこを探る』勉誠出版　pp.154-174

山元章代　2020「饗宴と朝堂」『難波宮と古代都城』同成社　pp.565-575

山本　崇　2004「御斎会とその舗設」『奈良文化財研究所紀要2004』　pp.34-37

山本　崇　2012「平安時代の即位儀とその儀仗－文安御即位調度図考－」『立命館文學』624　pp.391-406

山本忠尚　2004「祭殿から内裏前殿へ－梁間三間四面廂付建物の意義－」『古代文化』56-5・6　pp.259-271,315-321

山本幸男　1988「聖武朝の難波宮再興」『続日本紀研究』259　pp.1-17

梁　正錫（篠原啓方訳）　2005「金堂と太極殿の比較からみた東アジア都城制」『考古学論攷』28　pp.65-76

梁　正錫（篠原啓方訳）　2012「古代東アジアにおける宮殿の系譜－高句麗と渤海を中心に－」『周縁と中心の概念で読み解く東アジアの「越・韓・琉」－歴史学・考古学研究からの視座－』関西大学文化考証学教育研究拠点　pp.143-159

楊　寛（西嶋定生監訳）　1987『中国都城の起源と発展』学生社

楊　衒之（入矢義高訳注）　1990『洛陽伽藍記』平凡社

横手　裕　2012「道教と唐宋王朝」『東アジアの王権と宗教』勉誠出版　pp.117-131

吉江　崇　2003「律令天皇制儀礼の基礎的構造－高御座に関する考察から－」『史学雑誌』112-3　pp.319-339

吉川　聡　2003「文献資料より見た東院地区と東院庭園」『平城宮発掘調査報告書』15　奈良文化財研究所　pp.165-174

吉川真司　1996「宮廷儀礼と大極殿・朝堂院－朝堂の機能を中心に－」『古代都城の儀礼空間と構造』奈良国立文化財研究所　pp.299-312

吉川真司　1997「難波長柄豊碕宮の歴史的位置」『日本国家の史的特質　古代・中世』思文閣出版　pp.73-98

吉川真司　1999「長岡宮時代の朝庭儀礼－宝幢遺構からの考察－」『年報　都城』10　財団法人向日市埋蔵文化財センター　pp.201-217

吉川真司　2005「王宮と官人社会」『列島の古代史3　社会集団と政治組織』岩波書店　pp.155-196

吉川真司　2007「大極殿儀式と時期区分論」『国立歴史民俗博物館研究報告』134　pp.7-24

吉田　歓　2002『日中宮城の比較研究』吉川弘文館

吉田　歓　2006「大極殿と出御方法」『ヒストリア』201　pp.1-24

吉田　歓　2021「古代中国の前殿の創出」『古代日本の政治と制度』同成社　pp.167-185

吉水眞彦　2020「近江大津宮中枢部の復元について」『難波宮と古代都城』同成社　pp.408-418

李　成市　2000『東アジア文化圏の形成』山川出版社

李　成市　2004「新羅文武・神文王代の集権政策と骨品制」『日本史研究』500　pp.24-49

李　陽浩　2014「古代東アジアにおける八角形建物とその平面形態－前期難波宮東・西八角殿研究への予察－」『難波宮と都城制』吉川弘文館　pp.316-335

和田　萃　1980「服属と儀礼」『講座日本の古代信仰　第3巻』学生社　pp.66-90

和田　萃　1995「タカミクラ－朝賀・即位式をめぐって－」『日本古代の儀礼と祭祀・信仰　上』塙書房　pp.163-201

渡辺晃宏　2003「平城宮第一次大極殿の成立」『奈良文化財研究所紀要2003』　pp.18-19

渡辺晃宏　2006「平城宮中枢部の構造－その変遷と史的位置－」『古代中世の政治と権力』吉川弘文館　pp.122-149

渡辺晃宏　2009「平城宮大極殿の成立と展開」『都城制研究』2　奈良女子大学古代学学術研究センター　pp.59-71

渡辺晃宏　2020『日本古代国家建設の舞台　平城宮』新泉社

渡辺健哉　2017『元大都形成史の研究－首都北京の原型－』東北大学出版会

渡辺信一郎　1996『天空の玉座』柏書房

渡辺信一郎　2000「宮闕と園林」『考古学研究』47-2　pp.12-28

渡辺信一郎　2003『中国古代の王権と天下秩序』校倉書房

渡辺信一郎　2009「六朝隋唐期の大極殿とその構造」『都城制研究』2　奈良女子大学古代学学術研究センター　pp.73-89

渡辺直彦（校注）　1980『神道大系　朝儀祭祀編1　儀式・内裏式』精興社

渡邉将智　2014『後漢政治制度の研究』早稲田大学出版部

引用文献（中国語）

安家瑶　2001「西安隋唐円丘的考古発現」『文物天地』2001-1　pp.7-9

安家瑶　2002「唐長安城的円丘及其源流」『21世紀中国考古学与世界考古学』中国社会科学出版社　pp.506-515

安家瑶　2005a「唐大明宮含元殿遺址的幾个問題」『論唐代城市建設』陝西人民出版社　pp.408-427

安家瑶　2005b「唐大明宮含元殿龍尾道形制的探討」『新世紀的中国考古学』科学出版社　pp.691-706

陳嬬　2020「対平城京第一次大極殿受唐長安城大明宮含元殿影響的探討」『山西青年』2020年8月上　pp.106-108

陳建軍・周華・扈暁霞　2020「曹魏洛陽宮太極殿起建位置再探」『許昌学院学報』39-4　pp.12-18

陳良偉　2016「隋唐東都宮院遺址的発現与研究」『揚州城考古学術研討会論文集』科学出版社　pp.132-147

陳蘇鎮　2021「魏晋洛陽宮的形制与格局」『考古学報』2021-3　pp.381-400

陳蘇鎮　2022『従未央宮到洛陽宮』三聯書店

陳涛・李相海　2009「隋唐宮殿建築制度二論－以朝会礼儀為中心－」『中国建築史論匯刊』1　pp.117-135

陳篠　2016「元中都内城所反映的漢地城市与草原城市規劃思想初探」『東亜都城和帝陵考古与契丹遼文化国際学術研討会論文集』科学出版社　pp.295-307

陳篠　2021『中国古代的理想城市－従古代都城看「考工記」営国制度的淵源与実践－』上海古籍出版社

陳篠・孫華　2018「中国今古新建都城的形態与規劃－従元明中都的考古復原和対比分析出発－」『城市規劃』2018-8　pp.57-65

陳篠・孫華・劉詩秋　2018「元中都考古調査与復原試探－兼談中国今古都城発展史的研究－」『中国歴史地理論叢』2018-8　pp.26-34

竇培徳・羅宏才　2006「唐興慶宮勤政務本楼花萼相輝楼復原初歩研究（上）（下）」『文博』2006-5・6　pp.80-85,10-16

渡辺信一郎（徐沖訳）　2021『中国古代的王権与天下秩序』上海人民出版社

杜文玉　2012a「唐大明宮含元殿与外朝朝会制度」『唐史論叢』15　pp.1-25

杜文玉　2012b「唐大明宮宣政殿与唐代中朝制度研究」『乾陵文化研究』7　pp.1-26

杜文玉　2015『大明宮研究』中国社会科学出版社

杜文玉・趙水静　2013「唐大明宮紫宸殿与内朝朝会制度研究」『江漢論壇』2013-7　pp.120-127

馮恩学　2008「北宋熙春閣与元上都大安閣形制考」『辺疆考古研究』7　pp.292-302

傅熹年　1973「唐長安大明宮含元殿原状的探討」『文物』1973-7　pp.30-48（1998a『傅熹年建築史論文集』文物出版社　pp.184-206所収）

傅熹年　1993「元大都大内宮殿的復原研究」『考古学報』1993-1　pp.109-151

傅熹年　1995「隋、唐長安、洛陽城規劃手法的探討」『文物』1995-3　pp.48-63

傅熹年　1998a『傅熹年建築史論文集』文物出版社

傅熹年　1998b「対含元殿遺址及原状的再探討」『文物』1998-4　pp.76-87

傅熹年主編　2009『中国古代建築史　第二巻　三国，両晋，南北朝，隋唐，五代建築』中国建築工業出版社

郭湖生　1981「魏晋南北至隋唐宮室制度沿革兼論日本平城宮的宮室制度」『中国古代科学史論　続篇』京都大学人文科学研究所　pp.753-805

郭湖生　1990「魏晋南北朝至隋唐宮室制度沿革」『東南文化』1990-Z1　pp.14-20

郭湖生　2003『中華都城』空間出版社

郭済橋　2001「鄴南城昭陽殿考略」『河北省考古文集』2　pp.423-427

郭済橋　2013「鄴南城的宮城形制」『殷都学刊』2013-2　pp.34-37

郭義孚　1963「含元殿外観復原」『考古』1963-10　pp.567-572（中国社会科学院考古研究所ほか編 2007『唐大明宮遺址発現与研究』文物出版社　pp.323-328 所収）

韓建華　2016a「北宋西京宮城五鳳楼研究」『揚州城考古学術研討会論文集』科学出版社　pp.255-267

韓建華　2016b「北宋西京洛陽宮皇城形制布局初探」『東亜都城和帝陵考古与契丹遼文化国際学術研討会論文集』科学出版社　pp.209-234

韓建華　2016c「試論北宋西京洛陽宮城，皇城的布局及演変」『考古』2016-11　pp.113-120

韓建華　2018「唐宋洛陽宮城御苑九洲池初探」『中国国家博物館館刊』2018-4　pp.35-48

韓建華　2019「東都洛陽武則天明堂初探」『中原文物』2019-6　pp.113-121

郝紅暖・呉宏岐　2009「遼，西夏，金都城建設対中原制度的模倣与創新」『中南民族大学学報』2009-3　pp.88-92

黒竜江省文物工作隊　1985「渤海上京宮城第2,3,4号門址発掘簡報」『文物』1985-11　pp.52-61

黒竜江省文物考古研究所　2015「黒竜江寧安渤海上京城宮城北門址発掘簡報」『文物』2015-6　pp.4-13

黒竜江省文物考古研究所　2019「哈爾濱市阿城区金上京南城南垣西門址発掘簡報」『考古』2019-5　pp.45-65

黒竜江省文物考古研究所　2023「黒竜江哈爾濱市阿城区金上京皇城東部建築址 2016-2017 年発掘簡報」『北方文物』2023-5　pp.19-50

何歳利　2019「唐大明宮「三朝五門」布局的考古学観察」『考古』2019-5　pp.102-115

賈鴻源　2017「唐長安三朝五門布局考」『唐史論叢』25　pp.138-156

姜波　1996「唐東都宮城中軸線布局初探」『考古求知集』中国社会科学出版社　pp.437-447

姜波　2003『漢唐都城礼制建築研究』文物出版社

姜捷　2002「武則天時代的考古学観察」『考古与文物』2002-6　pp.74-79

吉林省文物考古研究所・吉安市博物館　2004『丸都山城』文物出版社

金子修一（徐璐・張子如訳）　2018『中国古代皇帝祭祀研究』西北大学出版社

金子修一（肖聖中・呉思思・王曹傑訳）　2019『古代中国与皇帝祭祀』復旦大学出版社

久保田和男（郭萬平訳）　2021『宋代開封研究』上海古籍出版社

林梅村　2011「元大都的凱旋門」『上海文博論叢』2011-2　pp.14-29

李百進　2005「唐興慶宮平面布局和勤政務本楼遺址復原研究」『論唐代城市建設』陝西人民出版社　pp.449-477

李永強・刑建洛　1998「隋唐東西二京布局分析」『遠望集』陝西人名美術出版社　pp.683-687

李文才　2006「太極殿与魏晋南北朝政治・魏晋南北朝時期的華林園」『魏晋南北朝隋唐政治与文化論稿』世界知識出版社　pp.65-125,126-166

劉春迎　2004『北宋東京城研究』科学出版社

劉大平・孫志敏　2018『渤海国建築形制与上京城宮殿建築復原研究』哈爾濱工業大学

劉敦楨　1934「東西堂史料」『中国営造学社彙刊』5-2　pp.106-115

劉敦楨　1982「六朝時期之東西堂」『劉敦楨文集』3　中国建築工業出版社　pp.456-463

劉敦楨　1996『中国古代建築史』明文書院

劉慶柱　2000『古代都城与帝陵考古学研究』科学出版社

劉慶柱主編　2016『中国古代都城考古発現与研究』社会科学文献出版社

劉暁東　1999「日本古代都城形制淵源考察－兼談唐渤海国都城形制淵源－」『北方文物』1999-4　pp.35-41

劉暁東　2006『渤海文化研究－以考古発現為視覚－』黒竜江人民出版社

劉暁東・李陳奇　2006「渤海上京城「三朝」制建制的探索」『北方文物』2006-1　pp.38-47

劉暁東・魏存成　1991「渤海上京主体格局的演変」『北方文物』1991-1　pp.46-50

劉思怡・楊希義　2009「唐大明宮含元殿与外朝聴政」『陝西師範大学学報（哲学社会科学版）』2009-1　pp.42-46

劉叙傑主編　2009『中国古代建築史　第一巻　原始社会，夏，商，周，秦，漢建築』中国建築工業出版社

劉振東　2006「西漢長安城的沿革与形制布局的変化」『漢代考古与漢文化国際学術研討会論文集』斉魯書社　pp.49-59

劉致平・傅熹年　1963「麟徳殿復原的初歩研究」『考古』1963-7　pp.385-402

呂博　2015「明堂建設与武周的皇帝像」『世界宗教研究』2015-1　pp.42-58

羅瑾歆　2019「唐長安城太極宮承天門形制初探」『考古』2019-12　pp.70-81

陸思賢　1999「関于元上都宮城北墻中段的闕式建築台基」『内蒙古文物考古』1999-2　pp.40-43

洛陽市文物工作隊　1988「隋唐東都応天門遺址発掘簡報」『中原文物』1988-3　pp.22-24

洛陽市文物考古研究院　2022『隋唐洛陽城城門遺址研究』三秦出版社

洛陽市考古研究院　2023「隋唐洛陽宮城区唐宋条形建築基址的発掘」『中国国家博物館館刊』2023-5　pp.18-27

洛陽市文物局　2017『図説明堂天堂』文物出版社

馬得志　1961「1959-1960年大明宮発掘簡報」『考古』1961-7　pp.341-344

馬得志　1982「唐長安与洛陽」『考古』1982-6　pp.640-646

馬得志　1987「唐長安城発掘新収獲」『考古』1987-4　pp.329-336

馬得志　2005「唐大明宮含元殿的建築形成及其源流」『新世紀的中国考古学』科学出版社　pp.681-690

妹尾達彦（高兵兵訳）　2012『長安的都市規劃』三秦出版社

妹尾達彦（高兵兵・郭雪妮・黄海静訳）　2019『隋唐長安与東亜比較都城史』西北大学出版社

孟凡人　2013『明朝都城』南京大学出版社

聶暁雨・程有為　2017「漢魏洛陽城宮城形制及其影響」『中州学刊』2017-8　pp.120-125

銭国祥　2002「漢魏洛陽故城沿革与形制演変初探」『21世紀中国考古学与世界考古学』中国社会科学出版社　pp.437-452

銭国祥　2003「由閶闔門談漢魏洛陽城宮城形成」『考古』2003-7　pp.53-63

銭国祥　2010「魏晋洛陽都城対東晋朝建康都城的影響」『考古学集刊』18　pp.387-403

銭国祥　2016「中国古代漢唐都城形制的演進－由曹魏太極殿談唐長安城形制的淵源－」『中原文物』2016-4　pp.34-46

銭国祥　2018「漢魏洛陽城城門与宮院門的考察研究」『華夏考古』2018-6　pp.9-35

銭国祥　2019a「北魏洛陽内城的空間格局復原研究」『華夏考古』2019-4　pp.78-83

銭国祥　2019b「北魏洛陽外郭城的空間格局復原研究」『華夏考古』2019-6　pp.72-82

銭国祥　2020「北魏洛陽宮城的空間格局復原研究」『華夏考古』2020-5　pp.86-96

銭国祥　2022a「東漢洛陽都城的空間格局復原研究」『華夏考古』2022-3　pp.90-99

銭国祥　2022b「漢魏洛陽城的祭祀礼制建築空間」『中原文物』2022-4　pp.102-113

銭国祥　2023a「曹魏西晋洛陽都城的空間格局復原研究」『華夏考古』2023-5　pp.103-113

銭国祥　2023b「隋東都宮皇城的空間格局復原研究」『華夏考古』2023-6　pp.131-157

山西省考古研究所・大同市考古研究所・大同市博物館・山西大学考古系　2005「大同操場城北魏建築遺址発掘報告」『考古学報』2005-4　pp.485-511

陝西省文物管理委員会　1958「長安城地基初歩探測」『考古学報』1958-3　pp.79-92

史硯忻　2023「十六国北朝時期長安城平面布局蠡測」『考古与文物』2023-2　pp.136-145

石自社　2009「隋唐東都形制布局特点分析」『考古』2009-10　pp.78-85

石自社　2016「北宋西京洛陽城形態分析」『東亜都城和帝陵考古与契丹遼文化国際学術研討会論文集』科学出版社
　　pp.192-208

石自社　2021「隋唐東都武周天堂遺址試析」『南方文物』2021-3　pp.91-99

宋玉彬　2009「渤海都城故址研究」『考古』2009-6　pp.40-49

宿白　1978「隋唐長安城和洛陽城」『考古』1978-6　pp.409-425

王飛峰　2014「丸都山城宮殿址研究」『考古』2014-4　pp.93-104

王飛峰　2015「安鶴宮年代考」『慶祝魏存成先生七十歳論文集』科学出版社　pp.110-121

王飛峰　2020「高句麗大型建築址試論」『北方文物』2020-1　pp.59-78

王貴祥　2011「唐洛陽宮武氏明堂的建構性復原研究」『中国建築史論匯刊』2011-4　pp.369-455

王貴祥　2012『古都洛陽』清華大学出版社

王貴祥　2017『消逝的輝煌』清華大学美術出版社

王培新　2014「渤海王城城址布局比較分析」『東北亜古代聚落与城市考古国際学術研討会論文集』科学出版社
　　pp.303-310

王世仁　1963「漢長安城南郊礼制建築（大土門村遺址）原状的推測」『考古』1963-9　pp.501-515

王書林　2020「北宋西京宮城皇城復原」『北宋西京城市考古研究』文物出版社　pp.75-147

王書林　2023a「隋唐洛陽城唐武成殿－宋文明殿建築遺址初探－」『考古学集刊』29　pp.177-201

王書林　2023b「天堂佛光　神功聖華－試析隋唐洛陽城天堂区域的営建過程－」『華夏考古』2023-3　pp.100-121

王書林・徐新雲　2022「洛陽宮唐武城宮院－宋文明宮院格局探微看－」『南方文物』2022-4　pp.172-182

王天航　2023「長安規制与洛陽規制－隋唐宮殿建築発展的両条主線－」『唐都学刊』2023-3　pp.21-25

王天航　2024「従禁苑射殿到外朝正殿」『唐都学刊』40-3　pp.25-32

王維坤　1990「隋唐長安城与日本平城京的比較研究」『西北大学学報』1990-1　pp.101-110

王維坤　1991「日本平城京模倣中国都城原型探求」『西北大学学報』1991-2　pp.66-71

王維坤　1992「日本平城京模倣隋唐長安城原型初探」『文博』1992-3　pp.34-44

王維坤　2002「論20世紀的中日古代都城研究」『文史哲』2002-4　pp.146-152

王岩　1993「関于唐東都武則天明堂遺址的幾个問題」『考古』1993-10　pp.949-951

王仲殊　1982「中国古代都城概説」『考古』1982-5　pp.505-515

王仲殊　1983「関于日本古代都城制度的源流」『考古』1983-4　pp.354-370

王仲殊　1999「論日本古代都城宮内大極殿龍尾道」『考古』1999-3　pp.72-84

王仲殊　2000「関于日本第七次遣唐使的始末」『考古与文物』2000-3　pp.21-27

王仲殊　2001a「関于中日両国古代都城，宮殿研究中的若干基本問題」『考古』2001-9　pp.70-77

王仲殊　2001b「試論探長安城大明宮麟徳殿対日本平城京，平安京宮殿設計的影響」『考古』2001-2　pp.71-85

王仲殊　2002「試論唐長安城与日本平城京及平安京何故皆以東半城（左京）為更繁栄」『考古』2002-11　pp.69-84

王仲殊　2003「中国古代宮内正殿太極殿的建置及其与東亜諸国的関係」『考古』2003-11　pp.75-90

王仲殊　2004「論唐長安城円丘対日本交野円丘的影響」『考古』2004-10　pp.69-81

魏存成　2003「渤海都城的布局発展及其与隋唐長安城的関係」『辺疆考古研究』2　pp.273-297

魏存成　2008『渤海考古』文物出版社

魏存成　2015『高句麗渤海考古論集』科学出版社

魏存成　2016「魏晋至隋唐時期中原地区都城規劃布局的発展変化及其対高句麗渤海的影響」『辺疆考古研究』20

pp.277-306

呉春・韓海梅・高本寧主編　2012『唐大明宮史料匯編』文物出版社

辛徳勇　1989「唐東都武則天明堂遺址質疑」『中国歴史地理論叢』1989-3　pp.149-157

辛徳勇　1991「含元殿形制質疑」『隋唐両京从考』三秦出版社

徐斌　2022『元大内規劃復原研究』文物出版社

徐斌　2023「故宮考古視野下的元大内規劃復原研究」『中国国家博物館館刊』2023-12　pp.44-64

徐光翼　1993「曹魏鄴城的平面復原研究」『中国考古学論叢』科学出版社　pp.422-428

徐光翼　2014「東魏北斉鄴南城平面布局的復原研究」『鄴城考古発現与研究』文物出版社　pp.343-355

徐竜国　2019「漢魏両晋南北朝都城模式及其演変」『中原文物』2019-1　pp.48-56

徐竜国　2020「西漢魏晋南北朝都城建築的発展演変」『中原文物』2020-3　pp.57-67

徐竜国　2022「漢長安城考古的収獲，進展与思考」『南方文物』2022-2　pp.11-27

楊鴻勲　1987「唐大明宮麟徳殿復原研究階段報告」『建築考古学論文集』文物出版社　pp.234-252

楊鴻勲　1989「唐長安大明宮含元殿復原研究」『慶祝蘇秉琦考古五十五年論文集』文物出版社　pp.525-539

楊鴻勲　1991「唐長安大明宮含元殿応為五鳳楼形制」『文物天地』1991-5　pp.24-25

楊鴻勲　1997「唐長安大明宮含元殿復原再論」『城市与設計学報』1　pp.75-102

楊鴻勲　1998「明堂汎論－明堂的考古学研究－」『東方学報』70　pp.1-94

楊鴻勲　2001「自我作古　用適于事－武則天標新立異的洛陽明堂－」『華夏考古』2001-2　pp.70-78

楊鴻勲　2009『宮殿考古通論』紫禁城出版社

楊鴻勲　2012「宇文愷承前啓後的明堂方案」『文物』2012-12　pp.63-72

楊鴻勲　2013『大明宮』科学出版社

楊鴻勲　2023『建築考古学』科学出版社

楊煥新　1994a「略談隋唐東都宮城，皇城和東城的幾个問題」『漢唐与辺疆考古研究』1　pp.144-151

楊煥新　1994b「試談唐東都洛陽宮的幾座主要殿址」『漢唐与辺疆考古研究』1　pp.152-161

楊軍凱　2012「唐大明宮"五門"考」『文博』2012-4　pp.52-55

楊寛　1993『中国古代都城制度史研究』上海古籍出版社

楊寛　2016a『中国古代都城制度史研究』上海人民出版社

楊寛　2016b『中国古代陵寝制度史研究』上海人民出版社

余扶危・李徳方　1993「唐東都武則天明堂遺址探索」『中国古都研究』5・6　pp.86-94

兪偉超　1985「中国古代都城規劃的発展階段性」『文物』1985-2　pp.52-60

張建鋒　2019「咸陽長安皇宮位置変化的原因考察」『江漢考古』2019-5　pp.95-102

張建林　2023「唐長安城南北郊的国家祭祀遺迹－以円丘，方壇為中心－」『東アジア古代都城と祭祀儀礼・宗教空間』東アジア比較都城史研究会　pp.67-73

張明皓　2019『高句麗宮殿建築研究』中国建築工業出版社

趙虹光　2009「渤海上京城宮殿建制研究」『辺疆考古研究』8　pp.176-187

張鉄寧　1994「渤海上京城竜泉府宮殿建築復原」『文物』1994-6　pp.38-58

趙永磊　2021「晋宋時期的洛陽城与魏晋太極殿所在基址辨析」『考古』2021-10　pp.98-108

趙哲夫　2015「从渤海上京城城牆建築順序和営建方式看皇城宮城区域的劃分」『慶祝魏存成先生七十歳論文集』科学出版社　pp.298-305

中国社会科学院考古研究所　1996『北魏洛陽永寧寺』中国大百科全書出版社

中国社会科学院考古研究所西安唐城工作隊　1997「唐大明宮含元殿遺址 1995-1996 発掘報告」『考古学報』1997-3
　　pp.341-406
中国社会科学院考古研究所西安唐城工作隊　1998「関于唐含元殿遺址発掘資料有関問題的説明」『考古』1998-2
　　pp.93-96
中国社会科学院考古研究所　2003『西漢礼制建築遺址』文物出版社
中国社会科学院考古研究所西安唐城隊　2006「西安市唐長安城大明宮丹鳳門遺址的発掘」『考古』2006-7　pp.39-49
中国社会科学院考古研究所洛陽唐城工作隊　2007「河南洛陽市隋唐東都応天門遺址 2001-2002 年発掘簡報」『考古』
　　2007-5　pp.33-38
中国社会科学院考古研究所　2008『隋仁寿宮唐九成宮考古発掘報告』科学出版社
中国社会科学院考古研究所　2010a『中国考古学－秦漢巻－』中国社会科学出版社
中国社会科学院考古研究所　2010b『漢魏洛陽故城南郊礼制建築遺址』文物出版社
中国社会科学院考古研究所陝西第一工作隊　2012「西安市唐大明宮遺址考古新収獲」『考古』2012-11　pp.3-6
中国社会院考古研究所内蒙古第二工作隊・内蒙古文物考古研究所　2017「内蒙古巴林左旗遼上京宮城東門遺址発掘簡報」
　　『考古』2017-6　pp.3-27
中国社会科学院考古研究所　2018a『秦漢上林苑 2004-2012 年考古報告』文物出版社
中国社会科学院考古研究所　2018b『中国考古学－三国両晋南北朝巻－』中国社会科学出版社
中国社会科学院考古研究所洛陽唐城工作隊・洛陽市文物考古研究院　2019「河南洛陽市隋唐東都宮城核心区南部 2010-
　　2011 年発掘簡報」『考古』2019-1　pp.60-84
中国社会科学院考古研究所・西安市文物保護考古研究院　2020『櫟陽宮考古発現与研究』科学出版社
中国社会科学院考古研究所内蒙古第二工作隊・内蒙古自治区文物考古研究所　2020「内蒙古巴林左旗遼上京宮城建築基
　　址 2019 年発掘簡報」『考古』2020-8　pp.52-72
中国社会科学院考古研究所・西安市文物保護考古研究院　2022『秦漢櫟陽城 1980-1981／2012-2018 年考古報告』科
　　学出版社
中国社会科学院考古研究所　2022『漢長安城研究』商務印書館
中国社会科学院考古研究所　2023『中国考古学－宋遼金元明巻－』中国社会科学出版社
中国社会科学院考古研究所漢長安城工作隊　2023「西安市十六国至北朝時期長安城宮城宮門遺址的勘探与発掘」『考古』
　　2023-8　pp.48-65
中国社会科学院考古研究所内蒙古第二工作隊・内蒙古自治区文物考古研究所　2024「内蒙古巴林左旗遼上京皇城南部建
　　築遺址」『考古』2024-7　pp.47-76
朱海仁　1998「略論曹魏鄴城，北魏洛陽城，東魏北斉鄴城南城平面布局的幾个特点」『広州文物考古集』文物出版社
　　pp.1-28
諸葛浄　2016『遼金元時期北京城市研究』東南大学出版社
佐川英治　2015「六朝建康城与日本藤原京」『南京暁庄学院学報』2015-7　pp.22-29

東アジア正殿の報告書（日本語・中国語／番号は表 3 と対応）

【A. 中原都城】

（A1）秦阿房宮（参考：咸陽宮）

a. 中国社会科学院考古研究所・西安市文物保護考古研究院・西安市秦阿房宮遺址保管所　2014『阿房宮考古発現与研究』
　　文物出版社

b. 陝西省考古研究所　2004『秦都咸陽考古報告』科学出版社

(A2) 前漢長安城未央宮

a. 中国社会科学院考古研究所　1996『漢長安城未央宮』中国大百科全書出版社

(A3) 後漢洛陽城南宮

(A4) 曹魏・西晋・北魏洛陽城（宮城）

a. 中国社会科学院考古研究所洛陽漢魏故城隊　2015「河南洛陽市漢魏故城発現北魏宮城太極東堂遺址」『考古』2015-10　pp.3-6

b. 中国社会科学院考古研究所洛陽漢魏故城隊　2016「河南洛陽市漢魏故城太極殿遺址的発掘」『考古』2016-7　pp.63-78

c. 陳建軍・余冰　2019「太極殿建築形制之探討」『洛陽考古』2019-1　pp.35-45

(A5) 東魏・北斉鄴城（宮城）

a. 中国社会科学院考古研究所・河北省文物研究所・河北省臨漳県文物旅游局　2014『鄴城考古発現与研究』文物出版社

b. 中国社会科学院考古研究所・河北省文物考古研究院・鄴城隊　2023「河北省臨漳県鄴城遺址東魏北斉宮城区206号大殿基址及附属遺迹」『考古』2023-2　pp.52-71

(A6) 北周長安城（宮城）

a. 中国社会科学院考古研究所漢長安城工作隊　2008「西安市十六国至北朝時期長安城宮城遺址的鑽探与試掘」『考古』2008-9　pp.25-35

(A7) 唐長安城太極宮

(A8) 唐長安城大明宮

a. 中国科学院考古研究所　1959『唐長安大明宮』科学出版社

b. 中国社会科学院考古研究所　2007『唐大明宮遺址考古発現与研究』文物出版社

(A9) 唐長安城興慶宮

a. 馬得志　1959「唐長安興慶宮発掘記」『考古』1959-10　pp.549-558

(A10) 唐洛陽城（宮城）

a. 中国社会科学院考古研究所洛陽唐城隊　1988「唐東都武則天明堂遺址発掘簡報」『考古』1988-3　pp.227-230

b. 中国社会科学院考古研究所　2014『隋唐洛陽城』文物出版社

c. 洛陽市文物考古研究院　2016『隋唐洛陽城天堂遺址発掘報告』科学出版社

(A11) 北宋西京洛陽城（大内）

a. 中国社会科学院考古研究所洛陽唐城隊　1989「洛陽隋唐東都城1982-1986年考古工作紀要」『考古』1989-3　pp.234-250

b. 中国社会科学院考古研究所洛陽唐城隊　1999a「河南洛陽市唐中路宋代大型殿址的発掘」『考古』1999-3　pp.37-42

c. 中国社会科学院考古研究所洛陽唐城隊　1999b「河南洛陽唐宮路北唐宋遺址発掘簡報」『考古』1999-12　pp.45-53

d. 中国社会科学院考古研究所洛陽唐城隊　2005「河南洛陽市中州路北唐宋建築基址発掘簡報」『考古』2005-2　pp.41-53

e. 洛陽市文物考古研究院　2016『隋唐洛陽城天堂遺址発掘報告』科学出版社

(A12) 北宋東京開封城（大内）

a. 孟凡人　2019『宋代至清代都城形制布局研究』中国社会科学出版社

【B. 草原都城】

(B1) 遼上京城（宮城）

a. 董新林　2019「遼上京規制和北宋東京模式」『考古』2019-5　pp.3-19

b. 劉露露　2022「遼上京城的渤海因素探析」『北方文物』2022-2　pp.55-63

(B2) 遼中京城（宮城）

a. 孟凡人　2019『宋代至清代都城形制布局研究』中国社会科学出版社

(B3) 金上京城（宮城）

a. 黒竜江省文物考古研究所　2017「哈爾濱市阿城区金上京皇城西部建築址2015年発掘簡報」『考古』2017-6　pp.44-65

(B4) 金中都（宮城）

a. 孟凡人　2019『宋代至清代都城形制布局研究』中国社会科学出版社

(B5) 元上都（宮城）

a. 魏堅　2008『元上都　上・下』中国大百科全書出版社

b. 内蒙古師範大学・内蒙古文物考古研究所・内蒙古文物保護中心　2014「内蒙古錫林郭勒元上都城址闕式宮殿基址発掘簡報」『文物』2014-4　pp.45-57

(B6) 元中都（宮城）

a. 河北省文物研究所　2012『元中都』文物出版社

(B7) 元大都（宮城）

a. 孟凡人　2019『宋代至清代都城形制布局研究』中国社会科学出版社

【C. 明清都城】

(C1) 明北京城（紫禁城）

a. 孟凡人　2019『宋代至清代都城形制布局研究』中国社会科学出版社

(C2) 清北京城（紫禁城）

a. 孟凡人　2019『宋代至清代都城形制布局研究』中国社会科学出版社

【D. 高句麗・渤海都城】

(D1) 高句麗安鶴宮

a. 朴燦奎　2015『平壌地区高句麗都城遺迹』香港亜洲出版社

(D2) 渤海上京城

a. 黒竜江省文物考古研究所　2009『渤海上京城』文物出版社

b. 趙虹光　2012『渤海上京城考古』科学出版社

(D3) 渤海西古城

a. 吉林省文物考古研究所・延辺朝鮮族自治州文物局・延辺朝鮮族自治州博物館・和竜市博物館　2007『西古城』文物出版社

(D4) 渤海八連城

a. 吉林省文物考古研究所・吉林大学辺疆考古研究中心・琿春市文物管理所　2014『八連城』文物出版社

【E. 日本都城】

(E1) 前期難波宮（難波長柄豊碕宮）

a. 大阪市文化財協会　1981『難波宮址の研究』7

(E2) 近江宮

a. 滋賀県教育委員会文化部文化財保護課・滋賀県文化財保護協会　1992『錦織遺跡－近江大津宮関連遺跡－』

(E3) 飛鳥宮Ⅲ期（飛鳥浄御原宮）

a. 奈良県教育委員会　1978『飛鳥京跡昭和52年度発掘調査概報　奈良県遺跡調査概報1977年度』

b. 奈良県立橿原考古学研究所　2008『飛鳥京跡Ⅲ』

(E4) 藤原宮

a. 日本古文化研究所　1936『藤原宮阯伝説地高殿の調査1』日本古文化研究所報告第2

b. 奈良文化財研究所　2003「藤原宮の調査　大極殿の調査－第117次－」『奈良文化財研究所紀要2003』 pp.78-84

c. 奈良文化財研究所　2016「藤原宮大極殿基壇の測量調査－第186次－」『奈良文化財研究所紀要2016』 pp.75-78

d. 奈良文化財研究所　2022『藤原宮大極殿院の調査　飛鳥藤原第210次調査　現地見学会資料』

e. 奈良文化財研究所　2023「藤原宮大極殿院の調査－第210次－」『奈良文化財研究所発掘調査報告』 pp.5-24

(E5) 平城宮

a. 奈良国立文化財研究所　1982『平城宮発掘調査報告11　第一次大極殿地域の調査』奈良国立文化財研究所学報第40冊

b. 奈良国立文化財研究所　1993『平城宮発掘調査報告14　第二次大極殿院の調査』奈良国立文化財研究所学報第51冊

c. 奈良文化財研究所　2009『平城宮第一次大極殿の復原に関する研究1　基壇・礎石』奈良文化財研究所学報第79冊

d. 奈良文化財研究所　2011『平城宮発掘調査報告17　第一次大極殿院地区の調査2』奈良文化財研究所学報第84冊

(E6) 恭仁宮

a. 中谷雅治・上原真人　1977「恭仁宮跡昭和51年度発掘調査概要」『埋蔵文化財発掘調査概報（1977）』京都府教育委員会　pp.32-62

b. 中谷雅治・上原真人・大槻真純　1978「恭仁宮跡昭和52年度発掘調査概報」『埋蔵文化財発掘調査概報（1978）』京都府教育委員会　pp.1-72

c. 古川　匠　2020「恭仁宮中枢部の儀礼空間とその構成」『難波宮と古代都城』同成社　pp.496-506

(E7) 後期難波宮

a. 大阪市文化財協会　1995『難波宮址の研究』10

(E8) 長岡宮

a. 向日市史編さん委員会　1983『向日市史　上巻』京都府向日市

(E9) 平安宮

a. 古代学協会　1976『平安宮大極殿跡の発掘調査』平安京跡発掘調査報告書第1輯

b. 古代学協会　1983『平安宮推定大極殿跡発掘調査報告書』

c. 角田文衞監修　1994『平安京提要』角川書店

d. 京都市文化市民局　2008「平安宮豊楽院跡・鳳瑞遺跡」『京都市内遺跡発掘調査報告　平成19年度』 pp.18-45

図表出典

図1　[積山2013a p.64 図2・p.67 図4]、[奈良文化財研究所2020 p.80 図102：データは廣瀬覚氏提供] を改変して作成。

図2　[重見2020a p.82・P83 図17] を改変して作成。

図3　[奈良文化財研究所2010b p.52 図] を改変して作成。

図4　中央区 [小澤2003 p.334 第37図]、東区 [寺崎2006b p.55 図6] を改変して作成。

図 5 　[奈良文化財研究所 2010b p.93 図] を改変して作成。

図 6 　[報告 E9: 角田監修 1994 p.153 図 11・p.157 図 14] を改変して作成。

図 7 　上 [重見 2020a p.158・159 第 23 図]、下 [渡辺 2020 p.12 図 7] を改変して作成。

図 8 　後期難波宮大極殿 [澤村 1995 p.190 Fig.58・p.195 Fig.62]、中枢部の変遷 [中尾 1995b Fig.54] を改変して作成。

図 9 　[鬼頭 2000 p.289 図 2・3] を改変して作成。

図 10 　[大澤 2019b p.17 図 4・p.20 図 7・p21 図 9・p.25 図 13・p.28 図 17・p.34 図 20] を改変して作成。

図 11 　大嘗宮の構造 [寺崎 2006b p.109 図 15]、大嘗宮の年表 [寺崎 2006b p.110 表 7]、中央区大嘗宮・大嘗宮の変遷 [奈良文化財研究所 2019] を改変して作成。

図 12 　[渡辺 1996 p165 図 9・p.164 表Ⅱ] を改変して作成。

図 13 　[藤森 2000 p.28 図 1・p.29 図 2・p.32 図 3・p.33 図 4・p.46 図 5・p.47 図 6] を改変して作成。

図 14 　儀礼の概略 [寺崎 2006b p.44 表 2]、儀礼の日中比較 [藤森 2000 p.27 表 1]、高御座 [和田 1995 p.172 第 1 図]、宝幢 [吉川 2007 p.9 図 1] を改変して作成。

図 15 　[山本崇 2004 p.35 図 39・p.36 図 40・p.36 図 41] を改変して作成。

図 16 　[王 2008a p.15 図 9・p.16 図 10] を改変して作成。

図 17 　[渡辺晃 2009 p.88 図 5・6] を改変して作成。

図 18 　[内田 2004 p.19 付図 1] を改変・再トレースして作成。

図 19 　左 [松本 2020 p.172 図 5・6]、右 [吉田 2002 p.93 第 9 図] を改変して作成。

図 20 　[銭国祥 2022a p.91 図 1・p.93 図 2] を改変して作成。

図 21 　曹魏鄴北城 [中国社会科学院考古研究所 2018b p.52 図 1-14]、北魏洛陽城 [佐川 2016 p.178 図 4] を改変して作成。

図 22 　曹魏西晋洛陽城 [銭国祥 2022b p.106 図 3]、南朝建康城 [銭国祥 2010 p.400 図 4] を改変して作成。

図 23 　北宋呂大坊唐長安城図 [傅熹年主編 2009 p.384 図 3-2-1]、唐長安城太極宮 [傅熹年主編 2009 p.385 図 3-2-2]、唐洛陽城宮城 [傅熹年主編 2009 p.393 図 3-2-5] を改変して作成。

図 24 　[何歳利 2019 p.110 図 3・p.107 図 2] を改変して作成。

図 25 　周〜後漢の明堂 [楊鴻勲 1998 p.51 図 30a・p.52 図 30b・p.57 図 32・p.57 図 33・p.65 図 39・p.69 図 40]、宇文愷の明堂 [楊鴻勲 2012 p.65 図 1・p.66 図 2] を改変して作成。

図 26 　明堂の位置 [報告 A10:洛陽市文物考古研究院 2016 p.5 図 3]、明堂関連図と平面図 [韓建華 2019 p.116 図 3・p.117 図 4・p.118 図 6・p118 図 7]、唐永徽明堂と武則天明堂の復原 [傅熹年主編 2009 p.435 図 3-3-2・p.437 図 3-3-5] を改変して作成。

図 27 　天堂の位置と写真 [報告 A10：洛陽市文物考古研究院 2016 p.20 図 13・図版 7・図版 8]、唐洛陽城の中軸線と天堂実測図 [石自社 2021 p.94 図 2・4] を改変して作成。

図 28 　7 号建築 [報告 A10：洛陽市文物考古研究院 2016 p.27 図 15]、唐洛陽城の中枢部と北宋期建物 [王書林ほか 2022 p.177 図 7・p.179 図 10] を改変して作成。

図 29 　唐宋洛陽城の中軸 [報告 A11：中国社会科学院考古研究所洛陽唐城隊 1989 p.247 図 9]、北宋西京の中軸 [韓建華 2016a p.267 図 12]、その他 [韓建華 2016c p.116 図 1・p.116 図 2・p.117 図 3・p.118 図 4] を改変して作成。

図 30 　[松本 2020 p.172 図 5・6] を改変して作成。

図 31 　[報告 A12：孟凡人 2019 図 1-2・図 1-8] を改変して作成。

図 32 　高句麗安鶴宮 [報告 D1：朴燦奎 2015 p.23 図 15]、渤海上京城と遼上京城 [報告 B1：劉露露 2022 p.56 図 1・p.58 図 2] を改変して作成。

図 33 　[諸葛浄 2016 p.73 図 5-7・p.78 図 5-13・p.83 図 5-14] を改変して作成。

460　第 4 章　太極殿・含元殿・明堂と大極殿

図 34　渤海上京城 [報告 D2：黒竜江省文物考古研究所 2009 pp.15-16 図 9]、渤海西古城 [報告 D3：吉林省文物考古研究所ほか 2007 p.15 図 10]、渤海八連城 [報告 D4：吉林省文物考古研究所ほか 2014 p.291 図 238] を改変して作成。

図 35　咸陽宮・阿房宮の位置 [報告 A1：中国社会科学院考古研究所ほか 2014 p.58 図 1]、咸陽宮 [報告 A1：陝西省考古研究所 2004 図 2・249]、阿房宮 [報告 A1：中国社会科学院考古研究所ほか 2014 p.59 図 2・p.86 図 11] を改変して作成。

図 36　[報告 A2：中国社会科学院考古研究所 1996 p.5 図 3・p.16 図 11] を改変して作成。

図 37 ①　北魏洛陽城 [錢国祥 2018 p.11 図 4]、東魏北斉鄴城 [中国社会科学院考古研究所 2018b p.61 図 1-18]、東魏北斉鄴城の最新成果に基づく宮城復原 [報告 A5：中国社会科学院考古研究所ほか 2023 p.53 図 2] を改変して作成。

図 37 ②　東魏北斉鄴城 206 大殿 [報告 A5：中国社会科学院考古研究所ほか 2023 図 6]、北魏洛陽城太極殿 [報告 A4：陳建軍ほか 2019 p.36 図 1] を改変して作成。

図 38　上の復原図 [史硯忻 2023 p.143 図 7・8]、下の実測図 [報告 A6：中国社会科学院考古研究所漢長安城工作隊 2008 p.26 図 2・p.27 図 3] を改変して作成。

図 39 ①　太極宮 [妹尾 2001 p.123 図 32]、大明宮 [何歳利 2019 p.106 図 1]、含元殿・翔鸞閣・棲鳳閣 [報告 A8：中国社会科学院考古研究所 2007 p.89 図 5・p.93 図 8・p.95 図 11] を改変して作成。

図 39 ②　朝堂 [報告 A8：中国社会科学院考古研究所 2007 p.72-72 図 3 〜 5]、麟徳殿 [報告 A8：中国社会科学院考古研究所 2007 p.41 図 21]、含元殿の復原案 [楊鴻勲 2013 p.226 図 4-23]・[郭義孚 1963/ 中国社会科学院考古研究所 2007 所収論文 p.32 図 1]・[傅熹年 1973/ 傅熹年 1998a 所収論文 p.418 図 3]、唐九成宮 37 号宮殿 [傅熹年 1973/ 傅熹年 1998a 所収論文 p.420 図 5] を改変して作成。

図 40　長安城図碑 [陝西省文物管理委員会 1958 附図 3]、興慶宮 [報告 A9：馬得志 1959 p.550 図 2・p.551 図 3] を改変して作成。

図 41　宮城 [石自社 2021 p.94 図 2]、明堂中心坑 [報告 A10：中国社会科学院考古研究所洛陽唐城隊 1988 p.229 図 2]、天堂中心坑 [報告 A10：洛陽市文物考古研究院 2016 p.29 図 17]、明堂 [韓建華 2019 p.116 図 3]、天堂 [報告 A10：洛陽市文物考古研究院 2016 図 16] を改変して作成。

図 42　宋西京城図 [韓建華 2016c p.116 図 2]、天堂の位置・1・2 号建築 [報告 A11：洛陽市文物考古研究院 2016 p.27 図 15・pp.58-59 図 29] を改変して作成。

図 43　北宋開封城 [報告 A12：孟凡人 2019 図 1-8]、遼上京城 [報告 B1：劉露露 2022 p.56 図 1]、遼中京城 [報告 B2：孟凡人 2019 図 3-3] を改変して作成。

図 44　[報告 B3：黒竜江省文物考古研究所 2017 p.45 図 2・p.48 図 6] を改変して作成。

図 45　[報告 B4：孟凡人 2019 図 4-8] を改変して作成。

図 46　宮城 [報告 B5：魏堅 2008 図 4]、1 号基壇 [報告 B5：魏堅 2008 p.302 図 5・図 6]、2 号基壇 [報告 B5：内蒙古師範大学ほか 2014 p.46 図 2] を改変して作成。

図 47　[報告 B6：河北省文物研究所 2012 図 3・図 4・図 87] を改変して作成。

図 48　[報告 B7：孟凡人 2019 図 6-10・図 6-11] を改変して作成。

図 49　明紫禁城 [報告 C1：孟凡人 2019 図 10-6]、清紫禁城・太和殿・中和殿 [報告 C2：孟凡人 2019 図 11-11・図 10-13・図 10-14] を改変して作成。

図 50　安鶴宮 [報告 D1：朴燦奎 2015 p.23 図 15・p.37 図 39・p.39 図 42・p.35 図 36]、満月台「千田 2015 p.93 図 34、劉大平ほか 2018 p.118 図 4-17」を改変して作成。

図 51　[報告 D2：黒竜江省文物考古研究所 2009 pp.15-16 図 9・p.438 図 315・p.249 図 180・pp.253-254 図 181・pp.233-234 図 172・pp.31-32 図 16] を改変して作成。

図 52　[報告 D3：吉林省文物考古研究所ほか 2007 p.15 図 10・pp.257-258 図 158・pp.321-322 図 196] を改変して作成。

図53　[報告 D4：吉林省文物考古研究所ほか 2014 p.292 図 239・p.53 図 40・p.55 図 41・p.134 図 106・p.133 図 105] を改変して作成。

図54　宮城 [奈良文化財研究所 2010a 資料編 p.111 図 1、大阪市教育委員会事務局文化財保護課 2023 図 1 を合成]、軒廊 [村元 2022 p.91 図 19]、内裏前殿 [報告 E1：大阪市文化財協会 1981 p.31 Fig.9 図面 16] を改変して作成。

図55　宮城 [奈良文化財研究所 2010a 資料編 p.3 図 1]、SB015[報告 E2：滋賀県教育委員会文化部文化財保護課ほか 1992 p.145 第 145 図] を改変して作成。

図56　飛鳥宮 [奈良文化財研究所 2010a 資料編 p.1 図 1]、SB7701[報告 E3：奈良県教育委員会 1978 図 3]、SB7910[報告 E3：奈良県立橿原考古学研究所 2008 図面 12 遺構図 10] を改変して作成。

図57　藤原宮 [奈良文化財研究所 2010a 資料編 p.4 図 1]、中枢部 [廣瀬 2023 p.7 図 1]、後殿 [報告 E4：奈良文化財研究所 2022 平面図]、大極殿 [報告 E4：奈良文化財研究所 2016 p.77 図 83]、SB530[報告 E4：奈良文化財研究所 2003 p.79 図 76] を改変して作成。

図58①　平城宮 [奈良文化財研究所 2010a 資料編 p.27 図 1]、第一次・第二次大極殿院 [奈良文化財研究所 2010a 資料編 p.34 図 15・p.42 図 38]、第一次大極殿院遺構図 [報告 E5：奈良国立文化財研究所 1982 PLAN3] を改変して作成。

図58②　中央区大極殿 [報告 E5：奈良文化財研究所 2011 p.55 図 20]、SX6601[報告 E5：奈良国立文化財研究所 1982 PLAN29]、SB7700[報告 E5：奈良国立文化財研究所 1993 PLAN.8] を改変して作成。

図58③　SB10000[報告 E5：奈良国立文化財研究所 1993 PLAN.5]、SB9150[報告 E5：奈良国立文化財研究所 1993 PLAN.4] を改変して作成。

図59　儀礼空間・朝堂院地区・中枢部 [報告 E6：古川 2020 p.504 図 6・p.501 図 3・p.497 図 1]、SB5100 の復原・実測図・礎石 [報告 E6：中谷ほか 1978 p.23 第 8 図・pp.5-6 第 2 図・p.10 第 4 図] を改変して作成。

図60①　[報告 E7：大阪市文化財協会 1995 図面 2] を改変して作成。

図60②　後期難波宮 [奈良文化財研究所 2010a 資料編 p.112 図 2]、SB1326・SB1321[報告 E7：大阪市文化財協会 1995 図面 4・7] を改変して作成。

図61　宮城 [奈良文化財研究所 2010a 資料編 p.125 図 2]、大極殿院 [報告 E8：向日市史編さん委員会 1983 p.362 図 86] を改変して作成。

図62　大極殿院 [報告 E9：角田監修 1994 p.152 図 10]、豊楽院 [報告 E9：角田監修 1994 p.156 図 13]、豊楽院・朝堂院 [報告 E9：角田監修 1994 p.153 図 11・p.157 図 14]、豊楽殿・清暑堂 [報告 E9：京都市文化市民局 2008 p.43 図 44] を改変して作成。

図63　漢魏洛陽城太極殿 [報告 A4：陳建軍ほか 2019 p.36 図 1]、仁寿殿 [楊鴻勲 2013 p.367 図 9-11]、前漢長安城明堂 [楊鴻勲 1998 p.57 図 32]、後漢洛陽城明堂 [楊鴻勲 1998 p.65 図 39]、含元殿 [報告 A8：中国社会科学院考古研究所 2007 p.89 図 5]、天堂 [報告 A10：洛陽市文物考古研究院 2016 図 16]、明堂 [韓建華 2019 p.116 図 3]、文明殿 [報告 A11：洛陽市文物考古研究院 2016 pp.58-59 図 29]、元上都 1 号宮殿 [報告 B6：河北省文物研究所 2012 図 87]、元大都大明殿 [報告 B7：孟凡人 2019 図 6-11]、紫禁城三殿 [報告 C2：孟凡人 2019 図 11-11] を改変して作成。

図64　唐宋洛陽城 [王書林ほか 2022 p.179 図 10、報告 A11：洛陽市文物考古研究院 2016 pp.58-59 図 29、報告 A11：中国社会科学院考古研究所洛陽唐城隊 1989 p.247 図 9 を合成、報告 A10：中国社会科学院考古研究所 2014 p.447 図 5-89 を参考に位置調整]、北宋東京開封城 [報告 A12：孟凡人 2019 図 1-8] を改変して作成。

図65　渤海上京城中軸上の建造物 [黒竜江省文物考古研究所 2015 p.6 図 2、報告 D2：黒竜江省文物考古研究所 2009 p.438 図 315・pp.253-254 図 181・p.249 図 180・pp.233-234 図 172・pp.31-32 図 16・pp.15-16 図 9 右、黒竜江省文物工作隊 1985 p.52 図 2]、西古城の 5 号宮殿・寝殿 [報告 D3：吉林省文物考古研究所ほか 2007 pp.257-258 図 158・pp.321-322 図 196]、八連城の寝殿 [報告 D4：吉林省文物考古研究所ほか 2014 p.53 図 40]、高句麗安鶴宮

462　第 4 章　太極殿・含元殿・明堂と大極殿

　　　 の三殿 [報告 D1：朴燦奎 2015 p.37 図 39・p.39 図 42・p.35 図 36] を改変して作成。
図 66　東魏北斉鄴城と 206・209 大殿 [報告 A5：中国社会科学院考古研究所等 2023 p.53 図 2]、渤海上京城の寝殿 [劉
　　　 大平ほか 2018 p.247 図 6-44] を改変して作成。
図 67　前期難波宮 [奈良文化財研究所 2010a 資料編 p.3 図 1]、飛鳥宮エビノコ郭正殿 SB7701[報告 E3：奈良県教育委
　　　 員会 1978 図 3]、藤原宮大極殿院 [廣瀬 2023 p.7 図 1]、平城宮中央区大極殿院 [奈良文化財研究所 2010a 資料編 p.34
　　　 図 15]、平城宮東区大極殿院 [奈良文化財研究所 2010a 資料編 p.42 図 38]、後期難波宮 [奈良文化財研究所 2010a 資
　　　 料編 p.112 図 2]、長岡宮大極殿院 [報告 E8：向日市史編さん委員会 1983 p.362 図 86]、平安宮朝堂院 [報告 E9：角
　　　 田監修 1994 p.152 図 10] を改変して作成。
図 68　唐洛陽城応天門 [報告 A10：中国社会科学院考古研究所 2014 p.400 図 5-49]、唐長安城承天門 [羅瑾歆 2019 p.79
　　　 図 6]、大明宮含元殿と朝堂 [報告 A8：中国社会科学院考古研究所 2007 p.89 図 5・pp.72-72 図 3 〜 5]、平城宮東区
　　　 下層朝堂 [寺崎 2006b p.55 図 6] を改変して作成。
図 69　前期難波宮と藤原宮 [奈良文化財研究所 2020 p.80 図 102：データは廣瀬覚氏提供]、平城宮の楼閣 [上野 2010 p.11
　　　 図 1] を改変して作成。
図 70　唐永徽明堂 [姜波 1996 p.442 図 3]、唐洛陽城明堂と中心坑 [韓建華 2019 p.116 図 3]・[報告 A10：中国社会科
　　　 学院考古研究所洛陽唐城隊 1988 p229 図 2]、前期難波宮八角殿院 [奈良文化財研究所 2010a 資料編 p.111 図 1]、平
　　　 安宮大極殿院の舗設 [山本崇 2004 p.36 図 41] を改変して作成。
図 71　「後殿」の分類：各都城の報告書から模式図を作成。唐太極殿の房 [吉田 2006 p.4 第 1 図]、日本都城の「後殿」
　　　 の変遷 [廣瀬 2023 p.10 図 2] を改変して作成。
図 72　漢魏洛陽城太極殿 [報告 A4：陳建軍ほか 2019 p.36 図 1]、大明宮含元殿 [報告 A8：中国社会科学院考古研究所
　　　 2007 p.89 図 5]、洛陽城明堂 [韓建華 2019 p.116 図 3]、渤海上京城 1 号宮殿 [劉大平ほか 2018 p.159 図 5-3]、2 号宮殿 [報
　　　 告 D2：黒竜江省文物考古研究所 2009 pp.31-32 図 16]、平城宮中央区大極殿 [報告 E5：奈良文化財研究所 2011 p.55
　　　 図 20]、平城宮東区大極殿院 [報告 E5：奈良国立文化財研究所 1993 PLAN.4・5] を改変して作成。
図 73　唐長安城大明宮の建築群 [報告 A8：中国社会科学院考古研究所 2007 p.89 図 5・pp.72-72 図 3 〜 5]・[中国社
　　　 会科学院考古研究所西安唐城隊 2006 p.42 図 4]、渤海上京 [趙虹光 2009 p.147 図 44]、平城宮中央区大極殿院 [奈
　　　 良文化財研究所 2010a 資料編 p.34 図 15]、大明宮麟徳殿 [報告 A8：中国社会科学院考古研究所 2007 p.41 図 21]、
　　　 渤海上京城 5 号宮殿 [報告 D2：黒竜江省文物考古研究所 2009 p.438 図 315]、平城宮中央区朝堂院 [奈良文化財研究
　　　 所 2010b p.77 中枢部図版] を改変して作成。

表 1　[宿白 1978 p.423 表] を日本語訳して作成。
表 2　[劉暁東ほか 2006]、[王 2008b]、[今井 2012]、[魏存成 2016] の研究成果に基づいて作成。
表 3　発掘遺構の分析データを基に作成。表中の報告書番号は、【東アジア正殿の報告書】と対応する。
表 4　[城倉 2021 p.183 表 3] をアップデートして作成。

終章　唐代都城中枢部の構造とその展開

終章の構成　本書では、第1章「中原都城から草原・明清都城へ－都城通史からみた唐代都城の位置－」、第2章「唐砕葉城の歴史的位置－都城の空間構造と瓦の製作技法に注目して－」、第3章「東アジア古代都城門の構造・機能とその展開」、第4章「太極殿・含元殿・明堂と大極殿－唐代都城中枢部の展開とその意義－」、でそれぞれ異なる角度から、唐代都城について考古学的な分析を蓄積した。序章では、①東アジア都城における遺構の考古学的国際比較、②唐代都城の相対化、の2つの課題を設定したが、1～4章の分析によって、本書独自の視点を示すことができた。ただし、本書では非常に広い時空間の都城を分析対象としたため、論点が多岐にわたってしまったのも事実である。終章では、各章での分析を踏まえた上で、本書のタイトルでもある「唐代都城中枢部」について、考古学的手法によって明らかになった構造的特色、および同時代における東アジアへの展開過程の実態を整理することで結論としたい。

以上の目的のため、終章ではまず、第1～4章の内容と成果をそれぞれ要約する。すでに、各章の文末で結論は箇条書きでまとめているが、ここではそれに基づき整理し直してみたい。その要約を踏まえた上で、唐代都城中枢部の構造的特色、および東アジアへの展開過程に関して、以下の4つのトピックを設定して、議論を進める。

①唐代都城の構造的特色
②中国都城史上における唐代都城
③唐王朝の造営した都城の多様性
④唐代における都城の展開－渤海と日本の比較－

4つのトピック毎に、分析成果と論点をまとめて結論とする。なお、序章と同じく終章でも読みやすさを重視して、引用などは基本的に省略する。各論点に関する根拠や引用文献などに関しては、各章の当該部分を参照してほしい。ここでは、成果に基づく結論の提示に集中したい。

第1章の要約　第1章のタイトルは、「中原都城から草原・明清都城へ－都城通史からみた唐代都城の位置－」である。秦～清までの都城の平面形を概観し、中原都城から草原・明清都城へという枠組みの中で通時的な変遷を整理することで、唐代都城の歴史的位置を考えた。

研究史では、中国都城の通時的研究、および外郭城（里坊）の研究を整理し、①都城の比較研究における通時的視点の重要性、②唐までの変遷だけでなく、宋以降、特に遼・金・元の都城に着目する重要性、③都市研究としての里坊研究の重要性を確認した。その上で、本書の全体コンセプト、本章の分析対象・方法、および概念・定義を整理した。特に、中国都城を地理的・系統的に分析するための枠組みとして、中原都城・草原都城・明清都城という概念を設定し、都城の「重圏構造」と「連接現象」に着目する点をまとめた。

基礎資料の提示部分では、中原都城（秦咸陽宮／前漢長安城／後漢洛陽城／曹魏鄴北城／曹魏・西晋・北魏洛陽城／東魏北斉鄴城／東晋南朝建康城／十六国北朝長安城／隋唐長安城／隋唐・北宋西京洛陽城／唐宋揚州城／北宋東京開封城／南宋臨安城）、草原都城（遼上京城／遼中京城／金上京城／金中都／元上都／元中都／元大都）、明清都城（明

中都・明南京城・明清北京城）の平面形を示し、内容を整理した。

考察では、①中原都城の構造的特色と周辺国への影響、②中原都城から草原都城への変化とその意義、③都城の完成形－明清都城の構造的特色－、④唐代都城の歴史的位置、の4つのトピックを設定して議論を深めた。以下、4つのトピック毎に成果をまとめる。

①の論点について。唐王朝が造営した都城が周辺国に伝播するのに際しては、特定の都城が完全な模倣対象となったわけではなく、正式な使節（遣唐使など）が持ち帰る長安城・洛陽城・揚州城などの総体的な都城の情報が基本になったと考えた。周辺国は、自国の支配体制に合致する形で、思想空間としての都城を解体・再編成し、再設計した可能性が高い。その中でも、唐王朝が造営した都城として、3つの要素（中央北詰に宮城・皇城を配置する点、内城中央の宮城正門が儀礼空間として発展する点、里坊が16分割されるのが基本であった点）が周辺国にも重視されたと想定した。

②の論点について。唐代都城は、魏晋南北朝で発展した個別の要素が一つの完成形として統合された点に意味があり、その要素は同時代の周辺国に強い影響を与えた。しかし、唐代都城が後世に与えた影響は限定的で、続く北宋東京開封城において後世にまで続く都城の様式が成立した。一方、北方の草原地帯において北宋と対峙した遼は、遊牧民と農耕民の二重統治体制に基づく「南北連接型」都城（上京城）を造営したが、これは唐代西域都市でも見られる「東西連接型」都城（唐砕葉城）とも共通する現象で、文化的・民族的に異なる集団が接触する際に生まれる特徴である。遼上京城の「南北連接型」都城は、金上京城にも継承されるが、金は中原地域の支配を進める中で、北宋東京開封城の「重圏型」都城を造営していくことになる。ところで、異なる文化的・民族的集団の接触によって新しい様式が生まれる現象という文脈においては、北魏洛陽城の外郭城も同じ現象と把握することが可能である。また、鮮卑族拓跋氏の北魏は、宮城構造にも民族的な特徴を反映させたが、この点は元大都においてモンゴル族のオルドゥを再現した南城構造や北側に空閑地をもつ北城構造が成立した点とも共通する。すなわち、都城の連接（唐砕葉城の「東西連接型」都城／遼の「南北連接型」都城）、および都市空間の革新（北魏洛陽城での外郭城の成立／元大都での胡同制の成立）という2つの現象は、共通する歴史的文脈の中で異なる形で発現した特徴と捉えることも可能である。

③の論点について。遼・金・元に続く明清都城は、元が造営した草原都城の最終形である大都を継承し、その南城を基礎として都城を造営することで、北宋以来の「重圏型」都城を復活させた。明清都城は、中原・草原都城の系統を融合させた中国都城の完成形といえる。

④の論点について。最後に、唐代都城の歴史的位置を整理した。中国都城の都市としての画期は、大きく3つである。すなわち、北魏洛陽城における外郭城（封閉式里坊制）の成立、北宋東京開封城における街巷制への転換、元大都における胡同制の成立、である。唐王朝が造営した都城は、同時代の周辺国への伝播など国際的影響力は大きかったものの、あくまでも都城発展史上の過渡期に過ぎず、歴史的には北宋東京開封城の方が後世に与えたインパクトははるかに大きかった。このように、都城の考古学的分析に際しては、都城を各要素に分解し、それぞれの要素を丁寧に比較検討することが重要で、特定の都城を唯一のモデルとして系譜関係を検討する「祖型探し」には、十分な注意が必要だと考える。

第2章の要約　第2章のタイトルは、「唐砕葉城の歴史的位置－都城の空間構造と瓦の製作技法に注目して－」である。キルギス共和国アク・ベシム遺跡の調査研究史を整理して論点と課題をまとめた上で、唐砕葉城（アク・ベシム遺跡のラバト）の都城としての空間構造、および瓦の製作技法を唐長安城・洛陽城と比較し、その歴史的な位置付けを行った。

研究史では、アク・ベシム遺跡の概要、文献史料の記載、調査研究史を整理し、論点と課題を抽出した。

具体的には、①衛星画像を用いた GIS 分析から唐砕葉城を復原し、中原の都城と比較する作業、②唐砕葉城から出土した瓦の製作技法を中原から出土した瓦と比較する作業、2 つの課題を設定した。以下、唐砕葉城の空間構造の位置付け、出土瓦の位置付けの順に成果をまとめる。

①の論点について。1982 年に発見された杜懐宝碑によって、アク・ベシム遺跡が「砕葉（Suyab）」である点が確定した。現在のアク・ベシム遺跡は、シャフリスタン・ツィタデル・ラバトで構成されるが、近年の発掘調査の成果から、ラバトこそが唐砕葉城である可能性が高い。唐砕葉城は、文献史料からすると、王方翼の城壁造営（679）からトゥルギシュの攻略（703）までの限られた時間に存在した可能性が高い。なお、城内には、武則天の勅令（690）で造営された大雲寺が、750 年頃まで法灯を絶やさなかった点が、杜環「経行記」の記載から判明している。アク・ベシム遺跡の都市としての利用は、11 世紀半ばにカラ・ハン朝が中枢をバラサグン（ブラナ）に移動するまで続くことから、大雲寺の存続下限年代もカラ・ハン朝の分裂（1041）までと想定できる。ベルンシュタムが発掘したラバト内寺院からは、中原では北宋（960-1125）以降に登場する垂尖滴水瓦が出土した可能性が指摘されており、この遺物が大雲寺の下限年代を示すと考えた。ところで、研究史上はシャフリスタン南に存在する第 1 仏教寺院が唐大雲寺である可能性が指摘されてきた。しかし、第 1 仏教寺院には中国的な要素は全く認められず、「回字形祠堂」を持つ典型的な中央アジア仏教寺院である。一方、城内における立地や規模、伽藍配置、出土した瓦塼類などの中国系遺物から見て、ラバト内寺院こそが大雲寺であると考えた。

ラバト＝唐砕葉城である可能性が高い点を踏まえ、平面配置の復原を試みることにした。しかし、アク・ベシム遺跡のラバトは、ソビエト時代の耕作によって、東・南城壁の一部を除いて地表から姿を消している。そのため、1967 年に撮影された Corona 衛星画像、および航空写真を利用して、平面形を復原した。唐砕葉城は、既存のソグド人都市であるシャフリスタンとは直接は接続しない多角形の城壁で構成され、特に西南部の屈曲門が防御の要である点、城内が中枢部・南北大路で構成される南側とシャフリスタンに通じる東西大路で構成される北側に構造上大きく分けられる点、中枢部の護城河が城内の水運・利水に重要な役割を果たした点、東西大路・南北大路とその他の道路によって細分される城内区画がそれぞれ機能的な役割を果たした点などを指摘した。その上で、679 年に造営された砕葉城と 702 年に北庭都護府が置かれた北庭故城の平面配置を比較し、設計思想・原理の面で高い共通性が認められる点を明らかにした。特に、西南の屈曲門と北門が対になる防御機構を構成する点を指摘し、王方翼の修築記事にある「立四面十二門、皆屈曲作隠伏出没之状」という記載は、特定の門構造を指すのではなく、「城門を中心とした防御体系の総体」を示すものと考えた。

以上の唐砕葉城・北庭故城の比較から、唐代西域都市における特徴を 5 つにまとめた。すなわち、(a) 防御に特化した外城構造を持つ点、(b) 重圏的な内外二重（三重）構造を持つ点、(c) 城内に大路を中心とした 2 つの軸線を持つ点、(d) 護城河と連動した水運・水利システムを持つ点、(e) 仏教寺院・キリスト教会などの大型宗教施設を持つ点、である。この唐代西域都市の特徴を踏まえて、唐長安城・洛陽城との比較を行った。皇帝権力を中心とする世界観と支配観念を表現した思想空間である中原都城は、渤海上京城・日本平城京など各国の「王都」として採用された。その場合でも、各国は唐王朝の思想空間をそのまま模倣したわけではなく、各国の統治システムに合わせて解体・再編成して独自の都城を造営した。一方、国内においては「特定の機能」をもって階層的に都市が展開した点を指摘した。すなわち、西域都市は唐の西域経営という歴史的文脈の中で、軍事・政治・行政・交易の拠点として設計され、展開した点を推定した。

②の論点について。唐砕葉城から出土した板瓦に関して、三次元計測図と写真を提示し、その製作技法を整理した。唐砕葉城出土の板瓦に関しては、10 段階の製作工程を復原することができた。また、唐砕葉城

から出土した蓮華紋瓦当をⅠ～Ⅲ型式に整理した。Ⅰ型式（複弁蓮華紋）、Ⅱ型式（単弁蓮華紋）、Ⅲ型式（連珠紋）、である。この分類を踏まえた上で、北朝・唐・遼の蓮華紋瓦当の変遷を示し、北魏から隋へ継承された複弁蓮華紋が7世紀の長安城で流行した点、高宗から武則天の時期（657-705）に宮城・外郭の造営が本格化する洛陽城では単弁蓮華紋が主流である点を確認し、唐砕葉城の瓦当が7世紀後半の唐長安城の瓦生産に系譜を持つ点を指摘した。

最後に、唐砕葉城と長安城・洛陽城の瓦の製作技法を比較し、その歴史的位置を考察した。長安城・洛陽城においては、宮城・大寺院・陵墓などの造営に際しては、近隣で臨時の「官窯」が開設されるスタイルが開元19年（731）までは一般的だった。「官窯」では、施釉瓦の製作、様々な屋根装飾、多様な規格の瓦の作り分け、工匠・官名などの刻印、丁寧で手間がかかる瓦の二次調整など、高度な技術体系が維持されていた。一方、唐砕葉城出土瓦にはこれらの要素は全く見られず、「官窯」の技術体系が直接移入されたわけではなく、唐長安城で広く共有されていた基本的な瓦の製作技術を基礎とする点を指摘した。軍事活動と連動した西域の「都市づくり」では、様々な技術を持つ人々が西域での拠点進出に伴って展開しており、機能的な側面を重視した瓦生産もその1つの要素として唐砕葉城に導入されたと考えた。

第3章の要約　第3章のタイトルは、「東アジア古代都城門の構造・機能とその展開」である。中国都城における空間構造の発展、および東アジアの周辺国（高句麗・渤海・日本）への展開過程について、都城の本質的特徴である重圏構造とその連接機能を持つ「門」に着目して分析を行った。

研究史では、中国と日本の古代都城門に関する研究を整理して、論点と課題を明確化すると同時に、門遺構の種類と構造を分類によってまとめた。また、基礎資料の提示部分では、中原都城（前漢長安城／後漢洛陽城／曹魏・西晋・北魏洛陽城／東魏北斉鄴城／北周長安城／隋仁寿宮・唐九成宮／隋唐長安城／隋唐洛陽城／唐宋揚州城／北宋東京開封城）、草原都城（遼上京城／金上京城／金宝馬城／金太子城／元上都／元中都）、高句麗都城（国内城／平壌城／安鶴宮）、渤海都城（上京城／西古城／八連城）、日本都城（飛鳥宮／大津宮／難波宮／藤原宮／平城宮・平城京／長岡宮）の門遺構に関して平面図を提示し、その構造を整理した。

考察では、①連体式双闕門の発展と唐代都城門の諸類型、②唐代都城の構造と門の階層性―含元殿の成立―、③唐代都城の解体と再編成―北宋以降の正門の変遷―、④唐代都城門の東アジアへの展開、の4つのトピックを設定して議論を深めた。以下、4つのトピック順に成果をまとめる。

①の論点について。中国において、城壁にトンネル状の門道を構築する都城門としては、過梁式・発券式の2種類がある点、前者から後者への緩やかな転換が北宋～元の長い期間に及ぶ点を確認した。一方、基壇上に木造建築で造営される殿堂式は、宮門として一般的だが、魏晋南北朝における宮城正門の大型殿堂式門が唐の闕式正殿へと発展する点が注目できる。本章では漢～魏晋南北朝の過梁式・殿堂式の相互の関係性を整理したうえで、両者の発展過程をまとめた。2つの類型の関係性を示すものとして、魏晋南北朝には宮城正門として発達した「内向殿堂式双闕門（閶闔門型）」、内城正門として発達した「外向過梁式双闕門（朱明門型）」がある点を指摘し、両者が融合する形で唐代の宮城正門が出現する点を整理した。このように魏晋南北朝における発展の完成形として隋唐都城が出現するわけだが、唐代都城の顕著な特徴として、宮城・皇城・外郭城の三重圏構造が中軸に位置する正門によって連接される点が挙げられる。唐長安城では、外郭城正門（明徳門）、皇城正門（朱雀門）、宮城正門（承天門）、宮城正門と正殿が融合した外朝空間（丹鳳門～含元殿）、宮城防御の北門建築群（玄武門・重玄門）の各「様式」が成立していた点を指摘し、本章では発掘されていない朱雀門を除いた唐代都城門の四類型を認識した。

②の論点について。南北朝最後の北周～唐にかけては、宮城構造に三朝制の概念が導入されたため、特に

宮城正門前が「外朝大典」の空間として発達し、結果として、高宗・武則天期に宮城正門と正殿が結びついた長安城大明宮含元殿が誕生することになる。唐では三朝制の概念に基づいて、太極宮正門の承天門が外朝大典の空間と位置付けられていたが、機能的・空間的な制約もあり、唐初における国家的な儀礼は実際には太極殿で実施されていた。そのため、高宗・武則天期に宮城正門と正殿を融合させた含元殿が大明宮に造営され、ここに唐長安城の「思想的舞台」が完成をみる。この含元殿の構造に関しては、唐王朝の離宮として利用されていた九成宮 1 号宮殿の両翼を持つ正殿と、承天門の闕門が融合する形で誕生した可能性が高い。含元殿の様式（闕式正殿と前面の龍尾道、前面東西の朝堂・肺石・登聞鼓など）は、外国使節も参加する国家的な儀礼を通じて、東アジア世界における唐を中心とした階層構造を視覚的に示す舞台空間となり、各国（渤海・日本など）の模倣対象となった。このように含元殿の同時代における国際的な影響力は大きかったものの、北宋以降の都城正殿では採用されず、元上都宮城北壁の闕式宮殿など、復古的な様式としてのみ構造が残存することになる。

③の論点について。北宋以降の都城門については、内外城に採用される甕城、過梁式から発券式への転換、宮城正門における連体双出闕門の継承、の 3 点に着目して整理した。甕城は唐後半〜五代十国の混乱期に防御機構として揚州城などで採用され、北宋東京開封城から一般化した。その系譜は、唐長安城大明宮の北門建築群に由来すると考えられ、北宋以降の方形甕城に発展する可能性が高い。一方、高句麗・渤海の山城や草原地帯の城郭に由来する馬蹄形・楕円形甕城の系譜も存在しており、両者は遼・金・元の草原都城において融合が進んだと考える。次に、過梁式門は北宋期に石製地覆を用いる I C が現れ、『営造法式』の刊行によって普遍的な構造・規格として全国に広まった。なお、遼では中原由来の I C と高句麗・渤海経由の I A が融合した I D も出現した。ところで、北宋以降は過梁式から発券式への転換が始まる時期でもあり、元代までに緩やかに交替が進んだ。最後に、唐長安城承天門における宮城正門の連体双出闕の系譜は、北宋東京開封城の宣徳門、元大都の崇天門、明清北京城の午門へと継承された点をまとめた。

以上、北宋・遼・金・元の都城門を整理した。中国都城の発展史上、唐長安城は 1 つの大きな画期である。しかし、それは一つの到達点に過ぎず、北宋、あるいは遼・金・元の草原都城を経て、明清期に至るまでその思想的な空間は、各王朝によって解体・再編成され、連綿と発展していった点が重要である。

④の論点について。中国における中原・草原都城の門の変遷を踏まえた上で、特に魏晋南北朝〜唐代に東アジアに伝播した都城の類例を比較した。まずは、高句麗・渤海について整理する。高句麗では、山城・平地城がセット関係になる点に特色がある。特に、平壌に位置する後期高句麗の様相が不明なため、研究に限界はあるものの、都城門の構築技法や思想的な背景などから、中原都城の情報が常に更新される状況であったと推定できる。一方、渤海都城では、過梁式、殿堂式、両者の融合という 3 種類の都城門が認められる。特に、中軸正門の様相が判明している上京城を対象とし、中軸正門の関係性を唐長安城と比較した。渤海上京城は、唐長安城、特に大明宮含元殿の空間を強く意識しながらも、渤海王を中心とする支配体制を象徴する独自の論理で正門相互の関係性が設計されていた点を明らかにした。

最後に日本都城門の様相を整理し、唐王朝の都城門との比較を行った。日本都城は発掘の歴史も古く、蓄積されている資料も多いため、論点も多岐にわたった。日本都城門に関しては、まず、前期難波宮・大津宮・飛鳥宮・藤原宮・平城宮（京）・長岡宮・平安宮の様相を整理した。その上で、中国都城門との比較から、3 つの論点を設定した。すなわち、(a) 日本都城における最大門の移動現象、(b) 唐代都城の三重圏構造からみた日本都城門の特徴、(c) 正門からみた日本都城の空間構造とその変遷、である。以下では、3 つの論点に分けて整理する。

(a) の論点について。日本都城では、中国都城の宮城正門で採用された「七間三道門」を強く意識した上で、

「七間五（三）戸門」を最高格式として前期難波宮・藤原宮の内裏南門に採用した。しかし、8世紀の平城京では、諸外国からの使節や国内向けに威信を示す装置として、羅城門を最大門とした。羅城門の象徴性とその機能は、以後、平安京まで続いていくと同時に、平城京で見られる都城門の階層性は、国内における官衙門・寺院門などの基準となった。

　（b）の論点について。前述した通り、唐王朝が造営した都城に関しては、宮城・皇城・外郭城という三重圏構造を基本としたが、日本都城でもその構造が強く意識されていたと考える。研究史上は日本都城において宮城・皇城の明確な区別はされていないと指摘されてきたが、唐長安城においても宮城・皇城は一体で内城を構成していた点を整理し、同様の視点で日本都城の分析が可能である点を示した。外郭城正門＝羅城門である点は問題ないものの、日本都城では宮城門・皇城門の用語が混在するため、本章では宮の南面中門（唐代都城の皇城・内城正門）を「空間的皇城正門」、宮内において天皇と臣下の境界に位置して儀礼空間の中枢として機能する門を「儀礼的宮城正門」と呼称することにした。「空間的皇城正門」が朱雀門である点は動かないので、「儀礼的宮城正門」の認識が課題となる。日本都城における「儀礼的宮城正門」の認識に際しては、中国都城の宮城正門において門闕形式が採用される点が参考になる。この点を踏まえ、正門がどのように荘厳化されるか、に着目し、日本都城における中枢を荘厳化する施設の分類を行い、Ⅰ類（中軸正門と回廊によって接続する建造物）、Ⅱ類（大極殿院の東西に位置し、空間としては内裏の内部で独立する建造物）、Ⅲ類（回廊の屈曲部に位置する建造物）を設定した。その中でも、中軸正門と直接連接するⅠ類を確実に荘厳化された門と規定し、その変化（ⅠA→ⅠB→ⅠC）を位置付けた。さらに、ⅠAからⅡ類、そしてⅢ類へと発展する可能性も指摘した。以上の中枢を荘厳化する施設の分類を踏まえて、荘厳化された門が、前期難波宮内裏南門（ⅠA）→平城宮中央区大極殿院南門（ⅠB）→長岡宮朝堂院南門（ⅠC）→平安宮朝集院南門（ⅠC）と徐々に南下する点を指摘し、日本都城では「空間的皇城正門が固定化」するのに対して、「儀礼的宮城正門が南下」する現象が大きな特徴である点を論じた。

　（c）の論点について。ここまでの日本都城における「都城最大門の移動現象」「儀礼的宮城正門の南下現象」を踏まえて、日本都城中枢部の空間構造の変遷を整理した。前期難波宮の内裏南門、藤原宮の大極殿院南門、平城宮の中央区大極殿院南門がいずれも宮のほぼ中心に位置するように、その配置は、唐長安城太極宮の正門：承天門の機能を模倣した可能性高い。奈良時代前半の平城宮では、唐長安城の皇城正門を朱雀門、宮城正門を中央区大極殿院南門という空間配置で再現する一方、中央区大極殿院で大明宮の外朝空間（丹鳳門〜含元殿）を模倣した点に大きな特徴がある。中央区で「含元殿模倣空間」を表現したために、藤原宮以来の基本構造は壬生門の軸線にスライドされることになったが、奈良時代後半にはこちらが中軸（東区大極殿院南門が新しい「儀礼的宮城正門」となる）として再整備された。続く長岡宮では、日本都城史上初となる中国式の連体双闕門が採用され、「空間的皇城正門」と「儀礼的宮城正門」が融合し、宮南面広場に外朝空間が整備された。これは、「皇統の交代」によって自らの正当性を内外に示す必要に迫られた桓武天皇が、天皇－臣下・民衆の接点を集約して可視化した空間を設計するという新しい試みだったと考えた。長岡宮における連体双闕門の採用と外朝空間の整備は、円丘儀礼などの礼制建築の造営とも連動する試みである可能性が高い。しかし、平安宮では「閤門出御型」の儀礼が豊楽院として機能分化したことで、儀礼的宮城正門の役割が変質し、大極殿院・朝堂院・朝集院が一体化した「八省院」の正門として連体式双闕門が継承された。これによって、朝集院正門の位置まで儀礼的宮城正門が南下したのである。

　最後に、周礼・三朝制などの思想的な分析から、実際の遺構を解釈する方法論の限界を指摘し、考古学的な方法論を用いて東アジア都城の遺構を通時的・国際的に比較する作業の重要性を指摘した。

第 4 章の要約　第 4 章のタイトルは、「太極殿・含元殿・明堂と大極殿－唐代都城中枢部の展開とその意義－」である。都城の宮城中枢部における正殿遺構に注目し、秦～北宋までの中原都城、遼・金・元の草原都城、明清都城までの発展過程を整理した上で、唐高宗～武則天期を中心に長安城・洛陽城に存在した 3 つの正殿が高句麗・渤海・日本都城にどのように影響を与えたのか、を考古学的に検討した。

　研究史では、日本と中国の中枢部に関する研究を整理して、論点と課題を明確化した。特に、中国都城の中枢正殿を通時的に整理した上で、唐代における東アジア周辺国への展開過程を分析する視点を示した。また、基礎資料の提示部分では、中原都城（秦阿房宮／前漢長安城未央宮／後漢洛陽城南宮／曹魏・西晋・北魏洛陽城／東魏北斉鄴城／北周長安城／唐長安城太極宮／唐長安城大明宮／唐長安城興慶宮／唐洛陽城／北宋西京洛陽城／北宋東京開封城）、草原都城（遼上京城／遼中京城／金上京城／金中都／元上都／元中都／元大都）、明清都城（明北京城／清北京城）、高句麗都城（安鶴宮）、渤海都城（上京城／西古城／八連城）、日本都城（前期難波宮／近江大津宮／飛鳥宮Ⅲ期／藤原宮／平城宮／恭仁宮／後期難波宮／長岡宮／平安宮）の正殿遺構に関して平面図を提示し、その構造を整理した。

　考察では、①中原都城における正殿の発展と草原・明清都城への継承、②高句麗・渤海都城における正殿の構造とその特色、③日本都城における正殿の構造とその特色、④唐代東アジア都城の正殿遺構－規模と構造の比較－、⑤儀礼・饗宴空間としての都城中枢部と東アジアへの展開、の 5 つのトピックを設定して議論を深めた。以下、5 つのトピック順に成果をまとめる。

　①の論点について。中原都城の宮城正殿は、秦阿房宮前殿・前漢長安城未央宮前殿・後漢洛陽城南宮前殿から、曹魏洛陽城太極殿へと発展した。魏晋南北朝の太極殿には東西堂があり、その北方には昭陽殿が太極殿と機能を分掌する形で存在していた。南北朝に普遍化した太極殿は、唐代に引き継がれることになるが、初唐（高宗～武則天期）には、長安城太極宮太極殿・長安城大明宮含元殿・洛陽城宮城明堂の 3 つの正殿が併存する特殊な状況が成立した。また、唐の正殿は大明宮（含元殿／麟徳殿）、興慶宮（勤政務本楼／花萼相輝楼）のように、必ず正殿と饗宴施設がセット関係を持っていた点も重要である。この唐の 3 つの正殿の中でも、あくまでも中枢の系譜に位置するのは太極殿だった。含元殿は太極殿の派生形であり、明堂は礼制建築に系譜を持つ。太極殿は、その後も明清期に至るまで一系列的に継承されたが、含元殿は元上都北壁闕式宮殿など復古的な類型としてのみ残存し、明堂は天堂との関係で成立した双軸構造として、北宋以降に残存した。つまり、含元殿・明堂ともに、長い中国都城史上においては「刹那的」類型であった。北宋期になると、武則天が造営した明堂・天堂の系譜を引く西京洛陽城の宮城構造を媒介として、東京開封城に工字形正殿と双軸構造という特徴的な様式が成立した。魏晋南北朝の駢列制とは異なる形の北宋期の双軸構造は、金代に南北の空間構成へと変化を遂げ、明清期の内廷・外朝構造へと発展した。以上の中国都城における中枢正殿の変遷を踏まえると、大きく 4 つの段階が認められる。すなわち、秦・漢の前殿、魏晋南北朝～唐の太極殿、北宋～元の工字形正殿、明清の三台である。中国歴代王朝は、秦阿房宮前殿から続く一系列的な正殿の系譜を継承しており、正殿は国家的な儀礼を通じて皇帝権力を創出する主要な装置として機能し続けた。

　②の論点について。高句麗・渤海都城に関しては、様相が判明している渤海都城を中心として議論を進め、高句麗安鶴宮との比較を行った。渤海都城では、上京城 3・4 号宮殿の「基本構造」が、西古城・八連城と共通している。渤海王の居住空間と日常政務の正殿を連接した特徴的な構造だが、上京城でのみ、その前面に含元殿空間を模倣した 1（2）号宮殿が存在していた。渤海都城で見られる「基本構造」は、高句麗安鶴宮とも共通しており、東魏北斉鄴城 206・209 大殿など、中原都城の宮城北側における後寝の構造と類似する。唐長安城・洛陽城における宮城後寝部分の様相は明らかではないが、中原都城の後寝建築が高句麗・渤海に影響を与えた可能性が高い。なお、渤海上京城・西古城 5 号宮殿は、唐長安城大明宮麟徳殿の影響を受け

た饗宴施設の可能性が高い点を指摘した。

　③の論点について。日本都城では、唐長安城太極宮の影響を受けた前期難波宮、初の単独正殿を採用したエビノコ郭正殿などの試行錯誤を踏まえ、藤原宮で本格的な太極殿型大極殿が成立した。この系統は、平城宮東区・後期難波宮・長岡宮へと引き継がれた。一方、平城宮中央区では含元殿型大極殿が採用された。両系統は平安宮で統合され、平安宮では今までの規模を越えた桁行11間の日本的な大極殿が成立した。なお、日本都城において唐の宮城正門を模倣した「儀礼的宮城正門」は、内裏南門→大極殿院南門→朝堂院南門→朝集院南門と南下したが、その位置関係から考えて、藤原宮大極殿院南門前の朝堂院では、東西の第一堂が唐を模倣した本来の朝堂と思われ、第二堂以下は皇堂に該当する可能性が高い。12朝堂院における第一堂の本来的な意味は、平城宮東区以降に薄れて朝堂院全体が均質化すると同時に、儀礼的宮城正門との空間配置も崩れていく。一方、平城宮中央区の4朝堂院は全く異なる系譜で、閤門出御型の饗宴空間から平安宮豊楽院へと発展する。平城宮で併存した12朝堂院・4朝堂院は、その系譜が大きく異なるのである。

　日本都城の中枢正殿に関連する論点として、八角殿、後殿の問題も扱った。まず、前期難波宮の内裏南門東西の八角殿は、宮城正門を荘厳化する闕と同じ役割を果たし、その機能は藤原宮大極殿院東西の楼閣、平城宮東区大極殿院の東西楼閣へと継承される。八角形は仏教に由来するのではなく、中国の皇帝権力を象徴する構造（上円下方・八角形）など儒教的な概念に由来すると考える。武則天明堂を直接的な系譜に持つわけではないが、高宗－武則天期における礼制建築の最新の概念を導入して構想された可能性がある。次に、後殿に関しても論点を深めた。中国を中心とする東アジア各国の都城では、正殿・寝殿において、前後の大殿が「廊」によって連接される工字形建築が見られる。しかし、系譜的な峻別が行われていない点に問題があると考え、東アジア全体で分類を行った。Ⅰ類は太極殿と機能を分掌する後閤が結合していく形式で、中国都城の中心的類型である。Ⅱ類は中原都城の後寝建築に見られる連房が、皇帝の居住空間と日常政務空間を結びつける形式で、高句麗、渤海、日本の前期難波宮などに影響を与えた。Ⅲ類は、本来、太極殿内に存在する皇帝の更衣の施設（房）が日本的に発展した類型で、軒廊を通じて大極殿と後方の後房が接続する形式である。以上の整理によって、東アジア都城における工字形正殿の系統関係を把握することができた。

　④の論点について。中国都城、高句麗・渤海都城、日本都城における正殿の整理を踏まえた上で、東アジア全体での比較を行った。唐・渤海・日本の同時期の正殿を比べると、唐皇帝の正殿（桁行13間）、渤海王の正殿（桁行11間）、日本天皇の正殿（桁行9間）と国際的な階層秩序が認められる。この階層性は、唐と各国の関係性の「遠近」が表現されているものと思われ、日本は平安宮段階で桁行11間の独自の正殿を造営した。なお、唐宮城における3つの正殿の併存現象は、東アジア都城の正殿に多様性を生み出す原因となった。しかし、基本的には太極殿を中心とする唐の動きと連動しており、その系譜が高句麗・渤海・日本においても主流を占めたが、渤海上京城1（2）号宮殿や日本平城宮中央区などで含元殿の様式が採用された。

　⑤の論点について。最後に、儀礼・饗宴空間としての都城中枢部の特徴と東アジアへの展開に関して考察した。唐の宮城中枢部の空間が、各国でその模倣形を生んだ背景には、各国の使節が「諸蕃」として元会儀礼に参加した個別的な体験があり、その情報に基づいて各国で二次的に空間が再創造されたと考える。各国は唐帝国との高度な意思疎通によって都城という思想空間を導入したのではなく、「儀礼体験」に基づいて自律的に選択模倣したものと考える。この現象を、「儀礼（空間）の連鎖」と呼称した。また、中国の宮城正殿は、必ずセットになる饗宴空間を持つが、長安城大明宮における含元殿・麟徳殿のセット関係は、渤海上京城1・5号宮殿、平城宮中央区大極殿・4朝堂で空間的に表現された。正殿に関してはかなり忠実な空間構造の模倣が認められる一方、饗宴施設は各国の多様性が生み出されやすい空間だったと思われる。

唐代都城の構造的特色　序章で整理したように、本書では唐王朝が国内で造営した都城を「唐代都城」と定義した。具体的には、京師である長安城、陪京（陪都）である洛陽城、益州城や晋陽城などの地方行政都市、揚州城などの海港都市、砕葉城・北庭故城・交河故城などの西域シルクロード都市などが挙げられる。また、唐王朝が造営した都城の強い影響を受けて成立した周辺国の都城（高句麗・渤海・百済・新羅・日本都城など）も、唐代都城の歴史性を考える上で重要な比較対象となる。唐の国内において都城は、京師・陪京を頂点とする階層性の中で、それぞれの都市としての機能に特化する形で展開したが、周辺国は長安城・洛陽城などの「思想的空間」を各国の王都として再現しようとした点に、この時代の特徴がある。各国と唐王朝との物理的・外交的な距離、あるいは唐王朝の思想的背景に関する理解度などが、都城の構造に影響を与えた点は確かだと思われるが、基本的には各国が自らの伝統的な支配体制に合致する形で唐の思想を解体・再編成して都城を設計したことが多様性の背景だと考える。ただし、中国の都城制を主要な研究対象とする本書においては、各国の多様性、地域性を論じることが目的ではないため、ここでは主にその共通性に注目していきたい。まず、議論の前提となる唐代都城の構造的特色について整理しておく。

　第1章の第4節第1項で整理したように、唐王朝が造営した都城（京師・陪京）の顕著な特徴として以下の3つの要素が挙げられる。

①外郭城正門を中軸とし、対応する外郭城北詰に内城（宮城・皇城）を置く。
②宮城正門（日本では大極殿閤門）を内城のほぼ中央に置き、その前面を儀礼空間として整備する。
③東西南北の道路で囲繞される里坊を、東西南北の坊門と十字路により16分割する。

　これらの要素は、唐代都城が伝播した東アジア各国の王都（特に日本）でも採用された要素である。注目すべきは、各国都城における礼制建築の不在である。唐王朝の京師では、宮城前面左右の宗廟・社稷、あるいは外郭城南の円丘（昊天上帝を祀る）、北の方丘（皇地祇を祀る）を代表とする礼制建築が非常に重要な構成要素となるが、これらは中華の皇帝を思想的に支える祭祀・儀礼に属するためか、各国では部分的な導入は見られても基本的な要素としては模倣対象となっていない。主要な模倣対象となったのは皇帝を中心とする政治空間（宮城）、国家を支える行政空間（皇城）、住民を統括・管理する都市空間（外郭城）という重圏構造である。つまり、各国が意図したのは唐の政治・経済・行政システム、あるいは法体系などの国家体制、いわゆるソフトフェアの模倣であり、それを実際に動かすハードウェアとして都城は各国に導入されたのである。中でも、皇帝権力の象徴的な空間として、宮城の正門・正殿が模倣対象となっている点は重要である。皇帝が関わる国家的な儀礼の舞台空間として機能した宮城正門・正殿は、まさに都城の中枢部であり、この場所を中心として都城全体が構造化されていると考えることもできる。特に唐王朝では、三朝制の外朝空間である宮城正門と中枢正殿が結びつく形で、国家的儀礼空間である大明宮含元殿が設計されたため、その構造が周辺国に大きな影響を与えた。これは、含元殿が唐の国内の支配体制と諸国との関係性を一年に一度更新する元会儀礼の場だったからで、各国は唐王朝の中枢である象徴的舞台を模倣する形で、都城を造営したものと考えられる。

中国都城史上における唐代都城　中国都城は秦漢期に定式化し、魏晋南北朝（184-589）の時期に大きな変革を経験していく。特に南北朝は、中国の王朝が大きく南北に分かれて対峙する動乱期であり、北朝では北方遊牧民族が華北に進出して王朝を打ち立てることで、大きな社会変革が起こり、それによって都城でも新しい様式が生まれていく。単一宮城制、太極殿東西堂システム、中軸線、皇城空間、外郭城など、いずれも

この時期に成立・確立していく要素で、魏晋南北朝は都城の大きな画期に位置付けられる。

北周の外戚から全国を統一した隋（581-618）は、北周の三朝制などを継承しつつ、文帝が大興城、煬帝が洛陽城を造営した。隋は、漢・西晋以来の統一王朝として、南北朝までの都城の変遷を統合し、新しい様式を生み出した。続く唐（618-907）は、隋大興城・洛陽城を継承したが、長安城大明宮（含元殿）、洛陽城宮城(明堂・天堂)などの変革は、高宗～武則天期(649-705)に進んだ点が重要である。近年の発掘調査によって、長安城・洛陽城の外郭城の整備もこの時期に集中して行われた点が判明している。武則天後の混乱は、玄宗(712-756)によって収められたが、その治世後半に起きた安史の乱（755-763）以降、国内では地方軍事政権（藩鎮）が割拠する状態となり、急激に国力が衰退していくことになる。このように、唐が強大な帝国として国際的な影響力を持っていたのは、高宗～玄宗の時期、すなわち7世紀中葉～8世紀中葉だということがわかる。唐王朝が造営した都城は、この時期を中心として周辺国に強い影響を与えることになるが、その背景には、各国が施設を派遣して唐王朝に朝貢し、唐の先進的な国家体制を競って模倣しようとした動きがある。特に、元会儀礼を中心とする国家的儀礼に参加した使節が持ち帰る情報は、各国で「唐の支配体制」の模倣形が二次的に再生産されるのに重要な役割を果たした。このように、唐の国際的な影響力は、7世紀中葉～8世紀中葉を中心とする極めて限られた時期の所産と考えられる点は注意が必要である。

安史の乱後に国力が低下した唐は、その国際的な影響力も急激に後退し、907年に滅亡する。その後、五代十国の混乱期を経て北宋（960-1127）が興ると、北宋東京開封城が京師となる。北宋は、洛陽を西京としたため、唐の都城制は洛陽を通じて北宋に継承される。重圏型構造、宮城の双軸構造（中央軸と西補軸）、工字形正殿、商業の発達による開放的街巷制など、北宋東京開封城は都城発達史上の非常に大きな画期となった。北宋の都城制は、北方の草原地帯に位置し、澶淵の盟（1004）以降は「兄弟」の関係として共存することになる遼を通じて、金・元にも継承され、明清都城まで続く普遍的な様式となる。このように北宋東京開封城の特徴が長く継承された理由は、北宋が中原に京師を置いた最後の王朝だったからだと思われる。

以上、都城の発展史を通時的にみると、唐の様式が後世に与えた影響は限定的であることがわかる。唐の様式は、7世紀中葉～8世紀中葉にかけて国際的に大きな影響力を持った一方で、後世への影響力はあまり大きくないと把握できる。唐代都城の後世への影響力を過大評価すると、その歴史性を見誤る可能性がある点は注意しなければならない。

唐王朝の造営した都城の多様性　唐が造営した都城としては、京師である長安城のイメージが強いものの、国内にも多くの都城が造営されている。有事の際に首都機能を移転できる陪京の洛陽城（武則天期は京師）、隋が造営した離宮の仁寿宮を継承した九成宮、港湾・商業都市として栄えた揚州城、地方行政都市としての成都（益州）城・晋陽故城、西域シルクロード都市の砕葉城・北庭故城・交河故城など、発掘調査が進む都城も多い。他にも、唐王朝の冊封を受けた周辺国の都城、例えば高昌国の高昌故城、南詔国の太和城なども、特に長安城・洛陽城の強い影響を受けた点が判明している。巨大な都市遺跡である都城の全体像を把握することは難しく、考古学的な調査で判明している要素も限定的ではあるが、ここでは唐の国内で造営された都城について整理してみる。

まず、隋が造営した仁寿宮を継承した九成宮では、特徴的な闕式宮殿が検出されており、含元殿に影響を与えた可能性が考えられている。基本的には宮殿建築で構成される離宮・行宮だが、時として京師の正殿などにも影響を与えうることがわかる。唐王朝の京師である長安城には、宮城・皇城を包摂する内城空間に加えて、多くの都市住民の生活空間となる外郭城が存在しており、宗廟・社稷・円丘・方丘などの礼制建築を含むすべての要素が完備されている点が特徴である。陪京である洛陽城も、これに準じる形である。

一方、国内の地方都市に関しては、政治・経済的機能の差異などにより、都城としての特色が異なっていた点が読み取れる。例えば、第2章で西域シルクロード都市（砕葉城・北庭故城・交河故城）と港湾都市（揚州城）の比較を試みたが、両者には顕著な違いが認められた。近年、西域都市の発掘調査の進展によって、その様相が徐々に判明しつつあるが、本書では西域シルクロード都市の特徴を5点にまとめた。すなわち、①防御に特化した外城を持つ点、②重圏構造を持つ点、③政治・経済の2軸構造を持つ点、④護城河を中心とする水運・水利システムを持つ点、⑤仏教・キリスト教などの大型宗教施設を持つ点、である。西域都市は、唐王朝の軍事的な橋頭堡であると同時に、シルクロードの重要な交易拠点でもあった。本書では、これらの特徴を持つ都市を「内陸型」商業交易都市と呼称した。一方、「海のシルクロード」の重要な交易拠点となったのは揚州城だが、同じく城壁には甕城が巡り、護城河を完備するなど防御性が高かった点が注目できる。また、中央を南北に貫く大運河によって長江・淮河に接続し、城内に存在する小運河によって著しく水運が発達していた点も読み取れる。都市の規模もシルクロード都市とは比較にならないほど大きく、例えば砕葉城・北庭故城の南北長に比べると6倍ほどの規模を持っている。本書では、揚州城を「海港型」商業交易都市と呼称した。これらの地方都市では、政治・行政機構が位置する「中枢」が置かれるが、揚州城の場合は北詰に子城（大都督府と主要な官衙が位置）があり、砕葉城・北庭故城は中央に方形区画が存在している。京師であれば宮城・皇城に該当する政治・行政空間である中枢部の位置は、西域都市では防御性を重視して、都城の中央に配置されたものと思われる。

　以上、本書では唐砕葉城の分析成果を基に、唐王朝が造営した地方都市の様相を東西で比較した。限られた事例ではあるが、考古学的調査の進展によって、唐王朝が造営した都城の構造的・機能的比較が可能になっている点が重要である。京師・陪京を頂点とした国内の階層性、あるいは都市毎の機能・役割に応じた構造的な差異を抽出する作業を踏まえて、周辺国で王都として採用された都城との比較を進めていく作業が必要だと考える。従来の研究で中心となっていたのは、長安城と洛陽城の比較だったが、今後は比較資料を増やして、唐代都城全体の研究を進めていくことが求められよう。

唐代における都城の展開－渤海と日本の比較－　最後に、本書の核心部分である唐王朝の造営した都城の国際的な展開についてまとめてみる。本書では、第3・4章で東アジア都城の正門・正殿の国際比較を行ったため、その成果から考察を加える。

　都城の中軸に位置する正門に関しては、唐長安城・洛陽城の三重圏構造（宮城・皇城・外郭城）が各国で強く意識された点が明らかになった。都城内に存在する異なる階層空間を相互に結び付ける役割を果たしたのが正門で、その中でも宮城正門が特に重視された。宮城正門は、三朝制の外朝大典空間であると同時に、皇帝権力と臣下（民衆）との境界に位置し、上下の階層空間を象徴的に結びつける機能を持ち、儀礼空間として発達した。唐長安城太極宮正門の承天門の構造・制度は、渤海上京城の宮城正門、日本平城宮の大極殿閣門など、附帯施設が取り付く重層門に影響を与え、儀礼の中心舞台となった。例えば、文献史料のある日本の事例を見てみると、藤原宮大極殿閣門は赦宥儀礼の場となり、平城宮中央区大極殿閣門は天皇が出御する「閣門出御型」饗宴儀礼の中枢として機能した。唐長安城太極宮の承天門、唐洛陽城宮城の応天門が、各国に強い影響を与えた点が想定できる。

　正殿は、皇帝・王・天皇が出御する国家的な儀礼で使用される空間で、特に元会儀礼（元日朝賀儀礼）、あるいは即位儀礼が重要となる。渤海・日本ともに当初は、唐長安城太極宮に系譜をもつ基本構造を採用していたが、渤海上京城ではその前面に1（2）号宮殿、平城宮では双軸構造として中央区大極殿院を造営したように、大明宮含元殿を模倣した空間が付け加えられる。龍尾道・左右階・広大な殿庭空間を特徴とする正

殿の空間である。さらに、大明宮含元殿とセットになる饗宴施設である麟徳殿の影響を受けた空間が、渤海では5号宮殿、平城宮では中央区4朝堂院という形で出現する点も重要である。このように、唐・渤海・日本の宮城構造の変遷は明らかに連動している。特に、太極宮（太極殿）に大明宮（含元殿・麟徳殿）の要素が附加されるという方向性が東アジアで連動する点は重要で、唐の都城制の影響を遺構レベルで把握できるようになった意義は大きい。さらに、正殿の桁行規模に関していえば、唐の正殿（13間）、渤海の正殿（11間）、日本の正殿（9間）という国際的な階層性が指摘出来た点も重要である。

　このように唐王朝の造営した都城が周辺国に与えた影響について、宮城正門・正殿に注目して分析を加えた。これらの模倣の契機となったのは、各国から唐王朝に派遣される正式な使節が参加する皇帝主宰の儀礼である。正使が儀礼的な体験を通じて持ち帰る情報が、各国の都城造営において重要な役割を果たしたと考えられる。特に、宮城中枢部の構造については、外国使節が「諸蕃」として参列した元会儀礼の経験が基礎になったと思われる。唐王朝の国内支配、そして諸外国との関係性を含む国際秩序は、太極殿・含元殿という中枢正殿を舞台にした国家的な儀礼、すなわち元会で1年に1度更新される。元会は中華皇帝を中心とする統治の根幹を支える儀礼である。この外国使節も参加する正殿での国家的な儀礼、それに続く饗宴儀礼は諸外国にとって非常にインパクトが強かったものと思われ、その「儀礼体験」に基づき、各国は自らの国際的な位置を認識するとともに、その空間を自国で二次的に再現することによって模倣空間を生み出すことになる。本書では、この現象を「儀礼（空間）の連鎖」と呼称したが、唐代における都城の展開に関していえば、唐王朝と各国の高度な意思疎通に基づいて都城が模倣されたわけではなく、儀礼という個別的な体験に基づいて各国が自律的に選択模倣をした結果、共通性の高い都城空間が東アジアに現出したと考えられる。これこそが、唐代都城の伝播の実態だと考える。

要旨（日本語）

　本書では、唐王朝（618-907）が造営した都城を「唐代都城」と定義し、その歴史的意義を考古学的に追及することを目的とした。唐王朝が造営した長安城（京師）・洛陽城（陪京）は、同時代の東アジア諸国に大きな影響を与えたが、その歴史性を考究するには、広い視野で唐代都城を相対化する作業が不可欠である。そのため、唐長安城・洛陽城を中国都城の通時的発展史の中に位置付ける（第1章）とともに、同時代の地方都市との比較（第2章）、東アジア周辺国の都城との比較（第3・4章）を試みた。その成果は、以下の通りである。

　第1章では、秦～清までの都城の変遷・発展の中で、唐長安城・洛陽城を位置付けた。唐王朝の造営した都城は、7世紀中葉～8世紀中葉にかけて国際的に高い影響力を保持していたが、国内において後世の都城に強い影響を与えたのは、北宋東京開封城で成立した新しい様式だった。

　第2章では、唐の安西四鎮の1つである砕葉城を分析対象とし、西域シルクロード都市の特徴を明らかにした。唐の国内においては、皇帝権力の中枢である京師・陪京を頂点とし、東では揚州城などの海港型、西では砕葉城など内陸型の交易商業都市が、それぞれ異なる機能と構造を持って展開した点を論じた。

　第3章では正門、第4章では正殿の遺構に注目し、唐王朝が造営した都城と渤海・日本などの周辺国が造営した都城との国際的な比較を行った。分析によって、唐王朝の国家的儀礼の舞台であった宮城正門、正殿の構造が周辺国に強い影響を与えた点が明らかになった。これは、唐皇帝の主催する国家的儀礼に各国使節が参加することで得た情報に基づき、その舞台空間が模倣対象となった点を示唆している。特に、唐帝国の国内支配や国際秩序が1年に1度更新される儀礼、すなわち「元会」の舞台が主要な模倣対象となり、各国の支配体制に合致する形でその空間が二次的に再現された点が重要である。本書では、この現象を「儀礼（空間）の連鎖」と呼称した。外交使節を通じて取得した情報に基づく各国独自の選択的な模倣こそが、東アジアにおける都城の伝播の実態だと考える。

　以上の分析を通じて、唐代都城の歴史性を考究した。発掘された遺構の考古学的な分析に基づく東アジア都城の研究は、文献史学・建築史学などの隣接分野とは異なる角度から、都城の歴史性を浮かび上がらせる作業に他ならない。

要旨（中国語）

　　本书将唐王朝（618-907）所营造的都城定义为"唐代都城"，并从考古学的角度探讨其历史意义。唐代长安城（京师）·洛阳城（陪京）对同一时期的东亚各国带来了极大的影响，所以考察唐代都城的历史意义时，需要在宏观的视野下进行考察，通过多方面的比较研究来揭示其真面目。本书首先将唐长安城·洛阳城置于中国都城的发展脉络中（第1章），然后试图将之与同一时期的地方城市（第2章）、以及东亚周边诸国的都城（第3·4章）进行比较研究。以下是本书的研究成果。

　　第1章把握唐长安城·洛阳城在秦～清代都城发展史上的位置。从横向比较来看，唐王朝建造的都城在7世纪中叶～8世纪中叶有着强大的国际影响力。然而，从纵向比较来看，对中国后世都城产生强烈影响的则是北宋东京开封城所确立的新样式。

　　第2章以唐代安西四镇之一的碎叶城为分析对象，阐明了西域丝绸之路城市的特点。唐朝疆域内以皇权中枢所在的京师与陪京为核心，东部有扬州城等海湾型城市，西部有碎叶城等内陆型商业城市。这些城市都有着各自的功能、结构和发展脉络。

　　第3·4章分别着眼于正门和正殿遗址，对唐代都城和渤海·日本等周边诸国的都城进行了国际性比较研究。分析表明，唐王朝举办国家礼仪的场所，即宫城正门·正殿的建筑和空间结构对周边各国产生强烈影响。各国使节通过参加唐朝皇帝主办的国家礼仪，获悉正门和正殿所在空间的信息，并将之作为各自都城的仿造对象。唐王朝为了明确国内外秩序，一年举行一度"元会"，其仪式场所成为最主要的模仿对象。周边诸国根据各自的政治体制，将举行元会的空间在各自的国土上重现。本书称之为"礼仪（空间）的连锁现象"。都城制度在东亚地区的传播，实际上就是各国根据外交使节带回来的信息仿造都城时，进行取舍选择的结果。

　　通过上述分析，本书考察了唐代都城的历史意义。有别于文献史，建筑史等相关领域，基于发掘遗址进行东亚都城的考古学研究，可以从另外一个视角把握都城的历史意义。

あとがき

　本書は、2008年から始めた中国都城研究の成果を1冊にまとめたものである。2024年度は、早稲田大学から1年間の特別研究期間をいただいており、中国に滞在して研究に従事する予定だったが、様々な事情があって長期の滞在許可を得ることが出来なかった。そのため、早稲田大学で採択されている学内研究費（特定課題）の研究課題として、17年間の研究成果を1年かけて1冊にまとめることにした。

　2007年に早稲田大学で博士号を取得するまで、日本の古墳時代（埴輪）を研究しており、奈良文化財研究所に奉職してから中国語、中国都城の勉強を開始したため、ずいぶん長い時間がかかってしまったが、ようやく出版社から専門書を上梓することができた。ここでは、本書の刊行に至るまでの道のりを紹介させてほしい。

　2007年3月に、早稲田大学大学院文学研究科（博士後期課程）を修了した後、2カ月ほどの無職期間を経て、2007年6月に28歳で奈良文化財研究所に奉職した。配属されたのは、木器・鉄器・石器を扱う平城地区の考古第1研究室（3年目から土器を扱う考古第2研究室へ異動）だった。全く新しい環境の中でどのような研究をしようか迷っていたが、目の前にある古代の遺跡・遺構・遺物を勉強しようと考えていた。ある日、平城部長の山崎信二氏、室長の小池伸彦氏に呼ばれ、奈良文化財研究所と中国社会科学院考古研究所が共同で進める漢魏洛陽城の発掘調査に参加するように指示された。具体的な期間や職務内容はよくわからなかったが、とりあえず中国に長期間滞在せよという話だった。2007年には、協定書締結のために来日された中国社会科学院考古研究所の朱岩石先生（当時：漢唐考古研究室主任）、銭国祥先生（当時：漢魏洛陽城隊隊長）の案内も任され、島根県・石川県などに随行した。翌年の2008年春から正式に共同の発掘調査が始まり、初めて中国に渡航することになった。台湾人だった祖母の里帰りで台湾に行った小学生・中学生以来の海外渡航で、白紙のパスポートを持って緊張しながら中国に向かうことになった。北京国際空港では王叡氏が迎えに来てくれ、王巍所長など役職者に挨拶を済ませ、夜は朱岩石先生と2人で北海公園を散歩させていただいたのを今もよく覚えている。

　洛陽に着くと、隊長の銭国祥先生を始め、漢魏洛陽城隊の肖准雁氏・郭曉涛氏、唐城隊の石自社氏・韓建華氏に迎えていただき、全く言葉も分からないままに長期の発掘調査に従事することになった。食事、風俗、文化など見るもの全てがあまりに新鮮で、発掘した漢魏洛陽城宮城2号門の巨大さにも圧倒された。毎日、現場に通って隊員や工人のみなさんと一緒に作業をし、一緒にご飯を食べながら、身振り手振りや筆談で議論を重ね、少しずつ意思疎通が出来るようになり、中国考古学の知識も少しずつ増えていくのがとてもうれしかった。特に、郭曉涛氏と、揚州隊から応援にきた劉涛氏とは年齢も近く、本当に仲良くさせてもらった。春・秋、毎回3カ月ほどの調査に参加し、2010年までに1年3カ月を漢魏洛陽城隊の発掘現場で過ごした。宮城2号門、宮城3号門、宮城西南隅の全掘調査を経験し、検出遺構のすべてを自分で実測するという稀有な経験を積むことも出来た。この3年間の濃厚で貴重な体験が、自分の人生を大きく変え、今の自分を支えてくれる経験となった。中国滞在中は、調査の度に西安にも見学に出かけ、漢長安城隊の劉振東氏・張建鋒氏、唐城隊の龔国強氏・何歳利氏にもお世話になった。考古研究所の漢唐研究室のみなさんには、各地の都城・陵墓・寺院など多くの調査現場や遺跡に連れて行ってもらい、多くの方々と知り合うことも出来た。年1回は中国側の日本訪問もあり、現在の所長である陳星燦先生ご一行を九州に案内したことも懐かしく

思い出される。

　毎回の中国調査への参加は、奈文研の今井晃樹氏にサポートしていただき、多くのことを教えていただいた。調査中に、特別研究期間で北京大学に滞在されていた師匠の岡内三眞先生ご夫妻と北京や洛陽などをご一緒できたのも非常に幸運だった。大学の後輩の久保田慎二氏・田中裕子氏も留学中で、中国での生活や中国語の勉強方法などいろいろ教えていただいた。考古研究所に滞在されていた福島大学の菊地芳朗先生、中村亜希子氏、南健太郎氏とも交流できた。また、考古研究所の発掘作業とは別に、奈文研と河南省・遼寧省との共同研究に参加できた経験も非常に重要だった。

　日本に帰国すると、平城宮東院・東方官衙の発掘や出土遺物の整理など、奈文研の日常業務に従事した。田辺征夫氏（当時：奈文研所長）、井上和人氏（当時：部長、副所長）、松村恵二氏・難波洋三氏・玉田芳英氏（当時：室長）、平城で研究室をご一緒した和田一之輔氏・国武貞克氏・芝康次郎氏・神野恵氏・森川実氏にも大変お世話になった。中国に写真撮影や実測の手伝いに来てくれた牛島茂氏・中村一郎氏・栗山雅夫氏・小田裕樹氏・番光氏にもお世話になった。また小林謙一氏・小澤毅氏・加藤真二氏・渡辺晃宏氏・山本崇氏・馬場基氏・箱崎和久氏など主に平城地区の方々には調査で多くのことを教えていただいた。中国と平城の発掘を往復する日々だったため、藤原地区の方々とあまり交流する機会がなかったのは残念だったが、古墳時代研究繋がりで、豊島直博氏・高田貫太氏・廣瀬覚氏・青木敬氏・諫早直人氏・若杉智宏氏とは仲良くさせていただいた。

　転機が訪れたのは 2011 年で、縁あって母校の早稲田大学に専任講師で戻ることになった。32 歳で教育歴もなく、研究者としても人間としても未熟な自分が務まるか不安だったが、岡内三眞先生・近藤二郎先生・高橋龍三郎先生・長崎潤一先生・寺崎秀一郎先生・田畑幸嗣先生にご指導・サポートいただきながらなんとか仕事を進めることができた。ただ、奈文研を離れて、社科院の発掘にも参加できなくなったため、早稲田では研究の方向性を大きく修正する必要が出てきた。岡内三眞先生から引き継いだ「シルクロード調査研究所」を、2015 年には「東アジア都城・シルクロード考古学研究所」と改名し、自身の研究拠点とした。古墳・古代の遺跡を対象とする国内調査では、測量・地中レーダー探査を用いた非破壊調査を重視する一方で、科研費を用いた調査研究に関しては中国都城に集中することにした。ただし、奈文研在職中のように中国都城の発掘調査に参加することは難しいため、大学に研究拠点をおくメリットを活かし、高精度衛星画像を GIS (Geographic Information System) を用いて分析する方法に特化する形で研究を進めることにした。2017 年 3 月には、中国都城・シルクロード都市遺跡の衛星画像を分析テーマにした報告書（報告①）を刊行することもできた。

　科研で衛星画像の分析が採択されて課題を進めていた時、東京文化財研究所の山内和也氏（後に帝京大学）にキルギス共和国に位置するアク・ベシム遺跡（唐砕葉城）の衛星画像の分析についてお声がけいただいた。同じ東文研に務めていた山藤正敏氏（後に奈文研）と一緒に、2015 年には唐砕葉城の発掘調査を実施することになり、2018 年には早稲田大学として測量・地中レーダー探査も実施できた。唐砕葉城は、安西四鎮の 1 つで唐の西域経営の拠点であると同時に、ソグド人都市と中国都城が連接する特殊な構造で、その調査研究は唐の西域都市の構造を考える重要な契機となった。また、2018 〜 2019 年に、東亜大学の黃曉芬先生に誘われて、ベトナム社会主義共和国に位置するルイロウ遺跡の発掘調査に関わった点も、自身の研究視野を広げる重要な契機となった。

　ところで、奈文研以来、自身の研究対象は漢〜唐の都城制であったため、東アジアへ都城が展開した唐代が都城のある意味での「完成期」と自分では捉えていた。しかし、このような狭い視野を崩してくれたのが、社科院の董新林先生との出会いだった。董新林先生は、日本学術振興会の博士取得支援事業で早稲田大学の

岡内三眞先生を受入れ教員として来日しており、岡内先生引退後は、自分が博士論文の主査を務めることになった。遼祖陵、遼上京城の発掘で著名な董新林先生の調査現場を何度も訪れるようになり、草原地帯の陵墓・都城の意義を実地で教えていただき、都城が遼・金・元を経て明清期に発展していく過程を追究する視点のきっかけを作ってもらうことができた。また、内蒙古での活動によって、東北学院大学の佐川正敏先生、大谷大学の武田和哉先生、齊藤茂雄氏（後に帝京大学）と知り合えたのも、大きな財産となった。遼上京城には、本当に何回も発掘調査の視察に伺い、汪盈氏、岳天懿氏など若手の皆様にもお世話になった。

　以上のように、西はアク・ベシム遺跡、南はルイロウ遺跡、北は遼上京城まで意識するようになり、自分の都城研究も時空間を越えた広がりを持つようになった。中国において、都城は殷周を遡る時代から存在しており、明清期まで連綿と発展していた点は、知識として知ってはいたものの、考古学を専門とする自分にとって、それは実際に自分の身体で体験しなければ実感できないもので、40歳までに多くの経験を蓄積できたのは非常に幸運なことだった。奈文研・社科院が実施する都城の発掘から離れたことで、逆に研究対象への執着が非常に強くなり、自分自身で様々な時代・地域の都城を訪れ、必死に勉強するようになった。その過程で、多くの研究者と出会い、多くの遺跡の調査にも関わることになり、自分自身の研究の方向性が見えてきた30代だった。

　40歳で教授に昇進した2019年度、運よく科研費（国際共同研究加速基金）が採択され、中国社会科学院考古研究所に1年間、副所長の朱岩石先生受入れで客座研究員として滞在することになった。考古研究所に滞在されていた菊地大樹氏（後に蘭州大学）が懇切丁寧にサポートしてくれたことで、北京市の西側に位置する八宝山で朱岩石先生のご自宅近くのアパートに住み、王府井の考古研究所に通うことができるようになった。奈文研に務めながら社科院の発掘に従事していた2008～2010年とは比べ物にならないほど中国は大きく変わっており、スマホ1つで何でも出来るようになっていた。高鉄によって各地が結ばれるようになり、都会の景色は様変わりした。地下鉄の満員電車、立ち並ぶチェーン店、急激な物価上昇、わずか10年ほどで驚くような変化があった。1年間の北京での都会生活は、個人的に非常に楽しいものだった。

　2019年度は、唐砕葉城から出土した唐代瓦の位置付けのために、中国の瓦資料を実見調査することを第一の目標としていたため、考古研究所の各隊を回り、都城の発掘現場と出土した多くの瓦を見せていただくことが出来た。今までお世話になった各隊の皆様はもちろん、鄴城隊の何利群氏・沈麗華氏、西安隊の李春林氏・王子奇氏（後に人民大学）にも丁寧に対応していただいた。中国各地で開催される学会・研究会への参加、あるいは各地の遺跡や博物館を多く見て回れることができたのも貴重な経験となった。

　しかし、2019年12月頃から世界的なコロナ禍が始まった。2020年1月から3カ月は北京八宝山の自宅から外出することも難しくなり、週に1度許可を得て食料品を買いに行く以外は、家に閉じこもる生活が続いた。2020年3月のコロナ禍ピーク時に帰国したが、北京市内の公共交通機関は全く動いておらず、朱岩石先生に車で空港まで送っていただいたことで、何とか飛行機に乗ることができた。数人しか乗客のいない飛行機で帰国し、そのまま日本でのコロナ生活に入ることになった。2019年度末に予定していた様々な研究活動はコロナ禍で不可能となり、採択されている科研費課題を進めることも難しくなると同時に、2020年には大学授業も完全オンラインになったため、研究活動の重点を報告書執筆に移すことにした。このように研究成果のアウトプットに集中するようになったことで、2021年9月には唐砕葉城・都城門の分析成果をまとめた科研報告書（報告②）、2024年2月には中枢正殿の分析成果をまとめた科研報告書（報告③）を立て続けに刊行することが出来た。また、コロナ禍を経緯として始まった報告書のまとめ作業によって、都城門や正殿の構造・機能を考えるようになり、必然的に文献史学の先生方との交流機会も増えることになった。妹尾達彦先生（中央大学）、川尻秋生先生（早稲田大学）、吉田歓先生（米沢女子短大）、佐川英治先

生（東京大学）、古松崇志先生（京都大学）、村元健一先生（関西大学）、江川式部先生（國學院大學）には、科研報告書にコメントをいただくことができ、自分の知らない分野の知識を多く教えていただいた。

　45歳になった2024年度には、早稲田大学で働き始めて以降、初めての特別研究期間をいただけることになり、もう一度、中国社会科学院考古研究所への滞在を予定して準備を進めていたが、諸般の事情もあって、長期の滞在許可を得ることが出来なかった。そのため、予定を大きく変更して、今まで刊行してきた報告書（前掲①②③）を1冊にまとめて刊行することを計画し、学内の研究推進部に研究課題の計画変更を相談したところ、幸い許可をいただくことができた。刊行費用が確保できたため、国内で本書の執筆に集中することになった。国内、韓国、中国の都城遺跡や博物館などの見学をしながらも、基本的には執筆作業に多くの時間を使うようにした。

　ところが、本書の執筆を進めていた2024年10月18日、中国社会科学院考古研究所の朱岩石先生がご逝去されたとの知らせが届いた。もともと2024年度も朱岩石先生を受入れ教員として、長期滞在を申請していたこともあり、非常にびっくりすると同時に、本当に悲しかった。お知らせをいただいた日は、涙が止まらなかった。朱岩石先生は、自分を中国都城研究に導いてくれた方であり、多くを教えていただいた師匠でもあった。誰に対しても公平で、紳士的で、いつも優しさがあふれ出してしまいそうな方だった。あの優しい笑顔を今も忘れることができない。感謝の気持ちを伝えることが出来ずに終わってしまったのは痛恨だったが、学恩は中国都城の研究にこれからも精進することでお返ししたいと思っている。

　さて、奈文研に奉職してから思いがけず足を踏み入れることになった中国都城研究の世界だが、ここではとても書ききれないほど多くの方々のおかげで、研究を進めてくることができた。29歳で全く新しい言語、研究分野を勉強し始め、働きながらそれを続けてくるのは簡単なことではなかったが、多くの方々に導いていただき、協力していただき、継続することが出来た。ご芳名を列挙する形での謝辞は控えるが、お世話になったすべての方々に感謝したい。

　なお、本書の刊行に際しては、早稲田大学文学学術院事務所の上田紗菜恵氏・田中海玖氏、および六一書房の八木唯史氏にご助力をいただいた。また、早稲田大学の呉心怡氏には校正・中国語ネイティブチェック、高崎市教育委員会の山本ジェームズ氏には英語タイトルのネイティブチェック、奈良文化財研究所の栗山雅夫氏には巻頭カラー図版の補正をご担当いただいた。さらに、株式会社LANGの横山真氏・千葉史氏には、Peakit画像の使用許可をいただいた。感謝を申し上げたい。

　最後に長い研究者生活を支えてくれている両親、家族に心から感謝の気持ちを伝えたい。

2024年12月　城倉正祥

索引

【事項】

あ行

安史の乱　103,344,372,408,409,472
安西都護府　54,77,78
安西四鎮　37,49,51,54,72,78,475
乙巳の変　5,136
内向タイプ　242,246
営造法式　87,94,110,114,129,187,242,249,275,467
易姓革命　329,330
易房革命　329
延喜式　136
王者の殿堂　373
オルドゥ　40,42,464

か行

海港型　84,85,87,473,475
回字形　8,10,13,36,63,112,280,345,352,410,465
外朝　125,126,129,130,145,179,244,245,246,251,
　　254,263,268,270,271,272,275,277,280,315,320,
　　329,333,336,343,354,355,356,365,366,367,368,
　　376,384,406,410,411,418,436,466,468,469,471,473
河南志　345
嘉礼　320,321,408,433,434,440
元日朝賀　4,137,138,304,308,309,317,319,321,324,
　　325,328,402,423,426,428,430,431,432,433,435,473
漢書　363
官窯　108,110,111,113,466
吉礼　433,440
基本構造　78,149,151,253,254,262,263,264,267,270,
　　277,280,306,319,323,333,336,341,368,382,388,
　　406,409,411,413,414,415,417,429,435,436,468,
　　469,473
宮廟合一　345,406,428
凶礼　321,440
儀礼的宮城正門　264,267,269,270,271,273,276,277,
　　418,419,422,423,429,436,468,470
空間的皇城正門　264,267,271,273,276,277,429,468
旧唐書　53,69,248,345,432,439,440
九六城　15,18
君主号　69,438
軍礼　320,440
経行記　53,54,112,465
京師　3,5,6,7,10,22,24,26,28,33,35,41,75,87,262,328,
　　343,354,471,472,473,475
元会　4,124,125,246,248,263,271,275,324,328,368,
　　406,408,426,429,430,431,432,433,434,437,440,
　　470,471,472,473,474,475
建康志　341
元正大朝会　324,336,343,430,433,435,
元人宮跡図　278,279
建中立極　303,340
遣唐使　35,140,269,270,280,306,307,308,314,331,
　　332,333,334,408,417,421,429,431,432,433,434,
　　435,438,440,464
玄武門の変　179,245
皇家寺院　58,166,377
皇帝祭祀　5,85,86,124,337
皇地祇　5,86,124,439,471
昊天上帝　5,86,124,321,329,434,440,471
弘仁式　136
閣門出御型　138,270,271,272,273,277,308,310,316,
　　319,419,420,428,435,436,468,470,473
高麗史　384
五京制　3,5,26,328,354,378
御斎会　304,324,325,326,328

さ行

左祖右社　3,86,124
左入右出　127,154,171

482　索引

坐西朝東　26,37,61,187,242,338,352,364,376,377
坐北朝南　58,73,85,86,338,339,341,352,364,378
三朝制　124,125,126,129,130,132,145,146,148,211,244,245,246,248,263,274,275,277,303,306,315,320,333,334,336,343,356,358,359,466,467,468,471,472,473
史記　363
史記正義　438
資治通鑑　51,248
紫微宮　315
貞観式　136
重圏型　36,37,40,41,42,464,472
重圏構造　4,7,10,13,18,24,28,33,36,42,53,54,73,75,80,81,82,84,85,86,123,124,125,126,146,148,149,193,200,244,245,251,253,254,260,262,263,266,267,270,274,275,276,280,303,352,354,411,463,466,467,468,471,473
続日本紀　141,263,270,317
周礼　54,129,274,277,303,315,333,334,358,359,468
周礼疏　333
私窯　108,110,111
上円下方　265,344,345,406,408,421,437,440,470
初学記　303
神都　22,35,106,343,345,406,428
新唐書　432
瑞鶴図　249,278,279
水経注　166,340
隋書　171
靖難の変　33
清明上河図　128,129,249
澶淵の盟　26
前朝後寝　15,200,354,357,367,411,424
双軸　24,36,280,339,340,352,357,376,405,408,409,410,421,428,436,439,469,472,473
即位儀　4,124,125,138,246,248,304,308,310,311,317,319,321,322,323,324,325,328,336,408,421,423,473
外向タイプ　243,244

た行

大極殿出御型　138,271,308,310,319
大慈恩寺三蔵法師伝　53
大唐開元礼　314,324,408,423,430,433
大唐郊祀録　439
大唐西域記　53
大宝令　136,138,267
内裏儀式（儀式）　314,317,321,324,423,426,428,430
高御座　314,324,328,421,422,423
タラス河畔の戦い　54
単一宮城　4,7,18,36,124,242,336,339,340,341,366,405,471
単軸　409
地中レーダー　53,69
中軸線　4,7,30,36,53,54,58,73,75,85,86,87,124,125,129,130,142,145,148,173,198,210,223,242,244,245,249,251,253,255,259,275,307,339,340,345,351,355,356,367,372,373,375,376,439,471
中枢部　1,2,5,6,7,9,10,13,18,37,49,51,53,55,56,58,64,72,73,74,75,76,77,78,80,83,85,87,94,99,106,107,110,112,113,114,129,130,132,139,187,211,219,222,244,248,252,254,263,264,265,267,268,271,274,277,303,304,306,307,308,311,312,315,321,322,328,330,332,334,335,336,337,338,339,341,343,345,351,352,354,356,357,358,359,361,376,389,405,406,408,409,410,417,419,421,422,423,424,426,429,430,431,432,433,434,435,437,438,439,440,463,465,468,469,470,471,473,474
中朝　129,130,263,315,320,333,356,365,368
長安城図　20,343,368
朝鮮式山城　258
朝堂院出御型　138,310
通典　53,54
帝后寝宮　341,367
帝国オイコス　324,434
天円地方　344,345,421,428,440
天工開物　87,99,101,102,108
天宝の争長事件　248
天命思想　304,315,328,329,330
唐会要　108
唐決集　432

東西連接型　37,40,42,464
東都　22,106,179,252,254,343,344,376,410
唐六典　171,179,246,274,315,334,336,371
唐両京城坊考　20,171

な行

内朝　129,130,263,315,333,355,356,365,367,368,413
内陸型　86,87,473,475
南郊　33,36,85,86,124,146,148,271,329,337,406,408,432,433,440
南北連接型　37,40,42,464
西補軸　349,472
日字形　8,10,13,37,352,372,376
入唐求法巡礼行記　22
日本書紀　306,328,438

は行

陪京　6,7,10,33,75,87,328,343,356,471,472,473,475
陪都　7,10,24,26,33,78,328,343,471
白村江の戦い　314,432,433,440
蕃主（使）　433,440,432
賓礼　320,433,434,440
複数宮城　7,15,124
複都制　271,304,306,328,329,330
豊楽院出御型　138,310
冕服　314,315,423
駢列制　280,339,340,352,357,405,409,436,469
封禅　433,439,440
封閉式里坊　20,24,36,41,87,262,352,464
北郊　86,124,422
北宋東京模式　8,10,13,352
北庭都護府　76,78,80,81,83,112,465
歩里法　9

ま行

面朝後市　15

や行

養老令　136,267
四幅布単　314,423

ら行

洛陽伽藍記　103,166,325,327
両京　35,54,244,328

遼史　198
遼上京規制　8,10,13,352
令集解　144
礼制建築　3,5,6,7,13,15,18,35,36,40,86,124,132,135,146,159,266,272,277,341,357,373,377,406,415,421,422,428,436,437,440,468,469,470,471,472
路寝　20,130,169,367
路門　20,129,130,169,246,367

【遺物】

あ行

板オサエ　97,98,101
糸切痕　95,108
鬼瓦　94,108,110

か行

開元通宝　60
瓦坏　96,98,99,101,102
側板　95,96,97,98,99,101
仰臥式　59,114,115
キルピーチ　56,61
ケズリ　98,99,101,102,110

さ行

鴟尾　94,108,110,115
獣面瓦　110
条塼　108
続興元宝　115
施釉瓦　94,110,113

た行

タタキ　97,98,99,101,108
単弁蓮華紋　94,103,104,106,113
展開桶　95,98
滴水瓦　59,60,94,106,107,112,114,115
陶範　106,110
杜懐宝碑　49,51,55,58,63,69,72,111,465
鳥衾瓦　94,110

な行

粘土板桶巻き作り　95,108
粘土紐桶巻き作り　95,108
布袋　95,96,98,99,101

484　索引

は行

パフサ　56,61,64
伏臥式(ふくがしき)　59,114,115
複弁蓮華紋(ふくべんれんげもん)　94,103,104,106,108,113
分割界線(ぶんかつかいせん)　96,103,104
分割界点(ぶんかつかいてん)　95,96,98,101
分割截線(ぶんかつせつせん)　96,97,98,101,102

ま行

巻(ま)き上(あ)げ　95,96,99
ミガキ　95,99,108,110
網絡(もうらく)　115
紋様方塼(もんようほうせん)　64,108,114

ら行

蓮華紋瓦当(れんげもんがとう)　58,81,103,104,106,107,113
連珠紋(れんしゅもん)　94,103,104,106,107,113
轆轤(ろくろ)　97,98,99,101,102

わ行

輪積(わづ)み　95,99

【遺構】

あ行

阿房宮前殿(あぼうきゅうぜんでん)　13,303,335,336,338,361,363,364,405,436,469
雨落溝(あまおちみぞ)　64,155,170,173,179,180,186,187,198,211,217,218,219,222,223,225,228,230,231,238,371,395,400
暗渠(あんきょ)　159,162,180
安東門(あんとうもん)　195
安寧門(あんねいもん)　180,187
石敷(いしじき)　64,114,203,223,239,392,404
院落(いんらく)　26,28,56,78,200,208,210,245,255,355,366,376,386,389,413,417,426,429
内向殿堂式双闕門(うちむきでんどうしきそうけつもん)　244,245,275,466
永通門(えいつうもん)　127,180,186
永定柱(えいていちゅう)　195,202,217,256
エビノコ郭正殿(かくせいでん)　5,260,306,312,314,328,330,361,392,417,426,428,429,436,438,470
延英殿(えんえいでん)　349,409,433
円丘(えんきゅう)　5,15,20,30,85,86,124,148,245,271,277,329,337,339,422,434,440,468,471,472
延休堂(えんきゅうどう)　320,419
延春閣(えんしゅんかく)　30,202,252,352,382,410
円壁城(えんぺきじょう)　127,188,252,356
甕城(おうじょう)　3,24,26,28,30,33,72,74,75,80,81,83,84,87,126,128,132,135,146,148,149,151,155,188,192,193,195,198,200,202,208,248,249,251,252,253,275,276,278,467,473
甕城門(おうじょうもん)　26,154,188,192,193,195,198,200,202,203,241,249,251,252,253
応天門(おうてんもん)　22,30,108,124,127,132,135,145,155,179,180,188,241,244,245,249,253,254,260,264,266,271,273,279,343,344,352,409,422,473
王莽九廟(おうもうきゅうびょう)　15
屋宇式(おくうしき)　150,154
オンドル　198,388,389,411

か行

外郭城(がいかくじょう)　3,4,5,8,9,13,15,18,20,22,28,33,35,36,37,40,41,42,51,55,56,84,86,94,106,108,111,113,123,124,125,126,127,128,146,148,154,162,166,171,173,179,180,186,187,211,217,218,219,244,245,248,252,253,254,256,258,260,262,263,266,267,269,270,274,275,276,278,280,332,334,339,340,356,410,411,437,463,464,466,468,471,472,473
会慶楼(かいけいろう)　279,415
街巷(がいこう)　24,37,40,41,42,78,108,352,464,472
外城(がいじょう)　3,10,24,26,28,30,33,36,37,40,54,69,73,75,76,77,80,81,82,83,84,85,86,112,150,169,193,198,200,202,208,219,222,223,248,251,252,253,254,258,275,279,352,354,465,467,473
会昌門(かいしょうもん)　126
廻立殿(かいりゅうでん)　324
回廊(かいろう)　60,61,63,200,210,211,222,223,225,231,238,239,255,256,258,260,264,266,276,277,311,315,316,363,372,386,388,389,395,400,404,417,418,421,423,424,426,430,431,468
花萼相輝楼(かがくそうきろう)　372,408,420,434,435,469
隔壁(かくへき)　149,151,154,159,162,166,171,173,179,180,186,187,193,195,198,203,211,217,219,241,242,

261,262,366,372

かくろう
角楼　15,26,28,30,33,51,74,75,76,80,81,82,84,135,179,188,252,265,371

かべこうぞう
壁構造　149

かもんいしじき
花紋石敷　114

からいじき
唐居敷　156

かりょうしき
過梁式　75,80,127,128,149,150,151,154,159,162,166,169,171,173,180,186,187,192,193,195,198,200,202,203,206,208,217,218,219,222,223,241,242,244,245,248,249,251,252,253,255,256,258,261,262,275,276,278,279,344,466,467

がんかそうじょう
含嘉倉城　22,179,180,186,279

がんげんでん
含元殿　2,37,41,103,104,110,124,125,129,130,132,135,139,145,149,150,154,170,171,179,202,244,245,246,248,251,253,254,256,258,260,262,263,264,267,269,270,271,275,276,277,280,303,307,308,314,315,316,317,320,321,324,331,332,336,343,344,345,356,357,358,361,368,371,372,381,386,388,395,404,406,408,409,410,411,413,415,418,419,420,428,429,430,433,434,435,436,437,438,463,466,467,468,469,470,471,472,473,474

がんげんでんがただいごくでん
含元殿型大極殿　415,417,419,420,429,435,436,470

がんこうもん
含光門　127,171,173,244

かんじょう
漢城　10,24,26,37,49,195,352,376

かんしょうもん
観象門　179,256,371

かんせんきゅうぜんでん
甘泉宮前殿　13,335,361

かんそう
関廂　28,37,40,51

がんようもん
含耀門　127,154,171,173,255,258

きざはし
木階　313,317,395

きしゅんかく
熙春閣　37,251,276,354,378,410

きそう
基槽　69,222,374

きゅうけんもん
九間門　142,144,260,262

きゅうじょう
宮城　3,4,6,7,9,10,13,15,18,20,22,24,26,28,30,33,36,37,40,41,42,51,64,73,75,80,83,84,85,86,94,95,96,99,102,104,106,108,110,113,123,124,125,126,127,128,129,130,132,135,136,137,139,141,142,144,145,146,148,149,150,151,154,155,159,162,166,169,170,171,173,179,180,186,187,193,195,198,200,202,203,211,218,219,239,241,242,244,245,246,248,249,251,252,253,254,255,256,258,259,260,261,262,263,264,265,266,267,268,269,270,271,273,274,275,276,277,278,279,280,303,304,306,307,313,315,319,320,321,329,330,331,332,333,334,335,336,337,339,340,341,343,344,345,349,351,352,354,355,356,357,358,361,364,365,366,367,368,372,373,375,376,377,378,382,383,384,386,388,389,391,404,405,406,408,409,410,411,413,414,415,417,418,419,421,422,423,424,426,428,429,430,432,433,434,435,436,437,464,466,467,468,469,470,471,472,473,474,475

きゅうしゅうち
九洲池　343,345,421

きゅうせいきゅう ごうきゅうでん
九成宮37号宮殿　104,179,371,428

きゅうもん
宮門　20,129,136,139,159,166,169,171,173,211,217,251,253,255,267,275,278,279,320,341,366,368,466

きゅうりゅうちょう
穹窿頂　115

きょうきゃく
橋脚　230

きょうしつ
夾室　203,354,382

きょうじょう
夾城　22,128,135,171,173,179,188,245,252,253,276,278,372

きょうじょうもん
夾城門　179,245,252,253

きょくこうち
曲江池　4,435

ぎょがい
御街　24,36

ぎょどう
御道　179,352,366,375,439

キリスト教会　55,56,60,76,77,86,112,465

ぎんかんもん
銀漢門　127,171,173

きんせいむほんろう
勤政務本楼　150,171,173,223,361,372,408,420,434,436,469

きんようじょう
金墉城　18

くぐりもん
潜門　239,260,266

くっきょくもん
屈曲門　72,75,76,80,81,82,84,112,255,465

けいりゅうもん
景龍門　279

けつしきしゅでん
闕式主殿　248,252,275,276,343,354,378,406,410,436

けつしきせいでん
闕式正殿　149,179,241,246,248,275,371,428,466,467

けつだい
闕台　155,166,202,203,242,378,381

げつだい
月台　200,203,345,354,376,382,384,439

げつだん
月壇　3,33,40

けんげんでん
乾元殿　188,265,303,344,345,372,406,408,421,428,440

乾元門 127,180,188,344
建春門 162,180,187,255
乾徳門 195
建福門 320
玄武城 22
玄武門 128,135,171,173,179,245,252,253,275,278,466
乾陽殿 343,344,372,406,428
興安門 154,171,173,255,258
後閣 345,376,378,409,410,423,424,426,437,470
皇穹宇 422
皇極殿 361,383,410
厚載門 180
工字形正殿 24,26,30,315,352,357,361,384,386,405,408,409,410,423,424,426,429,436,437,439,469,470,472
皇城 3,4,10,13,20,22,24,26,28,30,33,36,37,40,41,42,49,84,85,86,108,114,123,124,125,126,132,145,146,148,150,151,154,171,173,179,180,186,193,195,198,200,202,203,211,241,242,244,245,248,249,251,252,253,254,256,258,260,262,263,264,266,267,269,270,271,273,274,275,276,277,280,320,321,334,336,339,343,345,351,352,354,356,376,378,410,411,418,429,436,464,466,468,470,471,472,473
後殿 306,311,314,315,316,321,361,371,372,388,389,391,393,395,398,402,403,404,405,413,415,417,423,424,426,428,470
孔廟 3,5,22
後房 315,423,424,426,428,437,470
閤門 36,136,138,139,144,259,267,270,271,272,273,277,308,310,311,314,316,319,321,366,376,378,417,419,420,423,428,430,435,436,468,470,471,473
行廊 203,389
故宮 3,154,200,354,382
国子監 3,5,22
黒龍門 195,198
五間門 142,144,145,146,223,225,227,228,230,231,238,239,241,258,259,260,392

5号宮殿 211,217,219,256,258,279,356,386,388,414,415,417,420,435,436,469,470,474
護城河 69,74,76,77,80,81,83,84,86,112,192,193,210,248,465,473
胡同 24,30,33,40,41,42,464
五瓣蟬翅慢道 198
五鳳楼 180,249,253,254,344,345,409
午門 3,26,30,33,41,132,154,155,200,244,253,254,262,275,279,352,467
鼓楼 265,268,376
軒廊 306,314,315,391,395,398,400,402,404,415,423,424,437,470

さ行

左右階 256,343,372,473
三出闕 127,132,145,155,179,180,202,244,246,248,252,253,260,344,371
山墻 154,179,200,371,372
三台 18,357,361,383,384,410,424,426,429,436,469
三殿 352,354,357,358,371,384,405,410,424
三瓣蟬翅慢道 200
四夷館 18
四夷里 18
紫禁城 3,33,154,155,262,279,303,352,354,383,384,410,424
四脚門 140,142,144,146,219
軸組構造 149,155
子闕 155,166,179,371
止車門 15,339,366
子城 22,51,87,188,473
四神旗 317,319,324
紫宸殿 130,315,316,348,356,368,409,413
紫宸門 130
七間門 142,144,223,225,228,239,258,259,262
祠堂 61,63,112,465
止扉石 151,187,208
地覆石 127,129,169,187,188,193,195,198,203,225,230,231,238,239,242,249,395,402,403
司馬門 15,162,339,340
四面廂 239,307,312,319,388,391,392,395,398,400,

404,414,417,435
社稷(しゃしょく)　3,5,15,33,40,86,124,132,135,471,472
車轍痕(しゃてつこん)　151,154,173,186,187,188,193,219
車道石(しゃどうせき)　151,154,173,180,186,187,188
シャフリスタン　37,49,51,53,54,55,56,58,60,61,63,64,69,72,73,74,75,76,77,80,82,83,111,112,113,114,465
小安殿(しょうあんでん)　311,314,404,423,424,426,428
将軍石(しょうぐんせき)　151,186,187,188,195,198,202,203,218,219
閶闔門(しょうこうもん)　18,104,130,132,135,150,151,155,162,166,242,244,245,246,249,261,275,280,339,340,366,466
尚書省(しょうしょしょう)　151,180,188,320,340
承礎石(しょうそせき)　179,371,428
承天門(しょうてんもん)　4,30,33,41,124,126,127,129,130,132,145,179,195,244,245,246,248,249,253,254,256,264,266,267,268,269,270,271,275,277,279,315,316,320,333,336,343,356,368,371,406,408,411,418,422,428,429,466,467,468,473
昌福堂(しょうふくどう)　320,419
条坊(じょうぼう)　5,142,331,333,334
昭陽殿(しょうようでん)　341,366,367,405,406,413,424,426,436,469
翔鸞閣(しょうらんかく)　130,139,179,246,316,343,371,406
翔鸞楼(しょうらんろう)　145,241,264
松林苑(しょうりんえん)　435
鐘楼(しょうろう)　265,268,376
重閣門(じゅうかくもん)　141,142,270
重玄門(じゅうげんもん)　127,128,135,171,173,179,245,252,253,275,466
重光北門(じゅうこうほくもん)　127,187
朱夏門(しゅかもん)　26
主城門(しゅじょうもん)　188,192,193,198,200,202,203,241,249
聚宝門(じゅほうもん)　33,155,278
朱明門(しゅめいもん)　18,132,135,155,166,242,244,245,466
順天門(じゅんてんもん)　114,128,193,249,279
神虎門(しんこもん)　166
仁寿殿(じんじゅでん)　132,135,246,406
新昌坊(しんしょうぼう)　20
仁政殿(じんせいでん)　352,378
寝殿(しんでん)　203,208,210,222,255,354,356,382,386,410,413,

424,437,470
水関(すいかん)　28,251
垂拱殿(すいきょうでん)　348,409
水門(すいもん)　24,188,192,193,248
崇慶門(すうけいもん)　127,187
嵩山(すうざん)　200,439,440
嵩山中岳廟(すうざんちゅうがくびょう)　200
崇仁門(すうじんもん)　30,40
崇天門(すうてんもん)　30,132,154,155,202,244,251,252,253,254,262,275,276,278,279,352,467
朱雀大街(すざくおおがい)　332
朱雀大路(すざくおおじ)　142,239,332
朱雀門(すざくもん)　4,36,126,135,136,137,138,141,142,144,145,179,225,227,228,230,244,245,258,259,260,263,264,266,267,269,270,271,273,275,276,277,280,307,319,340,395,417,429,466,468
西安門(せいあんもん)　159,242
西市(せいいち)　4,15,20
西掖門(せいえきもん)　211,217,219,256,279,386
正衙(せいが)　348,376,409,424
栖霞楼(せいかろう)　142,145,265,266,422
西華門(せいかもん)　187,195,376
西宮（北周）(せいきゅう（ほくしゅう）)　20,129,169,367
齋景楼(せいけいろう)　142,145,265,266,422
清暑堂(せいしょどう)　404
西堂(せいどう)　336,366
西房(せいぼう)　315,423,424
正平坊(せいへいぼう)　22
棲鳳閣(せいほうかく)　130,139,179,246,316,343,371,406
棲鳳楼(せいほうろう)　145,264
聖母殿(せいぼでん)　371
清明門(せいめいもん)　132,242
正陽門(せいようもん)　33,151,187
西陽門(せいようもん)　162
石製地覆(せきせいじふく)　151,195,198,242,275,467
宣仁門(せんにんもん)　127,151,180,186,187,249
宣政殿(せんせいでん)　130,179,256,268,315,348,356,368,371,410,413
宣政門(せんせいもん)　127,130,171,180,187

博積擁壁　313,316,317,319,395
前庭　136,268,317,345,411
宣徳門　24,36,132,154,193,244,248,249,251,253,254,262,275,278,279,344,409,467
先農壇　33
宣平門　132,135,155,159,242,244
繊木　180,202
千歩廊　24,30,36,41,345,352
宣陽門　242,244,280,339
磉墩　186,193,195,200,210,345,374,376,378
総柱　150,154,231,279,319,332,388,400,402,414,435,439
宗廟　5,15,40,86,124,135,321,324,471,472
僧房　58
双塜楼　154,155,180,193,203,244,252,266,270
総地業　230
蒼龍楼　142,145,265,266,422
則天門　180,343,344
礎石据付穴　179,186,187,210,218,222,228,230,231,238,344,345,366,367,371,374,388,393,395,400,404,406
礎石建物　142,162,171,173,211,218,222,225,227,228,230,238,241,256,264,372,395,398,400,404
外向過梁式双闕門　244,245,275,466

た行

大安閣　28,200,251,354,361,378,410
大安殿　259,276,306,311,352,361,378,384,410
第一次大極殿　141,231,259,260,264,280,307,311,312,313,314,315,316,317,319,332,395,415,417
第一堂　319,320,418,419,436,470
第1仏教寺院　54,55,58,61,63,72,112,465
大運河　22,87,473
太液池　30,40,343
太学　5,15
太極殿　2,4,18,20,124,125,129,132,148,166,242,245,246,248,271,275,303,305,306,313,314,315,317,320,321,324,326,327,331,333,335,336,339,340,341,345,356,357,358,359,361,366,367,368,371,375,376,384,404,405,406,408,409,410,411,413,414,415,417,418,421,423,424,426,428,429,430,431,433,434,436,437,438,439,463,467,469,470,471,474
太極殿型大極殿　415,417,419,426,429,436,470
大慶殿　24,36,303,348,361,376,384,406,409,424,426,439
大極殿　2,5,135,136,138,139,142,144,145,227,228,231,259,260,264,265,266,267,269,270,271,272,276,277,280,303,304,305,306,307,308,310,311,312,313,314,315,316,317,319,320,321,324,325,326,328,329,330,331,332,335,356,361,393,395,398,400,401,402,403,404,405,411,415,417,418,419,420,422,423,424,426,428,429,430,433,435,436,437,438,463,468,469,470,473
大極殿（院）南門　135,136,138,139,140,141,142,144,145,154,155,225,227,228,230,231,238,239,241,259,260,261,262,264,266,267,269,270,271,277,313,316,317,320,324,395,418,419,420,429,435,436,468,470
泰山　439,440
大城（漢代）　13,15,18,20,159,162,244,280
大嘗宮　138,311,322,323,324
第二次大極殿　230,238,260,264,307,311,312,313,314,315,317,395
第2仏教寺院　54,55,58,63,77
太廟　3,4,24,33,40,434
岱廟　187
大明殿　30,202,252,352,354,361,378,382,384,410
内裏　136,138,139,142,144,239,260,264,265,266,267,269,270,271,272,277,305,311,314,315,316,320,321,328,330,333,391,417,423,424,426,429,435,468
内裏後殿　391,413,415
内裏正殿　142,304,306,312,314,315,333,361,391,392,415,424
内裏前殿　260,267,269,305,306,312,314,315,320,321,331,333,361,391,417,423,428
内裏南門　142,144,145,223,225,258,259,260,261,262,264,265,266,267,268,269,276,277,306,320,333,

　　　　392,418,421,422,436,468,470
太和殿　3,303,354,361,383,384,410,424
太和門　279,280
建部門　230,259
垛楼　154,171,173,179,180,203,244,249,251,253,279
壇上積基壇　238
丹鳳門　127,130,154,171,179,244,245,246,256,262,
　　270,277,315,343,356,368,371,386,411,413,428,
　　429,430,466,468
端門　15,138,249,278,339,340,343,366
単廊　386,389,391,424
小子部門　136,230,259
地壇　3,33,40
地中梁　144,223,259
馳道　127,154,159,171,256,261,280
中央区大極殿　138,142,145,154,155,266,270,271,277,
　　307,310,311,316,317,319,324,356,361,395,411,
　　417,419,420,424,428,429,435,437,468,470,473
柱槽　169,173,186,373,374
中陽門　15,339,365
柱廊　203,315,345,354,375,376,382,384,386,388,389,
　　409,410,423,424,426
長夏門　180,186
朝集院　139,145,273,277,314,402,468
朝集院南門　135,145,238,241,259,260,264,266,267,
　　273,277,418,436,468,470
朝集堂　314,320
聴政殿　15,339,365,405
朝庭　138,306,308,310,316,317,319,322,323,324,432,
　　433
朝堂　138,139,179,244,246,263,269,275,304,306,
　　310,311,314,316,317,319,320,321,323,324,340,
　　343,371,386,405,417,418,419,420,428,429,432,
　　433,435,436,437,467,470
朝堂院　138,139,145,238,264,266,267,269,270,271,
　　273,277,280,304,307,310,311,313,314,315,316,
　　317,319,320,321,322,323,325,328,329,335,402,
　　404,411,415,417,418,419,422,423,429,430,435,
　　436,468,470,474

朝堂院南門　135,139,141,145,155,225,228,230,231,
　　238,239,258,259,260,264,266,267,271,277,315,
　　319,418,436,468,470
長楽門　180,187
長和殿　384,386,426,439
直城門　159
直門両重　193
築地回廊　231,239,259,260,264,266,316
築地塀　238,239,258
ツィタデル　51,56,111,465
通乾門　179,256,371
通天宮　303,344,372,406
土廂　144,146,155,238,259,372
壺地業　228,230
定鼎門　22,106,127,154,180,244,245
敵楼（敵台）　24,80,84
鉄靴臼　203
鉄鵝台　151,187,203
天安門　3
殿宇式　150,154,256
天興殿　345
天枢　345,408,421
天壇　3,33,40,422
天堂　265,280,343,344,345,349,372,373,376,408,409,
　　410,421,428,436,439,469,472
殿堂式　26,130,149,150,151,155,162,166,171,173,
　　195,200,203,208,211,218,222,223,241,242,244,
　　245,248,249,251,252,253,254,255,256,258,261,
　　262,275,276,279,352,372,466,467
東市　15,20,111
東掖門　155,211,296,386
東華門　195,352
幢旗　317,319,402,418,431
東宮朝堂　320
東西大路　74,76,78,83,85,112,465
東西朝堂　179,244,246,267,268,320,406,418
東西堂　124,129,242,245,306,315,321,331,336,339,
　　341,357,358,366,367,405,406,413,424,426,436,
　　469,471

東西房　426
東西楼　139,154,155,259,265,266,270,316,422,437,470
銅爵園　18
銅爵三台　18
東城　22,108,151,179,180,186,187,188,249
橦石　151,180,186,187
東堂　336,366
幢幡　317
登聞鼓　130,179,244,246,275,320,343,371,406,467
東房　315,423,424
徳寿宮　24
徳獣門　127,180,186,279
土襯石　151,159,169,187,202,203,217,218,219,223,242,256
扉軸受金具　156
土木混合結構　149,154
墩台　75,127,128,149,151,154,155,162,166,169,171,173,179,180,186,187,193,195,198,200,203,217,218,219,223,241,242,244,245,255,256,261,262

な行

内甕城　33,155,252,278
内重門　128,135,171,173,179,245,252,278
内城　3,4,5,15,18,20,24,26,33,36,40,42,73,74,75,76,80,82,83,85,129,132,150,155,162,166,193,208,219,222,242,244,245,248,249,253,254,255,258,262,264,267,270,275,276,280,340,341,352,378,388,389,464,466,468,471,472
南市　22
南宮前殿　303,360,361,405,436,469
南北大路　75,76,77,78,83,85,112,465
南北長殿　305,418
西朝堂　130,268
西宮（平城宮）　231,260,266,311,317,323,331,332,420,435
西楼　142,231,259,264,265,266,270,306,311,316,319
二出闕　132,155,242
二条大路　230,271
日壇　3,33

206・209大殿　341,367,391,413,424,436,469
寧人坊　22
根石　210,228,230,231

は行

排叉柱　80,127,128,129,149,151,159,162,166,169,171,173,179,180,186,187,188,192,195,198,202,206,208,217,218,219,223,241,242,255
肺石　130,179,244,246,275,320,343,371,406,467
牌坊　151,203,206,252,278
配房　345,375,376
排房式　26
牌楼　151,203,278
階隠し　239,266
覇城門　132,135,151,159,242,244
八角殿　142,145,225,258,260,264,265,266,268,280,306,405,418,421,422,423,436,440,470
八角墳　421,422,433,439,440
八脚門　140,142,144,145,146,231,260,262,266,366
発券式　127,149,150,151,154,188,192,200,202,203,208,241,248,249,251,253,262,275,278,466,467
八省院　260,265,273,277,313,316,319,320,324,468
馬道　155,159,171,173,180,193,195,203
馬面　3,24,26,28,30,33,51,74,75,80,81,84,135,192,206,208,242,255
万象神宮　266,303,344,372,406,421
東区大極殿　138,142,270,271,277,307,311,316,361,395,400,418,422,424,428,435,437,468,470
東朝堂　130,320,343
東楼　142,231,239,259,260,264,265,266,270,306,316,393,395,400,422
百官待漏院　320
白虎楼　142,145,265,266,422
飛廊　110,155,166,170,179,180,203,211,242,244,246,249,251,253,279,367,371,389
武安殿　373,375,439
副階　179,371,377
覆盆式　200,202,381
複廊　223,225,238,258,266,367,389,413,417
武成殿　348,373,375,410,439

491

仏殿　26,61,166,251,265,325,326,327,328,421
仏堂　58,61,63,324,325,326
豊楽院　138,142,145,265,266,272,277,310,316,331,
　　332,404,420,422,423,435,436,468
豊楽殿　142,265,266,361,404,435,470
文昌殿　15,339,361,365,405
文徳殿　24,36,348,376,409
文明殿　348,375,376,410,439
平地城　5,80,206,208,255,276,361,384,467
兵舎　155,169
壁竈　60,63
壁柱　180
辟雍　5,15
方丘　5,20,30,86,124,422,439,440,471,472
方壇　439,440
奉天殿　30,33,383,410
宝幢　317,319,324
傍道　30,127,154,261
旁門右道　192
宝祐城　22,188
穆清閣　28,37,202,252,276,354,378,410
母闕　155,166,179,371
北門建築群　128,135,179,252,256,258,275,276,356,
　　466,467
牡丹峰門　129,208,255
北宮　15,18,40,162,333,340,354,364,266,386
掘立柱建物　223,225,227,238,239,391,392,400,402
掘立柱塀　223,231,238
保和殿　354,384,410,424

ま行

未央宮前殿　303,335,360,361,405,436,469
壬生門　230,259,264,266,267,271,277,280,395,417,
　　468
命婦朝堂　320
棟門　140,142,144,146,230
木製基壇　391
木製地覆　129,151,159,195,198,203,206,208,217,218,
　　219,242,249,256
木塔　166

明教坊　22
明堂　2,5,15,265,266,280,303,343,344,345,349,357,
　　358,359,361,372,373,375,376,404,406,408,409,
　　410,415,421,422,428,429,430,434,436,437,438,
　　439,440,463,469,470,472
明徳門　4,20,126,127,145,154,171,179,187,202,244,
　　245,253,256,262,275,466
門檻石　151,171,173,179,188
門臼　156,187,202
門框石　151,169,188,200,203
門限石　127,151,159,162,169,173,186,187,188,192,
　　193,195,198,208,219
門枢　156,206,211

や行

山城　5,74,80,154,155,156,206,208,253,255,258,276,
　　361,384,421,422,440,467
楊梅宮　435
悠紀院　323
右掖門　127,151,155,180,186
曜儀城　22
陽徳門　26
羊馬城　74,80,83
翼廊　239,242,262,266,406

ら行

羅城　22,51,87,125,139,188,192,193,208,239,248,
　　249,259,262,277
羅城門　125,126,135,137,139,141,142,144,156,225,
　　239,259,260,261,262,263,266,269,270,276,277,468
ラバト　49,51,53,54,55,56,58,60,63,64,69,72,73,74,
　　75,76,77,94,106,107,111,112,113,114,464,465
ラバト内仏教寺院　56,76,77
陸門　192,193,248
立頬石　151,169,173,179,180,186,187,188,192,203
履道坊　22
里坊　1,4,6,9,13,20,22,24,35,36,37,40,41,42,58,86,
　　87,94,106,111,124,262,331,334,352,384,437,463,
　　464,471
龍尾壇　270,316,356,359,361,417,419,430
龍尾道　130,138,179,246,256,275,316,317,332,343,

492　索引

356,359,361,371,395,406,409,411,417,419,428,430,431,467,473
両儀殿　315,333,368
繚壁（りょうへき）　155,169,242
臨海殿（りんかいでん）　279,415
麟徳殿（りんとくでん）　258,279,331,332,343,356,371,372,386,388,408,411,415,417,419,420,429,432,434,435,436,437,469,470,474
霊台（れいだい）　15
礫敷（れきじき）　231
連体式双闕門（れんたいしきそうけつもん）　18,148,150,241,242,244,253,254,260,271,273,277,329,466,468
連廊（れんろう）　367,389
楼閣建築（ろうかくけんちく）　231,264,279,316,378,388,400,405,410,414,415,421,422
楼閣台（ろうかくだい）　20,130,166,169,246,341,361,367
老集門（ろうしゅうもん）　127
廊道（ろうどう）　169,202,222,367,378,381,386,388,389,411,424
廊廡（ろうぶ）　200,211,217,378,386,388,389,411,413,424,728,431,439
廊房（ろうぼう）　186,341,366,367
鹵簿鐘（ろぼしょう）　249,278,279

わ行

歪門斜道（わいもんしゃどう）　192,193
若犬養門（わかいぬかいもん）　230,259
和義門（わぎもん）　30,40,203

【歴史的人名】
あ行

粟田真人（あわたのまひと）　139,269,307,331,408,431,432,435,438
維鐍（いけん）　432
井真成（いしんせい）　438
宇文愷（うぶんがい）　20,22,33,169,246
睿宗（唐・李旦）（えいそう）　303,421
永楽帝（明・朱棣）（えいらくてい）　33,40
円仁（えんにん）　22,433
王森文（おうしんぶん）　179,371
王正見（おうせいけん）　54
王溥（おうふ）　108,265

王方翼（おうほうよく）　37,53,54,69,72,75,81,83,106,112,465
王莽（おうもう）　15,132,135,159,329
大伴古麻呂（おおとものこまろ）　248

か行

賈公彦（かこうげん）　333
桓武天皇（かんむてんのう）　145,264,272,277,316,324,468
徽宗（北宋・趙佶）（きそう）　22,187,249,278,279,345,354,376
欽宗（北宋・趙桓）（きんそう）　279
景宗（西夏・李元昊）（けいそう）　115
恵帝（前漢・劉盈）（けいてい）　13
玄奘（げんじょう）　54
元正天皇（げんしょうてんのう）　323
玄宗（唐・李隆基）（げんそう）　5,20,171,248,252,265,315,328,344,354,372,408,420,430,472
元明天皇（げんめいてんのう）　322
高王（渤海・大祚栄）（こうおう）　5,354
交河公主（こうがこうしゅ）　53,54
孝謙天皇（こうけんてんのう）　248,311,323
孝静帝（東魏・元善見）（こうせいてい）　166
高宗（唐・李治）（こうそう）　4,20,22,35,63,69,78,103,104,106,113,114,169,180,245,246,248,252,275,303,316,321,328,332,333,336,343,344,345,357,368,372,406,408,421,422,428,429,433,435,436,437,438,439,440,466,467,469,470,472
高宗（李氏朝鮮・李㷩）（こうそう）　422
孝徳天皇（こうとくてんのう）　5,144,225,258,260,306,324,328,329,333,391,432
光仁天皇（こうにんてんのう）　271,317,323,329,435
光武帝（後漢・劉秀）（こうぶてい）　15,364
洪武帝（明・朱元璋）（こうぶてい）　30

さ行

斉明天皇（さいめいてんのう）　440
坂合部磐積（さかいべのいわつみ）　440
始皇帝（秦・嬴政）（しこうてい）　3,13,303,335,336,338,357,361,363,405
持統天皇（じとうてんのう）　315,321,328,333,438
司馬法聡（しばほうそう）　438
淳仁天皇（じゅんにんてんのう）　323
鄭玄（じょうげん）　334

章宗（金・完顔麻達葛）　200
称徳天皇　260,311,317,323,325
聖武天皇　5,323,329,449
徐松　20
舒明天皇　326,432,440
真如（高丘）親王　433
仁烈皇后（南宋・楊皇后）　24
推古天皇　306,319,438
薛懐義　345,439
宣帝（北周・宇文贇）　366
宣武帝（北魏・元恪）　9,15,18,162
宋応星　87
曹操　15,339,365,405

た行

太祖（前漢・劉邦）　13
太祖（遼・耶律阿保機）　24,37,106,195,352,376
太宗（西夏・李徳明）　115
太宗（唐・李世民）　20,77,104,169,246,343,344,432
太平公主　22
張守節　438
祢軍　440
天智天皇　258,329,330,333,392,434,438,440
天武天皇　5,259,260,305,306,315,317,323,326,328,
　329,330,333,434,438,440
杜環　53,54,106,112,465
杜嗣先　432,438

は行

白居易　22
武宗（元・カイシャン）　28,354,381,410
武則天（則天武后）　20,22,35,53,54,63,69,72,78,106,
　112,113,114,180,245,246,248,252,265,266,275,
　303,328,332,336,343,344,345,349,352,357,372,
　373,376,406,408,409,410,421,422,428,430,432,
　433,435,436,437,438,439,440,465,466,467,469,
　470,472
武帝（前漢・劉徹）　321
武帝（梁・蕭衍）　341,366,371,405,406
文帝（魏・曹丕）　15
文帝（隋・楊堅）　20,104,169,472

ま行

明帝（魏・曹叡）　15,129,245,303,335,336,340,357,
　366,405,410
明帝（南朝宋・劉彧）　439
守大石　440
文徳天皇　329
文武天皇　317,322,326,433

や行

ヤブグ可汗　54
雄略天皇　432
楊衒之　103,325,326
煬帝（隋・楊広）　22,328,343,472

ら行

李誡　87,187,200,242
李元吉　245
李建成　245
李耳（老子）　438
劉仁願　440
劉仁軌　440
劉徳高　440
呂大防　20,130,343,344,368,372

■著者略歴■

城倉　正祥（じょうくら　まさよし）

1978 年　長野県生まれ
2002 年　早稲田大学 教育学部 卒業
2004 年　早稲田大学大学院 文学研究科 修士課程 修了
2007 年　早稲田大学大学院 文学研究科 博士後期課程 修了／博士（文学）
2007 〜 2011 年　独立行政法人 国立文化財機構 奈良文化財研究所／研究員
2011 〜 2014 年　早稲田大学 文学学術院／専任講師
2014 〜 2019 年　早稲田大学 文学学術院／准教授
2015 年〜　早稲田大学 東アジア都城・シルクロード考古学研究所／所長
2019 年〜　早稲田大学 文学学術院／教授

※専門は、東アジア考古学（墳墓・寺院・都城）。研究業績は、researchmap で公開中。

■主要著作■

『埴輪生産と地域社会』学生社（2009 年）
『デジタル技術でせまる人物埴輪－九十九里の古墳と出土遺物－』吉川弘文館（2017 年）
『唐代都城の空間構造とその展開』早稲田大学東アジア都城・シルクロード考古学研究所（2021 年）
『太極殿・含元殿・明堂と大極殿』早稲田大学東アジア都城・シルクロード考古学研究所（2024 年）

唐代都城中枢部の考古学的研究

2025 年 3 月 10 日　初版発行

著者　城倉　正祥
発行者　八木　唯史
発行所　株式会社　六一書房
　　　〒 101-0051　東京都千代田区神田神保町 2-2-22
　　　TEL 03-5213-6161　　FAX 03-5213-6160
　　　https://www.book61.co.jp　　E-mail info@book61.co.jp
印刷　藤原印刷　株式会社
装丁　篠塚　明夫

ISBN　ISBN978-4-86445-185-7 C3022　　Ⓒ Jokura Masayoshi 2025　　Printed in Japan